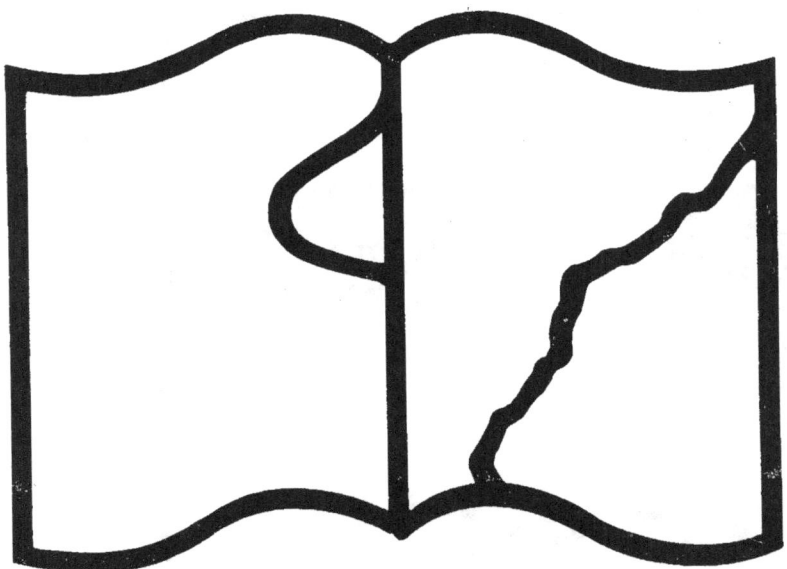

Texte détérioré — reliure défectueuse

NF Z 43-120-11

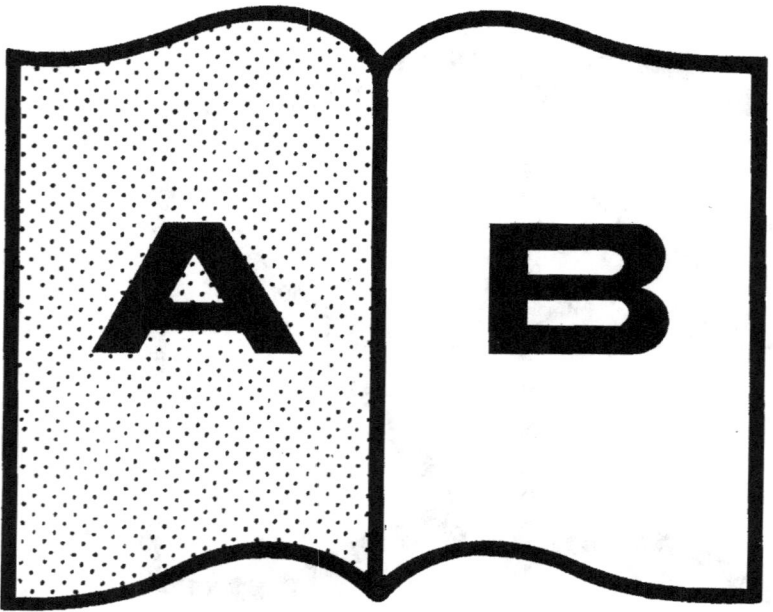

Contraste insuffisant
NF Z 43-120-14

ENCYCLOPÉDIE INDUSTRIELLE
Fondée par M.-C. Lechalas, Inspecteur général des Ponts et Chaussées en retraite

TRAITÉ

DES

INDUSTRIES CÉRAMIQUES

PAR

Emile BOURRY

INGÉNIEUR DES ARTS ET MANUFACTURES

HISTORIQUE
MATIÈRES PREMIÈRES. — PATES PLASTIQUES. — FAÇONNAGE
SÉCHAGE. — GLAÇURES. — CUISSON. — DÉCORATION
TERRES CUITES
PRODUITS RÉFRACTAIRES. — FAIENCES. — GRÈS
PORCELAINES

PARIS
GAUTHIER-VILLARS ET FILS, IMPRIMEURS-LIBRAIRES
DE L'ÉCOLE POLYTECHNIQUE, DU BUREAU DES LONGITUDES, ETC.
Quai des Grands-Augustins, 55

LIBRAIRIE GAUTHIER-VILLARS ET FILS
QUAI DES GRANDS-AUGUSTINS, 55, A PARIS

ENCYCLOPÉDIE INDUSTRIELLE
Vol. grand in-8°, avec de nombreuses figures

Construction pratique des navires de guerre, par A. CRONEAU, ingénieur des constructions navales, professeur à l'Ecole du Génie maritime. 2 vol. (996 pages et 664 figures) et 1 bel atlas double in-4 de 11 planches, dont 2 à 3 couleurs. 33 fr.

Verre et verrerie, par Léon APPERT, président de la Société des Ingénieurs civils, et J. HENRIVAUX, directeur de la manufacture de Saint-Gobain. 1 vol. et 1 atlas . . . . 20 fr.

Blanchiment et apprêt; teinture et impression, 1 vol. de 674 pages, avec 368 fig. et échantillons de tissus imprimés, par GUIGNET, directeur des teintures aux Gobelins, DOMMER, professeur à l'Ecole de physique et de chimie appliquées, et GRANDMOUGIN (de Mulhouse). . . . 30 fr.

Éléments et organes des machines, par A. GOUILLY, répétiteur de mécanique appliquée à l'Ecole centrale. 1 vol. de 410 pages, avec 710 figures. . . . 12 fr.

Hygiène générale et Hygiène industrielle (Voir ci-après, *Encyclopédie des Travaux publics*) . . . . 15 fr.

Traité des Industries céramiques, par Emile BOURRY, ingénieur des Arts et Manufactures. 1 vol. de 755 pages avec 349 fig. ou groupes de fig. et une planche (couleurs usitées en céramique). 20 fr.

Le vin et l'eau-de-vie de vin, par Henri de LAPPARENT, inspecteur général de l'agriculture. 1 vol. de 545 pages, avec 110 figures et 28 cartes. . . . . 12 fr.

Chimie organique appliquée, par A. JOANNIS, chargé de cours à la Faculté des Sciences de Paris. Tome Ier, 688 pages, avec figures . . . . 20 fr.
Tome II. 718 pages, avec figures. 15 fr.

Traité des machines à vapeur, par ALHEILIG et ROCHE, ingénieurs des constructions navales. 2 vol. de 1.176 pages, avec 691 figures. Tome Ier. . . . 20 fr.
Tome II . . . . 18 fr.

Chemins de fer : Résistance des trains. Traction par E. DEHARME, professeur de chemins de fer à l'Ecole centrale, et A. PULIN, ingénieur de la Cie du Nord. 1 vol. de 447 pages, avec 95 figures et 1 planche (1). . . . . 15 fr.

Calcul infinitésimal à l'usage des ingénieurs, par E. ROUCHÉ, membre de l'Institut. (*Sous presse*.)

---

(1) C'est la suite du *Cours* professé par M. Deharme (Voir ci-après : *Superstructure*).

LIBRAIRIE ARMAND COLIN ET Cie
RUE DE MÉZIÈRES, 5, A PARIS

ENCYCLOPÉDIE AGRICOLE
Vol. in-18 jésus, avec figures, à 3 fr. 50

Principes de laiterie, par E. DUCLAUX, membre de l'Institut, directeur de l'Institut Pasteur. 1 vol.

Nutrition et production des animaux, par P. PETIT, professeur à la Faculté des Sciences de Nancy. 1 vol.

La petite culture, par G. HEUZÉ, inspecteur général de l'agriculture. 1 vol.

Amendements et engrais, par A. RENARD, professeur de chimie agricole à l'Ecole des Sciences de Rouen. 1 vol.

Les légumes usuels, par VILMORIN. 2 vol. (*plusieurs centaines de figures*).

Éléments de géologie, par E. NIVOIT, ingénieur en chef des Mines (conformes aux derniers programmes de l'Enseignement secondaire). 1 vol.

Les syndicats professionnels agricoles, par Georges GAIN, substitut à Nice, membre de la Société des Agriculteurs de France. 1 vol.

Le commerce de la boucherie, par Ernest PION, vétérinaire, inspecteur au marché de la Villette, avec une *Introduction* par M.-C. LECHALAS. 1 vol.

Les cours d'eau : *Hydrologie* (par M.-C. LECHALAS) et *Législation* (par de LALANDE, avocat au Conseil d'Etat). 1 vol.

Petit dictionnaire d'agriculture, de zootechnie et de droit rural, par A. LARBALÉTRIER, professeur d'agriculture. 1 vol. relié (par exception, 2 fr. 50).

Le Ministre de l'Instruction publique et celui de l'Agriculture ont souscrit à la plupart de ces ouvrages. *Les cours d'eau* et *Les légumes usuels* ont été approuvés par la Commission des *Bibliothèques scolaires* ; *La nutrition et production des animaux* et *La petite culture* ont été approuvés par la Commission ministérielle des Bibliothèques populaires, communales et libres.

TRAITÉ

DES

INDUSTRIES CÉRAMIQUES

Tous les exemplaires du **TRAITÉ DES INDUSTRIES CÉRAMIQUES** *devront être revêtus de la signature du Directeur de l'*Encyclopédie Industrielle *et de la griffe des Libraires.*

ENCYCLOPÉDIE INDUSTRIELLE

Fondée par M.-C. Lechalas, Inspecteur général des Ponts et Chaussées en retraite

TRAITÉ
DES
INDUSTRIES CÉRAMIQUES

PAR

EMILE BOURRY

INGÉNIEUR DES ARTS ET MANUFACTURES

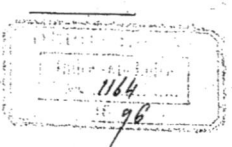

PARIS

GAUTHIER-VILLARS ET FILS, IMPRIMEURS-LIBRAIRES

DE L'ÉCOLE POLYTECHNIQUE, DU BUREAU DES LONGITUDES, ETC.

Quai des Grands-Augustins, 55

1897

TOUS DROITS RÉSERVÉS

PREMIÈRE PARTIE

CÉRAMIQUE GÉNÉRALE

Chapitre I. — Définitions et historique
— II. — Matières premières des pates
— III. — Pates plastiques
— IV. — Façonnage
— V. — Séchage
— VI. — Glaçures
— VII. — Cuisson
— VIII. — Décoration

CHAPITRE I

DÉFINITIONS ET HISTORIQUE

Sommaire : § 1. *Définitions et classification des produits céramiques.* — Définitions. — Division de l'ouvrage. — Principes généraux de la classification. — Premiers essais de classification. — Classification de Brongniart. — Classifications diverses. — Division en deux classes : poteries perméables et imperméables. — Division en cinq ordres : terres cuites, terres cuites réfractaires, faïences, grès, porcelaines.

§ 2. *Historique sommaire de la céramique.* — Origines de la céramique. — Terres cuites anciennes. — Faïences anciennes, persanes, arabes et mauresques. — Faïences italiennes. — Faïences françaises. — Faïences allemandes, hollandaises et diverses. — Faïences anglaises. — Grès. — Porcelaines orientales. — Porcelaines européennes. — Céramique contemporaine.

§ 1. — Définitions et classification des produits céramiques

1. Définitions. — On trouve dans la nature un grand nombre de roches ou de terres, qui, mélangées avec l'eau, forment des pâtes plastiques se laissant facilement façonner, en conservant la forme qui leur a été donnée. Ces pâtes, d'abord séchées, puis chauffées ensuite à une température suffisamment élevée, perdent leur plasticité et deviennent des corps durs et désormais indéformables. Les minéraux qui possèdent ces propriétés sont désignés sous le nom général d'*argiles*.

Les argiles soit pures, soit mélangées à d'autres substances, additionnées d'eau et convenablement préparées, forment en terminologie céramique des *pâtes plastiques*.

Elles deviennent des *pâtes façonnées*, lorsqu'on leur a donné la forme de l'objet à fabriquer, et des *pâtes cuites* après avoir été soumises à l'action de la chaleur, le mot pâte ayant pris en céramique une signification illogique (mais sanctionnée par l'usage) désignant aussi bien la masse plastique que la substance durcie par la cuisson (1).

Les pâtes façonnées ou cuites peuvent être recouvertes d'enduits, désignés sous le nom de *glaçures,* qui se vitrifient sous l'influence de la chaleur, et dont le but est soit de les décorer, soit de les rendre imperméables.

Tous les objets les plus divers obtenus par ces procédés : briques, tuiles, carreaux, tuyaux, terres cuites, faïences, grès, porcelaines, sont désignés sous le nom général de *poteries* (2) ou de *produits céramiques* (3). Ils peuvent être soit *simples* ou mats, c'est-à-dire formés uniquement par la pâte, soit *composés* de la pâte et de la glaçure.

Les Industries et les Arts céramiques s'occupent de la fabrication et de la décoration des poteries.

Leur domaine est aussi vaste que varié, autant par la diversité des produits que par la multiplicité des moyens dont on se sert pour leur fabrication. Les produits céramiques répondent en effet aux besoins les plus divers de l'homme. Ils entrent comme matériaux importants dans la construction et la décoration des bâtiments ; ils servent aux usages domestiques les plus divers ; l'industrie trouve en eux des éléments indispensables pour la construction des fours de tous genres, pour la fabrication des produits chimiques, pour les canalisations électriques ; ils rendent à l'agriculture des services importants pour le drainage des eaux ; l'horticulture en fait un emploi considérable ; la nouvelle science de l'hygiène a trouvé en eux un auxiliaire indispensable ; enfin ils se prêtent à la création d'objets décoratifs, unissant l'art de la sculpture à celui de la peinture. Toutes ces applications ont fait des produits céramiques un élément essentiel de la civilisation, au même titre que le bois ou les métaux, plus important que le verre ou les pierres naturelles.

La diversité des applications entraîne celle des moyens employés pour la fabrication. Tantôt celle-ci n'exige que l'humble atelier du potier ou le chantier rudimentaire du briquetier à la main ; tantôt elle nécessite l'emploi de grandes usines mettant en œuvre toutes les ressources de l'industrie et de la science. Enfin, le céramiste n'a tantôt pour but que la production intensive et à

---

(1) Brongniart avait proposé le mot *excipient*, qui n'a pas prévalu.
(2) Du latin *potum*, vase à boire.
(3) Du grec Κεραμος, argile, vase en argile.

bon marché; tantôt il vise à la création d'objets d'art, dans lesquels le prix de la matière première peut ne pas atteindre la millième partie de la valeur que leur a donnée le talent de l'artiste.

Cependant, malgré cette grande diversité d'usages, de procédés, de valeurs, les produits céramiques forment un groupe homogène et bien distinct au milieu des autres produits de l'industrie et des arts, parce que leur fabrication est, pour tous, basée sur les propriétés de l'argile : *de former avec l'eau une pâte plastique, qui durcit sous l'influence de la chaleur.*

Cette définition différencie nettement les produits céramiques des *verres*, pour lesquels la plasticité nécessaire au façonnage est obtenue par une fusion pâteuse de la masse et non par le façonnage à froid d'une pâte plastique. Elle les différencie également des *mortiers*, des *stucs*, et autres produits agglomérés analogues, qui durcissent par la prise de leurs agglomérants et non par l'action de la chaleur.

Il existe cependant deux exceptions à cette définition générale :

1° Certaines porcelaines dont la pâte ne renferme pas d'argile et qui sont à proprement parler des verres ;

2° Certains produits réfractaires dans lesquels l'argile est remplacée par d'autres agglutinants qui font plutôt partie des agglomérés.

Ces produits sont néanmoins classés parmi les poteries, parce qu'on les fabrique au moyen des procédés usités en céramique.

2. Division de l'ouvrage.

— L'étude générale des industries céramiques se divise en deux parties : la première, consacrée à l'exposé des principes et des procédés généraux de la fabrication et de la décoration ; la seconde, comprenant la description des procédés spéciaux de fabrication des différentes espèces de poteries.

La *première partie* se subdivise en sept chapitres : le premier, consacré à l'étude des *matières premières* employées dans la fabrication des pâtes ; et les six autres, se rapportant aux six phases de la fabrication des poteries les plus complexes :

1° *Préparation des pâtes plastiques*, étude de leurs propriétés et des procédés employés pour désagréger, épurer, et mélanger les matières premières ;

2° *Façonnage* de ces pâtes, ou procédés employés pour leur donner la forme des objets à fabriquer ;

3° *Séchage* des pâtes ainsi façonnées ;

4° Composition, matières premières, fabrication et pose des *glaçures*;

5° *Cuisson* des pâtes et des glaçures, étude de leurs propriétés pendant et après la cuisson, description et fonctionnement des fours employés à cet effet ;

6° *Décoration* des poteries soit par la sculpture de la pâte, soit par la coloration de la pâte ou de la glaçure.

La *seconde partie* se divise naturellement en cinq chapitres correspondant aux cinq ordres dans lesquels on peut classer les produits céramiques :

Terres cuites ;
Produits réfractaires ;
Faïences ;
Grès ;
Porcelaines.

La *classification* des produits céramiques semblerait avoir sa place logique au commencement de la seconde partie ; mais, comme les diverses catégories de poteries sont déjà nécessairement mentionnées dans la première, cette classification sera étudiée dès le début de l'ouvrage pour préciser la terminologie qui y sera employée.

Elle sera suivie d'un résumé sommaire de l'*Histoire de la Céramique.*

3. Principes généraux de la classification.

— La diversité des produits céramiques rend indispensable l'emploi d'une classification qui groupe sous des désignations communes les poteries ayant des propriétés analogues. Cependant, si la nécessité d'une classification est indiscutable, il est facile de se rendre compte des difficultés qu'elle offre à établir.

Les produits céramiques se présentent, en effet, comme une série continue partant des terres cuites les plus communes pour aboutir aux porcelaines vitreuses, chaque produit différant très peu de celui qui le précède et de celui qui le suit, sans qu'il soit possible de déterminer nettement la transition des différentes catégories. Un exemple fera ressortir cette indétermination. Les terres cuites et les grès sont des poteries très distinctes, tant au point de vue des qualités céramiques que de la valeur. Tous les tarifs de douanes les frappent de droits inégaux. On comprend donc l'intérêt qu'il y a à les différencier nettement.

Or, pour fabriquer des grès, il est nécessaire de les chauffer à une température suffisamment élevée pour provoquer un commencement de vitrification de la pâte ; si ce degré n'est pas atteint, la poterie reste une terre cuite. Il en résulte que, lorsque dans les fours la température n'est pas répartie uniformément, certaines poteries peuvent être cuites en grès, d'autres en terres cuites, avec tous les degrés intermédiaires ; quelques-unes même peuvent être grès d'un côté, terre cuite de l'autre. Dans ces conditions, il est inévitable que, même pour des personnes très expertes en céramique, il y ait quelquefois des divergences d'appréciation.

Une autre difficulté de la classification réside dans la valeur relative qu'il convient d'attribuer aux propriétés des poteries, valeur qui n'est pas la même pour les différentes catégories. Ainsi, la composition chimique de la pâte, d'une importance relativement secondaire dans les terres cuites des constructions, devient prédominante pour les terres cuites réfractaires. De même, il importe peu, céramiquement, qu'un grès soit recouvert ou non d'une glaçure ; tandis que telle poterie qui, étant mate, est une terre cuite, devient une faïence si elle possède une glaçure.

Une classification générale ne peut donc se baser sur une propriété déterminée sans tenir compte des autres. Elle ne peut non plus prétendre tracer des lignes de démarcation absolues et répartir toutes les poteries passées et futures en divisions rigoureuses.

Elle doit se contenter de *définir exactement les principales espèces de poteries et grouper celles qui, par l'ensemble de leurs propriétés, ont le plus d'analogie.*

Il restera, sans doute, un certain nombre de poteries peu usuelles, participant à la fois aux propriétés de deux espèces voisines, pour lesquelles il pourra y avoir indécision.

Celle-ci aura peu d'importance tant que ces poteries resteront à l'état d'exception et si, par les progrès de la céramique ou les caprices de la mode, certaines d'entre elles devaient devenir d'une fabrication plus courante, il serait facile d'en faire l'objet de nouvelles espèces, trouvant leur place tout indiquée dans les mailles lâches d'une classification suffisamment générale.

Les caractères distinctifs qui servent à différencier les poteries peuvent se répartir en quatre groupes :

1° Différences dans les propriétés physiques apparentes : pâte vitreuse ou terreuse, imperméable ou perméable, translucide ou opaque, dure ou tendre, blanche ou colorée, à grain fin ou à grain grossier, mate ou avec glaçure, celle-ci étant elle-même dure ou tendre, transparente ou opaque, etc. ;

2° Différences dans la forme et dans l'usage ;

3° Différences dans la composition chimique de la pâte et de la glaçure ;

4° Différences dans les procédés de fabrication.

Les différences du premier groupe sont les plus importantes au point de vue de la classification.

Elles ont non seulement l'avantage de pouvoir être facilement et rapidement observées, mais encore, pour un céramiste, elles permettent de préjuger la composition chimique et le mode de fabrication. Elles forment donc la base de toute classification de poteries.

Au point de vue purement doctrinal, les différences de forme et d'usage ne devraient pas être prises en considération. Céramiquement parlant, deux poteries sont identiques, quelles que soient leurs différences de forme, lorsqu'elles ont la même pâte, la même glaçure et le même degré de cuisson. On est cependant amené à tenir compte de ces différences tout extérieures, lorsqu'on se trouve en face d'une catégorie très nombreuse de poteries semblables, répondant aux usages les plus divers et à des fabrications différentes.

Les différences dans la composition chimique, qui ne peuvent être exactement révélées que par l'analyse, sont d'une observation plus difficile ; on ne devra donc les faire entrer en ligne de compte que pour les catégories de poteries où elles ont une influence prépondérante. Enfin, les différences dans les procédés de fabrication, qui ne sont pas révélées par les propriétés physiques ou la composition chimique, ne peuvent être mentionnées qu'à titre d'indication à côté d'autres divergences, car il est impossible de les contrôler.

4. Premiers essais de classification. — Chez les Anciens et jusqu'au milieu du XVIII° siècle, ce ne sont guère que les apparences extérieures et le lieu d'origine, présumé ou réel, qui ont servi, non pas à classer, car il n'y avait pas à proprement parler de classification, mais à dénommer les poteries.

Cette méthode a pu suffire tant que les industries céramiques sont restées très localisées et limitées à la fabrication d'un petit nombre de produits différents. Elle est devenue manifestement insuffisante à partir du jour où les porcelaines chinoises sont venues jeter la perturbation dans les arts céramiques européens, et où les essais faits de toutes parts pour les imiter ont eu pour conséquence la création de nouvelles espèces de poteries.

Il en est résulté alors une confusion inextricable, aggravée par la tendance qu'avaient les fabricants, dans un intérêt facile à comprendre, à donner à leurs produits, quelle que fût leur nature, le nom de la poterie à la mode. C'est ainsi que les écrivains les plus autorisés des XVIIe et XVIIIe siècles confondent constamment les noms de faïence et de porcelaine. C'est également à cette époque que l'on voit apparaître les noms de porcelaine opaque, de terre de fer et autres semblables, pour remplacer la désignation de faïence, alors tombée en discrédit et redevenue si en vogue de nos jours.

Lorsque les progrès de la chimie ont permis de substituer aux formules empiriques l'analyse méthodique des pâtes et des glaçures, on a essayé d'établir une classification basée uniquement sur la composition chimique. Le grand tort de cette méthode était de ne tenir compte ni des propriétés physiques, ni de l'influence absolument prépondérante de la cuisson.

5. Classification de Brongniart. — Ce n'est qu'en 1844 que Brongniart, dans son magistral *Traité des Arts céramiques*, a donné la première classification rationnelle qui, dans ses groupements principaux, a été universellement adoptée.

Brongniart divise toutes les poteries en deux groupes : celles à *pâte tendre* et celles à *pâte dure*, suivant que leur pâte est rayable ou non par le fer. Le second groupe est subdivisé immédiatement en deux catégories, suivant que la pâte est *opaque* ou *translucide*. Il obtient ainsi trois grandes classes :

1° Poteries à pâte tendre ;
2° — — dure opaque ;
3° — — — translucide.

Ces trois classes sont ensuite divisées en neuf ordres, d'après la composition chimique de la glaçure. Le tableau suivant, contenant les observations de Brongniart, résume cette classification :

TABLEAU DE LA CLASSIFICATION DES POTERIES DE BRONGNIART

CLASSES	NOMS ET CARACTÈRES	ORDRES	NOMS ET CARACTÈRES
Ire Classe	**Poterie à pâte tendre,** c'est-à-dire rayable par le fer, argilo-sableuse, calcarifère (en général fusible au feu de porcelaine).	1er ordre	*Terres cuites :* Pâte argilo-sableuse, surface mate sans aucune glaçure. Sous-ordres : A. *La plastique* (moulée). B. *Les ustensiles.* Briques, fourneaux (moulés). C. *Les poteries mates.* Jarres, urnes (tournées).
		2e ordre	*Poteries lustrées :* Glaçure mince. — Silico-alcaline.
		3e ordre	*Poteries vernissées :* Glaçure plombifère.
		4e ordre	*Poteries émaillées : Faïence commune.* Glaçure stannifère. *Appendice.* Carreaux, briques, etc., à glaçure vitrifiée.
IIe Classe	**Poterie à pâte dure opaque,** c'est-à-dire non rayable par l'acier, argilo-siliceuse, infusible.	5e ordre	*Faïence fine :* Pâte incolore. Glaçure vitro-plombique.
		6e ordre	*Grès-cérame :* Pâte colorée. — Sans glaçure ou glaçure silico-alcaline.
IIIe Classe	**Poterie à pâte dure translucide,** argilo-sableuse, alcaline, ramollissable.	7e ordre	*Porcelaine dure :* Pâte de kaolin. — Glaçure feldspathique.
		8e ordre	*Porcelaine tendre naturelle :* Pâte argilo-saline, phosphatique, kaolinique. — Glaçure vitro-plombique, boracique.
		9e ordre	*Porcelaine tendre artificielle :* Pâte marno-saline, frittée. — Glaçure vitro-plombique.

Plusieurs objections ont été élevées contre cette classification. La principale est relative à la séparation de la faïence en deux ordres distincts que Deck, l'illustre faïencier, ancien directeur de la manufacture de Sèvres, a critiquée dans les termes suivants, dans son ouvrage : *La Faïence :*

« Ch. Brongniart, qui, pendant près d'un demi-siècle, dirigea la manufacture de Sèvres, a divisé les poteries en deux grandes classes : 1° les pâtes tendres ; 2° les pâtes dures. Dans la première classe, il met les *poteries émaillées* appelées aussi *faïences communes, faïences à émail stannifère*. Dans la seconde classe, il met la *faïence fine*, la *terre à pipe*, le *cailloutage*. Je regrette de ne pouvoir accepter les termes du savant chimiste en ce qui concerne les faïences. L'expression : *faïence commune* donne l'idée d'une infériorité de qualité ; et l'expression: *faïence fine* fait croire à une sorte de distinction. Or, à mon sens, l'infériorité ou la distinction d'un produit céramique ne réside pas dans le plus ou moins de dureté et de blancheur de la terre, et je ne puis me résoudre à appeler *faïences communes* les produits de Rouen et d'Urbino. Le mot *faïence* est un anachronisme, tout le monde le sait, puisque les Persans ont fait des faïences bien avant les fabricants de Faenza.....

« A défaut d'un autre mot générique, j'appelle faïence toute poterie à cassure terreuse recouverte d'un émail. »

Pour le faïencier, surtout pour le faïencier décorateur, la glaçure est l'élément principal d'une poterie. La pâte n'est qu'un support dont on masque, au besoin, les défauts par l'emploi d'engobes ou d'émaux opaques; elle n'a donc pas, pour ce genre de poteries, l'importance primordiale que lui donne Brongniart.

Dans un autre ordre d'idées, la dureté de la pâte n'est plus un caractère distinctif aussi absolu que Brongniart pouvait l'admettre, à l'époque où il posait les bases de sa classification.

On fabrique des terres cuites qui ne sont pas rayables par le fer, par exemple certaines briques vitrifiées et certains carreaux.

D'autre part, on peut observer qu'il y a des faïences dont la pâte, quoique fine, [dans le sens que Brongniart donne à ce mot, est cependant relativement tendre.

On peut aussi remarquer que Brongniart, dans un but un peu archéologique, a donné trop d'importance aux poteries lustrées et aux poteries vernissées. De ces deux genres de poteries, les premières ne sont plus fabriquées depuis nombre de siècles, et les secondes tendent à disparaître.

Enfin, Brongniart, plus particulièrement porcelainier, n'a donné, pour l'ordre si étendu des terres cuites, qu'une classification trop rudimentaire. Cette observation s'applique, du reste, également à presque toutes les autres classifications.

6. Classifications diverses. — *Salvétat*, chef des travaux chimiques à la manufacture de Sèvres, a proposé, vers 1857, une classification dans laquelle les poteries sont partagées, dès le début, en deux grandes classes : les poteries simples (sans glaçure) et les poteries composées (pâte et glaçure). Chacune de ces classes est divisée en :

1er Ordre : Masse opaque :

    1er sous-ordre : masse tendre ;
    2°   —   — demi-dure ;

2° Ordre : masse dure translucide.

Les ordres et sous-ordres sont ensuite eux-mêmes subdivisés, en tenant compte de la composition chimique de la pâte, puis de celle de la glaçure. Cette classification, qui avait la prétention de cantonner toutes les espèces de poteries dans des cases symétriques rigoureuses, est certainement la plus étendue, la plus dogmatique, mais en même temps la moins pratique, la moins naturelle. La division primordiale en poteries simples et composées est, du reste, complètement arbitraire et impossible à justifier.

En Allemagne, la classification de *Knapp* a été assez souvent adoptée ; on peut la résumer comme suit :

I. — Poteries compactes

A. *Porcelaines* :
    1° Avec glaçure ;
    2° Sans glaçure ;

B. *Grès* :
    1° Avec glaçure ;
    2° Sans glaçure ;

II. — Poteries poreuses

A. *Faïences* :
    1° Fine à glaçure translucide ;
    2° Commune à glaçure opaque ;

B. *Poteries ordinaires ;*
C. *Briques, tuiles, produits réfractaires, etc.*

Dans cette classification, l'importance de la glaçure est également exagérée. En outre, une faïence dite fine n'a pas forcément une glaçure translucide, ni une faïence commune une glaçure opaque.

La classification suivante, proposée par *Kolbe*, est basée sur la matière première de la pâte, puis sur l'examen de la surface des poteries :

I. — Poteries argileuses

A. *Pâte tendre* :

    1° Surface mate (terres cuites) ;
    2°   —   lustrée (poteries anciennes) ;
    3°   —   vitreuse transparente (faïence fine) ;
    4°   —   émaillée opaque (faïence commune).

B. *Pâte dure* :

    5° Surface mate (grès) ;
    6°   —   lustrée (grès à glaçure saline) ;
    7°   —   émaillée (grès fin) ;

II. — Poteries kaoliniques

A. *Pâte tendre* :

    8° Porcelaine tendre artificielle ;
    9°   —   —   naturelle ;

B. *Pâte dure* :

    10° Porcelaine dure ;
    11°   —   sans glaçure (parian).

La distinction primordiale de cette classification, entre les pâtes argileuses et les pâtes kaoliniques, est peu pratique, car elle n'est pas forcément révélée par les propriétés physiques de la pâte, ni par sa composition chimique. Il existe, en outre, des poteries à pâte mixte argileuse et kaolinique qui n'y trouvent pas place. Enfin, il peut se produire une confusion dans la valeur des mots tendres et durs, qui, pour les poteries argileuses, désignent la dureté physique de la pâte, et pour les poteries kaoliniques se rapportent à leur degré de résistance à l'action de la chaleur.

Dans son ouvrage sur *les Industries céramiques*, *Bruno Kerl* adopte une classification dérivée de celles de Brongniart et de Knapp :

I. — Poteries poreuses

1° *Briques, tuiles, matériaux de construction divers ;*
2° *Produits réfractaires ;*
3° *Poteries artistiques ;*
4° — *communes ;*
5° *Faïences ordinaires ;*
6° — *fines ;*
7° *Pipes.*

II. — Poteries imperméables

1° *Grès :*
   a. Ordinaires ;
   b. Fins.

2° *Porcelaines :*
   a. Dures ;
   b. Tendres naturelles ;
   c. — artificielles.

Cette classification est excellente dans son ensemble ; on peut cependant lui reprocher : de faire entre les poteries artistiques et communes une différence bien difficile à préciser, de créer une classe exclusive pour les pipes, et de ne pas donner de place aux porcelaines mates (parian).

7. Division en deux classes : poteries perméables et imperméables. — On voit, d'après les classifications précédentes, que les céramistes ont été à peu près unanimes pour diviser les produits céramiques en deux grandes classes, mais qu'il y a eu des divergences dans la détermination des caractères distinctifs : Brongniart, Salvétat, Kolbe, attribuent une importance primordiale à la dureté ; Knapp et Bruno Kerl, à la porosité. Comme il a déjà été observé, la dureté n'a plus le caractère absolu qu'on a pu lui prêter à une certaine époque. Toutes les pâtes cessent d'être rayables par le fer, lorsqu'on les cuit à une température assez élevée, quoique variable pour chacune d'elles. La porosité est, au contraire, un caractère nettement distinctif, qui est admis actuellement par tous les céramistes.

Les poteries se divisent donc en *poteries perméables* et en *poteries imperméables*, cette qualification ne s'appliquant naturellement qu'à la pâte et non à la glaçure, qui est toujours imperméable. La perméabilité peut s'observer, et même se mesurer, en plongeant la pâte dans l'eau, et en pesant le poids d'eau absorbé au bout d'un temps déterminé. Les méthodes pour faire cet essai, ainsi que les limites dans lesquelles peut varier la perméabilité, seront traitées ultérieurement. Il suffit d'indiquer actuellement que les poteries perméables absorbent une certaine quantité d'eau, tandis que celles qui sont considérées comme imperméables n'en absorbent que très peu ou pas.

A ce caractère primordial de la perméabilité, il faut en ajouter d'autres, moins faciles à observer ou moins absolus, qui distinguent les deux classes de poteries.

Les poteries perméables présentent une cassure terreuse, happant à la langue, sont ordinairement tendres, et rarement non rayables par l'acier. Les poteries imperméables sont compactes, à cassure vitreuse, ne happent pas à la langue, et non rayables à l'acier.

Les premières sont des agglomérés dans lesquels l'argile pure, rendue plus ou moins fusible par des fondants, joue le rôle d'agglomérant; les secondes sont des espèces de verres pouvant englober dans leur masse des matières non vitrifiées. Toutes les poteries imperméables commencent, à un degré de cuisson inférieur, par être des poteries perméables, elles ne deviennent imperméables qu'à une température qui provoque le ramollissement et la vitrification de leur masse. Si, par contre, on chauffe les poteries poreuses à une température de plus en plus élevée, ou bien elles deviennent des poteries imperméables, ou bien, ce qui est le cas général, elles se déforment, puis se transforment en une scorie vitreuse.

8. Division en cinq ordres : terres cuites, terres cuites réfractaires, faïences, grès, porcelaines. —
La classe des *poteries perméables* se divise en trois ordres :

I. — *Terres cuites;*
II. — *Terres cuites réfractaires;*
III. — *Faïences.*

Les *terres cuites* comprennent tous les produits céramiques, perméables, non recouverts de glaçure, dont la pâte ne peut être chauffée à une température supérieure à celle de la cuisson de la porcelaine dure (1,375°) sans se déformer ou se vitrifier.

Elles sont ordinairement assez tendres ; cependant quelques-unes d'entre elles ne se laissent pas rayer par le fer, et même quelquefois par l'acier. Leur coloration varie ordinairement du jaune clair au rouge et au brun rougeâtre ; plus rarement elles sont grises ou noires, et exceptionnellement blanches.

Les *terres cuites réfractaires* sont également toujours mates, mais supportent, sans se déformer ni présenter un commencement de vitrification, la température de cuisson de la porcelaine dure. Elles sont toujours rayables par l'acier, presque toujours par le fer. Leur coloration varie du blanc jaunâtre ou grisâtre au jaune ou au gris clair ; exceptionnellement, elles sont noires.

Les *faïences* comprennent toutes les poteries perméables recouvertes d'une glaçure. Leur pâte est tendre ou dure, blanche ou colorée en jaune ou en rouge.

La fusibilité de la pâte, ainsi que la présence ou l'absence de glaçure, permettent de distinguer nettement ces trois ordres de poteries.

Cette classification n'est pas acceptée actuellement par tous les céramistes, surtout par ceux qui par respect pour la tradition ont conservé les divisions proposées par Brongniart ; il serait, en ce moment, prématuré d'indiquer les raisons qui nous ont décidé à l'adopter, nous nous réservons de les développer dans la seconde partie de cet ouvrage.

La classe des *poteries perméables* se divise en deux ordres :

V. — *Grès ;*
VI. — *Porcelaines.*

Les *grès* sont des poteries à pâte opaque colorée, quoique quelquefois seulement légèrement jaunâtre, grisâtre ou bleuâtre. Ils sont mats ou recouverts d'une glaçure.

Les *porcelaines* sont translucides, à pâte blanche, mates ou avec glaçure. La pâte est quelquefois colorée, mais seulement dans un but décoratif.

La distinction de ces deux ordres repose sur la translucidité de la pâte ; elle est assez nette et ne peut généralement donner lieu à aucune hésitation. Il ne pourrait y avoir de confusion qu'entre certaines terres cuites presque vitrifiées, qui peuvent être assimilées à des grès, et certaines faïences à pâte dure légèrement translucides que l'on pourrait ranger parmi les porcelaines. La mesure de la porosité de la pâte permettra, dans les deux cas, de décider la classe à laquelle appartiennent ces poteries.

En comparant les cinq ordres de poteries qui viennent d'être énumérés aux neuf ordres de la classification de Brongniart, on peut dresser le tableau suivant :

I. — *Terres cuites*............	1° Terres cuites ; 2° Poteries lustrées ;
II. — *Terres cuites réfractaires.*	
III. — *Faïences*............	3° Poteries vernissées ; 4° Poteries émaillées ; 5° Faïences fines ;
IV. — *Grès*...............	6° Grès cérames ;
V. — *Porcelaines*...........	7° Porcelaines dures ; 8° Porcelaines tendres naturelles ; 9° Porcelaines tendres artificielles.

Chacun de ces cinq ordres comprend un certain nombre d'*espèces* de poteries, dont la description et la différenciation se trouveront au commencement de chacun des cinq chapitres correspondants de la seconde partie de cet ouvrage. Cette classification plus détaillée ne peut être clairement exposée qu'après l'étude des principes et des procédés généraux de la fabrication et de la décoration des produits céramiques.

§ 2. — Historique sommaire de la céramique

9. Origines de la céramique. — C'est en Égypte, siège de la première civilisation connue, que l'on trouve les poteries auxquelles on peut attribuer la plus haute antiquité. Utilisant les terres assez plastiques déposées par les alluvions du Nil, les Égyptiens ont d'abord fabriqué des briques en terre crue ; puis ils les ont cuites, lorsque le hasard leur eut fait découvrir la propriété de l'argile de durcir à la chaleur. Dans les sondages faits par Linant-Bey, il a trouvé des débris de briques en terre cuite à une profondeur de 18 à 22 mètres au-dessous du niveau actuel de la vallée du Nil, ce qui, en tenant compte de l'élévation progressive du sol par les alluvions, permet d'admettre que les couches contenant ces terres cuites se sont déposées 10.000 ans avant notre ère. D'après Mariette-Bey, on trouve, dans les tombeaux de la période memphite (5000 à 3000 avant Jésus-Christ), des vases en terre cuite destinés à renfermer les provisions que l'on donnait au défunt. On a découvert également sur les murailles des tombeaux des Béni-Hassan des peintures représentant des scènes de la vie des potiers égyptiens, modelant des vases et les faisant cuire au four, à une époque correspondant à la période thébaine (3000 à 1700 avant Jésus-Christ). C'est aussi à cette époque que l'on peut faire remonter la découverte des glaçures et la fabrication des premières faïences trouvées dans la pyramide de Saggarah. Pendant toute la période suivante (1700 à 500 avant Jésus-Christ), l'art de la faïence acquiert une rare perfection, comme le prouvent de nombreuses figurines azurées ou verdâtres et les décors du temple de Tell-el-Yadouai construit par Ramsès III.

Soit que les Chaldéens et les Assyriens aient emprunté aux Égyptiens leurs procédés, soit qu'ils les aient découverts de leur côté, on sait qu'après avoir longtemps employé dans leurs constructions des briques crues, ils ont construit les palais de Crésus à Sardes, de Mausole à Halicarnasse, d'Attale à Tralles, en briques cuites rouges d'une belle fabrication. Les ruines de Ninive et de Babylone sont formées d'amoncellements de briques peu cuites, d'un blanc jaunâtre, quelquefois recouvertes de glaçures bleues, grises bleutées ou d'un blanc jaunâtre. Des tombeaux en terre cuite d'une seule pièce, ou formés de deux jarres soudées, prouvent l'habileté que les potiers chaldéens et assyriens avaient déjà su acquérir à cette époque reculée. Mais les terres cuites les plus curieuses qu'ils nous ont laissées sont les plaques d'argile sur lesquelles on écrivait la chronique et qui, après avoir été cuites, étaient conservées dans des bibliothèques. La plus ancienne que l'on ait découverte, celle de Sargon l'Ancien, date de 3.800 ans avant notre ère.

Il est probable que les peuples de l'Indoustan ont appris des Assyriens et des Chaldéens la fabrication des terres cuites et des glaçures. Les origines de ces peuples si anciens sont encore très peu connues; mais, dans les Védas, leurs hymnes, réunies en recueil (1400 avant Jésus-Christ), font souvent mention de poteries.

D'autre part, les Perses, successeurs des Assyriens, héritaient de leurs traditions et portaient à un haut degré de perfection la fabrication des faïences, tandis que les Phéniciens, puis les Grecs, négligeant les glaçures, s'initiaient en Asie-Mineure à l'art du potier, et fabriquaient des terres cuites auxquelles ils ont donné par la suite un si pur caractère artistique. Ces peuples commerçants et navigateurs ont, par leurs nombreuses colonies, été les initiateurs dans l'art de la terre cuite de toutes les nations riveraines de la Méditerranée et de celles du nord de l'Europe.

Séparés de ce premier foyer de civilisation par des déserts et des montagnes longtemps infranchissables, les Chinois ont également découvert, de leur côté, les principes de la céramique. D'après les annales chinoises, les premières poteries auraient été fabriquées par Kouen-Ou, qui vivait sous le règne de l'empereur Hoang-Ti, 2698 à 2599 avant Jésus-Christ. C'étaient sans doute des vases en faïence vernissée ou émaillée.

De bonne heure, les Chinois employèrent la céramique pour la construction et la décoration des édifices sous forme de briques et de tuiles émaillées, mais leur grande découverte, celle des poteries imperméables, grès et porcelaines, est beaucoup plus récente : le premier ouvrage qui la mentionne a été publié sous l'empereur Wan-Ti, de la dynastie des Han (175 à 151 avant Jésus-Christ).

Lors de la découverte de l'Amérique, les indigènes fabriquaient des terres cuites remarquables, et les découvertes archéologiques ont permis de constater que, dans certaines contrées du Mexique et de l'Amérique centrale, l'origine de cette fabrication devait remonter à une antiquité assez reculée, probablement à plus de 1.000 ans avant notre ère.

De l'ensemble de ces faits, il semble résulter que la fabrication des terres cuites, cette première étape de l'art céramique, ait été inventée au moins par trois peuples, les Égyptiens, les Chinois et les Mexicains, à l'origine de leurs civilisations respectives, c'est-à-dire à des époques trop reculées pour qu'il soit possible de leur assigner une date.

L'art de recouvrir les terres cuites d'une glaçure devait être connu environ 4.000 ans avant notre ère par les Égyptiens ; et il est vraisemblable que les Chinois le découvrirent de leur côté environ 1.000 ans plus tard. C'est, enfin, 200 ans environ avant Jésus-Christ que ces derniers inventaient les grès, puis les porcelaines.

10. Terres cuites anciennes. — Les premières terres cuites des Égyptiens et des Assyriens étaient faites avec une argile peu plastique, difficile à façonner. Pour remédier à ce défaut, on ajoutait de la paille ou des herbes à la pâte destinée aux briques et aux autres objets épais. Quant aux statuettes, aux inscriptions, on devait faire une première ébauche assez grossière que l'on laissait sécher et qu'on sculptait ensuite avant de la cuire. Ce procédé de fabrication ne paraît pas avoir été employé hors de l'Égypte et de certaines parties de l'Asie-Mineure. Il était la conséquence de la formation géologique de ces vastes plaines d'alluvions, dans lesquelles la fertilité du sol a fait éclore les premières civilisations.

Dans tous les autres pays, les premiers produits céramiques présentent, au contraire, une remarquable analogie. Quoique fabriqués à des siècles de distance par les Phéniciens, les Grecs ou les Romains, les Celtes, les Gaulois ou les Germains, les Indiens ou les Malais, les Américains ou les Africains, ils se présentent toujours sous la forme de terres cuites très poreuses, tendres ou médiocrement dures, d'une coloration variant du blanc jaunâtre ou grisâtre, au jaune orangé et au gris. La matière première a partout été une argile moyennement plastique, peu calcaire, plus ou moins ferrugineuse, qui a été façonnée à l'état de pâte, puis cuite presque toujours à basse température. Telle cette fabrication existait sur les rives de la Méditerranée, il y a 4.000 ans, telle nous la voyons encore pratiquée de nos jours par certaines peuplades de l'Amérique du Sud et de l'Afrique. Partout où l'homme a trouvé cette argile spéciale, et les gisements en sont nombreux, il a pu fabriquer ces terres cuites anciennes sans le secours d'aucun outillage, n'utilisant que la chaleur produite par un brasier de bois. C'est cette extrême simplicité dans la fabrication qui a dû faire des terres cuites le premier objet fabriqué par l'homme avec l'aide de la chaleur.

Les premières poteries fabriquées de la sorte ont été des vases destinés à contenir les aliments ou les liquides; ce n'est que plus tard qu'il a été possible de confectionner des produits plus épais, des briques ou des tuiles d'une cuisson plus difficile. Les formes de ces objets en terre cuite ont naturellement beaucoup varié suivant les usages auxquels ils étaient destinés et le génie particulier de chaque peuple. Brongniart, dans son *Traité des Arts céramiques*, a consacré à ce sujet plusieurs chapitres, d'un intérêt plus archéologique que céramique; aussi devons-nous y renvoyer ceux de nos lecteurs que cette question pourrait intéresser. Il est cependant nécessaire de mentionner ces jarres ou amphores de dimensions considérables, fabriquées, dit Brongniart, « sur toute la terre depuis un temps qui remonte à peut-être bien des siècles avant l'ère chrétienne. Les fabriques de ces pièces remarquables par leurs dimensions toujours très grandes, quelquefois gigantesques, sont peu nombreuses, mais il y en a dans tous les pays, en Afrique, en Asie, en Amérique, dans l'Europe, en Italie, en Espagne, en France ». Ces vases peuvent avoir de $1^m,50$ jusqu'à

3 mètres de hauteur, pour un diamètre maximum de 0^m,60 à 1 mètre, l'épaisseur de la pâte variant de 3 à 6 centimètres. Ils étaient destinés à contenir des liquides, principalement du vin, et ils ont, depuis, été remplacés par les cuves en bois.

Parmi toutes les nations qui ont fabriqué ces terres cuites anciennes qui, pour la plupart d'entre elles, ont été ou sont encore le seul produit céramique connu, il faut faire une mention particulière des Grecs d'abord, à cause de la perfection plastique qu'ils ont su donner à leurs poteries, et des Romains ensuite, qui sont les créateurs de l'industrie actuelle des terres cuites des constructions.

Sous le nom de terres cuites grecques, il ne faut pas seulement comprendre celles qui ont été fabriquées dans la Grèce actuelle, mais également les produits des îles de l'Archipel, de l'île de Milo en particulier, et des autres anciennes colonies grecques, dont l'une, la Grande-Grèce, l'Italie méridionale actuelle, a été le pays originaire des poteries dites campaniennes, qui resteront toujours le modèle le plus parfait des poteries en terre cuite.

Outre l'admirable pureté des formes, les potiers grecs ont su employer des argiles suffisamment fines, probablement lavées et cuites à une température assez élevée pour donner à leurs pâtes une dureté et une finesse toutes particulières. Après avoir d'abord poli les surfaces avant cuisson, pour donner une sorte d'éclat à la poterie cuite, ils ont ensuite inventé le procédé de décoration connu sous le nom d'engobage, qui consiste à mettre sur une pâte des ornements faits au moyen d'une autre pâte de couleur différente. Puis, ils sont arrivés à recouvrir les terres cuites d'une sorte de glaçure, d'un lustre, suivant l'expression consacrée de Brongniart, qui, par sa composition fortement alcaline, déterminait la vitrification de la surface. Ces lustres étaient colorés soit en rouge, par de l'oxyde de fer, soit en brun foncé, par un mélange de cet oxyde avec du manganèse. La fabrication grecque a dû prendre naissance près de mille ans avant notre ère, pour disparaître complètement 3 ou 400 ans après Jésus-Christ et rester à peu près ignorée jusqu'au commencement du XVIIIe siècle.

Il est impossible de comparer les poteries des Romains, même celles dites étrusques, aux remarquables produits de l'art grec ; mais, par contre, ces conquérants du monde connu ont partout introduit l'emploi des terres cuites dans les constructions. Les grandes briques ou, plutôt, les dalles romaines, ainsi que leurs tuiles, subsistent encore dans de nombreux monuments. Cette fabrication, qui avait atteint son apogée au moment de la plus grande puissance de l'Empire, a décliné ensuite avec lui, et a presque disparu, sans cesser cependant complètement, pendant le commencement du moyen âge.

Lorsque les différentes nations européennes ont commencé à se former, on a repris peu à peu la tradition des potiers romains, mais ce n'est qu'à partir de la Renaissance que les fabricants de terres cuites européens ont su égaler, puis dépasser leurs maîtres.

11. Faïences anciennes, persanes, arabes et mauresques. — On a vu que les Égyptiens semblent avoir été le premier peuple qui ait su recouvrir les terres cuites de glaçures, c'est-à-dire de verre. Dès le xve siècle avant notre ère, les Egyptiens employaient les émaux avec des colorations blanches, bleues et vertes. La nature de la pâte très siliceuse, dure, presque vitrifiée, l'a fait, à une certaine époque, confondre avec la porcelaine, mais cette opinion ne résiste pas à un examen sérieux ; les poteries émaillées égyptiennes sont bien des faïences.

Les Assyriens et les Chaldéens ont également fabriqué des poteries semblables, quoique avec moins de perfection ; mais ces peuples ont eu le grand mérite d'être les précurseurs des Persans, qui ont amené l'art de la faïence, particulièrement de la faïence monumentale, à un degré de perfection qui n'a pu être égalé que de nos jours.

Grâce à M. Dieulafoy, le Musée du Louvre possède deux fresques de toute beauté, servant à orner les palais des rois de Perse à Suse. Fabriquées sous les règnes de Darius et d'Artaxercès Mnémon, c'est-à-dire de 525 à 362 avant Jésus-Christ, elles feraient encore honneur de nos jours aux plus habiles céramistes.

La pâte employée par les anciens Persans était extrêmement siliceuse, ayant l'aspect d'une pierre de grès tendre. Sa très faible plasticité devait en rendre le moulage très difficile, aussi certains auteurs ont-ils émis l'idée que les briques qui servent de support à la glaçure sont des blocs de grès naturel taillés et sculptés. Cette opinion n'a pas prévalu parmi les céramistes, qui considèrent ces briques plutôt comme du sable aggloméré avec un peu d'argile. Quant aux ornements, de même que les nombreuses inscriptions, ils n'ont pas dû être moulés, mais sculptés à la main, sur la pâte crue ou cuite. Les glaçures sont très alcalines, d'un grand éclat avec colorations blanches, jaunes, vertes et bleues. Plus tard, les

Persans ont employé des pâtes plus plastiques, qui leur ont permis la fabrication de vases et de plats.

Tandis que la conquête romaine anéantissait l'art de la faïence en Égypte, les Persans en ont continué la tradition, et ils devaient être en pleine possession de cette fabrication, qu'ils ont su amener à un si haut degré de perfection, lorsqu'au viie siècle ils furent conquis par les Arabes.

L'histoire de la céramique est muette sur cette longue période de près de mille années, pendant laquelle l'art persan a dû atteindre son apogée. La civilisation arabe a si bien su absorber les vaincus que, pendant des siècles, les faïences persanes sont restées ignorées, et c'est seulement de nos jours que les découvertes des archéologues ont exhumé les magnifiques témoins de cette civilisation disparue.

C'est un des problèmes les plus curieux de l'histoire de rechercher les causes qui ont empêché les Grecs et les Romains, dont les rapports avec les Persans étaient si fréquents, de leur emprunter l'art magnifique de l'émail. On a dit que la prédilection des Grecs pour les formes pures et délicates leur a fait repousser l'émail qui peut empâter les contours, mais cette raison ne saurait s'appliquer aux Romains, très enclins, au contraire, à adopter les usages des peuples qu'ils avaient conquis. Quelles que soient les raisons de cette abstention, on ne peut que la regretter, car elle a porté le plus grand préjudice au développement de la céramique. L'art de la faïence n'a été transmis à l'Europe que par les Arabes et les Maures, après avoir été ignoré de toute l'antiquité classique et du moyen âge, c'est-à-dire pendant plus de quinze siècles.

Il est difficile de suivre l'histoire de la céramique pendant les premiers siècles de l'empire arabe, les documents manquent ou sont obscurs; mais il est certain que la fabrication des faïences continua en Perse, pour se répandre ensuite en Syrie, en Égypte, et en Espagne. Ce n'est guère que vers le xie siècle, lorsque les Maures se furent substitués aux Arabes, que l'on vit apparaître en Espagne une nouvelle fabrication, qui se distingue principalement des faïences persanes par les reflets métalliques de la glaçure. C'est dans l'île de Majorque, à Malaga et à Manisès près Valence, que s'est concentrée la fabrication des célèbres faïences hispanomauresques. Celles-ci consistent en carreaux de revêtement, en plats et en vases d'une forme souvent très pure. « La décoration consiste, dit Darcel, en cyprès ou en animaux encadrés de médaillons qui en épousent les contours, et en entrelacs peints en bleu, en grandes étoiles à rayons imbriqués, imités des plafonds de l'Alhambra, et en rinceaux à longs feuillages polylobés peints en jaune clair. Des inscriptions en caractères arabes et facilement transformées en ornements occupent souvent une place importante dans le décor ; le fond est en émail blanc que les évaporations de la couleur métallique ont légèrement rosé. » C'est probablement à Malaga qu'ont été fabriqués, vers 1320, les célèbres vases qui décorent l'Alhambra de Grenade considérés comme les chefs-d'œuvre de l'art céramique des Maures.

Plus tard, la décoration subit l'influence de l'Espagne chrétienne et de l'Italie ; des rosaces, des écussons, des armoiries et des emblèmes religieux viennent souvent remplacer les dessins mauresques. Au commencement du xvie siècle, cette fabrication était à son apogée, sinon comme valeur artistique des produits, du moins par l'importance de la production.

Cependant, la conquête de l'Espagne par les chrétiens porta un coup fatal à cette belle industrie ; malgré la protection des rois d'Espagne, elle déclina rapidement, pour disparaître complètement des localités qu'elle avait illustrées. C'est à l'Italie qu'est échu l'honneur de recueillir cette glorieuse succession.

L'art persan a eu également un moment d'éclat à Damas et dans l'île de Rhodes. La fabrication consistait en plats, vases, coupes, aiguières, dans lesquels la décoration florale, roses, tulipes, jacinthes, œillets d'un rouge éclatant, joue le principal rôle. Ces faïences ont été fabriquées dans l'île de Rhodes, sous la domination de l'Ordre de Jérusalem, à partir de 1320, jusqu'en 1523, au moment de la conquête de l'île par Soliman II. Quant aux fabriques de Damas, leur histoire est à peu près inconnue ; elles paraissent avoir disparu dans le courant du xviie siècle.

Enfin, il faut encore signaler les faïences, d'un caractère nettement arabe, qui furent fabriquées en Sicile pendant le xive et le xve siècle, auxquelles on a donné le nom de siculo-arabes, et qui disparurent au moment de l'avènement des faïences stannifères.

12. Faïences italiennes. — Jusqu'au xve siècle, la seule glaçure connue en Europe était le vernis plombifère. Employé dès l'année 1100 à Pesaro, il servait à recouvrir des carreaux, des vases plus ou moins ornés d'incrustations ou peints avec des oxydes métalliques. Sa transparence laissait voir la coloration jaunâtre, plus souvent rouge de la pâte. L'origine de l'emploi du vernis plombifère est inconnue, mais on admet généralement que la tradition de cette glaçure, connue des Égyptiens, des Grecs et des Romains, mais peu employée par eux, s'est perpétuée jusqu'au XIIIe siècle, où elle fut tirée de l'oubli et devint d'un usage général.

Les poteries de l'Italie étaient, dès le XIe siècle, les plus renommées en Europe, les rapports que les Italiens entretenaient avec l'Orient leur avaient fait connaître les faïences arabes et leurs reflets métalliques, qu'ils s'évertuaient d'égaler. Mais, pendant plusieurs siècles, ils se contentèrent de ce rôle d'imitateurs, lorsqu'en 1440 Lucca della Robbia, né à Florence, utilisa les émaux opaques stannifères pour produire une nouvelle espèce de faïence, qui devait pendant trois siècles prendre la première place dans l'art céramique. Della Robbia était sculpteur, et son but en recouvrant les terres cuites d'un émail était de les rendre inaltérables. On possède principalement de lui des statues ou des groupes recouverts d'émaux d'une couleur uniforme, principalement blancs et bleus, quelquefois verts, rarement bruns ou jaunes. La grande discrétion de ses couleurs, le style pur des formes, donnent à son œuvre un caractère particulier de sérénité qu'on ne retrouve plus chez ses successeurs. A la mort de Lucca, son neveu Andrea lui succéda et eut sept fils, dont cinq devinrent à leur tour des céramistes distingués. Ils produisirent des bas-reliefs, des frises, des statues, des médaillons, des tableaux d'autels remarquables par la perfection des procédés techniques. « L'émail en est bien glacé, dit M. Garnier, très pur et sans aucune gerçure; la terre est bien cuite et les retraits en ont été si habilement calculés que toutes les pièces qui composent l'ensemble des bas-reliefs et des statues de grandes dimensions s'ajustent et s'assemblent sans laisser aucun vide. »

A la fin du XVe siècle, la fabrication des nouvelles faïences stannifères prit dans toute l'Italie un développement considérable. Elles étaient désignées sous le nom de *majolica*, corruption du nom de l'île Majorque. Au sujet de cette désignation, on a beaucoup discuté la question de savoir si les Italiens de la Renaissance se sont inspirés des Maures d'Espagne ou des Arabes d'Orient. Il semble probable qu'ils ont dû subir leur double influence. Les fabriques italiennes furent très nombreuses, et il n'est possible de citer que les principales :

Faenza, dans les Marches, qui a donné son nom au mot français *faïence*, fabriquait, dès 1487, des carreaux de revêtements; plus tard, elle se signala par ses décors bleus sur un émail bleu d'une autre nuance (*berettino*) et la présence de tons rouges dans les peintures.

Urbino, dans le duché de ce nom, est arrivée à son apogée dans le second quart du xvi° siècle, grâce à la protection du duc Guido Ubaldo II. Plusieurs céramistes, dont les noms méritent d'être conservés, ont illustré cette fabrication : Guido Durantino et Francesco da Rovigo, avant 1545 ; Orazio Fontana, à la fin du xvi° siècle; Antonio Potanazzi, au commencement du xvii°. C'est à Urbino que l'on commença à reproduire les tableaux des maîtres italiens et particulièrement de Raphaël ; on y a fabriqué également des chimères, des ornements en relief, salières, écritoires et surtout des vases composés par Battista Franco et exécutés par Orazio Fontana, qui passent pour le chef-d'œuvre de cette fabrication.

Pesaro, dans le même duché d'Urbino, a été plus renommée par ses vaisselles et ses reflets métalliques; l'artiste le plus connu de cette ville est Gironimo Vasaro. La fabrication a cessé dès la fin du xvi° siècle.

Gubbio, également près d'Urbino, n'est connue que par le nom d'un artiste céramiste, Georgio Andreoli, mort vers 1540, auquel on attribue des pièces à reflets métalliques rouge rubis. Castel-Durante a été, de toutes les localités du duché d'Urbino, celle où la fabrication a été la plus active, sinon la plus artistique ; elle n'a cessé qu'au commencement du xviii° siècle. Ses faïences sont caractérisées par un dessin large et hardi, d'une couleur tirant sur le bistre, avec des fonds généralement bleus ou jaunes.

On peut, enfin, mentionner Caffagiolo, en Toscane, dont les produits ont beaucoup d'analogie avec ceux de Faenza ; Deruta, dans les États pontificaux, connu par ses reflets métalliques jaune chamois ; Ferrare, Venise, Padoue, Vérone, Savone et, enfin, Castelli, dans les Abruzzes.

« Les décorateurs italiens, dit Deck, ont pratiqué leur art sur toutes les formes que les produits céramiques peuvent affecter : carreaux de pavements et de revêtements, assiettes, plats, bouteilles, aiguières, gourdes, vases de pharmacie, vases d'apparat et de luxe, coupes, encriers, bénitiers, etc. Les variétés de décor comprennent tous les genres : ornements simples, arabesques, grotesques, trophées, scènes d'histoire et de mythologie, paysages. » Les céramistes italiens se sont élevés au plus haut degré de leur art, et ils ont fait preuve d'une habileté professionnelle consommée en tirant tout le parti possible des matières qu'ils ont utilisées. Cette belle fabrication, après avoir atteint son point culminant au milieu du xvi° siècle, décline alors rapidement pour disparaître presque complètement au commencement du xvii°.

13. Faïences françaises. — C'est dans le courant du xii° siècle que l'emploi du vernis plombifère semble s'être répandu en France. On s'en est servi primitivement pour recouvrir des briques ou des carreaux de pavement; plus tard, il fut également utilisé à la confection de vases de formes diverses. Dès 1225, il existait une fabrication de ce genre à Troyes; une autre à Pontaillier, près Dijon; puis, plus tard, à Paris, à Saintes; mais c'est à Beauvais et dans les deux localités voisines de Saveignies et de la Chapelle-au-Pot qu'elle prit la plus grande extension. Les poteries de Beauvais recouvertes d'un vernis vert ou jaspé, étaient très recherchées. Cependant, à partir du xvi° siècle, les poteries vernissées perdirent leur caractère artistique, on ne s'en servit plus que pour les usages domestiques. Sous cette forme, leur emploi s'est prolongé jusqu'à nos jours, mais elles tendent actuellement à disparaître.

C'est au commencement du xvi° siècle que les céramistes italiens commencèrent à être appelés en France par François I°ʳ et par des grands seigneurs, comme les Montmorency. On doit à Girolomo della Robbia les revêtements du château de Madrid, près de Paris; puis, des fabriques furent installées par eux à Lyon, à Nantes, au Croisic. Cependant elles n'eurent qu'une existence éphémère et succombèrent bientôt, victimes des caprices de la mode et de la lutte engagée contre elles par les céramistes français.

Les premières faïences d'origine purement française sont celles dites d'Oiron, qui sont longtemps restées une énigme céramique. Très remarquables par le ton blanc d'ivoire de leur pâte très dure, le fini et la légèreté de leur décor, leurs formes se rapprochant de celles de l'orfèvrerie; on a longtemps ignoré leur lieu d'origine et la date de leur fabrication. Des recherches récentes ont prouvé que ces poteries longtemps désignées sous le nom de faïences Henri II, à cause du chiffre de ce roi que portent un certain nombre de pièces, ont été fabriquées, non à Oiron, mais à Saint-Porchaire, dans les Deux-Sèvres, de 1529 à 1568. Cette remarquable fabrication s'est éteinte sans laisser de traces et sans avoir d'influence sur le développement de la céramique française.

Bernard Palissy, né en 1510 à la Chapelle-Biron, près Agen, après avoir pratiqué différents métiers et voyagé en France, en Allemagne et dans les Flandres, se fixa, vers 1542, à Saintes (Charente-Inférieure) et y rechercha la composition d'émaux blancs, sans doute d'origine italienne, dont des échantillons étaient tombés entre ses mains quelques années auparavant. A force d'essais souvent entravés par la misère, il réussit à créer des faïences d'un caractère original, qui appelèrent sur lui l'attention de plusieurs grands seigneurs et particulièrement du connétable de Montmorency. Après plusieurs années consacrées à ses travaux céramiques, ayant embrassé la religion réformée, il fut emprisonné à Bordeaux, en 1562. Bientôt mis en liberté, grâce à l'intervention du connétable de Montmorency, il s'établit à La Rochelle, puis à Paris, où il trouva la protection de Catherine de Médicis. De nouveau arrêté pour ses opinions, en 1588, après la mort de ses protecteurs, il mourut en prison à l'âge de quatre-vingts ans.

« Outre les carreaux de revêtement, Palissy fit aussi des carreaux de poêle, comme le prouve le bel échantillon de l'ancienne collection du comte de Pourtalès, des vases décorés en plusieurs styles, des aiguières, des vasques, des tasses, des salières, des encriers, des flambeaux et jusqu'à des statuettes ; mais ses ouvrages les plus remarquables sont ses rustiques figulines, ainsi qu'il les nommait ; ce sont des plats ornés de poissons, de serpents, de grenouilles, d'écrevisses, de lézards, de coquilles et de plantes. Ces plats n'étaient pas faits pour l'usage, ils étaient réservés comme pièces de parade destinées aux dressoirs en grande faveur à cette époque. » (BLONDEL.)

En même temps que céramiste, Palissy fut naturaliste, géologue et écrivain. « Il possédait, dit Brongniart, les qualités qui font le héros : avoir un but élevé, chercher avec persévérance à l'atteindre, en surmonter, sans reculer, sans s'arrêter un instant, les obstacles qui se présentent, enfin y parvenir et acquérir ainsi une réputation populaire. » Mais, en même temps, il eut le tort de conserver pour lui le secret de ses remarquables travaux. « Aussi l'art qu'il avait si péniblement créé disparaît-il presque entièrement avec lui, ne produisant plus, sous ses continuateurs immédiats, que des œuvres médiocres, relativement ternes, sans finesse et sorties de moules usés. » (GARNIER.) Ses œuvres les plus remarquables, propriété de quelques grands seigneurs, sont restées à peu près inconnues jusqu'au commencement de notre siècle. Il aurait pu être le maître incontesté de la céramique française, il ne fut qu'une brillante apparition idéalisée par la légende populaire.

C'est seulement en 1602 que les frères de Conrade, nés à Albissala, près de Savone, appelés en France par Louis de Gonzague, commencèrent à Nevers à fabriquer des faïences d'après les procédés qu'ils avaient appris à connaître en Italie. Cette fabrication eut un grand succès et, en 1644, un fils des fondateurs fut nommé « gentilhomme servant et fayencier du Roy ». La famille de Conrade s'éteignit en 1677. Mais d'autres fabriques s'étaient créées à Nevers : dès 1632, on en comptait quatre, dont la plus importante était dirigée par la famille des Custade. Jusqu'en 1660, les poteries de Nevers furent des imitations des faïences italiennes ; plus tard, on s'inspira des poteries orientales. Les produits de cette période « sont remarquables, dit M. Garnier, par leur exécution franche, spirituelle et surtout par l'intensité de leur beau bleu souvent accompagné de manganèse ». La production devint considérable, mais la fabrication de plus en plus commune. « Une statuaire, généralement fort peu recommandable, sort des ateliers nivernais ; puis la fabrique de Rouen presque à la fin du XVII° siècle, celle de Moustiers au commencement du XVIII°, créent un art décoratif qui leur attire la faveur et les commandes ; Nevers se met à imiter les produits de Moustiers et de Rouen, sans pouvoir jamais reproduire le rouge que les ateliers de cette dernière ville produisent sur leurs pièces du XVIII° siècle. Puis, c'est la fabrique de Saxe que l'on imite, jusqu'à ce qu'enfin la fabrique de Nevers, tombée au dernier degré de la décadence, ne produise plus, à la fin du XVIII° siècle, que de vulgaires produits enluminés d'emblèmes républicains. » (DARCEL.)

En 1673 fut créée à Rouen une première fabrique de faïence par Louis Poterat, qui, après avoir subi l'influence de Nevers et de Delft, sut s'affranchir de tout esprit d'imitation et créer le style rouennais, qui occupe le premier rang parmi les faïences françaises, et que beaucoup préfèrent aux plus beaux produits d'Urbino.

« Ce sont des dessins non modelés, symétriques, formant des cartouches, des lambrequins qui, symétriquement distribués sur la surface des pièces, rayonnent autour du centre, quand il s'agit d'un plat ou d'une assiette ; descendent du bord et couvrent la panse quand il s'agit de vases ; ce genre de décor est généralement bleu, son émail blanc ; mais le jaune, le vert, le rouge, se rencontrent aussi sur les pièces. » (DARCEL.) « En 1786, dit Deck, Rouen comptait dix-huit faïenceries ; à la fin du siècle, il n'y avait presque plus rien : la concurrence anglaise avait, par son bon marché, triomphé presque partout dans la fabrication du service de table. Rouen a exercé une influence considérable sur un grand nombre de faïenceries françaises et étrangères, et c'est justice. Nul autre centre céramique en France n'a su, au même titre que Rouen, prouver la vitalité en notre pays du sentiment de la décoration. »

La faïencerie de Moustiers fut fondée, vers 1680, dans une petite ville des Basses-Alpes, par la famille de Clérissy. En 1789, il y avait douze faïenceries ; elles disparurent pendant la Révolution. « Les faïenciers de Moustiers, dit M. Garnier, ont su créer un décor original, d'un style bien particulier, et l'on pourrait presque dire, si le mot ne paraissait pas trop ambitieux, appliqué à de simples œuvres de céramique, qu'ils ont fondé une sorte d'école dont l'influence se fit sentir dans toutes les fabriques du midi de la France et jusqu'en Espagne. »

La famille des Hannong, céramistes très distingués, créa, en 1709, à Strasbourg, une faïencerie qui dura jusque vers 1790. Contrairement aux fabriques précédentes, s'inspirant des procédés de la porcelaine, les Hannong ont peint leur décor sur l'émail cuit, et non sur l'émail cru. « Les faïences de Strasbourg, dit M. Garnier, qui se distinguent par la beauté et la pureté de leur émail, par leurs formes élégantes et capricieuses, et surtout par la vivacité et la franchise de leurs couleurs, notamment des pourpres et des carmins, ne procédaient en rien de ce qui avait été fait précédemment. »

A ces quatre grands centres de la faïencerie française : Nevers, Rouen, Moustiers et Strasbourg, qui ont chacun leur caractère propre, il faut ajouter un grand nombre d'autres fabrications s'y rattachant plus ou moins. On peut citer parmi les plus connues : Marseille, Montpellier, Bordeaux, Lunéville, Niderviller, Saint-Amand, Sceaux, Lille, Epinal, etc.

« A la fin du XVIIIe siècle, dit M. Garnier, la fabrication des faïences à émail stannifères, qui avait brillé d'un si vif éclat pendant tant de temps, était depuis bien des années déjà en pleine décadence. Rouen et Moustiers avaient perdu presque toutes leurs manufactures qui avaient fait autrefois leur orgueil et leur richesse. Nevers et les fabriques secondaires ne livraient plus au commerce que des faïences lourdes, communes et grossièrement peintes, et si quelques villes : Strasbourg, Niderviller, Sceaux, Marseille, etc., produisaient encore parfois des pièces délicatement exécutées et décorées avec un talent incontestable par de véritables artistes, c'est que, par le genre même de leur décoration exécutée au feu de moufle sur émail cuit et parfois rehaussé d'or, elles imitaient les porcelaines, dont l'usage commençait à se répandre dans les grandes maisons et chez la haute bourgeoisie et qui provenaient soit des manufactures établies récemment à Paris et sur plusieurs points du royaume, soit de l'Extrême-Orient, d'où elles étaient importées en France par l'entremise de la Compagnie des Indes. Mais les porcelaines, dont le prix était relativement fort élevé, n'étaient pas seules causes de cet état d'abandon et d'infériorité dans lequel était tombée la fabrication de la faïence ; une nouvelle poterie, originaire d'Angleterre, y avait contribué pour une large part. »

14. Faïences allemandes, hollandaises et diverses.
— Les terres cuites à émail plombifère avaient pris un assez grand développement en Allemagne pendant la fin du moyen âge. On ne se contentait pas de fabriquer des objets mobiliers, on produisait aussi des pièces d'architecture. Nuremberg était déjà célèbre par ses poteries lorsqu'en 1503 Hirschvogel, envoyé en mission en Italie, y apprit les secrets de la fabrication des majoliques.

« C'est surtout à Augustin Hirschvogel, dit M. Garnier, que l'on s'accorde généralement à attribuer ces vases, aujourd'hui si rares et si recherchés en Allemagne, recouverts d'émaux polychromes assez purs et très harmonieux et portant des figures modelées en relief sur la panse ou dans les cavités en forme de niches pratiquées dans le corps même du vase. Mais ce qui, par dessus tout, fit la réputation des fabriques de Nuremberg, ce furent ces magnifiques poêles en terre recouverts d'un beau vernis vert foncé ou brun rehaussé de dorures, composés de deux masses cubiques superposées et formées par des pièces fabriquées séparément, carreaux, plaques, pilastres, cariatides, chapiteaux, etc., dont l'assemblage constituait un ensemble riche et varié ; sur leur surface étaient reproduits en relief des sujets mythologiques, des scènes prises dans l'Ancien et le Nouveau Testament, des figures allégoriques et des motifs décoratifs. »

Nuremberg a également fabriqué, au xviiie siècle, des services de table, ou des pièces d'apparat, ordinairement décorées de bouquets détachés; mais les plus beaux poêles datent du xvi° siècle; au xviii° siècle, cette fabrication était déjà en décadence.

Parmi les autres faïenceries allemandes, on ne peut citer qu'Ansbach (Bavière), qui imite assez bien les produits de Rouen; Hoechst sur le Mein (1720-1794), dont le décor se rapproche de celui de la porcelaine; Frankenthal, qui fait du Strasbourg; et Beyreuth, avec des pièces de service et des vases au décor généralement bleu.

Vers 1584 fut créée, dans les Pays-Bas, une fabrication de faïences qui, après des débuts difficiles, prit, à la fin du xvii° siècle, une importance considérable au double point de vue de la production et de la valeur artistique. Sous le régime très autoritaire d'une Corporation puissante, la Gilde de Saint-Luc, les faïenceries de Delft ont rendu célèbre le nom de cette ville. Pendant plus de deux siècles que dura cette fabrication, sept cent cinquante-neuf faïenciers furent inscrits sur les registres de la Corporation. D'abord favorisée par le développement considérable que prit le commerce hollandais au xvii° et au xviii° siècle, les faïenceries de Delft subirent le même sort que les fabriques françaises, et disparurent vers 1800. Parmi les nombreux céramistes qui ont contribué à la fortune de Delft, il faut citer: Hermann, Adrien et Gerril Pietersz, Aelbrecht de Keizer, Abraham de Kooge, Frederick von Frytem, van Eenhorn et Aegestyn Reygens. La fabrication de Delft se divise en trois périodes. Dans la première, le décor, ordinairement chargé, est en camaïeu bleu avec traits foncés tirants sur le violet brun, représentant des compositions à nombreux personnages. La seconde est caractérisée par un perfectionnement notable du même procédé et par l'imitation remarquable des porcelaines japonaises. Enfin, dans la troisième période, qui commence à la fin du xvii° siècle, la fabrication devint surtout commerciale; on produisit une foule d'objets les plus divers et des imitations parfaites des porcelaines de Chine, du Japon et de Saxe.

D'autres pays possédèrent également, principalement au xviii° siècle, des fabriques de faïences stannifères. On peut mentionner, en Espagne, celle de Talavera, qui a donné son nom dans son pays originaire à la faïence stannifère, et celles, moins importantes d'Alcora et de Séville. En Suisse, la fabrique de Zurich est renommée au xviii° siècle, principalement pour ses poêles, et celle de Thun pour son décor fait au moyen de gouttes de glaçures diversement colorées (pastillage). En Suède, la faïencerie de Rörstrand imite le décor de Marseille et de Strasbourg, ainsi que les porcelaines de Saxe, celle de Marieberg s'inspire du décor de Strasbourg. Enfin, on peut encore citer, en Belgique, les fabriques de Bruges et de Liège.

15. Faïences anglaises. — La fabrication des poteries à glaçure plombifère, ainsi que, plus tard, celles à émail stannifère, semblent avoir été très peu développées en Angleterre. Les faïences étaient importées de Delft, dont le nom servait à désigner toutes les poteries stannifères. On ne peut citer que la fabrique de Lambeth, près Londres, fondée par des Hollandais, et celles de Burslem, dans le Staffordshire.

Telle était la situation lorsque, en 1720, Atsbury, fils d'un potier de Burslem, remarqua par hasard la blancheur de la poudre de silex employée comme remède chez un vétérinaire et eut l'idée de la mélanger à la pâte des faïences. Le succès répondit à son attente : la pâte devint plus blanche, d'une dureté remarquable, se prêtant à toutes les décorations.

De nombreuses fabriques utilisant la nouvelle découverte furent bientôt créées à Burslem, Hanley, Newport, Leeds, Liverpool, Fuldam et Lambeth. Parmi celles-ci, la plus célèbre fut celle de Leeds, qui ne tarda pas à exporter ses produits dans toute l'Europe. Cependant cette fabrication se bornait à des produits communs, lorsqu'elle fut amenée à un haut degré de perfection par Josiah Wedgwood, le plus célèbre céramiste anglais.

Né, en 1730, à Burslem, fils d'un fabricant de poteries de cette ville, Wedgwood, après avoir eu plusieurs associés, fonda dans son pays natal, en 1759, une faïencerie où il créa une poterie à pâte couleur crème, qui obtint un succès considérable et qui, patronnée par la reine Charlotte, prit le nom de poterie de la Reine (*Queen's ware*). Associé ensuite à Thomas Bentley, il s'adonna à des imitations de l'art antique et fabriqua des vases, des camées, des médaillons, d'une exécution aussi remarquable que soignée. Wedgwood mourut en 1795, après avoir fondé des fabriques considérables, acquis une grande fortune, et laissé le souvenir d'un homme de caractère noble et charitable.

Les produits créés par Wedgwood se classent, d'après M. Church, comme suit : faïences crèmes, employées pour des services de table, peints en couleur ou imprimés en noir ou rouge, rarement rehaussés de dorures ; poteries noires sous forme de vases, de médaillons, de bustes, de services à décoration polychrome avec dorures ; poteries rouges servant à imiter les camées ; faïences fines à pâte blanche ; poteries marbrées imitant le marbre, le granite, l'agate ; enfin, poteries à décoration ou relief mat avec fond bleu grisâtre, sous forme de vases, flambeaux, coffrets, tabatières, boutons et surtout de bas-reliefs imités de l'antique, d'après les modèles du sculpteur Flaxmann.

La fabrication de la nouvelle faïence prit en Angleterre, à la fin du xviiie siècle, un développement considérable ; on a vu que cette nouvelle poterie détrôna la faïence stannifère, déjà battue en brèche par la porcelaine. Au commencement de notre siècle, elle régnait en maîtresse, et tous les pays de l'Europe étaient devenus tributaires des faïenciers du Staffordshire.

16. Grès. — L'histoire de la fabrication des grès est beaucoup plus courte et moins mouvementée que celle de la faïence. On a vu que ce genre de poterie était connu des Chinois plusieurs siècles avant notre ère ; certaines poteries égyptiennes peuvent également rentrer dans cette catégorie, et il en est de même de quelques échantillons de poteries vernissées fabriqués pendant le moyen âge. On sait, en effet, que certaines terres cuites se transforment en grès lorsque la température de leur cuisson devient assez élevée, il suffit donc, dans ce cas, d'un incident de cuisson pour obtenir des grès. Cependant on ne trouve pas en Europe de fabrication régulière de cette poterie avant le xve siècle. C'est probablement à Raeren, ancienne commune du duché de Limbourg (actuellement Prusse Rhénane), qu'elle a pris naissance au milieu du xve siècle. Une fabrication semblable exista vers la même époque à Frechen, près Cologne. Les produits de ces deux fabriques sont à pâte jaunâtre, recouverts d'une glaçure brune plus ou moins foncée ; ce sont principalement des vases, des cruches, avec ornements en relief, représentant des scènes de chasse, de danse, des paysans, des sujets bibliques. On signale également une fabrication de grès à Siegburg, en face de Bonn, produisant des grès mats à pâte légèrement grisâtre, mais c'est à Hoehr et à Grentzhausen, près de Coblentz, que se trouvaient les fabriques dont les produits, faussement désignés sous le nom de grès flamands, ont acquis une si grande réputation. La pâte en est grise ou bleuâtre, décorée d'émaux bleus, violets ou bruns. L'ornementation est riche, les formes généralement élégantes.

A la fin du xviie siècle et au commencement du xviiie existait également à Creussen, non loin de Bayreuth, une fabrication de grès à pâte brune, à glaçure noire avec figurines ou armoiries en relief, peintes de couleurs mates.

En France, la fabrication des grès commença au début du xvie siècle, et se localisa à Savignies et à la Chapelle-aux-Pots, près Beauvais. Ces poteries, à pâte grisâtre ou bleutée, portant une glaçure bleue unie, ont joui d'une grande réputation dans le nord de la France, jusqu'à ce que, vers la fin du xviie siècle, l'engouement pour la faïence fit complètement abandonner le grès, en tant que poterie d'ornement ; la fabrication se réduisit alors à des objets domestiques. Les fabriques rhénanes avaient, depuis plus d'un demi-siècle, cessé de fabriquer des grès flamands ; cependant les traditions de cette belle fabrication n'avaient pas disparu, car on voit, vers 1690, les frères Elers de Nuremberg s'établir en Angleterre, à Bradwell, et y fonder une fabrique de grès à pâte rouge, puis d'un blanc jaunâtre, avec glaçure saline. La vogue de leurs poteries ne tarda pas à faire naître des fabriques rivales. Parmi celles-ci, on doit mentionner celle de Fulham, fondée par John Dwight, qui fabriquait, à partir de 1721, des cruches, plats, goblets, à glaçures brunes, décorés en relief de sujets de chasse et de figures grotesques.

Vers la fin du xviiie siècle, la fabrication des grès fit en Angleterre des progrès considérables, grâce en partie aux recherches du célèbre céramiste Wegdwood, tandis que sur le continent elle était très délaissée. Plusieurs fabriques du Staffordshire produisaient simultanément des faïences et des grès ; mais il faut arriver jusqu'en 1819, époque où MM. Doulton créèrent la fabrique de Lambeth et à partir de laquelle date une nouvelle ère dans la fabrication des poteries en grès.

17. Porcelaines orientales. — On a vu que l'on peut faire remonter à environ 200 ans avant Jésus-Christ la fabrication des porcelaines chinoises. A un certain moment, des porcelaines chinoises découvertes dans des tombes égyptiennes avaient pu faire croire à une beaucoup plus haute antiquité, mais des recherches minutieuses ont fait découvrir l'erreur et confirmé les annales du Céleste-Empire. Cependant, ces premières porcelaines ne ressemblaient guère aux poteries actuellement désignées sous ce nom. Une pâte grisâtre, épaisse, très peu translucide, à glaçure généralement craquelée, tel est l'aspect des porcelaines fabriquées sous les dynasties des Han, des Wei-Tsin et des Jsoni, c'est-à-dire à partir de l'an 206 avant Jésus-Christ jusqu'en 621 après notre ère.

Sous la dynastie des Ting (621 à 954), la fabrication s'améliore sensiblement, la pâte devient plus blanche, les craquelures disparaissent, la glaçure, quoique ordinairement d'un vert grisâtre, est quelquefois bleue. Ces progrès continuent sous la dynastie des Thaï-Yong-Youen (954 à 1368) ; la masse devient fine, translucide ; les colorations jaunes et vertes s'ajoutent au bleu. De cette époque datent également les premiers flammés et la fameuse tour en porcelaine près de Nanking.

C'est sous la double dynastie des Ming (1368 à 1488 et 1488 à 1643), que les porcelaines chinoises acquièrent les qualités qui les rendent si célèbres. Le décor est sobre, les colorations pures, les formes souvent élégantes. Sous les Chinthé-Khang-Hu (1643 à 1662) et les Young-Thing (1662 à 1736), apparaissent les colorations rose, rouge et violet.

Enfin, à partir de la dynastie des Kieng-Long (1736), les porcelaines chinoises prennent l'aspect si caractéristique qu'elles possèdent de nos jours. Le décor, composé principalement de personnages, devient de plus en plus chargé : l'or, employé d'abord modérément, finit par envahir toute la décoration, les céramistes chinois se plaisent aux tours de force les plus extraordinaires, jusqu'à ce que l'art disparaisse pour faire place à l'exploitation commerciale bon marché qui encombre nos bazars. Dans certains ouvrages, on trouve les porcelaines chinoises classées en diverses familles : bleues, jaunes, vertes, roses et même chrysanthémopaéonniennes ; il est à peine besoin de remarquer qu'une semblable classification n'a rien de commun avec la céramique.

La fabrication de la porcelaine en Chine a toujours été localisée presque exclusivement dans la province de Kiang-Si et l'exportation s'en fait par le port de Canton.

Si les annales du Japon font remonter au premier siècle avant Jésus-Christ l'origine de la céramique japonaise, c'est seulement à partir du xviie siècle qu'on a commencé à y fabriquer des porcelaines suivant les traditions chinoises, et ce n'est que vers le milieu de notre siècle que l'art japonais a pris une certaine indépendance. La pâte semble être plus translucide, plus blanche ; le décor plus soigné et moins chargé.

Les premières porcelaines chinoises arrivèrent en Europe par l'intermédiaire des Arabes, au xiie siècle ; mais ce n'est que par le voyage en Extrême-Orient du Vénitien Marco-Polo, en 1295, que l'on connut leur lieu d'origine. Elles restèrent cependant à l'état de rares exceptions jusqu'au commencement du xiiᵉ siècle, époque à laquelle les Hollandais commencèrent à avoir un commerce régulier avec l'Orient. Mais elles ne se répandirent sur les marchés européens que dans le courant du siècle suivant.

18. Porcelaines européennes. — Pendant tout le xviiᵉ siècle, on fit de toutes parts, en Europe, des recherches pour arriver à reproduire la porcelaine chinoise, mais elles restèrent infructueuses, parce qu'on ne connaissait pas la matière première (le kaolin) que la nature avait mis si libéralement à la disposition des Chinois. Ce n'est qu'en 1709 que Böttger, aidé par les conseils de Tschirnhaus, parvint pour la première fois à fabriquer de la porcelaine dans le château de Frédéric-Auguste II, roi de Pologne et électeur de Saxe, à Meissen (Saxe). L'histoire de cette découverte tient du roman.

Böttger, né en 1682, à Schliz, devenu élève en pharmacie à Berlin, s'adonna à des travaux d'alchimie, qui attirèrent suffisamment l'attention sur lui pour qu'il jugeât à propos de s'enfuir en Saxe et éviter que Frédéric III de Prusse ne mît la main sur sa personne et sur ses secrets. Il trouva près de Frédéric-Auguste II une hospitalité princière qui se transforma bientôt en une surveillance étroite. Cependant, vers 1704, ayant définitivement échoué dans ses essais pour transformer les métaux vulgaires en or, il commença à rechercher, sur les conseils de Tschirnhaus, le secret de la porcelaine chinoise. Après avoir d'abord réussi à fabriquer un grès rougeâtre, il eut l'idée, dit la légende, de se servir d'une nouvelle poudre blanche qu'il employait pour poudrer sa perruque, et qui était du kaolin d'Aue (Saxe), que Schnorr, maître de forge du pays, avait eu depuis peu l'idée de vendre lucrativement pour la toilette. Le résultat ne se fit pas attendre : dès 1710 ou 1711, Böttger réussit à fabriquer de la porcelaine dure, et Frédéric-Auguste II fit construire à Meissen des ateliers, dont il eut la direction, qui sont l'origine de la célèbre manufacture de porcelaine de ce nom. Usé par ses excès, Böttger mourut jeune, en 1719 ; Tschirnhaus l'avait précédé dans la tombe, en 1708.

Malgré les moyens extraordinaires employés à Meissen pour conserver le secret de la nouvelle fabrication, celui-ci ne put être longtemps gardé. Un chef d'atelier, Stöpzel, réussit à s'enfuir, et fonda à Vienne (Autriche) une fabrique de porcelaine, qui ne prit guère son essor que vers 1744. Stöpzel fut à son tour trahi, en 1740, par un ouvrier nommé Ringler, qui vendit les procédés à la célèbre faïencerie de Höchst-sur-le-Mein. Après plusieurs années de séjour à Höchst, Ringler s'aboucha avec le faïencier strasbourgeois Hannong et créa avec lui, en 1775, la porcelainerie de Frankenthal, puis celles de Nymphenbourg près Munich (1756), et de Larisbourg près Stuttgard (1758). Entre temps Ringler, qui portait constamment sur lui ses recettes, fut énivré et dépouillé par plusieurs de ses ouvriers, qui colportèrent ses secrets dans toute l'Europe, cherchant à en tirer le meilleur prix possible. C'est ainsi que furent fondées les fabriques de Doccia, près Florence, Berlin (1750), Saint-Pétersbourg (1772), Copenhague (1773), Rübensgrün en Bohême (1790), etc.; par contre, les porcelaineries de la Thuringe, Sitzerode, Volkstadt, Lembach, etc., dont la première date de 1762, furent créées par le chimiste Macheleid, qui semble avoir, de son côté, découvert le procédé de fabrication de la porcelaine dure, cinquante ans après Böttger.

Si les recherches entreprises dans toute l'Europe pour fabriquer la porcelaine de Chine restèrent longtemps sans résultat, faute de kaolin, elles eurent cependant pour conséquence la découverte d'une nouvelle espèce de poteries : la porcelaine tendre, matière se rapprochant du verre et dans laquelle le kaolin n'entre pas. C'est en 1695 que Chicaneau, peut-être conseillé par Louis Poterat, de Rouen, trouva le premier cette nouvelle poterie, qui fut fabriquée à Saint-Cloud, près Paris, et pour laquelle un privilège de vingt ans lui fut octroyé en 1702. Il paraît qu'une autre fabrication du même genre existait à Lille de 1708 à 1720. En 1735 furent fondées les fabriques de porcelaine tendre de Chantilly et de Mennecy, près Essonne, puis plus tard celles de Sceaux, Tournai, Strasbourg, Saint-Amand, Arras, et Vincennes. Cette dernière manufacture fut acquise, en 1754, par Louis XV, qui la transporta à Sèvres en 1756.

Malgré le développement considérable qu'avait pris la fabrication de la porcelaine tendre française, la manufacture de Sèvres achetait, en 1761, le secret de la fabrication de la porcelaine dure à Hannong, de Strasbourg, propriétaire depuis peu de la célèbre porcelainerie de Frankenthal. Cependant les premiers essais ne furent faits qu'en 1765, à Bagnolet, par Guettard, qui venait de découvrir près d'Alençon un gisement de kaolin assez impur ; la porcelaine dure ainsi obtenue était grise, de médiocre qualité.

Telle était la situation de l'industrie de la porcelaine en France, lorsque, vers 1765, Mme Darnet, femme d'un chirurgien de Saint-Yrieix, découvrit par hasard les fameux gisements de kaolin qui se trouvent près de cette ville, découverte qui devait faire complètement abandonner la porcelaine tendre et assurer le règne de la porcelaine dure en France. Dès 1774, la fabrication de celle-ci était en pleine activité à Sèvres. Sous la protection de Turgot, une première fabrique se créait, en 1771, à Limoges, suivie par une seconde, en 1793, et par plusieurs autres à partir de 1797 ; d'autre part, des porcelaineries se montaient à Bayeux (1802), à Chantilly (1805), à Vierzon (1815), etc.

En Angleterre, on commença à fabriquer, vers 1745, à Chelsea, une espèce de porcelaine tendre, mais c'est à Cheffers, de Liverpool, qu'est due, en 1751, la première fabrication régulière de la porcelaine tendre anglaise, obtenue en employant le phosphate de chaux des os comme fondant. La découverte des vastes gisements de kaolin des Cornouailles, en 1768, permit d'améliorer la fabrication qui, à partir de 1772, s'introduisit dans le Staffordshire et prit un développement considérable. Tandis qu'en France, la découverte du kaolin avait provoqué l'abandon de la porcelaine tendre, celle-ci, comme on le voit, continua à être fabriquée en Angleterre à l'exclusion de la porcelaine dure.

19. Céramique contemporaine. — Cet historique sommaire de la céramique nous a amené au commencement de ce siècle. On a vu que ses origines se perdent dans la nuit des temps, et que, sous forme de terres cuites, elle a été la première industrie de l'homme, après qu'il s'est rendu maître du feu, possession qui lui assurait définitivement la conquête de la terre. On a vu combien ses débuts ont été lents, comment les travaux de plusieurs générations ont quelquefois été brusquement anéantis, pour n'être repris qu'à des siècles de distance. On a vu que, pour l'amener au niveau auquel elle se trouvait au commencement du XIXe siècle, il a fallu les efforts additionnés de tous les peuples qui, tour à tour, ont tenu le premier rang dans la marche intermittente de la civilisation. Après les Égyptiens et les Assyriens sont venus les Perses, les Grecs et les Romains, puis les Chinois, les Arabes et les Maures et, enfin, les Italiens, les Français, les Allemands et les Anglais. On a vu le rôle extraordinaire qu'a quelquefois joué le hasard, et celui non moins important de la persévérance, de l'opiniâtreté de certains hommes et même de leur dévouement, car, si la céramique a eu des triomphateurs, elle a également eu des martyrs.

Il appartenait au XIXᵉ siècle de réunir en un faisceau unique les différentes branches de l'art céramique, de substituer à la tradition, aux secrets de fabrication, les principes de la science, de transformer le métier en industrie, et de mettre l'art, privilège de quelques-uns, à la portée de tous.

On a vu qu'au commencement de notre siècle, les terres cuites employées dans la construction n'avaient pas fait de progrès notables depuis le Vᵉ siècle, et que leur fabrication continuait sur les traditions laissées par les Romains, nos maîtres dans l'art de bâtir. Ceux-ci n'employaient guère les terres cuites que concurremment avec les pierres, les recouvrant presque toujours d'enduits, et ne les utilisant que bien rarement pour la décoration. Déjà, à partir de la Renaissance, le rôle des terres cuites devient moins subalterne : les encadrements et les décors se faisaient toujours en pierre, mais on laissait souvent dans les parties planes des murs les briques apparentes avec leur coloration naturelle. C'est encore ce mode de construction qui prévaut en France quand on n'est pas très riche ou très pauvre en pierres, et dans les pays méridionaux de l'Europe.

Il n'en est plus de même dans le Nord, particulièrement dans les Pays-Bas, l'Angleterre, l'Allemagne et aux États-Unis. Dans beaucoup de constructions édifiées dans ces pays, la pierre est exclue, et les terres cuites, sans aucun enduit, servent seules à la construction et à la décoration. Sans doute les pierres resteront toujours un des éléments essentiels des édifices, et on peut estimer heureux les pays qui en sont abondamment pourvus, mais l'emploi des terres cuites ornementales se répandra de plus en plus. Il suffit pour cela que les architectes, rompant avec les traditions actuelles, s'appliquent à commander dès le début des constructions les parties décoratives dont ils auront plus tard besoin, au lieu de ne s'occuper du décor que lorsque la grosse maçonnerie est achevée.

Dans les constructions en fer, qui datent du milieu de notre siècle, et qui ont pris naissance en France, la terre cuite est appelée à jouer également un rôle important, servant à remplir l'ossature métallique et à être l'élément décoratif, en même temps que la faïence, le grès ou la porcelaine. Les expositions universelles de 1878 et de 1889 ont montré le parti que l'on pouvait tirer de ce nouveau mode de construction, mais il est regrettable que, sauf de trop rares exceptions, ces brillants exemples n'aient pas, jusqu'à présent, été plus suivis.

L'emploi des engins mécaniques et une cuisson portée à une température plus élevée ont, en général, depuis une quarantaine d'années, notablement amélioré la qualité des briques pleines. L'Allemagne occupe à ce point de vue le premier rang; les briques de parement qui y sont employées ont une résistance, une rigueur de forme, une uniformité de coloration, qui n'ont encore été nulle part égalées. Les briques creuses, connues depuis longtemps, n'étaient pas employées à cause de leur fabrication difficile, lorsque, en 1855, Borie a inventé un outillage, partout imité depuis, qui a été le point de départ de leur emploi actuellement si fréquent. C'est de même un Français, Gilardoni, qui, vers la même époque, a découvert la tuile à emboîtement, qui, par la légèreté et la facilité de sa pose, tend de plus en plus à se substituer aux anciens modèles. Il faut, enfin, signaler les carreaux qui, particulièrement dans le midi de la France, ont atteint une dureté et une beauté d'aspect qu'ils n'avaient jamais eues dans les siècles précédents.

La fabrication des tuyaux de drainage, qui a rendu des services si importants à l'agriculture, a pris naissance, à la fin du siècle dernier, en Angleterre, mais ce n'est que dans la première moitié du nôtre que leur usage s'est répandu en Europe.

Par contre, l'emploi des poteries domestiques en terre cuite tend, au contraire, à diminuer, devant la concurrence qui leur est faite par la faïence et la porcelaine. Malgré les imitations faites pendant ce siècle des belles poteries décoratives des Grecs, leur rôle artistique tend à se borner actuellement à des vases d'horticulture et à une reproduction de statues qui, au point de vue de l'art, laisse la plupart du temps fortement à désirer.

Les terres cuites réfractaires sont une invention de ce siècle. Sans doute, on distinguait précédemment les briques réfractaires de celles qui ne le sont pas, mais c'est à cette seule observation que se bornait le savoir des céramistes. La connaissance scientifique des propriétés des matières premières, la rigueur des dosages ont amené la création d'une industrie qui a rendu possible les progrès si considérables de la métallurgie et des arts chimiques. C'est en Angleterre que cette industrie a pris naissance, elle s'est propagée de là en Belgique, en France, en Allemagne et aux États-Unis, pour ne citer que les principaux pays producteurs. C'est cependant principalement à l'Allemagne que l'on doit les recherches scientifiques qui ont fait connaître les propriétés des matières réfractaires aux hautes températures.

On a vu qu'au commencement de ce siècle il n'existait plus guère de fabriques de faïence qu'en Angleterre, où, d'après les procédés de Wegdwood, on fabriquait des faïences à pâte dure (cailloutage) cachant leur nom sous ceux plus à la mode, de terre de fer et de porcelaine opaque. Le succès considérable de cette nouvelle poterie fit, dès le début du siècle, naître des faïenceries similaires en France, en Allemagne, en Belgique, en Hollande, en Suède, en Danemark, puis plus récemment en Espagne, en Russie, en Italie et aux États-Unis. Cependant, ce n'est guère que dans la seconde moitié de ce siècle que cette fabrication prit sur le continent une véritable importance, se localisant dans quelques grandes usines. Néanmoins, la fabrication anglaise, concentrée dans le district des poteries (Staffordshire), favorisée par les matières premières, qui, sauf en partie le silex, se trouvent toutes dans le sol anglais, a conservé comme production une importance considérable et est l'objet d'un actif commerce d'exportation.

Les faïenceries anglaises et, à leur suite, celles du continent, fabriquant surtout le service de table, et ayant à lutter contre la concurrence de la porcelaine, ont, par des améliorations successives, notablement augmenté la dureté et la solidité de leurs produits et su, par un décor habile, qui leur a valu une vogue considérable, masquer le défaut de blancheur de la pâte.

Plus récemment, plusieurs faïenciers sont entrés dans la voie de la décoration architecturale, en fabriquant des carreaux de revêtement qui sont certainement devenus un des plus beaux et des plus puissants moyens d'ornementation de l'intérieur de nos habitations.

La faïence stannifère, agonisante au commencement de ce siècle, est de nouveau fabriquée depuis une cinquantaine d'années. Ses applications se sont d'abord bornées à la fabrication de poêles, puis sont venues des imitations d'anciennes faïences mauresques, italiennes, françaises, hollandaises, puis, enfin, leur utilisation dans la décoration monumentale, où elles s'unissent aux terres cuites.

Il était également réservé à notre siècle de faire revivre les anciennes faïences persanes, à pâte siliceuse, à glaçure alcaline transparente. Cette poterie, grâce à l'éclat et à la richesse incomparable de ses couleurs, est certainement, au point de vue décoratif, la plus belle qu'ait su produire l'art de la céramique. Cette rénovation est de date récente, car ce n'est qu'en 1861 que Deck, l'illustre céramiste français, a, pour la première fois, reproduit le célèbre bleu turquoise, si apprécié des Persans.

De même que pour la faïence, on a vu que la fabrication des grès s'était, à la fin du siècle dernier, réfugiée en Angleterre, où elle a pris, dans le cours de notre siècle, une grande extension et atteint une perfection extraordinaire, grâce particulièrement à MM. Doulton et Cie, dont le nom reste attaché à ce genre de poteries. Depuis une quarantaine d'années, des fabriques se sont également montées dans le reste de l'Europe et aux États-Unis. Actuellement les grès artistiques, fabriqués principalement en Angleterre, en France, au Japon, en Allemagne, en Belgique et aux États-Unis, jouissent d'une vogue extraordinaire.

Le grès a trouvé une autre application, moins brillante, mais probablement plus durable, dans la canalisation et les appareils sanitaires, faisant ainsi de la céramique l'auxiliaire indispensable de la nouvelle science de l'Hygiène. De même, son emploi est devenu considérable dans les fabriques de produits chimiques, grâce à sa résistance aux acides. Enfin, il s'est créé d'importantes usines qui fabriquent des carreaux de pavement en grès, soit unis, soit décorés par des incrustations de pâtes colorées, d'un très bel effet décoratif.

La fabrication de la porcelaine dure a continué de se développer dans le courant du siècle. Outre les pays d'Extrême-Orient et quelques fabriques isolées, les plus grands centres de production sont : en France, dans le Limousin ; en Allemagne, dans la Saxe et la Silésie ; en Autriche, dans la Bohême. A ses emplois comme services de table et pièces décoratives est venue s'ajouter son utilisation dans les laboratoires, puis, grâce à sa non-conductibilité, dans les installations électriques. Quelques applications en ont également été faites dans la décoration monumentale.

La haute température de la cuisson de sa glaçure, qui limite beaucoup le nombre des couleurs de grand feu que l'on peut employer, a fait rechercher, pour faciliter la décoration, une composition plus fusible. Des essais couronnés de succès ont été faits dans cet ordre d'idées à la manufacture de Sèvres et à celle de Berlin.

Quant à l'ancienne porcelaine tendre française, abandonnée dès la fin du siècle dernier, elle n'a plus été l'objet d'une fabrication régulière. Par contre, la porcelaine tendre anglaise continue à être seule fabriquée en Angleterre dans le Staffordshire, où elle est, comme la faïence, l'objet d'un commerce important.

Il faut, enfin, signaler encore la fabrication, depuis une cinquantaine d'années, d'une sorte de porcelaine généralement sans glaçure, se rapprochant du grès, dont il existe plusieurs variétés connues sous le nom de parian et de carrare, par analogie avec les marbres de Paros et de Carrare, et les boutons en porcelaine, qui sont le monopole de quelques fabriques.

D'après ce court résumé, on voit que l'industrie et les arts céramiques ont fait, dans le cours du XIXe siècle, des progrès considérables, dus principalement aux perfectionnements des moyens de production, et, grâce à la chimie, à la connaissance plus exacte des propriétés des matières premières. Cependant il ne faudrait pas croire, comme on l'a quelquefois prétendu, que la céramique ait dit son dernier mot. Sans doute, dans certaines de ses applications, elle semble être arrivée près de la perfection; mais, dans d'autres, il reste encore beaucoup à faire, et les progrès des autres industries font surgir des applications nouvelles. Il faut, enfin, faire observer qu'il existe encore beaucoup d'usages où les poteries pourraient avantageusement remplacer les matières actuellement employées, grâce à leur indestructibilité ou à l'éclat de leur décor.

CHAPITRE II

MATIÈRES PREMIÈRES DES PATES

Sommaire : § 1. *Argiles : a). Argile pure.* — Composition et propriétés chimiques. — Propriétés physiques. — Formation de l'argile pure. — *b). Argiles naturelles.* — Formation des argiles naturelles. — Matières mélangées aux argiles. — Matières non séparables par lévigation. — Matières séparables par lévigations — Impuretés accidentelles. — Classification des argiles. — Kaolins. — Argile réfractaires. — Argiles vitrifiables. — Argiles fusibles. — Analyses d'argiles.
§ 2. *Matières premières diverses :* Classification : *a). Matières analogues à l'argile.* — *b). Matières agglomérantes et agglutinantes.* — *c). Matières dégraissantes.* — Emploi et nomenclature. — Matières siliceuses. — Sables. — Matières calcaires. — Matières charbonneuses. — Terres cuites. — *d). Matières fondantes.* — Emploi et momenclature. — Fondants alcalins. — Fondants calcaires. — Fondants divers. — *e). Matières réfractaires.*
§ 3. *Essais des matières premières : a). Essais des argiles.* — Méthodes d'essais. — Essais sur la constitution des argiles. — Analyse chimique. — Dosages spéciaux. — Essais sur la texture, la plasticité, la fusibilité. — *b). Essais des autres matières premières.*

§ 1. — Argiles

A. — *Argile pure*

20. Composition et propriétés chimiques. — On a vu qu'en céramique on désigne sous le nom général d'*argiles* (1) toutes les roches ou terres naturelles qui forment, par leur mélange avec l'eau, une pâte plastique, durcissant sous l'influence de la chaleur. Elles doivent ces propriétés à des hydrosilicates d'alumine, qui entrent en proportions variables dans leur composition. La silice, l'alumine et l'eau sont, en effet, susceptibles de former différentes combinaisons, mais, parmi celles-ci, il en est une qui, dans la constitution des argiles, joue un rôle tout

---

(1) Du latin *argilla*, dérivé du grec αργιλλος, de αργος, blanc, c'est-à-dire, mot à mot, terre blanche.

à fait prépondérant : c'est le bisilicate d'alumine hydraté, représenté par le symbole chimique :

$$Al^2O^3 . 2SiO^2 . 2H^2O,$$

désigné sous le nom de *kaolinite* en minéralogie et d'*argile pure* en céramique. Les autres hydrosilicates d'alumine, qui peuvent entrer dans la composition des argiles, doivent être considérés au même titre que les autres substances qui, mélangées à l'argile pure, forment les nombreuses variétés d'argiles naturelles.

L'argile pure est donc formée par un élément d'alumine, deux de silice et deux d'eau, correspondant en poids à la composition centésimale de 39,77 0/0 d'alumine, 46,33 0/0 de silice et 13,90 0/0 d'eau. Dans une atmosphère humide, l'argile pure absorbe une certaine quantité d'eau variant de 3 à 9 0/0, suivant l'état hygrométrique et les dimensions de ses molécules.

En soumettant l'argile pure à l'action d'une chaleur croissante, on élimine à une température légèrement supérieure à 100° toute l'eau hygrométrique, puis, vers 350 à 400°, elle commence à se décomposer. Cette décomposition se poursuit lentement jusque vers 650 à 700°. A cette température, l'hydrosilicate d'alumine est complètement détruit, l'eau a été éliminée, et il reste un mélange composé de 46,19 0/0 d'alumine et de 53,81 0/0 de silice. Il est impossible alors de reconstituer l'hydrate primitif et de redonner à ce mélange les qualités plastiques de l'argile pure.

Si on continue à élever la température, vers 700° à 800°, la silice et l'alumine commencent à se combiner pour former un nouveau silicate d'alumine, anhydre. Cette combinaison paraît s'achever entre 1.100° et 1.200°. Enfin, vers 1.500°, apparaissent les premiers symptômes de vitrification ; puis, la masse se ramollit et finit par fondre.

Les alcalis, soude et potasse en dissolution, après un chauffage prolongé, attaquent l'hydrosilicate d'alumine pour le transformer en silicate double de potasse et d'alumine. La même réaction se produit lorsque les alcalis sont à l'état solide, ou sous forme de carbonates, mais alors il faut élever la température jusqu'à la fusion du mélange. Par contre, le silicate d'alumine anhydre n'est pas attaquable par les alcalis.

Les acides dilués n'ont pas d'action sur l'argile pure ; mais, sous forme concentrée, l'acide chlorhydrique et l'acide sulfurique déplacent la silice de sa combinaison à une température de 250 à 300°. Ils agissent de même, mais plus lentement, sur le silicate d'alumine anhydre. Il a jusqu'à présent été impossible d'obtenir l'argile pure synthétiquement, c'est-à-dire par la combinaison directe de ses éléments, alumine, silice et eau.

Brongniart, Malaguti et, plus récemment, Salvetat et Bischoff, avaient admis pour l'argile pure la formule :

$$2Al^2O^3 . 3SiO^2 . 4H^2O ;$$

mais les travaux de Forchammer, Schlœsing, Hautefeuille, Seger, de MM. Le Chatelier et Vogt, ont permis d'établir avec certitude la composition indiquée précédemment, qui est actuellement adoptée par tous les céramistes.

21. Propriétés physiques. — Les deux propriétés physiques caractéristiques de l'argile pure, sur lesquelles sont basés les arts et les industries céramiques, sont la *plasticité* qu'elle acquiert par son mélange avec l'eau et son *durcissement* sous l'action de la chaleur.

Si à une argile en poudre sèche, c'est-à-dire ne contenant que son eau hygrométrique, on ajoute une proportion croissante d'eau supplémentaire, on obtient une pâte de plus en plus plastique. Puis, la quantité d'eau augmentant, la pâte devient fluide, et la plasticité diminue pour finir par s'annuler entièrement.

Les causes de cette plasticité ont été longtemps inconnues, mais les travaux micrographiques récents de MM. Johnson et Blake, et surtout ceux de MM. Bidermann et Herzfeld, ont permis de constater que cette remarquable propriété devait être attribuée à l'extrême finesse et à la forme lamellaire des grains d'argile pure. Certaines argiles, ayant des compositions chimiques identiques, peuvent cependant différer notablement au point de vue plastique. L'examen au microscope a permis de reconnaître que ces différences correspondent à des variations dans les dimensions des grains d'hydrosilicate d'alumine, la plasticité devenant de plus en plus grande à mesure que le volume des grains diminue.

Cette propriété n'est, du reste, pas spéciale à l'argile, car on peut observer que tous les minéraux réduits en poudre suffisamment impalpable, et additionnés d'un liquide, donnent des pâtes ayant une certaine plasticité. Le fait s'explique très bien par l'attraction moléculaire, qui ne peut se produire que lorsque les molécules sont extrêmement rapprochées et, par conséquent, très ténues.

Cependant cette observation ne suffirait point pour expliquer la plasticité beaucoup plus considérable de l'argile, par rapport à la plupart des autres minéraux pulvérulents. La différence provient de ce que l'argile pure est sous la forme de cristaux lamellaires enchevêtrés les uns dans les autres. Cette forme permet aux grains d'être plus rapprochés que s'ils étaient polyédriques ou sphériques, et ce rapprochement a pour effet d'augmenter l'attraction dans une forte proportion.

On voit que, d'après cette théorie, la plasticité, au lieu d'être une propriété spéciale, résulte tout simplement de l'attraction moléculaire, et que, comme l'argile, tous les corps qui se divisent en fragments lamellaires, doivent devenir plastiques, lorsqu'on les réduit en poudre suffisamment impalpable. Cette déduction a été vérifiée par M. Vogt, en ce qui concerne le mica. En réduisant ce minéral, très feuilleté, sous forme de poudre impalpable, et en l'additionnant d'eau, il a réussi à obtenir une pâte ayant une plasticité comparable à celle de l'argile.

On comprend dès lors facilement ce qui se passe lorsqu'on ajoute de l'eau à de l'argile pure, sous forme de poudre sèche. Dans celle-ci, les cristaux se trouvent mêlés dans toutes les directions, laissant, par conséquent, entre eux le maximum de vide et d'écartement. En ajoutant une quantité suffisante d'eau, dont les molécules se placent entre les grains d'argile, on permet à ceux-ci de se déplacer, d'obéir à l'attraction moléculaire et de s'orienter parallèlement les uns aux autres. Ce groupement est évidemment favorisé par le pétrissage manuel ou mécanique de la pâte, ce qui explique l'augmentation de plasticité que l'on observe chaque fois que l'on soumet une pâte argileuse à un travail mécanique.

Il est également évident que, si une certaine quantité d'eau est nécessaire pour permettre aux grains de se déplacer et, par conséquent, pour donner de la plasticité à la pâte, un excès d'eau, en éloignant les grains, diminue leur attraction, et, à une certaine limite, finit par la détruire entièrement.

En mélangeant à de la poudre d'argile des liquides autres que l'eau, on obtient des pâtes de plasticité très différentes. Les liquides gras, les huiles, semblent donner une pâte plus plastique que l'eau, surtout si on a préalablement desséché l'argile pour lui enlever l'eau hygrométrique. Par contre, l'alcool, l'éther, l'essence de térébenthine, donnent des pâtes peu ou pas plastiques. En pétrissant dans de la glycérine une pâte d'argile et d'eau, cette dernière est peu à peu absorbée par la glycérine, l'argile perd sa plasticité et devient pulvérulente.

Si on laisse dans une atmosphère sèche une pâte d'argile et d'eau, celle-ci s'évapore progressivement. Tant que la pâte conserve une plasticité suffisante, le départ de l'eau a pour conséquence le rapprochement des grains d'argile, d'une quantité en rapport avec le volume de l'eau enlevée. Cette diminution de volume de la pâte argileuse pendant la dessiccation, conséquence immédiate de la plasticité, est désignée en céramique sous le nom de *retrait*. Lorsqu'il ne reste plus assez d'eau pour permettre aux grains d'argile de se déplacer, le retrait cesse, et l'évaporation des dernières traces d'eau provoque la formation de vides dans l'intérieur de la masse.

Mais la pâte sèche ainsi obtenue ne ressemble plus à la poudre primitive. Elle forme une masse résistante, d'une plus grande densité apparente. Le déplacement et l'orientation des grains d'argile, ainsi que le retrait pendant la dessiccation, ont suffisamment rapproché les grains pour que, malgré les vides formés, l'attraction moléculaire subsiste après le départ de l'eau. Il n'en est pas de même pour les poudres minérales n'ayant pas la forme lamellaire de l'argile, qui, après avoir pris une certaine plasticité par leur mélange avec un liquide, se désagrègent et retombent en poudre lorsque ce liquide disparaît.

On a vu qu'à une température légèrement supérieure à 100°, l'eau hygrométrique était à son tour éliminée, et que l'hydrosilicate d'alumine commençait à se décomposer vers 400°. Cette décomposition a pour conséquence la désagrégation des cristaux et la perte définitive de leurs propriétés plastiques. Si la température continue à s'élever, vers 700 à 800° la silice commence à se combiner avec l'alumine pour donner naissance à un bisilicate d'alumine anhydre. Cette combinaison se poursuit lentement, à mesure que la température augmente, et a pour effet de resserrer les grains de l'argile primitive jusqu'à ce que, vers 1.200°, la masse soit devenue compacte. Il se produit donc un second retrait pendant la cuisson. Le silicate d'alumine ainsi formé est un corps dur, amorphe, qui constitue l'élément essentiel de tous les produits céramiques.

22. Formation de l'argile pure. — D'après la théorie généralement admise, l'argile pure est le produit de la décomposition, sous l'influence de l'eau et de l'acide carbonique, de certaines roches éruptives silico-alumineuses, dont la composition peut être représentée par le symbole général :

$$Al^2O^3, RO, nSiO^2,$$

Al^2O^3 représentant l'alumine, mélangée quelquefois à une petite quantité d'oxyde de fer (F^2O^3) ou rarement d'oxyde de manganèse (Mn^2O^3); RO peut être de la potasse, de la soude, de la chaux ou de l'oxyde de fer (FeO), ces corps étant ordinairement mélangés, mais l'un d'eux étant toujours en proportion prépondérante ; enfin, $nSiO^2$ représente une teneur variable de silice.

La décomposition se fait suivant la formule générale :

$$Al^2O^3, RO, nSiO^2 + 2H^2O = Al^2O^3, 2SiO^2, 2H^2O + RO(n-2)SiO^2$$
(Roche silico-alumineuse) (Eau)   (Argile)   (Silicate)

Le silicate $RO(n-2)SiO^2$ est ordinairement en partie soluble, de sorte qu'il ne reste que l'argile mélangée aux bases RO insolubles et à une certaine quantité de silice.

Parmi les roches silico-alumineuses, que l'on admet susceptibles de donner naissance à des argiles, les plus importantes sont les roches feldspathiques, les granites, les porphyres, les gneiss, les eurites, mélanges de feldspath, de quartz et quelquefois de mica. Le feldspath lui-même est un silicate anhydre d'alumine et d'alcalis, potasse et soude. Il y a différentes variétés de feldspath, dont les deux principales sont l'orthose, à base de potasse, et l'albite, à base de soude.

L'orthose a pour formule chimique :

$$K^2O, Al^2O^3, 6SiO^2 \quad \text{ou} \quad K^2Al^2Si^6O^{16}$$

c'est-à-dire une composition centésimale de 65,4 0/0 de silice, 18 0/0 d'alumine et 16,6 0/0 de potasse. L'albite répond à la formule :

$$Na^2O, Al^2O^3, 6SiO^2 \quad \text{ou} \quad Na^2Al^2Si^6O^{16},$$

soit 68,5 0/0 de silice, 19,62 0/0 d'alumine et 11,81 0/0 de soude.
Ces deux espèces de feldspath se trouvent quelquefois mélangées.
En appliquant la formule générale précédente au feldspath

orthose on voit que la décomposition se ferait de la manière suivante :

$$Al^2O^3, K^2O, 6SiO^2 + 2H^2O = Al^2O^3, 2SiO^2, 2H^2O + K^2O, 4SiO^2.$$

(Feldspath orthose)   (Eau)   (Argile)   (Silicate de potasse)

Certains chimistes n'admettent pas pour le silicate alcalin, second produit de la décomposition des feldspaths, la composition $K^2O, 4SiO^2$ indiquée précédemment, mais lui donnent la formule $K^2O, 3SiO^2$, le quatrième équivalent de silice se trouvant à l'état libre et pouvant rester mélangé à l'argile ou être enlevé par les eaux en même temps que les alcalis.

Cette théorie de la formation de l'argile pure par la décomposition des roches feldspathiques se trouve confirmée par de nombreux exemples de roches dont la décomposition continue à se produire de nos jours. Lorsque celles-ci contiennent de la chaux, il se forme, en outre, du carbonate de chaux, qui, entraîné par les eaux et déposé ensuite en couches sédimentaires, a formé les nombreux gisements calcaires, parfois d'épaisseur considérable, qui sont aussi répandus que ceux d'argile. On peut se rendre compte du rôle important que joue la décomposition du feldspath dans la formation des couches sédimentaires, en observant que près des trois quarts de l'écorce terrestre connue est formée de gneiss et de granite, contenant de 60 à 90 0/0 de feldspath.

Les variations dans la composition de ces roches, ainsi que dans les circonstances de leur décomposition, expliquent également la formation d'autres silicates d'alumine hydratés : l'halloysite, la bauxite, la lenzénite, la sévérite, ayant la même composition que la kaolinite, l'allophane, qui semble correspondre à la formule SiO^2, Al^2O^3, nH^2O, la pyrophyllite, dont la composition est $5SiO^2, Al,O^3, H^2O$, et le silicate d'alumine hydraté probablement $4SiO^2, Al^2O^3, nH^2O$ qui se trouve dans les calcaires marneux. Cependant il est également possible que quelques-unes de ces roches soient des produits éruptifs directs, comme l'admettent certains géologues.

B. — *Argiles naturelles*

23. Formation des argiles naturelles. —
On rencontre dans la nature un certain nombre de gisements d'argile, dans lesquels la kaolinite se trouve mélangée aux débris des

roches qui lui ont donné naissance. D'autres fois, ces gisements, au lieu de rester intacts en leur lieu originaire, ont été déplacés par les courants d'eau, et amenés à une faible distance, où elles forment des couches sédimentaires, plus ou moins souillées par les impuretés en suspension dans l'eau. Telle est la *première phase* de la formation des argiles, caractérisée par la décomposition des roches silico-alumineuses et le dépôt sur place ou à une faible distance du lieu d'origine de l'argile primitive, ou *kaolin* (1).

Les différences dans la composition des roches originaires, ainsi que dans les matières étrangères qui ont pu s'y trouver mélangées, expliquent les notables variations que l'on observe dans la composition des argiles primitives. Cependant elles ont des propriétés qui les font facilement reconnaître, surtout si, par lévigation et décantation, on sépare le kaolin des impuretés qu'il peut contenir. On obtient ainsi une poudre blanchâtre plus ou moins teintée en jaune, en rouge ou en gris, légère, d'un toucher doux, quoique un peu granuleux, qui, additionnée d'eau, donne une pâte assez plastique en dégageant cette odeur de terre, si singulière et si caractéristique. Examinée au microscope, on voit qu'elle est formée de cristaux plats, très ténus, de kaolinite, mélangés à une quantité variable de débris d'autres cristaux.

Si les eaux, au lieu de déplacer simplement le kaolin, l'entraînent par un courant rapide, ou si des gisements existants de kaolin sont envahis par des cours d'eau, ces matières en suspension descendent les lits des torrents; heurtées, roulées, frottées au milieu des galets, elles achèvent de se pulvériser, de se transformer en un limon impalpable, qui se dépose dans les embouchures des cours d'eau ou dans les endroits où la vitesse des eaux s'annule, après avoir laissé en chemin les roches plus lourdes.

Quelquefois ces courants liquides ont creusé leurs lits au milieu de roches trop dures pour être sensiblement désagrégées par leur passage, les matières en suspension sont alors restées pures de tout mélange et, en se déposant, ont formé des gisements d'*argile plastique*, c'est-à-dire de kaolinite à cristaux extrêmement ténus.

Mais, la plupart du temps, les torrents ont traversé des terrains sableux, calcaires ou ferrugineux, qu'ils ont ravinés et entraînés sur leur passage. D'autres fois, ils ont rencontré des eaux chargées

---

(1) Du chinois *kao*, haut, et *ling*, colline, sans doute par allusion à la position des gisements de cette argile en Chine.

elles-mêmes de limons de diverses natures ou de débris végétaux. Arrivées dans des eaux tranquilles, toutes ces matières en suspension se sont déposées simultanément et ont produit des gisements de compositions très diverses, superposés par couches différant également entre elles, d'après les circonstances variables de l'entraînement des eaux et du cours des torrents.

Ainsi se sont formées les *argiles sableuses, ferrugineuses, calcaires, tourbeuses*.

Telle est la *seconde phase* de la formation des argiles, caractérisée par la pulvérisation mécanique de la kaolinite et le dépôt des argiles les plus diverses à une grande distance de la roche originaire.

De nos jours, les circonstances ne se prêtent plus guère à la formation des dépôts d'argile plastique, mais nous assistons toujours à celle d'argiles plus ou moins impures, qui se déposent aux embouchures de certaines rivières, dans les lacs ou dans la mer.

Dans cette seconde phase de la formation des argiles, l'hydrosilicate d'alumine, sous l'influence de la pulvérisation mécanique au sein de l'eau, a subi une modification importante. Examiné au microscope, il se présente sous forme de grains impalpables, d'un toucher très onctueux, de colorations variables ; additionné d'eau, il donne une pâte très plastique et liante, propriété qui, jointe au dégagement de l'odeur terreuse, permet de reconnaître facilement les argiles et de les différencier des autres minéraux.

24. Matières mélangées aux argiles. — Les matières qui, mélangées à l'argile pure, forment les nombreuses variétés d'argiles naturelles, peuvent être classées en trois catégories :

1° Débris de roches non décomposées, qui sont ordinairement du granite, du porphyre, du gneiss, du quartz et du mica ;

2° Autres produits de la décomposition : carbonates de chaux, de magnésie, de fer ; oxydes de fer, etc. ;

3° Matières amenées par les eaux, et se déposant en même temps que l'argile.

A cette classification géologique, il est préférable, au point de vue céramique, de substituer la suivante, basée sur l'état physique des matières mélangées aux argiles :

1° Matières en grains impalpables, qui font partie intégrante de l'argile et qu'il est impossible d'en séparer par lévigation : silicates d'alumine, mica, silice hydratée et quartzeuse, carbonates de chaux et de magnésie, oxydes et sulfure de fer, matières organiques ;

2° Matières sous forme de grains plus ou moins fins, assez uniformément répartis dans l'argile, mais séparables par lévigation : quartz, mica, feldspath, carbonates ou sulfates de chaux ou de magnésie ;

3° Matières de formes diverses disséminées irrégulièrement dans l'argile, séparables par lévigation ou même souvent mécaniquement, qui constituent des impuretés accidentelles : pierres, coquillages, gypse, sulfure et minerais de fer.

25. Matières non séparables par lévigation. — *Silicates d'alumine.* — Les silicates d'alumine, qui peuvent se trouver mélangés à la kaolinite, sont très difficiles à reconnaître, parce qu'il n'existe pas de méthode d'analyse chimique qui permette de les séparer. M. Le Chatelier a proposé de chercher à distinguer les différents silicates d'alumine hydratés par la température à laquelle il faut les porter pour provoquer leur déshydratation.

Entrant dans cette voie, M. Vogt a pu démontrer la présence de la kaolinite dans toutes les argiles et, dans certains cas assez rares, son mélange avec d'autres silicates d'alumine hydratés, en particulier l'allophane.

Quelque intéressantes que soient ces recherches au point de vue scientifique, elles n'ont, céramiquement parlant, pas une grande importance, parce que la présence de silicates d'alumine dans l'argile pure ne modifie guère sa plasticité, et qu'ils se détruisent, comme elle, sous l'action de la chaleur, pour donner un mélange d'alumine et de silice, dont la proportion exacte est indiquée par l'analyse.

Feldspath et mica. — On admettait généralement que les alcalis contenus dans les argiles s'y trouvent à l'état de poudre impalpable de feldspath. M. Vogt a démontré que cette opinion était erronée, et que les alcalis sont dans les argiles à l'état de mica pulvérulent. Il a prouvé que, si, comme on le savait, le mica en grains grossiers n'est pas, ou très peu, attaquable par l'acide sulfurique, il le devient, au contraire, lorsqu'on le réduit en poudre impalpable. En traitant une argile par cet acide concentré, on sépare donc, d'une part, l'argile et le mica impalpables qui sont dissous, et de l'autre le feldspath et le quartz inattaquables. Cette distinction a son importance, car le mica pulvérulent est plastique, tandis que la poudre de feldspath ne l'est pas. La variété de mica que l'on rencontre dans les argiles est un **mica potassique** connu en minéralogie sous le nom de muscovite.

Silice. — Celle-ci peut se trouver mélangée à l'argile soit sous forme de silice hydratée, soit à l'état de silice quartzeuse cristalline. La présence de la *silice hydratée* dans certaines argiles n'est pas absolument démontrée ; elle ne peut en tous cas s'y trouver qu'en très faible proportion et n'a pas d'influence sur la plasticité. Cet hydrate se détruit à une température légèrement supérieure à 100°. La *silice quartzeuse*, que l'on rencontre, au contraire, presque toujours, est le produit de la pulvérisation des roches quartzeuses. Les parties les moins fines se laissent enlever par lévigation, mais il y en a dont la ténuité est telle qu'il est impossible de les séparer par ce procédé. Elles agissent comme matière antiplastique.

Carbonate de chaux et de magnésie. — Le carbonate de chaux mélangé à l'argile a deux origines différentes. Ou bien il provient de la décomposition et de la pulvérisation de roches contenant de la chaux, ou bien il est déposé par des eaux ayant en dissolution du carbonate de chaux. On sait que des eaux chargées d'acide carbonique peuvent dissoudre une certaine quantité de carbonate de chaux. Si on mélange cette dissolution avec de l'argile, celle-ci retient le carbonate. Les kaolins ne retiennent guère plus de 2 0/0 de carbonate de chaux en dissolution, tandis que les argiles plastiques peuvent en absorber de 10 à 20 0/0. Le carbonate de chaux diminue la plasticité, mais dans une moindre proportion que le quartz. Le carbonate de magnésie se rencontre moins fréquemment dans les argiles, il provient de la désagrégation de roches magnésiennes, et agit comme le carbonate de chaux.

Oxydes de fer. — Ils se présentent dans les argiles soit à l'état d'oxydule de fer anhydre, soit à l'état de peroxyde hydraté. L'*oxydule de fer* provient ordinairement de la décomposition de roches ferrugineuses et est sous forme de carbonate de fer. Quelquefois aussi, il pénètre dans l'argile en dissolution, lorsqu'il est combiné avec des acides organiques, tels que l'humus. Dans ces deux états, il ne peut subsister dans l'argile qu'à l'abri du contact de l'air, faute de quoi il se transforme en *peroxyde hydraté*, forme sous laquelle on le trouve presque toujours.

Ces diverses combinaisons de l'oxydule, ainsi que le peroxyde hydraté, colorent l'argile de différentes nuances, qui se transforment en jaune, en rouge, suivant la proportion de l'oxyde de fer, lorsqu'on les porte à 100°, température à laquelle ces combinaisons se détruisent, en même temps que le peroxyde hydraté perd son eau de combinaison.

Les oxydes de fer ne semblent pas diminuer la plasticité de l'argile, et ils augmentent sa cohésion après cuisson. Certaines argiles peuvent en contenir jusqu'à 20 0/0 et plus. Les gisements d'argile ferrugineuse peuvent être dépouillés en tout ou en partie de l'oxyde de fer qu'ils contiennent, lorsqu'ils sont, pendant des siècles, traversés par des eaux contenant en dissolution des acides organiques provenant de marais ou de dépôts tourbeux. Tel est, par exemple, le cas des argiles actuellement blanches de Vallendar, près Coblentz, et de Grossalmerode, dans le Palatinat.

Sulfure de fer. — Le sulfure de fer semble se former dans les bancs d'argile par l'action sur le carbonate de fer, de l'hydrogène sulfuré qui se dégage des matières organiques en décomposition. Il peut être disséminé dans l'argile, mais, la plupart du temps, il se groupe sous la forme de cristaux, de rognons, dont il sera parlé plus loin.

Matières organiques. — Les matières organiques contenues dans les argiles peuvent provenir de trois causes :

1° Infiltration d'humus dans le gisement d'argile, comme il a été expliqué précédemment ;

2° Dépôt de l'argile dans un estuaire ou un marais contenant des végétaux ;

3° Mélange de roches bitumineuses.

Dans le premier et le troisième cas, la proportion des matières organiques n'est jamais bien grande ; elle peut devenir, au contraire, considérable dans le deuxième. D'une manière générale, les matières organiques tendent à élever la plasticité. Lorsque l'argile en contient une grande proportion, elles augmentent beaucoup la quantité d'eau qu'elle absorbe et, par conséquent, son retrait. Elles sont naturellement détruites vers 100°, et le carbone restant est brûlé pendant la cuisson.

Divers. — Certains chimistes ont admis la présence de l'*alumine hydratée* dans les argiles. Ceci n'est cependant point prouvé, et il est beaucoup plus probable que l'excès d'alumine qui a quelquefois été constaté est dû à des silicates plus riches en alumine que la kaolinite.

Les argiles contiennent encore quelquefois, mais en très faible proportion, du *sulfate de chaux*, de la baryte, de l'acide phosphorique, du fluor et des sulfures métalliques. Rarement, et en quantité infimes, on trouve des combinaisons oxygénées du titane, du vanadium, du molybdène, du cuivre, du chrome et de l'or métallique. Cependant Forbes a trouvé 0,62 0/0 d'acide titanique dans une argile rouge, et Seger attribue aux acides vanadiques et molybdiques les dépôts jaunes et verts observés sur certaines terres cuites fabriquées avec des argiles du nord de l'Allemagne. Dans les argiles qui forment le sol de la ville de Philadelphie, on a trouvé un peu moins d'un millionième d'or.

26. Matières séparables par lévigation. — *Feldspath.* — Il ne se rencontre en quantité notable que dans les argiles primitives. De forme lamellaire, il se laisse rayer par le quartz et fond au feu de porcelaine sous forme de verre laiteux.

Quartz. — Lorsqu'il est en grains assez fins, c'est la matière antiplastique par excellence. Il se mélange très bien à l'argile, dont il atténue la trop grande plasticité et le retrait, en lui communiquant des qualités particulières pendant la dessiccation et la cuisson. Ses grains sont ou ronds, ou à cassure irrégulière, très durs, légèrement translucides, infusibles au feu de porcelaine.

Mica. — Il se présente sous forme de paillettes brillantes, très minces, larges, restant longtemps en suspension dans l'eau. En faible proportion, il introduit des alcalis dans l'argile. En plus forte proportion, il agit, en outre, comme matière antiplastique, mais sa forme lamellaire divise l'argile et détruit la cohésion.

Carbonates de chaux et de magnésie. — Ces substances en grains de grosseurs appréciables sont très nuisibles, elles rendent un grand nombre d'argiles impropres à tout usage. Pendant la cuisson, elles se transforment en bases caustiques, qui ensuite augmentent de volume en s'hydratant et font éclater la poterie. On reconnaît facilement les carbonates à l'effervescence qu'ils font au contact des acides.

Enfin, on trouve quelquefois dans les argiles, sous forme de grains, mais toujours en faible quantité, du *sulfate de chaux* toujours nuisible, du *silicate de chaux* et *de magnésie*, substances neutres, et des composés ferrugineux.

27. Impuretés accidentelles. — Les impuretés qui se trouvent quelquefois dans les argiles, soit accidentellement, soit irrégulièrement disséminées, ne sont, la plupart du temps, pas mentionnées dans les analyses.

Les *pierres* quartzeuses ou calcaires, les silex, sont facilement séparables manuellement ou avec des machines appropriées.

Les *coquillages*, dont le carbonate de chaux est très nuisible, souillent un grand nombre d'argiles ; on ne peut les enlever que par lévigation. Quelquefois il ne reste plus que l'empreinte de la coquille, le carbonate de chaux s'étant disséminé dans l'argile.

Le *gypse* se trouve quelquefois en cristaux d'assez grandes dimensions et par poches ; on le sépare facilement.

Le *sulfure de fer*, qui, comme on l'a vu, se forme au milieu de l'argile, ne reste guère disséminé, mais s'agglomère sous forme de cristaux brillants, d'un jaune assez prononcé avec éclat métallique. Lorsque ces cristaux sont gris, on les enlève facilement ; lorsqu'ils sont plus petits et nombreux, il faut recourir à la lévigation. Pour des produits céramiques grossiers, on peut les laisser dans l'argile, mais alors à la cuisson le soufre est volatilisé, et l'oxyde de fer fait fondre la matière qui l'entoure en formant des cavités.

Les *minerais de fer*, fer oligiste rouge et limonite jaune, sont assez fréquents dans les argiles plastiques. Les gros fragments sont facilement séparables ; les autres agissent comme le sulfure de fer, sans cependant présenter l'inconvénient de donner à la cuisson un dégagement de vapeurs sulfureuses.

28. Classification des argiles. — Au point de vue céramique, une classification des argiles n'a d'intérêt que pour les seules argiles qui trouvent un emploi dans la fabrication des poteries. Il ne sera donc pas question, dans ce qui va suivre, des argiles smectiques (terres à foulon), des argiles salines (chlorure de sodium ou alun), des ocres, des sables plus ou moins gras, des marnes argileuses, etc. Il convient, en outre, de ne pas tenir compte des impuretés accidentelles qui peuvent les souiller.

Mais, même après ces éliminations, on se heurte dans la classification des argiles aux mêmes difficultés qui ont été signalées à propos de celle des poteries. Les variétés des argiles sont extrêmement nombreuses, formant une série continue depuis la kaolinite jusqu'aux matières très complexes dans lesquelles l'argile pure n'entre qu'en faible proportion, et que l'on hésite à désigner encore sous le nom d'argiles. Comme pour les produits céramiques, il convient d'éviter de tracer des lignes de démarcation, forcément arbitraires, et de se contenter de mentionner les principaux types sans s'occuper des exceptions.

Ces observations suffisent pour montrer que la classification des argiles basée sur leur formation géologique, quelque intéressante qu'elle puisse être au point de vue scientifique, n'a aucune valeur pour la pratique céramique, et qu'il convient de considérer les argiles à l'état dans lequel on les trouve dans la nature, sans tenir compte des conditions de leur formation.

On a vu que l'on pouvait diviser les argiles en deux classes : les *kaolins* et les *argiles proprement dites*, cette distinction étant basée sur les propriétés physiques de l'hydrosilicate d'alumine. Dans les kaolins, les grains d'argile pure, relativement moins fins, sont moins plastiques, plus légers, d'un toucher moins onctueux que dans les argiles proprement dites. Le simple aspect et le toucher suffisent ordinairement à un céramiste pour distinguer un kaolin d'une argile. En cas de doute, on peut employer un des deux moyens de différenciation suivants : en mélangeant un même volume de kaolin et d'argile avec un volume 4 à 6 fois plus grand d'acide sulfurique concentré, la précipitation et la clarification de la liqueur se font beaucoup plus lentement avec le kaolin qu'avec l'argile ; mais si, après avoir étendu le liquide d'eau, on y ajoute de l'ammoniaque, le kaolin forme de suite un précipité, tandis que l'argile n'en donne pas. En soumettant des pâtes sèches à l'action d'une chaleur modérée (800 à 1.000°), on obtient avec les kaolins une masse beaucoup plus légère et poreuse qu'avec les argiles.

Dans chacune de ces deux classes, les différentes espèces d'argile se différencient par la nature et la teneur des matières étrangères mélangées à l'hydrosilicate d'alumine. A ce point de vue, il y a lieu de ne considérer que cinq substances : l'une, la silice, dont la principale action consiste à diminuer la plasticité, quatre autres : alcalis, oxydes de fer, chaux et magnésie, qui, sauf le sesquioxyde de fer, augmentent la fusibilité. Les autres substances n'y entrent qu'en proportions trop faibles pour modifier notablement leurs propriétés, et pour qu'il y ait intérêt à en tenir compte dans une classification générale.

La classe des argiles proprement dites étant très étendue, il est préférable de la diviser de suite en trois ordres :

1° Argiles réfractaires ;
2° Argiles vitrifiables ;
3° Argiles fusibles,

qui, comme leurs noms l'indiquent, se différencient par la manière dont les argiles résistent à l'action de la chaleur.

29. Kaolins. — Les kaolins se trouvent, la plupart du temps, sous forme d'amas, de poches, au milieu d'autres roches : pegmatites, gneiss, granites, porphyres. Plus rarement, ils se présentent en dépôts sédimentaires. Ce n'est qu'exceptionnellement que l'on peut les utiliser dans leur état naturel, à cause des nombreux débris rocheux, souvent ferrugineux, qui sont mélangés à leur masse. On doit ordinairement dans l'exploitation procéder à un triage manuel, suivi d'une lévigation, de sorte que les échantillons sur lesquels portent les essais et les analyses ne sont généralement pas des produits naturels.

Les principales espèces de kaolins sont les suivantes :

Kaolins purs. — Ne contiennent guère plus de 5 à 6 0/0 de silice, et 2 0/0 de fondants, la proportion de chacun des fondants pris isolément n'étant pas supérieure à 1 0/0. Ils sont toujours amenés à ce degré de pureté par lévigation et se présentent sous forme de poudre blanche, quelquefois légèrement teintée de jaune, de gris ou de rouge, d'un toucher très onctueux. Après cuisson, ils donnent une pâte d'un blanc laiteux.

Ils sont employés dans la fabrication des porcelaines et des faïences fines.

Kaolins alcalins. — Ces kaolins ne diffèrent des précédents que parce qu'ils contiennent une proportion plus élevée d'alcalis, qui peut atteindre jusqu'à 5 0/0, provenant du mélange de feldspath et de mica. Cependant la proportion d'oxyde de fer s'élève quelquefois à 2 0/0.

Ils ont le même emploi que les précédents, mais il faut observer qu'une lévigation très soignée a pour résultat d'enlever la plus grande partie des alcalis.

Kaolins siliceux. — Dans ces kaolins, l'hydrosilicate d'alumine est mélangé à une proportion notable de quartz à l'état de poudre impalpable. Cette teneur en silice dépend beaucoup du soin apporté à la lévigation; elle peut s'élever jusqu'à 20 ou 25 0/0. Ces kaolins fournissent une pâte peu plastique, et sont d'un toucher légèrement granuleux. Ils sont utilisés dans la fabrication des porcelaines et de certaines faïences, mais pour les pâtes qui n'ont pas besoin d'être très plastiques.

Kaolins alcalino-siliceux. — Contenant à la fois une proportion notable d'alcalis et de silice et participant aux propriétés et aux emplois des deux espèces précédentes.

Kaolins ferrugineux. — Ces kaolins contiennent une quantité d'oxyde de fer trop grande pour pouvoir donner après cuisson une pâte entièrement blanche.

Lorsque cette teneur n'est pas trop élevée, on les utilise pour la fabrication de porcelaines et de faïences de qualité inférieure. Pour une proportion plus grande, ils peuvent encore servir à la fabrication de produits réfractaires, mais à la condition de ne pas être trop alcalins.

Les principaux gisements de kaolin sont :

En *France* : Saint-Yrieix, Aixe, La Jonchère, Coussac-Bonneval, Daumail-sur-Vienne, Condat, Isle, dans la Haute-Vienne; Beauvin, les Collettes, Échassières, Diou dans l'Allier ; Saint-Maurice, Serves, Hostun, dans la Drôme ; Tayac, Eyzies, Jumillac, dans la Dordogne ; Espelette, dans les Basses-Pyrénées ; Azy-le-Vif, Saint-Pierre-le-Moutier, dans la Nièvre ; Bouilly, dans la Marne ; Saint-Étienne-de-Crossey, dans l'Isère ; Saint-Sorlin, dans Saône-et-Loire.

En *Angleterre* : Saint-Austell (Cornouailles), Wareham (Dorset).

En *Autriche* : Petschau, Oberbriez, Kottinken, Tresmosna, Zettlitz, en Bohême ; Stein, en Carniole.

En *Allemagne* : Dölau, Lettin, Seilitz, Kölln-sur-Elbe, en Saxe ; Hirschau, Tirschenreuth, en Bavière ; Gruenstadt, dans le Palatinat.

En *Danemark* : Bornholm.

Aux *États-Unis* : Woodbridge et Aurbey, dans l'état de New-Jersey :

En *Chine* : les nombreux gisements du Kiang-si ; et enfin ceux du *Japon*.

30. Argiles réfractaires. — Les argiles se trouvent sous forme sédimentaire, tantôt en gisements puissants et homogènes, tantôt par couches alternatives d'aspects et de compositions variables. Elles contiennent toujours une certaine proportion d'eau de carrière qui s'évapore dans une atmosphère sèche.

Les argiles réfractaires se distinguent à l'aspect mat, sans commencement de vitrification, qu'elles conservent lorsqu'on les chauffe au feu de porcelaine dure (1.350°); on peut les diviser en trois espèces :

Argiles pures. — Dans lesquelles l'hydrosilicate d'alumine ne se trouve mélangé qu'à quelques pour cent de silice et à des traces de fondants. Elles sont d'un blanc plus ou moins grisâtre, très onctueuses, éminemment plastiques, donnant après cuisson une pâte d'un beau blanc mat. Celles qui se trouvent dans le commerce sont ordinairement lavées. On s'en sert pour la fabrication des faïences et de certaines porcelaines. Les gisements en sont relativement rares et les variations de composition que l'on rencontre dans une même carrière nécessitent un triage soigné.

Argiles réfractaires plastiques. — Elles se distinguent des précédentes par une proportion plus élevée de fondants, sans cependant que celle-ci soit suffisante pour provoquer une vitrification dans le feu de porcelaine.

La proportion de silice peut s'élever jusqu'à 20 0/0. Elles ont généralement une coloration d'un blanc grisâtre ou jaunâtre, quelquefois la présence de matières organiques les rendent presque noires. Leur toucher est onctueux; leur pâte, plastique, prend après cuisson une teinte plus ou moins jaunâtre, rarement grisâtre. On les emploie dans la fabrication des faïences à pâte légèrement colorée et dans celle des produits réfractaires. Les gisements en sont assez nombreux, certains sont homogènes et puissants, d'autres, au contraire, nécessitent un triage.

Argiles réfractaires siliceuses. — Celles-ci ne se différencient des précédentes que par une plus forte teneur en silice, qui peut s'élever jusqu'à 50 0/0. Leur plasticité est naturellement moindre et leur toucher plus ou moins granuleux; leur emploi se borne généralement à la fabrication de produits réfractaires. La coloration est presque toujours claire, ordinairement grisâtre, quelquefois jaunâtre. Les gisements en sont relativement nombreux, et il n'est guère procédé qu'à un triage sommaire dans les carrières.

Parmi les principaux gisements d'argiles réfractaires on peut mentionner les suivants :

France : Allier : Échassières ;
Aube : Villenauxe, Vendœuvre, Montpothier ;
Cher : Vierzon ;
Dordogne : Mussidan ;
Drôme : Saint-Vallier ;
Eure-et-Loir : Abondant ;
Gard : Uzès ;
Gironde : Pessac ;
Indre : Argentan ;
Indre-et-Loire : Langeais ;
Isère : Moirans ;
Orne : Sées ;
Puy-de-Dôme : Champ-blanc, Caupière ;
Saône-et-Loire : Ecuisses ;
Seine-Inférieure : Forges-les-Eaux, Gournay ;

Seine-et-Marne : Montereau, Provins, Saint-Germain-Laval ;
Vaucluse : Bollène ;
Haute-Vienne : La Jonchère ;
Vienne : Fleuré ;
Belgique : Andennes, Bouffioulx, Hauterage, Saint-Ghislain ;
Grande-Bretagne : Devon, Newton-Abbot ;
  Dorset : Corfe-Castle ; Wareham ;
  Worcester : Stourbridge ;
  Northumberland : Newcastel-on-Tyne ;
  Lancaster : Saint-Helen ;
  Pays de Galles : Abordare ;
  Écosse : Garnkirk, Glenboig ;
Allemagne : Provinces du Rhin et Palatinat : Hoehr, Hettenleidelheim, Gruenstadt, Vallendar ;
  Hesse-Nassau : Grossalmerode ;
  Saxe : Doelau, Lettin, Meissen ;
Autriche-Hongrie : Bohême : Teplitz, Tremosna ;
  Moravie : Blansko ;
États-Unis : Woodbridge et Trenten, dans le New-Jersey.

31. Argiles vitrifiables. — Ces argiles se vitrifient plus ou moins complètement dans le feu de porcelaine (1.350°), mais restent à peu près mates dans le feu de faïence (1.200°). Elles contiennent, par conséquent, une proportion de fondants plus élevée que les précédentes. Suivant la nature de celui qui s'y trouve en quantité prépondérante et leur teneur en silice, on peut les diviser en *plastiques alcalines, ferrugineuses* ou *calcaires*, et en *siliceuses alcalines, ferrugineuses* ou *calcaires*. On peut également avoir des espèces intermédiaires : *plastiques alcalino-ferrugineuses* par exemple. Cependant, parmi ces différentes espèces, qui peuvent se rencontrer dans la nature, il en est deux qui, par leur emploi et le nombre de leurs gisements, méritent une mention particulière.

Les argiles *vitrifiables alcalines*, qu'elles soient *plastiques* ou *siliceuses*, qui servent de base à la fabrication des grès artistiques, sanitaires, pour industries chimiques et des carreaux de pavement. Elles ont une coloration généralement foncée, bleuâtre, violacée ou grisâtre, et donnent à la cuisson une pâte dont la teinte varie du blanc bleuté au gris perle foncé, ou du blanc jaunâtre au brun.

Les argiles *vitrifiables ferrugineuses*, presque toujours *sili-*

ceuses, pouvant également être employées pour la fabrication de grès sanitaires, mais servant principalement pour faire des carreaux de pavement et des briques vitrifiées. D'une coloration jaune, orange, rouge ou brune, elles donnent une pâte cuite dont la teinte varie du brun au noir.

Il est bien entendu que les argiles vitrifiables, ainsi que les réfractaires, peuvent servir à la fabrication de terres cuites ; il suffit que la température ne dépasse pas le point de cuisson de la faïence.

Les gisements les plus connus des argiles vitrifiables, presque toutes alcalines, sont les suivants :

France : Ardennes : Jandun ;
  Cher : Henrichemont ;
  Côte-d'Or : Pouilly ;
  Nièvre : Saint-Amand-en-Puisaye ;
  Nord : Ferrière-la-Petite, Fresnes, Sars-Poteries, Saint-Amand ;
  Oise : La Chapelle-aux-Pots, Savignies ;
  Saône-et-Loire : Ciry-le-Noble, Palinges, Paray-le-Monial ;
  Vosges : Jeanmesnil ;
Belgique : Saint-Ghislain ;
Grande-Bretagne : Wareham, Newcastel-on-Tyne, Longport ;
Allemagne : Vallendar, Hoehr, Bunzlau ;
Autriche-Hongrie : Kottiken, Ledez ;
États-Unis : Woodbridge.
Enfin, les gisements de la *Chine* et du *Japon*.

32. Argiles fusibles. — Les argiles fusibles se vitrifient en se déformant à une température inférieure au feu de faïence (1.200°). Elles contiennent toujours une assez forte proportion de silice. Les unes sont cependant assez plastiques pour servir au façonnage des poteries, tuiles, carreaux, etc., tandis que les autres, trop maigres, ne peuvent être employées que pour la confection de briques pleines. Le principal fondant est la chaux, les alcalis ne s'y trouvant presque toujours qu'en proportion relativement faible. Parmi les très nombreuses sortes d'argile de cet ordre, on peut distinguer quatre espèces principales :

Argiles plastiques ferrugineuses, de coloration très variable, mais généralement assez foncée, donnant à la cuisson une pâte, dont la teinte passe de l'orangé rouge au rouge et au brun ;

Argiles plastiques calcaires, faisant effervescence aux acides, de coloration très variable, à pâte cuite passant de l'orangé au jaune, puis au jaune brunâtre ou verdâtre, suivant la température ;

Argiles siliceuses ferrugineuses, se présentant sous forme de terres friables, ordinairement d'un brun jaunâtre ou rougeâtre, dont la pâte prend à la cuisson une coloration rouge passant au brun rougeâtre plus ou moins foncé ;

Enfin, *argiles siliceuses calcaires*, également sous forme de terres friables, de teinte plus claire que les précédentes, faisant effervescence aux acides, et donnant des produits ayant la même coloration que les argiles plastiques calcaires.

Les gisements d'argiles fusibles sont très répandus dans la nature. Il s'en trouve dans tous les pays; aussi est-il impossible d'en faire une nomenclature, même très sommaire.

33. Analyses d'argiles. — Le tableau suivant donne quelques exemples d'analyses blocales d'argiles. Il ne faudrait pas attribuer aux chiffres qui y sont contenus, ainsi qu'à la classification, une trop grande importance, parce que, d'une part, malgré le soin apporté à écarter les analyses douteuses, les méthodes employées par les divers auteurs sont variables, ne permettent pas une comparaison rigoureuse et que, d'autre part, l'analyse blocale ne donne pas sur la constitution des argiles les renseignements précis de l'analyse rationnelle. Cependant, comme cette dernière, basée sur la dissolution préalable dans l'acide sulfurique concentré, n'est encore que trop peu employée, on ne possède pas de résultats assez nombreux pour pouvoir les reproduire sous forme de tableau.

LOCALITÉS	SILICE	ALUMINE	OXYDE DE FER	CHAUX	MAGNÉSIE	ALCALIS	PATE AU FEU ET DIVERSES	AUTEURS
Kaolins purs :								
Zettlitz (Bohême)............	43,12	36,30	0,46	0,19	0,19	0,42	17,78 (1)	Bischof.
Kottiken (près Pilsen)......	49,91	35,99	0,63	»	0,30	0,76	12,34	Seger.
Cornouailles	48,35	36,00	0,75	»	»	0,96	13,00	Salvetat.
Schiraye (Japon)............	47,74	36,68	0,42	0,99	»	0,45	13,64	Steinbrecht.
Dölau (près Halle)..........	48,15	37,03	0,60	0,27	0,30	0,82	12,76	id.
Zettlitz (Bohême)...........	45,68	38,54	0,90	0,08	0,38	0,66	13,00	Bischof.
Kaolins alcalins :								
Ledez (près Pilsen)..........	49,16	36,73	0,81	tr.	0,18	1,18	12,41	Seger.
Zettlitz (Bohême)...........	46,82	38,49	1,09	»	tr.	1,40	12,86	Möller.
Trémosna (Bohême)........	49,48	36,64	0,66	»	0,41	1,60	11,99	Seger.
Les Colettes (BES) (Allier)..	47,20	36,40	1,16	0,29	0,03	2,07	12,73	—
St-Yrieix (Haute-Vienne)...	48,00	37,00	»	»	»	2,50	13,10	Berthier.
Les Colettes (BIS) (Allier)..	46,91	37,08	0,87	0,22	0,04	2,63	12,35	—
Kaolins siliceux :								
Halle......................	52,25	32,15	0,83 (2)	0,90	»	0,43	12,37	Maercker.
Kaschkau..................	56,72	31,07	0,59	»	0,22	0,54	11,18	Möller.
Sonnewitz.................	64,87	23,83	0,83	»	0,50	1,39	8,36	—
Kaolins alcalino-siliceux :								
Tong-Kang (Chine).........	50,50	33,70	1,80	»	0,80	1,90	11,20	Salvetat.
Lettin.....................	57,08	29,94	0,65	»	0,49	2,26	9,87	Möller.
Sy-Kong (Chine)	55,30	30,30	2,00	»	0,40	3,80	8,20	Salvetat.
Kaolin ferrugineux :								
Gruenstadt (Palatinat).....	47,33	35,05	2,30	0,16	1,11	3,18	10,54	Bischof.
Argiles pures :								
Gay-Head (Massachussets)..	46,54	38,00	tr.	»	0,50	tr.	15,17	Salvetat.
Mussidan (Dordogne)	49,10	37,60	0,30	0,30	tr.	0,15	12,30	École des Mines.
Devonshire............(3)	49,60	37,40	»	»	»	»	11,20	Berthier.
Meissen....................	45,30	37,24	0,94	0,47	»	0,86	15,78	Steinbrecht.
Gloukoff (près Chermikoff).	46,35	37,00	»	»	»	0,15	16,50	Salvetat.
Altwasser (Silésie).........	43,85	36,30	0,46	0,19	0,19	0,42	17,78	Bischof.
Abondant (près Dreux)..(3)	50,60	35,20	0,40	»	»	»	13,10	Berthier.
Echassières (Allier).....(3)	49,00	34,00	»	»	»	tr.	16,40	—
Argiles réfractaires plastiques :								
Ruditz (Moravie)..........	53,68	33,64	»	0,22	0,06	tr.	11,95	v. Gohren.
Dover (Etats-Unis).........	57,60	31,52	0,88	0,30	0,16	0,45	9,09	—
Argenton (Indre)..........	48,40	30,00	2,20	»	»	tr.	18,00	Berthier.
Pittsburg (Etats-Unis)......	53,15	32,23	1,80	0,80	»	»	12,00	—
Gross Almerode (Hesse)....	47,50	34,37	1,24	0,50	1,00	tr.	14,00	Salvetat.
Klingenberg (Vosges)	48,32	32,48	1,52	1,64	tr.	tr.	16,00	—
Andennes (Belgique).......	49,64	34,78	1,80	0,68	0,41	0,41	12,00	Bischof.
Klinkau (Bohême)..........	47,15	33,55	2,20	0,22	1,06	» (4)	13,66	Balling.
Ebernhau (Nassau)	53,46	33,75	0,78	0,13	0,32	2,45	9,02	Bischof.
Lautersheim (Prusse)......	49,00	33,09	2,10	2,00	0,20	»	13,56	Salvetat.

(1) La proportion d'eau semble anormale.
(2) La chaux et la magnésie sont réunies.
(3) Ces analyses déjà anciennes semblent manquer de précision.
(4) Y compris 0,10 d'acide sulfurique et 0,06 d'acide phosphorique.

ARGILES

LOCALITÉS	SILICE	ALUMINE	OXYDE DE FER	CHAUX	MAGNÉSIE	ALCALIS	PATE AU FEU ET DIVERSES	AUTEURS
Argiles réfractaires plastiques (suite):								
Mühlheim (Prusse)..........	47,74	36,00	2,57	0,40	0,33	1,05	11,81	Bischof.
Bierley-Hill (Angleterre)....	51,80	30,40	4,14	0,40	0,50	»	13,11	Henry.
Hettenlheim (Bavière)......	49,86	33,71	2,00	»	0,24	2,66	11,43	Bischof.
Stannington (Angleterre) ..	48,04	34,47	3,05	0,66	0,45	1,94	11,15	Hambly.
Goettweih (Autriche).......	48,39	35,60	3,12	0,82	»	2,54	11,72	Knaffl.
Blanko (Moravie)..........	50,75	30,52	2,75	1,23	1,02	2,01	11,88	id.
Argiles réfractaires siliceuses:								
Montereau...............	64,40	24,60	tr.	»	»	tr.	10,00	Berthier.
Forges-les-Eaux...........	65,00	24,00	tr.	»	»	tr.	11,00	id.
Champblanc (Puy-de-Dôme)	67,20	20,10	tr.	»	»	»	12,50	Truhod.
Gournay (Seine-Inférieure).	62,50	26,60	0,15	0,20	tr.	»	11,00	id.
Beleu (Ardennes)..........	63,57	27,45	0,15	0,55	tr.	tr.	8,64	Salvetat.
Gartsherrie (Ecosse).......	59,48	28,95	1,05	tr.	»	»	11,05	Schwarz.
Canny-sur-Thérain (Oise)..	52,00	28,00	tr.	»	0,75	»(1)	19,25	Maret.
Lyonnet (Belgique)........	63,00	24,00	0,50	»	0,54	»	7,00	id.
Etrépigny (Jura)..........	70,00	18,50	0,50	0,75	tr.	tr.	9,96	Salvetat.
Namur	72,64	19,49	0,85	»	0,06	0,85	7,47	id.
Canny-sur-Thérain (Oise)..	56,00	26,00	0,50	»	1,60	»(2)	17,90	Maret.
Stourbridge..............	65,10	22,22	1,92	0,14	0,18	0,18	10,07	Percy.
Valendar (Prusse).........	65,27	24,10	1,00	»	2,02	»	6,75	Salvetat.
Gottweith (Autriche)......	65,60	20,75	2,00	1,65	tr.	tr.	10,00	id.
Bornholm (Danemark)....	72,50	19,50	1,00	0,18	0,50	»	5,92	id.
Montereau...............	61,33	24,69	2,20	0,25	1,28	tr.	10,25	id.
Theuberg (Bohême).......	58,39	27,94	tr.	2,74	1,00	»	10,49	id.
Kottinken (Bohême)	59,42	27,15	1,77	»	0,52	1,50	9,85	Seger.
Oberkaufungen (Allemagne)	57,89	27,97	2,04	0,97	0,54	0,53	9,43	Bischof.
Montabaur (Allemagne)...	61,74	27,08	0,67	0,15	0,29	2,06	7,59	Eichhorn.
Niederpleis (Allemagne)...	58,32	28,05	1,89	0,72	0,75	1,39	8,66	Bischof.
Glascow	66,16	22,54	5,31	1,42	tr.	»	3,14	Brown.
Argiles vitrifiables alcalines:								
Hochr (Allemagne)	70,12	21,43	0,77	»	0,39	2,62	4,92	Seger.
Laemmersbach (Allemagne)	64,53	24,59	1,04	tr.	0,34	3,06	6,55	id.
Ebernhahn (Allemagne)....	60,76	26,84	0,99	»	0,52	3,65	7,26	id.
Baumbach (Allemagne)....	59,28	28,63	1,29	»	0,61	3,44	7,39	id.
Ledez (Autriche)..........	66,76	20,94	1,92	»	0,81	4,64	4,43	id.
Greppin (Allemagne)......	54,99	27,91	2,54	0,05	0,83	3,67	9,87	id.
Mazeroul (Belgique).......	49,64	34,78	0,46	0,19	0,41	6,42	17,78	Bischof.
Crottensee (Autriche)......	51,32	34,28	2,98	0,30	0,24	1,63	8,50	Chjzek.
Brisan (Autriche)..........	58,82	22,14	2,87	0,81	0,35	3,87	11,86	Knaffl.
Melnik (Autriche)	40,87	36,22	2,04	2,92	1,21	4,42	12,14	id.
Argiles vitrifiables ferrugineuses:								
Olomuczan (Autriche)......	56,35	25,76	5,40	1,87	»	2,21	7,51	Knaffl.
Tillendorf................	63,19	21,60	5,69	0,34	0,74	2,25	6,39	Richter.
Stourbridge (Allemagne)...	45,25	28,77	7,72	0,47	tr.	tr.	17,34	Salvetat.
Helingsborg (Suède)	60,70	20,45	7,93	0,55	0,47	tr.	9,00	id.

(1) Y compris 4,90 de matières bitumineuses.
(2) Y compris 2,10 de matières bitumineuses.

CÉRAMIQUE.

LOCALITÉS	SILICE	ALUMINE	OXYDE DE FER	CHAUX	MAGNÉSIE	ALCALIS	PATE AU FEU	ET DIVERSES	AUTEURS
Argile vitrifiables alcalino-ferrugineuses :									
Loeben (Autriche)	58,27	23,22	5,64	2,43	tr.	4,12	5,89		Knafll.
Voitsberg (Autriche)	54,00	20,22	5,72	1,02	0,78	7,45	10,11		id.
Argiles fusibles plastiques ferrugineuses :									
Livernon (Lot)	49,00	24,00	6,26	2,00	»	tr.	18,00		Berthier.
Vaugirard (Seine)	51,84	26,10	4,91	2,25	0,23	tr.	14,58		Salvetat.
Uellnitz (Allemagne)	50,21	17,15	7,58	5,13	6,94	1,37	11,28		id.
Moschheim (Allemagne)	54,28	22,47	11,42	tr.		1,27	3,65 (1)	7,05	Seger.
Chesquake-Creek (É.-Unis)	57,00	21,50	4,31	»	0,82		1,90	12,84	Bruno Kerl.
Kinkora (Etats-Unis)	57,30	17,70	6,40	0,16	0,65		1,54	13,18	id.
Stoecken (Allemagne)	54,01	27,98	2,10	2,85	0,65		0,68 (2)	11,53	Fischer.
Kroenningen (Allemagne)	57,70	27,42	6,88	5,60	0,20		0,18 (3)	2,02	Wimmer.
Longport (Angleterre)	54,50	16,54 (4)	13,50	3,37	»	tr.	12,00		Salvetat.
Ile Bourbon	41,87	14,29 (4)	27,71	0,93	0,09	tr.	15,75		id.
Iles Witi	38,10	15,51	28,49	0,85	tr.	tr.	16,76		id.
Argiles fusibles plastiques calcaires :									
Lindener Berg (Allemagne)	59,91	17,96	1,09	8,21	0,40		0,41 (5)	12,12	Fischer.
Labischin (Allemagne)	46,67	13,06	5,15	11,46	4,08		4,02	15,10	Michaelis.
Schwartz (Allemagne)	41,37	16,42	5,22	13,60	4,64		1,48	17,97	id.
Ecouen (Seine-et-Oise)	52,23	14,52	5,00	12,04	1,75		1,91	12,55	Bourry. Seger
Velten (Allemagne)	47,86	11,19	5,18	14,96	1,71		3,66 (3)	11,08	Salvetat.
Chambray (près Tours)	49,72	20,35	3,09	9,08	0,50		0,22	9,34	id.
Constance (Allemagne)	42,16	12,42	4,56	16,86	2,59		3,78	17,81	
Argiles fusibles siliceuses-ferrugineuses.									
Villiers-le-Bel (Seine-et-Oise)	74,83	12,29	4,88	tr.	1,96		2,44	3,60	Bourry.
Schwartzhutte (Allemagne)	77,44	9,82	5,34	»	1,36		3,87	2,48	Seger.
Gieszmansdorf (Allemagne)	59,21	11,51	6,80	8,41	1,77		1,77	10,68	id.
Bockholm (Allemagne)	70,22	13,67	6,80	»	1,30		3,37	5,30	Seger
Argiles fusibles siliceuses-calcaires :									
Eberswalde (Allemagne)	71,69	7,72	3,25	5,88	1,23		3,34	6,80	id.
Villiers-le-Bel (Seine-et-Oise)	68,53	8,21	4,10	8,42	0,70		1,69	8,35	Bourry
Schwartz (Allemagne)	43,37	9,31	2,84	16,65	6,00		0,98	21,00	Seger
Le Havre	54,17	5,27	2,09	17,91	1,28		1,89	17,27	Bourry

(1) Y compris 1,00 de soufre et 3,80 de carbone.
(2) Y compris 0,56 d'acide sulfurique.
(3) La proportion d'eau semble anormale.
(4) Ces argiles donnent des grès à température relativement basse.
(5) Y compris 0,40 d'acide sulfurique.

§ 2. — Matières premières diverses

34. Classification. — Les matières, autres que l'argile et l'eau, qui peuvent entrer dans la confection des pâtes céramiques, se divisent en cinq catégories, d'après le but que l'on se propose d'atteindre en les utilisant :

A. Matières analogues à l'argile pouvant lui être substituées en tout ou en partie ;

B. Matières agglomérantes et agglutinantes, destinées à remédier à un manque de plasticité de la pâte ;

C. Matières dégraissantes ayant pour but de diminuer la plasticité ;

D. Matières fondantes destinées à augmenter la fusibilité ;

E. Matières réfractaires, ayant au contraire pour but de diminuer cette fusibilité.

A. — *Matières analogues à l'argile*

35. On peut remplacer en tout ou en partie les argiles par d'autres *silicates d'alumine hydratés*, doués comme elles d'une certaine plasticité et durcissant également sous l'action de la chaleur. Cependant, d'après les recherches de M. Le Chatelier, il semble prouvé que la plupart de ces minéraux ne sont pas des silicates distincts, mais bien de la kaolinite mélangée à des hydrates de silice ou d'alumine. Voici quelques renseignements sur ceux de ces minéraux qui ont été employés en céramique.

L'*halloysite* est une matière blanche onctueuse, plastique, ayant beaucoup d'analogie avec les kaolins. Sa composition est très variable suivant les lieux de provenance, comme le montrent les analyses suivantes, indiquées la première par Brongniart et la seconde par Bruno Kerl.

Silice..	39,90	44,94
Alumine.....................................	24,00	39,06
Eau..	26,00	16,00

D'autre part, voici la composition de l'halloysite de Breteuil (Eure) :

Silice	41,30
Alumine	47,80
Oxyde de fer	traces
Chaux	0,84
Alcalis	0,76
Eau	9,30

On a quelquefois employé l'halloysite, mais sans grand succès, dans la fabrication des porcelaines.

La *lenzinite*, matière assez semblable à la précédente, qui se trouve à Vilate (Haute-Vienne) et à Call dans l'Eifel.

On l'utilise quelquefois à la place des argiles réfractaires, quoiqu'elle ne soit pas particulièrement infusible. Voici deux compositions indiquées l'une par Brongniart, l'autre par Bruno Kerl :

Silice	27,00	30,00
Alumine	37,00	36,00
Oxyde de fer	»	1,95
Magnésie	»	0,18
Alcalis	«	0,50
Eau	25,00	21,50

La *collyrite et l'allophane* contiendraient, d'après M. Le Chatelier, le même silicate d'alumine probablement SiO^2, Al^2O^3, nHO. La première, extraite à Saint-Sever (Landes), a été employée dans la fabrication de la porcelaine ; elle a, suivant Brongniart, la composition suivante :

Silice	59,00
Alumine	22,00
Eau	26,00

D'après les recherches de M. Vogt, l'allophane se trouve mélangée à la kaolinite dans certaines argiles. A l'état pur elle se trouve à Saint-Antoine (Oise), et dans l'Utah (États-Unis).

La *cymolithe* est une pierre friable, plus siliceuse que les minéraux précédents, répondant à la formule $4SiO^2, Al^2O^3, nHO$.

On la rencontre dans certaines îles de l'Archipel grec et particulièrement dans celle de Cymolis (l'Argentière), où on l'a employée dans la pâte de certaines poteries.

D'après Klaproth, sa composition est la suivante :

```
Silice ............................................. 93,00
Alumine ........................................... 23,00
Oxyde de fer ...................................... 1,00
Eau ............................................... 12,00
```

Dans les pâtes, la magnésie joue un rôle qui, à certains points de vue, se rapproche de celui de l'alumine ; on peut quelquefois, au moins partiellement, remplacer les silicates d'alumine hydratés par des *silicates de magnésie hydratés*.

Parmi ceux-ci, le *talc* et la *magnésite* ont été employés en céramique. Le talc, ou la stéatite, se trouve à l'état de roche tendre, friable, de faible plasticité. Il correspond, à l'état de pureté, à la formule $4MgO, 5SiO^2, nHO$, mais sa composition varie d'après la provenance :

```
Silice ............................. 61,75 à 63,00
Magnésie .......................... 34,65 à 36,60
Oxyde de fer ......................    »  à  2,00
Eau ...............................  2,00 à  4,90
```

Le talc a été employé dans l'Italie du Nord et dans le canton des Grisons pour la fabrication de grands vases céramiques. Il a également été utilisé en Corse et en Egypte.

La magnésite a servi en Espagne à la fabrication de porcelaines ; elle provenait de Vallécas, près Madrid, et était composée de :

```
Silice ............................. 54,00
Magnésie .......................... 24,00
Eau ............................... 20,00
```

Les *marnes* ont aussi été quelquefois employées à la place de l'argile dans la fabrication des poteries communes ; elles ne sont plus utilisées actuellement que comme matières fondantes ; c'est à ce titre qu'elles seront mentionnées ultérieurement.

Enfin, on peut encore signaler la *giobertite*, ou carbonate de magnésie toujours mélangé d'un peu de silicate, qui a été employé comme matière réfractaire et dans le Piémont pour la fabrication de porcelaines, et enfin l'*amiante*, que l'on a récemment mélangé à certaines pâtes, à cause de sa texture fibreuse, pour leur donner une certaine adhésion. L'amiante est un silicate anhydre de magnésie, de chaux et d'oxyde de fer, dont la composition est assez variable :

Silice...	52,00 à 61,00
Oxyde de fer.................................	2,00 à 20,00
Chaux..	1,00 à 17,00
Magnésie......................................	8,00 à 32,00

B. — *Matières agglomérantes et agglutinantes*

36. — Dans la fabrication des produits réfractaires, particulièrement de ceux en silice, que l'on cherche à obtenir aussi purs que possible, on a quelquefois remplacé l'argile par un *agglomérant*, faisant prise, et donnant à la pâte une dureté suffisante pour pouvoir être mise dans le four et cuite ensuite à haute température.

On a employé dans ce but la *chaux*, *l'oxyde de fer terreux*, *les chlorures de calcium et de magnésium*, *l'alun*, *le silicate de potasse ou de soude*. On trouvera plus de détails à ce sujet dans le chapitre consacré aux produits réfractaires.

Lorsque la pâte est trop peu plastique pour qu'on puisse bien la façonner, et que, d'autre part, on ne peut modifier sa composition chimique, on cherche à lui donner une plasticité artificielle en ajoutant à l'eau de moulage des substances qui la rendent visqueuse, qui disparaissent ensuite à la cuisson et servent d'*agglutinants*.

On peut employer dans ce but, suivant la nature de la pâte et le produit à obtenir, la *colle*, la *gomme*, *l'eau de lichen*, la *dextrine*, le *savon*, le *sucre*, la *mélasse* et, pour des produits très ordinaires, le *goudron*.

Les matières agglutinantes ont été employées en grand pour la fabrication de la porcelaine tendre française; on se servait d'un mélange de savon noir et de colle de parchemin, puis de gomme adragante au savon noir. Actuellement on emploie la dextrine pour la fabrication des fleurs en porcelaine.

La difficulté consiste à trouver, pour les produits fins, une substance assez visqueuse, qui ne laisse pas après cuisson un résidu charbonneux et qui, pour les produits grossiers, soit assez économique.

C. — Matières dégraissantes

37. Emploi et nomenclature. — Pour donner aux pâtes céramiques la plasticité correspondant au mode de façonnage adopté, et pour réduire le retrait, on est souvent obligé de mélanger aux argiles des matières antiplastiques, c'est-à-dire, pour employer un terme du métier, de les *dégraisser*.

A ce point de vue, une *argile maigre* est un dégraissant par rapport à une argile grasse. C'est ainsi que, dans la fabrication des terres cuites, les argiles siliceuses sont souvent employées pour dégraisser les argiles plastiques.

Les matières dégraissantes proprement dites se divisent en quatre catégories :
1° Matières siliceuses et sables ;
2° Matières calcaires ;
3° Matières charbonneuses ;
4° Terres cuites pulvérisées dites ciment ou chamotte.

38. Matières siliceuses. — La *silice* sous toutes ses formes joue un rôle très important en céramique, le principal après l'argile. Non seulement elle sert de matière dégraissante, mais, comme on le verra, elle agit soit comme matière réfractaire, soit comme fondant, et est indispensable pour obtenir la composition chimique voulue dans les poteries recouvertes de certaines glaçures.

La silice se présente sous deux formes différentes : la silice cristallisée et la silice amorphe ou du moins dont les grains sont assez ténus pour qu'il soit difficile d'y reconnaître une forme cristalline.

La *silice cristallisée* a un poids spécifique de 2,6 à 2,7, elle est difficilement attaquable par les alcalis ; on la rencontre, dans la nature, entièrement pure sous forme de cristal de roche, presque pure dans l'améthyste, la calcédoine, le quartz, le silex et plus ou moins mélangée à d'autres matières dans les sables.

La *silice amorphe* a un poids spécifique de 2,2 à 2,3 ; elle se combine très facilement avec les alcalis, c'est la forme sous laquelle elle se présente lorsqu'on décompose n'importe quel silicate, c'est donc dans cet état qu'elle se trouve après la déshydratation de l'hydrosilicate d'alumine. Dans la nature, on la rencontre non combinée dans l'opale, dans la terre d'infusoires, etc.

La silice cristallisée se transforme en silice amorphe lorsqu'elle se combine avec des bases. Cette combinaison peut se faire à basse température avec la potasse et la soude; elle se produit, à la température de la cuisson des produits céramiques, avec l'alumine, la chaux, la magnésie, l'oxyde de fer. Une température élevée provoque également, à la longue, cette transformation. En soumettant du quartz plusieurs fois, et pendant vingt à vingt-quatre heures chaque fois, à la température de la cuisson de la porcelaine dure, on peut suivre la marche progressive de la transformation de la silice cristallisée en silice amorphe (Seger).

	Densité.	Proportion de silice amorphe.
Silice cristallisée	2.662	»
Une cuisson	2.593	41,16
Cinq cuissons	2.501	»
Dix —	2.398	70,01

Ce changement dans la densité a comme conséquence une modification correspondante dans le volume; à égalité de poids, la silice amorphe occupe un volume de 16 à 17 0/0 plus grand que la silice cristallisée. Cette observation a une importance considérable dans la fabrication de certains produits céramiques siliceux. Elle explique le gonflement et la destruction au feu des produits fortement quartzeux et l'absence de retrait de certains produits réfractaires dans lesquels le retrait du silicate d'alumine est compensé par l'augmentation de volume de la silice.

Dans les industries céramiques, la silice est employée comme dégraissant à l'état de *quartz*, de *silex* et de *sable*. Sous d'autres formes elle sert plus particulièrement de matière réfractaire et sera mentionnée avec les substances de cette catégorie.

Quartz. — Le quartz se présente à l'état de roche dans les terrains de cristallisation, granites, gneiss, micaschistes, mais on ne peut l'en extraire économiquement et on le prend là où la nature a elle-même désagrégé ces roches. On le trouve ainsi dans des blocs erratiques (environs de Sarrebruck) ou dans les galets roulés par certaines rivières (cailloux du Rhin).

Pour introduire le quartz dans les pâtes, il faut préalablement le pulvériser. Ordinairement cette pulvérisation est précédée d'une cuisson qui a le double avantage de transformer une partie du quartz en silice amorphe, c'est-à-dire de diminuer l'effet nuisible de son gonflement ultérieur, et ensuite de rendre la pierre plus friable et plus facile à broyer.

Silex. — Le silex se trouve à l'état de rognons, noirs ou roux, pesant de quelques grammes à plusieurs kilogrammes, dans les terrains de la formation crétacée. On peut soit les en extraire directement, soit les recueillir au bord de la mer, aux embouchures de certaines rivières, où les flots désagrègent constamment les falaises crayeuses.

On en trouve ainsi à l'embouchure de la Tamise, mais le lieu d'exploitation le plus important est l'embouchure de la Somme où, sur une longueur de plus de 20 kilomètres, et une largeur de 3 à 500 mètres, ils forment un gisement inépuisable, alimenté sans cesse par des apports nouveaux.

Ces silex sont chauffés dans des fours analogues aux fours à chaux, puis jetés dans l'eau et réduits en poudre. La chaleur leur fait perdre leur coloration, due à des matières organiques. La pulvérisation se fait soit à sec, dans des broyeurs recouverts de porcelaine ou de grès, pour éviter le mélange de parcelles de fer, soit par voie humide, dans des moulins à blocs. Le premier procédé, un peu plus coûteux, donne les produits les plus appréciés. Cette industrie était autrefois monopolisée à Runcorn et à Newcastle-on-Tyne (Angleterre); actuellement on traite également les galets à Saint-Valery-sur-Somme. Le quartz et surtout le silex ne sont employés comme dégraissant que dans la fabrication des poteries fines, et particulièrement de la faïence.

39. Sables. — Les sables sont composés essentiellement de quartz, mélangé à des proportions variables de feldspath, de mica, d'oxyde de fer, de carbonate de chaux ou d'argile. Lorsque la proportion de ces matières n'atteint pas 2 à 3 0/0, le sable est dit quartzeux; il est feldspathique, micacé, ferrugineux, calcaire ou argileux, lorsque chacune de ces substances y entre en proportion plus notable.

Le *sable quartzeux* est le dégraissant par excellence; il se présente sous forme de grains plus ou moins fins, ronds ou à arêtes vives. Leur grosseur ayant une influence sur la qualité des produits tant au point de vue de leur plasticité que de leur fusibilité, cette influence sera étudiée dans le chapitre suivant. Mais, d'une manière générale, on doit préférer le sable à arêtes vives à celui à grains ronds, c'est-à-dire ordinairement le sable de carrière au sable de rivière. Le premier s'enchevêtre, en effet, mieux au milieu de la gangue argileuse, et y adhère plus fortement.

Certaines carrières donnent du sable quartzeux naturellement très pur ; dans d'autres, on doit préalablement le laver.

Les *sables feldspathiques* et *micacés* introduisent dans la pâte, en même temps que du quartz, des alcalis qui agissent comme fondants. Au point de vue de la plasticité et de la cohésion, les grains du feldspath doivent être préférés aux paillettes du mica. Lorsque la proportion de mica devient trop considérable, le sable doit être rejeté. On a toujours, il est vrai, la faculté de le laver, car le mica, grâce à sa forme lamellaire, qui le fait flotter dans l'eau, se sépare assez facilement par lévigation.

Le *sable ferrugineux* est très employé pour les terres cuites dont la pâte ne doit pas être blanche. On a vu que l'oxyde de fer augmente la cohésion et donne de la dureté à la poterie.

Le *sable calcaire* ne doit être employé que lorsque la chaux s'y trouve sous forme impalpable. L'action désagrégeante des grains de chaux a déjà été mise en évidence.

Le *sable argileux*, lorsque la nature de l'argile qu'il contient s'y prête, est un dégraissant excellent, quoique moins antiplastique que le quartz pur ; il a, par contre, l'avantage de se mélanger plus facilement à l'argile.

On rencontre, en outre, dans la nature, un grand nombre de sables qui appartiennent à deux ou plusieurs des catégories précédentes : sables ferrugineux calcaires, calcaires argileux, ferrugineux calcaires argileux, etc. Leur valeur, suivant le but que l'on se propose, pourra facilement être appréciée d'après les observations précédentes. Dans le cas assez rare où l'on ne trouverait pas économiquement le sable convenable, on pourrait recourir au lavage, qui se fait facilement et à peu de frais.

Il est, enfin, une catégorie de sables, dont il convient de se méfier, ce sont les *sables salins*, c'est-à-dire ceux dont les dépôts se sont formés dans des eaux salées. Ils introduisent dans les poteries des sels solubles, qui produisent, quelquefois longtemps après la cuisson, des efflorescences sur les surfaces.

40. Matières calcaires. — On emploie quelquefois le carbonate de chaux, particulièrement sous la forme de *marne calcaire*, pour dégraisser les argiles. Cependant ce mélange a plus généralement pour but de rendre la pâte plus fusible, ou de lui donner une composition déterminée.

Comme dégraissants, les matières calcaires sont peu à recommander : outre leur plasticité relative, qui oblige de les employer à fortes doses, elles ont le tort d'introduire dans la pâte de l'eau et de l'acide carbonique, qui la rendent poreuse. Le carbonate de chaux doit naturellement être mélangé sous forme de poudre impalpable, et il est nécessaire que la température de cuisson des poteries soit assez élevée pour provoquer sa décomposition et la formation de silicates calcaires.

41. Matières charbonneuses. — Pour la fabrication de terres cuites communes, on peut employer avec avantage, comme dégraissants, des matières charbonneuses, dont le carbone disparaît pendant la cuisson.

On se sert, dans ce but, d'une foule de substances qu'il suffit de mentionner : *poussier de charbon ou de coke, escarbilles, scories ou mâchefers, sciure de bois, paille, débris de lignite et de tourbe, tan*, etc.

L'inconvénient que présentent tous ces dégraissants, mais à des degrés très différents, résulte de ce que leurs cendres forment avec l'argile des silicates fusibles faisant tache, en creusant des alvéoles dans les terres cuites.

Quelques-uns ont des cendres schisteuses calcaires, occasionnant les mêmes défauts que les grains de carbonate de chaux.

Par contre, ils ont l'avantage de faciliter la dessiccation, de diminuer le retrait, d'uniformiser la cuisson et de rendre les terres cuites plus légères, ce qui est souvent un avantage commercial.

Comme poteries faites spécialement avec ces dégraissants, on peut citer les terres cuites légères américaines, fabriquées avec de la sciure de bois, et les hydrocérames, dont la porosité est la qualité essentielle. On trouvera plus de détails à ce sujet aux articles qui traitent spécialement de ces poteries.

42. Terres cuites pulvérisées dites ciment ou chamotte. — La cuisson, en enlevant aux argiles leur plasticité, transforme les terres cuites en matières dégraissantes, il suffit pour cela de les pulvériser en grains de grosseurs variables suivant le but que l'on veut atteindre. On obtient ainsi un sable plus ou moins grossier, qui, en céramique, est désigné sous le nom de ciment (1) ou de chamotte (2).

(1) Probablement par analogie avec les terres cuites pulvérisées, que l'on a quelquefois ajouté à la chaux pour la rendre hydraulique et la transformer en une sorte de ciment.
(2) De l'allemand *Schamotte* ou *Chamotte*.

Ce ciment est un dégraissant énergique et d'excellente qualité. Il a sur le quartz l'avantage de ne pas gonfler au feu et de pouvoir être pulvérisé en grains de grosseurs différentes, ce qui permet de faire absorber à l'argile une plus grande proportion de dégraissants. On peut, en effet, facilement se rendre compte que, dans un même volume, il est possible de faire entrer une plus grande quantité de sable à grains de grosseurs différentes que de sable à grains uniformes.

Outre ses qualités antiplastiques, le ciment a l'avantage de donner une masse plus perméable et se dilatant moins dans le feu que le quartz. Il en résulte pour les terres cuites qui ont été dégraissées de cette manière une résistance beaucoup plus grande aux variations brusques de température, qualité très appréciée pour certains produits réfractaires.

Ordinairement on se contente, pour fabriquer le ciment, de broyer des terres cuites ayant déjà servi : briques réfractaires de démolition, débris de gazettes, creusets, etc., qui n'auraient pas d'autre emploi. D'autre part, les déchets dans la cuisson forment un appoint, dont plus d'un fabricant se passerait, du reste, volontiers.

Cependant dans les usines qui fabriquent une grande quantité de produits réfractaires de premier choix, ces sources sont insuffisantes, et on calcine spécialement de l'argile qui est ensuite pulvérisée et sert de dégraissant à la même argile non calcinée. L'emploi de ce procédé est indispensable, lorsqu'on veut obtenir des produits très alumineux utilisés dans la construction des fours de certaines industries chimiques ou métalliques. L'usage du quartz comme dégraissant, outre les autres inconvénients, serait inadmissible dans ce cas, parce qu'il augmenterait trop la proportion de silice.

Au point de vue de la plasticité, il suffirait de chauffer l'argile à 400° pour la rendre dégraissante, mais on préfère ordinairement la porter à une température au moins égale à celle de la cuisson, pour diminuer le retrait au feu des produits fabriqués en l'utilisant.

Pour le broyage, il faut éviter l'emploi des broyeurs qui donnent une forte proportion de grains ronds, car, comme pour le quartz, et pour les mêmes raisons, les grains à arêtes vives sont toujours préférables.

D. — *Matières fondantes*

43. Emploi et nomenclature. — On sait que les argiles durcissent de plus en plus, puis se vitrifient lorsqu'on les porte à une température suffisamment élevée, variable, du reste, avec leur composition et leur texture physique.

On a souvent intérêt à abaisser la température à laquelle ce durcissement ou cette vitrification se produit. Pour les terres cuites, on peut obtenir ainsi avec une cuisson moins coûteuse des produits plus résistants.

Pour les faïences, on peut modifier la dilatation de la pâte et la faire correspondre à celle de la glaçure.

Pour les grès et les porcelaines, on peut, enfin, déterminer la vitrification des argiles réfractaires qui entrent dans la composition de leur pâte et permettre l'emploi pour la décoration d'une palette d'autant plus riche que la température de la vitrification sera moins élevée.

Au point de vue chimique, les fondants sont des substances qui forment avec la silice de la pâte des silicates multiples, plus fusibles que le silicate d'alumine. On emploie dans ce but des alcalis, potasse et soude, la chaux, la magnésie et l'oxyde de fer. Il faut ajouter à ces fondants basiques le phosphate de chaux, qui agit en même temps par l'acide phosphorique et par la chaux qu'il contient.

Les fondants se divisent donc en : alcalins, calcaires, magnésiens, ferriques et calcaires phosphoreux.

44. Fondants alcalins. — On peut introduire les alcalis dans les pâtes sous trois formes différentes :

1° A l'état de sels, tels qu'on les trouve dans les cendres des végétaux, ou qu'ils sont produits par les fabriques de produits chimiques ;

2° A l'état de silicates ou de borates artificiels, c'est-à-dire de verres désignés en céramique sous le nom de frittes ;

3° A l'état de feldspaths et de roches feldspathiques.

Les *sels alcalins* ne sont guère employés directement. Comme il en faut une faible proportion pour augmenter considérablement la fusibilité, leur mélange homogène avec la pâte est difficile et incertain. Dans des poteries très grossières, on a pu employer les cendres de végétaux. En tous cas, les carbonates sont à rejeter à cause du dégagement d'acide carbonique qu'ils donnent pendant la cuisson, dégagement susceptible de boursoufler la masse. Les sulfates sont préférables, mais tout en ayant les autres inconvénients qui viennent d'être signalés ils exigent, en outre, une température élevée pour être décomposés.

Les *frittes*, au contraire, sont d'un usage constant dans la fabrication des glaçures, mais elles sont peu employées mélangées aux pâtes. Elles seront l'objet d'une mention particulière dans l'article consacré à la *fabrication des glaçures*. Il suffira de dire ici que, pour les pâtes et à cause du prix, les frittes siliceuses sont les seules employées. Elles sont fabriquées en *frittant* ensemble de la silice et des sels alcalins, le verre produit étant ensuite finement pulvérisé.

Au lieu de fabriquer directement les frittes, on les remplace quelquefois par du *verre* ou des débris de verre que l'on trouve dans le commerce.

Ce fondant, à cause de son bas prix, peut être employé dans la fabrication des grès communs. Cependant, comme pour les sels alcalins, il est nécessaire de faire un dosage et un mélange très soignés.

Les *feldspaths et les roches feldspathiques* sont les fondants alcalins les plus employés. Ils sont très répandus dans la nature, mais sont rarement assez purs pour pouvoir être utilisés. Leur couleur naturelle n'est pas un signe de pureté. Certains feldspaths blancs deviennent jaunes, rouges ou noirs à une température élevée, tandis que d'autres très colorés deviennent blancs. On commence par les chauffer fortement, puis on les réduit en poudre fine, forme sous laquelle on les trouve dans le commerce.

On sait que les *feldspaths* sont des silicates d'alumine et d'alcalis, potasse et soude. Ils contiennent, en outre, la plupart du temps, une petite proportion d'oxyde de fer, de chaux et de magnésie. Dans certains, la proportion de chaux devient assez importante pour ne pas pouvoir être négligée.

Il y a des gisements de feldspaths en France, dans la Haute-Vienne et la Drôme, mais on se sert également en grande quantité des feldspaths de Norvège, qui alimentent les principales fabriques céramiques européennes.

On trouve également des feldspaths utilisables dans le Palatinat, la Bavière, la Silésie, la Bohême, la Galicie, la Finlande, la Calabre, l'État du Maine et du Delaware, aux États-Unis. Le tableau ci-après (p. 80) donne la composition de quelques-uns de ces feldspaths.

Parmi les roches feldspathiques, la *pegmatite* est la plus usitée. Elle est très employée en France, où sont les importants gisements de Saint-Yrieix, et assez souvent en Angleterre, où elle est connue sous le nom de cornish-stone, et s'extrait en Cornouailles.

D'autres roches analogues ont quelquefois été utilisées, entre autres les *porphyres*, les *trachytes*, les *basaltes*. Leur composition est ordinairement très variable, comme en le verra dans le tableau ci-après.

45. Fondants calcaires.

— La chaux est introduite dans les pâtes comme fondant à l'état de carbonate, de sulfate ou de silicate de chaux.

Le *carbonate de chaux* ne peut servir, comme fondant, que lorsque la température de cuisson de la poterie est assez élevée pour le décomposer et éliminer l'acide carbonique. A une température inférieure, le carbonate ne sert que de dégraissant. Dans les dosages, il ne faut pas oublier qu'il y a sur 100 parties en poids de carbonate, 56 de chaux et 44 d'acide carbonique.

Les gisements de carbonate de chaux sont très nombreux. On se sert en céramique de débris de marbre blanc, de craie, carbonates à peu près purs, de tufs calcaires et de marnes.

Les *marnes* sont des mélanges de carbonate de chaux et de silicate d'alumine hydraté. D'après les recherches de MM. Le Chatelier et Vogt, ce silicate n'est pas la kaolinite, malgré l'opinion généralement admise; il correspondrait, en réalité, à la formule $Al^2O^3, 5SiO^2, nHO$.

La composition des marnes est très variable, non seulement suivant les provenances, mais suivant les couches d'une même carrière. On distingue les marnes calcaires contenant de 20 à 40 0/0 de silicate d'alumine hydraté des marnes argileuses, dans lesquelles cette proportion atteint 70 à 80 0/0. Elles contiennent presque toujours une certaine proportion d'oxyde de fer pouvant s'élever jusqu'à 7 et 8 0/0.

Suivant leur teneur en silicate d'alumine, les marnes sont plus ou moins plastiques, de sorte que, d'une manière très générale, on peut considérer les marnes argileuses comme des substances relativement plastiques, et les marnes calcaires comme des dégraissants.

Le *sulfate de chaux* ne peut être employé que pour des poteries cuisant à haute température, parce qu'il ne se décompose que très difficilement. Son seul avantage sur le carbonate de chaux est sa

DÉSIGNATIONS	SILICE	ALUMINE	OXYDE DE FER	CHAUX	MAGNÉSIE	POTASSE	SOUDE	PERTE AU FEU	AUTEURS
Feldspaths à base de potasse.									
Chanteloube (Haute-Vienne)	64,00	20,56	»	0,38	»	14,99	»	»	Malaguti.
Bomesfond près Bourganeuf (Vienne)	66,00	18,84	»	0,40	»	13,60	»	1,16	id
Cambo (Pyrénées)	64,00	21,02	0,17	0,20	tr.	13,61	»	0,20	Salvetat.
Orjervi (Finlande)	63,50	20,10	tr.	0,30	tr.	16,10	tr.	»	Laurent.
Serdobole (Finlande)	64,03	18,47	»	0,67	0,18	15,24	»	1,02	Malaguti.
Halle (Saxe)	62,76	19,20	tr.	0,46	0,18	14,90	»	1,70	id.
Quabenstein (Bavière)	61,37	20,23	»	0,39	0,16	15,75	»	1,31	id.
Aue près Schneeberg (Allemagne)	65,00	17,50	»	0,40	0,38	15,00	»	»	id.
Sargadelos (Galice)	62,00	19,48	tr.	0,35	0,12	15,72	»	1,64	id.
Carlsbad (Bohême)	64,80	19,75	1,73	tr.	»	11,50	»	»	Klapproth.
Oporto (Portugal)	62,06	19,61	»	0,38	0,16	16,07	»	1,11	Malaguti.
Newcastle, Delaware (États-Unis)	63,20	19,78	tr.	0,58	0,30	15,14	»	1,55	id.
Dixonplace, Wilmington (États-Unis)	58,70	23,95	tr.	2,09	0,31	12,64	»	1,05	id.
Feldspaths à base de potasse et de soude.									
L'Arnage (Drôme)	64,80	22,10	tr.	»	»	3,90	6,50	3,20	Salvetat.
Norwège	64,44	18,75	0,65	0,27	»	13,82	2,40	»	Bischof.
id.	64,98	19,18	0,33	tr.	0,25	12,79	2,32	0,48	Seger.
id.	65,23	18,64	0,47	0,12	0,21	12,57	2,45	0,23	Bourry.
id.	65,89	19,38	0,33	»	0,16	11,18	3,74	0,25	Seger.
Bischofsteinitz (Allemagne)	64,80	19,83	0,22	»	tr.	11,63	3,23	0,67	id.
Hagendorf près Waiden (Bavière)	67,92	18,90	1,28	2,02	0,39	1,87	6,93	0,60	Bischof.
Odenwald (Allemagne)	64,40	18,91	0,07	0,74	»	13,76	2,17	»	id.
id. id.	70,10	17,16	0,91	0,45	0,98	1,52	8,65	»	id.
Arzberg (Fichtelgebirge, Allemagne)	64,08	21,73	0,93	0,53	0,78	1,48	10,08	»	id.
Tirschenreuth (Palatinat)	62,79	20,51	0,47	baryte 2,83	tr.	9,44	4,08	0,21	Seger.
Chotoun près Prague (Bohême)	63,21	22,93	0,45	3,62	tr.	1,20	8,45	0,59	id.
Feldspaths à base de soude.									
Chanteloube (Haute-Vienne)	67,63	20,48	»	0,65	»	»	10,26	»	Malaguti.
Calabre (Italie)	65,87	20,60	tr.	0,38	0,20	tr.	11,10	1,20	id.
Pegmatites.									
Saint-Yrieix (Haute-Vienne)	76,10	18,37	0,13	0,17	tr.	2,84	4,58	0,40	Salvetat.
id. id.	70,64	16,87	0,73	1,31	0,20	4,22	4,97	0,34	Vogt.
Regensbourg (Allemagne)	87,78	7,36	0,84	0,29	»	1,60	1,00	1,34	Malaguti.
Helsinoa-Cornouailles (Angleterre)	74,34	18,46	tr.	»	0,24	6,00	»	0,96	id.
Fressasco (Piémont)	71,00	18,27	0 à 0,85	0,50	0,24	tr.	9,60	»	Salvetat.
Chine	78 à 76	13 à 16	»	0 à 0,40	tr.	3 à 3,5	2 à 5	2 à 4	Ebelmen et Salvetat.
Porphyres	68 à 77	0 à 13	»	0,2 à 2	0,2 à 2	3 à 10	tr.	»	—
Trachytes	70 à 79	15 à 17	1 à 3	0,5 à 1,5	0,2 à 0,5	2 à 8	4 à 10	»	—
Basaltes	33 à 53	10 à 18	2 à 20	6 à 15	2 à 12	2 à 15	0,1 à 3	0 à 6	—

solubilité relative dans l'eau, qui lui permet de se mélanger plus intimement aux pâtes. Mais il faut éviter de l'employer simultanément avec une trop forte proportion d'alcalis, car il peut alors se former des sulfates alcalins, plus difficiles à décomposer que le sulfate de chaux.

Il est bon de le calciner avant de le mélanger pour éliminer la proportion d'eau importante qu'il contient. Beaucoup de minerais de sulfate de chaux, ou gypse, contiennent des impuretés : argile, oxyde de fer, sable, carbonate de chaux, sulfate de strontiane.

Le *silicate de chaux* provient des *laitiers de hauts-fourneaux*, qui sont des silicates de chaux et d'alumine, mélangés le plus souvent d'oxyde de fer, de magnésie, de manganèse et de soufre à l'état de sulfate ou de sulfures.

Ces produits, très variables et très impurs, sont mentionnés ici parce que la chaux en constitue le principal fondant. On les utilise sur une assez vaste échelle pour la fabrication de carreaux en grès ou imitant le grès.

46. Fondants divers.

— La *magnésie* peut être mélangée aux pâtes, soit à l'état de carbonate double de chaux et de magnésie, qui constitue la roche naturelle connue sous le nom de *dolomite*, soit à l'état de silicate de magnésie ou de *talc*. On s'est servi des fondants magnésiens pour la fabrication de certaines porcelaines ; ils entrent également quelquefois dans la composition des glaçures.

Fondants ferriques. — L'oxyde de fer n'agit comme fondant que lorsqu'il est sous forme de protoxyde. A l'état de sesquioxyde son rôle se rapproche de celui de l'alumine. Il n'est ajouté directement aux pâtes que dans le but de les colorer.

Fondants calcaires phosphoreux. — Le phosphate de chaux est extrait généralement des os des animaux, mais on peut se servir également de la phosphorite.

Les *os* employés sont principalement ceux du bœuf et de préférence les os durs des extrémités (on rejette, comme donnant une couleur à la pâte, les os de cheval et de porc). Ils sont nettoyés, dégraissés par ébullition dans l'eau, calcinés jusqu'à ce qu'ils soient entièrement blancs, puis finalement pulvérisés. La *phosphorite* est une pierre naturelle fibreuse extraite en Estramadure, contenant jusqu'à 93 0/0 de phosphate de chaux. D'autres variétés moins pures se rencontrent à Amberg, en Bavière.

Le phosphate de chaux est principalement, sinon exclusivement, employé en Angleterre pour la fabrication de la porcelaine tendre.

E. — *Matières réfractaires*

47. Il n'est ici question que des matières qui, mélangées aux argiles, les rendent moins fusibles, et non des substances qui, comme la chaux, la magnésie, le graphite, peuvent par elles-mêmes donner des produits réfractaires. Celles-ci seront mentionnées au chapitre consacré à la fabrication spéciale de ces produits.

Sans aborder pour le moment la question complexe de la fusibilité des argiles, il suffit de dire que, pour les argiles ordinaires, toujours siliceuses, la *silice* est l'élément réfractaire, tandis que, pour les pâtes destinées à être vitrifiées (grès et porcelaines), c'est l'*alumine* qui joue ce rôle.

La *silice* est ordinairement introduite dans les pâtes à l'état de *quartz*, de *silex* et de *sable*. Ces matières ont déjà été étudiées parmi les substances antiplastiques, il n'y a pas lieu d'y revenir. Mais la silice a quelquefois été employée sous d'autres formes, dans le but spécial d'utiliser ses propriétés réfractaires.

La *terre d'infusoires* est formée de débris d'algues de la classe des diatomées et non de carapaces d'infusoires, comme on l'a cru longtemps. Son poids à l'état humide est inférieur à 1 kilogramme par décimètre cube; après séchage, il se réduit de plus de moitié. On en rencontre des gisements considérables dans la Lünebourger Heide (Allemagne du Nord) et en Hesse. Sa composition est indiquée par les analyses suivantes : les deux premières se rapportent à la couche supérieure et à la couche inférieure des gisements d'Oberohe, et la dernière à une terre verte de Neuohe.

Silice..................................	87,86	74,48	79,80
Alumine................................	0,13	»	1,50
Oxyde de fer...........................	0,73	0,39	2,60
Chaux..................................	0,40	0,20	0,30
Magnésie	»	»	0,40
Eau et matières organiques	10,71	24,43	15,00

Cette composition varie beaucoup avec les gisements, mais la silice s'y trouve toujours avec une densité de 2,2 à

2,3. Comme, dans cet état, elle se prête mieux à la formation de silicates multiples, elle est moins réfractaire que le quartz. Cependant la légèreté exceptionnelle de la terre d'infusoires la rend très utile pour la fabrication de produits réfractaires employés pour les foyers des locomotives ou des chaudières marines.

Sous le nom de *ganister*, on désigne en Angleterre et aux États-Unis un sable, que l'on trouve au-dessous de la formation carbonifère, qui peut être employé soit seul, soit mélangé à de l'argile réfractaire. Voici sa composition :

	Silice	Alumine	Oxyde de fer	Chaux	Magnésie	Perte au feu
Ganister de Scheffield, n° 1	94,10	4,21	0,70	tr.	tr.	0,69
— — — n° 2	95,55	4,85	0,85	1,13	0,11	0,41
— du Pays de Galles	93,05	4,23	0,80	0,26	0,26	1,00
— d'Indianopolis (États-Unis)	98,43	0,60	0,57	»	»	0,29

La *gaize* est une roche poreuse, légère, composée de plus de 80 0/0 de silice, dont la moitié sous forme amorphe, d'alumine d'oxyde de fer, de chaux et de magnésie. Sa composition est, du reste, assez variable. Elle forme une couche géologique dans les terrains crétacés entre l'argile du gault et la craie glauconieuse. Elle affleure, en France, sur différents points des départements des Ardennes et de l'Oise. On peut l'utiliser en mélange avec de l'argile réfractaire.

Le *sucre de bambou* s'extrait de cette plante, particulièrement dans l'île de Java, d'où il est expédié en Chine et employé dans la fabrication de la porcelaine. Sa composition est la suivante :

Silice amorphe	86,4
Oxyde de fer	0,4
Chaux	0,3
Potasse	4,8
Matières organiques	0,5
Eau	7,6

Dans l'Amérique du Sud, le sucre de bambou contient une beaucoup plus grande quantité de potasse et deviendrait un fondant.

L'*alumine* peut être introduite dans les pâtes sous forme d'hydrosilicates d'alumine plus alumineux que la kaolinite, qui ont déjà été mentionnés précédemment. Mais il existe d'autres hydrosilicates d'alumine, qui ne sont pas plastiques, tout au moins tels qu'on les rencontre dans la nature, et qui ont été assez souvent employés en céramique à cause de leur teneur élevée en alumine. Ce sont les *bauxites*, roches de composition très variable, souvent mélangées de fortes proportions d'oxyde de fer. En ce qui concerne leurs qualités réfractaires, les meilleures bauxites sont naturellement les moins ferrugineuses. On peut cependant aussi utiliser celles qui ont une teneur moyenne en oxyde de fer, à la condition de les griller à haute température, avant de les pulvériser.

Il y a de nombreux gisements de bauxite dans les départements des Bouches-du-Rhône, de l'Hérault, du Var, de Vaucluse et de la Charente. On en trouve également en Irlande, près de Belfast, en Carniole, en Croatie, en Styrie, en Allemagne, dans la province de Nassau, en Calabre et au Sénégal. Voici la composition de quelques bauxites particulièrement utilisables en céramique, les trois premières de Veyrac (Hérault), la quatrième de Croatie, et les deux dernières de Feistritz (Styrie).

Alumine...............	70,38	68,50	64,84	56,82	64,60	54,10
Silice.................	9,00	10,40	14,98	11,28	7,50	12,00
Oxyde de fer..........	5,20	3,44	5,38	1,60	2,00	10,40
Eau	15,59	21,10	14,80	24,20	24,70	21,90

§ 3. — Essais des matières premières

A. — *Essais des argiles*

48. Méthodes d'essai. — Les essais auxquels on peut soumettre les argiles sont de deux sortes : essais chimiques et essais physiques ou mécaniques.

Les *essais chimiques* ont pour objet la détermination de la composition des argiles. On peut, dans cet ordre d'idées, se proposer trois buts différents correspondant à des méthodes d'analyses distinctes :

1° On peut rechercher la constitution d'une argile, c'est-à-dire déterminer la nature et la proportion des substances minérales naturelles qui, par leur mélange, ont formé l'argile ;

2° On peut aussi se proposer de trouver la composition chimique globale, sans se préoccuper sous quelle forme sont combinées entre elles les diverses substances simples révélées par l'analyse ;

3° On peut, enfin, se proposer de savoir, simplement : si, et en quelle proportion, une substance déterminée se trouve dans l'argile.

Les *essais physiques ou mécaniques* ont pour but de déterminer les propriétés physiques principales soit d'une manière absolue, soit par comparaison. Les essais que l'on peut faire dans ce sens sont au nombre de trois :

1° Essais en vue de déterminer la texture de l'argile et particulièrement la grosseur des grains dont elle est constituée ;

2° Essais sur sa plasticité et sur son retrait pendant la dessiccation ;

3° Essais sur sa fusibilité, sa porosité et son retrait à différentes températures.

49. Essais sur la constitution des argiles. — Si on pouvait, par des méthodes suffisamment simples et précises, déterminer exactement quels sont les minéraux qui entrent dans la constitution d'une argile, ainsi que dans quel état et dans quelles proportions ils s'y trouvent, toutes les propriétés de l'argile pourraient s'en déduire, sans qu'il soit nécessaire de recourir à d'autres essais. Il n'en est malheureusement pas ainsi, et les essais sur la constitution des argiles ont encore le caractère de recherches scientifiques, peu accessibles à la pratique journalière des céramistes.

On a beaucoup préconisé l'emploi de la *lévigation* pour séparer l'argile pure des autres matières qui lui sont mélangées. Comme on se heurtait, dans cette méthode, dès le début, à une première difficulté, savoir jusqu'à quel point la lévigation devait être poussée, on a été obligé d'admettre que l'on considérait comme argile tous les grains n'ayant pas 1/100 de millimètre de côté. Mais ceci est une hypothèse que rien ne justifie, car, comme on l'a vu précédemment, la plupart des matières mélangées à l'argile : silice, alumine, chaux, oxyde de fer, peuvent s'y trouver sous forme de poudre suffisamment impalpable pour ne pouvoir être séparées de l'hydrosilicate d'alumine par aucun procédé mécanique. Il convient donc de ne considérer la lévigation que comme un moyen de reconnaître la texture de l'argile, mais non comme une méthode d'analyse.

Dans l'état actuel de la chimie, le meilleur procédé, pour arriver à avoir quelques données sur la constitution d'une argile, consiste à la soumettre à l'action de l'*acide sulfurique* d'abord dilué, puis concentré. En soumettant, dans une capsule de porcelaine, ou un creuset de platine, pendant plusieurs heures à une température d'environ 100°, une argile réduite en poudre aussi impalpable que possible à l'action de l'acide sulfurique dilué dans cinq à six fois son volume d'eau distillée, on dissout dans le liquide les carbonates de chaux, de magnésie, les hydrates d'oxyde de fer, etc., que l'on peut doser séparément d'après les méthodes générales. Le résidu convenablement filtré, lavé et séché, comprend les silicates et le quartz. On le soumet alors pendant quinze à vingt heures, dans un creuset en platine, à une température de 300°, à l'action de l'acide sulfurique concentré. Les hydrosilicates d'alumine, ainsi que le mica pulvérulent, sont attaqués et dissous, et le résidu se compose de quartz, de mica grossier et de feldspath. Il est bon de renouveler une seconde fois l'opération pour voir s'il se produit une nouvelle attaque et si le résidu diminue de poids. Dans ce dernier cas, il faut recommencer une troisième fois l'opération jusqu'à ce que le poids reste constant. On obtient ainsi, d'une part, le poids des hydrosilicates d'alumine et du mica pulvérulent et, de l'autre, celui du quartz, du feldspath et du mica grossier.

Il n'existe aucun procédé pour séparer l'hydrosilicate d'alumine du mica, il faut se contenter d'analyser le mélange, puis, la composition du mica étant supposée connue (mica potassique, muscovite), on lui attribue la proportion de silice et d'alumine correspondant à la teneur en alcalis. Le reste est attribué aux hydrosilicates d'alumine. La plupart du temps, si on a bien opéré, la proportion de silice et d'alumine ainsi trouvée devra correspondre à la formule de la kaolinite. Si tel n'était pas le cas, et si un nouvel essai donnait les mêmes résultats, il faudrait en conclure qu'il y a dans l'argile, outre la kaolinite, d'autres silicates d'alumine. Il faudrait alors avoir recours à la méthode proposée par M. Le Chatelier et employée par M. Vogt dans ses recherches sur la constitution des argiles, méthode dont il sera question ci-après.

En ce qui concerne le résidu de l'attaque par l'acide sulfurique concentré, composé, comme il a été dit, de quartz, de feldspath et de mica grossier, on peut séparer ce dernier par des lavages, car, à cause de sa forme lamellaire, il reste plus longtemps en suspension dans l'eau. On obtient donc un mélange de quartz et de feldspath qu'il est impossible de séparer. On devra, comme précédemment, en faire l'analyse et, en supposant connue la composition du feldspath (presque toujours orthose), lui attribuer la proportion de silice correspondant aux poids d'alcalis et d'alumine. La silice restante sera considérée comme étant du quartz.

La détermination de la quantité d'eau évaporée en chauffant une argile à des températures croissantes peut également donner quelques renseignements sur sa constitution. En chauffant une argile à 120°, jusqu'à ce que deux pesées successives n'indiquent plus de diminution de poids, on obtient un poids global qui comprend l'eau hygrométrique, l'eau des hydrates de silice, d'oxyde de fer et les parties volatiles des matières organiques. Si on laisse ensuite cette même argile pendant une dizaine de jours, sous une cloche, dans une atmosphère humide, l'augmentation de poids qu'elle éprouvera indiquera la proportion d'eau hygrométrique seule.

D'autre part, en chauffant au contact de l'air, pendant assez longtemps, à une température de 600° à 700°, l'argile séchée à 120°, la nouvelle diminution de poids que l'on observera correspond à l'eau de l'hydrosilicate d'alumine, de l'alumine hydratée et au carbone des matières organiques. En procédant à la même opération dans un creuset hermétiquement fermé, ou mieux dans un tube parcouru par un courant d'acide carbonique, on empêche la combustion du carbone, dont le poids peut ainsi être obtenu par différence. Il faut éviter d'élever la température au-dessus de 700°, pour ne pas provoquer la décomposition des carbonates.

Enfin, en ce qui concerne les différents hydrosilicates d'alumine, M. Le Chatelier a démontré que tous perdent leur eau d'hydratation entre 400 et 700°, sauf l'allophane et la collyrite, qui se deshydratent à 120°. C'est cette observation qui a permis à M. Vogt de démontrer la présence de l'allophane dans certaines argiles.

50. Analyse chimique. — Si, comme on l'a vu, les essais précédents exigent, pour être menés à bien, des expérimentateurs habiles, l'analyse chimique globale d'une argile peut, au contraire, être faite par toute personne habituée aux manipulations chimiques. Voici la méthode la plus usitée :

On prend 1 à 2 grammes d'argile en poudre séchée à 120°, comme il a été dit précédemment, on la mélange avec 5 à 6 fois son poids de carbonate de soude préalablement fondu et pulvérisé, puis on place le tout dans un creuset de platine, qui est chauffé jusqu'à la fusion complète du mélange. Après refroidissement, on met le creuset dans une capsule, on ajoute de l'eau distillée, puis, goutte à goutte, de l'acide chlorhydrique, jusqu'à ce que tout bouillonnement ait cessé. On enlève alors le creuset, on le lave, en versant l'eau de lavage dans la capsule, puis on chauffe celle-ci doucement, de manière à évaporer toute l'eau et à maintenir pendant deux heures le résidu solide à une température de 100° environ. On ajoute à nouveau de l'acide chlorhydrique en chauffant jusqu'à l'ébullition, puis on verse le liquide sur un filtre en papier. La silice s'y dépose, tandis que les bases le traversent à l'état de chlorures solubles. Le filtre est séché, puis calciné, le poids des cendres diminué de celles du papier donne le poids de la silice contenue dans la matière essayée. Comme contrôle, il est bon de dissoudre à chaud cette silice dans du carbonate de soude, pour voir si la dissolution se fait sans résidu. Dans le cas contraire, il faut recommencer l'analyse, car l'attaque de l'argile par le carbonate de soude n'a pas été complète.

Le liquide qui a traversé le filtre est divisé en deux parties égales, après avoir été dilué avec de l'eau.

Dans la première, on verse de l'ammoniaque, jusqu'à ce que le liquide devienne alcalin, il se forme un précipité d'alumine et d'oxyde de fer qu'on laisse reposer pendant plusieurs heures. On le verse ensuite sur un filtre, on le lave soigneusement à l'eau chaude, puis le filtre est séché, calciné et pesé. Le poids obtenu est celui de l'alumine et de l'oxyde de fer.

La liqueur filtrée est chauffée de manière à réduire son volume environ de moitié, puis traitée par un excès d'oxalate d'ammoniaque à chaud. Il se forme un précipité d'oxalate de chaux, qui est filtré, lavé, séché et calciné au rouge, puis rapidement pesé de manière à doser la chaux à l'état de chaux caustique.

Enfin, le liquide filtré est traité par une dissolution de phosphate de soude. La magnésie est précipitée à l'état de phosphate ammoniaco-magnésien, filtrée, séchée, calcinée et dosée ainsi à l'état de phosphate de magnésie.

La seconde partie du liquide conservé après l'élimination de la silice sert à la détermination de l'oxyde de fer. Dans ce but, on commence par convertir tous les oxydes de fer en protoxyde, en mettant le liquide franchement acide dans une capsule, en le faisant bouillir, et en ajoutant de petits morceaux de zinc pur, jusqu'à ce que le liquide, de jaune qu'il était, devienne incolore. On verse alors goutte à goutte une liqueur titrée de permanganate de potasse (caméléon), qui se décolore tant qu'il y a du fer à l'état de protoxyde. Au moment où tout le fer s'est transformé en peroxyde, le liquide prend une teinte rose. Il suffit de lire le volume de liqueur titrée employé, pour en déduire le poids d'oxyde de fer contenu dans l'échantillon et, par différence, celui de l'alumine. Il est bon de vérifier de temps en temps la liqueur titrée, en dosant une dissolution d'un poids déterminé de fer pur dans de l'acide chlorhydrique.

Lorsqu'on veut déterminer les alcalis, ce qui devrait toujours se faire dans une analyse sérieuse, on met l'argile très finement pulvérisée dans une capsule en platine, mélangée à du fluorhydrate d'ammoniaque. Après quelques heures de chauffage, on ajoute de l'acide sulfurique et on évapore à siccité. Toutes les bases sont alors à l'état de sulfates; on les dissout dans l'eau chaude et, si on a bien opéré, il ne doit pas rester de résidu. En traitant cette dissolution par de l'eau de baryte, on précipite l'alumine, l'oxyde de fer, la chaux, la magnésie, en même temps qu'il se dépose du sulfate de baryte. On filtre, on ajoute au liquide du carbonate d'ammoniaque, on filtre à nouveau, puis le liquide est évaporé, calciné légèrement pour volatiliser les sels ammoniacaux. On le reprend alors avec de l'eau, et on recommence le même traitement par le carbonate d'ammoniaque, pour achever la précipitation des bases terreuses. Après nouvelle évaporation et une légère calcination, on dose les alcalis à l'état de carbonates. On peut également calciner en présence de l'acide sulfurique et faire le dosage à l'état de sulfates.

Pour les analyses ordinaires, il n'y a guère d'intérêt à doser séparément la potasse et la soude. Si cependant on voulait faire cette détermination, on reprendrait les carbonates alcalins par l'eau acidulée, et on chaufferait lentement jusqu'à dessiccation, après avoir ajouté du bichlorure de platine. Il se forme des chloroplatinates alcalins qu'on sépare en traitant par de l'alcool concentré qui dissout le chloroplatinate de soude, mais non celui de potasse.

51. Dosages spéciaux. — On emploie les dosages spéciaux dans le cas où l'on veut simplement se rendre compte si, et dans quelle proportion, une substance déterminée se trouve dans l'argile.

Le plus simple de ces dosages est celui de l'*eau hygrométrique*, dont la teneur peut être assez variable avec une même argile pour qu'on soit obligé de tenir quelquefois compte des différences. On a vu que ce dosage se faisait simplement en chauffant à 120° un poids déterminé d'argile en poudre, jusqu'à ce que deux pesées consécutives n'indiquent plus de diminution.

Il est souvent très important de savoir si une argile contient de l'*oxyde de fer* et en quelle proportion il s'y trouve. Cette recherche peut se faire assez simplement, en prenant 5 grammes de l'argile finement pulvérisée, et en traitant par de l'acide sulfurique étendu de 2 à 3 fois son volume d'eau. Après avoir laissé le mélange reposer pendant vingt-quatre heures, on le dilue avec de l'eau et on le filtre. Le liquide ainsi obtenu est mis dans une capsule et chauffé, en même temps qu'on y ajoute des morceaux de zinc pur. Tout le fer est ramené à l'état de protoxyde, et on le dose, comme il a été dit précédemment, avec une liqueur titrée de permanganate de potasse. S'il s'agit simplement de constater la présence du fer sans le doser, on décante le liquide étendu après l'attaque de l'acide sulfurique et on ajoute un excès d'ammoniaque; s'il y a du fer dans l'argile, il se forme un précipité brun dans le cas du peroxyde, et un précipité qui brunit à l'air si le fer est à l'état de protoxyde.

La *chaux* est également une substance qu'il importe de reconnaître dans les argiles, surtout lorsqu'elle s'y trouve à l'état de carbonate. On le fait d'une manière très simple en versant sur de l'argile un acide (sulfurique, chlorhydrique, nitrique, etc.). S'il se produit une effervescence due au dégagement de l'acide carbonique, c'est l'indice que l'argile contient de la chaux, et sa proportion peut être grossièrement évaluée d'après l'intensité de l'effervescence. Pour en faire un dosage soigné, il faut recourir à l'analyse, telle qu'elle a été indiquée précédemment; on peut également, pour des argiles assez calcaires, employer le procédé suivant : On met dans un premier verre léger 10 grammes d'argile en poudre, que l'on délaie dans de l'eau en remuant le mélange. Dans un second verre également léger on verse environ 10 grammes d'acide que l'on étend de 2 à 3 fois son volume d'eau. Les deux verres sont ensuite mis sur le plateau d'une balance et équilibrés. Puis, on verse le contenu du second verre dans le premier, goutte à goutte, très lentement, de manière à éviter une forte effervescence ou un échauffement sensible du liquide. Quand le bouillonnement a cessé, on agite le verre, pour forcer les bulles d'acide carbonique qui auraient pu rester dans l'argile à se dégager, on replace les deux verres sur le plateau, on détermine la différence de poids qui indique la proportion de l'acide carbonique contenu dans l'argile, et on en déduit la teneur en chaux. Si l'argile contient des matières organiques, ce procédé n'est naturellement pas applicable.

La proportion des *sels solubles* contenus dans une argile peut être, enfin, facilement déterminée en traitant une certaine quantité d'argile, 10 à 20 grammes, pendant une heure, dans de l'eau bouillante, distillée. Le mélange est ensuite versé sur un filtre, puis l'eau qui a traversé est évaporée à siccité, et le résidu pesé. On peut l'analyser d'après les méthodes générales.

52. Essais sur la texture. — On a vu que les argiles sont formées de grains lamellaires extrêmement ténus d'hydrosilicate d'alumine, mélangés à d'autres grains de grosseurs et de formes très variables, dépendant de la nature et de la proportion des autres matières entrant dans la composition de l'argile. Il semblerait donc qu'un examen microscopique minutieux permettrait de déterminer la constitution intime d'une argile et, par conséquent, ses propriétés. Malheureusement ce genre de recherches présente des difficultés considérables, que seuls quelques expérimentateurs particulièrement versés dans la micrographie ont pu vaincre partiellement. Dans la pratique céramique, le microscope permet seulement de reconnaître la forme et souvent la nature des grains les plus grossiers; il ne donne, par conséquent, que des indications absolument insuffisantes. On doit se contenter de déterminer la proportion de grains de différentes grosseurs que contient l'argile, en examinant les plus gros au microscope ou avec une forte loupe.

La séparation des grains d'après leur grosseur ne saurait se faire avec des tamis dont les plus fins, encore trop grossiers, donneraient des résultats incomplets; il vaut beaucoup mieux avoir recours à la *lévigation*. Celle-ci peut se faire de deux manières. On peut mettre une argile réduite en poudre en suspension dans l'eau par une agitation énergique, puis la laisser se déposer. Les grains les plus gros se précipitent rapidement, puis les moyens et, enfin, les parties les plus ténues restent longtemps en suspension et ne se déposent qu'au bout de plusieurs heures ou même de plusieurs jours. Si l'opération se fait dans une éprouvette graduée, on peut lire le nombre des divisions qui correspondent à chaque grosseur de grains.

Cette méthode est fort simple, mais elle donne des résultats inexacts, parce que les parties fines qui se trouvent, au moment de l'agitation au bas de l'éprouvette, restent mélangées aux grains plus grossiers. En outre, la lecture des divisions est, forcément, laissée à l'approximation de l'expérimentateur. Il vaut donc mieux avoir recours à la seconde méthode, plus compliquée, mais plus précise. Elle consiste à soumettre l'argile réduite en poudre à un courant continu d'eau ayant des vitesses réglables à volonté. On comprend qu'avec une vitesse réduite on n'enlève que les parties les plus fines, puis, avec des vitesses plus grandes, les parties moyennes.

Différents appareils ont été construits d'après ce principe. La figure 1 représente l'appareil proposé par M. Schulz. L'argile est mise dans le premier verre, dans lequel on laisse couler l'eau du réservoir supérieur, en réglant sa vitesse de manière à entraîner tous les grains, sauf les plus grossiers. Les parties

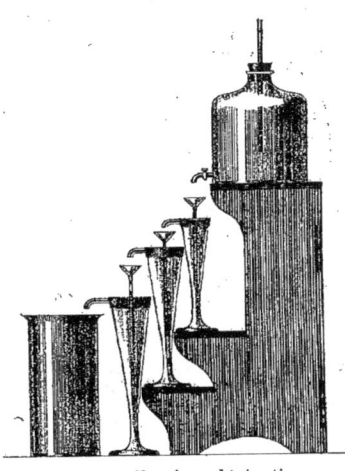

Fig. 1. — Essai par lévigation.

enlevées sont amenées dans le deuxième verre ayant un plus grand diamètre, et où, par conséquent, la vitesse du courant diminue et laisse déposer les plus gros grains entraînés. Il en est de même dans le troisième verre, plus grand que le second, et enfin les parties les plus fines arrivent seules dans le réservoir inférieur où elles se déposent. Il suffit, à la fin de l'opération, de peser les résidus desséchés contenus dans les différents verres.

L'appareil représenté figure 2, inventé par M. Schöne, donne une solution plus élégante du problème. Il se compose d'un tube conique AD, ayant une hauteur de $0^m,60$ à $0^m,65$, un diamètre en B de 5 centimètres, qui se réduit à 5 millimètres pour les tuyaux DG et AL. L'argile à essayer est préalablement délayée dans l'eau, puis le mélange versé dans le tube AD, par l'ouverture A dont on enlève le bouchon en caoutchouc. On ajoute de l'eau jusqu'à ce que le liquide atteigne le repère C.

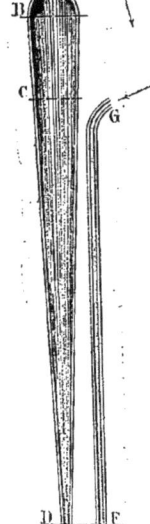

Fig. 2.

Après avoir réuni le bouchon avec le tube AL, on fait passer un courant d'eau entrant en G pour sortir par un petit orifice K. La vitesse de ce courant est mesurée par la hauteur piésométrique, que l'eau prend dans le tube KL, auquel on donne une hauteur d'environ 1^m,50 et qui est gradué à partir de l'ouverture K. L'entrée de l'eau étant réglée par un robinet, on s'arrange de façon à ce que le niveau s'élève, par exemple, de 18 millimètres en KL, le courant produit enlevant les grains de moins d'un dixième de millimètre, qui sont recueillis dans un récipient placé sous l'orifice K. Lorsque l'eau qui s'écoule est devenue claire, on augmente la vitesse, on reçoit les grains enlevés dans un second récipient et on poursuit ainsi l'opération jusqu'à ce qu'on ait atteint la plus grande vitesse de courant que donne l'appareil, les parties restant dans le tube AD ayant alors au moins 4 dixièmes de millimètre. Les dépôts dans les divers récipients sont desséchés et pesés comme précédemment. Pour que l'orifice K ne s'engorge pas, il est nécessaire de tamiser préalablement l'argile délayée sur un tamis de 0^{mm},2 d'écartement des fils.

D'après Seger, on peut classer, comme suit, les différentes grosseurs de grains : grains de moins de 0^{mm},010, considérés comme argile ; grains de 0^{mm},010 à 0^{mm},025, présentant encore entre les doigts une certaine plasticité, mais donnant une masse qui se désagrège à la dessiccation ; grains de 0^{mm},025 à 0^{mm},040, n'ayant plus de plasticité, mais dont on ne sent pas les grains au toucher; grains de 0^{mm},040 à 0^{mm},333, qui forment le sable fin ; et grains au-dessus de 0^{mm},333, ou sable grossier. Le tableau suivant d'essais faits par Seger, sur quatre argiles différentes, est donné à titre d'indication sur les résultats que l'on peut obtenir par la lévigation :

	1	2	3	4
Grains de moins de 0,010 mm........	82,18	37,10	68,32	62,00
Id. de de 0,010 à 0,025 mm..	11,16	20,24	10,88	2,14
Id. de de 0,025 à 0,040 —	3,52	13,84	9,08	1,84
Id. de de 0,040 à 0,333 —	3,00	28,46	10,64	11,58
Id. de plus de 0,333 mm..........	0,58	0,34	0,18	21,20

L'argile 1 peut être considérée comme le type des argiles plastiques, et l'argile 4 comme celui des argiles siliceuses, les numéros 2 et 3 représentant des argiles intermédiaires. Faite avec cette précision, la lévigation peut donner des renseignements utiles et expliquer les singularités que présentent certaines argiles pendant la dessiccation.

53. Essais sur la plasticité. — La plasticité d'une argile dépend de trois choses : 1° de la plasticité de l'hydrosilicate d'alumine qu'elle contient ; 2° de la proportion de ce corps vis-à-vis des autres matières ; 3° de la nature, de la dimension et de la forme des grains de ces matières. Cette observation suffit pour montrer que ni l'analyse chimique, ni la proportion de l'alumine, ni la mesure de l'eau hygrométrique, ni les essais de lévigation, ne peuvent servir, comme on l'a proposé, de mesure à la plasticité. Il faut recourir à des essais mécaniques directs.

Le plus simple et presque le seul usité consiste à pétrir l'argile à la main et à évaluer la plasticité au toucher. Quelque primitif que soit ce moyen, il faut avouer qu'il suffit presque toujours dans la pratique céramique. Cependant, pour faciliter la comparaison d'argiles entre elles, on peut recommander le procédé suivant indiqué par M. Bischof.

On sèche une certaine quantité d'argile réduite en poudre à 120°, et on la divise en plusieurs parties ayant toutes le même poids, 50 grammes par exemple. On prend, d'autre part, un sable quartzeux fin, sec, et l'on en ajoute à chaque partie d'argile une proportion déterminée croissante.

On mélange intimement, on additionne d'eau, pour former une pâte se façonnant facilement à la main, et on confectionne une série de boulettes, qu'on laisse sécher. Lorsque la dessiccation est complète, on frotte ces boulettes contre le pouce, en se plaçant au-dessus d'un papier blanc, et on observe si ce frottement désagrège la pâte sèche. Si les proportions de sable ont été convenables, les boulettes qui en ont le moins restent intactes, celles qui en ont le plus se désagrègent complètement, et on en trouve une intermédiaire, qui est sur la limite, ne laissant se détacher au frottement qu'une petite quantité de grains. La proportion de sable qui y est contenue peut servir à mesurer la plasticité.

M. Bischof a voulu rendre ce procédé plus précis, en employant des dispositions mécaniques pour effectuer le frottement, mais il ne semble pas que cette complication soit à recommander dans l'emploi d'une méthode qui n'est pas susceptible d'une grande rigueur et à laquelle il convient de conserver sa simplicité. Pour que les essais soient comparatifs, il faut toujours employer le même sable ; celui de Fontainebleau semble tout indiqué pour les essais en France. La quantité de sable que l'on peut mélanger varie de 0 à 3 fois le poids de l'argile, suivant sa plasticité, et on fait chaque boulette en ajoutant 1/10 de son poids en sable de plus qu'à la précédente. Si donc une argile a pu ainsi absorber une fois et demie son poids de sable, sa plasticité sera représentée par 1,5.

Sur ces données, voici les résultats obtenus avec quelques argiles françaises :

Kaolin des Colettes (Allier)	2,3
— de Beauvoir (Allier)	1,8
Argile plastique pure de Cessey (Seine-et-Marne)	2,4
— de Montpotier (Aude)	2,1
Argile réfractaire de Forges-les-Eaux (Seine-Inférieure)	2,8
— Provins (Seine-et-Marne)	2,8
— Bollène (Vaucluse)	2,5
— Vandœuvre (Aube)	1,8
Argile vitrifiable de La Chapelle-aux-Pots (Oise)	2,3
— de Jeanménil (Vosges)	1,1
Argile fusible plastique de Vaugirard (Seine)	2,9
— Montmorency (Seine-et-Oise)	2,5
— Chalon-sur-Saône (Saône-et-Loire)	2,1
— Saint-Henri (Bouches-du-Rhône)	1,9
Argile fusible siliceuse de La Châtre (Cher)	1,2
— Chalon-sur-Saône (Saône-et-Loire)	1,1
— Charenton (Cher)	1,0
— Fresnes (Seine-et-Marne)	0,5
— Villiers-le-Bel (Seine-et-Oise)	0,4

D'autre part, M. Bischof indique les chiffres suivants résultant d'expériences faites avec un sable quartzeux :

Argile réfractaire d'Andennes (Belgique)	1,5
— de Mühlheim (Allemagne)	1,4
— d'Oberkaufungen (Allemagne)	1,3
— de Grünstadt (Allemagne)	1,2
Kaolin de Zettlitz (Bohême)	0,7
Argile réfractaire de Saarau (Allemagne)	0,4

Ces résultats ne semblent pas comparables aux précédentes, le sable employé n'étant pas le même.

On a proposé d'évaluer la plasticité en façonnant, avec de l'argile à l'état de pâte, des briquettes ayant la forme de celles employées pour les essais des ciments, en les laissant sécher et en déterminant ensuite l'effort qu'il faut exercer pour en provoquer la rupture. Comme l'argile prend du retrait, il faut mesurer la section réduite et diviser le poids qui a déterminé la rupture par la surface ainsi trouvée, pour avoir la résistance effective par centimètre carré. Cependant il faut constater que, si les chiffres ainsi obtenus sont intéressants à connaître, ils ne sauraient, à aucun degré, être considérés comme pouvant servir à mesurer la plasticité. On trouvera plus de détails à ce sujet dans le chapitre suivant.

54. Essais sur la fusibilité. — Les essais sur la fusibilité doivent surtout être faits en vue de déterminer la manière dont l'argile se comporte sous l'influence d'une température croissante : sa porosité, son retrait à différents degrés de chaleur, la température à laquelle elle commence à se vitrifier, celle du début du ramollissement. Quant à la température de la fusion proprement dite, elle n'a pas d'intérêt pratique. Ces essais sont les mêmes que ceux plus importants auxquels sont soumises les pâtes et les glaçures ; aussi, pour éviter une répétition, cette question sera-t-elle traitée au chapitre VII relatif à la cuisson.

Il convient cependant d'ajouter qu'en ce qui concerne les argiles, on a cherché à remplacer les essais directs sur la fusibilité par des calculs déduits de la composition chimique. On détermine, en tenant compte des équivalents, les rapports des fondants à l'alumine, et de l'alumine à la silice, le quotient de ces deux rapports étant inversement proportionnel à la fusibilité. Cette méthode, proposée par M. Bischof, ne s'applique qu'aux argiles franchement réfractaires ; il en sera parlé plus longuement à propos de la fabrication des produits réfractaires (chapitre X).

B. — *Essais des autres matières premières*

55. Les autres matières premières des pâtes sont quelquefois essayées en vue de s'assurer de leur composition et de leur pureté. Voici sommairement quelques indications sur ces essais.

Les *matières analogues à l'argile* sont essayées par les procédés qui viennent d'être indiqués.

Pour les *matières siliceuses*, particulièrement pour les *sables*, on a souvent recours à la lévigation. Mais celle-ci est beaucoup plus simple que celle des argiles, et il n'y a ordinairement lieu que de déterminer la proportion de matières terreuses qu'ils peuvent contenir. Dans ce but, il suffit d'agiter dans une éprouvette pleine d'eau un poids de sable déterminé, de décanter le liquide trouble, et de recommencer cette opération jusqu'à ce que l'eau reste limpide. Le sable restant est séché, puis pesé, la différence de poids indiquant la proportion de matières terreuses. Comme la grosseur des grains de sable joue un rôle important, il est utile de la déterminer au moyen de tamis successifs. A cet essai on devra, enfin, joindre un examen des grains à la loupe, ce qui permet assez aisément de reconnaître la nature minéralogique du sable.

Lorsqu'on veut opérer avec rigueur, cet essai ne suffit pas, et l'analyse chimique est seule capable de révéler les traces de fondants que peuvent contenir les matières siliceuses. Comme les fondants peuvent être à l'état de feldspath, on doit attaquer la matière avec l'acide fluorhydrique, c'est-à-dire par le fluorhydrate d'ammoniaque, suivant le procédé indiqué précédemment. Seulement, au lieu de traiter la dissolution par de la baryte, ce qui précipite toutes les bases, on la divise en trois parties. Dans la première, on sépare l'alumine et l'oxyde de fer par l'ammoniaque, la chaux par l'acide oxalique et la magnésie par le phosphate de soude. Avec la deuxième, on dose l'oxyde de fer par le permanganate de potasse, et, enfin, la troisième sert à la détermination des alcalis, d'après le procédé connu. Les sables sont aussi quelquefois l'objet d'essais de fusibilité.

Les *fondants alcalins* doivent être analysés en les attaquant également par l'acide fluorhydrique. Pour les *fondants calcaires*, il suffit de les dissoudre dans de l'acide chlorhydrique et de déterminer l'alumine, l'oxyde de fer, la chaux, la magnésie, suivant la méthode générale. La partie insoluble est considérée comme un mélange de quartz et d'argile, qui peuvent être séparés par lévigation, ou analysés en les attaquant par le carbonate de soude ou le fluorhydrate d'ammoniaque.

L'analyse du *sulfate de chaux* doit être précédée d'une calcination à 200°, pour enlever toute l'eau des hydrates, puis on attaque pendant vingt-quatre heures à froid par du carbonate d'ammoniaque. Le sulfate de chaux est décomposé en carbonate de chaux et en sulfate d'ammoniaque. On sépare ce dernier par filtration, puis on traite le liquide à chaud par du chlorure de baryum, qui précipite l'acide sulfurique à l'état de sulfate de baryte, forme sous laquelle il est dosé. Le résidu filtré est repris par de l'acide chlorhydrique, et l'analyse se poursuit comme pour les calcaires.

CHAPITRE III

PATES PLASTIQUES

Sommaire : § 1. *Propriétés et composition.* — Composition chimique. — États et proportions de l'eau dans les pâtes. — Texture. — Consistance. — Plasticité.

§ 2. *Préparation des matières premières.*
 a) Désagrégation. — Procédés de désagrégation. — Désagrégation naturelle. — Désagrégation par la chaleur. — Pilons. — Concasseurs centrifuges. — Concasseurs à boulets. — Concasseurs à mâchoires. — Laminoirs concasseurs. — Tailleuses. — Granulateurs.
 b) Épuration. — Procédés d'épuration. — Triage. — Tamisage. — Lévigation des argiles. — Délayeurs d'argile. — Séparateurs de sable. — Bassins de décantation. — Lévigation des sables. — Ventilation. — Épuration électrique. — Épuration chimique.

§ 3. *Préparation des pâtes.* — Procédés de préparation des pâtes.
 a) Préparation par voie pâteuse. — Dosage des matières premières et de l'eau. — Homogénéisation des pâtes. — Laminage. — Malaxage. — Laminage et malaxage combinés. — Préparation en pâte ferme.
 b) Préparation par voie sèche.
 c) Préparation par voie liquide. — Méthodes de préparation par voie liquide. — Délayage des matières premières. — Dosage et mélange à l'état liquide. — Tamisage. — Raffermissement. — Pétrissage.

§ 1. — Composition et propriétés des pates plastiques

56. Composition chimique. — Outre l'hydrosilicate d'alumine et l'eau qui en sont les éléments essentiels, les pâtes plastiques peuvent contenir quatre acides : la silice, l'acide carbonique, rarement les acides sulfurique et phosphorique, et six bases : l'alumine, l'oxyde de fer aux différents degrés d'oxydation, la chaux, la magnésie, la potasse et la soude. Les autres corps qu'on y trouve quelquefois en petite quantité ne sont que des impuretés accidentelles des matières premières. En ne tenant pas compte de l'eau, les chiffres suivants indiquent les proportions dans lesquelles ces différentes substances peuvent entrer dans la composition globale des pâtes :

Silice. — La silice est l'élément principal de presque toutes les pâtes. Elles en contiennent généralement de 55 à 80 0/0. Cette proportion est dépassée dans les produits réfractaires siliceux, où elle peut s'élever à 98 0/0, elle n'est pas atteinte dans certains produits réfractaires alumineux où elle peut se réduire à 20 0/0.

Alumine. — La proportion d'alumine varie de 10 à 40 0/0. Elle tombe à moins de 1 0/0 dans les briques réfractaires siliceuses, pour quelquefois s'élever à plus de 70 0/0 dans les produits réfractaires alumineux.

Oxyde de fer. — Le fer est ordinairement dosé à l'état de peroxyde. A ce degré d'oxydation, sa proportion varie de 0 à 8 0/0, ce chiffre étant dépassé dans certains grès pour atteindre même 20 0/0.

Chaux. — La teneur en chaux se maintient ordinairement entre 0 et 10 0/0 ; cependant, pour certaines terres cuites et faïences, elle peut s'élever jusqu'à 20 0/0.

Magnésie. — La magnésie, qui accompagne généralement la chaux, n'entre qu'en faible proportion dans la composition des pâtes ; sauf certains cas exceptionnels, elle ne dépasse guère 2 0/0.

Potasse et soude. — Ces deux bases sont généralement confondues dans les analyses sous la désignation commune d'alcalis. Leur proportion varie de 0 à 5 0/0. Exceptionnellement, dans les porcelaines vitreuses, elle peut s'élever jusqu'à 17 0/0.

Acide carbonique. — Cet acide se trouve combiné dans les pâtes aux autres bases, principalement à la chaux. Sa proportion peut s'élever jusqu'à 17 0/0. Lorsque la température est assez élevée, il disparaît complètement pendant la cuisson.

Acide phosphorique. — Cet acide n'est introduit dans les pâtes qu'à l'état de phosphate de chaux, pour la fabrication de la porcelaine tendre anglaise ; elles peuvent alors en contenir jusqu'à 35 0/0.

Acide sulfurique. — Cet acide est généralement combiné à la chaux. Beaucoup d'argiles en contiennent de très faibles proportions, mais il est rarement introduit volontairement dans la pâte.

Les propriétés chimiques des corps qui entrent dans la composition des pâtes n'ont guère d'influence sur leur préparation, leur façonnage et leur dessiccation ; par contre, elles jouent un rôle important pendant la cuisson (V. chapitre VII).

Lorsqu'on étudie la composition qu'il faut donner à une poterie pour qu'elle remplisse les conditions que l'on s'est imposées, deux cas peuvent se présenter :

1° La fabrication qu'il s'agit de créer est faite en vue d'utiliser une argile déterminée, ce qui est le cas le plus fréquent pour les terres cuites. On étudie d'abord ses propriétés physiques et on recherche quels sont les mélanges qu'il faut lui faire pour que la pâte se prête dans de bonnes conditions au façonnage et à la dessiccation. Ce point acquis, on fait des essais de cuisson, et, suivant les résultats obtenus, on voit s'il y a lieu ou non de modifier la composition primitivement adoptée. Dans ce cas, l'analyse chimique de l'argile ne sert qu'à indiquer *a priori* si elle peut servir pour la fabrication projetée.

2° La fabrication que l'on a en vue a pour but de créer un produit déterminé, et on doit trouver par quels mélanges de matières premières on peut arriver à ce résultat. C'est le cas ordinaire des faïences, des grès et des porcelaines.

On se base alors sur une composition chimique donnée, par analogie avec des produits similaires, et, en comparant les compositions des substances dont on peut disposer, on arrive à déterminer quelles sont les matières qu'il faut employer et les proportions du mélange. On vérifie alors par des essais si les propriétés physiques sont convenables, et on fait des expériences de cuisson. D'après les résultats, on modifie les matières premières, ou les proportions du mélange, ou même, s'il est nécessaire, la composition chimique primitivement admise.

Ces essais sont généralement assez longs, à cause des qualités multiples que doivent posséder les poteries, l'histoire des découvertes céramiques est là pour le prouver ; mais l'emploi de l'analyse chimique, inconnue des anciens potiers, permet de les abréger considérablement.

On peut aussi souvent simplifier les calculs, assez longs, que nécessite la recherche des proportions d'un mélange de matières premières en vue d'obtenir une composition déterminée, en employant la méthode graphique suivante, proposée par M. Bourgerel :

Aux deux extrémités d'une ligne horizontale de 20 centimètres de longueur, on élève deux perpendiculaires de 10 centimètres, sur lesquelles on trace des divisions correspondant à la composition centésimale des deux matières que l'on se propose de mélanger.

Soit, par exemple (*fig*. 3), à mélanger un kaolin contenant 66 0/0 de silice, 30 0/0 d'alumine, 4 0/0 d'oxyde de fer et un feldspath de composition suivante : 76 0/0 de silice, 10 0/0 d'alumine, 14 0/0 d'alcalis.

On divise la perpendiculaire de droite en trois parties de 66, 50 et 4 millimètres, et celle de gauche également en trois parties de 76, 10 et 14 millimètres ; puis, on trace des lignes obliques

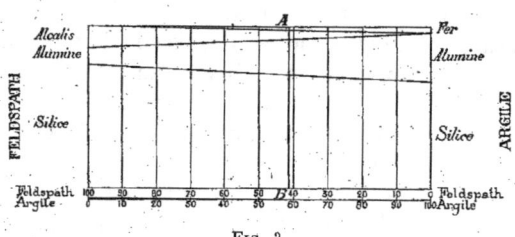

Fig. 3.

réunissant deux à deux les points ainsi obtenus. Si on fait alors glisser de gauche à droite une règle graduée AB, on peut mesurer les proportions des différents mélanges que l'on peut obtenir avec les deux substances considérées, ou, si la teneur d'un des éléments est imposée, on peut lire de suite la proportion des autres et celle du dosage correspondant des matières premières.

57. États et proportions de l'eau dans les pâtes.
— L'eau contenue dans les pâtes est à l'état d'eau de combinaison, d'eau hygrométrique et d'eau de façonnage.

L'*eau dite de combinaison* est celle que contient une pâte séchée à 120°, et qui ne disparaît que pendant la cuisson à une température supérieure à 400°. On a vu que cette eau est fournie par l'hydrosilicate d'alumine, qui en contient 13,90 0/0. Ce n'est que tout à fait exceptionnellement qu'il vient s'y ajouter l'eau de l'hydrate d'alumine, de l'halloysite, de la lenzenite, de la cymolithe, de la bauxite, du talc, de la magnésite, etc. On peut donc, en règle générale, admettre que l'eau de combinaison est proportionnelle à la teneur en alumine. Un calcul très simple montre que, pour 100 parties d'alumine, il doit y en avoir 34,95 0/0, soit en chiffres ronds 35 0/0 d'eau. Comme, d'après ce qui précède, on a vu que la teneur en alumine dans les pâtes anhydres varie de 10 à 40 0/0, il en résulte qu'une pâte séchée à 120° doit encore contenir de 3,4 à 11,9 0/0 d'eau de combinaison.

L'*eau dite hygrométrique* est celle que perd une pâte séchée à l'air et à la température ambiante, lorsqu'on la chauffe à 120°. Ordinairement la plus grande partie de cette eau provient de l'absorption par l'argile pure de l'humidité atmosphérique.

La quantité d'eau ainsi absorbée dépend de la température et de l'état hygrométrique de l'air, elle est donc essentiellement variable. Pour des pâtes très plastiques, elle peut atteindre 10 0/0, et tomber à 2 0/0 pour des pâtes maigres, la moyenne variant entre 4 et 6 0/0; les amaigrissants ordinaires, quartz, sables, carbonate de chaux, ne sont pas hygroscopiques. Par contre, d'autres substances peuvent augmenter la proportion d'eau hygrométrique, ce sont les hydrates de silice et d'oxydes de fer, l'allophane, la collyrite et surtout les matières organiques. Ces dernières, lorsqu'elles sont en notable proportion, peuvent élever jusqu'à 20 0/0 la teneur en eau hygrométrique.

L'*eau de façonnage* est l'eau que l'on a ajoutée à la pâte pour lui donner la plasticité et la consistance nécessaires au mode de façonnage adopté. Elle s'évapore complètement, lorsqu'on laisse la pâte pendant un temps suffisamment long dans une atmosphère sèche.

Comme on l'a vu, le rôle de l'eau de façonnage consiste seulement à s'interposer entre les grains de la pâte, pour donner à ceux-ci une certaine mobilité, qui leur permet de se déplacer les uns par rapport aux autres. Elle doit non seulement remplir les vides qui se trouvent entre eux, mais encore recouvrir leur surface d'une mince couche liquide. Son action est donc purement mécanique, et son volume pour des pâtes ayant la même consistance ne dépend que de la forme et de la grosseur des grains, mais non de leur composition chimique. Elle s'ajoute à l'eau hygrométrique proprement dite, et c'est de cette quantité totale d'eau dont il faut tenir compte dans toutes les questions relatives à la plasticité.

58. Texture. — Si les pâtes plastiques étaient composées uniquement d'argile pure, on pourrait se représenter leur texture en se figurant des grains extrêmement ténus, de forme lamellaire, très rapprochés et enchevêtrés les uns dans les autres, les vides qui les séparent étant remplis par les molécules encore beaucoup plus petites de l'eau.

L'addition à l'argile pure d'autres matières a pour effet de modifier cet aspect. Toutes les substances susceptibles d'entrer dans la composition des pâtes ont, en effet, des grains beaucoup plus grossiers que ceux de l'argile pure, d'un volume 10, 100 ou 1.000 fois plus grand. On peut donc se figurer la texture d'une pâte plastique en se représentant des grains de grosseur variable, autour et entre lesquels sont les grains beaucoup plus petits de l'argile pure, les vides étant remplis par les molécules infiniment petites de l'eau.

Si on augmente constamment pour une même quantité d'argile pure la proportion des grains d'autres matières, il arrive un moment où les grains d'argile ne sont plus assez nombreux pour entourer les autres, ni même pour remplir les vides qu'ils laissent entre eux. A partir de ce moment, l'argile n'est plus capable de cimenter les autres grains; s'il reste encore une certaine plasticité, la cohésion de la pâte est détruite, et celle-ci retombe en poussière lorsque l'eau s'est évaporée. C'est cette proportion limite de matières étrangères, qu'une argile est capable d'agglomérer, que l'on cherche à déterminer en ajoutant à une argile des proportions croissantes de sable jusqu'au moment où la pâte sèche s'effrite au moindre frottement.

Il est du reste évident que plus les grains des matières antiplastiques seront petits, moins ils laisseront de vides entre eux, et plus une même quantité d'argile pure pourra en agglomérer. Les hydrates de silice, d'alumine, de peroxyde de fer, le mica en poudre impalpable, semblent donner les grains les plus tenus, puis viennent les carbonates de chaux et de magnésie, et enfin le feldspath et le quartz.

Cette image de la texture des pâtes montre également que plus il y a de grains antiplastiques dans une pâte et plus ces grains sont grossiers, moins il faut d'eau pour lui donner une égale consistance. A ce point de vue, la quantité d'eau contenue dans une pâte peut servir de mesure à la grosseur des grains dont elle est composée.

En façonnant trois pièces d'essais, l'une avec une argile plastique contenant 6 0/0 d'eau hygrométrique, l'autre formée de moitié d'argile et de moitié de carbonate de chaux (craie en poudre impalpable) et la troisième d'argile et de sable (sable fin de Fontainebleau) dans les mêmes proportions, on a été obligé d'ajouter les quantités suivantes d'eau à 100 parties de matières sèches, pour obtenir des pâtes d'égale consistance.

```
Argile pure..................................  35,5 0/0
Moitié argile, moitié carbonate.............  27,7
Moitié argile, moitié sable.................  19,5
```

En tenant compte de ce qu'il y avait, en outre, 6 0/0 d'eau hygrométrique dans la première pâte et 3 0/0 dans les autres, on voit que :

```
100 parties d'argile ont demandé 41,5 parties d'eau
 d°        de carbonate  —  19,9  —
 d°        de sable      —   3,5  —
```

Si, d'autre part, on considère une pâte à l'état de poudre sèche, c'est-à-dire ne contenant que son eau hygrométrique, on peut diminuer son volume en la tassant, puis en la soumettant à l'action d'une forte pression. Dans ces opérations, on force les grains les plus petits à se placer dans les vides laissés entre les plus gros, mais il est impossible, sous quelque pression que ce soit, de supprimer entièrement les vides.

On admet pour l'hydrosilicate d'alumine une densité de 2,4 environ. Comme les pâtes contiennent une proportion plus ou moins grande de silice dont la densité varie de 2,6 à 2,7, il en résulte que celle des pâtes varie en moyenne de 2,4 à 2,5, lorsqu'elles ne contiennent ni eau hygrométrique, ni eau de façonnage.

En comprimant fortement une pâte sèche, on peut arriver au maximum à lui donner une densité apparente de 2, c'est-à-dire qu'elle contient toujours au minimum environ 20 0/0 de vides.

En ajoutant de l'eau aux pâtes sèches, on diminue évidemment leur densité; les pâtes contenant de 25 à 30 0/0 d'eau en poids ont des densités de 1,6 à 1,7. Si, après façonnage, on laisse évaporer cette eau, on obtient des pâtes sèches ayant une densité apparente variant de 1,82 à 1,75.

Ainsi, une argile plastique ne contenant que 5 0/0 d'eau hygrométrique, comprimée sous forme de carreaux de 12 millimètres d'épaisseur à une pression de 180 kilogrammes par centimètre carré [1], avait une densité apparente de 1,98. Cette même argile, préparée sous forme de pâte, puis séchée, avait des densités de 1,74 et 1,79, suivant que la pâte avait été peu ou fortement triturée. Enfin, mise en suspension dans l'eau, puis laissée se déposer lentement et ensuite séchée, elle donnait une pâte sèche ayant 1,82 de densité apparente. Il y avait dans le premier cas 19,2 0/0 de vides, 29 et 27 0/0 dans le deuxième, et 25,7 0/0 dans le troisième.

Il faut enfin observer encore que les pâtes sèches contenant toujours de l'air, il arrive que lorsqu'on leur ajoute de l'eau, cet air n'est souvent pas complètement éliminé. Il peut rester dans les pâtes plastiques sous forme de bulles. Lorsque ce cas se produit, on peut observer que la pâte, après avoir été comprimée, augmente légèrement de volume, par suite de l'élasticité de l'air.

---

[1] Ces carreaux ont été fabriqués chez MM. de Smet et Cⁱᵉ, à Lille. On n'a pu dépasser la pression indiquée, parce qu'au delà l'argile adhérait aux moules.

59. Consistance. — La consistance qu'il convient de donner à une pâte dépend du mode de façonnage auquel on veut la soumettre. A ce point de vue on distingue en céramique :

1° Les *pâtes sèches*, qu'on ne peut agglomérer que sous une pression puissante, et qui, même dans cet état, conservent toujours un aspect granuleux ;

2° Les *pâtes fermes*, qui exigent également, pour être agglomérées, une pression mécanique, quoique moins forte ; les produits obtenus sont lisses, ils offrent sous la pression du doigt la même résistance que le cuir ;

3° Les *pâtes demi-fermes*, pouvant être pétries, quoique difficilement, à la main, mais se soudant mal sous la simple pression des doigts ;

4° Les *pâtes demi-molles*, se laissant facilement façonner et souder à la main, et conservant bien la forme qu'on leur a donnée ;

5° Les *pâtes molles*, se laissant mal façonner, adhérant aux doigts. Les objets façonnés ont une tendance à se déformer sous leur propre poids ;

6° Les *pâtes liquides*, fluides, devant être mises dans des récipients.

D'après cette classification, on voit que la consistance est évaluée au toucher. Jusqu'à présent cette méthode, assurément fort rudimentaire, a suffi à tous les besoins, et il semble probable qu'il en sera de même à l'avenir. Si cependant, pour des expériences plus précises, l'utilité d'une mesure exacte se faisait sentir, on pourrait se servir d'une aiguille ayant une section déterminée, 1 millimètre carré par exemple, d'un poids de 25 à 50 grammes, qu'on laisserait tomber d'une hauteur de 10 à 20 centimètres sur la pâte dont on veut déterminer le degré de consistance. La profondeur à laquelle elle pénétrerait, mesurée en millimètres, servirait de mesure.

La quantité d'eau que doit contenir une pâte pour prendre les différents degrés de consistance dépend, comme il vient d'être dit, de sa texture ; les pâtes maigres en exigent beaucoup moins que les plastiques. Il est difficile, vu les écarts considérables qui peuvent se produire, d'indiquer des chiffres même approximatifs. Aussi les proportions suivantes ne doivent-elles être prises qu'à titre d'indications, le nombre le plus faible correspondant aux pâtes très maigres et le plus élevé aux pâtes très plastiques.

Consistance.	Eau hygrométrique et de façonnage.
Pâte sèche...	7 à 18 0/0
— ferme...	10 à 20 —
— demi-ferme...	12 à 25 —
— demi-molle...	15 à 30 —
— molle...	17 à 35 —
— liquide, au-dessus de...	20 à 40 —

60. Plasticité. — Les causes de la plasticité de l'argile pure, l'influence que peuvent avoir sur cette propriété les autres matières mélangées aux pâtes, de même que sa mesure, ont été étudiées dans le chapitre précédent. Il reste maintenant à examiner dans quelles limites elle peut varier d'après le degré de consistance de la pâte et la pression à laquelle celle-ci est soumise pendant le façonnage.

Si à une pâte sèche moyennement plastique, on ajoute de plus en plus d'eau, on observe ce qui suit : La pâte, d'abord dénuée de plasticité au toucher, en prend petit à petit, on peut d'abord la pétrir difficilement, puis plus aisément, et enfin la façonner avec la plus grande facilité. Mais si, à partir de ce moment, on continue à augmenter la proportion d'eau, la pâte commence à adhérer aux doigts, puis il devient bientôt impossible de la façonner.

Il existe donc pour cette pâte une proportion d'eau déterminée, pour laquelle le façonnage à la main est le plus facile. Avec moins d'eau, il faut exercer un effort trop considérable ; avec plus d'eau, elle manque de cohésion et adhère aux doigts. Pour une pâte moyennement plastique, la consistance qui correspond à cette proportion d'eau est celle qui, dans l'article précédent, a été désignée sous le nom de pâte demi-molle.

Si on recommence la même expérience avec une pâte plus plastique, on observera que la proportion d'eau la plus favorable au moulage à la main correspond à une consistance plus ferme : celle de la pâte demi-dure, si on veut lui donner la consistance de la pâte demi-molle, elle adhèrera aux doigts et ne se laissera plus façonner. Or, comme la pâte à cette consistance demi-molle se prête mal au façonnage à la main, on voit qu'il n'est possible de façonner manuellement cette pâte qu'en l'amaigrissant, c'est-à-dire en diminuant sa plasticité.

On ferait les mêmes observations, mais en sens inverse, pour une pâte maigre. Celle-ci n'acquiert la plasticité voulue qu'en ayant une consistance très molle, qui ne lui permet plus de se supporter elle-même et de conserver la forme donnée. Il faut la rendre plus plastique, si on veut qu'elle se prête bien au façonnage à la main.

La plasticité des pâtes destinées à être façonnées à la main doit donc être comprise entre deux limites, maxima et minima, de telle manière que, lorsqu'on leur donne la consistance de la pâte demi-molle, elles se laissent façonner sans adhérer aux doigts et sans être trop maigres. En se reportant à la méthode décrite dans le chapitre précédent pour mesurer la plasticité, on peut dire que les pâtes doivent pouvoir absorber de 1 à 2 fois leur poids de sable pour rester entre ces limites.

Si maintenant, au lieu d'admettre le façonnage à la main, on considère celui qui se fait au moyen d'engins mécaniques dans lesquels la pâte est soumise à une pression beaucoup plus forte, on verra que, pour obtenir une même plasticité, il faudra ajouter moins d'eau à la pâte, c'est-à-dire qu'il conviendra de la façonner avec une consistance plus ferme. La pression joue donc le même rôle que l'eau, par rapport aux qualités plastiques des pâtes, l'une peut être partiellement remplacée par l'autre, ou, en d'autres termes, quand l'une augmente, l'autre doit diminuer.

En se reportant aux essais sur la texture des pâtes, on voit qu'une argile plastique a été façonnée avec le minimum d'eau qu'elle peut avoir, c'est-à-dire ne contenant que 5,0 0/0 d'eau hygrométrique. La pression a été de 180 kilogrammes par centimètre carré, il aurait été impossible de l'augmenter, parce que l'argile aurait adhéré au moule. D'autre part, des essais ont montré que la même argile, mise sous forme de pâte contenant 22,9 0/0 d'eau, commençait à adhérer à un moule en fer pour une pression de 2 kilogrammes par centimètre carré, et que, pour une pâte ayant 26,4 0/0 d'eau, il suffisait d'une pression de 160 grammes pour déterminer l'adhérence.

Si on avait voulu façonner également en pâte sèche une argile plus maigre, on aurait été obligé d'augmenter la pression, de même que, pour la façonner à la main, on est conduit à lui donner une consistance plus molle.

Les relations qui doivent exister entre la plasticité, d'une part, la consistance et la pression correspondant au mode de façonnage adopté, d'autre part, peuvent être résumées dans les deux propositions suivantes :

1° Étant donné une pâte de plasticité déterminée, il existe un maximum de pression et un minimum de consistance entre lesquels la pâte peut être façonnée.

Si la pâte est trop plastique, cette pression maxima sera peu élevée, et, d'autre part, la consistance minima sera trop grande pour permettre le façonnage à la main ou à une faible pression. Si la pâte est trop maigre, la pression maxima deviendra considérable, et la consistance minima donnera une pâte trop liquide pour pouvoir être façonnée.

2° Étant donné un mode de façonnage correspondant à une pression et une consistance déterminées, la plasticité de la pâte employée ne peut varier qu'entre certaines limites.

Si elle est trop plastique, elle adhèrera aux engins servant au façonnage. Si elle est trop maigre, ses grains ne se souderont pas entre eux, et il sera impossible d'en faire une masse compacte.

Il est donc d'une importance capitale, soit de bien choisir le mode de façonnage correspondant à une pâte de plasticité déterminée, soit de bien donner à une pâte la plasticité appropriée au mode de façonnage. On verra par la suite que la solution de ces problèmes est souvent rendue plus difficile par les qualités spéciales que doivent avoir les pâtes pour donner de bons résultats au séchage et à la cuisson.

Les propriétés des pâtes plastiques ayant été ainsi définies, on va étudier les procédés employés pour les fabriquer.

§ 2. — Préparation des matières premières

A. — *Désagrégation*

61. Procédés de désagrégation. — La désagrégation a pour but de mettre les matières premières, qui se trouvent sous forme de roches ou d'agglomérats, dans un état tel qu'elles puissent être ensuite plus facilement mélangées et transformées en pâte. Il ne s'agit pas de les pulvériser, opération qui pourra se faire ultérieurement, dans la fabrication proprement dite de la pâte, mais seulement de les concasser ou de les diviser. A ce point de vue, on peut classer les matières premières en trois catégories :

a) Argiles, tantôt sèches, tantôt humides, friables en elles-mêmes, mais contenant quelquefois des fragments de roches plus ou moins dures ;

b) Matières rocheuses ou agglomérées tendres ;

c) Matières rocheuses dures.

Les procédés de désagrégation, naturellement variables suivant la nature de la matière à traiter, sont au nombre de trois :
1° *Désagrégation naturelle*, applicable seulement aux argiles ;
2° *Désagrégation par la chaleur*, employée quelquefois pour les argiles et pour les roches dures ;
3° *Désagrégation mécanique*, au moyen d'engins très divers, mais que l'on peut classer, comme suit, d'après leur mode d'action :

Choc	*Pilons*	employés pour les matières dures.
	Concasseurs centrifuges.	— les argiles sèches, les matières tendres et dures.
Choc et écrasement.	*Concasseurs à boulets*...	employés pour les argiles sèches, les matières tendres et dures.
	Concasseurs à mâchoires.	employés pour les matières dures.
Écrasement........	*Meules verticales*.......	— les argiles sèches, les matières tendres et dures.
	Laminoirs concasseurs..	employés pour les matières humides, les matières tendres et dures.
Coupage..........	*Tailleuses*	employées pour les argiles humides et sèches.
	Granulateurs..........	employés p. les argiles humides.

62. Désagrégation naturelle. — Les argiles contiennent toujours, au moment de leur extraction, une certaine quantité d'eau, dite eau de carrière, qui s'évapore lorsqu'on les laisse séjourner dans une atmosphère suffisamment sèche et chaude. Lorsque cette évaporation se fait assez rapidement, elle provoque le fendillement et la désagrégation des mottes d'argile. Il est, en effet, facile de se rendre compte que l'évaporation, ne se faisant d'abord qu'à la surface des mottes, y provoque une contraction, un retrait de l'argile auquel ne peut participer le centre de la motte, encore humide. Il en résulte des tensions qui font fissurer la surface, puis de proche en proche toute la motte qui finit par se désagréger et tomber en menus fragments. On comprend également que cette action est d'autant plus énergique que l'évaporation est plus rapide, et qu'elle peut ne pas se produire si la dessiccation se fait très lentement.

Cette désagrégation naturelle, qui est une conséquence de la plasticité des argiles, est employée d'une manière très efficace pour la préparation des argiles plastiques, toujours très compactes. Par contre, elle présente peu d'avantages pour les argiles maigres, naturellement friables.

Dans les pays où la nature du climat le permet, on étend dans ce but les argiles en morceaux de la grosseur du poing sur des aires exposées au soleil. Quelques heures suffisent ordinairement, pendant l'été, pour provoquer la complète désagrégation des mottes. L'argile est alors ramassée et mise en dépôt, prête à être employée à la préparation des pâtes, que celle-ci se fasse par voie sèche, pâteuse ou liquide. Lorsqu'au contraire le climat est souvent pluvieux, on dispose l'argile à la sortie de la carrière en tas peu épais sous des hangars bien aérés, où elle finit ordinairement au bout d'un temps plus ou moins long par se désagréger, quoique moins complètement que dans le cas précédent.

Lorsque la préparation de la pâte doit se faire par voie pâteuse ou liquide, on peut, si l'argile est assez sèche dans la carrière, au contraire l'arroser ou l'exposer à l'action de la pluie. Dans ce cas le phénomène inverse se produit, la surface des mottes s'imbibe d'eau et se dilate, tandis que le centre encore sec n'augmente pas de volume. Il en résulte également une désagrégation. Il convient dans ce but de ne donner aux tas d'argile qu'une faible épaisseur, 1 mètre au maximum, de telle manière que la pluie puisse les pénétrer. Si on ajoute l'eau artificiellement, on peut faire les tas plus épais à condition de percer de distance en distance des trous par où on laisse pénétrer l'eau dans le centre.

Enfin, dans les pays où le climat est assez rigoureux pour qu'il gèle régulièrement tous les hivers, on a intérêt à extraire l'argile pendant cette saison et à l'exposer, en tas de $0^m,70$ à 1 mètre d'épaisseur, à l'action du froid. L'eau de carrière se transforme alors en glace, et l'augmentation de volume qui en résulte désagrège les mottes qui se délitent complètement au moment du dégel. Cette action est rendue plus énergique lorsqu'on a soin d'arroser l'argile avant que la gelée ne survienne, de manière à la saturer d'eau.

On voit donc que, quel que soit le climat, on peut désagréger les argiles qui servent à la préparation de la pâte en se servant de la chaleur solaire, de la pluie ou de la gelée. Mais il est nécessaire, avant d'adopter un procédé de désagrégation naturelle, de bien connaître le climat moyen de la localité, et l'humidité de carrière de l'argile.

Cette désagrégation naturelle de l'argile doit être pratiquée chaque fois qu'il sera possible, surtout pour les argiles plastiques, car elle a une influence considérable sur la bonne préparation des pâtes et sur la qualité finale des produits fabriqués. Les moyens mécaniques de désagrégation peuvent sans doute la remplacer partiellement, mais ce n'est qu'au prix d'un travail pénible et beaucoup plus coûteux. L'expérience prouve, en outre, qu'avec un même outillage et une même dépense de force, on peut préparer 6 mètres cubes de pâte avec une argile désagrégée, tandis qu'on ne peut en obtenir que trois ou quatre avec la même argile sortant de la carrière.

Dans les anciennes traditions de l'art du potier, la conservation de l'argile en dépôt, pendant de très longues périodes, jouait un rôle considérable. Souvent elle n'était employée qu'au bout de plusieurs années. Sans tomber dans ces exagérations, il faut cependant reconnaître que l'emploi, dans la préparation des pâtes, des engins mécaniques, a souvent fait oublier les avantages de la désagrégation naturelle ; dans l'espoir d'arriver à une fabrication plus prompte, on a fréquemment éprouvé de graves mécomptes.

63. Désagrégation par la chaleur.

— La désagrégation des argiles peut aussi être obtenue en les séchant artificiellement. Cette solution est employée dans les climats humides, ou lorsqu'on dispose de chaleurs perdues.

Le séchage artificiel des argiles n'est pas une opération aussi simple qu'on pourrait le croire à première vue, parce que la température ne doit pas sensiblement dépasser 100° et rester en tous cas inférieure à 200°, si on ne veut pas faire perdre à l'argile sa plasticité. Pour de petites productions, le procédé le plus employé consiste à disposer l'argile sur des aires en fonte, en tôle ou en dalles réfractaires, chauffées, à la partie inférieure, par un système de conduits dans lesquels circulent les gaz sortant d'un foyer pour se rendre à une cheminée. L'épaisseur des plaques ou des dalles doit être réglée de façon que la chaleur transmise soit uniforme sur tous les points de l'aire, et que, dans aucun cas, la température ne dépasse la limite indiquée précédemment. L'argile mise sous forme de couche de 15 à 25 centimètres doit être remuée de temps en temps, pour hâter l'opération et pour éviter une surchauffe des parties en contact avec l'aire. Dans ce système de séchoir, une quantité notable de chaleur s'échappe par la cheminée, et la surface occupée par l'appareil est assez considérable ; aussi ne peut-on l'employer que pour de faibles productions, dans lesquelles le prix de revient ne joue pas un rôle prépondérant. Cette observation ne s'applique naturellement pas au cas où l'on dispose de chaleurs perdues.

PRÉPARATION DES MATIÈRES PREMIÈRES 113

Pour de grandes productions, il faut avoir recours à des séchoirs plus économiques et à plus grand débit. Un assez grand nombre de systèmes ont été proposés, mais on est actuellement d'accord pour donner la préférence aux séchoirs ayant la forme de fours coulants, dans lesquels l'argile introduite par la partie supérieure sort sèche par le bas, le fonctionnement se faisant d'une manière continue.

La figure 4 représente un four de ce genre, inventé par M. Lacaze, qui est une modification de son four à plâtre. L'argile est mise en mottes dans une trémie supérieure, qui doit toujours être plus ou moins remplie. Elle pénètre de là dans le séchoir proprement dit où elle circule autour de deux rangs de foyers, chauffés au coke ou au charbon maigre, de manière à donner une grande quantité

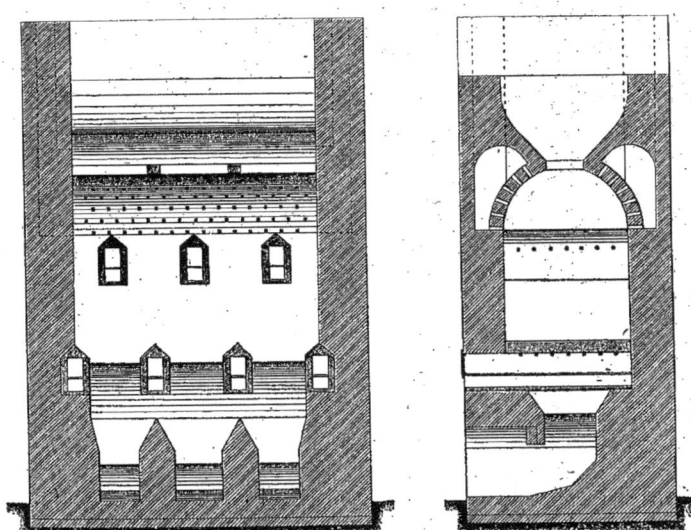

Fig. 4. — Four à sécher l'argile.

d'air à température peu élevée. Lorsque l'argile est sèche on l'extrait par la partie inférieure à intervalles réguliers, cette extraction provoquant la descente de toute la masse supérieure. L'air chargé de vapeur sort par une série d'ouvertures percées dans la voûte supportant la trémie, pour se rendre dans deux conduits longitudinaux et de là dans de petites cheminées ménagées dans l'épaisseur des murs extrêmes.

Ce four a environ 7 mètres de hauteur, 2 mètres de large et

CÉRAMIQUE. 8

respectivement 4ᵐ,50, 7 mètres, 9 mètres de long pour des productions de 15, 30, 50 mètres cubes en vingt-quatre heures. Une argile contenant 13 0/0 d'eau exige 30 à 35 kilogrammes de coke par mètre cube pour être séchée de manière à ne plus contenir que de 3 à 5 0/0 d'eau.

La figure 5 représente un four construit par MM. Smidth et Cⁱᵉ. Il se compose essentiellement d'une cheminée dans laquelle, vers le milieu de la hauteur, on introduit l'argile par une trémie inclinée. Les mottes d'argile descendent entre la paroi extérieure de la cheminée et un massif central de maçonnerie, pour être extraites sèches par plusieurs ouvertures inférieures. La chaleur est fournie par un foyer extérieur, un ventilateur insufflant de l'air pour ce foyer, et par une série d'ouvertures percées dans la voûte du conduit reliant le foyer au vide intérieur du massif central. L'air chaud s'échappe de ce vide par un grand nombre d'orifices et, après s'être saturé d'eau au contact de l'argile, sort par la cheminée. Ce four s'emploie particulièrement pour les grandes productions, et pour des argiles plastiques très humides.

La chaleur est également employée pour désagréger le quartz ou le silex. On s'en sert aussi quelquefois pour le feldspath. Ces roches dures sont chauffées à une température assez élevée, puis refroidies plus ou moins brusquement. La dilatation et la contraction qui en résultent sont assez puissantes pour provoquer, dans

Fɪɢ. 5. — Four à sécher l'argile.

l'intérieur de la masse, des tensions suffisantes pour la briser et même la désagréger complètement.

Le chauffage se faisait autrefois dans des fours à reverbère, sur la sole desquels on disposait les roches, qui étaient soumises à l'action des flammes se dégageant du foyer. Ce procédé de chauffage, très peu économique, ne s'emploie plus guère que pour de très petites productions.

On se sert actuellement de fours coulants, semblables à ceux employés pour la cuisson de la chaux. Comme dans ceux-ci, le fonctionnement peut être intermittent ou continu, et le chauffage se faire soit au moyen de foyers disposés autour du four, soit en mélangeant le combustible à la pierre. Le fonctionnement intermittent est naturellement le plus onéreux, et il ne se justifie que pour de faibles productions. De même, les fours à foyers indépendants sont peu économiques, il n'y a lieu de les utiliser que lorsqu'on est obligé d'employer des combustibles produisant beaucoup de scories qui adhèrent aux roches et ne peuvent que difficilement être séparées ultérieurement.

La figure 6 représente en coupe le type de four le plus généralement employé pour la désagrégation des silex. Il se compose d'une cuve tronconique, surmontée d'une cheminée et terminée par une grille avec une ouverture pour le défournement à la partie inférieure. On commence par disposer sur la grille du bois que l'on recouvre de couches alternatives de pierre et de combustible, en proportions égales, de manière à remplir complètement le four. Après avoir allumé, on continue d'introduire par le gueulard, successivement de la roche et du combustible, au fur et à mesure que la masse descend par suite des vides provoqués par la combustion. Lorsqu'enfin on voit apparaître des flammes bleuâtres à la surface supérieure, on enlève les barreaux de la grille, la masse tombe et prend un talus d'éboulement dans le

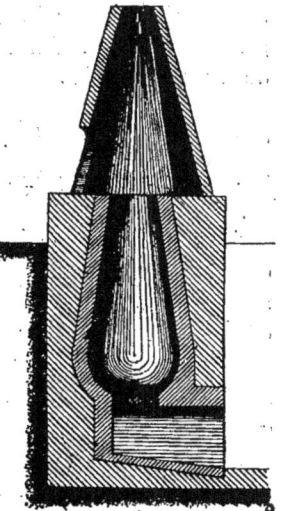

Fig. 6. — Four à désagréger le silex.

conduit de défournement. On remplit le vide créé à la partie supérieure, et le four est définitivement en marche. Il suffit, lorsque les flammes bleues apparaissent au gueulard, de tirer, au moyen de crochets, une certaine quantité de roches par la partie inférieure et de combler par un nouveau chargement le vide produit à la partie supérieure.

Dans la marche continue, la proportion de combustible est réduite au tiers environ du volume des roches à chauffer. Le combustible qui donne les meilleurs résultats est le charbon de bois; néanmoins, à cause de son prix élevé, on le remplace généralement par du coke aussi pur que possible.

Les roches extraites à la partie inférieure sont ou bien précipitées dans de l'eau, ou bien laissées en refroidissement à l'air. Dans le premier cas la désagrégation est plus complète, mais il faut recourir au second procédé lorsqu'on se sert de combustibles assez impurs et qu'il est nécessaire d'enlever manuellement les scories qui adhèrent aux roches.

Le four précédent est, autant que possible, adossé à une butte de terre, pour permettre une arrivée plus facile des matières à désagréger et du combustible. On peut naturellement le construire isolé, sur terrain horizontal, mais, dans ce cas, il convient de le faire circulaire extérieurement et de le renforcer de solides armatures. La hauteur de la cuve est de 3 à 4 mètres, le diamètre du gueulard de $0^m,90$ à 1 mètre, et celui de la partie la plus évasée de $1^m,40$ à $1^m,60$.

La désagrégation par la chaleur n'est presque toujours qu'une opération préparatoire, qui est complétée par un concassage mécanique, rendu beaucoup plus facile par la friabilité de la roche.

64. Pilons. — Les pilons qui imitent le travail manuel d'un ouvrier avec un marteau ont été longtemps les seuls engins mécaniques de concassage employés en céramique. Ils ont l'inconvénient de donner des grains de grosseurs inégales, de s'user rapidement, d'avoir une faible production et d'occasionner un bruit assourdissant. On ne les utilise plus guère que pour le concassage en petites quantités de matières dures.

L'appareil se compose ordinairement (*fig.* 7) de plusieurs pilons soulevés successivement par des cames montées sur un même arbre moteur horizontal. Ces pilons sont placés dans un coffre et disposés en gradins, de telle manière que la matière à concasser, introduite par une extrémité, tombe successivement sous chaque pilon pour sortir à l'autre extrémité. Les pilons et les enclumes sont en fer ou en fonte, lorsque l'introduction d'une certaine quantité de fer dans la matière n'offre pas d'inconvénient. Dans le cas contraire, les parties inférieures des pilons et les enclumes sont recouvertes de pierres dures. Quelquefois les enclumes sont percées de trous, ayant la dimension des grains que l'on veut obtenir et par lesquels sort la matière concassée.

Pour de petites productions on se sert aussi d'un pilon unique, mû à bras, au moyen d'un volant manivelle.

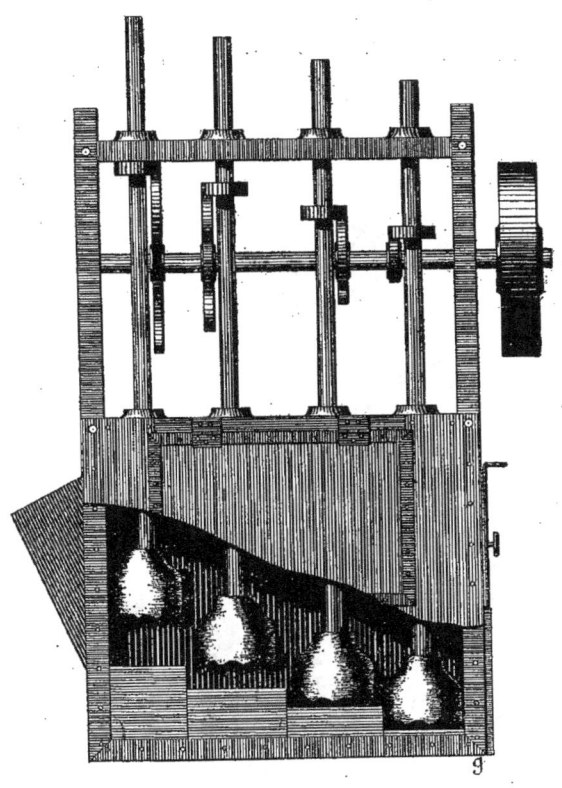

Fig. 7. — Pilons.

65. Concasseurs centrifuges. — Les concasseurs centrifuges sont des machines rotatives tournant à grande vitesse, dans lesquelles la matière à concasser est introduite près du centre et projetée par la force centrifuge vers la circonférence, en recevant sur son parcours des chocs nombreux. On peut les employer au concassage de toutes les matières premières employées en céramique; ils peuvent servir également à la pulvérisation, à condition de bluter ensuite la poudre soit à la sortie du concasseur, soit dans un blutoir séparé. Cependant ils ne conviennent pas pour les argiles trop humides, car ils ont dans ce cas une tendance à s'engorger. Il faut également les éviter pour les matières qui ne doivent contenir aucune trace de fer. Leur grande production, l'emploi d'une force motrice assez considérable, limitent leur usage aux usines travaillant une grande quantité de matières premières.

Il existe un assez grand nombre de types différents de concasseurs centrifuges, ce qui s'explique par leurs nombreuses applications à des produits très divers et sans qu'on puisse, en principe, préférer un type aux autres, le choix dépendant du but spécial que l'on se propose d'atteindre.

Fig. 8. — Concasseur Carr.

Le *concasseur Carr* est très employé en Angleterre, particulièrement dans les fabriques de produits réfractaires, pour la pulvérisation des terres cuites (ciment ou chamotte). Il se compose (*fig.* 8) de deux disques portant chacun deux rangs circulaires de barreaux en acier, tournant en sens inverse, le tout étant placé dans une caisse en tôle. Chaque disque est monté à l'extrémité d'un arbre horizontal actionné directement par une poulie. La matière à concasser est introduite par une trémie au centre de l'appareil. Là elle tombe sur le premier cercle de barreaux qui la heurte en la projetant dans un sens pour être frappée ensuite par le second cercle tournant en sens inverse, puis par le troisième tournant dans le même sens que le premier et enfin par le quatrième, solidaire du second. La matière concassée se rassemble au fond de la boîte, d'où elle peut être enlevée par une vis ou toute autre disposition qui empêche la sortie de la poussière. On règle la vitesse de la machine d'après le degré de finesse que l'on veut obtenir. Pour une pulvérisation complète, on emploie souvent six rangs de barreaux au lieu de quatre.

Le concasseur Carr se construit sur plusieurs modèles différents, d'après la production que l'on veut obtenir. Voici quelques chiffres à ce sujet :

Diamètre du disque extérieur.....	2,00	1,50	1,00	0,50
Nombre de tours par minute.....	300	350	450	600
Production en kg. par heure.....	20.000	12.000	4.000	250
Force employée en chevaux......	36	20	4	1,5

Le *concasseur Loizeau*, construit par MM. Weidknecht-

Fig. 9. — Concasseur Loizeau.

Schoeller, se compose (*fig.* 9) d'une forte caisse, portant à sa partie supérieure une trémie servant à l'introduction des matières et garnie à l'intérieur de grilles en acier, l'une inclinée, l'autre cintrée, percées de trous destinés à laisser passer la matière concassée. Un arbre horizontal, tournant à grande vitesse, est entouré d'un manchon dont les joues sont traversées par de petits arbres, servant à maintenir des marteaux mobiles articulés, pesant, suivant le type du concasseur, de 2 à 10 kilogrammes. La matière, tombant par la trémie, est frappée par les marteaux et projetée contre les grilles, qui laissent passer les fragments suffisamment réduits, les autres sont repris par les marteaux jusqu'à ce qu'ils aient la grosseur voulue pour sortir de l'appareil. L'articulation des marteaux permet d'éviter des ruptures dans le cas d'introduction dans l'appareil de morceaux d'une résistance anormale. La finesse du concassage se règle d'après les ouvertures des grilles et la vitesse de rotation. Les grilles, qui supportent la plus grande usure, sont d'une fabrication soignée et peuvent se remplacer facilement.

MM. Weidknecht-Schoeller construisent plusieurs modèles de ce concasseur, dont voici quelques données :

Production à l'heure.	Force employée.	
1 à 1,5 tonnes	2 à 3 chevaux	
1,8 à 2 —	5 —	
2 à 2,5 —	2 à 3 —	(gros grains)
8 à 10 —	8 à 10 —	id.

Le *concasseur Vapart*, construit par M. Bordier, est formé de trois plateaux horizontaux fixés sur un arbre vertical (*fig.* 10) et portant des armatures disposées suivant les rayons. Le tout est enfermé dans une enveloppe cylindrique, portant deux entonnoirs entre les plateaux et des segments dentés en face de ceux-ci. Les matières sont amenées au centre du plateau supérieur et projetées, par l'action de la force centrifuge, contre le premier rang de segments dentés. De là elles tombent dans le premier entonnoir qui les ramène au centre du plateau médian, pour être lancées contre le second rang de segments. La même opération se reproduit sur le troisième plateau, au-dessous duquel sont fixées des palettes qui font sortir les matières concassées par une trémie inférieure. Ce concasseur est particulièrement employé en France et en Belgique dans les fabriques de produits réfractaires. Les quatre types usités en céramique sont les suivants :

Diamètre extérieur.............................	1,75	1,30	1,17	0,90
Production en tonnes à l'heure, argile.......	13,00	8,00	4,00	2,00
— — terre cuite...	6,00	3,50	2,00	1,00
Force employée en chevaux	25	18	10	6
Poids en kilogrammes........................	7,000	3,800	2,600	1,400

66. Concasseurs à boulets.

— Les concasseurs à boulets agissent à la fois par choc et par écrasement. Ils se composent d'un tambour contenant une certaine quantité de boulets de différentes grosseurs (*fig.* 12). L'intérieur du tambour est formé de plaques perforées, disposées comme les marches d'un escalier, sur lesquelles roulent et tombent les boulets. La matière est introduite par le centre du tambour, les fragments suffisamment con-

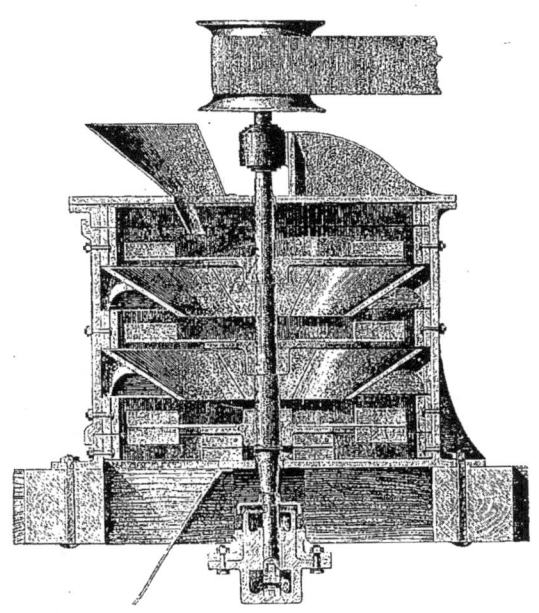

Fig. 10. — Concasseur Vapart.

cassés traversent les trous des plaques perforées, puis tombent sur des châssis extérieurs recouverts de toiles à bluter de la grosseur voulue. Les parties trop volumineuses pour traverser le blutoir retombent dans le tambour, par suite de son mouvement de rotation.

La figure 11 représente un concasseur de ce genre construit par M. Davidsen.

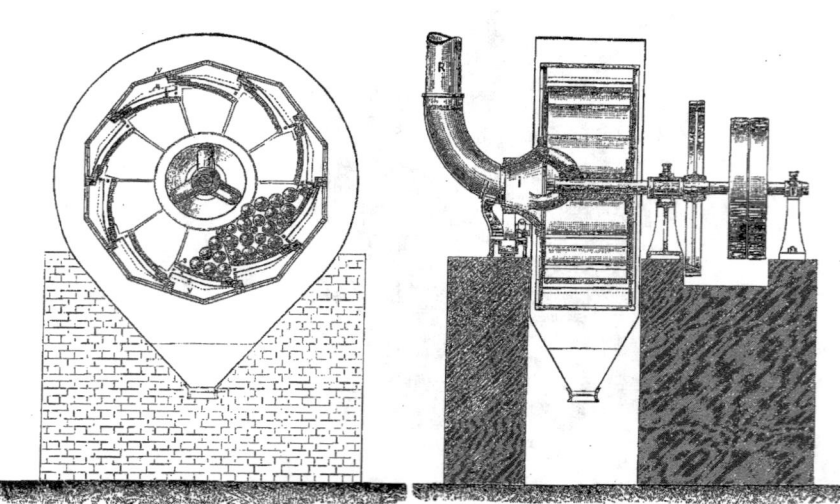

Coupe transversale.   Fig. 11. — Concasseur à boulets.   Coupe longitudinale.

PRÉPARATION DES MATIÈRES PREMIÈRES 123

Ces machines sont employées particulièrement pour le concassage et la pulvérisation des matières dures.
Voici quelques renseignements sur les différents modèles :

Longueur............................	3,70	3,00	2.50	2,50
Largeur.............................	2,50	2,40	2,00	1,08
Force employée en chevaux.........	12	8	4	1,5

Pour de petites productions on peut utiliser le concasseur représenté sur la figure 12, construit par M. Dalbouze, qui a un diamètre de 0^m,50 à 0^m,80, pour une largeur de 0^m,13 à 0^m,16 et qui fait de 40 à 65 tours par minute.

Fig. 12. — Concasseur à boulets.

Parmi les concasseurs de cette espèce on peut également citer le broyeur Morel, disposé horizontalement, tournant à grande vitesse et n'employant qu'un petit nombre de gros boulets, qui agissent principalement par leur force centrifuge. Cette machine n'est guère employée en céramique. Il en est de même du broyeur Carter, quelquefois utilisé en Angleterre, et du désintégrateur Cyclone, d'origine américaine.

67. Concasseurs à mâchoires. — Les concasseurs à mâchoires ou concasseurs Blake sont employés à briser les matières dures de fortes dimensions. Ils servent fréquemment à concasser sommairement les blocs trop gros pour pouvoir être mis directement dans certains autres concasseurs. Ils sont composés (*fig.* 13 et 14) d'une mâchoire fixe A et d'une mâchoire mobile B pouvant osciller autour d'un arbre C. Le mouvement est donné par un excentrique D, monté sur un arbre horizontal E muni de deux volants et mis en mouvement par une poulie. Cet excentrique, dans son léger déplacement vertical, fait écarter ou rapprocher deux bielles F et F' dont la première s'appuie sur une butée G, réglable à volonté, et la seconde imprime une légère oscillation à la mâchoire B. Un tendeur inférieur fait revenir celle-ci dans sa position primitive.

Les faces intérieures des mâchoires, qui sont les seules parties soumises à une usure rapide, sont en fonte dure ou en acier, et disposées de manière à être remplacées facilement.

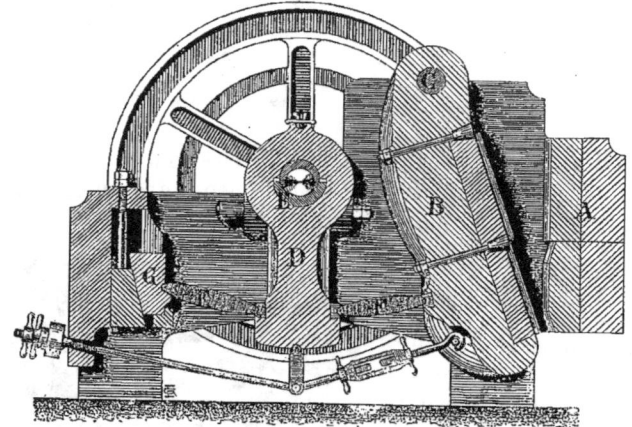

Fig. 13. — Concasseur à mâchoires.

Les concasseurs à mâchoires d'origine anglaise sont actuellement fabriqués par un grand nombre de constructeurs. On leur

Fig. 14. — Concasseur à mâchoires.

donne généralement une vitesse de 200 à 250 tours par minute.

Les différents modèles courants sont désignés d'après les dimensions de l'ouverture supérieure des mâchoires, voici quelques chiffres à leur sujet :

Ouverture des mâchoires	0,60 sur 0,40	0,50 sur 0,23	0,40 sur 0,20	0,30 sur 0,18	0,20 sur 0,12	0,18 sur 0,10
Production en mètres cubes à l'heure.	10,0	6,0	4,2	3,0	2,0	1,5
Force employée en chevaux	14	10	7	5	2	1,5
Poids en kilogrammes	19.300	9.700	6.100	4.400	2.000	1.800

68. Meules verticales. — Les meules verticales sont d'un emploi fréquent en céramique, parce que, sauf l'argile humide,

Fig. 15. — Meules verticales.

elles permettent de concasser toutes les matières. Elles n'exigent que de faibles vitesses, emploient peu de force et ont peu d'usure. Elles se composent généralement de deux meules montées sur un même arbre horizontal roulant sur un plateau percé de trous à la dimension des fragments que l'on veut obtenir.

Quelquefois ce plateau est plein, et la matière concassée est enlevée au moyen de râclettes ou d'une chaîne à godets, mais cette disposition, employée plus spécialement pour la pulvérisation, sera mentionnée à propos de la préparation des pâtes par voie sèche. On fait varier le poids des meules d'après la dureté des matières à concasser. Lorsqu'il importe d'avoir des produits exempts de toute trace de fer, les meules ainsi que le plateau peuvent être en pierre dure.

Fig. 16. — Meules verticales.

Il existe deux types de meules verticales : dans l'un les meules sont mobiles et le plateau fixe, dans l'autre le plateau est mobile et les meules fixes.

La figure 15 représente des meules verticales du premier type, construites par M. Jannot. Elles sont actionnées par une roue dentée placée à la partie supérieure de l'arbre vertical de commande, qui les entraîne dans son mouvement de rotation, tout en permettant aux roues de s'élever pour passer par dessus les fragments trop durs ou trop nombreux, grâce à l'articulation de leurs arbres autour de boulons horizontaux. Des râcloirs de formes diverses ramènent les matières insuffisamment concassées au-dessous des meules, et détachent les parties qui ont une tendance à s'agglomérer sur le plateau. Les matières concassées qui ont passé par les orifices du plateau sont recueillies dans une trémie

Fig. 17. — Meules verticales.

ou par une vis sans fin. Le diamètre du plateau-cuvette est de $2^m,60$, le poids des meules pour des matières de dureté moyenne doit être de 1.000 kilogrammes environ. Le poids de cette machine est de 3.700 kilogrammes, la force dépensée 3 à 4 chevaux.

Dans certains cas, la commande de l'arbre moteur peut se faire par la partie inférieure. Cette disposition est représentée par la figure 16. Les deux meules ont leurs arbres articulés, de manière à pouvoir se soulever indépendamment l'une de l'autre et les râclettes sont disposées comme dans le concasseur précédent. M. Jaeger donne les indications suivantes sur les machines de ce genre construites par lui :

Diamètre des meules	1500	1250	1000	800	650
Largeur —	375	320	350	200	160
Production en kilogrammes à l'heure	1500	1000	500	250	100
Force employée en chevaux	8	5	3	2	1
Poids d'une meule	2800	1750	1000	550	300
— total	12500	7500	4500	3000	1450

Les meules à plateau mobile sont peu employées en Europe comme concasseurs. Elles semblent être plus en vogue aux États-Unis. La figure 17 représente une machine de ce genre construite par MM. Chamber frères et Cie.

Comme dans les concasseurs précédents, le plateau est perforé, et les meules fixes peuvent cependant se déplacer verticalement en se réglant sur l'épaisseur de la couche de matière à pulvériser, pour éviter des ruptures. Des râclettes fixes détachent les parties qui ont pu s'agglomérer et les ramènent sous les meules. La production de ces appareils ne diffère pas des précédents, ils sont d'une construction plus compliquée, mais occasionnent moins de poussières.

69. Laminoirs concasseurs. — Quoique les laminoirs se prêtent assez bien au concassage des matières dures, ils ne sont guère employés en céramique que pour diviser les mottes d'argile, lorsqu'on n'a pas pu employer dans ce but la désagrégation naturelle. Ces laminoirs doivent être d'assez grand diamètre pour pouvoir saisir les mottes, chacun tournant à une vitesse différente de manière à ajouter à l'effort d'écrasement un effort d'arrachement. L'écartement des laminoirs doit pouvoir être réglé assez facilement, et il est bon de ménager dans la construction des paliers, des pièces de rupture, qui supportent le choc et qui se brisent en préservant le reste du mécanisme dans le cas où un morceau d'une dureté exceptionnelle tomberait dans les laminoirs. On peut également mettre des tampons en caoutchouc ou des ressorts énergiques. Des râcloirs sont disposés au-dessous des laminoirs pour détacher l'argile qui y adhère.

Les laminoirs sont souvent unis, tels que le montre la figure 18, qui représente un concasseur construit par MM. Boulet et Cie. D'autres fois, on les fait cannelés, ou avec des parties saillantes pour mieux saisir l'argile. On peut aussi y pratiquer de véritables dents, comme dans la machine de M. Schlickeysen (*fig.* 19).

Pour des argiles très difficiles, très impures, on ne peut plus se contenter de les faire passer dans une seule paire de laminoirs, il devient nécessaire de les concasser en plusieurs fois par des laminoirs successifs. Ces cas sont heureusement rares et, lorsqu'ils se présentent, il vaut mieux employer une autre matière première ou recourir à un autre procédé de désagrégation. La figure 20

Fig. 18. — Laminoir-concasseur.

représente un laminoir concasseur triple, construit par M. Groke, qui est certainement ce que l'on peut faire de plus puissant dans ce genre :

Voici quelques indications numériques sur les laminoirs concasseurs :

```
Diamètre des laminoirs........................  0,40 à 1 m.
Largeur      —         ........................  0,40 à 0,70
Production de 5 à 10$^{m3}$ en 10 heures, pour les petits modèles :
     —        à 40 ou 50$^{m3}$ pour les grands modèles.
Force employée de 2 à 3 chevaux pour petits modèles ;
     —        à 8 ou 10 chevaux pour grands modèles.
```

CÉRAMIQUE.

Fig. 19. — Laminoir-concasseur.

PRÉPARATION DES MATIÈRES PREMIÈRES 131

70. Tailleuses. — Les tailleuses ne sont employées que pour l'argile, ou pour des substances très friables. Elles sont formées de disques animés d'une assez grande vitesse de rotation, dans

Fig. 20. — Laminoir-concasseur triple.

lesquels sont fixées des lames formant couteaux et contre lesquelles on appuie les matières à tailler. Les copeaux enlevés passent par des ouvertures percées dans le disque devant les couteaux.

Lorsque l'argile est sous forme de grosses mottes compactes et lourdes, on place le disque de la tailleuse verticalement, et on fait

Fig. 24. — Tailleuse.

arriver ces mottes latéralement par un conduit incliné, de manière à ce qu'elles descendent et viennent s'appuyer contre le disque par leur poids.

Lorsqu'au contraire, ce qui est le cas le plus fréquent, l'argile est en fragments de moindre importance, il vaut mieux faire tourner le disque horizontalement (*fig.* 21). La matière à couper repose alors de tout son poids sur le disque, et une traverse l'empêche d'être entraînée par le mouvement de rotation.

D'après les indications de MM. Boulet et Cie, une machine de ce genre, ayant huit couteaux, d'un poids total d'environ 1.100 kilogrammes et tournant à 150 tours par minute, taille de 4 à 6 mètres cubes d'argile par heure, en employant la force de deux chevaux.

71. Granulateurs. — Les granulateurs ont pour but de diviser en menus fragments les mottes d'argiles moyennement plastiques ou maigres. Ce genre de machine est particulièrement employé en Amérique. La figure 22 représente un granulateur construit par MM. Chamber frères et Cie. Il se compose d'une trémie inclinée, au fond de laquelle est un arbre armé de couteaux disposés en hélice. L'argile mise dans la trémie, du côté du mécanisme, est coupée et poussée en même temps, jusqu'à ce qu'elle tombe granulée à l'extrémité supérieure de la trémie. On incline plus ou moins le mécanisme suivant la grosseur des grains que l'on veut obtenir. Ces machines ont une très grande production : elles peuvent granuler de 100 à 200 mètres cubes d'argile par jour.

Fig. 22. — Granulateur.

B. — *Épuration*

72. Procédés d'épuration. — Les procédés d'épuration des matières premières employés en céramique sont les suivants :

1° Le *triage*, presque toujours manuel, très rarement mécanique, qui permet d'enlever les impuretés grossières, lorsqu'elles diffèrent suffisamment de la matière à purifier par leur forme, leur couleur, leur grosseur ou leur densité.

2° Le *tamisage*, qui permet de séparer les parties les plus grossières, restant sur un tamis, de celles plus fines qui le traversent.

3° La *lévigation*, c'est-à-dire la séparation, au moyen d'un délayage dans l'eau, des parties qui restent plus longtemps en suspension de celles qui se déposent plus rapidement. Dans la *lévigation des argiles*, on se propose d'éliminer les matières se déposant les premières, dans la *lévigation des sables*, du quartz, du feldspath, etc., ce sont, au contraire, les parties qui restent en suspension, qui doivent être enlevées.

4° La *ventilation*, qui est un procédé ayant le même but que la lévigation, mais dans lequel l'eau est remplacée par un courant d'air assez violent. Ce procédé, rarement employé du reste, ne peut s'appliquer qu'à certaines argiles.

5° L'*épuration électrique*, qui permet dans certains cas de se débarrasser d'une partie de l'oxyde de fer que peuvent contenir les matières premières.

6° L'*épuration chimique*, permettant, par l'action de certaines substances, d'éliminer ou de transformer en corps inertes les parties nuisibles qui peuvent se trouver dans les argiles.

73. Triage. — Le triage manuel est très employé pour séparer les grosses impuretés que peuvent contenir les matières premières. Cette opération se fait ordinairement dans les carrières ou à proximité, par des femmes ou des enfants.

Il est employé généralement sur une grande échelle pour les matières premières de valeur, comme le kaolin, le feldspath, etc. Il n'est alors ordinairement qu'une épuration préalable, complétée ensuite par une lévigation. Par contre, pour les matières premières communes, comme les argiles ordinaires, les sables, etc., il ne peut consister que dans l'élimination de quelques grosses impuretés, pierres, rognons, minerais ou racines, qui se pratique généralement par les ouvriers chargés de l'extraction.

On peut quelquefois séparer mécaniquement les pierres et les corps durs les plus grossiers que peuvent contenir certaines argiles suffisamment maigres, en faisant passer celles-ci entre des laminoirs coniques.

Tandis que l'argile est laminée, les impuretés assez grosses pour

Fig. 23. — Laminoir-épurateur.

ne pouvoir être saisies par les laminoirs restent dessus, et, par suite de la différence de vitesse circonférentielle, se déplacent et vont tomber du côté des plus grands diamètres.

La figure 23 représente un laminoir épurateur de ce genre, construit par MM. Brewer et Cie, qui a trouvé quelques applications aux États-Unis. On voit que, pour faciliter le départ des pierres, le constructeur a placé perpendiculairement aux laminoirs une roue munie de pointes, qui les saisissent et les jettent dans une rigole inclinée, mais cette disposition supplémentaire n'est pas indispensable. Le bon fonctionnement des laminoirs épurateurs dépend beaucoup, comme il vient d'être observé, de la nature de l'argile, et il est également essentiel de bien approprier les diamètres, la conicité et l'écartement des laminoirs aux dimensions des pierres à éliminer.

74. Tamisage. — On peut distinguer en céramique trois sortes de tamisage ayant des buts différents :

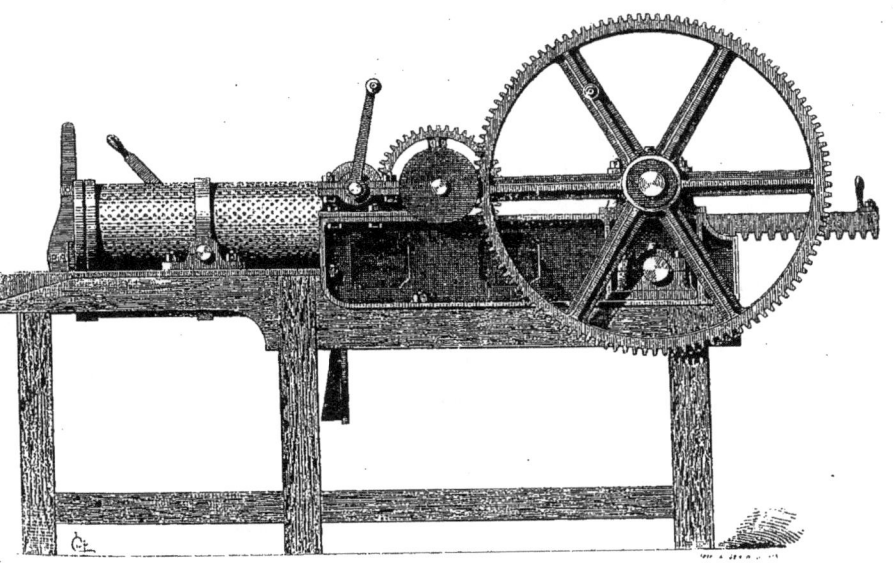

Fig. 24. — Épurateur d'argile.

1° Le tamisage des matières sèches pulvérulentes, qui est ordinairement une opération complémentaire du concassage ou de la pulvérisation et non une épuration proprement dite. Ce n'est qu'exceptionnellement que l'on peut tamiser des argiles sèches pour enlever les grosses impuretés qu'elles peuvent contenir. Ce travail se fait alors sur des claies, ou dans les blutoirs employés pour tamiser le sable. Il n'offre aucune particularité digne d'être mentionnée ;

2° Le tamisage des matières liquides, qui se fait au cours de l'épuration par lévigation, ainsi que celui usité dans la préparation des pâtes par voie liquide, qui seront mentionnés lors de la description de ces opérations;

3° Le tamisage des matières pâteuses, c'est-à-dire de l'argile à l'état plastique. Cette opération se fait en comprimant l'argile à épurer dans une boîte, et en la forçant de sortir par des orifices de dimensions appropriées, tandis que les impuretés plus grossières restent à l'intérieur. Sur ce principe, on a construit divers appareils, qui ne diffèrent entre eux que par la nature de la force employée et la manière de la transmettre.

La figure 24 représente un épurateur construit par M. Chambrette. Il se compose d'un cylindre perforé de trous, mobile autour d'un arbre horizontal, et d'un mécanisme destiné à manœuvrer le piston compresseur. Le cylindre perforé étant placé verticalement, on le remplit d'argile, puis on le met horizontalement, et, au moyen d'une manivelle agissant par deux arbres intermédiaires, l'ouvrier force le piston à pénétrer dans le cylindre en obligeant l'argile à sortir par les trous, tandis que les pierres restent dans le fond. Lorsque le piston est arrivé à bout de course, on déclanche un des pignons, et on ramène rapidement le piston en agissant sur une seconde manivelle montée sur un des bras de la grande roue. On remet alors le cylindre verticalement, et on en ouvre le fond, pour faire tomber les pierres qui s'y sont accumulées. Malgré l'apparente complication de cette opération, un homme peut, avec cette machine, épurer de 4 à 5 mètres cubes par jour.

Fig. 25. — Épurateur d'argile.

La figure 25 représente un épurateur analogue construit par M. Groke. Dans ce cas la boîte de compression a une forme triangulaire, et les orifices circulaires des tamis sont remplacés par

Fig. 26. — Épurateur d'argile.

des lames parallèles, plus ou moins rapprochées, montées sur des

140   PATES PLASTIQUES

portes à charnières. Un volant à leviers permet de faire descendre ou de remonter un piston triangulaire. L'opération se fait de la même manière que dans la machine précédente.

Pour obtenir une plus grande production, il était naturel de substituer à l'action de l'homme celle d'un moteur hydraulique, c'est ce que M. Chambrette a réalisé dans la machine représentée par la figure 26. Deux cylindres perforés de 15 à 18.000 trous sont mobiles autour d'un des montants d'une presse hydraulique, l'un d'eux étant en chargement, tandis que l'autre est sous pression. Cette machine peut épurer 16 à 20 mètres cubes d'argile en dix heures, l'effort total exercé sur le piston est d'environ 100.000 kilogrammes.

Toutes les machines précédentes fonctionnent d'une manière intermittente. On peut également opérer d'une manière continue en se servant d'une hélice comme propulseur, mais, dans ce cas, on ne peut épurer que des argiles à l'état de pâte assez molle. La figure 27

Fig. 27. — Épurateur d'argile.

représente une disposition de ce genre adoptée par M. Brethon (Delahaye, successeur). L'argile chargée par la partie supérieure du cylindre vertical est refoulée vers le bas par des palettes hélicoïdales, et est obligée de passer par les trous dont est perforé le fond du cylindre. Au-dessus de ce tamis se meut une palette qui chasse les pierres restantes vers les deux côtés latéraux, d'où on peut les enlever en marche, en ouvrant de temps en temps un des panneaux mobiles.

On peut également épurer d'une manière continue en se servant comme propulseurs d'une paire de laminoirs peu serrés, qui refoulent l'argile dans une boîte fermée par deux panneaux mobiles, portant le tamis composé de fils d'acier tendus parallèlement. L'écartement de ces fils doit naturellement être plus faible que celui des laminoirs pour retenir les fragments de pierres brisées par ceux-ci. De temps à autre, on ouvre les panneaux pour laisser sortir les pierres. Une machine de ce genre est construite par la maison Smidth et Cie.

Il est bon de faire observer que, pour que tous ces systèmes d'épurateurs puissent fonctionner convenablement, il est nécessaire que l'argile soit sous forme de pâte suffisamment molle et plastique. Si donc elle ne se trouve pas naturellement ainsi dans la carrière, ce qui est le cas le plus fréquent, il faudra la préparer préalablement par un des procédés mentionnés plus loin, dans le paragraphe relatif à la préparation des pâtes.

75. Lévigation des argiles. — La lévigation a pour but de séparer les parties plus grosses et plus lourdes des argiles, qui se déposent rapidement, des parties plus fines et plus légères restant plus longtemps en suspension dans l'eau. Comme il a déjà été observé à propos des essais des matières premières, on n'enlève pas ainsi à l'argile toutes ses impuretés, seules les plus grossières sont éliminées, tandis que celles qui sont fréquemment sous forme de poudre très fine, comme le sable, le carbonate de chaux, les oxydes de fer, restent au moins partiellement incorporées à l'hydrosilicate d'alumine. Par contre, il y a élimination complète des sels solubles.

La lévigation est généralement employée pour les kaolins et les argiles plastiques servant à la fabrication des porcelaines, des grès fins, des faïences et des poteries en terre cuite. Son prix de revient assez élevé n'en permet l'emploi pour les argiles communes, servant à la fabrication des terres cuites des constructions, que dans les pays où les argiles suffisamment pures font complètement défaut.

Les procédés de lévigation sont assez variables, car ils dépendent de la nature des argiles, du degré d'épuration que l'on veut obtenir et de l'importance de la production. Cependant, quelle que soit la méthode employée, elle comprend nécessairement trois phases :

1° Délayage de l'argile dans l'eau ;
2° Séparation des graviers et des sables ;
3° Dépôt de l'argile dans des bassins de décantation.

Ces diverses opérations vont être examinées successivement.

76. Délayeurs d'argile. — Les argiles maigres et les kaolins se délayent facilement dans l'eau, et on peut les soumettre à la lévigation à la sortie de la carrière. Pour les argiles plastiques, l'opération est plus difficile, et il faut ordinairement les désagréger préalablement par un des procédés décrits précédemment. Le séchage naturel ou artificiel est le plus employé et le plus efficace.

Lorsqu'il s'agit de léviger de petites quantités d'argile, le délayage peut se faire *manuellement* en mettant une certaine quantité d'argile dans des cuves remplies d'eau et en l'agitant au moyen de râteaux ou de herses, mises en mouvement par un ou plusieurs ouvriers. Quand toute l'argile est convenablement délayée, on la laisse s'écouler dans les bassins de dépôt par un orifice placé un peu au-dessus au fond de la cuve et devant lequel est placée une grille qui retient les graviers. On recommence plusieurs fois l'opération jusqu'à ce que le dépôt de gravier ait atteint la hauteur de la grille, il est alors nécessaire de l'enlever à la pelle et de nettoyer la cuve.

Pour des argiles maigres, des kaolins, et lorsqu'on ne craint pas d'employer une grande quantité d'eau, on peut les délayer *hydrauliquement* en les soumettant à l'action d'un jet d'eau sous pression qui désagrège l'argile, entraîne les parties fines et laisse les graviers. L'argile peut être dans ce but placée dans une cuve que l'on recharge de temps en temps, celle qui est délayée s'écoule d'une manière continue, l'opération n'étant interrompue que lorsqu'il est nécessaire d'enlever les graviers accumulés dans la cuve. Pour le lavage de kaolins contenant des pierres de grandes dimensions, on emploie également dans les Cornouailles la méthode hydraulique, mais en attaquant directement la roche en carrière au moyen de jets d'eau puissants. Les pierres s'accumulent dans les bas-fonds de la carrière, tandis que l'eau entraînant l'argile est dirigée dans de vastes bassins.

Hors de ces cas spéciaux, le délayage se fait *mécaniquement*.
Il y a deux sortes de délayeurs mécaniques :

Ceux à arbre vertical employés de préférence pour les argiles maigres, pierreuses ; et ceux à arbre horizontal, plus usités pour le délayage des argiles plastiques peu caillouteuses.

La figure 28 représente une machine de ce genre pour productions moyennes. Dans une cuve circulaire se meut un arbre vertical central, portant deux herses en bois animées d'un mouvement de rotation. De temps à autre on y verse une certaine quantité d'argile et un volume d'eau correspondant. L'écoulement de l'argile délayée se fait soit continuellement, soit par intermittences, en ouvrant un des tampons en bois qui bouchent les orifices de sortie placés latéralement à la cuve à des hauteurs différentes. Les graviers s'accumulent à la partie

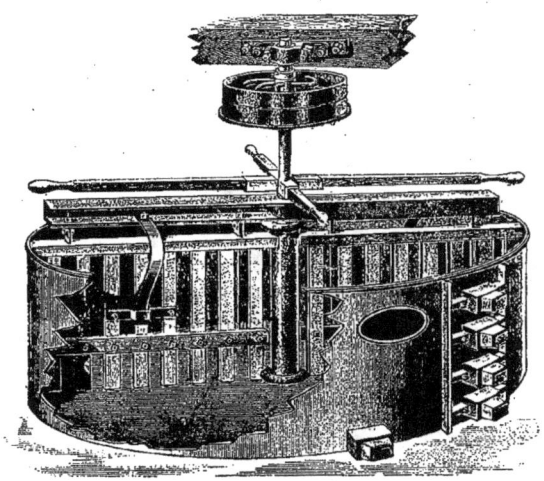

Fig. 28. — Délayeur.

inférieure et peuvent, suivant leur consistance, être enlevés de temps en temps manuellement par le haut ou par un orifice inférieur de vidange en faisant en même temps une chasse d'eau. Il arrive fréquemment que lorsqu'on arrête le fonctionnement du délayeur pendant quelque temps, l'argile en suspension se dépose et forme avec les graviers une masse assez dure, qui peut briser les herses à la mise en marche. Il convient, dans ce cas, de désagréger d'abord cette masse en faisant préalablement tourner le délayeur à la main au moyen des leviers indiqués sur le dessin.

Pour de grandes productions et particulièrement pour les argiles fortement pierreuses, on se sert du délayeur représenté par la figure 29. Il se compose d'une auge circulaire en maçonnerie dans laquelle se meuvent deux ou quatre herses en bois suspendues par des chaînes. Comme dans l'engin précédent, on introduit à intervalles réguliers l'argile et l'eau, l'écoulement de l'argile délayée se faisant d'une manière continue par un orifice muni d'une grille, placé à faible distance du haut de l'auge, et fonctionnant comme déversoir. Les graviers s'accumulent dans le fond, et, à mesure que l'épaisseur de leur couche augmente, on diminue la hauteur des chaînes, élevant ainsi les herses. Ce mode de suspension flexible a en outre l'avantage d'éviter toute rupture au moment du démarrage.

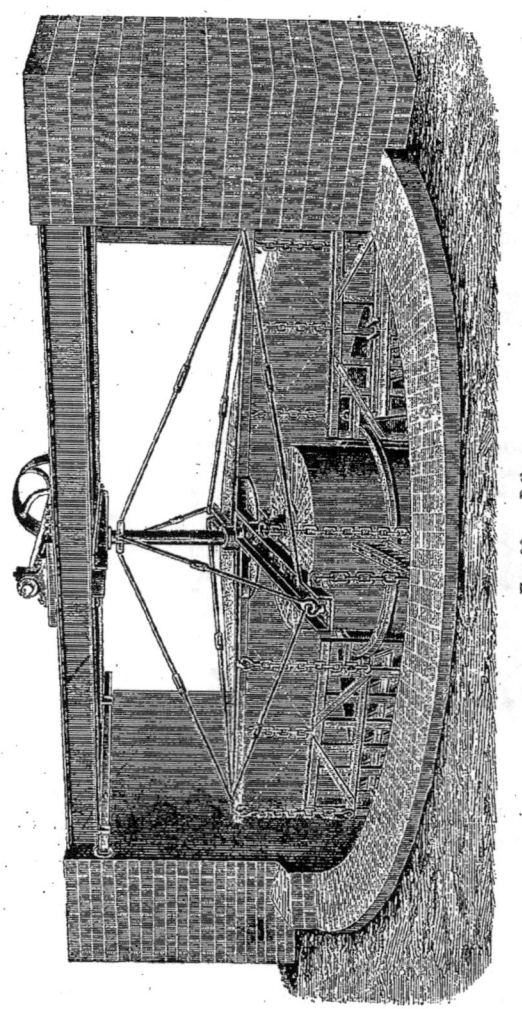

Fig. 29. — Délayeur.

On a assez souvent cherché à rendre le fonctionnement de ces délayeurs absolument continu en enlevant les graviers et les pierres, pendant la marche, au moyen de chaînes à godets ou de vis d'Archimède, placées dans une partie plus basse du fond de l'auge. Mais l'avantage qui en résulte est largement compensé par les réparations continuelles de ces engins. Il vaut mieux procéder tous les dix à quinze jours à un nettoyage, à la vérité souvent assez pénible, par suite de l'agglomération des graviers.

La proportion d'eau employée dans ces délayeurs varie de 2 à 3 fois le poids de l'argile. Leur production dépend entièrement de la ténacité de celle-ci et de la force dépensée. Pour des productions moyennes, on peut se servir d'un manège; par contre, pour de grandes productions, un moteur mécanique est nécessaire. Dans ce cas, la quantité d'argile lavée peut s'élever à 50 et même 75 mètres cubes en vingt-quatre heures.

Les délayeurs à arbre horizontal sont formés d'un tambour dans lequel se meut cet arbre armé de palettes. On peut soit faire tourner le tambour, l'arbre étant fixe, soit faire tourner l'arbre à palettes dans le tambour immobile, soit enfin faire marcher les deux en sens inverse. Les dispositions d'entrée d'eau et d'argile, ainsi que la sortie de l'argile délayée et des graviers, sont également assez variables et ont excité l'ingéniosité des constructeurs. Les deux dispositifs suivants ne sont donc indiqués qu'à titre d'exemple.

La figure 30 représente un délayeur à tambour fixe dans lequel

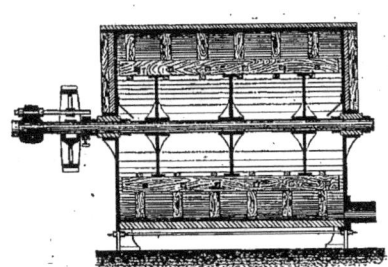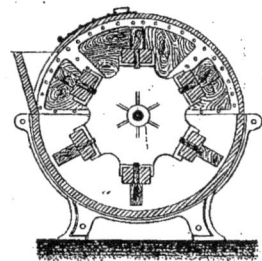

Fig. 30. — Délayeur.

se meut un arbre portant, au moyen de trois disques en fonte, six traverses en bois, sur chacune desquelles sont assemblées six palettes. L'argile est introduite par une trémie latérale, qui est ensuite fermée par un couvercle pour éviter les projections d'eau.

L'écoulement se fait d'une manière continue, par un tuyau inférieur; l'argile et le sable sont également enlevés par l'eau, l'appareil ne s'appliquant qu'aux argiles non pierreuses. Les dimensions de ces délayeurs peuvent varier de 2 à 7 mètres en largeur et de 1 à 3 mètres en diamètre. La vitesse de rotation est de 15 à 30 tours par minute, la force dépensée de 1 à 3 chevaux, et la production de 5 à 25 mètres cubes d'argile lavée par jour.

Dans le délayeur représenté par la figure 31, construit par M. Schmelzer, l'argile est introduite d'une manière continue à la pelle en même temps qu'une petite quantité d'eau, dans une première caisse à gauche, contenant une sorte de malaxeur monté sur un arbre horizontal. L'argile y est désagrégée, puis passe

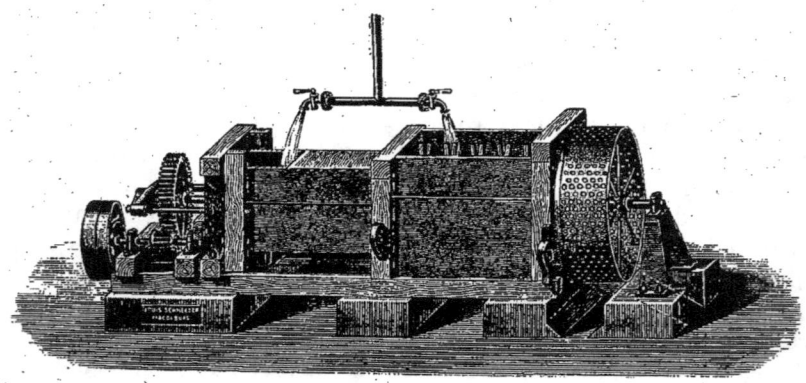

Fig. 31. — Délayeur d'argile.

sous forme de pâte dans la caisse voisine, où elle est délayée avec une plus forte proportion d'eau. De là elle tombe dans un tambour tamiseur qui laisse passer l'argile ainsi que le sable délayés, en retenant les graviers, et en les amenant à l'extrémité de l'appareil, où ils tombent dans une trémie. La production de ce délayeur varie de 6 à 20 mètres cubes par jour suivant la grandeur de l'appareil et la nature de l'argile.

77. Séparateurs de sable. — On voit que, dans tous les appareils précédents, les pierres et les graviers que peut contenir l'argile restent dans le délayeur ou y sont séparés des autres parties entraînées par le courant liquide ; généralement un tamis placé à la sortie de l'appareil règle l'épaisseur maxima des grains enlevés en même temps que l'argile. Quelquefois on se contente de cette épuration et on emploie directement le liquide sortant dans les bassins de dépôt, mais le plus souvent il convient d'éliminer plus ou moins complètement le sable entraîné.

Pour obtenir ce résultat, il suffit de diminuer de plus en plus la vitesse du courant liquide. Les dispositions employées dans

PRÉPARATION DES MATIÈRES PREMIÈRES

ce but dépendent du degré d'épuration que l'on veut obtenir et de la production.

Dans les petites installations, on se contente de faire écouler le courant liquide sortant du délayeur, dans une cuve où on le laisse séjourner en repos plus ou moins longtemps, suivant le degré d'épuration à atteindre. Le liquide surnageant est ensuite envoyé dans les bassins de dépôt.

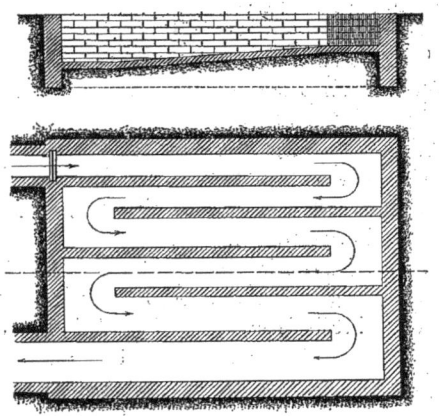

Fig. 32. — Séparateur de sable.

Pour des grandes productions, la séparation se fait d'une manière continue, en faisant passer le liquide sortant des délayeurs dans des canaux en maçonnerie enduits de ciment ou dans des rigoles en bois dont la section va en augmentant. La figure 32 représente un séparateur de sable de ce genre en maçonnerie et creusé dans le sol. Le sable, qui se dépose au fond des conduits est enlevé à la pelle, ordinairement toutes les douze heures. On peut aussi s'en débarrasser au moyen d'une chasse d'eau.

La figure 33 montre une autre disposition de séparateurs de sable. Dans celle-ci la circulation se fait dans des rigoles en bois aboutissant, tous les 3 à 4 mètres, à des tonneaux au fond desquels le sable se dépose et doit être enlevé manuellement à mesure qu'ils se remplissent. La longueur de ces rigoles et le nombre des tonneaux dépendent naturellement du degré d'épuration que l'on veut obtenir.

Fig. 33. — Séparateur de sable.

78. Bassins de décantation. — Quels que soient le procédé de délayage et le séparateur de sable adoptés, le liquide tenant l'argile en suspension est finalement envoyé dans des bassins, où, grâce à un repos absolu, toutes les parties solides se déposent. Pour les argiles destinées à la fabrication de produits fins, il convient d'employer plusieurs bassins de décantation, de dimensions restreintes, que l'on remplit successivement et dans lesquels la masse déposée est homogène. Pour la fabrication de terres cuites ordinaires, on peut se servir de bassins de grandes dimensions, dans lesquels le dépôt est beaucoup moins homogène, les parties les plus sableuses se déposant naturellement près de l'orifice d'entrée du liquide.

Dans tous les cas ces bassins sont pourvus d'orifices latéraux à des hauteurs différentes, qui permettent de laisser couler l'eau pure qui surnage au bout d'un certain temps de repos. On peut aussi employer dans le même but un tuyau pouvant être plus ou moins incliné, comme il est indiqué à la figure 34. Lorsque toute l'eau qui surnage a ainsi été enlevée, la masse argileuse est encore trop molle pour pouvoir être employée; il faut la laisser se raffermir par l'évaporation lente de l'eau, ce qui est certainement l'opération la plus ennuyeuse de la lévigation, car elle demande beaucoup de temps et immobilise des espaces considérables. On

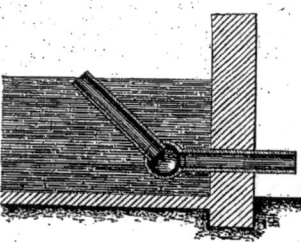

FIG. 34. — Bassin de décantation.

a cherché à l'abréger en employant des bassins de décantation dits filtrants, dont le fond est formé par une couche de sable, dans laquelle sont placés des tuyaux de drainage. Cette disposition fonctionne très bien au début, mais le sable et les conduits arrivent rapidement à s'obstruer. Néanmoins, le peu d'eau qui continue toujours à s'écouler de la sorte doit faire préférer les bassins filtrants aux bassins à fond imperméable.

Pour de faibles productions, on peut hâter le raffermissement de l'argile en la sortant des bassins et en la mettant en petits tas qui se sèchent au soleil. Enfin, on peut également employer dans le même but les filtres-presses, qui seront décrits à propos de la préparation des pâtes par voie liquide.

On donne ordinairement aux bassins de décantation une hauteur de 1 mètre correspondant à un dépôt d'argile de 20 à 30 centimètres d'épaisseur. Mais il faut bien observer que cette argile, qui se dépose par couches successives, n'est pas homogène, les parties les plus sableuses se précipitant toujours les premières. Il convient donc de l'enlever par tranches verticales, pour avoir une composition moyenne régulière.

Dans toutes ces installations de lévigation des argiles il faut, autant que possible, profiter de dénivellations naturelles, ou élever l'argile à laver au point le plus haut, les bassins de décantation étant, au contraire, dans la partie la plus basse. Si ce programme ne peut être rempli, il faut avoir recours à des appareils élévateurs, tels que chaînes à godets, norias, etc. Lorsque le sable est en faible proportion et très fin, on peut également employer, pour de grandes hauteurs ascensionnelles, des pompes à piston à simple effet avec clapets sphériques.

79. Lévigation des sables. — Dans la lévigation des sables et des autres matières antiplastiques, on peut avoir deux buts :

1° Enlever les matières terreuses qui peuvent les souiller, ce qui est le cas général ;

2° Séparer les parties les plus grossières pour obtenir une matière fine homogène.

Dans le premier cas on peut se servir des différents délayeurs d'argile précédemment décrits. Si les matières à laver sont grossières, elles restent dans le délayeur, et on les en retire lorsque l'eau sort limpide. Si, au contraire, elles sont fines, on les laisse s'écouler dans des bassins de décantation, dont on enlève ensuite l'eau trouble qui surnage. Le raffermissement du sable se fait très rapidement et n'offre aucune des difficultés que l'on rencontre avec l'argile.

Le même procédé permet de séparer les parties grossières des sables et de classer ceux-ci par grains de grosseurs décroissantes. Il suffit dans ce but d'établir deux ou trois bassins de petites dimensions, se déversant l'un dans l'autre et dans lesquels se déposent les diverses catégories de sable.

80. Ventilation. — En dirigeant un courant d'air violent sur des matières pulvérulentes, on arrive à les mettre en suspension dans l'air, comme elles le seraient dans l'eau. Si on diminue ensuite la vitesse de ce courant, les parties les plus grossières se déposent les premières, puis les plus fines, et enfin les poudres impalpables ne tombent que lorsque la vitesse s'annule. La ventilation agit donc de la même manière que la lévigation, et on comprend que dans certaines circonstances elle puisse la remplacer.

Ce procédé n'a cependant été jusqu'à présent que rarement employé et seulement pour l'épuration des kaolins. Ceux-ci, par suite de la différence notable du poids qu'il y a entre l'argile et les poudres rocheuses, s'y prêtent le mieux. Le kaolin est d'abord réduit en poudre fine par des pulvérisateurs et mis dans une trémie, d'où il s'écoule par un orifice de faible épaisseur devant la tuyère d'un ventilateur. Le courant gazeux est dirigé ensuite dans un conduit dont la section va en s'agrandissant pour aboutir dans une chambre assez vaste. Les dimensions sont calculées de telle manière que les parties que l'on veut éliminer se déposent dans le conduit, et qu'il ne rentre que du kaolin épuré dans la chambre. Mais il est assez difficile de dépouiller l'air sortant de la chambre des dernières traces de poussières impalpables ; on doit ordinairement le faire tamiser par des toiles ou des feutres, qui sont battues de temps en temps.

81. Épuration électrique. — Le fer et les oxydes de fer peuvent être éliminés, en utilisant leurs propriétés magnétiques. Dans ce but, la matière à épurer doit être réduite en poudre, ou mise en suspension dans l'eau, de manière à donner aux parties à éliminer une mobilité suffisante pour qu'elles puissent être attirées par des électro-aimants.

Lorsque la matière est pulvérulente, on la place dans une auge, au milieu de laquelle on fait tourner des aimants, que l'on enlève de temps à autre pour les dépouiller des parties ferrugineuses qui y ont adhéré. Mais le plus souvent on procède par voie humide en utilisant le dispositif représenté par la figure 35. La matière à épurer, mise en suspension dans l'eau, s'écoule sous forme de nappe mince par une rigole au-dessus de laquelle sont placés des électro-aimants, traversés par un courant provenant d'une batterie ordinaire. De temps à autre, on arrête l'écoulement, on enlève les aimants, on les met dans une auge remplie d'eau placée à côté et on interrompt le courant, de manière à faire tomber les parcelles ferrugineuses qui ont adhéré. Ce procédé

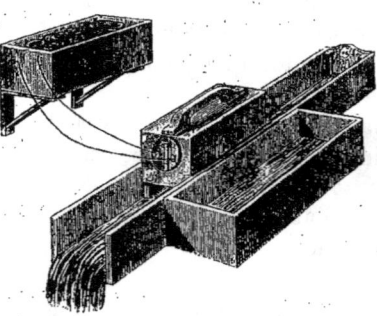

Fig. 35. — Épuration électrique.

d'épuration est employé dans certaines faïenceries et porcelaineries, au moment de la préparation de la pâte par voie liquide.

82. Épuration chimique. — Ce n'est que dans des cas très rares et tout à fait particuliers que l'on peut épurer chimiquement les matières premières utilisées en céramique. Une ancienne pratique de l'art du potier, le *pourrissage* des argiles, semble cependant reposer sur une réaction de ce genre. Salvétat a admis que, sous l'influence de l'eau chargée de matières organiques en décomposition, le sulfate de chaux contenu dans certaines argiles peut se transformer en sulfure de calcium. Ce dernier sel au contact de l'acide carbonique de l'air se décompose à son tour pour donner un dégagement d'hydrogène sulfuré, qui est souvent facile à observer. En outre, la coloration de la pâte en noir, qui se produit quelquefois dans ce cas, ainsi que son blanchiment lorsqu'on l'expose à l'air, peuvent s'expliquer par la formation de sulfure de fer noir, s'oxydant à l'air libre, pour donner du sulfate de protoxyde de fer incolore, qui est soluble dans l'eau. Le résultat du pourrissage serait donc l'élimination, sous forme d'un sulfate soluble, du sulfate de chaux contenu dans l'argile.

Mais celui-ci, qui produit souvent des efflorescences à la surface des terres cuites, par suite de sa solubilité relative dans l'eau de moulage, peut être neutralisé plus efficacement en ajoutant à l'argile des sels de baryte : chlorure ou carbonate. Il se produit alors une double décomposition :

$$CaOSO^3 + BaCl^2 = CaCl + BaOSO^3$$

ou

$$CaOSO^2 + BaOCO^2 = CaOCO^2 + BaOSO^3.$$

Dans le premier cas, le chlorure de calcium produit s'enlève facilement par suite de sa grande solubilité ; dans le second le carbonate de chaux est insoluble, ainsi que le sulfate de baryte, et ne peut plus produire des efflorescences. On préfère l'emploi du carbonate de baryte, qui se trouve dans le commerce sous forme de poudre provenant de la pulvérisation de la Witherite, minerai qui contient jusqu'à 97 0/0 de ce carbonate. Il est essentiel que cette poudre soit très fine pour que l'action chimique se produise complètement sans que l'on soit obligé d'ajouter un trop grand excès de réactif. La proportion de withérite à ajouter se laisse facilement calculer en connaissant la teneur en plâtre d'une argile, mais il convient de multiplier par 1, 5 ou 2 la quantité théoriquement nécessaire. La withérite se rencontre en différents endroits, notamment dans les Provinces Rhénanes, où elle se vend, toute pulvérisée, de 100 à 130 francs la tonne. Suivant la teneur des pâtes en sulfate de chaux, on peut évaluer la valeur de la withérite employée de 0 fr. 10 à 1 franc par mètre cube de pâte.

On a aussi proposé d'enlever le carbonate de chaux contenu dans les pâtes en traitant celles-ci par de l'acide chlorhydrique dilué. Il se produit un dégagement d'acide carbonique avec formation de chlorure de calcium, dont on se débarrasse par un lavage. Ce procédé n'a jamais été employé sur une grande échelle.

Le lavage avec une eau acidulée peut également éliminer l'oxyde de fer, qui devient soluble à l'état de chlorure ou de nitrate, à moins que le fer ne soit sous forme de silicate. Dans ce cas, la silice ne pourrait être déplacée que par une action prolongée et à chaud.

§ 3. — Préparation des pates

83. Procédés de préparation des pâtes. — Les matières premières ayant été convenablement désagrégées et épurées, il faut les transformer en une pâte homogène ayant la composition voulue et la consistance correspondant au mode de façonnage adopté. Cette préparation des pâtes comprend trois séries d'opérations :

Celles relatives au *dosage* des matières premières;

Celles destinées à les *mélanger* entre elles, c'est-à-dire à rendre la pâte *homogène*;

Enfin, celles ayant pour but de donner à la pâte la *consistance* convenable.

Ces opérations peuvent être successives ou simultanées.

La préparation des pâtes se fait par trois procédés différents, caractérisés par l'état physique dans lequel se trouvent les matières premières au moment de leur dosage ou de leur mélange :

a) Préparation par voie pâteuse, dans laquelle les matières sont dosées et mélangées sous forme de pâtes, ayant déjà la consistance voulue. Suivant le degré de cette consistance, on distingue la préparation en *pâte molle* de la préparation en *pâte ferme*;

b) Préparation par voie sèche, dans laquelle les matières, convenablement pulvérisées, sont dosées et mélangées à l'état de poudres sèches, puis humectées, pour obtenir la consistance désirée ;

c) *Préparation par voie liquide*, dans laquelle les matières sont délayées et mélangées dans l'eau, puis partiellement déshydratées, pour donner ensuite à la pâte la consistance nécessaire au façonnage.

La méthode par voie pâteuse est ordinairement la moins coûteuse ; elle s'emploie de préférence dans la fabrication des terres cuites des constructions, des poteries en terres cuites, des faïences et des grès communs, surtout lorsqu'on emploie des argiles ayant naturellement la composition voulue, ou lorsque les mélanges se font facilement. Elle ne se prête pas à un dosage rigoureux, et devient onéreuse si l'on veut obtenir une homogénéité parfaite.

La préparation par voie sèche se prête, au contraire, à un dosage précis ; le mélange s'y fait facilement, le grain de la pâte peut être à volonté grossier ou assez fin. Elle est employée, dans la fabrication des terres réfractaires, de certaines terres cuites des constructions, des faïences et des grès communs. Son seul inconvénient est d'exiger l'emploi de matières premières suffisamment sèches pour pouvoir être pulvérisées. Lorsque le grain de la pâte doit être très fin, et le mélange absolument intime, il faut avoir recours à la préparation par voie liquide, plus coûteuse et plus compliquée que les autres. C'est la méthode employée dans la fabrication des porcelaines, des faïences et des grès fins.

A. — *Préparation par voie pâteuse*

84. Dosage des matières premières et de l'eau. — Dans la préparation par voie pâteuse, il n'y a que deux opérations distinctes :

Le *dosage* des matières premières et de l'eau ;

L'*homogénéisation* de la pâte.

Le dosage présente trois cas, suivant le degré d'humidité des matières premières.

Premier cas. — *Les matières premières ont naturellement l'humidité voulue.* — On les met alors directement dans les appareils d'homogénéisation, en les dosant en volume, soit par exemple trois brouettes d'argile plastique, une d'argile maigre et une de sable.

Deuxième cas. — *Les matières premières sont trop sèches.* — C'est le cas le plus fréquent.

Si l'argile est assez maigre et absorbe facilement l'eau, il suffit de faire sur le sol, ou mieux sur un plancher, des tas de 1 mètre à 1^m,50 de hauteur, formés d'assises horizontales des différentes matières premières auxquelles on donne une épaisseur correspondant au dosage à obtenir. Soient, en reprenant l'exemple précédant, 30 centimètres d'argile plastique, 10 d'argile maigre, 10 de sable, puis, de nouveau, 30 d'argile plastique, et ainsi de suite. Pendant la confection des tas, on les arrose avec une lance ou des arrosoirs, puis on laisse le tout séjourner aussi longtemps que possible, vingt-quatre heures étant un minimum, de manière à ce que toute la masse prenne le même degré d'humidité. On la taille alors par tranches verticales, et on l'amène aux appareils d'homogénéisation.

Lorsque l'argile est compacte et absorbe difficilement l'eau, on procède de même, mais en mettant les couches successives dans des fosses imperméables. Quand la fosse est remplie, on ajoute l'eau en quantité suffisante pour qu'elle affleure la partie supérieure de la masse. S'il y a excès d'eau, on peut l'enlever en ouvrant une bonde ménagée à la partie inférieure. Les fosses ont ordinairement 1 mètre à 1^m,20 de profondeur et une capacité de 6 à 30 mètres cubes. On les fait en maçonnerie cimentée, creusée dans le sol, ou en élévation. Dans ce dernier cas, on y ménage une ouverture fermée par une porte en bois, pour l'entrée des matières premières et la sortie de la pâte. La masse doit séjourner assez longtemps dans la fosse pour que toute l'argile se soit désagrégée et l'humidité également répartie, ce qui exige au moins vingt-quatre heures et au plus trois jours.

Troisième cas. — *Les matières premières sont trop humides.* — Ce cas se présente quelquefois pendant les saisons pluvieuses, ou bien lorsqu'on extrait l'argile au-dessous de l'eau, ou encore lorsque l'argile a été lavée. Il faut alors se procurer une certaine quantité d'argile séchée au soleil ou artificiellement, la pulvériser et la mélanger aux autres matières en employant un des procédés de dosage précédemment décrits. Lorsque la quantité d'argile sèche qu'il faut ainsi égoutter n'est pas trop considérable, on peut la remplacer par la pâte sèche provenant des produits cassés ou déformés pendant la dessiccation.

85. Homogénéisation des pâtes. — L'homogénéisation de la pâte, dosée comme il vient d'être dit, comprend deux opérations :

Le *laminage*, par lequel on écrase les mottes d'argile, les rognons et les pierres ; le *malaxage* dont le but est de mélanger intimement toutes les substances dont se compose la pâte.

Il ne faudrait point cependant considérer ces deux opérations comme absolument distinctes, car, d'une part, les laminoirs, surtout lorsqu'on les dispose à cet effet, malaxent en partie la pâte, et d'autre part les malaxeurs peuvent parfaitement diviser les mottes d'argile.

Lorsque la pâte ne contient ni rognons, ni graviers, on peut supprimer le laminage et se contenter du malaxage ; mais il est d'observation qu'un malaxeur débite beaucoup plus ou, à égale production, emploie moins de force lorsqu'on lui donne de la pâte préalablement laminée. Le malaxage, par contre, est une opération indispensable pour obtenir une pâte homogène.

86. Laminage. — Le laminage ne peut se faire que si l'on

Fig. 36. — Laminoir.

dispose d'une force motrice, les petits laminoirs à bras ou actionnés par un manège n'ayant aucune efficacité. Si on les rapproche suffisamment pour qu'ils broient les pierres, ils sont arrêtés à chaque instant ; si on les écarte pour éviter cet inconvénient, ils ne servent plus à rien. Dans les petites poteries, il vaut mieux épurer les pâtes par tamisage ou par lévigation que de chercher à broyer les graviers.

Les laminoirs sont ordinairement composés de deux cylindres en fonte dure, se commandant au moyen de deux roues d'engre-

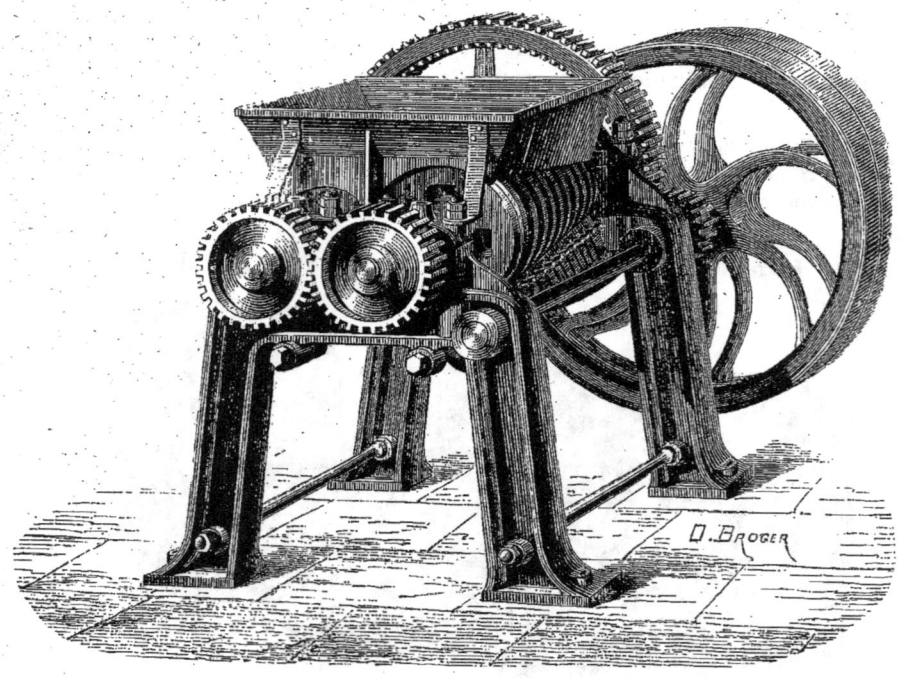

Fig. 37. — Laminoir cannelé.

nage dont les dentures sont disposées de manière à pouvoir les rapprocher pour compenser l'usure. Sauf leurs dimensions, ils ont les mêmes dispositions que les laminoirs concasseurs (*fig.* 18, 19 et 20). On les fait généralement tourner à des vitesses différentes, pour mieux désagréger les mottes d'argile, et ils sont munis de racloirs afin de détacher celles qui y adhèrent.

Leur production et la force motrice qu'ils exigent, variables

PRÉPARATION DES PATES

avec la qualité de la pâte, peuvent être évaluées en moyenne comme suit :

Diamètres	Longueurs	Production en m3 à l'heure	Force en chevaux
300 mm	300 mm	1	2 à 2 1/2
400 »	400 »	2 à 3	3 à 4
500 »	500 »	4 à 5	5 à 6
600 »	600 »	7 à 8	8 à 9

Lorsque les mottes d'argile sont trop grosses ou les pierres trop nombreuses, il faut employer deux ou même trois paires de laminoirs superposés. Dans ce cas, les laminoirs supérieurs sont assez écartés, tandis que les inférieurs sont serrés au degré de finesse que l'on veut obtenir. Il est naturel de faire tourner ceux-ci plus rapidement, pour leur permettre de débiter la même quantité de pâte.

On peut augmenter considérablement le malaxage produit par les laminoirs en les cannelant circulairement et en leur donnant une forme conique, le petit diamètre de l'un étant placé en face du grand diamètre de l'autre. Des racloirs enlèvent la pâte qui s'accumule dans chaque cannelure. A égalité de production, la force employée par ces laminoirs est presque double de celle consommée par les laminoirs unis.

Les figures 36 et 37 représentent des laminoirs de ces deux genres construits par MM. Boulet et Cie.

87. Malaxage. — Le malaxage s'est longtemps fait en pétrissant l'argile avec les pieds sur des aires ou dans des fosses en maçonnerie peu profondes. Dans certaines contrées, ce travail se fait encore de la même manière, mais au moyen de chevaux ou de bœufs, que l'on fait tourner dans une auge circulaire. Ces procédés primitifs tendent à disparaître, car on a tout intérêt à utiliser la force des animaux à actionner un malaxeur convenable.

Le malaxage se fait actuellement au moyen de malaxeurs verticaux ou horizontaux.

Les *malaxeurs verticaux* sont composés d'un cylindre fermé par le bas, dans lequel se meut un arbre vertical portant à différentes hauteurs des palettes. La pâte est introduite par la partie supérieure et sort par une ouverture inférieure réglable à volonté.

La figure 38 représente une machine de ce genre, actionnée par une poulie et une double commande d'engrenages. Lorsqu'on travaille une pâte molle peu plastique, une simple commande suffit. Quelquefois la transmission de mouvement se fait par la partie inférieure; à moins de circonstances spéciales, cette disposition n'est pas à recommander. Pour une petite production, on peut remplacer la force motrice par un manège, auquel cas on fixe

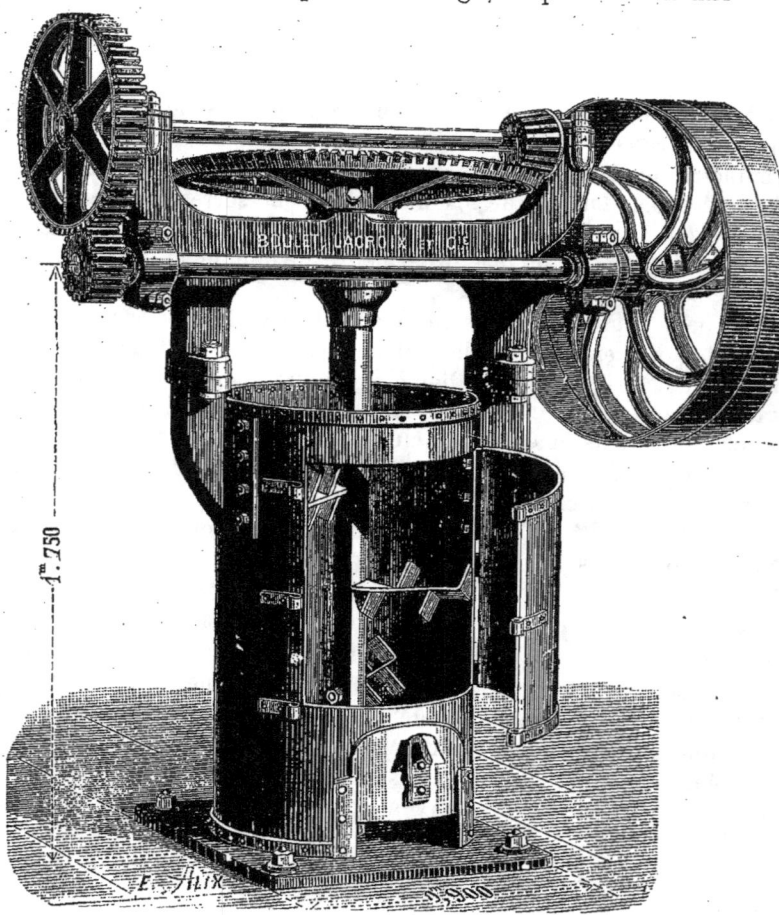

Fig. 38. — Malaxeur vertical.

directement la flèche sur la couronne dentée clavetée sur l'arbre du malaxeur.

La pâte descend par son propre poids, mais il est bon, pour augmenter la production, de disposer les palettes en forme d'hélice tendant par leur mouvement à la refouler vers le bas. Ces hélices sont généralement munies de couteaux verticaux servant à diviser la masse. Au fond du malaxeur se trouve une double palette ayant la forme indiquée (*fig.* 39), dont le but est de chasser la pâte malaxée vers la porte de sortie, d'où elle s'écoule par saccades sous forme de masse assez compacte.

Ces malaxeurs se construisent avec un diamètre variant de $0^m,50$ à 1 mètre et une hauteur de 1 à 2 mètres. L'arbre faisant de huit à douze tours par minute, leur production et la force employée dépendent entièrement du degré de plasticité et de la consistance de la pâte ; on ne peut donner que des indications assez vagues à ce sujet. Avec des argiles maigres ayant la consistance correspondant au moulage à la main, un cheval peut malaxer environ 1 mètre cube par heure. Avec des argiles plastiques, la même production ne peut être atteinte qu'avec deux ou trois chevaux. Quant aux malaxeurs actionnés par un moteur mécanique, voici un tableau approximatif des conditions de leur fonctionnement, les plus faibles productions correspondant généralement à la plus grande consommation de force :

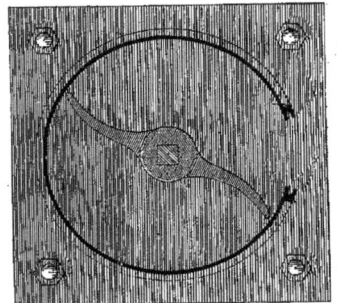

Fig. 39. — Malaxeur vertical.

Diamètre	Hauteur	Production en m³ à l'heure	Force en chevaux
0,50	1,00	0,7 à 1,2	1 à 2 1/2
0,70	1,50	1,5 à 2,5	2 à 4
0,90	2,00	2,5 à 4	3 à 6

Lorsqu'on veut obtenir des pâtes plus consistantes, il est préférable d'employer des *malaxeurs horizontaux* composés d'un cylindre horizontal en tôle ou en fonte, au centre duquel se meut un arbre porte-palettes.

Ce cylindre est fermé à une extrémité, et l'arbre traverse le fond par un palier de butée. La pâte est introduite de ce côté et sort par l'autre extrémité, plus ou moins ouverte, suivant le degré de malaxage que l'on veut faire subir à la pâte. La figure 40 représente un malaxeur de ce genre.

Les palettes, en fonte ou avec moyeu en fonte et ailes rappor-

Fig. 40. — Malaxeur horizontal.

tées en fer, ont une forme héliçoïdale (*fig.* 41), leur largeur variant depuis 1/8 jusqu'à 1/2 spire. Ordinairement, la largeur des palettes va en augmentant du fond du malaxeur à la sortie. Contrairement à ce qui se passe pour les malaxeurs verticaux, la pâte, surtout si elle est assez plastique et consistante, a une tendance de tourner avec les palettes. Pour parer à cet inconvénient, qui supprimerait tout malaxage, on fixe dans le cylindre des contre-palettes (*fig.* 42) destinées à arrêter le mouvement tournant de la pâte.

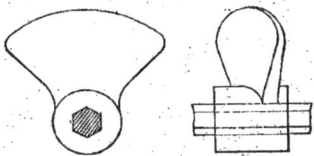

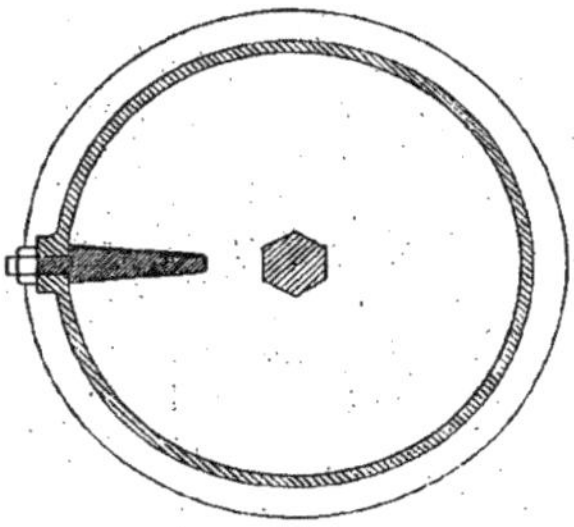

Fig. 41. — Malaxeur horizontal.

Ces malaxeurs se construisent pour des diamètres variant de 0^m,40 à 0^m,70 et pour une longueur de 1^m,50 à 2^m,50 ; la vitesse de rotation étant de dix à quinze tours par minute. On peut approximativement évaluer leur rendement comme suit :

Fig. 42. — Malaxeur horizontal.

Diamètre	Longueur	Production en m3 à l'heure	Force en chevaux
0,45	2,00	2 à 3	3 à 5
0,60	2,00	4 à 6	5 à 8

Les malaxeurs horizontaux peuvent également être construits avec deux arbres porte-palettes tournant en sens inverse, d'après la disposition représentée par la figure 43. La cuve, généralement en tôle, est ouverte à la partie supérieure. La pâte est versée du côté du mécanisme de commande, et sort par une ouverture inférieure placée à l'autre extrémité. Les arbres, qui, comme dans les malaxeurs horizontaux précédents, tendent à reculer, sont maintenus, à l'arrière, par des paliers de butée et, à l'avant, par des bagues.

Les palettes ont également une forme héliçoïdale (*fig.* 44) correspondant à 1/8 ou 1/10 de spire ; on les emmanche sur les arbres à section carrée ou octogonale dans quatre directions. Ces malaxeurs se construisent pour une largeur de 0^m,80 à 1 mètre et pour une longueur de 3 mètres à 3^m,50. La vitesse de rotation est de douze à quinze tours, et la production est de 2 à 4 mètres cubes à l'heure pour une dépense de force de 3 à 5 chevaux. Ce sont de très bons appareils ayant moins d'usure que les malaxeurs horizontaux à un arbre, mais fournissent une pâte moins compacte.

Quelque soit le système de malaxeur employé, il est bon, avant

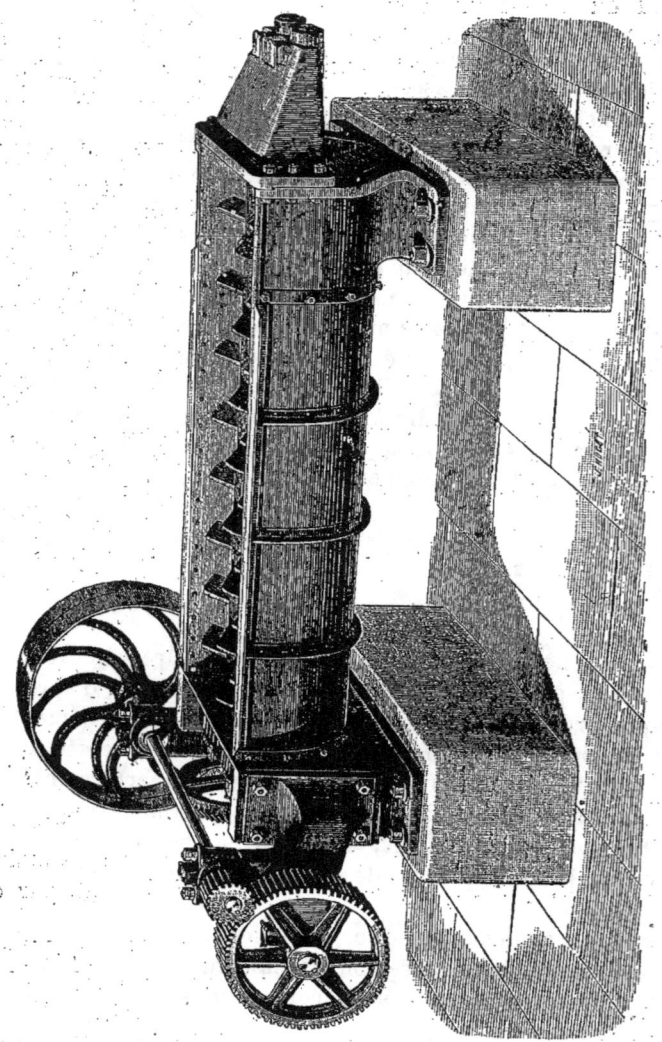

Fig. 43. — Malaxeur horizontal.

d'utiliser la pâte pour le façonnage, de la laisser reposer en tas recouverts de toiles humides, pendant au moins vingt-quatre heures. Ce n'est que pour une fabrication de produits très ordinaires, ou

PRÉPARATION DES PATES 163

lorsque le façonnage définitif est précédé d'un ébauchage

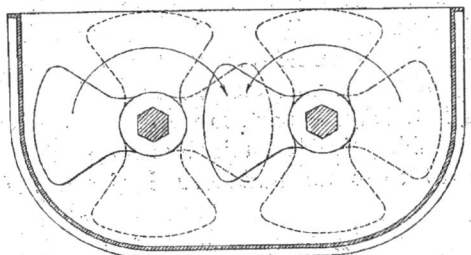

Fig. 44. — Malaxeur horizontal.

(V. chap. IV), qu'on peut utiliser directement la pâte à la sortie du malaxeur.

88. Laminage et malaxage combinés. — Les lami-

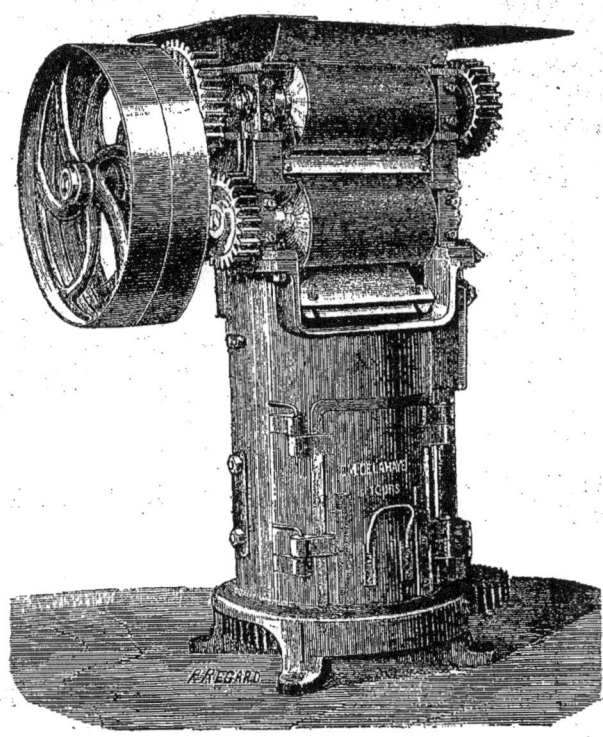

Fig. 45. — Laminoir-malaxeur vertical.

noirs et les malaxeurs, tels qu'ils viennent d'être décrits, peuvent être placés sur le sol à la suite les uns des autres, en faisant passer la pâte d'un appareil dans l'autre, au moyen de toiles sans fin. Une autre disposition fréquemment employée consiste à superposer les laminoirs aux malaxeurs. Le malaxeur (*fig*. 40) est disposé dans ce but. D'autre part, la figure 45 représente la combinaison d'une double paire de laminoirs avec un malaxeur vertical, et la figure 46 avec un malaxeur horizontal. Ces machines

Fig. 46. — Laminoirs et malaxeur horizontal.

ne sont indiquées qu'à titre d'exemples, car il est facile de trouver d'autres dispositions.

89. Préparation en pâte ferme. — Tout ce qui précède se rapporte principalement à la fabrication en pâte molle, qui est la plus fréquente; dans certains cas, on a cependant intérêt à façonner avec une pâte plus ferme, qui exige pour sa préparation quelques modifications aux procédés précédents.

Dans ce cas, le *dosage* ne peut être effectué en fosses, ce qui

PRÉPARATION DES PATES 163

donnerait une pâte trop molle, on le fait en tas, à moins que les matières premières n'aient naturellement l'humidité convenable, ce qui est assez fréquent.

L'*homogénéisation* se fait par laminage et par malaxage, comme dans la préparation en pâte molle, mais les machines, toujours indispensables, qui sont employées dans ce but, doivent être plus

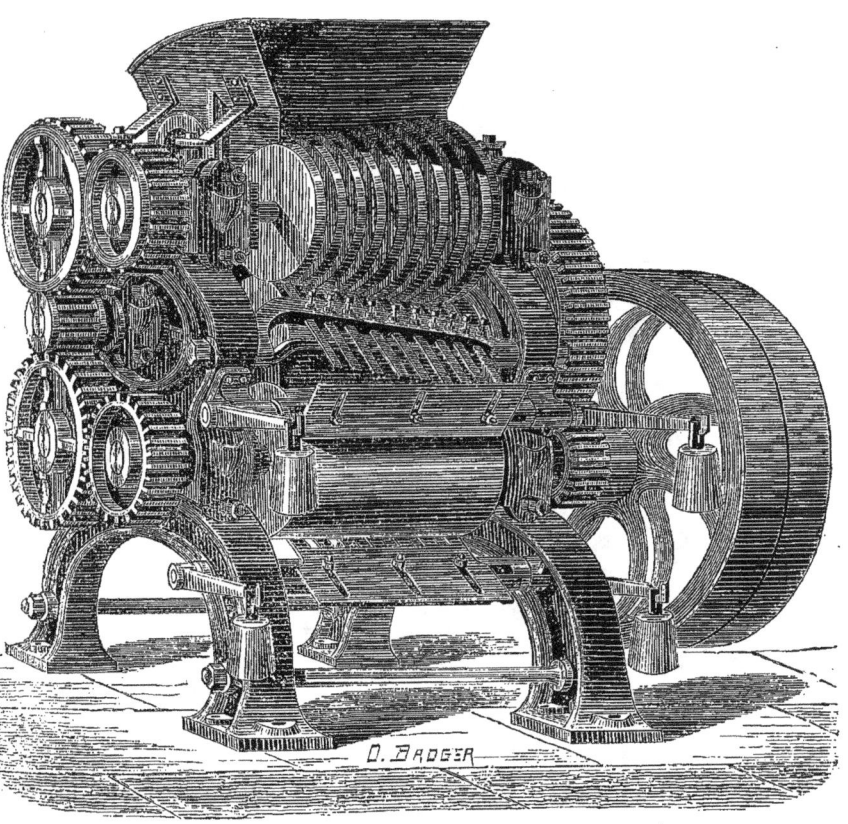

Fig. 47. — Laminoirs doubles.

robustes et exigent une force motrice plus considérable. La figure 47 représente une double paire de laminoirs, les supérieurs coniques et cannelés, les inférieurs droits et unis, construits par MM. Boulet et Cie spécialement pour le laminage des pâtes fermes.

Le laminoir granulateur de M. Dumont (*fig.* 48) donne également de bons résultats, lorsqu'on veut travailler des pâtes contenant des rognons d'argile. Il supplée au travail toujours assez incomplet des malaxeurs, lorsque ceux-ci ont à triturer une pâte trop ferme. Comme on le voit sur le dessin, il se compose d'une première paire de laminoirs droits et unis et d'une seconde paire, de fort diamètre, perforés d'une grande quantité de petits trous, par où la pâte est forcée de pénétrer pour tomber dans l'intérieur des laminoirs fortement serrés l'un contre l'autre.

Fig. 48. — Laminoirs-granulateurs.

Le laminage est une opération indispensable dans la préparation des pâtes fermes, car la grande consistance de la pâte empêche le malaxage d'être suffisamment efficace. On n'emploie guère, dans ce cas, que des malaxeurs verticaux de faible hauteur : 1 mètre environ. Les malaxeurs horizontaux nécessiteraient trop de force. La figure 49 représente un malaxeur de ce genre construit par MM. Boulet et Cie, dans lequel la commande de l'arbre se fait par la partie inférieure. Cette machine, pour une production de 2 à 3 mètres cubes à l'heure, emploie une force de 5 à 6 chevaux.

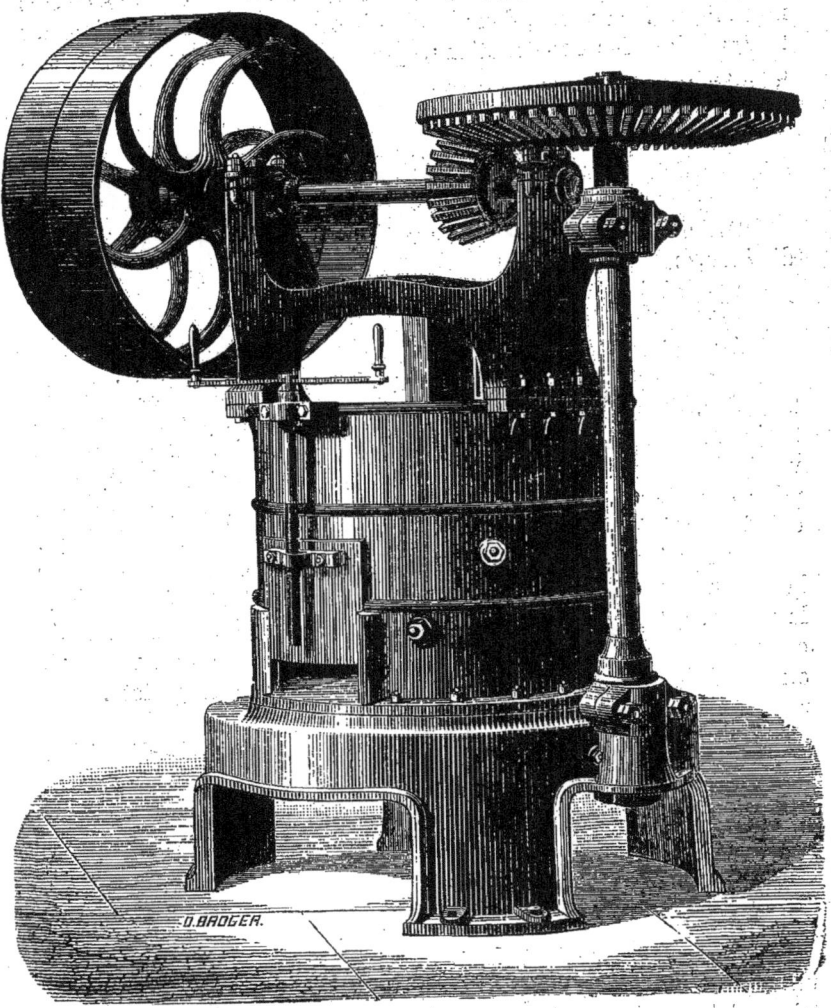

Fig. 49. — Malaxeur vertical.

Dans la préparation en pâte ferme, on n'a pas grand intérêt à laisser séjourner les pâtes à la sortie du malaxeur avant le façonnage. Toute cette fabrication a, du reste, ordinairement pour but de travailler les argiles telles qu'on les trouve dans les carrières, et d'obtenir le plus rapidement possible des produits marchands, ce qui exige forcément un développement considérable des engins mécaniques. On verra, dans le chapitre relatif à la fabrication des terres cuites des constructions, quelles en sont souvent les conséquences.

B. — *Préparation par voie sèche*

90. Dans la préparation par voie sèche, il y a trois opérations distinctes :

La *pulvérisation* des matières premières ;
Le *dosage* ;
L'*hydratation* de la pâte.

Les argiles sont préalablement séchées, puis pulvérisées et tamisées. La pulvérisation se fait au moyen de concasseurs centrifuges, de concasseurs à boulets, de laminoirs ou de meules verticales, semblables à ceux décrits précédemment, mais disposés pour obtenir une plus grande finesse. La matière pulvérisée est ensuite tamisée, les résidus étant ramenés dans le pulvérisateur.

On emploie aussi avec avantage le pulvérisateur représenté sur la figure 50, construit par M. Jannot. La matière, broyée par la meule, est enlevée par une chaîne à godets et jetée sur un tamis conique central. La poudre qui traverse tombe dans un sous-sol, ou peut être extraite par une seconde chaîne à godets. Les résidus reviennent d'eux-mêmes sous les meules.

Ces broyeurs ont des auges de 2 mètres à 2^m,80 de diamètre, avec des meules de 1^m,50 à 1^m,80. La production, qui dépend essentiellement du tamis, varie entre 10 et 40 mètres cubes par jour pour une force de 4 à 5 chevaux.

Le broyeur Loizeau (Weidknecht-Schoeller), précédemment décrit, peut également être avantageusement employé pour de plus fortes productions.

Le grand inconvénient de tous ces appareils est de produire une poussière intense, qui se répand dans les ateliers et est très nuisible à la santé des ouvriers. Il ne faut donc pas hésiter à employer des dispositions appropriées pour clore hermétiquement les pulvérisateurs et ventiler énergiquement les locaux dans lesquels ils se trouvent.

Les matières premières antiplastiques, qui entrent dans la com-

PRÉPARATION DES PATES   169

position des pâtes, sont également, s'il y a lieu, pulvérisées et tamisées, en utilisant des pilons, des concasseurs centrifuges, à boulets ou à mâchoires, ou bien le pulvérisateur à meules précédemment décrit.

Les différentes matières premières étant ainsi pulvérisées et ayant chacune la grosseur de grain convenable, on procède au dosage. Celui-ci se fait au volume, procédé généralement plus

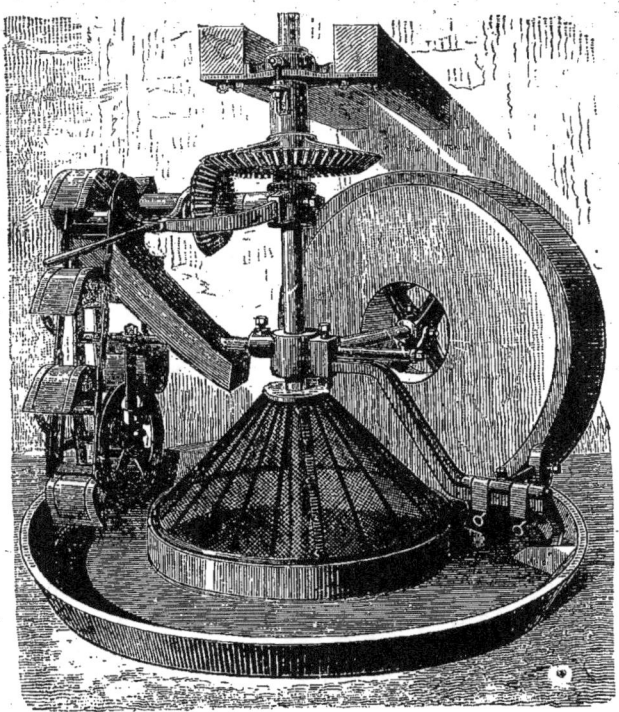

Fig. 50. — Pulvérisateur.

exact en céramique que le dosage au poids, à cause des variations du poids d'eau contenu dans l'argile, qui, dans les limites où elles se produisent, n'influent pas sur le volume. Chaque matière première est mesurée dans des caisses de capacités déterminées, puis on fait généralement un premier mélange manuellement sur une aire. Il est rare que l'on se serve, dans ce but, d'une machine spéciale. Cependant, pour une grande production, ce système est préférable, et on emploie alors des malaxeurs verticaux ou horizontaux, ou bien des mélangeurs à force centrifuge, dont la construction très simple n'offre rien de spécial. D'autres fois il n'y a pas de mélange préalable, et les matières sont directement versées dans l'appareil d'hydratation.

La méthode qui vient d'être décrite est employée chaque fois que les différentes matières premières ne doivent pas avoir la même grosseur de grain, ou bien que l'on utilise des sables ou d'autres substances n'ayant pas besoin d'être pulvérisées. Si, au contraire, toutes les matières doivent être pulvérisées uniformément, on a intérêt à les concasser grossièrement, à les doser dans cet état, et à les verser dans un pulvérisateur qui effectue en même temps le mélange et la pulvérisation. Les broyeurs à force centrifuge, les pulvérisateurs à boulets où les meules verticales conviennent particulièrement à cet usage.

L'hydratation de la pâte peut se faire pour de petites productions sur l'aire qui a servi à effectuer le mélange. Après avoir ajouté l'eau nécessaire, on pétrit la pâte, puis on la laisse reposer un ou deux jours pour la retravailler à nouveau. Ce procédé primitif a presque partout fait place au malaxage. Tous les malaxeurs décrits précédemment peuvent être employés dans ce but. Il suffit de placer à l'entrée un tuyau d'arrivée d'eau, dont on règle le débit par un robinet. Le malaxeur à deux hélices (*fig.* 43) est, dans ce cas, un très bon outil ; il permet de remplacer le robinet d'hydratation par un tuyau parallèle aux arbres, percé d'un assez grand nombre d'orifices par où l'eau peut être répartie plus uniformément. On se sert aussi quelquefois d'une auge circulaire, sur laquelle tournent des palettes, qui prennent les matières premières et l'eau versées à la circonférence, les triturent et les amènent vers le centre, où la pâte préparée tombe par une ouverture pratiquée dans le fond de l'auge.

On se sert quelquefois, pour hydrater, d'eau chaude et même de vapeur. Il faut alors procéder de suite au façonnage, parce que la pâte sèche rapidement. Dans tous les autres cas, il est préférable de laisser séjourner pendant plusieurs jours la pâte malaxée en la recouvrant de toiles humides pour l'empêcher de se dessécher superficiellement. Ce repos permet aux grains d'argile de s'hydrater plus complètement qu'ils n'auraient pu le faire pendant leur passage assez court dans le malaxeur. Il en résulte une augmentation de plasticité de la pâte, qui facilite souvent beaucoup le travail du façonnage.

C. — *Préparation par voie liquide*

91. Méthodes de préparation par voie liquide. — La préparation des pâtes par voie liquide se fait par deux méthodes, qui sont caractérisées par l'état physique des matières au moment du dosage.

La première méthode comprend quatre opérations :
Le *dosage* des matières premières à l'état sec ;
Le *délayage* et le *mélange* dans l'eau ;
Le *tamisage* ;
Le *raffermissement*.

La seconde méthode se compose également de quatre opérations :
Le *délayage* des matières premières dans l'eau ;
Le *dosage* et le *mélange* à l'état liquide ;
Le *tamisage* ;
Le *raffermissement*.

Les deux dernières opérations du tamisage et du raffermissement de la pâte se font de la même manière pour les deux méthodes.

Il faut souvent y ajouter une cinquième opération, le *malaxage* et le *pétrissage* de la pâte.

Le dosage à sec de la première méthode se fait sans difficultés au volume, comme il a été indiqué dans la préparation par voie sèche. Il faut cependant y apporter une plus grande rigueur, car les pâtes des faïences fines et des porcelaines, qui se font par ce procédé, ne peuvent pas admettre impunément de notables écarts dans leur composition ; par contre, le dosage à l'état liquide exige des explications plus détaillées. L'étude de la préparation par voie liquide comprendra donc les articles suivants :
Délayage des matières premières ;
Dosage et mélange à l'état liquide ;
Tamisage ;
Raffermissement ;
Malaxage et pétrissage.

92. Délayage des matières premières. — Le délayage de l'*argile* se fait dans des délayeurs semblables à ceux employés pour la lévigation. Comme on n'emploie que des argiles naturellement pures, ou des argiles lavées, on n'a pas à craindre les inconvénients résultant de la présence de pierres ou de sable grossier. Le délayeur représenté (*fig.* 28) est le plus employé. On se sert également du délayeur (*fig.* 30). Le délayage ne s'y fait pas d'une manière continue, mais ou introduit des quantités déterminées d'eau et d'argile ; puis, lorsque le mélange est homogène, on le laisse s'écouler dans un bassin.

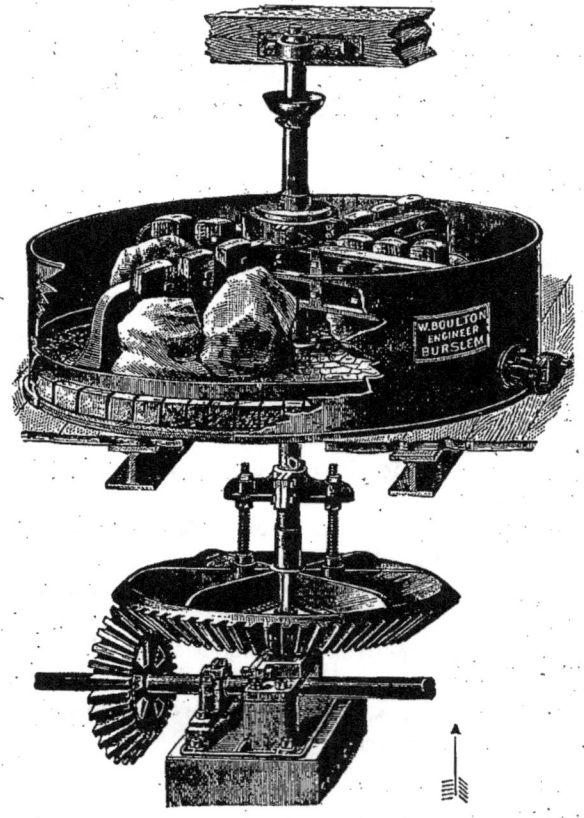

Fig. 51. — Moulin à blocs.

Si l'argile a été lavée à proximité de l'endroit où se fait la préparation de la pâte, on évite un nouveau délayage en prenant l'argile des bassins de décantation. Dans ce but, on emploie des bassins de petite dimension, que l'on remplit en une fois, puis on laisse reposer en enlevant l'eau qui surnage, jusqu'à ce que la consistance de la pâte soit suffisante pour que les matières antiplastiques que l'on va lui mélanger ne puissent plus se précipiter.

On brasse alors vigoureusement la pâte avec un râteau, composé d'une planche d'au moins 1 mètre de long, 0^m,30 de haut, percée de trous et fixée en son milieu à un long manche. Cette planche est alourdie par des armatures en fer, ou mieux avec du plomb, pour la forcer à descendre naturellement au fond du bassin. Le but de cette opération est d'homogénéiser l'argile déposée, en mélangeant les parties fines de la surface aux parties plus grossières qui se sont précipitées les premières. Pour de grandes productions, ce brassage peut se faire mécaniquement en employant des bassins de décantation circulaires, et en les munissant d'agitateurs semblables à ceux du délayeur figure 28. La pâte ayant été ainsi convenablement homogénéisée, on la laisse s'écouler dans un bassin.

Le délayage des *matières antiplastiques*, quartz, feldspath, etc., doit être précédé d'une pulvérisation, ou tout au moins d'un concassage. Ces matières sont ensuite mises avec une quantité d'eau convenable dans des délayeurs spéciaux. On a longtemps employé dans ce but des moulins à meules horizontales semblables à ceux utilisés pour la mouture du blé; les meules, ayant 1 mètre à 1^m,50 de diamètre, sont disposées par beffrois de quatre paires de meules.

Depuis, on a souvent remplacé ces meules par des délayeurs, désignés sous le nom de moulins à blocs. La figure 51 représente un appareil de ce genre. Dans une cuve circulaire, dont le fond est pavé de pierres dures, se meut un arbre vertical armé de quatre bras horizontaux, qui entraînent dans leur mouvement des blocs de pierres.

Un cercle en fer empêche ces blocs de frotter le long des parois de la cuve. Le principal avantage des moulins à blocs est d'éviter le rhabillage des meules. On le construit avec des cuves de 1^m,20 à 3 mètres de diamètre.

Le cylindre Asling semble devoir, à son tour, remplacer les moulins à blocs. Il se compose (*fig.* 52) d'un tambour en fonte ou en acier, garni intérieurement d'une chemise en grès cérame. Ce grès est comprimé au façonnage au moyen de presses hydrauliques, et on y incorpore des parcelles de silex pour empêcher qu'il ne se polisse par l'usure. Le cylindre est partiellement rempli de galets de silex, ou de billes en porcelaine ou en grès, qui, par le mouvement de rotation, pulvérisent et usent la masse à délayer. Le fonctionnement se fait en introduisant dans le cylindre une quantité déterminée d'eau et de matières antiplastiques et en faisant fonctionner l'appareil jusqu'à ce que la pulvérisation et le délayage soient complets. On remplace alors la porte fermant le cylindre par une grille qui laisse s'écouler la substance délayée dans un bassin, tout en arrêtant les galets.

Lorsque le dosage se fait sur les matières premières sèches, et que les argiles et les matières antiplastiques sont délayées simultanément, on emploie dans ce but les mêmes délayeurs que pour les matières antiplastiques seules, c'est-à-dire les meules horizontales, les moulins à blocs ou les cylindres Asling.

Ceux-ci sont construits pour des charges de 150 à 1.500 kilo-

Fig. 52. — Cylindre Asling.

grammes de silex broyé, par opération ; la force employée varie de 2 à 12 chevaux.

93. Dosage et mélange à l'état liquide. — Pour mélanger entre elles deux ou plusieurs substances délayées dans l'eau, il est essentiel que les pâtes liquides aient approximativement la même consistance, pour qu'elles n'aient point une tendance à se séparer. Il est également nécessaire de les maintenir dans un état d'agitation continuel, ou au moins de les remuer fréquemment pour éviter leur dépôt. Ces deux règles doivent être observées scrupuleusement si l'on veut obtenir un dosage exact.

PRÉPARATION DES PATES

Pour savoir dans quelles proportions il convient de mélanger plusieurs pâtes liquides, il faut connaître le poids de matières sèches qu'elles contiennent pour une consistance déterminée. Ce poids s'obtient facilement en desséchant à 120° un volume déterminé de pâte, par exemple 1 litre, et en pesant le résidu sec ainsi obtenu. Un simple calcul de proportions permet alors de déterminer dans quel rapport, en volume, les pâtes doivent être mélangées pour obtenir la composition en poids fixée *a priori*.

Afin de ne pas avoir à répéter constamment cette détermination, ce qui, en marche industrielle, serait assez incommode, on s'arrange à fabriquer constamment des pâtes ayant la même consistance, adoptée une fois pour toutes. La mesure de cette consistance peut se faire de différentes manières. On peut se servir de densimètres, dont l'emploi n'est cependant pas à recommander à cause de leur peu de précision. Il est préférable de mesurer le poids d'un volume déterminé de pâte. Dans ce but, on se sert d'un vase d'une capacité connue, 1/2 litre par exemple, qu'on place, après l'avoir rempli, sur une balance, où il est équilibré par un poids invariable, correspondant au poids du vase, additionné du poids de la pâte à la consistance adoptée. Si le vase est plus lourd, c'est que la pâte est trop consistante, et on y ajoute un peu d'eau; s'il est trop léger, c'est qu'il y a trop d'eau. On laisse alors la pâte se déposer un peu, pour enlever une certaine quantité d'eau par décantation, ou bien on ajoute de la pâte plus consistante, contenue dans un bassin préparé d'avance à cet effet. On recommence cette opération jusqu'à ce que la pâte ait la consistance voulue. Avec un peu de pratique, les variations sont très faibles, et on les corrige en une fois sans tâtonnements.

Les différentes pâtes ayant été ainsi amenées aux consistances fixées, on remplit avec chacune d'elles un vase jusqu'à un niveau déterminé, correspondant au volume calculé, comme il a été dit précédemment, et on vide ces différents vases dans un bassin unique, où se fait le mélange.

On peut également se servir seulement d'un bassin, muni de repères qui correspondent au dosage. On y fait écouler la première pâte, jusqu'à ce que le niveau ait atteint le premier repère, puis la seconde jusqu'au second repère, et ainsi de suite. Dans tous les cas, le mélange se fait facilement par un brassage manuel.

94. Tamisage. — Le tamisage a pour but de séparer de la pâte les grains qui auraient pu échapper au délayage et à la pulvérisation. Cette opération présente certaines difficultés en raison de la consistance de la pâte, et parce que les grains de sable, entourés d'argile, ont une tendance à rester dans les trous des tamis. Pour éviter que ceux-ci ne s'obstruent trop rapidement, il faut les secouer et les frapper constamment. Pour une petite production, on fait cette opération à la main, mais, dans les fabriques où l'on dispose d'une force motrice, on se sert généralement de la disposition représentée par la figure 53. Au-dessus d'un bassin destiné

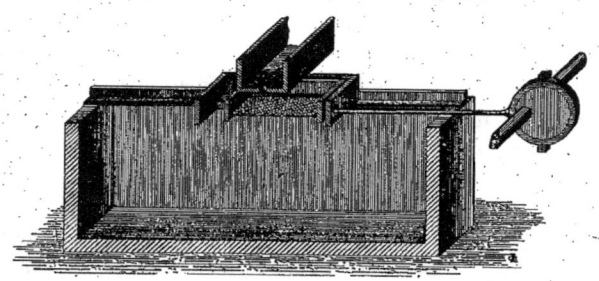

Fig. 53. — Tamis à pâte liquide.

à recevoir la pâte filtrée, on place deux glissières entre lesquelles se meut un cadre auquel on communique un mouvement alternatif, au moyen d'un excentrique. Dans l'intérieur de ce cadre est placé le tamis, reposant sur deux glissières longitudinales fixées au cadre. Le tamis est légèrement moins large que le cadre, de manière à glisser facilement, mais il est sensiblement moins long. Lorsque le cadre est poussé par l'excentrique, le tamis est entraîné par ce mouvement; mais, lorsque l'excentrique est arrivé à bout de course, le tamis, par suite de sa force vive, continue à avancer et va frapper le bord opposé du cadre. A chaque oscillation du cadre correspondent donc un déplacement et un choc du tamis. La pâte à filtrer est amenée au-dessus du tamis par une rigole au fond de laquelle sont percés des trous. De temps à autre, on arrête l'arrivée de la pâte, on enlève le tamis et on le renverse en le frappant pour faire tomber le résidu.

Les tamis sont en fils de soie, ou mieux de laiton. Ordinairement un tamisage ne suffit pas, on fait passer la pâte par deux ou par trois tamis de plus en plus fins. Pour de grandes productions, on dispose plusieurs tamis l'un à côté de l'autre dans un même cadre.

On remplace quelquefois ces tamis par des bluteries rotatives semblables à celles utilisées dans les minoteries. Un tambour horizontal à six ou huit pans est recouvert d'une toile qui laisse passer la pâte introduite par une des extrémités, tandis que les parties qui n'ont pu la traverser sortent par l'autre. Sur l'arbre du tambour est monté une poulie, qui lui communique un mouvement de rotation.

95. Raffermissement. — La pâte filtrée n'a pas assez de consistance pour pouvoir se prêter au façonnage, à moins que celui-ci ne se fasse par coulage (chap. IV); il faut donc lui enlever une certaine quantité d'eau. C'est cette opération qui est désignée sous le nom de raffermissement.

On a vu, à propos de la lévigation, que ce raffermissement pouvait être obtenu par l'*évaporation à l'air* dans des bassins de décantation. Ce procédé, applicable lorsqu'il s'agit de la lévigation d'argiles ordinaires, pour lesquelles la question d'économie joue le principal rôle, n'est plus pratique pour la préparation des pâtes par voie liquide. Dans ce cas, une dépense supplémentaire, toujours faible comparativement à la valeur des produits, a moins d'importance, et, par contre, on a un plus grand intérêt à opérer rapidement et à ne pas immobiliser une surface de terrain considérable.

Le raffermissement des pâtes d'une manière artificielle a été longtemps l'objet des préoccupations des céramistes. Plusieurs procédés ont été employés jusqu'au moment où les perfectionnements des filtres-presses, inventés par Needham, ont donné une solution satisfaisante du problème. Il n'y a donc que peu de mots à dire sur les autres procédés plus ou moins abandonnés.

Il était naturel de chercher à remplacer la chaleur solaire par un *chauffage artificiel*. C'est ce qu'on a fait en disposant des aires chauffées au moyen de foyers spéciaux ou par des chaleurs perdues. Ces aires se font avec des plaques de fonte recouvrant une série de conduits en maçonnerie placés entre le foyer et la cheminée, et disposés de manière à présenter un grand développement pour utiliser le mieux possible la chaleur. La couche de pâte est de $0^m,30$ à $0^m,35$. Il est nécessaire de la remuer constamment pendant l'opération, pour éviter que les parties inférieures ne se dessèchent complètement. La pâte, raffermie au degré convenable, doit être réunie en ballons et mise dans des caves pendant plusieurs semaines, pour que l'humidité se répartisse uniformément dans toute la masse.

On a également utilisé, pour raffermir les pâtes, l'absorption par des *vases en terre cuite* poreuse ou en *plâtre*. Ce procédé est encore employé dans les petites poteries. Les vases en terre cuite sont rendus aussi poreux que possible en ajoutant à leur pâte de la sciure, ou d'autres matières organiques. On les place après les avoir remplis de pâte dans des étagères exposées au vent pour hâter l'évaporation. Les vases en plâtre sont très épais, de manière à pouvoir absorber une plus grande quantité d'eau. Lorsqu'ils sont saturés, on les met dans des étuves pour les sécher.

Talabot a proposé l'emploi de filtres formés de bassins plats circulaires, dont le fond, en forme d'entonnoir aplati, était recouvert d'une toile, puis d'une couche de graviers au-dessous de laquelle on faisait le vide. L'eau chassée par la pression atmosphérique traversait le filtre, laissant sur la toile la pâte raffermie. Enfin on a également préconisé l'emploi d'essoreuses semblables à celles employées dans la fabrication du sucre, ou dans les blanchisseries.

Comme on vient de le dire, on emploie actuellement exclusivement les *filtres-presses*, machines dans lesquelles la pâte liquide, comprimée par une pompe, est obligée de se filtrer au travers d'une forte toile, qui la retient et laisse passer l'eau.

Les premières presses employées avaient la disposition repré-

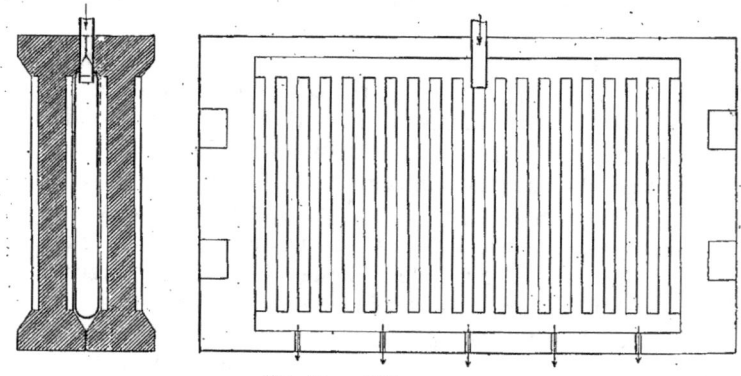

Fig. 54. — Filtre-presse.

sentée par les figures 54 et 55. Une série de cadres en bois (de six à trente) sont pressés les uns contre les autres au moyen de

PRÉPARATION DES PATES 179

tirants en fer. Ils laissent entre eux des vides dans lesquels sont placées les toiles, auxquelles on donne, en repliant leurs extrémités, la forme de sacs. A la partie supérieure un tuyau amène la pâte liquide sous pression dans l'intérieur de chaque sac. L'eau tra-

Fig. 55. — Filtre-presse.

verse la toile, passe dans des rainures latérales des cadres, et s'échappe par une série d'ouvertures inférieures. Lorsque les sacs sont remplis de pâte raffermie, on desserre les tirants, on enlève les cadres en les saisissant par des encoches latérales, et on détache des toiles les galettes de pâte.

Actuellement on préfère le mode de construction représenté par

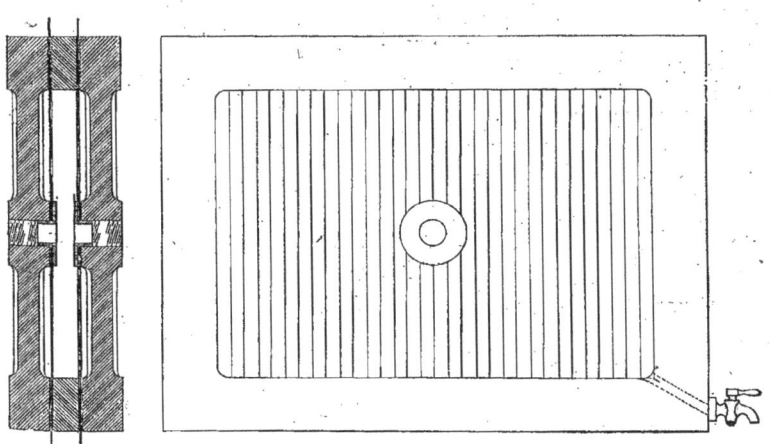

Fig. 56. — Filtre-presse.

la figure 56, dans lequel les toiles sont serrées entre un disque plein et un cadre d'épaisseur variable suivant la nature de la pâte. Celle-ci est introduite par une ouverture centrale, la toile percée en son milieu étant fixée contre le disque au moyen d'une tubulure filletée. L'eau traverse la toile, s'écoule le long des cannelures des disques, et sort par un robinet inférieur.

La figure 57 montre la disposition d'ensemble d'un filtre-presse construit par M. Leclaire. Les disques et les cadres reposent sur deux robustes tirants en fer, et sont serrés entre un sommier fixe et un sommier mobile au moyen d'écrous à volant se vissant

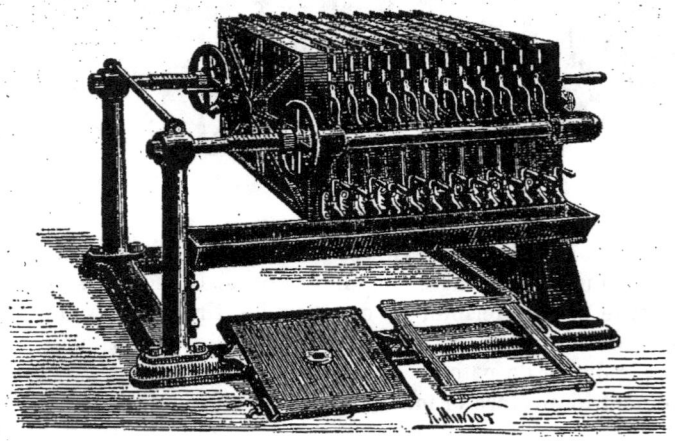

Fig. 57. — Filtre-presse.

sur les tirants. La presse étant serrée et prête à fonctionner, on introduit la pâte par une ouverture centrale ménagée dans le sommier fixe ; elle se répand dans le vide laissé entre les toiles du premier cadre, puis successivement dans les autres, jusqu'à ce que toute la presse soit remplie. On continue alors à introduire de la pâte en augmentant progressivement la pression jusqu'à ce que celle-ci atteigne 5 à 6 atmosphères. L'eau qui s'écoule par les robinets est recueillie dans une auge latérale. Lorsque cet écoulement cesse, on arrête le fonctionnement de la pompe, on desserre les écrous, on écarte les cadres, les galettes de pâte raffermie tombent d'elles-mêmes, et on peut les recueillir dans des wagonnets placés sous la presse.

La figure 58 représente une presse du même genre, mais plus puissante. Dans ce cas les disques et les cadres, au lieu de glisser sur les tirants, sont suspendus au bâti par des galets, et le ser-

PRÉPARATION DES PATES 181

rage se fait par l'intermédiaire d'un arbre portant deux vis sans fin, commandant les écrous par l'intermédiaire de roues dentées.

Fig. 58. — Filtre-presse.

Ce type de filtre-presse est généralement employé en France et en

Fig. 59. — Filtre-presse.

Allemagne; par contre, en Angleterre, on utilise communément la presse représentée par la figure 59 ayant des disques circulaires, glissant sur le bâti. Le serrage est obtenu par une vis prenant son point d'appui dans le bâti.

Certains constructeurs laissent pénétrer la pâte par une ou plusieurs ouvertures, ménagées dans le pourtour des cadres et des disques; mais cette disposition n'est pas à recommander, parce que la pâte se répartit moins uniformément. Pour de très grandes presses, on peut aussi remplacer le serrage à vis par l'action d'un piston hydraulique. Voici quelques renseignements sur les différentes grandeurs de filtres-presses :

DIMENSIONS DES CADRES	NOMBRE DES CADRES	VOLUME DE PÂTE RAFFERMIE
(mètres)		(litres)
0,60 sur 0,60	6 à 24	35 à 145
0,80 — 0,80	18 à 30	175 à 325
1,00 — 1,00	24 à 40	450 à 750

Le volume de pâte raffermie est calculé en admettant une épaisseur de galettes de 3 centimètres. Pour les pâtes kaoliniques maigres, on peut la porter à 4 centimètres; par contre, pour les pâtes argileuses, il faut la réduire à 2 ou même 1 1/2 centimètre, ce qui se fait facilement en modifiant l'épaisseur des cadres. Il faut observer à ce sujet que plus la pâte est plastique plus son raffermissement au moyen des filtres-presses devient difficile, pour devenir presque impossible avec une pâte d'argile plastique pure. La durée d'une opération varie de deux à quatre heures. Après plusieurs opérations, les toiles doivent être lavées, ce qui peut se faire en laissant circuler un courant d'eau dans la presse, les robinets ordinaires de sortie d'eau étant fermés. Il est également bon de prévenir leur pourriture en les lavant de temps en temps avec de l'acide phénique très dilué.

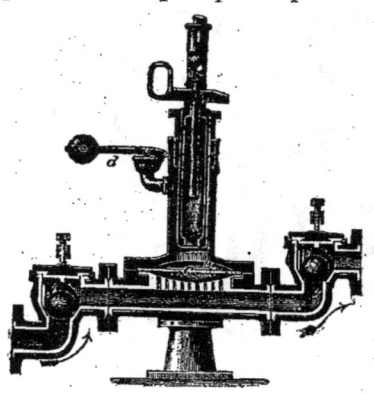

Fig. 60. — Pompe à membrane.

La pâte est refoulée dans la presse au moyen de pompes dites à membrane. Celles-ci sont formées d'un piston plongeur (a) à simple effet (fig. 60) qui n'agit pas directement sur la pâte, mais par l'intermédiare d'une membrane (c) en caoutchouc, s'élevant et s'abaissant à chaque coup de piston dans un espace lenticulaire (b). La pâte est aspirée par une soupape à boulet, lorsque la membrane s'élève, et refoulée pour une autre soupape semblable, lorsqu'elle redescend. Une ouverture latérale au corps de pompe (d) permet d'introduire la quantité d'eau voulue qui sert d'intermédiaire entre le piston et la membrane. Cette ouverture est munie d'une soupape de sûreté. Certains constructeurs rendent celle-ci automatique, en lui permettant d'agir sur le mécanisme moteur lorsque la pression maxima est atteinte.

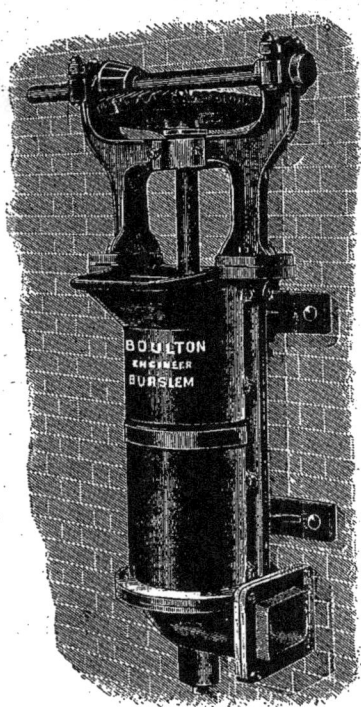

Fig. 61. — Malaxeur.

Pour de petites productions, ces pompes à membrane sont mues à bras; pour des productions moyennes, on les actionne avec un excentrique monté sur la transmission; enfin, lorsqu'on fait fonctionner en même temps plusieurs filtres-presses, on préfère employer une pompe unique, disposée horizontalement et mise en mouvement par une poulie. Il est rare que l'on ait intérêt, en céramique, à employer dans ce but un moteur spécial.

La pâte raffermie sortant des filtres-presses a ordinairement la consistance de la pâte demi-ferme. Dans les usines qui fabriquent et vendent exclusivement de la pâte, on achève souvent de sécher les galettes en les disposant sur des étagères bien aérées ou chauffées au moyen de calorifères.

96. Malaxage et pétrissage. — Soit que la pâte ait été ainsi séchée et qu'il faille lui rajouter de l'eau, soit qu'on l'emploie directement à la sortie des filtres-presses, il est nécessaire de la malaxer, pour lui donner une consistance uniforme et pour lui rendre l'homogénéité qu'elle a en partie perdue dans les filtres. On peut se servir dans ce but des différents malaxeurs précédemment décrits; mais on se sert aussi assez souvent du malaxeur à hélice vertical représenté par la figure 61, dans lequel la pâte est assez fortement comprimée par suite de la position horizontale de l'orifice de sortie.

Malgré cette compression dans le malaxeur, les pâtes contiennent toujours une certaine quantité de bulles d'air qui peuvent occasionner des inconvénients dans le façonnage, surtout pour les produits fins et minces. Pour en débarrasser les pâtes, il est

Fig. 62. — Pétrisseuse.

nécessaire d'avoir recours à une dernière opération désignée sous le nom de pétrissage. Celle-ci se fait souvent à la main; mais, pour de grandes productions, on remplace ce travail long et pénible par des machines dites pétrisseuses ou batteuses.

Elles se composent d'une cuvette tournante dans laquelle roulent des cylindres cannelés (*fig.* 62). Dans d'autres dispositions, la cuvette est fixe et les cylindres mobiles. Ces cuvettes ont un diamètre de 1 à 2 mètres, celui des cylindres étant de $0^m,40$ à $0^m,60$.

CHAPITRE IV

FAÇONNAGE

Sommaire : Procédés de façonnage.
  a). *Tournage*. — Tours à potier. — Tours mécaniques. — Procédé de tournage. — Tournassage.
  b). *Etirage*. — Filières. — Propulseurs. — Appareils coupeurs.
  c). *Moulage à la main*. — Moulage avec moules en bois. — Moules en plâtre. — Moulage avec moules en plâtre.
  d). *Moulage au tour*. — Tours, moules et calibres. — Procédés de moulage au tour.
  e). *Moulage à la presse*. — Moules. — Presses.
  f). *Moulage par coulage*.
  g). *Rachevage*.
  h). *Engobage*.

97. Procédés de façonnage. — On désigne, sous le nom de *façonnage*, l'ensemble des opérations que l'on fait subir aux pâtes plastiques pour leur donner la forme des objets à fabriquer. D'après cette forme, le façonnage se fait en une ou plusieurs opérations. Le façonnage proprement dit peut être précédé d'un *ébauchage* et suivi d'un *rachevage*, mots qui désignent suffisamment le genre d'opérations auxquelles ils s'appliquent.

Le mode de façonnage qui semble à première vue le plus simple est celui qui s'effectue exclusivement à la main, avec le seul concours de quelques outils manuels. Ce procédé, seul employé naturellement avant l'invention des engins mécaniques, ne sert plus actuellement que pour la confection de modèles originaux; il en sera dit quelques mots à propos de la décoration des poteries.

Le façonnage industriel, c'est-à-dire celui qui a pour but la reproduction d'un plus ou moins grand nombre d'objets semblables, peut se faire par trois procédés : le tournage, l'étirage et le moulage.

Le *tournage* est basé sur l'emploi du *tour*, il ne peut, par conséquent, servir qu'à la confection d'objets ronds. La pâte doit avoir une consistance demi-molle, suffisante pour que l'objet ne se déforme pas sous son propre poids, mais cependant être assez molle pour se prêter facilement à la pression de la main. Quelquefois ce façonnage se fait en une seule opération; d'autres fois, on fait une ébauche, puis, lorsque la pâte s'est raffermie, on procède à un second tournage qui prend le nom de *tournassage*.

Dans l'*étirage*, la pâte est comprimée et forcée de s'étirer par une *filière*, ayant le profil du produit à façonner. Ce procédé ne s'applique donc qu'à la fabrication d'objets cylindriques ou prismatiques. La pâte employée est ordinairement demi-molle; cependant quelquefois l'étirage se fait avec une pâte demi-ferme ou ferme.

Le *moulage* s'effectue dans des moules dont les vides correspondent aux parties pleines des objets à façonner. La forme de ceux-ci est quelconque, à la condition naturellement de se prêter au démoulage. Le moulage peut se faire par quatre méthodes:

Le *moulage à la main*, dans lequel la pâte, ayant une consistance molle ou demi-molle, est appliquée manuellement dans le moule;

Le *moulage au tour*, employé pour les objets ronds ou ovales, la pâte demi-molle recevant la forme voulue en partie par moulage et en partie par tournage;

Le *moulage à la presse*, dans lequel la pâte est comprimée dans l'intérieur d'un moule, cette pâte pouvant être, suivant la pression exercée, demi-molle, demi-ferme, ferme ou sèche;

Le *moulage par coulage*, employant une pâte liquide, qui est coulée dans un moule à parois absorbantes, sur lesquelles elle se dépose.

Le façonnage par moulage à la main ou au tour peut se faire en une seule opération, d'autres fois il est précédé d'un ébauchage obtenu par tournage, par étirage ou par moulage. Le façonnage à la presse, lorsqu'il se fait en pâte molle ou ferme, est toujours précédé d'un ébauchage par l'un des trois procédés précédents. Par contre, le moulage à la presse en pâte sèche et le moulage par coulage ne comportent qu'une seule opération.

Quel que soit le procédé employé, le façonnage est souvent suivi d'un *rachevage*, nom sous lequel on désigne une série d'opérations, assez diverses, destinées à donner à l'objet sa forme définitive. Parmi ces opérations, celles qui ont spécialement pour but l'ornementation seront traitées dans le chapitre consacré à la décoration des poteries.

Enfin, ce chapitre sera terminé par la description d'un procédé spécial, consistant à recouvrir une pâte façonnée d'une couche mince d'une autre pâte, procédé connu sous le nom d'*engobage*.

A. — *Tournage*

98. Tours à potier. — Les tours employés en céramique sont de deux sortes : les tours à potier, mis en mouvement par le tourneur ou par un apprenti, et les tours mécaniques actionnés par un moteur.

Le tour à potier est non seulement la plus ancienne machine employée en céramique, mais c'est encore une de celles qui rendent le plus de services, pour le façonnage des pièces rondes. Il se compose (*fig.* 63) d'un arbre vertical dont l'extrémité infé-

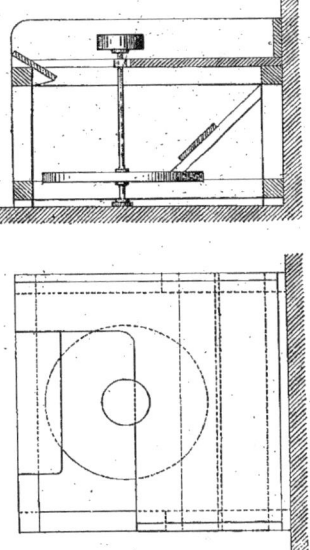

Fig. 63. — Tour à potier.

rieure repose sur une crapaudine fixée dans le sol et qui est maintenu à sa partie supérieure par un collier assujetti à une table, placée contre le mur extérieur de l'atelier. Cet arbre est surmonté d'un petit plateau dit girelle, supportant la pièce à façonner, et porte vers le bas un lourd volant plein, que l'ouvrier met en mouvement avec ses pieds. Le tourneur est assis sur une planchette inclinée placée à peu près au niveau de la table et peut reposer les pieds, lorsque le tour a la vitesse voulue, sur une autre planche inclinée. La vitesse peut à chaque instant être augmentée ou diminuée, soit en donnant une nouvelle impulsion, soit, au contraire, en laissant frotter le pied sur le volant pour faire frein.

La disposition précédente est employée dans les poteries françaises et anglaises. En Allemagne, on utilise aussi un tour du

Fig. 64. — Tour à manivelle.

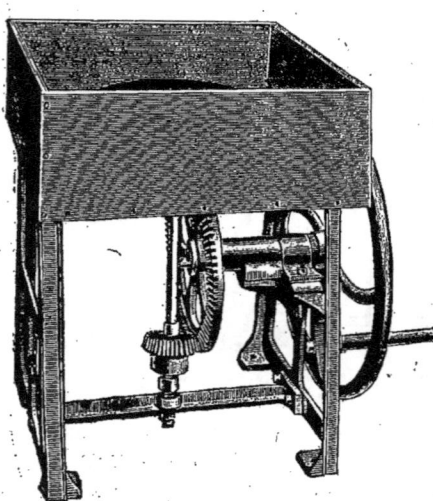

Fig. 65. — Tour à manivelle.

même genre, mais dans lequel la partie supérieure du tour est fixée par une pièce de bois sous le siège du tourneur, qui est ainsi à califourchon. En outre, le volant est moins grand, mais plus épais, et l'ouvrier repose ses pieds, en écartant les jambes, sur deux pièces de bois latérales.

Lorsqu'il s'agit de tourner des pièces d'assez grandes dimensions, c'est un apprenti qui est chargé, au moyen d'une manivelle, de transmettre le mouvement au tour. Les figures 64 et 65 représentent des dispositions de ce genre. Il faut une certaine habitude à l'apprenti pour bien régler la vitesse du tour à la demande du tourneur.

99. Tours mécaniques. — Pour de plus grandes productions, on a intérêt à remplacer les tours précédents par des tours

FAÇONNAGE

mécaniques, c'est-à-dire auxquels on donne le mouvement par une transmission, le façonnage se faisant toujours à la main.

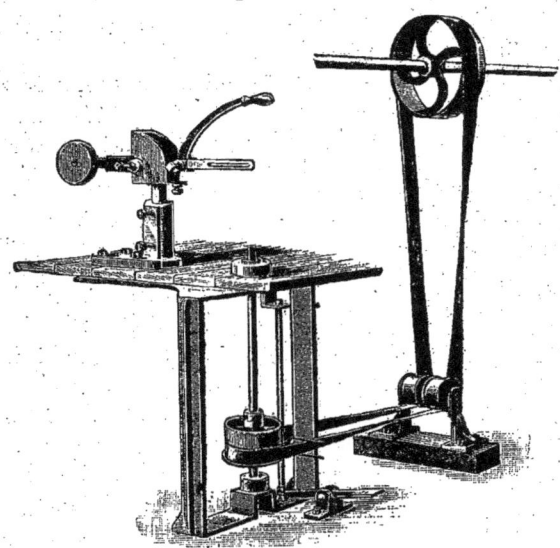

Fig. 66. — Tour mécanique.

Lorsqu'il s'agit de façonner de petits objets, de formes peu compliquées, pour lesquels la vitesse circonférentielle ne varie pas beaucoup, on peut se servir de tours à vitesse constante. Dans ce cas, le mouvement de la transmission horizontale est communiqué à l'arbre vertical du tour, au moyen d'une courroie avec renvoi, comme le représente la figure 66. Le débrayage se fait au moyen d'une pédale placée à proximité du tourneur, de manière qu'il n'ait qu'à appuyer l'extrémité du pied pour mettre le tour en mouvement, l'arrêt se faisant automatiquement lorsqu'il cesse d'appuyer sur la pédale.

La figure 67 montre une disposition inverse. Dans celle-ci le tourneur, en appuyant sur la pédale, débraye le mécanisme, et fait agir un frein qui, venant frotter sur une roue conique, arrête rapidement la rotation.

Lorsque sur un même tour mécanique on veut pouvoir façonner des objets exigeant

Fig. 67. — Tour mécanique.

des vitesses de rotation différentes, on s'arrange à pouvoir faire varier la vitesse de la transmission, soit en changeant le diamètre des poulies, soit en intercalant une transmission intermédiaire actionnée au moyen de tambours coniques.

Ces dispositions ne sont plus suffisantes lorsque, par suite des dimensions de l'objet à tourner ou des difficultés que présente son façonnage, il est nécessaire de permettre au tourneur de pouvoir modifier à chaque instant la vitesse, comme il le fait sur le tour à potier. Il existe plusieurs solutions de ce problème de mécanique, qui a souvent excité l'ingéniosité des inventeurs. Il peut être résolu en communiquant le mouvement à l'arbre du tour au moyen d'un pignon, dont le point de contact avec un disque moteur peut se déplacer du centre à la circonférence de ce disque, comme le représente la figure 68.

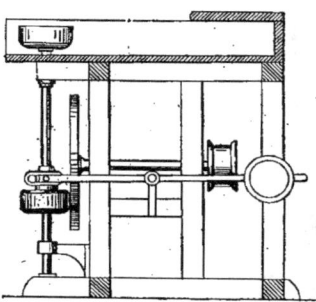

Fig. 68. — Tour mécanique.

Un contrepoids tend à ramener le pignon vers le centre, auquel cas la vitesse s'annule, tandis que le tourneur, en appuyant plus ou moins sur une pédale, le fait descendre en lui communiquant des vitesses plus ou moins grandes.

Lorsque le tournage exige peu de force, on se sert de préférence de la disposition très simple représentée par la figure 69. La poulie motrice montée sur l'arbre du tour est folle et porte à sa partie supérieure un évidement conique dans lequel peut pénétrer une pièce, également conique, clavetée sur l'arbre, mais susceptible d'être élevée ou abaissée au moyen d'un mécanisme actionné par une pédale. Lorsque le tourneur n'agit pas sur celle-ci, les deux cônes sont entièrement emboîtés et le tour prend le maximum de vitesse.

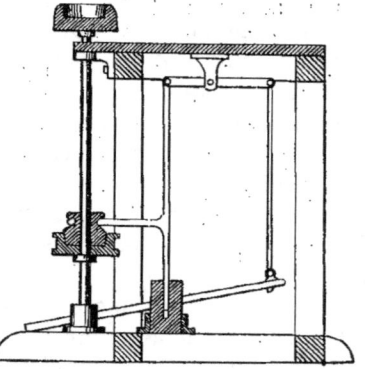

Fig. 69. — Tour mécanique.

S'il appuie légèrement sur la pédale, le contact est moins parfait, il se produit un certain glissement et la vitesse se ralentit. Si, enfin, il appuie plus fortement, le contact cesse et le tour s'arrête.

Enfin, le tour à cônes de M. Boulton (*fig.* 70) résout la question de la manière la plus complète, mais a l'inconvénient d'exiger un mécanisme assez compliqué. Sur l'arbre du tour est un cône qui peut être mis en mouvement par un second cône, placé en sens inverse, ayant une surface légèrement bombée, et qui peut se déplacer en même temps qu'un cadre dont les extrémités sont prises dans deux glissières supérieure et inférieure fixées au bâti. Ce second cône est animé d'un mouvement de rotation continu et régulier, grâce à un câble passant sur une poulie à gorge clavetée sur son arbre. Une pédale est fixée solidairement au cadre, et son contrepoids tend constamment à ramener le mécanisme dans la position représentée sur la figure, dans laquelle les deux cônes

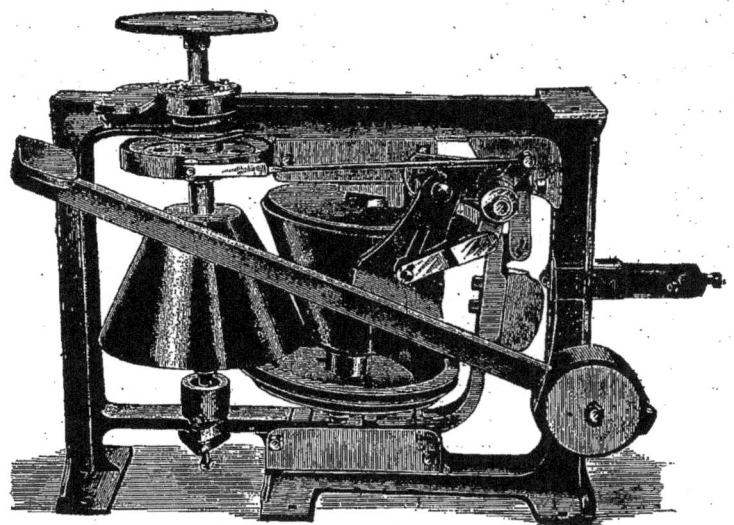

Fig. 70. — Tour mécanique.

ne sont pas en contact, le tour étant, par conséquent, immobile. Si le tourneur appuie sur la pédale, ce mouvement, en faisant légèrement tourner le cadre, le pousse contre un ressort à boudin, contenu dans un cylindre horizontal fixé à l'arrière du bâti. Sous l'influence de ce ressort, le cadre est chassé vers l'avant, et la petite circonférence du cône moteur entre en contact avec le plus grand diamètre du cône claveté sur l'arbre du tour, auquel il communique la plus petite vitesse dont l'appareil est susceptible. Si le tourneur continue d'appuyer sur la pédale, le mouvement oscillant du cadre se poursuit, et les diamètres croissants du cône moteur arrivent successivement en contact avec les diamètres décroissants du cône placé sur l'arbre du tour, de sorte que la vitesse va en augmentant jusqu'à ce que les extrémités supérieures des cônes soient en contact. Le tourneur peut donc ainsi, en appuyant plus ou moins sur la pédale, et sans effort, faire varier la vitesse à volonté. Pour les tours de fortes dimensions, un frein monté sur l'arbre du tour arrête le mouvement lorsque la pédale est abandonnée à elle-même.

Les tours mécaniques sont ordinairement disposés les uns à côté des autres, de manière à pouvoir être commandés par une même transmission, placée de préférence sur le sol de l'atelier. On peut également les faire mouvoir au moyen d'un câble continu, comme l'a proposé M. Boulton, et comme le montre la figure précédente.

100. Procédés de tournage. — Pour façonner une pièce de forme quelconque, le tourneur prend une quantité de pâte proportionnée à la grandeur de l'objet à faire et la place sur la girelle du tour (*fig.* 71). Il met ensuite le tour en mouvement et, après avoir trempé ses doigts dans de l'eau, il saisit la masse et la force à s'élever et à s'abaisser plusieurs fois, puis, avec le pouce d'une part et les autres doigts de l'autre, il l'oblige petit à petit à prendre la forme voulue. Il lisse ensuite les surfaces au moyen d'une éponge. Cette opération qui, à première vue, semble très facile, exige, au contraire, une grande pratique pour serrer uniformément la masse, et pour éviter qu'il ne se forme des stries hélicoïdales, défaut désigné sous le nom de vissage. C'est pour le combattre que le tourneur relève et rabaisse successivement la masse de pâte, semblant, à certains moments, vouloir détruire ce qu'il vient de faire. Il doit également savoir bien proportionner la vitesse du tour au mouvement ascensionnel ou descendant qu'il donne à la pâte avec ses mains; il doit enfin, par des mouillages appropriés, empêcher la pâte de se sécher inégalement au contact des doigts.

Le tourneur place sur la table, devant lui, un modèle de l'objet à façonner, qu'il imite au juger. Pour les dimensions principales, il se sert d'un instrument dit chandelier de jauge, composé d'une tige verticale fixée dans un pied et portant des baguettes horizontales (*fig.* 71) qui indiquent en même temps la hauteur et la distance du bord de la girelle. Quand l'objet est terminé, le tourneur le détache en passant un fil de fer entre lui et la tête du tour, puis il l'enlève et le met sur une planchette pour être amené au séchoir.

FAÇONNAGE 193

Lorsque l'objet est trop lourd pour qu'on puisse ainsi l'enlever sans risquer de le déformer, on le tourne sur cette planchette préalablement fixée sur la girelle.

Fig. 71. — Procédés de tournage.

La figure 71 montre le tournage d'un vase et la figure 72 celui d'une pièce plate, un couvercle dans l'exemple choisi. Après avoir élevé la pâte sous forme d'un cylindre, le tourneur l'ouvre en haut en l'évasant et en la rabattant peu à peu jusqu'au diamètre voulu, puis il fait le rebord, le bouton et, enfin, sépare avec un fil l'objet façonné de la masse restant sur la girelle. En le faisant, il a eu soin de saisir le couvercle avec la main, puis il le renverse et le met sur une planchette.

Fig. 72. — Procédés de tournage.

On pourrait multiplier les exemples, mais ceux qui précèdent suffisent pour montrer le principe du tournage qui, dans ses détails, diffère avec chaque ouvrier. Les tourneurs habiles sont ordinairement très fiers de leur savoir, et ils aiment à façonner publiquement des pièces difficiles, comme des vases fortement rétrécis

CÉRAMIQUE. 13

par le haut, ou même complètement fermés, des tirelires, par exemple.

Le façonnage de ces pièces exige naturellement des pâtes très plastiques, comme celles généralement employées dans la fabrication des terres cuites, des grès ou des faïences. Lorsque les pâtes sont maigres, comme celles des porcelaines, les pièces plus compliquées doivent être faites en plusieurs parties, qui sont ensuite

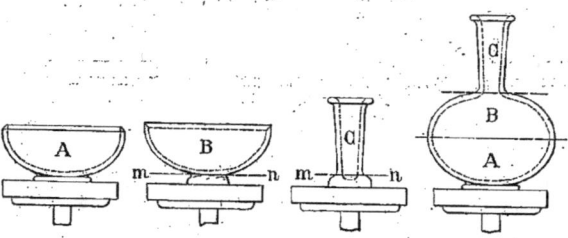

Fig. 73. — Procédés de tournage.

soudées ensemble. La figure 73 représente le moulage d'une carafe en trois pièces. Les parties à souder sont taillées en biseau, pour augmenter la surface de la soudure. Ordinairement, le tourneur fait plusieurs pièces de chaque sorte, puis, lorsque la pâte s'est un peu raffermie, il rassemble les parties, après avoir humecté les soudures avec une éponge.

Dans certains cas, pour des pièces assez massives, dans lesquelles on est obligé de faire des évidements intérieurs, on peut employer le procédé dit *tournage à la corde*, représenté par la figure 74. Autour d'une baguette fixée sur une planche en bois, on enroule une corde avec des épaisseurs variables, d'après le vide intérieur. On applique alors la pâte sur la corde, on donne sur le tour le profil extérieur, puis, après avoir laissé la pâte se raffermir un peu, on tire sur l'extrémité de la corde, qui se déroule et sort entièrement, laissant un vide correspondant à la place qu'elle occupait.

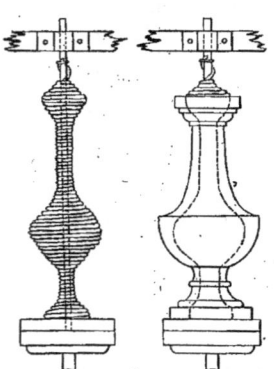

Fig. 74. — Procédés de tournage.

Lorsqu'on veut obtenir des pièces ayant une forme plus rigoureuse, on peut quelquefois employer un *calibre*, c'est-à-dire une plaque dans laquelle est découpé le profil à façonner. Au moyen d'un mécanisme quelconque, ce profil est amené peu à peu à se rapprocher de la pièce ébauchée placée sur le tour, il enlève l'excès de pâte et donne un objet ayant la forme exacte du calibre. La figure 75 représente un calibre employé pour le façonnage du balustre dont on vient de montrer le tournage à la corde (*fig.* 74).

Il faut observer qu'un calibre complet de ce genre ne peut être employé que lorsque la pièce à tourner est maintenue intérieurement, comme c'est le cas (*fig.* 74), parce que la pâte est trop molle pour résister seule, sans se déformer, à la pression latérale exercée par le calibre. Mais le tourneur peut se servir de petits outils en métal, en bois, en ardoise, en corne, pour donner plus de précision aux moulures, pour fouiller certains contours, ou pour aviver les arêtes.

Fig. 75.
Calibre.

Le tournage est ordinairement terminé en unissant les surfaces au moyen d'une petite éponge légèrement appuyée et en les polissant avec une lame d'acier ou une corne.

On peut également obtenir par tournage des pièces ovales ou même carrées. Dans ce but, on termine l'objet en lui donnant une forme ronde, puis, après avoir laissé la pâte se raffermir un peu, on le déforme en appuyant les mains aux deux extrémités d'un même diamètre. Ce procédé n'est plus guère employé actuellement que pour des objets de fantaisie, les pièces de fabrication courantes de ce genre se font avec beaucoup plus de précision dans des moules.

101. Tournassage. — Le tournassage est employé dans deux cas :

1° Pour le façonnage d'objets en pâte plastique, auxquels on veut donner une forme très précise avec moulures fines et soignées ;

2° Pour le façonnage d'objets en pâte peu plastique, auxquels on est obligé de donner au tournage une forte épaisseur à cause de sa faible cohésion.

Dans le premier cas, le tournassage n'est qu'une sorte de rachevage ; dans le second cas, c'est un véritable façonnage, le tournage n'ayant permis de faire qu'une ébauche.

On procède au tournassage lorsque la pâte s'est suffisamment raffermie pour ne pouvoir plus être déformée, mais est cependant encore assez molle pour que l'ongle y laisse une empreinte.

Le tournassage se faisant lorsqu'on possède un certain nombre de pièces au degré de dessiccation voulu, il est nécessaire de conserver celles-ci dans un endroit ayant une humidité constante, une cave par exemple.

Les tours employés au tournassage sont de deux sortes : tours verticaux et horizontaux. Comme *tours verticaux*, on se sert de tours à potiers ou mécaniques, qui ont été décrits précédemment. Les objets à tournasser sont fixés sur la girelle, au moyen d'un mandrin extérieur ou intérieur, suivant la forme de la pièce. Ce mandrin est souvent fait en jetant sur la girelle une masse de pâte ferme, et en tournant celle-ci pour lui donner une forme capable de fixer l'objet soit extérieurement, soit intérieurement. L'humidité de la pâte suffit pour maintenir la pièce à tournasser après qu'elle a été légèrement appuyée. Des supports que l'on déplace suivant la hauteur à laquelle on veut travailler servent d'appui à la main du tourneur.

Les *tours horizontaux* sont semblables à ceux employés pour le tournage du bois ou des métaux. Ils sont mis en mouvement, soit par le tourneur au moyen d'une pédale, soit par un apprenti, soit enfin par un moteur, en employant dans ce but une des dispositions précédemment décrites pour les tours verticaux.

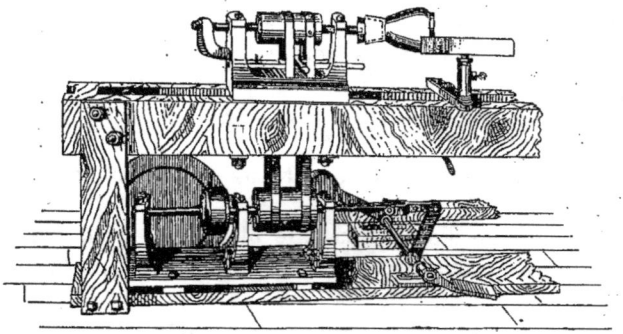

Fig. 76. — Tour à tournasser.

La figure 76 représente un tour de ce genre, avec vitesse variable au moyen d'un disque. Un appui mobile fixé sur le banc au tour sert de support aux outils manuels. Ceux-ci sont de petites lames d'acier auxquelles on donne à la lime les formes les plus diverses et qui sont fixées sur un manche en bois. Un compas d'épaisseur sert à mesurer le diamètre ou l'épaisseur de l'objet. Le tournassage est une opération plus facile que le tournage, et qui peut être rapidement apprise par n'importe quel tourneur. Il suffit d'indiquer qu'il faut plutôt couper la pâte que la gratter, et que lorsque celle-ci devient trop sèche et, par conséquent, cassante, il convient de l'humecter avec une éponge fine. La pièce étant terminée, on la polit avec une petite lame d'acier ou avec une corne.

Les copeaux et les poussières qui tombent pendant le tournassage sont recueillis et remis en fabrication. Lorsque les pâtes doivent être travaillées étant déjà assez sèches, ce qui est surtout le cas de la pâte à porcelaine, il se produit pendant le tournassage des poussières très incommodes et nuisibles à la santé des ouvriers. Il est nécessaire de munir alors ceux-ci de masques, ou mieux, de disposer un ventilateur qui aspire ces poussières.

B. — *Étirage*

102. Filières. — L'étirage est employé pour le façonnage d'objets ayant une forme cylindrique ou prismatique.

Il se fait au moyen de machines composées de trois organes essentiels :

1° La *filière*, ou ouverture à profil déterminé par laquelle on force la pâte à s'étirer ;

2° Le *propulseur*, ou engin mécanique destiné à comprimer la pâte ;

3° L'*appareil coupeur* sur lequel on reçoit le prisme d'argile à la sortie de la filière, et où on le coupe à la longueur voulue.

Lorsque les objets à étirer ont une faible section, les filières sont

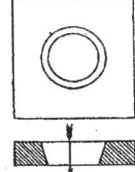

Fig. 77.
Filière.

simplement formées par une plaque métallique ou une planche en bois dur, dans laquelle on perce une ouverture ayant la forme de l'objet à obtenir. Il suffit d'évaser un peu l'ouverture du côté de l'entrée de la pâte, d'arrondir légèrement les angles et de bien polir les parois de l'ouverture. Les figures 77 et 78 montrent des filières, l'une pour

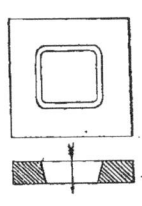

Fig. 78.
Filière.

étirer un cylindre d'argile, et l'autre un prisme à section carrée, ayant au maximum 5 à 6 centimètres de diamètre ou de côté. L'évasement est de 1/10 à 1/5 de l'épaisseur de la plaque.

La même disposition s'emploie aussi lorsque les objets à étirer sont creux. On place alors devant l'ouverture une pièce dite *moyeu* ayant la section du vide, et maintenue au moyen d'une tige et d'un étrier.

La figure 79 représente une disposition de ce genre employée pour le façonnage de tuyaux. L'étrier doit être placé assez loin de l'ouverture de la filière (15 à 30 centimètres) pour que la pâte divisée par lui puisse se ressouder sous l'influence de

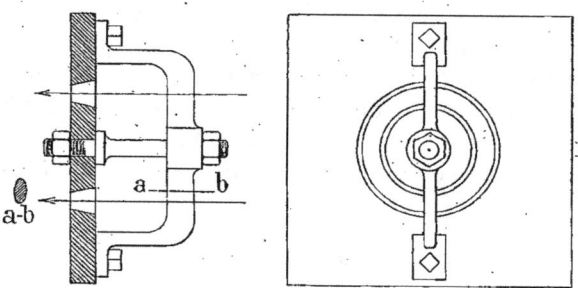

Fig. 79. — Filière.

la pression du propulseur et de la contraction qu'elle éprouve par son étirage dans la filière. Pour diviser le moins possible la pâte, on donne à l'étrier la section indiquée par la coupe *ab*.

Lorsque l'objet à façonner doit présenter plusieurs vides, on place des moyeux en nombre correspondant, soutenus par un ou

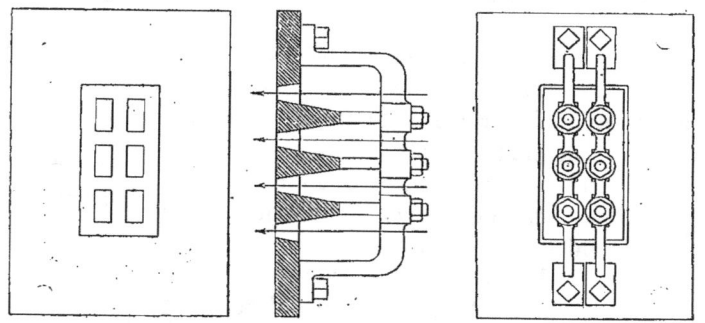

Fig. 80. — Filière.

plusieurs étriers. La figure 80 représente la disposition employée pour l'étirage de briques à 6 trous.

La construction des filières devient plus délicate lorsqu'il s'agit d'étirer des objets pleins ayant plus de 5 à 6 centimètres de côté ou de diamètre. Il est en effet facile de se rendre compte que, si l'on admet la pâte chassée dans la filière par une pression uniforme, il se produit le long des parois un frottement qui a pour conséquence d'y retarder le mouvement de la pâte. Grâce à la cohésion de l'argile, cette résistance se transmet à l'ensemble de la masse, lorsque l'orifice n'est pas trop grand, mais au-delà d'une certaine limite, la pâte, au lieu d'avancer uniformément, a une tendance à aller plus vite au centre, et, par contre, moins rapidement sur les surfaces et surtout aux angles. Lorsque le défaut n'est pas trop accentué, il en résulte des différences de densité, qui au moment de la dessiccation et de la cuisson, amènent la déformation du produit. Si le défaut s'accentue, il se produit des arrachements aux angles, comme le représente la figure 81.

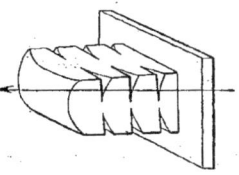

Fig. 81. — Filière.

Pour remédier à cet inconvénient, il y a deux solutions : Augmenter la résistance des parties centrales, en la diminuant autant que possible dans les angles, ou bien supprimer presque complètement le frottement dans la filière en la lubrifiant.

La figure 82 représente la première solution. Extérieurement à la filière on fait venir de fonte des lèvres ayant une longueur maxima au centre des parties droites et s'annulant aux angles. Dans ce cas, les filières sont souvent en bronze phosphoreux.

Dans la seconde solution, la lubrification se fait avec de l'eau contenue dans un vase placé un peu au-dessus de la filière, et y communiquant au moyen d'un tuyau et d'un robinet permettant d'en régler l'introduction. La difficulté consiste à trouver une disposition qui laisse écouler uniformément l'eau sur toute la surface de la filière, sans que les orifices d'arrivée d'eau soient obturés par la pâte. Plusieurs dispositions remplissant plus ou moins ce but ont été proposées. Il suffira d'indiquer celle qui est actuellement la plus employée et qui est représentée par la figure 83.

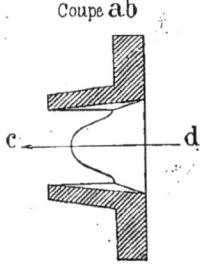
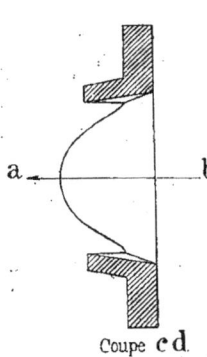

Fig. 82. — Filière.

Dans une boîte extérieure conique, on place plusieurs cadres en bois, formant une série de canaux circulaires, communiquant entre eux et avec le robinet d'arrivée d'eau par la partie supérieure. Sur ces cadres sont clouées des lames de zinc qui se superposent et entre lesquelles l'eau peut s'écouler en couche très mince. Cette solution est particulièrement employée pour le façonnage d'objets de grandes dimensions, tandis que la première est utilisée pour l'étirage de produits larges, mais relativement peu épais.

D'une manière générale la construction des filières est assez délicate, parce que leurs différentes proportions dépendent de la plasticité et de la consistance de la pâte employée. Les céramistes ne sauraient donc s'en rapporter entièrement à ce sujet aux constructeurs de machines ; il faut qu'ils étudient eux-mêmes les formes les mieux appropriées à leurs besoins.

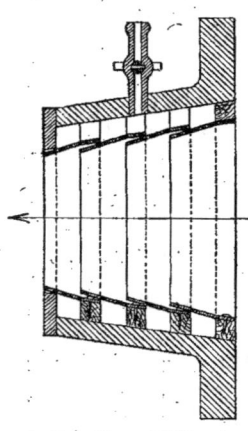

Fig. 83. — Filière.

103. Propulseurs. — On distingue cinq catégories de propulseurs, différant entre elles par la forme de l'organe de propulsion :

1° Propulseurs à piston ;
2° Propulseurs à palettes ;
3° Propulseurs à une hélice ;
4° Propulseurs à deux hélices ;
5° Propulseurs à cylindres.

La figure 84 montre le principe des *propulseurs à piston*. Dans une boîte limitée d'un côté par une filière et de l'autre par un piston, on introduit par une ouverture fermée au moyen d'un couvercle la pâte à étirer, de manière à la remplir complètement. On fait alors avancer le piston dans le sens indiqué par la flèche, forçant ainsi la pâte à s'étirer par la filière. Lorsque le piston est arrivé à fond de course, on le ramène en arrière et on recommence l'opération. Le fonctionnement est donc intermittent.

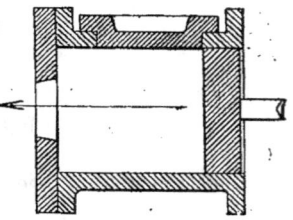

Fig. 84. — Propulseur à piston.

Le mouvement du piston peut se faire horizontalement, comme on le voit dans la machine représentée par la figure 85. Dans ce cas le mécanisme est presque tou-

FAÇONNAGE 201

jours mû à bras. Cette disposition ne s'emploie que pour le façonnage de briques creuses ou de petits tuyaux, et pour une faible production.

La figure 86 montre, au contraire, une disposition dans laquelle le piston se déplace verticalement; elle est employée pour l'étirage de forts tuyaux. Dans ce cas, le mouvement est donné soit à bras, soit par une poulie, soit enfin en superposant au cylindre renfermant la pâte un cylindre moteur à vapeur.

Les *propulseurs à palettes* sont des malaxeurs semblables à ceux décrits au chapitre III (*fig.* 38 et 39), la porte de sortie du

Fig. 85. — Propulseur à piston.

malaxeur étant remplacée par une filière, et les palettes inférieures servant de propulseurs. La figure 87 représente une machine de ce genre mue par un manège. La pâte est jetée dans l'orifice supérieur du malaxeur. Sa sortie se fait par intermittences correspondant au passage de chaque palette devant la filière. Cette irrégularité dans le mouvement, jointe à la nécessité de n'employer que des pâtes très molles, fait que ce genre de machines n'est plus guère employé actuellement que dans les petites briqueteries ou pour le façonnage de briques pleines avec des argiles très siliceuses.

Les *propulseurs à hélice* sont, au contraire, d'un usage très fréquent. Ils se composent (*fig.* 88) d'un cylindre dont une extrémité est fermée, tandis que l'autre est munie d'une filière. Dans l'intérieur se meut une hélice dont l'arbre traverse le fond et y est maintenu par un palier de butée. L'hélice s'arrête à une certaine distance de la filière. La pâte, introduite par une ouverture supé-

Fig. 86. — Propulseur à piston.

rieure, placée à l'arrière, est refoulée progressivement vers l'avant et obligée de s'étirer.

FAÇONNAGE

On voit de suite qu'il est nécessaire qu'il y ait un certain rapport entre le diamètre du cylindre, le pas de l'hélice et l'orifice de la filière. Si, pour un propulseur donné, cet orifice est trop

Fig. 87. — Propulseur à palettes.

grand, la pâte, introduite sous forme de mottes plus ou moins grosses, ne s'agglomère pas, et il y restera des vides. Si, au contraire, l'orifice est trop petit, toute la pâte introduite ne peut plus

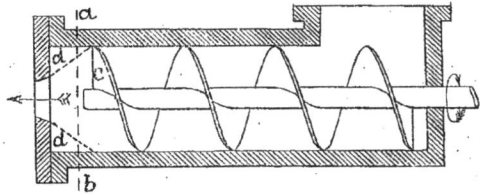

Fig. 88. — Propulseur à hélice.

s'étirer, l'hélice s'engorge et finit par entraîner la masse dans son mouvement de rotation, supprimant toute propulsion.

D'autre part, si on considère une section ab (*fig.* 88) on verra que la pression n'y est pas constante. Chaque tour de l'hélice amène une nouvelle quantité de pâte, qui se trouve principalement pressée par son extrémité c. En un point quelconque de la section ab la pression est donc maxima, lorsque la génératrice c de l'hélice est dans sa position la plus rapprochée, et minima dans sa position la plus éloignée. C'est pour obvier à cet inconvénient, qui provoquerait un étirage irrégulier, qu'on laisse une certaine distance entre l'hélice et la filière, de manière que la pression s'y uniformise grâce à la cohésion de la pâte.

Cette distance doit être elle-même suffisante pour remplir le but proposé, et pas trop grande, pour ne pas augmenter la résistance dans des proportions considérables. Il faut, en effet, se rendre

Fig. 89. — Propulseur à hélice.

compte que la pâte reste immobile dans les coins dd, et ne progresse que dans le tronc de cône ayant pour grande base le cercle engendré par l'hélice et pour petite base l'orifice de la filière. Le frottement qui se produit entre la pâte immobile et la pâte propulsée est très grand et peut rapidement arrêter le fonctionnement, si on exagère la hauteur de ce tronc de cône.

Cet inconvénient des propulseurs à hélice peut être notablement diminué en donnant à l'extrémité du cylindre une forme conique et en terminant l'hélice par une sorte de spirale également conique (fig. 89). On voit que, par cette disposition, la pression est bien moins variable et permet par suite de rapprocher sensiblement la filière de l'extrémité de l'hélice.

On combine fréquemment les propulseurs à hélice avec les

FAÇONNAGE

malaxeurs horizontaux (*fig.* 40, 41 et 42), la même machine servant alors à malaxer, puis à étirer. Dans ce but la partie postérieure de l'arbre est munie de palettes et quelquefois de contrelames (*fig.* 42), tandis que la partie antérieure porte une hélice en plusieurs fragments ou une spire conique, comme il vient d'être dit.

Fig. 90. — Propulseur à hélice.

Les propulseurs à hélice sont quelquefois mus à bras, mais seulement pour de très faibles productions et pour des objets de petites dimensions. La figure 90 montre une machine de ce genre dans laquelle l'hélice est surmontée d'une paire de petits laminoirs. Généralement, on emploie un moteur et on donne à ces machines la disposition représentée sur la figure 91.

Les propulseurs à hélices sont fréquemment employés pour le façonnage des briques pleines et creuses, des tuyaux, et généralement pour l'ébauchage de tous les objets qui sont ensuite façonnés par un moulage à la presse. Ils ont l'inconvénient d'exiger

Fig. 91. — Propulseur à hélice.

une force motrice assez considérable et de donner des produits ayant toujours une structure héliçoïdale.

Les *propulseurs à deux hélices* sont formés d'une boîte, contenant deux hélices parallèles tournant en sens inverse et refoulant la pâte par une filière unique. Le but de cette disposition est d'effectuer en même temps le malaxage et l'étirage de la pâte. Mais il ne faut pas confondre le malaxage très relatif que l'on obtient ainsi, au moyen de deux hélices tangentes, avec l'action bien plus efficace du malaxeur à deux arbres décrit précédemment (*fig.* 43) dont les palettes se croisent. Envisagé au seul point de vue du façonnage, ce propulseur a l'inconvénient de donner naissance à deux courants pâteux parallèles, que la contraction de la filière ne suffit pas toujours à souder convenablement.

Les figures 92, 93 et 94 représentent en coupe verticale, et la figure 95 en coupe horizontale, les différentes dispositions adoptées dans les *propulseurs à cylindres*. On voit que ceux-ci se com-

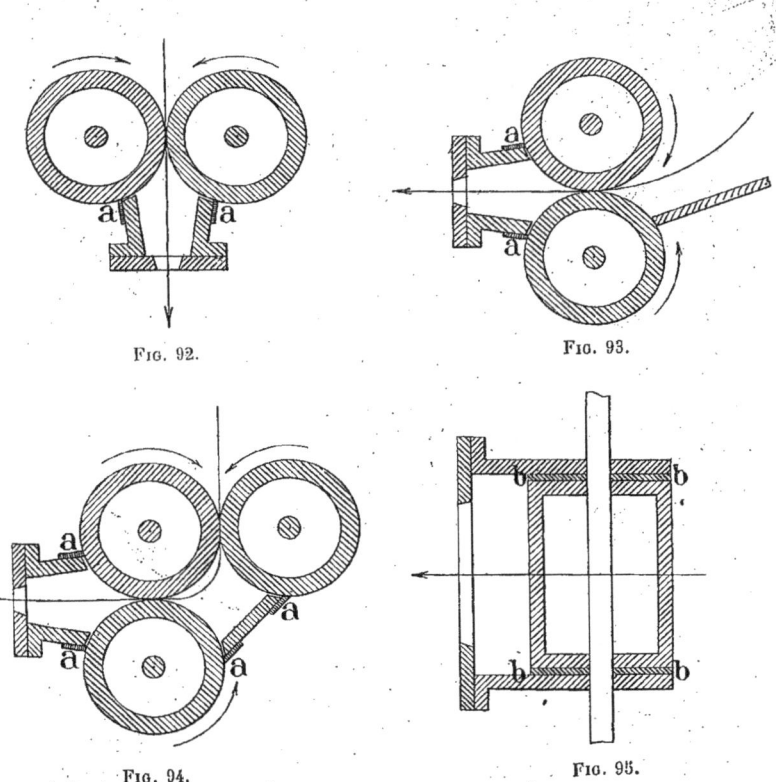

Fig. 92.   Fig. 93.

Fig. 94.   Fig. 95.

posent de deux ou trois laminoirs saisissant la pâte d'un côté et la refoulant de l'autre, dans une boîte où elle n'a d'autre issue que la filière. Ces propulseurs sont simples, donnent des produits plus homogènes que les propulseurs à hélice, en employant moins de

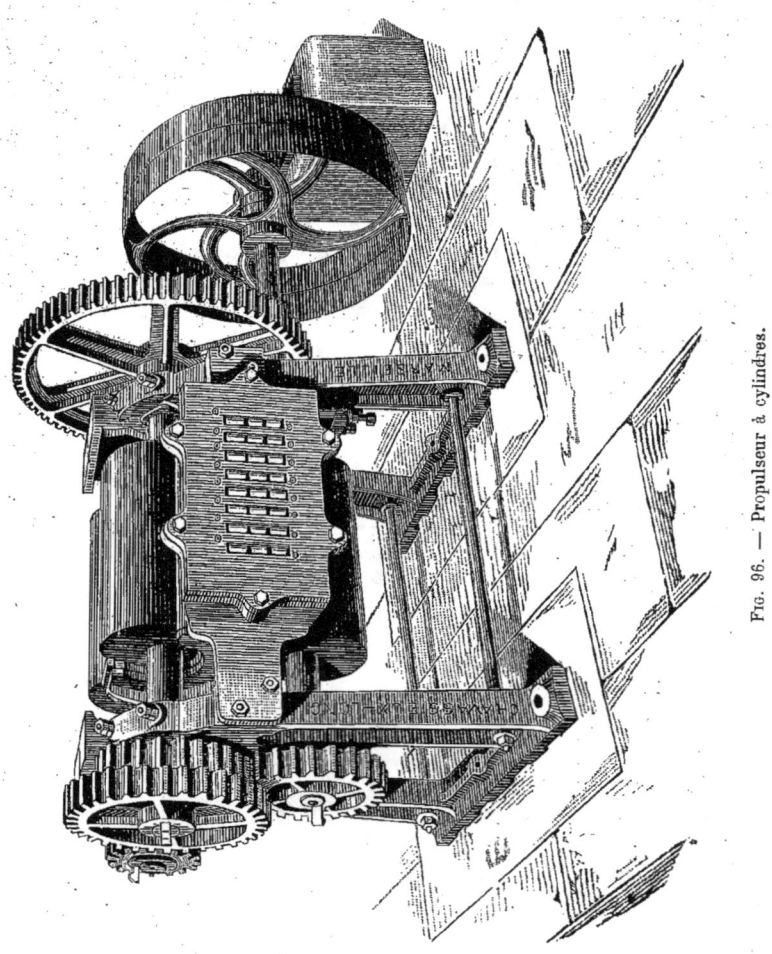

Fig. 96. — Propulseur à cylindres.

force. Le joint entre la boîte et les cylindres se fait, d'une part, au moyen de lames rapportées fixées par des boulons, que l'on amène en contact avec les cylindres, et que l'on avance au fur et à mesure de leur usure et, d'autre part, par des pièces b, b, qui frottent contre les faces latérales des cylindres, et qui peuvent être facilement remplacées. Malgré ces précautions, il est difficile d'obtenir des joints étanches. Au bout de quelque temps de fonctionnement, il y a des fuites de pâte qui encrassent la machine, et dont l'enlèvement est le principal, sinon le seul inconvénient de ces propulseurs.

Le mouvement est toujours donné par un moteur, et la figure 96 représente les dispositions d'ensemble généralement adoptées. Les propulseurs à cylindres sont employés pour les mêmes usages que les propulseurs à hélice, quoique moins fréquemment pour les briques pleines.

104. Appareils coupeurs. — A l'orifice de la filière, la pâte sort sous la forme d'un prisme ayant le profil des objets

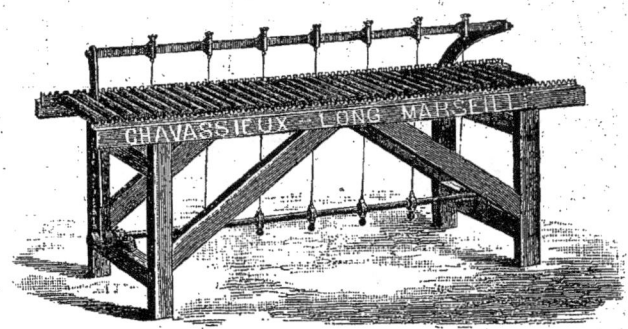

Fig. 97. — Appareil coupeur.

à obtenir, mais qu'il s'agit de couper à la longueur voulue. Dans ce but, ce prisme de terre est reçu sur un tablier muni de rouleaux en plâtre ou en bois recouverts de feutre. Si la propulsion se fait d'une manière intermittente, ou si on débraye le propulseur au moment du coupage, il suffit d'employer l'*appareil coupeur fixe*, représenté par la figure 97. Celui-ci, outre le tablier à rouleau proprement dit, se compose d'un cadre métallique sur lequel sont tendus des fils d'acier passant entre deux rouleaux et ayant entre eux un écartement égal à la longueur des produits à obtenir. Lorsque le prisme d'argile s'est arrêté, un ouvrier saisit ce cadre qui tourne autour de deux pivots inférieurs, et le tire à lui en forçant les fils à traverser la masse de pâte et en la divisant ainsi en fragments qui sont enlevés à la main. Le cadre est ensuite replacé dans sa position primitive.

Lorsque la propulsion est continue, il faut se servir d'un *appareil coupeur mobile*. Celui-ci (*fig.* 98) se compose d'un premier tablier à rouleaux fixes et d'un second monté sur quatre roues pouvant se déplacer sur deux rails. Le prisme de pâte arrive sur le tablier fixe, puis s'engage sur le chariot qui a été amené en contact avec lui. La pâte tend à entraîner le chariot avec elle, mais l'ouvrier coupeur maintient celui-ci jusqu'à ce que le prisme de pâte ait atteint l'extrémité du chariot. Il cesse alors de retenir celui-ci, qui s'avance avec la même vitesse que la pâte, et il profite de cette solidarité de mouvement pour faire manœuvrer le

Fig. 98. — Appareil coupeur.

cadre portant les fils d'acier, comme dans l'appareil coupeur fixe précédemment décrit. Les produits découpés sont alors enlevés, puis l'ouvrier ramène le chariot en arrière pour le replacer dans sa position primitive.

Dans le cas où la propulsion se fait de haut en bas, comme il est représenté par la figure 86, la pâte est reçue sur un plateau équilibré, qui descend jusqu'au moment où le prisme atteint la longueur voulue. On arrête alors la propulsion, et on fait manœuvrer un cadre horizontal sur lequel est tendu un fil d'acier. Le produit coupé est enlevé, et le plateau remonte dans sa position primitive sous l'influence d'un contrepoids.

C. — *Moulage à la main*

105. Moulage avec moules en bois. — Lorsque les objets à mouler à la main ont des formes géométriques, des surfaces planes, de fortes épaisseurs, on se sert de moules en bois dans lesquels on comprime la pâte. Ces moules peuvent être en une ou en plusieurs pièces, suivant la forme de l'objet.

Le cas le plus simple est le moulage de briques ordinaires, qui se fait dans des cadres en bois (*fig.* 99) ayant un vide intérieur correspondant à la forme de la brique à mouler. Ce cadre est placé sur une table en bois, puis le mouleur prend une quantité de pâte légèrement supérieure à celle qui est nécessaire, la lance violemment dans le moule, fait refouler pour remplir les angles inférieurs, puis égalise avec un racloir la surface supérieure. Le démoulage se fait en soulevant le cadre et en pressant, s'il en est besoin, sur la face supérieure. Comme la pâte employée doit être très molle, on humecte le moule et la surface de la table pour empêcher l'adhérence. On se sert aussi pour le moulage des briques de moules métalliques à charnières, mais ce procédé de façonnage tout spécial sera décrit au chapitre IX.

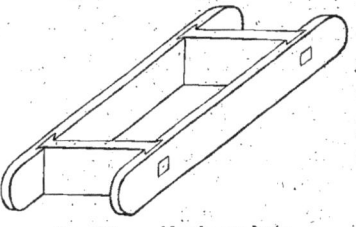

Fig. 99. — Moule en bois.

Le même procédé peut servir à mouler des briques de toutes formes et de toutes dimensions, ainsi que des carreaux, des plaques, etc. Pour que ce moulage réussisse bien, il faut que la pâte ait le degré de plasticité voulu, ne soit pas trop molle, et qu'on la force à bien remplir le moule, particulièrement les angles inférieurs.

Lorsque les objets ont une forme moins simple, comme c'est fréquemment le cas pour les terres cuites réfractaires, les moules peuvent être faits en plusieurs pièces démontables. Ils ressemblent alors aux moules employés en fonderie, le sable étant remplacé par une pâte suffisamment ferme pour pouvoir être pilonnée avec des dames en bois de forme appropriée. On trouvera, dans le chapitre X, des exemples de ce mode de façonnage.

Si l'objet doit avoir des parties délicates, évidées, ou qui exigeraient des moules trop compliqués, on commence par les façonner grossièrement ou en plein, puis, lorsque la pâte s'est suffisamment raffermie, on procède à un rachevage au moyen de différents outils manuels. Si la pâte n'a pas un grain trop grossier, cette opération se fait facilement, l'argile à consistance dure ou demi-dure se prêtant très bien au sculptage au moyen de lames tranchantes ou de fils d'acier tendus.

106. Moules en plâtre. — Lorsque les objets à mouler ont des formes non géométriques, ou sont ornementés, on se sert de moules en plâtre en une ou en plusieurs pièces. Le plâtre est, en effet, la seule matière pratiquement utilisable, qui, grâce à sa porosité, n'adhère pas avec la pâte argileuse toujours assez molle dont on est obligé de se servir dans le moulage à la main. On employait aussi autrefois des moules en terre cuite, mais on les a abandonnés à cause de leur confection plus difficile et plus onéreuse.

Le plâtre employé doit être de bon plâtre de moulage, qui est vendu en barils, et qui doit être conservé dans un endroit sec. Dans certaines fabriques on peut avoir intérêt à acheter le plâtre en pierres, alors on le pulvérise et on le cuit. Cette cuisson se fait dans des bassines en tôle chauffées par dessous. La température de cuisson du plâtre est de 120 à 150°. Il convient de maintenir le fond de la bassine à cette température, et de remuer le plâtre pendant tout le temps que dure sa déshydratation.

La confection des moules exige l'emploi d'un *modèle* représentant exactement l'objet à fabriquer, mais légèrement plus grand pour tenir compte du retrait de la pâte (voir chapitre v). Quelquefois ce modèle est un objet existant, en bois, en métal, en céramique, en verre, en ivoire, que l'on peut surmouler en plâtre après l'avoir graissé pour empêcher l'adhérence. Dans le cas où cet objet présenterait des parties rentrantes qui s'opposeraient au démoulage, il faudrait au préalable les boucher avec de la pâte plastique ou de la cire. Ces parties doivent être évidées à la main après le moulage.

Le plus souvent le modèle est créé spécialement en vue de la reproduction céramique. Il est alors sculpté en plâtre, pour tous les objets à contours fins et précis, et en argile à modeler pour les pièces à exécution plus large.

Les modèles en plâtre doivent être graissés ou huilés, avant le surmoulage. On se sert aussi, souvent, dans ce but, d'une dissolution de savon noir et d'huile d'olive. Pour éviter que le plâtre n'absorbe une trop grande quantité de corps gras, on peut d'abord passer une couche de résine dissoute dans l'alcool. Les modèles en argile n'exigent pas de préparations, mais l'humidité du plâtre les détériore, et ils ne peuvent servir qu'à un seul surmoulage.

La manière dont celui-ci se fait dépend naturellement de la forme du modèle, quelquefois celui-ci peut être facilement enlevé du moule, mais le plus souvent il est emprisonné, et il faut diviser le moule en plusieurs fragments pour pouvoir le sortir. Cette division se fait soit en sciant le plâtre, soit en le tranchant par un fil tendu pendant sa prise, soit en disposant d'avance des feuilles de carton ou de métal, à la place des joints. Lorsqu'on opère par sciage, il n'est pas nécessaire de pousser le trait de scie à fond; celui-ci étant suffisamment avancé, il suffit souvent d'un coup sec pour déterminer la rupture suivant le plan voulu.

Pour réunir les différents fragments d'un moule, on dresse leurs surfaces extérieures, et on coule tout autour une enveloppe de plâtre ou *chappe*. On trouvera dans le paragraphe suivant des exemples de cette disposition.

Le premier moule obtenu par le surmoulage du modèle ne sert au moulage que lorsqu'on ne veut faire qu'un petit nombre de pièces. Ordinairement, on le désigne sous le nom de *moule-mère* et il ne sert qu'à couler des *modèles-types* en plâtres, qui, à leur tour, sont surmoulés pour fournir les *moules de travail*. Les moules en plâtre se détériorent, en effet, assez rapidement, d'abord par suite de l'humidité constante qui leur est communiquée par la pâte, et ensuite à cause de la faible résistance du plâtre aux chocs ou à la pression. On ne peut que partiellement atténuer cet inconvénient en gâchant le plâtre avec un peu d'eau additionnée d'alun.

Les moules-mères sont conservés avec soin dans un local sec pour pouvoir toujours fournir des modèles-types conformes au modèle original.

107. Moulage avec moules en plâtre. — Le moulage à la main, dans des moules en plâtre, peut se faire en une seule opération. Dans ce cas le mouleur prend de petits fragments de pâte, *des balles*, qu'il applique contre le moule, à la main ou à l'aide d'une éponge, si la pâte adhère aux doigts. Mais il est souvent préférable de faire d'abord une ébauche, qui consiste simplement en une lame de pâte d'épaisseur uniforme, désignée sous le nom de *croûte*. Celle-ci se fait ordinairement, en posant sur une table dressée et humide une masse de pâte correspondant à la grandeur de la croûte à obtenir. Latéralement on dispose deux règles, dont l'épaisseur détermine celle de la croûte. Puis, on fait rouler sur ces règles un rouleau en bois humide, de manière à étendre la pâte. La croûte ainsi obtenue est enlevée à la main et appliquée contre le moule. Lorsque celui-ci a des parties fortement rentrantes qui obligeraient de trop refouler la croûte, en diminuant notablement son épaisseur, il est préférable de tailler des morceaux correspondants à ces parties et de les souder ensuite à la main contre le moule. Pour des pâtes peu plastiques, il est préférable d'étendre sur la table servant au moulage de la croûte une toile, ou mieux une peau humide, qui sert ensuite à enlever la croûte et à l'appliquer sur le moule, sans risquer de la rompre, comme cela pourrait arriver en la prenant avec les mains.

Lorsque les objets à mouler sont ronds, et évasés par le haut, on peut remplacer la croûte par une ébauche faite sur le tour, ayant environ la hauteur de la pièce à mouler et un diamètre assez réduit pour pouvoir pénétrer dans le moule. Cette ébauche prend dans ce cas le nom de *housse*, et le façonnage se fait en l'appliquant contre le moule à la main ou avec une éponge.

Les exemples suivants avec gravures feront mieux comprendre que toutes les descriptions les procédés du moulage à la main.

La figure 100 représente une métope, moulée en une pièce. Le moule en plâtre porte en creux les ornements de la face vue. Le moulage se fait en appliquant sur le moule une croûte de dimensions voulues et en la forçant avec la main ou avec une éponge à prendre la forme du moule. Comme la partie centrale manquerait de pâte, si celle-ci est plastique il suffit d'en ajouter à la main ou de faire refluer celle des parties extérieures ; si, au contraire, elle est maigre, on découpe dans la croûte des fragments correspondant au dessin qui sont ensuite soudés les uns aux autres. Le moulage terminé, on laisse la pièce se ressuyer dans le moule, puis, lorsqu'elle s'est détachée, par suite de son retrait, on renverse celui-ci, et la pièce moulée est recueillie sur une planchette où elle achève de se sécher.

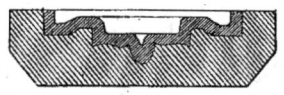

Fig. 100. — Procédé de moulage.

La figure 101 représente également le moulage d'une métope de forme plus compliquée, car on doit la faire en trois pièces. La première est moulée dans le moule A, comme dans le cas précédent, on enlève seulement avec un couteau la partie de la croûte qui se trouve au-dessus de l'ouverture centrale. La rosace est moulée dans un moule-chappe B, dans lequel sont deux pièces rapportées B' et B". Dans ce cas on ne peut se servir de croûte, mais on met la pâte sous forme de boudin cylindrique ou colombin, que l'on force à pénétrer dans le vide du moule, puis on soude les deux extrémités, et on lisse à la main la partie intérieure circulaire. Le démoulage se fait comme précédemment en renversant le moule, en soulevant la chappe B, puis en tirant latéralement les deux parties B' et B". Le bouton central est moulé de la même manière également dans un moule en trois pièces : C, C' et C". Les trois parties de la métope peuvent être ensuite soudées lorsque la pâte est suffisamment raffermie, mais ordinairement on les cuit séparément, et on les assemble ensuite avec du mortier.

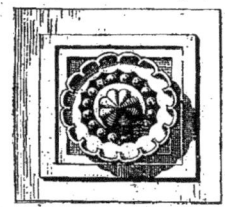
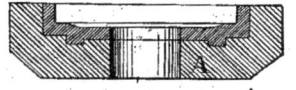
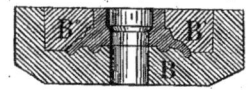
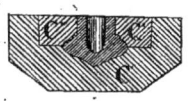

Fig. 101. — Procédé de moulage.

Lorsqu'il s'agit de mouler une pièce vue sous toutes ses faces, comme, par exemple, la chimère, figure 102 (1), on la moule en deux ou plusieurs parties qui sont ensuite soudées. Dans le cas présent, le modèle étant symétrique, la soudure se fait naturellement dans le plan médian. On commence par mouler le socle évidé, puis, dans deux moules séparés, chaque partie du corps de la chimère. Une coupe faite suivant la ligne mn indique la disposition du moule, qui est composé d'une chappe A dans laquelle est placée une série de pièces a, b, c, etc., réparties de manière à permettre le démoulage. Les deux moitiés de la chimère sont ainsi moulées, comme il a été indiqué précédemment ; après le ressuyage, elles sont démoulées, et soudées d'abord entre elles, puis avec le socle. Il est préférable de mouler la queue à part et de la rapporter également. Le moulage précédent s'applique à des pièces

---

(1) Les modèles de cette chimère, ainsi que ceux des deux métopes précédentes, appartiennent à MM. Perrusson fils et Desfontaines.

n'ayant pas de trop grandes dimensions; s'il n'en était pas ainsi, il faudrait faire l'objet en plusieurs pièces qui seraient cuites séparément et réunies ensuite avec du mortier, comme on l'a indiqué à propos de la figure 102.

On pourrait multiplier les exemples, car chaque modèle doit être spécialement étudié en vue de déterminer la forme la plus convenable à donner au moule, et surtout la position des joints qui doivent, d'une part, permettre le démoulage et, d'autre part, ne

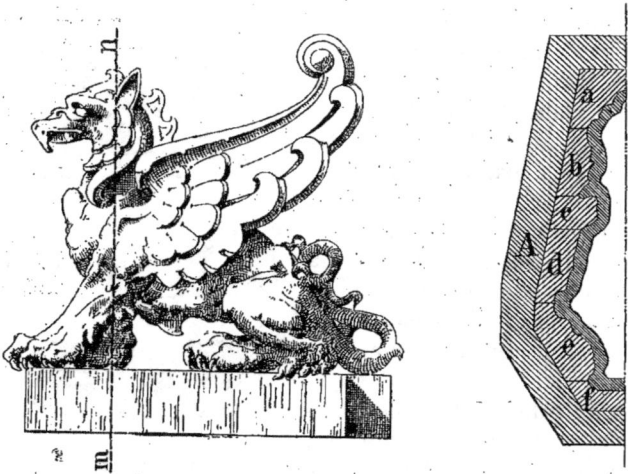

Fig. 102. — Procédé de moulage.

pas couper des parties délicates, comme le visage, par exemple, dans une statue, pour y éviter les retouches rendues nécessaires par la bavure du joint. Il faut également tenir compte du retrait de la pâte pendant le ressuyage, qui ne doit pas être entravé par la forme du moule, et enfin de la résistance de la poterie à la cuisson et pour son emploi ultérieur. Les exemples précédents suffisent, cependant, pour montrer les principes sur lesquels est basé le façonnage avec moules en plâtre; il en sera, du reste, reparlé dans l'étude spéciale des différentes espèces de poteries.

La confection des moules, qui, comme on le voit, exige une connaissance approfondie du métier, est ordinairement confiée à des spécialistes. Quant au moulage en lui-même, quelque simple qu'il puisse paraître, il exige également une certaine habileté professionnelle, pour répartir uniformément la pâte, sans que certaines parties soient plus comprimées que d'autres, pour effectuer

FAÇONNAGE   229

toute sa force vive ait été détruite par le travail des résistances. Avec les moules à écrasement, l'arrêt se produit lorsque les deux parties du moule arrivent en contact, le choc étant en principe atténué par la bavure de la pâte. Avec les moules à compression, c'est la pâte seule qui détermine l'arrêt du mandrin. Il en résulte qu'il est très important de mettre, chaque fois, une même quantité

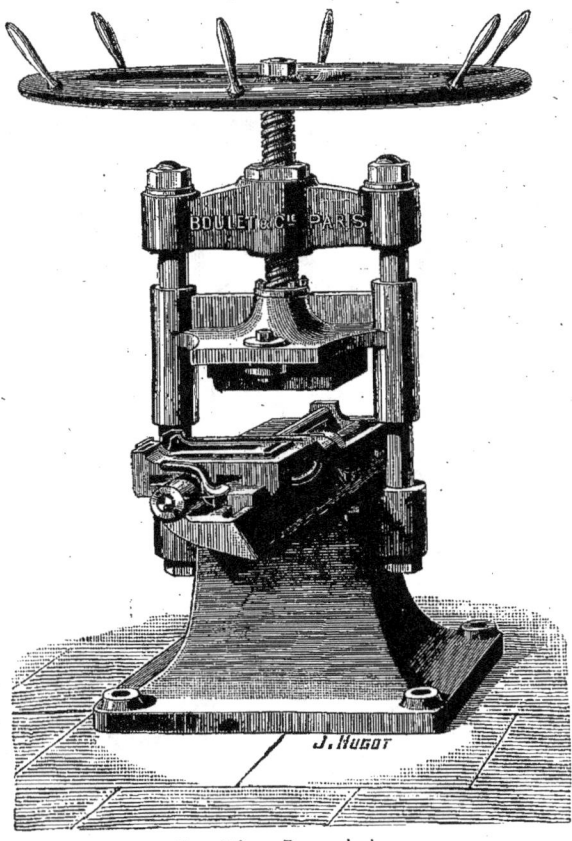

FIG. 119. — Presse à vis.

de pâte, faute de quoi les produits présenteraient des différences d'épaisseur.

Les presses à choc doivent être employées lorsque la puissance du moteur n'est pas suffisante pour donner la pression voulue. C'est particulièrement le cas des presses actionnées à bras d'homme. Les figures 118 et 119 montrent deux exemples de ce genre. Dans la première, l'homme agit en faisant porter le poids de son corps sur un *levier*, qui force les fonds de deux moules, formant mandrins, à s'élever en comprimant la pâte contre les chapeaux de ces moules. Ceux-ci sont représentés ouverts dans la

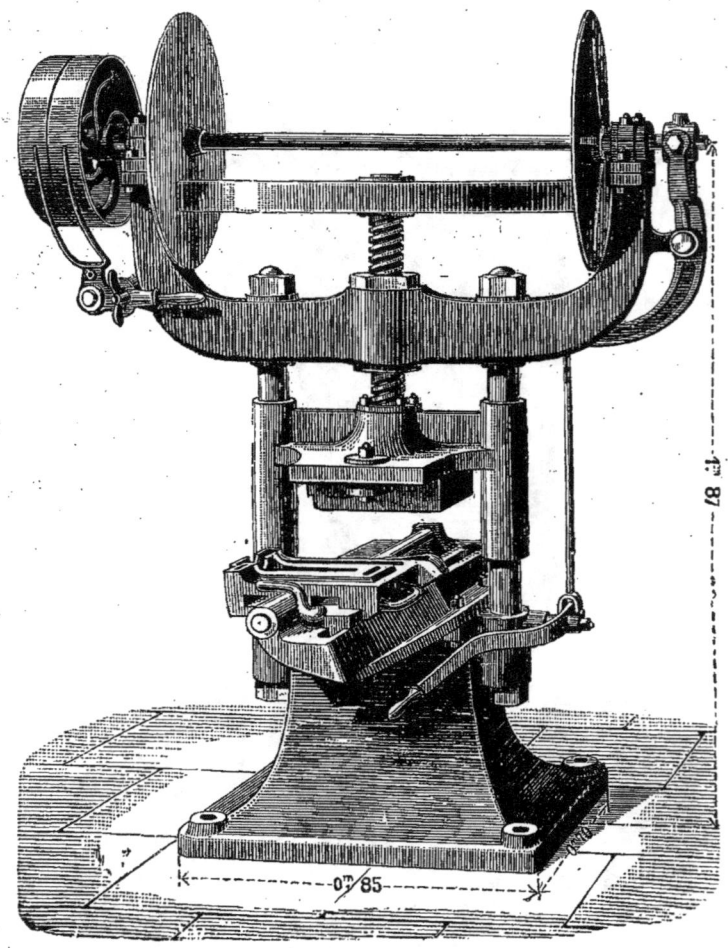

Fig. 120. — Presse à vis à moteur.

position qu'ils occupent au moment où on les remplit de pâte, au moment de la pression, ils sont rabattus et maintenus par un crochet. Le démoulage se fait en décrochant les chapeaux et en continuant d'élever les fonds au moyen d'un levier. Dans la seconde, le mouleur agit sur une *vis*, par l'intermédiaire d'un volant qu'il lance avec force, au moyen de poignées. La vis porte la partie supérieure d'un moule, dont la seconde moitié peut être déplacée le long d'une glissière, pour permettre de la renverser et d'opérer le démoulage.

La même disposition est souvent employée (*fig.* 120) en actionnant le volant de la vis au moyen de deux disques mis en mouvement par un moteur, l'un faisant tourner la vis par friction dans le sens de la descente et l'autre dans celui de la montée.

Fig. 121. — Presse à excentrique.

Un mécanisme manœuvré par l'ouvrier, ou quelquefois automatiquement, amène à tour de rôle chaque disque en contact avec le volant. Le démoulage peut se faire comme il est représenté par la figure 119, ou bien en soulevant le fond du moule par le mouvement ascensionnel de la vis.

Les presses à choc peuvent être construites en employant d'autres dispositions mécaniques, par exemple des pilons mus par des cames, des excentriques actionnés par un volant, etc.

Dans les *presses* agissant par *pression*, l'effort du moteur se produit pendant la compression. Cet effort peut être calculé, et la

Fig. 122. — Presse à excentrique.

pression exercée rapportée au centimètre carré de surface du moule. Le mouvement est intermittent ou continu.

FAÇONNAGE

Le type des presses à *mouvement intermittent* est la presse hydraulique dont le fonctionnement est trop connu pour qu'il soit nécessaire d'insister à ce sujet. Elles ne sont guère employées que pour le façonnage des carreaux, et on trouvera dans le chapitre relatif à cette fabrication des détails sur leur application en céramique.

Les presses à *mouvement continu* sont ordinairement basées sur l'emploi de cames ou d'excentriques, qui, à chaque mouvement de rotation de l'arbre moteur, donnent une ou plusieurs pressions croissantes.

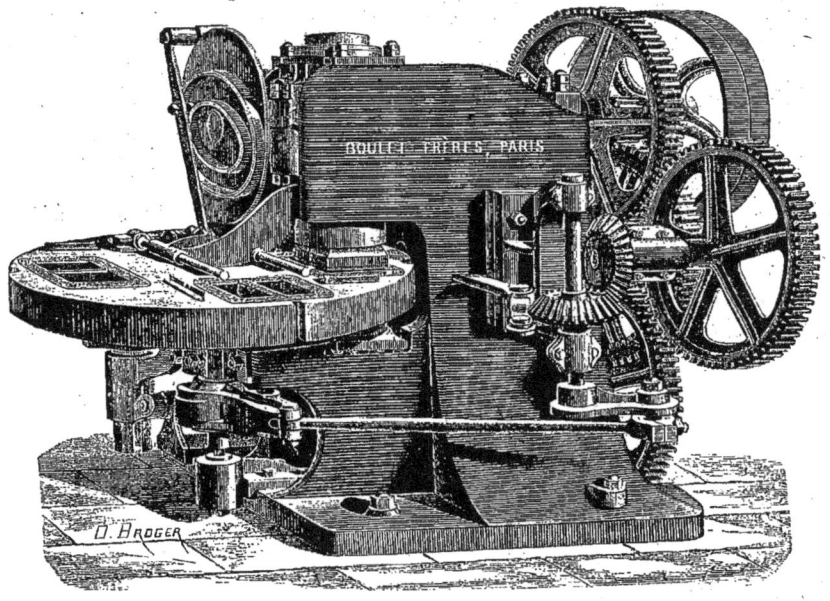

Fig. 123.

Lorsque les objets à façonner sont de très petites dimensions, on peut les actionner à bras, comme le représente la figure 121, mais généralement elles sont mises en mouvement par un moteur. La figure 122 représente une presse de ce genre, employée pour la fabrication des tuiles. La partie supérieure du moule reçoit par un excentrique un mouvement alternatif de haut en bas. Il y a cinq moules inférieurs disposés sur un tambour à cinq pans, qui tourne d'un cinquième de tour à chaque pression, de manière à permettre d'une manière continue de placer d'un côté une ébauche (galette) et de démouler de l'autre la tuile façonnée. Un verrou latéral maintient ce tambour immobile pendant la pression.

Enfin, comme dernier exemple, la figure 123 représente une presse à briques à excentrique, actionnant deux mandrins jumeaux, tandis que quatre fois deux matrices sont disposées sur un plateau tournant, faisant un quart de tour à chaque pression. Le démoulage se fait automatiquement par le soulèvement de la partie inférieure des moules. Des machines analogues, basées sur l'emploi d'excentriques, de cames, de leviers, ont été construites d'après un grand nombre de types différents, principalement pour le moulage des briques en pâte sèche ; on trouvera la description de quelques-unes de ces machines dans le chapitre relatif à cette fabrication.

F. — *Moulage par coulage*

112. Si on remplit un moule en plâtre sec avec une pâte liquide, et si, au bout de quelques minutes, on enlève le liquide restant, on trouve les parois du moule recouvertes d'une couche plus ou moins épaisse de pâte, tandis qu'une partie de l'eau a été absorbée par le plâtre. En laissant ensuite cette pâte se raffermir, on peut la démouler et obtenir ainsi un objet reproduisant exactement la forme du moule et ayant partout la même épaisseur.

Cependant, pour que ce dépôt puisse acquérir une épaisseur suffisante, il est indispensable que la pâte soit très peu plastique, pour que l'action absorbante du plâtre puisse continuer à se produire. Avec une pâte plastique, la première couche déposée forme un enduit imperméable à l'eau. Ce procédé de façonnage ne peut, par suite, être employé que pour certaines pâtes à porcelaine, ou, d'une manière plus générale, pour celles ayant comme base le kaolin.

La pâte doit être extrêmement fine et très bien préparée. Il convient, avant de l'employer au moulage, d'en séparer toutes les bulles d'air, et, dans ce but, de la faire passer par un tamis très fin.

Les moules ne diffèrent pas de ceux employés pour le moulage à la main. Suivant la forme de l'objet à reproduire, ils sont en une ou en plusieurs pièces. Après les avoir assemblés, on les place de telle manière que l'ouverture par laquelle on coulera la pâte se trouve à la partie supérieure. L'excès de pâte peut être enlevé soit par le même orifice, soit (ce qui est mieux pour les fortes pièces) par un orifice inférieur, qui est fermé pendant le coulage au moyen d'un tampon.

La pâte liquide est versée dans le moule assez doucement pour éviter qu'elle n'incorpore des bulles d'air. On la laisse séjourner quelques minutes, puis on enlève la pâte restante. La durée dépend de la plasticité de la pâte et du pouvoir absorbant du plâtre, c'est-à-dire de l'épaisseur des parois du moule et de leur degré d'humidité.

Suivant les dimensions des pièces, ces parois doivent avoir de 5 à 10 centimètres, et il est ordinairement nécessaire de faire sécher le moule dans une étuve après chaque opération. Rarement, pour de petites pièces, on pourra s'en servir deux fois consécutivement.

Si l'objet façonné doit avoir une assez grande épaisseur, il est préférable de faire le coulage en deux ou trois fois, laissant entre chaque opération la pâte se raffermir un peu.

Lorsque les moules ont des parties rentrantes étroites ou des ornements un peu fouillés, il est bon de les badigeonner avant le coulage avec de la pâte claire au moyen d'un pinceau, pour éviter que l'air n'y reste cantonné. Il peut se faire que l'action absorbante du plâtre soit trop rapide, ce qui a pour conséquence la rupture des pièces; mais il est facile d'y porter remède en recouvrant l'intérieur du moule d'une couche très étendue d'une émulsion de savon dur dans de l'huile d'olive.

Dans d'autres cas, pour de grandes pièces qui doivent avoir de fortes épaisseurs, on peut, au contraire, hâter l'absorption du plâtre en mettant l'extérieur du moule dans une boîte hermétiquement fermée, où l'on fait le vide au moyen d'une machine pneumatique. On peut arriver au même but en fermant, au contraire, l'intérieur du moule et en le mettant en communication avec un réservoir d'air sous pression.

Le moulage par coulage présente de grands avantages vis-à-vis des autres procédés. Il simplifie la préparation des pâtes, et permet le façonnage parfait des pièces très difficiles. Malheureusement, il ne s'applique qu'à certaines pâtes, et nécessite un très grand nombre de moules, qui se détériorent rapidement. Aussi ne peut-on s'en servir que pour le façonnage de certaines pièces minces, qu'il serait difficile, sinon impossible, d'obtenir par d'autres procédés.

G. — *Rachevage*

113. Le rachevage comprend une série d'opérations manuelles, très différentes suivant la forme de l'objet façonné, mais ayant toutes deux buts :
1° Corriger les imperfections du façonnage ;
2° Réunir les différentes pièces d'un objet qui ont dû être façonnées séparément.

Les *imperfections du façonnage* résident principalement dans les bavures des moules, et dans certaines parties qui ont dû être laissées pleines et qu'il faut évider. Lorsque les pièces ont été tournées, le rachevage se fait généralement sur le tour. On attend que la pâte se soit raffermie, et on opère comme il a été dit à propos du tournassage. Pour les objets obtenus par les autres procédés, le rachevage se fait au moyen d'outils manuels, de formes très diverses.

La seule difficulté de cette opération consiste à l'effectuer au moment où la pâte a pris la consistance convenable. Il faut que l'objet soit assez ferme pour ne plus se laisser déformer et que l'on puisse encore le tailler soit au moyen d'un couteau, soit avec un fil d'acier tendu de manière à ce qu'il se produise des copeaux et non des fragments granuleux. Lorsque ce rachevage doit se faire simultanément sur un grand nombre de pièces, il faut prendre certaines précautions pour que leur dessiccation s'opère également. Au besoin, on arrête celle-ci en conservant les objets dans un local humide.

Les opérations manuelles du rachevage portent différents noms, qui varient un peu dans les diverses branches de l'industrie céramique. On peut distinguer :

L'*ébarbage*, qui consiste à enlever les bavures des moules ;

Le *sculptage*, dans lequel on enlève les parties qui ont dû être laissées pleines pour pouvoir opérer le démoulage ;

L'*évidage* et le *perçage*, ayant pour but de faire dans la pâte des ouvertures ou des trous qu'il serait trop compliqué ou impossible d'obtenir directement au façonnage ;

Enfin, le *réparage*, destiné à corriger, au moyen d'un peu de pâte et avec des racloirs, les défauts : bulles, cavités, gerçures, qui ont pu se produire pendant le façonnage.

La *réunion des parties* séparées d'un même objet peut se faire par soudage ou par collage.

Le *soudage* s'emploie pour réunir les parties épaisses, on en a donné un exemple à propos du tournage (*fig.* 73). Il doit s'effectuer lorsque la pâte est encore suffisamment plastique pour pouvoir être façonnée à la main, et cependant déjà assez résistante pour ne pas se déformer sous une certaine pression. Les parties à réunir sont taillées en biseau, comme il est représenté par la figure 124. Si la soudure doit se faire dans un angle, on ajoute un peu de pâte dans la partie rentrante, après l'avoir façonnée sous forme de petit cylindre ou colombin. Les par-

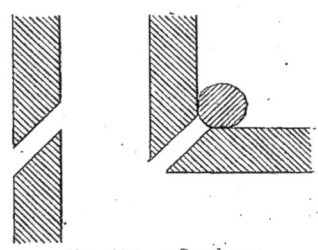

Fig. 124. — Soudage.

ties à réunir sont préalablement humectées, puis on passe une main à l'intérieur, l'autre à l'extérieur, et on presse, en s'efforçant avec les doigts de mélanger intimement les pâtes des deux parties. Lorsque la forme de l'objet empêche d'introduire la main d'un côté, on la remplace par une éponge humide fixée au bout d'un bâton. La soudure terminée, on la lisse avec une éponge et on l'égalise avec des racloirs.

Le *collage* est employé pour les pâtes peu plastiques, et pour

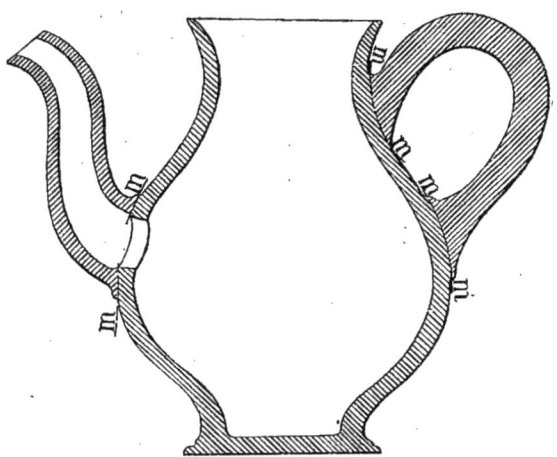

Fig. 125. — Collage.

les objets fins : anses, becs, pieds, ornements, etc., qui ont été façonnés à part et qui seraient déformés par le soudage. La pâte doit, dans ce cas, être plus consistante. Les objets à réunir, ayant été façonnés et ajustés de manière que les surfaces à coller se rapportent exactement l'une sur l'autre, on rend celles-ci légèrement rugueuses, au moyen d'un petit outil en fer ou d'un peigne, on les recouvre de pâte assez liquide et on les presse fortement l'une contre l'autre. Au bout de peu de temps, on peut les lâcher, et enlever l'excès de pâte qui forme bavure, au moyen d'un pinceau. La figure 125 montre les surfaces de collage (mm) d'un vase avec une anse et un bec. Le collage est une opération très simple, mais, pour qu'elle réussisse bien, il faut que les objets à coller, ainsi que la pâte liquide, aient la consistance voulue; ce n'est que l'expérience qui, dans chaque cas, permet de déterminer les conditions les plus propices.

Les opérations manuelles du collage sont désignées sous le nom de *garnissage* lorsqu'elles s'appliquent aux anses, aux becs, aux pieds, et par celui d'*applicage*, lorsqu'elles ont pour but la pose d'ornements.

H. — *Engobage*

114. L'engobage est une opération qui a pour but de recouvrir une pâte façonnée d'une couche d'une autre pâte désignée sous le nom d'engobe. En le faisant, on peut avoir trois buts :

1° Modifier la coloration et l'aspect de la pâte primitive ;

2° Communiquer à celle-ci les propriétés voulues pour qu'elle puisse être recouverte d'une glaçure déterminée ;

3° Obtenir par l'emploi de pâtes de colorations diverses des effets décoratifs. Les moyens employés à cet effet seront mentionnés dans le chapitre relatif à la décoration des poteries.

Considéré seulement en vue de remplir les deux premiers buts, l'engobage est une opération très simple en elle-même. La seule difficulté consiste à trouver une engobe remplissant les conditions requises et ayant le même retrait à la dessiccation et à la cuisson que la pâte façonnée. On ne peut arriver à la composition voulue que par des essais, dans lesquels on prend pour base l'engobe que l'on a en vue. Puis, on lui mélange soit une matière plastique, comme de l'argile blanche, soit un dégraissant, comme du sable fin, jusqu'à ce que les pièces d'essai obtenues soient sans défauts. Si la pâte a plus de retrait que l'engobe, celle-ci se fissure laissant par place la pâte nue. Si le défaut contraire se produit, l'engobe se détache et s'exfolie.

Lorsque l'engobe a la composition voulue, on la délaye à l'état de pâte liquide, comme il a été dit à propos de la préparation des pâtes. Il suffit de faire observer que, la quantité d'engobe employée étant toujours très faible, ce sont les procédés applicables aux petites productions qui doivent être utilisés.

De son côté, la pâte façonnée doit être assez raffermie pour pouvoir être manipulée sans danger de déformation et, d'autre part, elle ne doit pas être trop sèche afin de ne pas absorber l'eau de l'engobe, qui se dessécherait de suite et n'adhérerait pas.

La pose de l'engobe se fait de différentes manières :

Par trempage de l'objet dans un vase contenant l'engobe liquide, soit qu'on le plonge entièrement, soit qu'on ne trempe que les parties que l'on veut engober;

Par arrosement, en versant sur l'objet l'engobe dont l'excédent tombe dans un vase placé au dessous, procédé employé lorsqu'on ne veut engober que l'extérieur;

En remplissant l'objet avec le liquide et en le vidant peu après, méthode utilisée pour engober l'intérieur des vases;

Enfin, au moyen de l'application avec un pinceau.

Il arrive quelquefois que l'engobe, formée d'argile blanche et de sable, est notablement plus réfractaire que la pâte, et y adhère mal après la cuisson. On peut remédier à ce défaut en y ajoutant une certaine proportion (de 1 à 10 0/0) d'alcalis, qui augmentent notablement la fusibilité et l'adhérence.

Dans certains cas, il est nécessaire de donner à l'engobe une épaisseur plus forte que celle qu'il est possible d'obtenir par les moyens de pose qui viennent d'être indiqués. Cette circonstance se présente particulièrement pour les carreaux de pavement, qui sont sujets à diminuer d'épaisseur par l'usure, ou bien lorsque, dans le façonnage au moule, les poteries ont des parties saillantes auxquelles on désire conserver une forme précise. Dans le premier cas, l'engobe mince serait rapidement détruite et laisserait apparaître la pâte avec sa couleur naturelle ; dans le second cas, elle empâte les contours, émousse les arêtes, et enlève à la poterie le caractère spécial que l'on voulait lui donner.

Il faut alors avoir recours à un procédé d'engobage, connu sous le nom assez impropre d'*incrustation*, qui consiste à mouler simultanément deux pâtes formant deux couches superposées, la plus mince placée sur le parement apparent constituant l'engobe, et la plus épaisse, intérieure, servant à donner à la poterie l'épaisseur nécessaire pour sa solidité, représentant la pâte proprement dite. Suivant les procédés de façonnage employés, l'incrustation peut se faire de différentes manières. Dans le façonnage à la main avec moules en plâtre, on commence par appliquer la couche d'engobe dans le moule, de manière à ce qu'elle remplisse bien toutes les parties en relief, puis on ajoute la pâte en s'efforçant de la souder aussi bien que possible avec l'engobe. Dans le façonnage à la presse, on fait d'abord une ébauche, au moyen de deux couches de pâtes parallèles superposées, ou bien lorsque le façonnage se fait en pâte sèche, on commence par mettre dans le moule une certaine quantité d'engobe en poudre, et on achève le remplissage par de la pâte pulvérisée. Dans les deux cas la pression détermine l'adhérence de la pâte et de son engobe.

On trouvera dans le chapitre VIII, relatif à la décoration, d'autres indications sur les engobes colorées.

CHAPITRE V

SÉCHAGE

Sommaire : § 1. *Dessiccation des pâtes* : Théorie de la dessiccation. — Influence de la nature des pâtes, de la consistance, du mode de façonnage, de la forme des objets, de la durée de la dessiccation.

§ 2. *Procédés de séchage* : Séchage par évaporation. — Aération. — Chauffage. — Ventilation. — Séchoirs chauffés et aérés. — Séchoirs chauffés et ventilés à étagères fixes et mobiles. — Séchage par absorption.

§ 1. — Dessiccation des pâtes

115. Théorie de la dessiccation. — On désigne sous le nom de *séchage* l'opération par laquelle on enlève aux pâtes l'eau de façonnage. Elle a pour but de les raffermir suffisamment pour qu'elles puissent supporter les manipulations de l'enfournement et de rendre leur cuisson plus rapide et moins aléatoire. Ce n'est que lorsque le façonnage a été fait en pâte sèche, que l'on peut quelquefois éviter le séchage et enfourner immédiatement les pâtes façonnées.

On a vu, dans le chapitre précédent, que le séchage pouvait se faire, au moins partiellement, soit par évaporation, soit par absorption dans des moules en plâtre. Mais, quel que soit le procédé, les modifications qui se produisent dans les pâtes sont les mêmes, et on peut d'abord les étudier indépendamment de leur cause.

Si on examine ce qui se passe dans le séchage d'une pâte façonnée quelconque, on voit que ce sont naturellement les surfaces qui commencent par perdre une certaine proportion d'eau. Celle-ci leur est en partie rendue par les couches intérieures les plus voisines, puis cette action se transmet de proche en proche jusqu'au milieu de la masse. Il se produit donc un écoulement de l'eau du centre vers les surfaces d'autant plus rapide que l'élimination est plus intense, mais dont la vitesse dépend aussi de la texture de la pâte.

Cet écoulement se fait par capillarité. Il continue avec la même vitesse tant que l'action desséchante ne s'est pas transmise au centre du produit ; à partir de ce moment, le réservoir d'humidité commençant à baisser, la vitesse de l'écoulement diminue ; mais ce n'est qu'au bout d'un temps assez long qu'il cesse complètement, lorsque la pâte est uniformément sèche.

L'élimination de l'eau se fait donc théoriquement en deux périodes : dans la première, elle est constante, proportionnelle à la durée de la dessiccation ; dans la seconde, elle diminue progressivement pour finir par s'annuler.

D'un autre côté, tant qu'il reste dans la pâte une quantité d'eau suffisante pour permettre aux grains de se déplacer, ceux-ci se rapprochent, comblant les vides causés par le départ de l'eau qui les séparait. Il en résulte une diminution de volume égale au volume d'eau éliminé.

Cette action continue jusqu'à ce qu'il ne reste plus assez d'eau pour permettre aux grains de se mouvoir. A partir de ce moment, l'élimination de l'eau a pour conséquence la production, dans l'intérieur de la pâte, de vides égaux au volume d'eau disparu.

Cette seconde phase de la dessiccation continue jusqu'à ce que toute l'eau de façonnage ait été éliminée.

Si la dessiccation se faisait également dans toute la masse, ces deux phases seraient nettement distinctes, mais cette condition étant impossible à remplir, les arêtes et les surfaces étant forcément sèches avant le centre, la dessiccation se subdivise en réalité en trois phases :

1° Celle dans laquelle la pâte diminue de volume proportionnellement à l'eau éliminée ;

2° Celle où il commence à se former des vides, en même temps que la pâte continue à se contracter ;

3° Celle où le volume cesse de diminuer, les vides qui se produisent étant proportionnels à l'eau éliminée.

Ces considérations théoriques peuvent facilement être constatées en déterminant, pendant toute la durée de la dessiccation d'une pâte et à intervalles assez rapprochés, son poids et son volume. Le tableau suivant donne un exemple d'essais de ce genre, faits sur une argile plastique, façonnée à la main sous forme de colombins de 4 centimètres de diamètre et 20 centimètres de longueur, la consistance étant celle de la pâte demi-molle.

DURÉE	POIDS		RETRAIT	VOLUMES			
en heures	de l'argile	de l'eau	linéaire	de l'argile	de l'eau	des vides	Total
	0/0	0/0	0/0	0/0	0/0	0/0	
2	75	25,0	2,1	55,1	44,9	»	100,0
12	id.	21,5	3,7	id.	38,7	0	93,8
24	id.	18,0	5,1	id.	32,4	1,8	89,3
36	id.	14,5	6,5	id.	26,1	3,3	84,5
48	id.	11,2	7,6	id.	20,2	6,4	81,7
60	id.	8,0	8,0	id.	14,4	9,4	78,9
72	id.	5,6	id.	id.	10,1	12,7	77,9
84	id.	3,8	id.	id.	6,8	16,0	id.
96	id.	2,5	id.	id.	4,5	18,3	id.
108	id.	1,7	id.	id.	3,1	19,7	id.
120	id.	1,1	id.	id.	2,0	20,8	id.
132	id.	0,7	id.	id.	1,3	21,5	id.
144	id.	0,3	id.	id.	0,5	22,3	id.
156	id.	0	id.	id.	0	22,8	id.

On voit que la pièce d'essai ayant en poids 75 0/0 d'argile et 25 0/0 d'eau, et en volume 55,1 0/0 d'argile et 44,9 d'eau, a éprouvé pendant une dessiccation qui a duré cent cinquante-six heures, un retrait linéaire de 8 0/0, son volume s'étant réduit à 77,9, composé de 55,2 0/0 d'argile et de 22,8 0/0 de vides.

Ces chiffres peuvent être présentés sous forme graphique (*fig.* 126), en portant sur une ligne horizontale des divisions proportionnelles au nombre d'heures, en élevant par chaque douze heures des verticales, sur lesquelles sont marqués les volumes de l'argile, de l'eau, des vides, du retrait, et en réunissant par des lignes continues les points ainsi déterminés.

Dans la première phase de la dessiccation, durant environ douze heures, le volume initial de la pièce d'essai représenté par AC, dont AB pour l'eau et BC pour l'argile, se réduit à EG, dont EF pour l'eau, le retrait DE étant égal au volume d'eau éliminé.

Dans la deuxième phase, durant de la douzième à la soixante-neuvième heure, le volume se réduit de EG à IL, l'eau passe de EF à JK, et les vides, d'abord nuls, deviennent égaux à IJ.

Enfin, dans la troisième phase, durant de la soixante-neuvième à la cent cinquante-sixième heure, le volume ne varie plus, IL étant égal à NP, et il se forme des vides à la place de l'eau, qui s'élimine de plus en plus lentement.

Le tableau précédent, ainsi que la graphique (*fig.* 126), ne se rapportent, bien entendu, qu'aux conditions de l'expérience, c'est-à-dire à une argile plastique déterminée, moulée à la main sous forme de colombins séchés lentement et régulièrement. Il suffirait d'en modifier une quelconque pour avoir des résultats plus ou moins différents, mais l'exemple précédent a été choisi comme type, parce qu'il représente un cas fréquent en céramique.

La théorie de la dessiccation des pâtes étant ainsi établie, il reste à examiner l'action de la nature de la pâte, de la consistance et du mode de façonnage, de la forme des objets et enfin de la durée de la dessiccation.

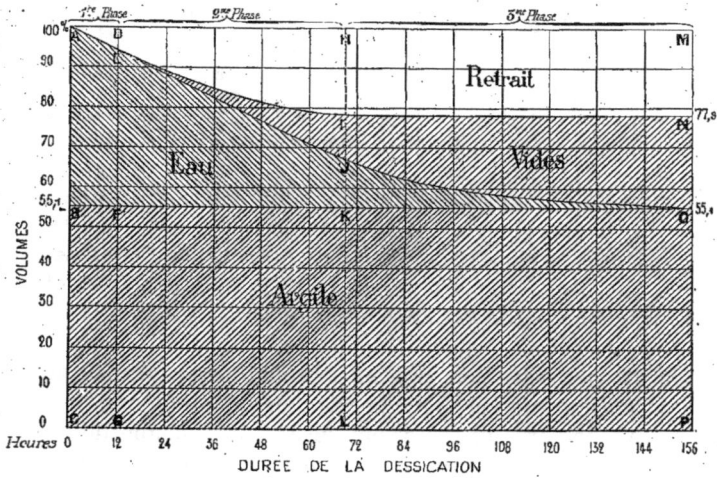

Fig. 126. — Graphique de la dessiccation.

116. Influence de la nature de la pâte. — Le tableau suivant indique les résultats d'un grand nombre d'essais faits sur les argiles les plus diverses en mesurant la durée de la dessiccation, le retrait et les vides. On a opéré en donnant à toutes les pâtes la consistance de la pâte demi-molle ; on a façonné des colombins, comme précédemment (diamètre, 4 centimètres ; longueur, 20 centimètres), qui ont été séchés simultanément. Les argiles ont été divisées en quatre catégories : kaolins (moyenne de sept essais différents), argiles plastiques (six essais), argiles moyennement plastiques (quinze essais), et argiles maigres (neuf essais).

			DURÉE DE LA DESSICCATION	POIDS		RETRAIT LINÉAIRE	VOLUMES				RAPPORT DES VIDES
				DE L'ARGILE	DE L'EAU		DE L'ARGILE	DE L'EAU	DES VIDES	TOTAL	
ARGILES	KAOLINS	Pâte plastique. » sèche....	» 93	72,7 id.	27,3 0	» 4,75	52,6 id.	47,4 0	0 33,8	100,0 86,4	» 39,0
	plastiques {	» plastique. » sèche....	» 180	72,9 id.	27,1 0	» 10,50	52,8 id.	47,2 0	0 18,8	100,0 71,6	» 26,3
	moy.t plast.ques {	» plastique. » sèche....	» 144	78,4 id.	21,6 0	» 8,30	59,7 id.	40,3 0	0 17,3	100,0 77,0	» 22,5
	maigres {	» plastique. » sèche....	» 120	83,2 id.	16,8 0	» 6,80	66,5 id.	33,5 0	0 14,5	100,0 81,0	» 17,9

Ces expériences montrent les différences qu'il y a, au point de vue de la dessiccation, entre les kaolins et les argiles plastiques. La proportion d'eau de façonnage est la même, mais les kaolins ont une dessiccation beaucoup plus prompte, un retrait notablement plus faible et, par suite, une plus grande proportion de vides. Par contre, les argiles proprement dites ne présentent d'autres différences que celles qui résultent de la proportion variable d'eau de façonnage. Les résultats précédents étant des moyennes, certaines argiles peuvent s'en écarter sensiblement, mais alors l'examen de leur composition révélera toujours la cause de ces divergences.

Les chiffres précédents sont représentés graphiquement par la figure 127.

On obtiendrait avec les différentes pâtes plastiques des résultats analogues.

Ainsi, en ce qui concerne la durée de la dessiccation, le retrait, le volume des vides, il faut d'abord distinguer les pâtes kaoliniques des pâtes argileuses. Les premières, toutes choses étant égales, sèchent plus rapidement, ont moins de retrait et plus de vides. Cette distinction primordiale étant faite, les pâtes ne varient entre elles, au point de vue de la dessiccation, que par leur teneur en eau de façonnage. Plus celle-ci est élevée, plus la durée de la dessiccation est longue, plus le retrait et plus les vides sont importants. Il convient de rappeler que la proportion d'eau de façonnage ne dépend que de la texture de la pâte, c'est-à-dire de la finesse de ses grains. Comme les grains d'hydrosilicate d'alumine sont les plus ténus, ce sont eux qui nécessitent le plus d'eau ;

puis viennent ceux du carbonate de chaux, ceux de la silice (sable, quartz, silex, etc.) finement pulvérisée et, enfin, ceux de la silice en gros grains. Ainsi, à égalité de plasticité une argile pure dégraissée avec des calcaires absorbera notablement plus d'eau de façonnage, que la même argile dégraissée avec de la silice.

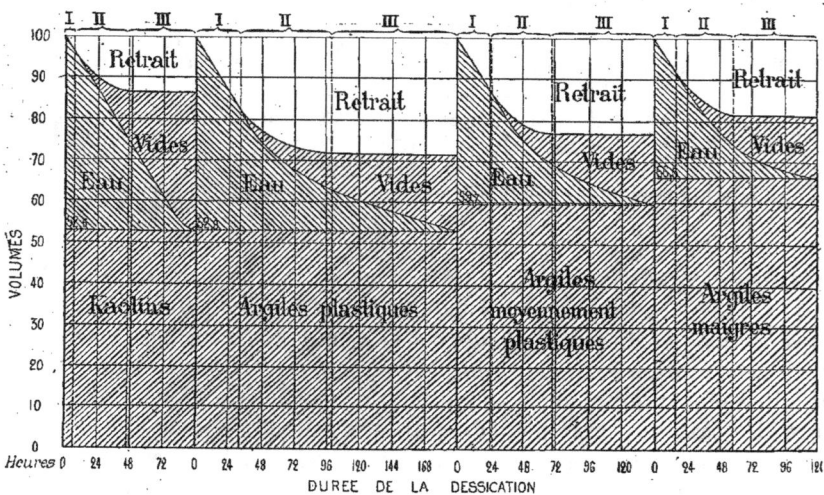

Fig. 127. — Graphique de la dessiccation des différentes pâtes.

117. Influence de la consistance. — En modifiant la consistance d'une même pâte, il est évident, d'après ce qui précède, que l'on fera varier en même temps la durée de la dessiccation, le retrait et la proportion des vides. Plus la pâte sera ferme, plus la dessiccation sera rapide, plus le retrait et les vides seront faibles ; cependant il n'y a pas proportionnalité absolue entre ces différentes quantités.

Si on veut, par exemple, façonner avec une pâte argileuse moyennement plastique, contenant 5 0/0 d'eau hygrométrique, des colombins ayant un volume, après séchage, de 100, il faudra qu'à l'état humide on donne à ces colombins un volume de :

```
100 pour   5 0/0 d'eau.
104   —   10     —
111   —   15     —
120   —   20     —
130   —   25     —
144   —   30     —
```

c'est-à-dire que le retrait en volume sera de :

```
0 0/0 pour   5 0/0 d'eau, soit un retrait linéaire de 0   0/0
4    —     10    —                    —         1   —
11   —     15    —                    —         4   —
20   —     20    —                    —         7   —
30   —     25    —                    —        11   —
41   —     30    —                    —        16   —
```

D'autre part, ces 100 volumes de pâte contiendraient après séchage :

```
20    0/0 de vides pour   5 0/0 d'eau
21         —            — 10    —
22,5       —            — 15    —
24,5       —            — 20    —
27         —            — 25    —
30         —            — 30    —
```

Dans la figure 128, ces chiffres ont été représentés sous forme graphique, mais il est bien entendu qu'ils ne sont donnés qu'à titre d'exemple, car ils dépendent de la nature de la pâte, du mode de façonnage, de la forme de l'objet et, dans une certaine mesure, de la rapidité de la dessiccation. Il ne faut donc pas tenir compte de leur valeur absolue, mais seulement retenir la loi générale qu'ils représentent.

La durée de la dessiccation est évidemment ainsi influencée par la proportion d'eau de façonnage. En faisant des pièces d'essai identiques, avec des pâtes contenant plus ou moins d'eau, en les séchant ensemble lentement et en les pesant à intervalles réguliers, on peut se rendre compte que les trois quarts environ de l'eau sont évaporés pendant un temps qui

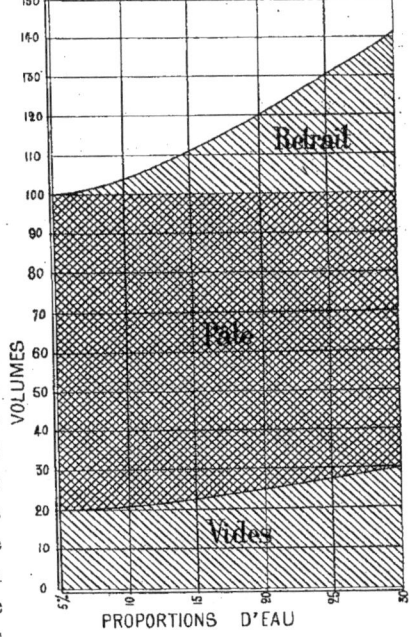

FIG. 128. — Influence de la consistance sur le retrait et les vides.

est sensiblement proportionnel à la teneur en eau, mais qu'à partir de ce moment la dessiccation devient d'autant plus lente que la pâte est plus consistante. En portant sur une horizontale la durée en jours du séchage, sur des verticales la proportion d'eau restante, et en joignant par des lignes les points ainsi obtenus, on peut représenter d'une manière graphique la marche de la dessiccation. La figure 129 représente un essai de ce genre, fait sur la pâte dont il a été parlé précédemment ; il faut également ne le considérer qu'à titre d'indication générale.

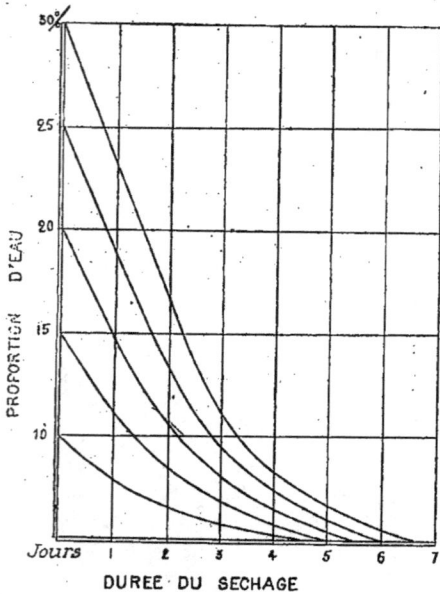

Fig. 129. — Influence de la consistance sur la durée de la dessiccation.

En principe, les différents modes de façonnage n'ont d'autre influence sur la dessiccation que celle qui résulte des variations dans la consistance des pâtes. Il faut cependant faire exception pour certains défauts de façonnage, qui se révèlent au moment du séchage et qui ont pour origine des inégalités dans la pression. Celles-ci sont assez fréquentes dans le moulage à la main et dans le tournage, lorsque l'ouvrier n'exerce pas avec les mains une pression bien régulière. Elles se produisent aussi dans l'étirage, où il est difficile, comme on l'a vu, d'obtenir une pression uniforme dans toute la section. Enfin, dans le moulage à la presse, elles peuvent résulter d'un défaut dans le moule. Dans tous ces cas, les parties plus comprimées séchant plus lentement, il en résulte des inégalités dans le retrait qui provoquent la déformation des produits.

118. Influence de la forme des objets. — L'évaporation se faisant par les surfaces, il est évident que la dessiccation sera d'autant plus rapide que celles-ci seront plus grandes par rapport au volume. Ainsi, une brique pleine de $22 \times 10,5 \times 6$ a une surface de 852 centimètres carrés et un volume de 1.386 centimètres cubes, tandis qu'une brique creuse de mêmes dimensions, ayant six trous et des parois de 1 centimètre d'épaisseur, aura une surface de 1.799 centimètres carrés et un volume de 963 centimètres cubes. Le rapport de la surface au volume est, dans le premier cas, de 1 à 0,613 et, dans le second, de 1 à 1,870. La dessiccation se ferait donc trois fois plus rapidement pour la brique creuse que pour la brique pleine.

Cette proportionnalité se vérifie sensiblement dans la pratique pour tous les produits ayant une épaisseur uniforme et relativement faible, tels que les briques creuses, les carreaux, les tuiles, les poteries minces, mais il n'en est plus de même pour les objets très épais, l'écoulement de l'eau par capillarité devenant de plus en plus difficile à mesure que l'épaisseur augmente. Pour de très gros objets, tels que les blocs réfractaires, on ne peut même obtenir une dessiccation complète qu'en employant des moyens de séchage énergiques.

En séchant trois sphères de diamètres différents, façonnées à la main, avec une pâte assez maigre contenant 20 0/0 d'eau, on a obtenu les résultats suivants :

Diamètres des sphères..................	5,2	10	19,2	centimètres.
Rapport des surfaces	1	3,65	13,4	—
— des volumes...................	1	7	49	—
— des surfaces aux volumes	1	1,91	3,66	—
La moitié de l'eau était évaporée au bout de............................	40	64	120	heures.
La dessiccation était complète au bout de	100	250	600	—

D'une manière générale, on peut poser en principe que, pour les objets minces, la durée de la dessiccation, toutes choses égales, est proportionnelle à l'épaisseur ou au rapport de la surface au volume.

Pour les objets épais, la dessiccation suit, au début, une marche analogue, mais elle se ralentit considérablement vers la fin, et il devient difficile d'enlever les dernières traces d'humidité.

Lorsque la pâte est homogène, il est évident que le retrait doit se faire uniformément dans tous les sens, toutes les dimensions diminuant dans les mêmes proportions. Cependant, pour que ce principe soit applicable, il faut que le retrait puisse se faire également et ne soit pas entravé par la forme même de l'objet. Les parties minces, les angles, les arêtes séchant plus rapidement, leur retrait est entravé par la résistance de parties plus épaisses encore humides. Puis, lorsque celles-ci se dessèchent, elles sont à leur tour gênées dans leur retrait par les parties minces déjà rigides. Il en résulte des déformations et des tensions qui peuvent provoquer des ruptures.

D'une manière générale, il est bon d'observer dans la confection des modèles les règles suivantes :

1° Éviter les parties trop épaisses, en y faisant, s'il est nécessaire, des évidements, de sorte que tout l'objet ait autant que possible une épaisseur uniforme. Si cette condition est impossible à remplir, éviter au moins le passage brusque d'une épaisseur à une autre en faisant des raccords ;

2° Éviter les formes dissymétriques ou les parties trop saillantes. Si ces formes sont imposées, il est préférable de faire l'objet en deux ou plusieurs pièces ;

3° Éviter les objets de trop grandes dimensions, surtout lorsqu'une d'elles est exagérée par rapport aux autres. Il vaut mieux, comme précédemment, les composer de plusieurs fragments.

Même en appliquant ces règles, il est rare que, pour des pièces assez grandes ou de formes plus compliquées, le retrait soit absolument uniforme, et il est ordinairement nécessaire, lorsque les dimensions doivent être rigoureuses, de faire des retouches dans le modèle, d'après les résultats observés sur un premier façonnage.

119. Influence de la rapidité de la dessiccation. — Lorsque la dessiccation se fait lentement et régulièrement, l'inégalité entre l'humidité des arêtes, des surfaces, des parties minces et celle des parties intérieures ou plus épaisses reste assez faible pour que les variations de retrait n'aient pas de conséquences fâcheuses. Il n'en est plus de même lorsque la dessiccation est très rapide. L'antagonisme entre les parties déjà sèches et celles qui sont encore humides peut devenir assez grand, non seulement pour déformer, mais quelquefois même pour briser le produit.

La rapidité avec laquelle le séchage peut se faire dépend de la forme de l'objet et de la texture de sa pâte. En ce qui concerne la forme, on vient d'indiquer les conditions qu'elle doit remplir ; quant à la pâte, elle ne devrait être ni trop plastique ni trop maigre. Dans le premier cas, l'importance du retrait provoque des déformations, et dans le second le manque de cohésion amène des ruptures.

Pour certains objets ayant des parties minces séchant trop rapidement, on est obligé d'en retarder la dessiccation en les recouvrant de toiles humides, de pâte, de corps gras, etc. On peut également n'achever leur façonnage que lorsque la dessiccation est assez avancée pour qu'il ne se produise plus de retrait.

En se rapportant à la théorie de la dessiccation, on voit que le retrait, important dans la première période, se réduit progressivement dans la seconde, pour s'annuler dans la troisième. Il s'ensuit que la dessiccation doit se faire avec une certaine lenteur dans les débuts du séchage, mais qu'à partir du moment où, la pâte ayant perdu sa plasticité, il n'y a plus de retrait, on peut sans crainte fortement activer l'évaporation. Dans la pratique, on reconnaît facilement ce moment de transition au changement de coloration de la pâte, qui devient plus claire.

Les considérations précédentes permettent également de se rendre compte que le retrait doit être légèrement plus faible lorsque la dessiccation est rapide que lorsqu'elle est lente. Un essai direct a montré que de deux colombins identiques façonnés avec une même pâte, l'un, séché en vingt-quatre heures, a eu un retrait de 7,75 0/0 ; et l'autre, dont la dessiccation a duré quinze jours, a pris 8,50 0/0 de retrait.

§ 2. — Procédés de séchage

120. Séchage par évaporation. — Pour sécher une pâte par évaporation, il faut la placer dans une atmosphère relativement sèche pouvant lui fournir une certaine quantité de chaleur et se renouvelant de manière à enlever l'eau évaporée. On peut se proposer de déterminer d'abord, indépendamment du procédé de séchage employé, le volume V d'air et la chaleur C nécessaires pour évaporer 1 kilogramme d'eau contenue dans une pâte ayant $n\,^0/_0$ d'eau de façonnage.

Soient : θ la température ambiante ;

T, température de l'air entrant dans le séchoir ;

t, — de l'air sortant du séchoir ;

p, le poids de vapeur d'eau en grammes contenu dans 1 mètre cube d'air entrant ;

P, le poids de vapeur d'eau en grammes contenu dans 1 mètre cube d'air sortant ;

α, le coefficient de dilatation des gaz = 0,00366 ;

$1^{kg},3$; le poids d'un mètre cube d'air à 0° ;

0,237, la chaleur spécifique de l'air ;

0,200 — — de la pâte.

1 mètre cube d'air sortant à $t°$, correspondant à $1 \times \dfrac{1 + \alpha T}{1 + \alpha t}$ mètre cube d'air entrant à $T°$, le poids d'eau enlevé par ce mètre cube sera donc de :

$$P - p \times \frac{1 + \alpha T}{1 + \alpha t},$$

d'où :

$$V = \frac{1.000}{P - p \cdot \dfrac{1 + \alpha T}{1 + \alpha t}} \qquad (a)$$

La chaleur cédée par cet air est égale à :

$$V \times \frac{1,3}{1 + \alpha t} (T - t) \times 0,237,$$

ou

$$\frac{0.308 V (T - t)}{1 + \alpha t}.$$

Elle est employée à vaporiser 1 kilogramme d'eau, exigeant, d'après Régnault :

$$606,5 - 0,695 t \text{ calories,}$$

et à élever de θ à $t°$ la température de n kilogrammes de pâte, soit :

$$n \times 0,2 (t - \theta) \text{ calories.}$$

On en déduit cette seconde égalité :

$$\frac{0.308 V (T - t)}{1 + \alpha t} = 606,5 - 0,695 t + 0,2 n (t - \theta) \qquad (b)$$

D'autre part, si on admet que l'air sortant est saturé d'humidité, t et P sont liés par une fonction donnée par les tables, indiquant la tension de la vapeur d'eau dans l'air aux différentes températures. De son côté, p peut être considéré comme une quantité connue, c'est au maximum le poids de la vapeur d'eau contenue dans 1 mètre cube d'air à $\theta°$. Il reste donc en réalité trois inconnues : V, T et t, liées par deux équations (a) et (b), ce qui, en laissant le problème indéterminé, permet de choisir pour T et t les valeurs les plus convenables.

Quant à la quantité de chaleur dépensée, elle est égale au nombre de calories nécessaires pour élever la température du volume V d'air de θ à T ; elle est donc donnée par la formule :

$$C = V \times \frac{1,3}{1 + \alpha t} \times 0,237 \times (T - \theta),$$

ou :
$$C = \frac{0{,}308 V (T - \theta)}{1 + \alpha t}, \qquad (c)$$

En y remplaçant V par sa valeur déduite de la formule (a), on a également :
$$C = \frac{308 (T - \theta)}{P (1 + \alpha t) - p (1 + \alpha T)} \qquad (d)$$

Ces formules ne sont pas d'une application très facile ; il vaut mieux les réserver pour des études plus complètes et se borner, dans la pratique, à prendre pour base le tableau suivant :

TEMPÉRATURES	TENSION maxima de la vapeur d'eau	POIDS maximum de vapeur contenu dans 1 m3 d'air	CHALEUR absorbée par 1m3 d'air sec dont la température s'élève de 1°	CHALEUR absorbée par la volatilisation de 1kg d'eau	EAU évaporée par 1m3 d'air sec dont la température s'abaisse de 1°
(degrés)	(mm. du mercure)	(grammes) P	(calories) C	(calories)	(grammes) E
0	4,5	4,8	»	607,0	»
5	6,5	6,7	0,303	608,5	0,498
10	9,1	9,3	0,297	610,0	0,487
15	12,7	12,7	0,292	611,5	0,477
20	17,4	17,1	0,287	613,0	0,468
25	23,6	22,8	0,282	614,5	0,459
30	31,6	30,1	0,278	616,0	0,451
40	55,0	50,9	0,269	619,0	0,434
50	92,0	82,3	0,264	622,0	0,418
60	148,5	129,1	0,253	625,0	0,404
70	232,6	195,3	0,245	628,0	0,391
80	353,9	290,2	0,238	631,0	0,378
90	527,0	412,7	0,231	634,0	0,365
100	760,0	589,5	0,226	637,0	0,355

E étant le poids en grammes de l'eau évaporée par 1 mètre cube d'air dont la température s'abaisse de 1°, le volume V se trouve facilement par la formule :
$$V = \frac{1.000}{E (T - t)} \qquad (I)$$

dans laquelle on prend pour E la valeur correspondant à la température $\frac{T + t}{2}$. Il faut observer que $p + E (T - t)$, c'est-à-dire le poids d'eau enlevé par 1 mètre cube, doit être inférieur ou au plus égal à la valeur de P correspondant à la température t.

Soit :
$$p + E (T - t) \leqslant P,$$

ou :
$$E (T - t) \leqslant P - p. \qquad (II)$$

D'autre part, c étant la chaleur fournie par 1 mètre cube d'air dont la température s'élève de 1°, la chaleur employée C est donnée par la relation :

$$C = V (T - \theta) c,$$

dans laquelle on prend pour c la valeur correspondant à la température $\frac{T + \theta}{2}$ ou, en remplaçant V par sa valeur tirée de la formule (I) :

$$C = \frac{1.000 (T - \theta) c}{E (T - t)}. \qquad (III)$$

On trouvera dans les articles suivants des exemples de l'application de ces formules.

Pour se rendre compte du fonctionnement d'un séchoir existant, il faut mesurer les températures θ, T, t et les teneurs en vapeur d'eau p et P. Mais ces déterminations, qu'il est, du reste, quelquefois impossible de faire, ne donnent pas de renseignements sur les variations qui peuvent se produire dans l'intérieur du séchoir. On peut, dans ce but, se servir souvent avec avantage d'un petit appareil représenté par la figure 130 et désigné sous le nom d'évaporomètre. Il se compose d'un tube en verre gradué par centimètres cubes fermé à sa partie supérieure, qui est terminée par un anneau par où on peut le suspendre, et dont la partie inférieure peut être bouchée par une feuille de papier buvard, ayant une surface déterminée et maintenue au moyen d'un petit ressort. On remplit le tube avec de l'eau, on ferme avec le papier buvard et on suspend l'appareil dans le séchoir. Au bout d'un certain temps, on lit sur la graduation le volume d'eau évaporé, qui n'a aucune signification en valeur absolue, mais qui, par comparaison avec les chiffres donnés par d'autres appareils, est proportionnel à l'intensité de la dessiccation dans l'endroit du séchoir où il a été placé.

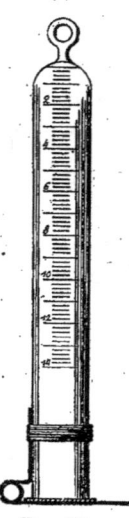

Fig. 130.
Évaporomètre.

Ces évaporomètres peuvent être rendus plus précis en diminuant la section du tube mesureur et en augmentant la surface d'évaporation. Cette légère complication ne semble pas avoir d'utilité pratique.

Les principes théoriques du séchage par évaporation étant ainsi établis, on va examiner successivement le séchage naturel ou aération, les procédés de chauffage et de ventilation des séchoirs, et les principaux systèmes des séchoirs artificiels.

121. Aération. — On désigne sous le nom d'aération le séchage des pâtes à l'air libre. La chaleur nécessaire à l'évaporation est fournie par l'atmosphère; le renouvellement de l'air se fait par l'action du vent et par la différence de poids qu'il y a entre l'air extérieur et l'air plus lourd du séchoir.

Dans l'aération, il ne peut évidemment y avoir de séchage que lorsque l'atmosphère n'est pas elle-même saturée de vapeur d'eau, ce qui est fréquemment le cas en temps de pluie ou de brouillard. Pour que le séchage soit actif, il ne faut pas que la température soit trop basse, ni la vitesse du vent trop faible. Cependant il vaut mieux un

Fig. 131. — Séchoir.

vent sec, même frais, qu'une chaleur lourde, sans déplacement d'air.

Il convient dans l'établissement de séchoirs par aération d'éviter les bas-fonds, les endroits abrités et de choisir des terrains bien aérés, en y plaçant les séchoirs aussi haut que possible au-dessus de la surface du sol. Le séchage est en moyenne double à une hauteur de 3 mètres que sur le sol lui-même, et triple pour une hauteur de 6 mètres. Il faut également éviter de trop les resserrer et de les juxtaposer trop près les uns des autres. Ils doivent être disposés de manière à être facilement traversés par le vent en présentant leur plus grande surface à la direction des vents secs les plus fréquents.

Il est aussi nécessaire de protéger les produits contre la pluie, en considérant que celle-ci peut être souvent chassée latéralement par le vent et en prenant toutes les dispositions pour assurer un écoulement rapide des eaux.

Si telles sont les conditions générales pour obtenir une bonne aération, il ne faut pas négliger, non plus, de prendre des précautions pour éviter qu'elle ne devienne trop active. Il convient à cet effet de disposer des écrans mobiles qui atténuent la vitesse des vents trop violents et qui empêchent les rayons du soleil de frapper directement les produits.

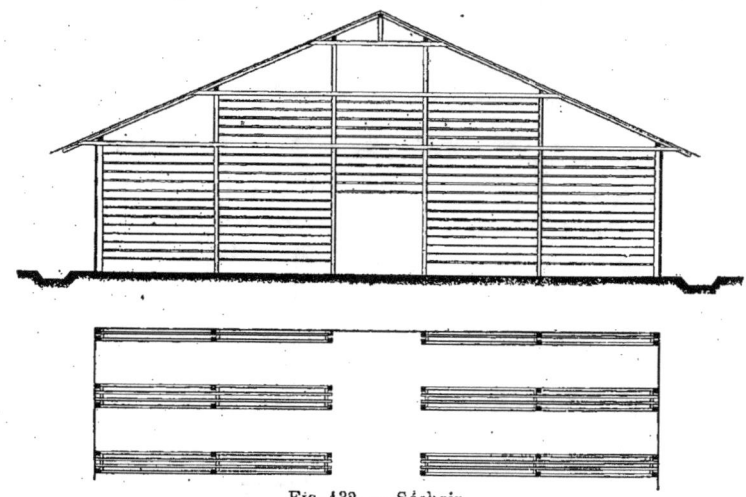

Fig. 132. — Séchoir.

Sauf pour la fabrication de certaines briques communes, qui sont quelquefois simplement empilées les unes sur les autres, les produits sont généralement placés sur des étagères en bois isolées (*fig.* 131) ou groupées ensemble dans un même bâtiment (*fig.* 132). Les produits sont quelquefois placés directement sur ces étagères, mais le plus souvent chacun d'eux est supporté par une planchette ou un cadre en bois dont la forme et les dimensions dépendent de celles des objets.

Dans les climats européens occidentaux, l'aération ne peut se faire que pendant cinq à huit mois de l'année. Le séchage doit donc être interrompu pendant les mois froids et humides. Si la température extérieure tombe à 2 ou 3° au-dessous de zéro, l'eau contenue dans les produits gèle, et l'augmentation de volume de la glace désagrège la pâte, qui tombe en morceaux ou en bouillie au moment du dégel. Cette action destructive de la gelée ne se produit pas sur les pâtes ne contenant plus que leur eau hygrométrique.

On peut, à titre de curiosité, rechercher le volume d'eau nécessaire pour évaporer par aération 1 kilogramme d'eau. Comme la température de l'air entrant dans les séchoirs est celle de l'atmosphère, $T = \theta$, et la formule I devient :

$$V = \frac{E(\theta - t)}{1.000},$$

avec la condition II :

$$E(\theta - t) \leqq P - p.$$

Dans les climats humides, la vapeur d'eau contenue dans l'air est en moyenne les 2/3 du poids maximum qu'elle peut contenir. Elle se réduit à la moitié dans les climats secs. D'autre part, la température moyenne pendant les saisons où l'aération est possible varie de 8 à 25°. Tous ces chiffres se rapportant aux conditions météorologiques européennes, il s'ensuit que la chute de température dans les séchoirs ne peut jamais être supérieure à $\frac{1}{5}\theta$, c'est-à-dire que :

$$\theta - t = \frac{1}{5}\theta.$$

Il s'ensuit que, pour une température extérieure de 10°, on a :

$$V = \frac{1.000}{0,490 \times \frac{10}{5}} = \text{environ } 1.000 \text{ mètres cubes,}$$

et pour une température de 25° :

$$V = \frac{1.000}{0,460 \times \frac{25}{5}} = \text{environ } 430 \text{ mètres cubes.}$$

Ces chiffres peuvent paraître considérables, mais il faut observer qu'un vent à peine sensible de 2 mètres par seconde suffit pour faire passer par une ouverture de 1 décimètre carré un volume de 72 mètres cubes d'air à l'heure.

Malgré ses grands inconvénients, l'aération est très employée pour le séchage des produits céramiques lourds, contenant une grande quantité d'eau : briques pleines, pâtes sortant des filtres-presses, etc., parce qu'en dehors des frais d'installation elle ne coûte que la main-d'œuvre nécessaire pour transporter les produits et les placer sur les étagères.

122. Chauffage. — On a vu que la chaleur dépensée pour évaporer 1 kilogramme d'eau est donnée par la formule (III) :

$$c = \frac{1.000\,(T - \theta)\,c}{E\,(T - t)}.$$

En admettant que la température extérieure $\theta = 0$, cette relation se réduit à :

$$c = \frac{1.000\,T\,c}{E\,(T - t)}.$$

Cette chaleur est minima lorsque $E\,(T - t)$ est maximum, c'est-à-dire lorsque ce produit est égal à $P - p$ (formule II). En d'autres termes, la chaleur dépensée pour l'évaporation est minima, lorsque l'air sort saturé de vapeur d'eau.

En admettant ce cas, et en donnant différentes valeurs à T, on peut déterminer la chaleur dépensée aux diverses températures. Le tableau (page 253) ne donnant les valeurs de c et de E que de 5 en 5 degrés, on détermine les nombres intermédiaires par un calcul de proportions. Voici les résultats de ce calcul :

TEMPÉRATURES DE L'AIR entrant dans le séchoir	TEMPÉRATURE MINIMA DE L'AIR sortant du séchoir	NOMBRE DE CALORIES dépensées pour évaporer 1 kg d'eau
20°	11°	1360
40°	18°	1120
60°	24°	1030
80°	28°	960
100°	31°	930

Ces chiffres sont des minimums, et on doit les augmenter de 50 à 100 0/0, suivant les installations, pour avoir la dépense réelle en calories. Ils montrent que l'on a tout intérêt à chauffer aussi fort que possible l'air entrant dans un séchoir, à condition, bien entendu, qu'il en sorte toujours saturé de vapeur d'eau.

Il est rare que l'on puisse chauffer directement un séchoir avec les gaz sortant d'un foyer. Non seulement le tirage de celui-ci serait difficile à obtenir, mais les gaz de la combustion laissent sur les produits des dépôts de matières charbonneuses et occasionnent des condensations de vapeurs sulfureuses toujours nuisibles.

Le chauffage de l'air peut se faire de deux manières : ou bien la chaleur est produite dans l'intérieur même du séchoir, ou bien l'air y entre préalablement chauffé. Dans l'un comme dans l'autre cas, on cherche à utiliser, autant que possible, les chaleurs perdues des fours ou de l'échappement des machines sans condensation.

123. Ventilation. — Dans bien des cas, la ventilation est produite par une simple aération, c'est-à-dire que l'air entre et sort des séchoirs chauffés par des ouvertures plus ou moins bien aménagées, ou quelquefois simplement par les fentes, les fissures des cloisons et de la toiture. Ce système n'est admissible que lorsqu'il y a un grand excès de chaleurs perdues, ou que le séchage se fait dans des locaux habités. Cependant on a presque toujours intérêt à recourir à un procédé spécial de ventilation, c'est-à-dire à des cheminées d'appel ou à des ventilateurs mécaniques.

Dans les cheminées d'appel, l'air doit sortir à une température supérieure à celle de l'extérieur. Sa vitesse est donnée par la formule suivante (page 347) :

$$v = \sqrt{\frac{2g\alpha H (t - \theta)(1 - a)}{1 + \alpha\theta}}.$$

dans laquelle :

$$g = 9{,}8088 \qquad \alpha = 0{,}00366,$$

H est la hauteur de la cheminée ; t, la température de l'air sortant ; θ, celle de l'air extérieur ; a, le rapport de la résistance opposée au courant d'air par tous les obstacles qu'il rencontre sur son chemin, à la dépression de la cheminée. En désignant par S la section de la cheminée, le volume d'air sortant est :

$$V = S \times v.$$

Si le chemin parcouru par l'air n'est pas long, si la résistance est faible, et la section S assez grande, on peut obtenir une bonne ventilation avec des cheminées de 8 à 15 mètres de hauteur, pour des différences de températures $(t - \theta)$ de seulement 3 à 4 degrés. Comme la température t n'est jamais bien élevée, ces cheminées se font généralement en planches jointives ou recouvertes de papier goudronné.

Les ventilateurs mécaniques doivent être employés chaque fois que le courant d'air rencontre des résistances assez nombreuses sur son parcours. S'ils ont l'inconvénient de nécessiter une force motrice, ils ont, par contre, l'avantage de déterminer un appel énergique, réglable à volonté, indépendant de la température intérieure et extérieure ; aussi leur emploi devient-il de plus en plus fréquent. Ils sont tous basés sur le même principe ; seule, la forme des ailes varie suivant les constructeurs.

La figure 133 représente la disposition généralement adoptée. Une poulie de commande fait tourner un arbre maintenu par deux

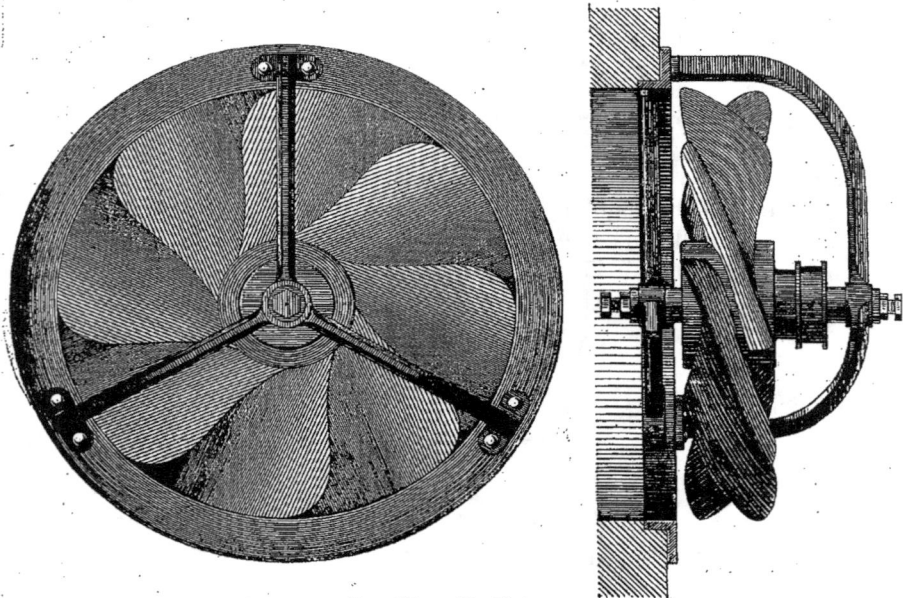

Fig. 133. — Ventilateur.

paliers, portant le ventilateur à ailettes proprement dit. Le bâti est fixé dans une position quelconque, verticale, horizontale ou inclinée, contre un mur ou une cloison ayant une ouverture circulaire d'un diamètre égale à celle du ventilateur. Celui-ci aspire l'air et le refoule par l'ouverture.

Voici quelques renseignements sur ces appareils :

DIAMÈTRE	NOMBRE de tours	VOLUME D'AIR débité par minute	FORCE MOTRICE employée
0,40	1.200	100 m³	1/2 cheval
0,60	1.000	200	3/4 id.
0,75	850	400	1 id.
0,90	750	600	1 1/2 chevaux
1,05	700	800	2 id.
1,20	600	1.000	3 id.

Les ventilateurs les plus employés ont de 0^m,60 à 1^m,05 de diamètre ; la dépression varie de 1 à 10 millimètres d'eau, suivant la vitesse. Les systèmes actuellement les plus connus sont ceux de Blackman, de Scott et de Desgoffes et Georges.

La transmission de la force est souvent assez difficile à établir. Elle se fait généralement par câbles, au moyen d'une transmission intermédiaire. Quelquefois on a avantage à employer un petit moteur électrique.

124. Séchoirs chauffés et aérés. — Les séchoirs artificiels peuvent se diviser en trois catégories :
1° Séchoirs chauffés et aérés ;
2° Séchoirs chauffés et ventilés à étagères fixes ;
3° Séchoirs chauffés et ventilés à étagères mobiles.

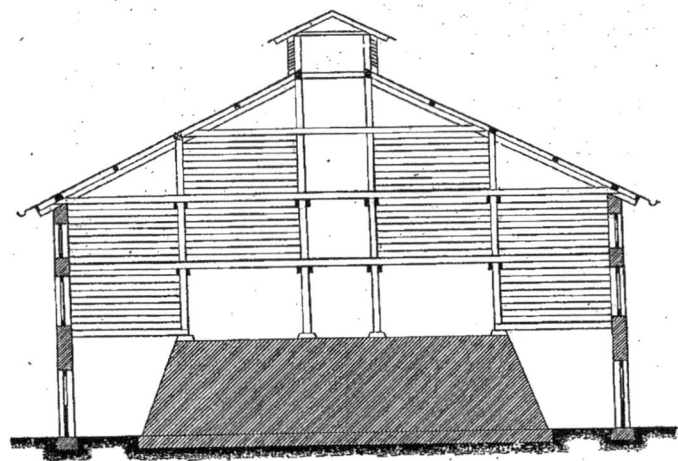

Fig. 134. — Séchoir.

Dans les séchoirs chauffés et aérés, on utilise des chaleurs perdues, ou bien on emploie des procédés de chauffage spéciaux, ne fonctionnant souvent que pendant la mauvaise saison, mais il n'y a pas de ventilation proprement dite, le renouvellement de l'air se faisant par aération. La chaleur n'est jamais très élevée, aussi les ouvriers peuvent-ils y circuler constamment. Ils sont souvent placés à côté ou même dans les locaux destinés à la fabrication. Les produits sont posés comme pour l'aération sur des étagères fixes.

Les dispositions adoptées sont très variables suivant la source de chaleur utilisée, les procédés de fabrication, les circonstances locales. On peut cependant les répartir en trois groupes :

A. *Séchoirs placés à côté ou au-dessus des fours utilisant leurs chaleurs perdues.* — Cette disposition est très employée dans les briqueteries, les tuileries, les fabriques de tuyaux, de carreaux, etc. La figure 134 montre une de ces applications. Le four est placé au milieu d'un bâtiment, dont les étages supérieurs sont occupés par les séchoirs. L'aération se fait au moyen des fenêtres et du lanterneau. La chaleur du four suffit pour élever de quelques degrés la température intérieure du bâtiment, et mettre les produits à l'abri de la gelée. Le séchage est très économique, mais il est souvent assez irrégulier et fortement influencé par les conditions atmosphériques extérieures.

B. *Séchoirs chauffés par une canalisation d'air chaud, d'eau chaude ou de vapeur, placée au milieu des étagères.* — Cette disposition est fréquemment employée dans les poteries, les faïenceries, les porcelaineries, où l'on peut craindre l'action trop brutale de la chaleur dégagée par les fours. Les étagères sont ordinairement placées dans les locaux servant au façonnage, et la canalisation se trouve près du plancher. L'aération se fait également par des fenêtres ou par des ouvertures spéciales. Le chauffage varie d'après la température extérieure.

Cette disposition a l'avantage de mettre les séchoirs à proximité des ouvriers employés au façonnage et de leur permettre de surveiller la dessiccation. Par contre, elle n'est guère économique et les oblige à vivre dans une atmosphère chaude et humide, nuisible à leur santé.

C. *Séchoirs chauffés par une canalisation placée au-dessous du plancher, le local pouvant servir également au façonnage ou étant exclusivement réservé au séchage.* — Cette disposition se rencontre particulièrement dans les fabriques de produits réfractaires, où on a souvent à fabriquer des pièces de trop grandes dimensions pour que l'on puisse les transporter à l'état humide. Le chauffage s'effectue quelquefois en faisant circuler sous le sol les conduits reliant les fours à la cheminée. On employait aussi fréquemment des foyers spéciaux, dont les gaz de la combustion circulent dans des conduits en zig zag avant d'arriver à une cheminée. Ces conduits sont recouverts de dalles en terre cuite ou de plaques en tôle, dont l'épaisseur diminue à mesure que l'on s'éloigne du foyer. Cette disposition n'est guère à recommander que pour le cas spécial dont il vient d'être question.

125. Séchoirs chauffés et ventilés à étagères fixes.

— Dans les séchoirs chauffés et ventilés à étagères fixes, le renouvellement de l'air se produit au moyen de cheminées d'appel ou de ventilateurs, les produits restant, pendant toute la durée du séchage, dans des chambres isolées. Les dispositions les plus employées peuvent également se diviser en trois groupes :

A. *Séchoirs placés à côté ou au-dessus des fours pour utiliser leurs chaleurs perdues.* — Ce dispositif a été quelquefois employé dans les briqueteries ou les tuileries possédant un four à feu continu genre Hoffmann. Il existe différents systèmes qui seront décrits dans le chapitre ix; la figure 135 représente une disposition

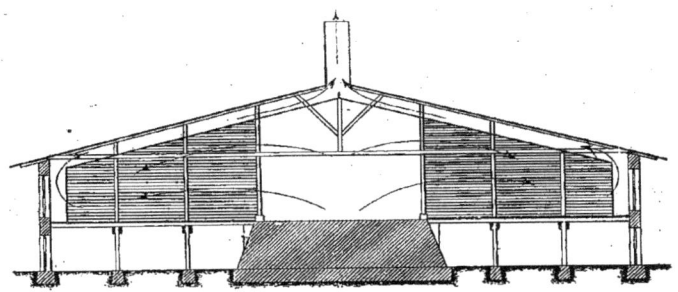

Fig. 135. — Séchoir.

indiquée seulement à titre d'exemple. Le four est recouvert d'un vaste bâtiment représenté en coupe transversale. Il est divisé dans sa longueur en six, sept ou huit chambres de 4 à 6 mètres de large. L'air, chauffé sur le dessus du four, traverse ces chambres pour passer sous la toiture en carton bitumé et s'échapper par des cheminées centrales. Dans le cas particulier où ces séchoirs sont appliqués, la chaleur fournie par le four est ordinairement insuffisante, et cette disposition n'offre guère d'avantages sur celle représentée par la figure 134.

B. *Séchoirs formés de chambres entièrement isolées chauffées au moyen d'une canalisation inférieure, l'aération se faisant par une cheminée d'appel à la partie supérieure.* — Cette disposition est fréquemment employée dans les faïenceries. Le chauffage de ces chambres peut être constant, la mise en place sur les étagères des produits humides et l'enlèvement des produits secs, se faisant par des ouvriers qui pénètrent dans le séchoir. Comme ce travail est très pénible, on préfère souvent grouper plusieurs séchoirs et les faire fonctionner d'une manière intermittente, en arrêtant le chauffage et la ventilation au moment où les produits sont secs dans l'un d'eux et en reprenant le fonctionnement lorsqu'il a été vidé et rempli à nouveau. On se sert également d'étagères circulaires pouvant tourner autour d'un axe vertical, renfermées dans un tambour également circulaire, muni d'une ou de plusieurs portes à glissières (*fig.* 136) permettant de placer les produits

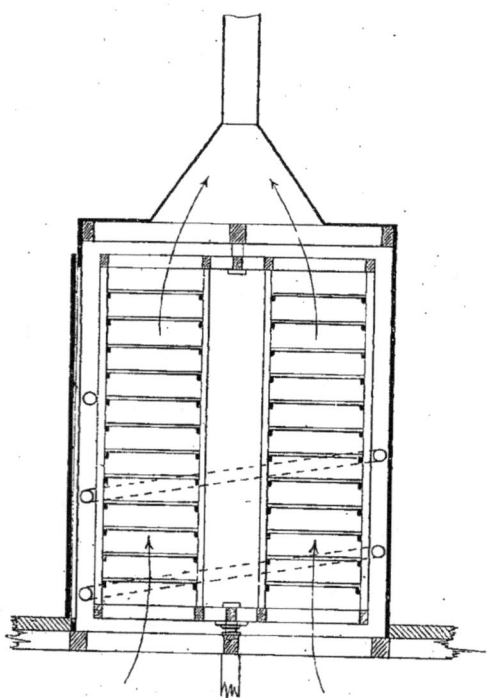

Fig. 136. — Séchoir.

humides et d'enlever ceux qui sont secs. Le chauffage se fait au moyen d'une canalisation de vapeur placée en spirale, et la ventilation est assurée par des rentrées d'air à la partie inférieure et une cheminée d'appel à la partie supérieure. Le fonctionnement est continu. Pour de plus grandes productions, on peut grouper plusieurs de ces tambours tournants autour d'un même axe vertical. La figure 137 représente en coupe horizontale une disposition de ce genre. Le chauffage et la ventilation se font de même que dans la disposition précédente.

Il faut bien observer que si, dans ces derniers séchoirs, les étagères peuvent être animées d'un mouvement de rotation, celui-ci n'a pour but que de faciliter la main-d'œuvre et qu'il n'a pas d'action sur la dessiccation proprement dite, comme c'est le cas pour les séchoirs faisant l'objet de l'article suivant (126).

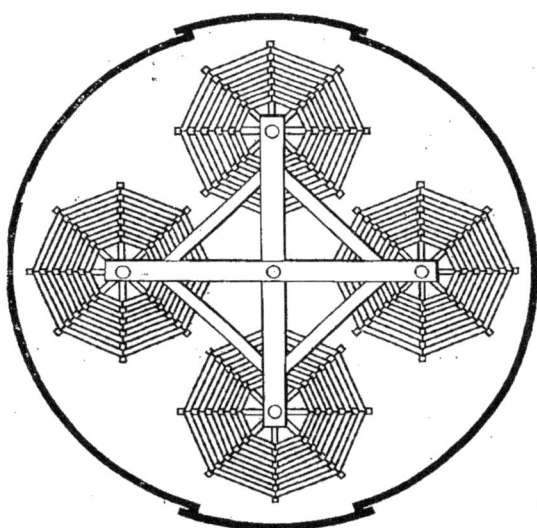

Fig. 137. — Séchoir.

C. *Séchoirs ayant la forme de tunnels, les produits étant placés sur des étagères fixes ou celles-ci étant montées sur des chariots; mais, dans ce dernier cas, elles ne sont pas déplacées pendant le séchage, cette disposition n'ayant pour but que de réduire la main-d'œuvre.* — Le chauffage se fait au moyen de courants d'air chaud, aspirés par des cheminées d'appel ou des ventilateurs.

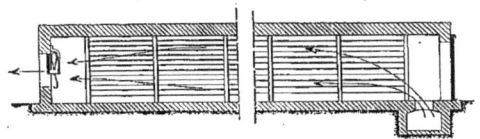

Fig. 138. — Séchoir.

Les séchoirs de ce genre offrent des dispositions très diverses. La plus simple est représentée sur la figure 138. Dans une série de tunnels parallèles sont placés des étagères. L'air chaud provenant de chaleurs perdues d'un calorifère est distribué à l'une des extrémités de chaque tunnel par un conduit souterrain longitudinal et il sort chargé d'humidité à l'autre extrémité, appelé par un ventilateur. Ce genre de séchoirs présente un grand inconvénient. Il est, en effet, facile de se rendre compte que si, au début de la dessiccation, l'air chaud évapore l'eau des produits placés à l'entrée du tunnel, il se refroidit à l'autre extrémité en laissant la vapeur se condenser sur les produits, ce qui peut les ramollir et les déformer.

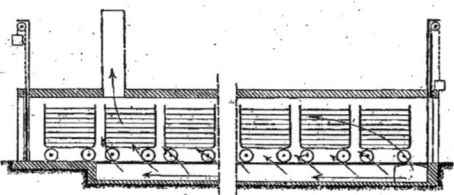

Fig. 139. — Séchoir.

Dans la disposition représentée sur la figure 139 cet inconvénient est en partie évité. Les séchoirs sont, comme dans le cas précédent, juxtaposés les uns à côté des autres, mais l'introduction d'air chaud se fait uniformément sur toute la longueur de la sole. On peut utiliser des chaleurs perdues, mais plus généralement on dispose sous la sole des foyers qui chauffent l'air envoyé dans le séchoir. On se sert aussi quelquefois d'une canalisation de vapeur, placée sous la sole ou dans l'intérieur même du séchoir.

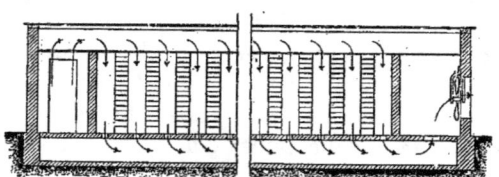

Fig. 140. — Séchoir.

Le fractionnement du séchage peut être poussé plus loin encore, comme l'indique la figure 140. Dans cette disposition, proposée par M. Hotop, les étagères sont fixes et placées dans une longue galerie. L'air chaud, amené par un conduit supérieur, est réparti par des ouvertures réglables entre les rangs d'étagères. Il ressort par une série d'ouvertures semblables, percées dans le plancher et communiquant avec un conduit inférieur d'évacuation. Le mouvement de l'air peut également se faire en sens inverse.

Tous ces séchoirs demandent à être conduits avec soin, si l'on veut éviter au début une dessiccation trop prompte, et à la fin une dépense inutile de chaleur, en chauffant des produits déjà secs.

126. Séchoirs chauffés et ventilés à étagères mobiles.

— Ces séchoirs sont à fonctionnement continu ; les produits sont placés sur des étagères montées sur chariots, qui se déplacent méthodiquement dans un tunnel, les produits humides étant introduits par une extrémité et les produits secs enlevés par l'autre. Les dispositions employées dans ce but sont de trois genres :

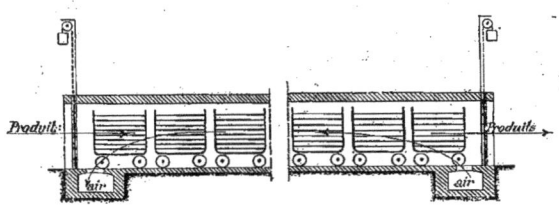

Fig. 141. — Séchoir.

A. *Séchoir dans lesquels l'air se meut en sens inverse des produits.* — Comme le montre la figure 141, l'air chaud est introduit à une des extrémités d'un tunnel et est enlevé par l'autre au moyen d'un ventilateur. Lorsque le dernier vagonnet du côté de l'entrée de l'air est sec, on le retire et on en replace un autre chargé de produits humides à l'extrémité opposée. Le mouvement des vagonnets s'opère au moyen de treuils ou de crics; on peut le faciliter en donnant au tunnel une pente, de manière à les faire descendre sur un plan incliné.

D'après ce qui a été dit à l'article 122, on voit que l'on a intérêt à chauffer l'air autant que possible : si celui-ci pénètre dans le séchoir à 60°, il en sort saturé de vapeur d'eau à 24°, pour une dépense de 1.030 calories par kilogramme d'eau évaporée. Avec de l'air à 100°, la température de sortie est de 31°, et la dépense de 930 calories. Il faut ajouter à ces chiffres la chaleur enlevée par la pâte, soit en admettant une pâte à 20 0/0 d'eau de façonnage, 60 calories dans le premier cas et 100 dans le second, la température extérieure étant admise égale à 0°. Enfin, il convient d'augmenter la dépense de 25 à 50 0/0, pour tenir compte des pertes diverses de chaleur; de sorte que, dans le cas le plus favorable, la chaleur nécessaire pour évaporer 1 kilogrammes d'eau sera de :

$$(930 + 100) \times 1{,}25 \quad \text{soit environ} \quad 1.300 \text{ calories.}$$

B. *Séchoirs dans lesquels l'air se déplace dans le même sens que les produits en s'échauffant progressivement.* — La figure 142 représente le principe de cette disposition. L'air extérieur entre par une des extrémités du tunnel ; il est chauffé par une canalisation de vapeur, ou par des calorifères, de telle manière que sa température augmente, à mesure qu'il avance dans le tunnel et qu'il se charge de vapeur d'eau, pour sortir par l'autre extrémité avec le maximum de chaleur. La manœuvre des vagonnets se

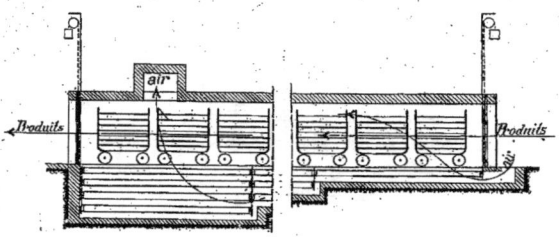

Fig. 142. — Séchoirs.

fait comme dans la disposition précédente. Les formules établies précédemment (art. 120) ne s'appliquent pas à ce cas, et il semble impossible d'établir la théorie de ce séchoir sans faire intervenir la fonction d'un degré supérieur qui relie la tension de la vapeur d'eau à la température. Il vaut donc mieux se contenter de raisonner sur un exemple. Admettons ce séchoir divisé virtuellement en dix parties, l'air ne sortant de chacune de ces parties pour entrer dans la suivante que complètement saturé de vapeur d'eau. Comme l'évaporation doit être régulière dans toute la longueur du séchoir, chaque partie doit évaporer $\frac{1}{10}$ de l'eau, soit 100 grammes pour une évaporation totale de 1 kilogramme.

Supposons 1 mètre cube d'air entrant à 0° saturé, c'est-à-dire contenant $4^{gr},8$ de vapeur. En le chauffant à 20°, il se dilate et donne :

$$1 + (0{,}00366 \times 20) = 1^{m3},073$$

qui contient :

$$1{,}073 \times 17{,}1 = 18^{gr},3$$

de vapeur. L'évaporation produite par ce mètre cube dans la première partie a donc été de :

$$18,4 - 4,8 = 13^{gr},6.$$

Chacune desdites parties devant évaporer la même quantité d'eau, l'évaporation totale produite par ce mètre cube à 0° sera de 136 grammes. L'air sortant devra avoir, étant saturé, une température de 58°, soit 60° pour simplifier le calcul. A cette température, en effet, 1 mètre cube d'air à 0° peut contenir :

$$[1 + (0,00366 \times 60)] \, 129,1 = 157 \text{ grammes.}$$

Il faudra donc, pour évaporer 1 kilogramme d'eau :

$$\frac{1.000}{136} = 7^{m^3},35.$$

La chaleur dépensée sera :

pour la vapeur : $606,5 - 0,695 = 605,80$
pour l'air : $1,3 \times 0,237 \times 60 \times 7,35 = 135,72$
pour la pâte : $5 \times 0,2 \times 60 = \underline{60}$
                                           801,52

Total qui, augmenté comme précédemment de 25 0/0, donne une dépense d'environ 1.000 calories.

Dans certains cas, cette dépense peut être réduite, en employant l'air sortant du séchoir pour chauffer celui qui vient d'y pénétrer. Si, comme on vient de le voir, l'air sort à 60°, on peut, au moyen de calorifères appropriés, réduire sa température à 30°. La chaleur que l'on peut ainsi récupérer peut être évaluée comme suit :

Chaleur donnée par l'air :

$$1,3 \times 0,237 \times 30 \times 7,35 = 66,86 \text{ calories}$$

par la vapeur :

$[606,5 - (0,695 \times 60)] \, 129,1$
$\quad - [606,5 - (0,695 \times 30)] \, 30,1 = 55,68$
$\qquad\qquad\qquad\qquad\qquad\qquad 55,68 \times 7,35 = \underline{409,24}$
$\qquad\qquad\qquad\qquad\text{Soit en tout :} \quad 477,10 \text{ calories}$

Dans l'exemple choisi, la récupération permettrait donc de réduire la dépense, pour évaporer 1 kilogramme d'eau, à 523 calories.

Si on compare les deux genres de séchoirs à étagères mobiles qui viennent d'être décrits, on voit que les premiers sont d'un rendement thermique inférieur, aussi ne doit-on les employer que pour l'utilisation de chaleurs perdues. Les seconds, d'un effet utile beaucoup plus grand, se prêtent mal à cette utilisation, mais il est préférable de les employer chaque fois que la chaleur doit être fournie par un chauffage spécial.

Dans ces séchoirs, la principale difficulté consiste à obtenir dans toute la section une atmosphère uniforme. Si l'on n'emploie pas des moyens mécaniques pour forcer la circulation de l'air, la partie supérieure du séchoir se remplit nécessairement d'une atmosphère chaude et humide. Le système proposé par M. Moeller, représenté sur la figure 143, obvie complètement à cet inconvénient.

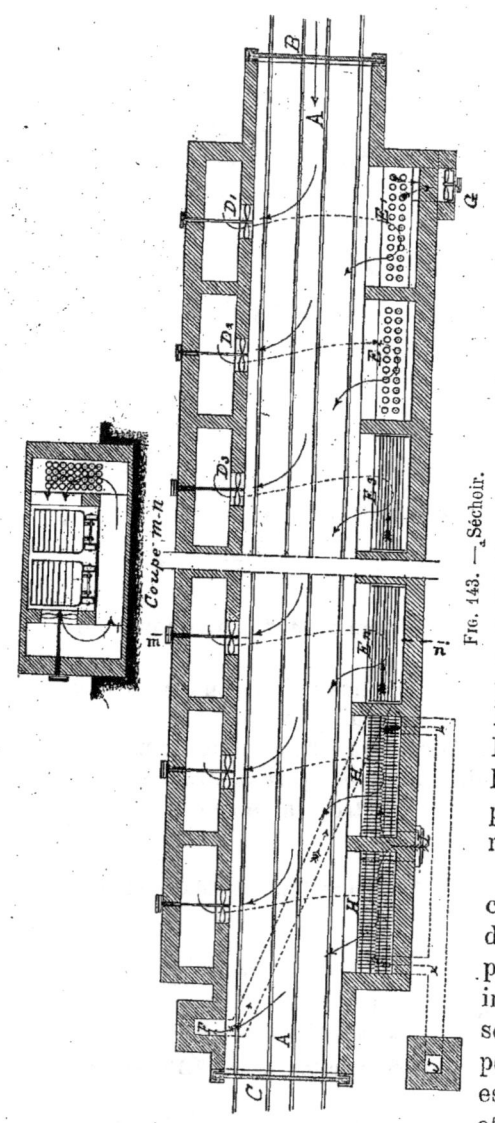

Fig. 143. — Séchoir.

Dans un tunnel A, circulent plusieurs rangées de vagonnets, chargés de produits à sécher qui sont introduits par la porte B et sortis en C. L'air extérieur pénètre par la porte B, qui est partiellement ouverte, et est aspiré par un premier ventilateur D_1, qui le refoule par un conduit souterrain de l'autre côté du tunnel, où il rencontre les tuyaux d'un calorifère E_1.

Après s'être échauffé à leur contact, il rentre dans le tunnel, qu'il traverse obliquement, étant aspiré par un second ventilateur D_2 qui le refoule de même, pour le forcer à passer sur un second calorifère E_2, et ainsi de suite. L'air suit donc un chemin hélicoïdal, s'échauffant de plus en plus à mesure qu'il avance, pour sortir près de la porte C par une ouverture latérale F. De là, aspiré par le ventilateur G, il traverse les calorifères En.... E_3, E_2, E_1, où il perd peu à peu sa chaleur en la transmettant à l'air circulant dans le tunnel. La vapeur d'eau qu'il contient se condense en restituant la chaleur latente de vaporisation et sort du séchoir à l'état liquide. Finalement, l'air s'échappe en G, à une température peu élevée.

Les deux ou trois derniers calorifères H sont chauffés par un foyer spécial I, dont les gaz s'échappent par une cheminée J.

Tous ces séchoirs, ayant la forme de tunnels, ne sont guère employés que dans les briqueteries et les tuileries. On trouvera des détails complémentaires à leur sujet dans le chapitre ix.

127. Séchage par absorption. — On a vu dans le chapitre précédent de quel emploi sont les moules en plâtre dans le façonnage des poteries et comment ils concourent à la dessiccation des pâtes. Les propriétés absorbantes du plâtre agissent absolument de la même manière que l'évaporation dans une atmosphère sèche. La pâte cède par capillarité une partie de son humidité au plâtre, et cette action est d'autant plus énergique que le plâtre est plus sec, plus poreux et le moule plus épais.

La confection des moules exige des soins particuliers, parce qu'il est essentiel que le mortier de plâtre ait toujours la même consistance, pour que son pouvoir absorbant soit toujours le même. Si de deux moules, coulés sur le même modèle, l'un a été fait avec un mortier épais, et l'autre avec un mortier clair, le dernier sera plus absorbant, il épaissira la pâte plus vite, déjà pendant le façonnage, et donnera des produits plus denses ayant moins de retrait. Ce défaut serait plus grave si, pour un moule de grandes dimensions, on était obligé de gâcher plusieurs fois du plâtre, sans prendre la précaution de lui ajouter chaque fois la même proportion d'eau. Certaines parties de l'objet pourraient alors se dessécher plus vite que d'autres, ce qui provoquerait sa déformation. Il est donc bon, dans la confection des moules, de doser au volume le plâtre et l'eau dans la proportion que la pratique aura indiquée comme étant la meilleure.

D'autre part, comme un moule en plâtre peut absorber d'autant plus d'eau qu'il est plus épais, il convient de proportionner cette épaisseur à celle des produits. Si ceux-ci ont des parties minces juxtaposées à des parties plus épaisses, il faut en tenir compte ; faute de quoi, les unes se dessécheraient avant les autres, provoquant des tensions qui amèneraient des déformations et même des ruptures. On pourrait également parer à cet inconvénient en humectant avant le façonnage certaines parties du moule pour les rendre moins absorbantes.

Enfin il convient, dans la forme à donner aux moules, de tenir compte du retrait de la pâte, qui doit toujours pouvoir se faire librement. Dans le cas où la forme de l'objet s'opposerait à ce que cette condition fût remplie, il faudrait faire le moule en plusieurs pièces, de manière à pouvoir enlever après le façonnage celles qui empêcheraient le retrait.

Si un moule était trop absorbant par suite de la grande porosité du plâtre ou de sa trop forte épaisseur, il se produirait les mêmes inconvénients que pour une évaporation trop rapide. Le remède consisterait soit à diminuer l'épaisseur, soit à gâcher le plâtre plus ferme, soit, enfin, à l'humecter suffisamment.

La seule différence qu'il y ait entre le séchage par évaporation et celui par absorption consiste dans ce que ce dernier ne peut pas donner une dessiccation complète. Celle-ci s'arrête forcément au moment où l'humidité du plâtre devient égale à celle de la pâte. Il s'ensuit que le séchage par absorption doit toujours être complété par un séchage par évaporation. Deux procédés sont employés dans ce but, suivant la grandeur des produits, la nature de la pâte et la disposition de la fabrique. Dans le premier, applicable surtout aux grandes pièces en pâtes plastiques, aux petites productions, on commence par laisser l'objet façonné se ressuyer pendant quelque temps dans le moule, à l'intérieur de l'atelier de façonnage ; puis, lorsqu'il a pris assez de consistance pour pouvoir être démoulé, on le place sur des étagères, et on procède à son séchage par évaporation au moyen d'une des méthodes indiquées précédemment. Dans le second procédé, employé surtout pour la fabrication d'un grand nombre de petites pièces, on place de suite le moule contenant l'objet façonné dans un séchoir artificiel, où la dessiccation se fait simultanément par absorption et par évaporation ; mais celle-ci est également achevée en démoulant l'objet et en le remettant dans le séchoir, pour qu'il y perde ses dernières traces d'humidité.

Les moules eux-mêmes, après avoir servi, doivent être séchés pour leur enlever l'eau qu'ils ont absorbée. Ce séchage est beaucoup plus facile que celui des pâtes. Il se fait, soit par aération, soit dans les mêmes séchoirs qui servent aux pâtes. Mais il devient souvent inutile, lorsqu'on emploie le second procédé qui vient d'être indiqué. Suivant la forme des moules et le degré de consistance de la pâte pendant le façonnage, le séchage des moules doit se faire après chaque moulage, ou, ce qui est le cas le plus fréquent, on n'y procède qu'après deux ou plusieurs opérations.

CHAPITRE VI

GLAÇURES

Sommaire : § 1. *Composition et propriétés* : Constitution des glaçures. — Composition chimique. — Action de la glaçure sur la pâte. — Classification et terminologie.
§ 2. *Matières premières* : Silice et silicates. — Acide borique et borax. — Sels alcalins. — Composés alcalino-terreux. — Oxydes et sels de plomb. — Oxyde d'étain et calcine. — Matières diverses.
§ 3. *Fabrication et pose* : Préparation des matières premières et dosage. — Frittage et vitrification. — Mélange et broyage à l'eau. — Pose des glaçures.

§ 1. — Composition et propriétés

128. Constitution des glaçures. — Les *glaçures* (1) sont des enduits vitreux dont on peut recouvrir les pâtes, soit pour les décorer, soit pour les rendre imperméables ; la vitrification doit s'opérer sur la pâte elle-même, sous l'influence de la chaleur. Leur composition chimique est presque aussi variable que celle des pâtes, mais on peut néanmoins les considérer comme des verres, dans l'acception la plus générale de ce mot.

« On donne le nom de verre à une substance fusible à haute température, cassante, dure, transparente ou opaque, insoluble dans l'eau, pouvant résister à l'action des acides même concentrés, formée par la combinaison en proportions variables d'un silicate de soude ou de potasse avec un ou plusieurs des silicates suivants : silicates de chaux, de magnésie, de baryte, d'alumine, de fer, de zinc ou de plomb. » Cette définition, donnée par MM. Appert et Henrivaux dans leur ouvrage : *Verre et Verrerie*, ne s'applique pas complètement aux glaçures. Celles-ci ne sont, en effet, pas seulement composées de silicates ; elles renferment également quelquefois des borates, rarement du phosphate de chaux, et, parmi les bases, il

---

(1) De glacer, glace, latin *glacies* (glace).

faut ajouter l'oxyde d'étain, tandis que quelquefois les alcalis font complètement défaut. Enfin, leur fusibilité est beaucoup plus variable que celle des verres proprement dits. Tantôt elles se vitrifient à une température inférieure à la fusion du cristal, tantôt elles exigent la température élevée de la cuisson de la porcelaine.

De même que pour le verre, on n'est pas fixé sur la constitution moléculaire des glaçures. Les uns admettent que les différentes bases dont elles se composent sont dissoutes à l'état de silicates ou de borates dans un silicate alcalin, d'autres pensent que ce sont des mélanges de différents silicates ou borates à compositions définies. Il est difficile, dans l'état actuel de nos connaissances, de trancher la question, mais il est nécessaire de faire à ce sujet deux observations importantes :

Les glaçures, comme les verres, sont des corps amorphes, c'est-à-dire que leurs molécules n'ont pas pris de groupement déterminé, comme c'est le cas pour les corps cristallisés. Elles présentent donc une exception remarquable aux lois de la constitution moléculaire des corps, qui doit, pour la plupart d'entre elles, être attribuée à la présence de silicates alcalins, dont la cristallisation, très difficile à obtenir, ne se produit que lorsque la proportion relative de silice et d'alcali correspond à des rapports déterminés de leurs poids atomiques. Ce n'est qu'exceptionnellement que l'on peut observer dans les glaçures le phénomène de la cristallisation, qui a pour conséquence ordinaire de les rendre opaques. Il provient alors de la formation, dans l'intérieur de la masse, de cristaux ayant une composition chimique déterminée. C'est ainsi que l'on a quelquefois reconnu la présence de la wollastonite, silicate de soude et de chaux, de l'oligoclase, silicate de soude, d'alumine et de chaux. Ce défaut s'évite en augmentant la proportion d'alcalis, en introduisant plusieurs bases dans la glaçure, et en ne donnant pas à celle-ci une composition atomique définie, la présence de plusieurs bases ayant précisément pour effet de rendre plus difficile un groupement régulier des molécules. Cette observation montre, d'une part, le rôle prépondérant des silicates alcalins et, de l'autre, l'erreur dans laquelle sont tombés les céramistes qui ont voulu donner aux glaçures une formule chimique déterminée.

En second lieu, on observe que certaines substances introduites dans les glaçures ne se combinent pas, mais y restent en suspension en rendant la masse opaque. L'oxyde d'étain, de zinc, l'alumine, le phosphate de chaux, sont dans ce cas ; aussi ces corps sont-ils utilisés pour détruire la transparence. Mais on peut remarquer qu'à mesure que l'on augmente la température de fusion de la glaçure, ces corps ont également une tendance à se combiner au moins partiellement et à se diluer ou se dissoudre dans la masse amorphe.

Le quartz agit différemment : si on en ajoute à une glaçure siliceuse, c'est-à-dire dans laquelle toutes les bases sont saturées de silice, il s'y dissout, sans altérer la transparence. Mais, dans certaines circonstances, il peut se séparer à nouveau en cristallisant au milieu de la masse sous forme de tridymite. Le changement qui s'est opéré dans sa constitution, caractérisé par le passage d'une densité de 2,6 ou 2,7 à une densité de 2,2 à 2,3, montre qu'il n'y a pas eu simplement dissolution, mais que celle-ci a dû être accompagnée d'une action des bases, malgré leur état de saturation.

Des observations précédentes on peut conclure que les glaçures sont des substances amorphes, formées de silicates et de borates alcalins, alcalino-terreux ou métalliques, qui s'y trouvent soit en dissolution, soit mélangées, mais dont les molécules ne présentent pas de groupements réguliers. Elles sont susceptibles de dissoudre certaines substances, notamment le quartz, et d'en conserver d'autres en suspension. Enfin, leurs molécules ont une tendance, dans certaines circonstances, à se grouper au moins partiellement, pour former des composés définis qui cristallisent au milieu de leur masse en la rendant opaque.

129. Composition chimique.

La silice est l'élément prépondérant des glaçures ; on a vu qu'elle peut s'y trouver soit combinée aux bases, soit en dissolution, mais toujours avec une densité de 2,2 à 2,3. Sa teneur peut varier de 25 à 75 0/0 ; plus elle est élevée, plus la température de fusion de la glaçure augmente.

L'*acide borique* joue le même rôle que la silice, mais les borates sont beaucoup plus fusibles que les silicates correspondants. Il rend la glaçure plus dure et plus brillante, mais il agit sur la coloration de certains oxydes métalliques, comme on le verra dans le chapitre relatif à la décoration. Vu son prix élevé, il ne s'emploie que pour certaines glaçures fines, sa proportion ne dépassant guère 10 0/0.

L'*acide phosphorique* est moins employé. Il ne se trouve dans les glaçures qu'à l'état de phosphate de chaux, en suspension dans la masse.

Alcalis. — La soude et la potasse donnent avec la silice et l'acide borique des composés très fusibles, mais solubles dans l'eau, aussi ne peuvent-elles être employées seules, et il faut leur ajouter d'autres bases pour former des combinaisons multiples insolubles. Elles ont l'avantage de donner aux glaçures plus de pureté et de transparence, mais elles communiquent aux oxydes métalliques des colorations spéciales. Leur proportion peut s'élever jusqu'à 25 0/0. La potasse donne des composés plus fusibles que la soude.

La *chaux* est fréquemment employée pour former des silicates ou des borates doubles d'alcalis et de chaux, inaltérables et d'une belle transparence. Elle a cependant une tendance à déterminer la formation de cristaux. Seule, elle peut donner avec l'acide borique un verre assez fusible ; mais avec la silice elle ne forme, à haute température, qu'une masse blanchâtre plus ou moins translucide. Sa proportion peut s'élever jusqu'à 20 0/0.

Les autres bases alcalino-terreuses possèdent les mêmes propriétés que la chaux, mais avec des degrés de fusibilité différents. La *magnésie* est plus réfractaire ; la *strontiane*, plus fusible ; et la *baryte*, plus fondante que la strontiane. Les équivalents de ces bases étant les suivants :

```
Baryte ..................................... 153,20
Strontiane ................................. 103,50
Chaux ......................................  56
Magnésie ...................................  40
```

on voit qu'ils varient dans le même ordre que la fusibilité.

L'*alumine* se rencontre dans les glaçures principalement à l'état de silicate d'alumine. En faibles proportions, elle forme avec les silicates alcalins des verres transparents, durs, peu enclins à se cristalliser. En plus forte proportion, elle reste en suspension, en rendant les glaçures plus ou moins opaques ou plutôt translucides. Elle se combine moins bien avec les borates alcalins ou le silicate de plomb. En tous cas, son introduction dans une glaçure a pour effet de diminuer notablement la fusibilité.

L'*oxyde de plomb* est très employé pour augmenter, au contraire, la fusibilité. Il forme avec la silice et l'acide borique des verres insolubles dans l'eau et inattaquables aux acides, à la condition qu'il y ait au moins 1 équivalent d'acide borique ou de silice pour 1 équivalent d'oxyde de plomb. Il a peu de tendance à la cristallisation, mais il agit sur la coloration des oxydes métalliques.

L'*oxyde de bismuth* se comporte comme l'oxyde de plomb, en donnant des composés encore plus fusibles.

L'*oxyde d'étain* ne forme pas un verre dans les glaçures ; il y reste en suspension, en les rendant opaques. Cette opacité tend cependant à diminuer avec la température. C'est cette propriété qui rend son emploi très fréquent dans la fabrication des glaçures opaques.

L'*oxyde d'antimoine* remplit le même rôle que l'oxyde d'étain, tout en étant plus fusible ; mais, quoique incolore par lui-même, il peut communiquer aux glaçures des colorations jaunes.

L'*oxyde de zinc* reste également en suspension dans les glaçures siliceuses, mais il se dissout dans l'acide borique. Malgré sa blancheur, il modifie souvent les colorations des autres oxydes métalliques. Il est très peu fusible.

Les *oxydes colorants*, qui sont introduits dans les glaçures pour les décorer, seront étudiés dans le chapitre VIII.

130. Action de la glaçure sur la pâte. — On a vu que les glaçures peuvent dissoudre du quartz et tenir d'autres substances en suspension dans leur masse. Il est donc naturel que, dans certaines circonstances, elles agissent comme fondant ou comme dissolvant sur la pâte au moment de leur fusion. Cependant, pour que cette action se produise, il faut que la température de fusion soit maintenue pendant assez longtemps.

Dans ces conditions, et lorsque la glaçure est suffisamment basique, surtout si la proportion des alcalis y est élevée, elle peut dissoudre une certaine proportion de la silice libre.

Elle peut agir de même vis-à-vis de l'oxyde de fer que contiennent certaines pâtes, qui, en se diluant dans sa masse, peut la souiller de taches jaunâtres.

Lorsque cette action de la glaçure sur la pâte se produit, elle a pour conséquence la modification de la composition chimique de la glaçure, qui devient ainsi plus siliceuse. Cependant, il ne faudrait pas exagérer son importance, comme le font certains céramistes, pour faire correspondre les formules déterminées qu'ils attribuent aux glaçures avec leur composition véritable. D'un autre côté, il serait également erroné de la négliger lorsqu'on étudie l'accord qui doit être obtenu entre les dilatations respectives de la pâte et de la glaçure. Il se produit toujours, ou du moins il devrait toujours y avoir entre les deux, une zone intermédiaire, dans laquelle elles se confondent et qui sert de transition.

131. Classification et terminologie. — Les glaçures diffèrent surtout entre elles par leur composition chimique, qui permet de préjuger de leurs propriétés physiques les plus importantes : dureté, transparence, solubilité, etc. Toute classification doit donc être basée sur cette composition, qui, en négligeant certaines substances en faibles proportions, est en moyenne assez simple pour pouvoir être caractérisée par deux ou trois (rarement quatre) corps principaux. Il convient à ce sujet d'observer que, toutes les glaçures contenant de la silice, il n'y a lieu de désigner celle-ci que lorsqu'elle se trouve en proportion prépondérante. Ainsi une glaçure alcalino-plombifère est un silicate d'alcali et d'oxyde de plomb.

Certains céramistes ont proposé de classer les glaçures, d'après la proportion relative des acides et des bases qu'elles contiennent, en glaçures acides, neutres ou alcalines. Cette distinction, qui ne tient pas compte des propriétés différentes des deux acides et des diverses bases, ne repose que sur des considérations théoriques assez discutables, aussi n'a-t-elle pas prévalu.

Il est préférable dans la pratique courante de conserver les termes suivants consacrés par l'usage.

On désigne sous le nom de *vernis* (1) les glaçures transparentes fusibles à basse température, de faible épaisseur, ordinairement fortement plombifères, qui servent à recouvrir certaines faïences.

Les *émaux* (2) sont des glaçures fondant à une température plus élevée que les vernis et généralement de plus forte épaisseur. On distingue les *émaux opaques*, stannifères et généralement plombifères, des *émaux transparents* plombifères ou alcalins. Ils sont employés spécialement dans la fabrication des faïences et plus généralement dans la décoration de toutes les poteries.

Enfin on appelle *couvertes* les glaçures transparentes, dures, d'assez faible épaisseur, fondant à une température élevée, contenant presque toujours de l'alumine ou une base alcalino-terreuse, qui servent à recouvrir les poteries imperméables, ou certaines faïences à pâte fine.

Ces noms de vernis, émaux, couvertes, n'ayant pas une signification rigoureuse, ne doivent point être considérés comme les termes d'une classification, mais comme des synonymes du mot

---

(1) Du latin *vitrum*, verre.
(2) De l'ancien allemand *smelzan*, *smaltjan*, fondre ; bas latin, *smaltum*.

glaçure, et il convient, chaque fois que l'on veut préciser leur nature, de les faire suivre du nom des principales substances qui entrent dans leur composition. On dira ainsi : vernis boracique alcalin, émail alcalino-plombifère, couverte calcaire, etc.

En verrerie, on désigne sous le nom d'émail « toute matière vitreuse, transparente ou opaque, colorée ou incolore, qui sert à recouvrir les corps » (1). On voit qu'en céramique cette définition générale s'applique au mot glaçure, et que le nom d'émail a pris une signification plus restreinte.

Enfin, en ne considérant les glaçures qu'au point de vue de leur action sur les oxydes colorants, on les divise en glaçures *plombifères*, *boraciques* et *alcalines*, suivant que l'une ou l'autre de ces substances est en proportion prépondérante et peut influencer sur la coloration.

§ 2. — Matières premières

132. Silice et silicates. — La silice est ordinairement introduite dans les glaçures à l'état de *sable quartzeux* aussi pur que possible. Généralement, un tamisage et quelquefois une lévigation sont les seules préparations qu'il faut lui faire subir. Mais il est essentiel de connaître la proportion d'alcalis que les sables les plus purs contiennent toujours, en très faible proportion il est vrai, mais qui, étant donnée la forte teneur en sable de la plupart des glaçures, peut exercer une certaine influence. Lorsqu'on n'a pas de sable convenable à sa disposition, on peut employer du quartz ou du silex; mais, dans ce cas, il est nécessaire de les calciner préalablement et de les pulvériser. Pour les autres renseignements relatifs à la silice, on peut se reporter au chapitre II (page 71).

Parmi les silicates, les *feldspaths* sont les plus employés dans la fabrication des couvertes. On a vu (page 78), que ce sont des silicates d'alumine et d'alcalis, contenant ordinairement une petite proportion de chaux, d'oxyde de fer et de magnésie. Les espèces les plus pures, particulièrement celles exemptes d'oxyde de fer, peuvent seules être utilisées. Parmi les roches feldspathiques, la *pegmatite* de Saint-Yrieix et le *cornish-stone* de Cornouailles sont également très employés. Toutes ces roches doivent être fine-

(1) *Verre et verrerie*, par MM. Appert et Henrivaux (dans l'*Encyclopédie Industrielle*).

ment pulvérisées avant leur mélange aux autres éléments des glaçures.

Dans certaines couvertes, on ajoute également du *kaolin*, de l'*argile plastique* et du *ciment*, ou *chamotte*. Ces matières, précédemment décrites, diminuent beaucoup la fusibilité, et donnent généralement à la glaçure une translucidité opaline.

Les *verres*, tels qu'ils se fabriquent couramment en verrerie, son quelquefois utilisés pour les glaçures communes. Ils ont l'avantage d'être notablement meilleur marché que les feldspaths, et de donner des alcalis qu'il n'est pas nécessaire de fritter, comme on le verra à propos de la fabrication des glaçures. Leur unique défaut est d'avoir une composition assez variable, qui oblige à en faire l'analyse, si l'on veut obtenir des dosages exacts. Voici dans quelles limites varie ordinairement leur composition.

Verre à vitres :

Silice...	73,3 à 69,6
Alumine, oxydes de fer et de manganèse...........	1,8 à 0,7
Chaux...	13,2 à 11,6
Alcalis..	16,5 à 12,3

Verre à bouteilles blanc :

Silice...	72,3 à 57,3
Alumine, oxydes de fer et de manganèse...........	5,3 à 2,2
Chaux, magnésie, baryte..........................	30,7 à 8,6
Alcalis..	16,9 à 5,6

Cristal :

Silice...	61,0 à 51,1
Alumine, oxydes de fer et de manganèse...........	2,0 à 0
Chaux...	4,0 à 0
Alcalis..	13,7 à 6,0
Oxyde de plomb....................................	38,1 à 28,2

133. Acide borique et borax. — L'acide borique se présente à l'état de cristaux contenant une forte proportion d'eau ; il correspond à la formule BO^3, $3HO$. Il fond facilement dans son eau de cristallisation ; mais il faut le chauffer assez vivement pour le rendre anhydre.

Il se vend soit sous forme d'*acide borique raffiné* en fines paillettes blanches contenant de 96 à 97 0/0 d'acide borique, soit sous le nom d'*acide borique de Toscane*, dont les cristaux sont plus volumineux, jaunâtres, et n'ont qu'une teneur de 85 à 90 0/0. Les impuretés de ce dernier consistent en sulfhydrate d'ammoniaque, en silice hydratée, en matières organiques et en traces de chaux. Il est bon de les doser, car l'acide borique est assez souvent falsifié. Cet essai se fait très facilement en le dissolvant dans de l'eau bouillante, en filtrant et pesant le résidu. L'acide borique hydraté pur contient 56 0/0 d'acide borique et 44 0/0 d'eau.

On emploie généralement l'acide borique sous forme de *borax*, c'est-à-dire de borate de soude hydraté, représenté par la formule $NaO, 2BO^3, 10HO$. Exposés à l'air, les cristaux vitreux du borax se troublent et blanchissent par suite de l'évaporation d'une partie de l'eau de cristallisation. Chauffés à basse température, cette eau s'évapore complètement, et le borax tombe à l'état de poudre blanche. A une température un peu plus élevée, il fond et devient une masse vitreuse. On le trouve, sous forme de borate de soude et de chaux plus ou moins impur, dans le nord du Chili, et il est traité par du carbonate de soude pour éliminer la chaux.

Le borax est ordinairement employé à l'état de *borax raffiné*, purifié par plusieurs cristallisations successives. Il est alors sensiblement pur et contient de 37 à 38 0/0 d'acide borique pour 16 à 17 0/0 de soude; le reste est de l'eau.

On se sert aussi de borax naturels dits *tineal* et *borax américain*, qui peuvent contenir une assez forte proportion d'impuretés et dont la composition est variable.

De même que pour l'acide borique, il est bon de doser le borax, car, outre les impuretés naturelles qu'il contient, il est fréquemment additionné de substances étrangères. Cet essai se fait en dissolvant un poids déterminé de borax dans l'eau, en colorant la dissolution avec de la teinture bleue de tournesol, et en y versant une liqueur titrée d'acide sulfurique, soit, par exemple, 100 grammes d'acide à 66° par litre. On note le nombre de centimètres cubes de liquide titré qu'il faut ajouter à la dissolution pour que sa teinte passe au jaune pelure d'oignon. Si, d'autre part, on a fait le même essai avec un poids égal de borax pur, le rapport des deux nombres de centimètres cubes ainsi obtenus indique la proportion de borax pur dans l'échantillon essayé.

134. Sels alcalins. — Le *carbonate de soude* (NaO, CO^2) contient, lorsqu'il est *calciné*, 58,5 0/0 de soude et 41,5 0/0 d'acide carbonique. On peut l'acheter aux fabricants de soude à un degré de pureté suffisant. Il faut éviter de le conserver dans des locaux humides, parce qu'il est hygrométrique. Il se vend également sous forme de gros *cristaux*, correspondant à la formule NaO, CO^2, 10HO, soit à une composition centésimale de 21,7 0/0 de soude, 15,4 0/0 d'acide carbonique et 62,9 0/0 d'eau. Cette variété était autrefois préférée à la première, à cause de sa pureté ; actuellement cette préférence n'est plus guère justifiée ; mais, dans tous les cas, il faut éviter d'employer le carbonate de soude provenant de cendres, qui est toujours très impur.

Le *carbonate de potasse* (KO, CO^2) contient, lorsqu'il est pur, 68 0/0 de potasse et 32 0/0 d'acide carbonique, mais cette condition est rarement remplie, et il est bon de le doser. Il est très hygrométrique et doit toujours être séché avant son emploi. Celui qui provient directement des cendres de vinasses est très impur et peu à recommander.

Le *chlorure de sodium*, ou sel marin (NaCl), est quelquefois employé dans les glaçures, mais son usage le plus fréquent consiste dans l'émaillage des grès par volatilisation. On peut se servir, dans ce but, de sel dénaturé, c'est-à-dire non soumis aux droits.

Le *sulfate de soude* NaO, SO^3, 10HO, très employé en verrerie, l'est beaucoup moins en céramique. Il est nécessaire de le calciner avant de l'employer, à cause de sa forte proportion d'eau de cristallisation.

Le *nitrate de potasse* (KO, AzO^5), salpêtre, nitre, était autrefois le sel de potasse par excellence. On ne l'emploie plus guère en céramique depuis que l'on fabrique du carbonate suffisamment pur ; mais, comme il se décompose au rouge sombre en dégageant de l'oxygène, on l'utilise pour purifier les glaçures qui contiennent des matières organiques. Il est vendu dans le commerce sous forme de petits cristaux généralement assez purs.

Il est facile de doser la quantité de soude ou de potasse contenue dans les carbonates, en se servant du procédé décrit précédemment pour le borax. Un poids déterminé de sel étant dissous dans l'eau, on colore la dissolution avec de la teinture bleue de tournesol, et on y ajoute goutte à goutte une liqueur titrée d'acide sulfurique, jusqu'à ce que le liquide prenne une teinte pelure d'oignon. Si la liqueur titrée contient par exemple 1 gramme d'acide sulfurique à 66° pour 10 centimètres cubes, et si n est le nombre de centimètres cubes ajoutés au moyen d'une burette graduée, la proportion de carbonate de soude sera de $\frac{n \times 53}{49}$, ces deux nombres représentant le rapport des équivalents du carbonate de soude et de l'acide sulfurique. Pour le carbonate de potasse, la formule serait $\dfrac{n \times 69}{49}$. Si l'échantillon essayé contient un mélange de carbonate de soude et de potasse, ce procédé n'est plus applicable, et il faut avoir recours à l'analyse par le bichlorure de platine (page 90).

L'*alun* (Al^2O^3, $3SO^3$; KO, SO^3, 24HO) a été quelquefois employé pour introduire de la potasse et de l'alumine dans les glaçures. C'est, en effet, un sulfate double d'alumine et de potasse, vendu soit sous forme de cristaux contenant une forte proportion d'eau de cristallisation, soit à l'état d'alun calciné. Il contient assez souvent de l'oxyde de fer, mais on peut le purifier par des cristallisations successives. Lorsqu'il est pur, il a une teneur d'environ 20 0/0 d'alumine et 18 0/0 de potasse.

135. Composés alcalino-terreux. — La *chaux* est introduite dans les glaçures sous forme de carbonate et de sulfate, il est rare que l'on se serve de chaux caustique.

Le carbonate de chaux (CaO, CO^2) se décompose lentement à une température assez élevée en donnant 56 0/0 de chaux (page 79).

On le trouve généralement assez pur, sous forme de marbre blanc ou de blanc de Meudon ou d'Espagne, pour qu'il n'ait pas besoin d'être dosé. Si on veut néanmoins faire un essai, il suffit de dissoudre dans de l'acide nitrique un poids déterminé de carbonate, de saturer la dissolution par l'ammoniaque, de filtrer et de précipiter la chaux par l'oxalate d'ammoniaque à l'état d'oxalate de chaux.

Le sulfate de chaux, ou gypse, se vend sous forme de cristaux ou à l'état de plâtre en poudre. Dans ce dernier cas, il est assez impur et contient du carbonate de chaux, dont la présence est facilement révélée par le dégagement d'acide carbonique, qu'il donne en l'attaquant par un acide. Le gypse cristallisé est un sulfate hydraté de chaux (CaO, SO^3, 2HO), qui contient à l'état pur 31,86 0/0 de chaux et 46,51 0/0 d'acide sulfurique qui n'est éliminé qu'à une température élevée.

La *magnésie* peut être ajoutée aux glaçures, sous forme de dolomite, mélange de carbonates de chaux et de magnésie, ou de talc et de magnésite, qui sont des silicates de magnésie hydratés. Ces substances ont été décrites au chapitre II.

La *baryte* n'est utilisée qu'à l'état de sulfate de baryte ou spath pesant (BaO, SO^3), contenant à l'état pur 65 à 66 0/0 de baryte ;

c'est un minerai assez répandu dans la nature. On pourrait également se servir du carbonate (Witherite).

La *strontiane* n'est guère employée. On la trouve en Sicile à l'état de cristaux de sulfate de strontiane, ordinairement mélangés de cristaux de soufre, ou en Ecosse sous forme de carbonate (Strontiniate).

136. Oxydes et sels de plomb. — L'oxyde de plomb est utilisé sous forme de litharge, de minium, de céruse et d'alquifoux.

La *litharge* (PbO), ou protoxyde de plomb, est vendue à l'état de cristaux lamellaires, brillants, ou de poudre jaune rougeâtre. Elle est obtenue en chauffant à l'air du plomb métallique, puis en fondant et en laissant cristalliser l'oxyde ainsi produit. Si le refroidissement est rapide, on obtient des cristaux jaunes rougeâtres désignés sous le nom de litharge d'argent; si, au contraire, il est lent, les cristaux, d'un rouge vif, prennent le nom de litharge d'or.

En oxydant le plomb sans le faire ensuite fondre et cristalliser, on obtient un produit amorphe connu sous le nom de *massicot* qui a la même composition que la litharge. Le massicot peut être également préparé par la calcination du nitrate de plomb, c'est alors du protoxyde de plomb presque pur.

Dans le commerce, on trouve des litharges anglaises, françaises et allemandes. Les premières passent pour les meilleures, ne contenant que des traces de fer et de cuivre, et les dernières pour les plus impures.

Néanmoins à cause des falsifications dont la litharge est quelquefois l'objet, il est toujours utile de vérifier sa pureté par des essais. Si on la traite par de l'acide acétique, il ne faut pas qu'il se produise une effervescence, indice de la présence de carbonates de plomb, de baryte ou de chaux. Pour constater la présence d'autres matières étrangères, on attaque la litharge par de l'acide nitrique dilué; elle doit s'y dissoudre entièrement, s'il y a un résidu il est, généralement, de l'acide antimonique, du sulfate de baryte, ou même des ocres, du sable, des terres cuites pilées. On filtre, puis la dissolution filtrée est desséchée, reprise par de l'acide sulfurique, évaporée à nouveau, et enfin traitée par l'eau, qui dissout tous les sulfates, sauf ceux de plomb et de baryte. On peut évaporer la dissolution pour peser le résidu, s'il y en a. En tous cas, une coloration bleue ou verte indique la présence du cuivre ou du fer.

Le *minium* (Pb^3O^4 ou $2PbO, PbO^2$) est un plombate de protoxyde de plomb, obtenu en chauffant vers 300° du massicot. Il se présente sous forme d'une poudre d'un beau rouge brunissant à la lumière. Chauffé au rouge, il se transforme en protoxyde de plomb avec dégagement d'oxygène; 100 parties en poids de minium pur donnent 97,37 parties de protoxyde. Mais le minium contient toujours une notable proportion de massicot, même si celui-ci est chauffé plusieurs fois. Ainsi, du minium dit à un feu en contient 50 0/0, et celui dit à huit feux, c'est-à-dire chauffé huit fois, en renferme encore 25 0/0.

Pour essayer le minium, on le traite comme il a été dit précédemment pour la litharge, par de l'acide nitrique étendu qui ne doit produire ni d'effervescence ni laisser de résidu. Cette dissolution étant évaporée, on peut la reprendre par de l'acétate neutre de plomb, qui dissout le protoxyde de plomb et laisse un résidu de bioxyde (PbO^2) qui doit avoir une coloration brune franche. Le minium anglais est vendu en barils de 300 à 350 kilogrammes; celui d'origine française se trouve en barils de 400 à 450 kilogrammes, il a ordinairement une coloration plus brune. Les meilleures qualités doivent seules être employées dans les glaçures, on les désigne sous le nom de minium pour cristalleries.

La *céruse* (PbO, CO^2) est un carbonate de plomb, qui se présente aussi sous forme hydratée: $2(PbO.CO^2) PbO.HO$; il est donc bon de la dessécher avant de la mélanger aux autres matières entrant dans la composition des glaçures. Elle se décompose à la chaleur, l'acide carbonique s'échappe, et il reste du protoxyde de plomb.

Le carbonate pur anhydre donne 83,52 0/0 de protoxyde.

La céruse est fabriquée par divers procédés dits: hollandais, autrichien, anglais, français, qui sont tous basés sur la combinaison du plomb métallique avec l'acide carbonique, soit directement, soit par l'intermédiaire de l'acide acétique. Elle est assez souvent altérée par l'addition de sulfate de plomb, de sulfate de baryte, de plâtre et de craie. Pour reconnaître ces mélanges, on traite l'échantillon de céruse par du carbonate d'ammoniaque, qui décompose les sulfates de plomb et de chaux, mais non le sulfate de baryte. On obtient donc, en filtrant, un résidu contenant du sulfate de baryte et des carbonates de plomb et de chaux. En le reprenant avec de l'acide nitrique, on dissout les carbonates; le sulfate de baryte peut être séparé par filtration et pesé. La dissolation filtrée est ensuite évaporée à sec, traitée par l'acide chlorhydrique dilué, qui précipite le plomb à l'état de chlorure. On filtre, on traite la liqueur par un excès d'ammoniaque pour recueillir les dernières traces d'oxyde de plomb restées solubles et, après avoir filtré à nouveau, on précipite la chaux au moyen de l'oxalate d'ammoniaque.

L'*alquifoux*, ou galène (PbS), est un minerai gris à éclat métallique, sous forme de lamelles grenues parfois compactes. Chimiquement, c'est un sulfure de plomb, contenant à l'état pur 13,39 0/0 de soufre et 86,61 0/0 de plomb. Grillé lentement à l'air au rouge sombre, il se transforme en sulfate de plomb (PbO,SO^3), qui lui-même se décompose à une température plus élevée pour laisser du protoxyde de plomb. Finalement, 100 parties de sulfure pur donnent 93,30 de protoxyde.

Les minerais d'alquifoux sont assez répandus dans la nature, mais ils sont rarement purs et presque toujours mélangés à de la gangue. Leur composition variable, ainsi que les inconvénients qui peuvent résulter du dégagement à la cuisson de vapeurs sulfureuses, font qu'ils ne sont employés malgré leur bon marché que pour les poteries communes.

137. Oxyde d'étain et calcine. — L'*oxyde d'étain* employé en céramique est le bioxyde (SnO^2), ou acide stannique, qui est vendu sous forme de poudre blanche et ordinairement à l'état d'hydrate (SnO^2.HO). Celui-ci ne se décompose qu'au rouge, pour donner une poudre légèrement jaunâtre d'oxyde d'étain anhydre.

On peut le préparer assez simplement en attaquant de l'étain métallique par de l'acide nitrique ; celui-ci se décompose, et une partie de son oxygène se combine à l'étain, pour donner de l'oxyde d'étain, ou plutôt de l'acide métastannique, forme isomérique de l'acide stannique. Cette distinction n'a pas d'importance, pour son emploi dans les glaçures : il suffit de laver convenablement la poudre blanche ainsi obtenue et de la pulvériser très fortement par un broyage à l'eau. On a cependant généralement plus d'intérêt à acheter l'oxyde d'étain, en vérifiant s'il est absolument pur. Dans le commerce, on fait une distinction entre l'oxyde d'étain à l'acide, fabriqué comme il vient d'être dit, et celui préparé au feu, qui est obtenu par l'oxydation à l'air sous l'action de la chaleur de l'étain métallique. A défaut d'une analyse complète assez longue, on peut d'abord laver l'échantillon et vérifier si l'eau ne se trouble pas ou ne dissout aucune matière étrangère, l'oxyde d'étain étant absolument insoluble. On le chauffe ensuite, dans un creuset fermé en terre réfractaire, au rouge vif; la poudre doit rester non agglutinée, n'ayant perdu au maximum que 25 0/0 de son poids, d'une coloration jaunâtre clair, et le creuset ne doit pas présenter de traces de vitrification.

L'oxyde d'étain est également souvent employé sous forme de *calcine*. Celle-ci est un stannate d'oxyde de plomb dans lequel l'étain entre pour 15 à 50 0/0, et le plomb pour 85 à 50. Elle est généralement fabriquée, à cause de sa composition variable, dans les usines céramiques.

Dans ce but, on mélange les deux métaux aussi purs que possible, dans la proportion convenable, et on les soumet dans un vase ouvert à l'action des flammes d'un foyer. Les métaux fondent et se recouvrent d'une couche poudreuse d'un blanc jaunâtre, qui est la calcine.

Il convient, pendant toute la durée de l'opération, de remuer la masse métallique avec un racloir en fer, et d'enlever de temps en temps une partie de la poudre. Pour une fabrication un peu importante, on se sert avec avantage d'un four à sole analogue à celui indiqué plus loin, qui sert à la vitrification des glaçures, mais en ménageant une ouverture de travail suffisamment grande. Pour de faibles quantités, il suffit de mettre les métaux dans un creuset réfractaire largement ouvert. Les vases métalliques quelquefois employés ont l'inconvénient de mélanger souvent de l'oxyde de fer à la calcine. Quoi qu'il en soit, celle-ci est ensuite lavée, pour séparer les parties métalliques non attaquées qu'elle peut contenir et qui, étant plus lourdes, se précipitent les premières. On termine la fabrication par un séchage et une pulvérisation, qui n'a pas besoin d'être aussi soignée que celle de l'oxyde d'étain.

138. Matières diverses. — On emploie quelquefois comme fondants le *spath-fluor*, ou *fluorine* ($CaFl^2$), qui est un fluorure de calcium, et la *cryolithe* ($3NaFl, Al^2Fl^3$), ou fluorure double de soude et d'alumine. Ces corps se décomposent au rouge; les bases, chaux, soude et alumine qui se forment se mélangent avec les autres éléments de la glaçure, tandis que le fluor se combine avec le métal de la silice, pour former un fluorure de silicium, qui se volatilise lorsque la température est assez élevée. Si tel n'est pas le cas, ou si la glaçure n'est pas assez siliceuse, le fluor reste en partie et peut former des dépôts salins qui en ternissent la surface. Le spath-fluor, très peu employé en céramique, se trouve fréquemment en d'épais filons dans les terrains métalliques. La cryolithe, d'un usage plus répandu, se trouve en Groënland, sous forme de cristaux d'un blanc nacré, quelquefois un peu jaunis par l'oxyde de fer. Elle contient 54,16 0/0 de fluor, 32,73 0/0 de sodium et 13,06 0/0 d'aluminium, donnant après oxydation pour 100 parties de matière brute, 40,73 0/0 de soude et 25,06 0/0 d'alumine.

L'*oxyde de zinc* (ZnO) peut être employé comme opacifiant dans les glaçures siliceuses ; il a environ la même fusibilité que la magnésie.

Il se prépare en oxydant du zinc métallique, et se vend à l'état de poudre blanche, qui jaunit à la calcination, mais reprend, après refroidissement, sa teinte primitive. La première qualité est généralement assez pure.

L'*oxyde de bismuth* se comporte, dans les glaçures, comme l'oxyde de plomb, mais il est plus fusible.

Enfin, le *phosphate de chaux*, employé quelquefois comme opacifiant, a été mentionné au chapitre II, on l'utilise dans ce but en verrerie, mélangé à une faible proportion de spath-fluor.

§ 3. — Fabrication et pose

139. Préparation des matières premières et dosage. — La fabrication des glaçures comporte, sous sa forme la plus complexe, les opérations suivantes :

Préparation des matières premières ;
Dosage ;
Frittage ou vitrification ;
Mélange et broyage à l'eau.

Pour pouvoir être employées dans la fabrication des glaçures, les matières premières doivent se trouver à l'état de poudres suffisamment fines, aussi pures que possible, et avec une composition qui ne se modifie pas à l'air, permettant un dosage exact. Les opérations qu'il faut leur faire subir pour remplir ce but dépendent de leur nature ; elles viennent d'être indiquées pour chaque matière dans les articles précédents, il ne reste plus qu'à donner quelques indications générales à ce sujet.

La *pulvérisation* se fait au moyen des différents procédés indiqués (chap. III) à propos de la préparation des pâtes. Mais il faut observer que, pour les glaçures, il est toujours très important d'éviter le mélange de parcelles de fer ou d'oxyde de fer, et qu'il est, par conséquent, prudent de n'employer que des pulvérisateurs, dont les parties métalliques ne sont pas en contact avec la matière à pulvériser. Les systèmes à employer sont donc les meules verticales ou horizontales en pierre, les moulins à blocs, et les broyeurs à boulets, à enveloppe en grès ou en porcelaine et à boulets en même matière ou en silex. La pulvérisation se fait soit à sec, soit à l'eau, et est poussée à un plus ou moins grand degré de finesse, suivant qu'elle doit être ou non suivie d'un second broyage à l'eau. Comme on le verra plus loin, pour des matières dures, comme le quartz, le silex, le feldspath, le spath, la cryolithe, on ne peut guère obtenir une grande finesse que par le broyage à l'eau.

Le broyage à sec doit être entouré de grandes précautions, pour éviter le dégagement de poussières très nuisibles à la santé des ouvriers. Des enveloppes hermétiques autour des appareils et des systèmes de ventilation sont indispensables et ne sauraient être remplacés suffisamment par des masques. On sait que, par décret du 13 mai 1893, ce travail est interdit, en France, aux enfants au-dessous de dix-huit ans. Les poussières minérales se fixent sur les muqueuses de la gorge, de la trachée, des bronches, s'y incrustent et ne peuvent être entièrement expulsées par les accès de toux qu'elles provoquent. Leur présence détermine bientôt une inflammation aiguë ou chronique en même temps que les blessures qu'elles font prédisposent à l'absorption des bacilles des maladies infectieuses. Aussi observe-t-on, parmi les ouvriers employés dans les ateliers de pulvérisation mal disposés, une mortalité beaucoup plus grande que la moyenne, due principalement à la tuberculose.

Cette action nuisible des poussières est fortement aggravée lorsque celles-ci contiennent des composés plombifères, et particulièrement de la céruse. Il peut se produire alors des affections spéciales, désignées sous le nom de saturnisme, qui débutent par des coliques, des nausées, une constipation opiniâtre, qui finissent, faute de soins, par aboutir à la cachexie, au marasme et quelquefois à la mort. Les dispositions préservatrices indiquées précédemment ne sont, dans ce cas, pas toujours suffisantes pour éviter toute intoxication. Il est nécessaire de renouveler fréquemment le personnel masculin adulte, qui seul doit être employé, et de lui fournir chaque jour 1 à 2 litres de lait. Aux premiers symptômes, il est bon de compléter ce régime en donnant de $0^{gr},6$ à 1 gramme par jour d'iodure de fer et de potassium pendant six à dix jours, puis d'interrompre pendant deux à trois semaines, et de recommencer ensuite ce traitement, si les symptômes du saturnisme n'ont pas disparu. Pour éviter tous ces inconvénients, les céramistes ont souvent intérêt à acheter les matières premières des glaçures à l'état de poudres fines, telles qu'on les trouve actuellement dans le commerce.

Les procédés d'*épuration* des matières premières ont été décrits pour chacune d'elles ; il n'y a donc pas lieu d'y revenir. Quant au *dosage*, celui-ci peut se faire au poids ou au volume, dans des vases ayant une capacité correspondant à un poids déterminé. On doit y procéder avec plus de précision que pour les pâtes, et il faut avoir soin de tenir compte de l'eau et des substances volatiles : acide carbonique, soufre, acide sulfurique, que peuvent contenir les matières premières. C'est surtout la teneur variable d'eau hygrométrique ou de cristallisation qui peut devenir une cause d'erreur. Les matières qui peuvent en contenir doivent être desséchées ou bien conservées dans des endroits clos, à l'abri de l'humidité.

140. Frittage et vitrification. — Lorsque les matières doivent être finalement broyées à l'eau, ce qui est le cas le plus fréquent, il faut d'abord rendre insolubles celles qui sont susceptibles de se dissoudre dans l'eau, c'est-à-dire les sels alcalins, l'acide borique et le borax. Dans ce but, on les transforme, sous l'influence de la chaleur, en silicates et en borates insolubles, après les avoir mélangées avec de la silice, de la chaux, de l'oxyde de plomb, etc., suivant la composition de la glaçure. En faisant ce mélange, il faut s'attacher à obtenir des produits aussi fusibles que possible pour économiser les frais de combustible.

D'autre part, il convient aussi d'éviter que les matières aient des densités très différentes, ce qui, après leur mélange dans l'eau, les ferait déposer inégalement et détruirait l'homogénéité de la glaçure. Cette observation s'applique surtout aux matières contenant du plomb ou de la baryte, qui sont beaucoup plus denses que les autres. Comme dans le cas précédent, on peut parer à cet inconvénient en les combinant à des substances plus légères : silice, chaux, etc.

Enfin, il convient d'employer le même procédé lorsqu'on introduit dans la composition d'une glaçure une matière en très faible proportion, qu'il est plus difficile de mélanger bien uniformément aux autres.

Dans tous ces cas, on procède à une opération préliminaire, qui est désignée sous le nom de *frittage*, lorsque les matières sont simplement agglutinées sous l'influence de la chaleur, et qui devient une *vitrification* lorsqu'elles sont fondues à l'état de verre. Pour de petites productions, celle-ci se fait dans des creusets en terre réfractaire, chauffés dans des fours spéciaux. Lorsqu'une chaleur suffisante a été atteinte, on verse leur contenu dans de l'eau, pour désagréger la masse frittée ou vitreuse et la rendre plus facile à pulvériser; puis, on remplit de nouveau le creuset pour procéder à une seconde opération. Les creusets ne peuvent guère contenir plus de 10 kilogrammes de matières pour être maniables. Ils ne supportent qu'un petit nombre de chauffes, et le four doit être disposé de manière à pouvoir recueillir la glaçure qui peut s'écouler, dans le cas de leur rupture. Lorsque les matières doivent être simplement frittées, elles s'agglutinent et forment une masse que l'on peut sortir du creuset au moyen d'un crochet, pour la plonger dans l'eau.

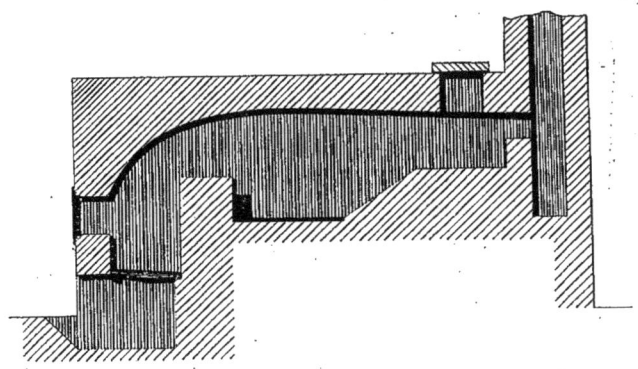

Fig. 144. — Four à fondre les glaçures.

Dans certains cas, on se sert de creusets de plus grandes dimensions, dont on enlève la masse fondue au moyen de poches en fer.

On peut également employer des creusets percés, dans le fond, d'un trou par où s'écoule la masse fondue, qui est recueillie dans un vase plein d'eau.

Pour de plus grandes productions, on a intérêt à se servir de fours à sole, construits de différentes manières, et dont la figure 144 représente un type fréquemment employé. Les matières à vitrifier sont introduites par une ouverture supérieure dans la voûte et tombent sur une partie horizontale surélevée de la sole. A mesure qu'elles fondent, elles s'écoulent sur un plan incliné, pour se rassembler à la partie inférieure de la sole, d'où on peut les laisser s'écouler par une ouverture latérale, qui, en marche, est bouchée par un tampon en terre réfractaire, soigneusement luté. Un ajutage métallique ou en terre conduit le verre formé au-dessus d'un vase plein d'eau, dans lequel il est recueilli. Le fonctionnement du four est ainsi continu, l'introduction des matières et leur écoulement se faisant de temps en temps, sans interrompre sa marche. Le chauffage s'effectue par un foyer placé à une extrémité, tandis qu'une cheminée à tirage réglable se trouve à l'autre. Il est bon de porter le four à la température voulue avant d'introduire le mélange à vitrifier, et de brasser celui-ci pour l'homogénéiser avant de le couler.

Ce four se prête également au frittage. Dans ce cas, la sole est uniformément horizontale. Par une porte de travail latérale, on y jette le mélange, que l'on égalise et qui est ensuite enlevé par la même ouverture, après son frittage.

Dans certaines fabriques, on fait le frittage et la vitrification dans des gazettes placées dans le four à cuire les poteries, les morceaux de glaçure vitreux étant enlevés au moment du défournement. Pour empêcher l'adhérence avec le fond des gazettes, il est nécessaire de recouvrir celles-ci de sable, qui reste plus ou moins agglutiné ; aussi ce procédé ne doit-il être considéré que comme un expédient et non comme un moyen régulier de fabrication. Il en est de même des procédés qui consistent à fondre la glaçure sur la sole ou sous la sole des fours de cuisson. Quant à la méthode par laquelle on laisse fondre et refroidir les matières dans des creusets, pour briser ensuite ceux-ci et trier les morceaux agglomérés de terre cuite et de glaçure, elle est peut-être admissible en laboratoire, mais, quoique indiquée par certains céramistes, elle est industriellement une véritable sauvagerie.

Pour effectuer le frittage ou la vitrification, il est essentiel que les matières soient bien mélangées, mais il n'est pas nécessaire de les pulvériser très finement. Les sels alcalins, l'acide borique et le borax peuvent même être assez grossiers, et la silice, le feldspath, sous forme de sable.

Le chauffage doit, dans tous les cas, être fait régulièrement, pour éviter les coups de feu, les entraînements de cendres, mais il est particulièrement essentiel de veiller à ce que, pour les glaçures plombifères, l'atmosphère du four ne soit jamais réductrice, auquel cas l'oxyde de plomb se transformerait en plomb métallique. Quant aux creusets et à la sole des fours, ils doivent être faits en terre réfractaire suffisamment alumineuse, et ne pas contenir des grains de silice libre, qui pourraient être attaqués et dissous par la glaçure.

La vitrification est indispensable, lorsqu'on veut obtenir des verres bien homogènes, et on arrive aussi à la produire lorsqu'il faut élever la température pour décomposer certains sulfates et carbonates. Dans tous les autres cas, le frittage est plus économique ; il devient même nécessaire dans la fabrication de certaines glaçures alcalines, contenant des chlorures. Les chlorures alcalins, alcalino-terreux ou d'aluminium qui sont mélangés à la masse, ou qui se forment sous l'action de la chaleur, tendent, en effet, pendant la vitrification, à se séparer, à surnager et à se décomposer violemment au contact de l'eau, au moment où l'on vide le creuset et le bassin. Il en est de même des sulfures alcalins.

141. Mélange et broyage à l'eau. — Pour la fabrication de certaines glaçures et lorsque celles-ci, comme on le verra plus loin, se posent par saupoudration, on peut se contenter de faire le mélange à sec, en employant des substances préalablement finement pulvérisées.

Mais comme, dans la plupart des cas, la glaçure se pose à l'état de pâte liquide, le mélange se fait généralement dans l'eau.

Il peut être effectué au moyen des délayeurs précédemment décrits, mais il est bien préférable de le faire en même temps qu'un dernier broyage à l'eau, qui a l'avantage de rendre le mélange très homogène et la glaçure plus impalpable. Le délayage ne doit être employé que lorsqu'on achète de la glaçure toute préparée.

Le broyage à l'eau s'opère, le plus souvent, entre des meules horizontales, l'inférieure étant fixe, et la supérieure animée d'un mouvement de rotation.

Celle-ci a ordinairement deux évidements par où la glaçure pénètre entre les meules. Un robinet, placé en contre-bas de la surface de contact des meules, laisse écouler la glaçure broyée. Suivant l'importance de la production, le mouvement est donné soit à bras, soit au moyen d'un moteur. Les figures 145 et 146 représentent les dispositions le plus généralement employées. Le diamètre de la cuve varie de 0^m,35 à 0^m,40 pour les machines à bras, et de 0^m,70 à 1 mètre pour celles à moteur.

On peut également se servir de moulins à blocs, mais on préfère maintenant les broyeuses à boulets, ou cylindres Asling.

Ceux employés pour le broyage des glaçures peuvent préparer des charges de 10 à 150 kilogrammes pour une dépense de force de 1/8 de cheval à 2 chevaux (*fig.* 147). Les plus petits modèles peuvent être actionnés au moteur ou à bras. La garniture intérieure du cylindre est en porcelaine ou en grès, et les boulets sont ordinairement des galets de silex.

Fig. 145. — Broyeur à glaçures.

Lorsque le broyage est suffisant, on remplace l'obturateur plein par une grille laissant s'écouler la glaçure.

S'il entre de l'argile dans la composition des glaçures, celle-ci, à moins d'être en très faible proportion, doit être introduite dans le broyeur à l'état de pâte liquide, vers la fin de l'opération, parce qu'elle retarderait la pulvérisation des autres matières plus dures.

Fig. 146. — Broyeur à glaçures.

Les glaçures, ainsi broyées, sont ordinairement tamisées pour retenir les grains non pulvérisés ou les grumeaux qui auraient pu se former. Lorsque les tamis sont fins, il faut que la glaçure soit très liquide pour pouvoir les traverser, et il convient ensuite de la laisser se déposer dans des bassins, pour qu'elle prenne la consistance voulue pour la pose.

Il peut quelquefois se faire que, par suite des procédés de pulvérisation employés, la glaçure contienne de petites parties de fer. Il est bon d'employer, dans ce cas, un procédé d'épuration électrique

Fig. 147. — Broyeur pour glaçures.

analogue à celui qui est quelquefois usité dans la préparation des pâtes par voie liquide. Dans ce but, la glaçure liquide est introduite dans une cuve (*fig.* 148) contenant des aimants, les uns fixes, les autres mobiles, servant d'agitateurs. La glaçure épurée est vidée par un robinet inférieur, tandis que les aimants, facilement démontables, sont, de temps en temps, enlevés, nettoyés, puis replacés.

142. Pose des glaçures. — La pose des glaçures peut se faire sur des pâtes sèches et sur des pâtes cuites. Dans le premier cas, les pâtes doivent être très sèches et suffisamment résistantes pour n'être détériorées ni par les manipulations de la pose,

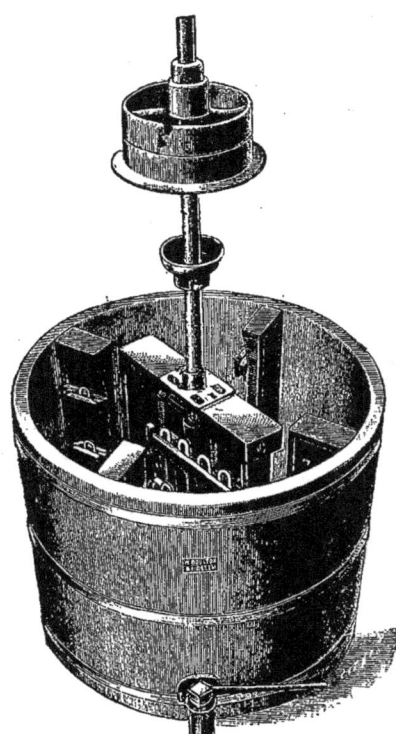

Fig. 148. — Épurateur magnétique.

ni par l'humidité de la glaçure. Dans le second cas, elles ont subi une cuisson définitive à haute température, ou bien elles ont été simplement chauffées pour rendre la pose plus facile. Quel que soit le procédé employé, il est essentiel que les pâtes soient suffisamment poreuses et happantes pour absorber la glaçure et la faire adhérer.

On emploie six procédés pour poser les glaçures : le trempage ou immersion, l'arrosement, l'aspersion, l'insufflation, la saupoudration et la volatilisation.

Dans la pose par *trempage* ou *immersion*, les objets en pâte sont trempés dans un bassin contenant la glaçure liquide; la pâte, par suite de sa porosité, absorbant une certaine quantité d'eau, il se dépose sur sa surface une couche plus ou moins épaisse de glaçure. Pour que ce procédé, qui est très usité, réussisse bien, il faut évidemment, d'une part, une pâte résistante assez avide d'eau et, d'autre part, une glaçure ayant une consistance correspondant à l'absorption de la pâte et à l'épaisseur de la couche que l'on veut obtenir. Ce n'est que par des essais que l'on peut déterminer la consistance convenable qui se rapproche ordinairement de celle de la crème.

D'autre part, il faut éviter que, lorsque la glaçure s'est séchée sur la pâte, elle soit trop pulvérulente et s'en détache au moindre contact. Les glaçures dans la composition desquelles entrent des matières un peu plastiques : argile, chaux, céruse, etc., n'ont pas ce défaut, à la condition que celles-ci n'aient pas été préalablement frittées ou vitrifiées. C'est dans ce but que le frittage, ou la vitrification, ne doit jamais être effectué sur la composition totale de la glaçure et qu'il convient de réserver les matières les plus plastiques pour ne les ajouter aux autres que dans les broyeurs à eau.

Les glaçures trop peu liantes ont, en outre, le défaut de se déposer inégalement et trop rapidement, ce qui oblige de les brasser trop souvent. Pour remédier à cet inconvénient, on peut y mélanger du vinaigre, du lait, de la fécule, des gommes, mais cette addition cause souvent d'autres désagréments; aussi vaut-il mieux en principe s'attacher à trouver une composition de glaçure qui n'ait pas ce défaut.

Pour tremper les objets, on commence par enlever soigneusement la poussière dont ils peuvent être couverts ; puis, on les saisit avec les doigts par les parties qui n'ont pas besoin d'être recouvertes de glaçure. Si de telles parties n'existent pas, il vaut mieux les prendre avec des pinces ayant des griffes pointues, de manière à ne laisser que de petites places sur lesquelles la glaçure fait défaut. Ces places peuvent être ensuite retouchées au moyen d'un pinceau imprégné de glaçure. Les procédés et les engins employés pour faire le trempage dépendent essentiellement de la forme des objets, et on ne peut donner ici que des indications générales à ce sujet.

Pour les pièces un peu soignées, les retouches sont, du reste, inévitables. On égalise avec le doigt ou une raclette les parties où il peut y avoir trop de glaçure : gouttes, coulées; on ajoute avec un pinceau de la pâte sur les arêtes, qui en retiennent généralement trop peu; enfin, on l'enlève des parties : pieds, socles, etc., sur lesquelles la pièce doit reposer.

Dans la pose par *arrosement*, on verse la glaçure sur l'objet, en lui donnant un certain mouvement propre à l'étendre uniformément. L'excès de glaçure retombe dans un récipient au-dessus duquel on tient l'objet. Cette méthode est employée lorsqu'on veut mettre de la glaçure seulement à l'intérieur ou à l'extérieur d'une poterie. On s'en sert aussi pour les pâtes peu poreuses, qui ne fixeraient pas par trempage une couche suffisante. Dans ce cas, on doit donner à la glaçure une consistance plus épaisse et, au besoin, augmenter sa viscosité avec du lait, de la fécule, des gommes, matières qui disparaissent ensuite à la cuisson. Les retouches se font de la même manière que dans le cas précédent.

La pose par *aspersion*, qui n'est plus guère employée, consiste à asperger les objets avec la glaçure liquide. On se sert, dans ce but, de brosses à poils durs et courts, que l'on trempe dans la glaçure, que l'on secoue pour enlever l'excès de la pâte liquide, et avec lesquelles on asperge ensuite les poteries. Ce procédé était employé pour les pâtes crues, friables et recouvertes d'engobes, qui n'auraient pas pu, sans se détériorer, être trempées ou arrosées.

Actuellement, on préfère, dans ce but, la pose par *insufflation* ou *pulvérisation*, qui est basée sur l'emploi d'un petit appareil connu sous le nom de pulvérisateur. Celui-ci consiste en deux tubes à angle droit, dont l'un est en communication avec un réservoir contenant la glaçure, et l'autre avec une soufflerie quelconque. Les orifices des deux tuyaux sont disposés de manière à ce que le courant d'air de l'un détermine une aspiration et un entraînement du liquide dans l'autre. Pour de petits objets, la soufflerie peut consister simplement en une poire en caoutchouc;

pour de plus grandes surfaces, il faut employer une pompe à air, pouvant donner une pression d'environ $0^m,20$ de mercure.

Le pulvérisateur se place à une distance de $0^m,30$ à $0^m,50$ de l'objet, suivant ses dimensions et la force du jet. On déplace l'un ou l'autre, ou les deux simultanément, pour répartir la glaçure d'une manière uniforme sur toute la surface. Il est bon de ne pas mettre toute l'épaisseur de la couche en une seule fois, mais de le faire en deux ou plusieurs opérations, en laissant chaque fois une couche sé sécher avant d'en mettre une seconde. Cette méthode évite le coulage et donne une épaisseur beaucoup plus régulière.

Outre l'emploi indiqué précédemment, la pose par pulvérisation est d'un usage excellent pour les grands objets, les panneaux, etc.

Dans toutes les méthodes précédentes, la glaçure se trouve à l'état de pâte liquide plus ou moins consistante ; pour la pose par *saupoudration*, elle est, au contraire, en poudre sèche. Les objets doivent être à l'état de pâte crue encore humide, pour retenir la glaçure dont on les saupoudre au moyen d'un tamis. Ce procédé, qui n'est guère employé que pour les poteries grossières à vernis plombifères, a le grave inconvénient d'être très dangereux pour la santé des ouvriers, à cause des poussières qu'il produit.

Enfin, la pose par *volatilisation* consiste à volatiliser par la chaleur la glaçure dans l'intérieur des fours servant à cuire les pâtes et à déterminer ainsi son dépôt sur la surface des poteries, où elle se vitrifie en se combinant avec la silice de la pâte. Ce procédé n'est employé que dans la fabrication des grès ; on trouvera de plus amples renseignements dans le chapitre consacré à ces poteries.

CHAPITRE VII

CUISSON

Sommaire : § 1. *Propriétés des pâtes et des glaçures pendant la cuisson.* — Généralités sur la cuisson. — Modifications dans la constitution des pâtes. — Rôle des différentes matières constitutives des pâtes dans la fusibilité. — Modifications dans le volume et la densité. — Modifications dans la coloration. — Défauts des pâtes après la cuisson. — Cuisson des glaçures. — Accord des pâtes et des glaçures. — Essais de fusibilité et de cuisson.
§ 2. *Description des fours.* — Généralités sur les fours. — *a) Foyers.* — Combustibles. — Classification des foyers. — Chauffage au bois. — Chauffage à la houille avec foyers formés par les produits, avec foyers à grille, avec foyers alandiers. — Chauffage au gaz. — *b) Tirage.* — Cheminées. — Tirage dans les fours. — Réglage du tirage. — *c) Fours.* — Classification des fours. — Fours intermittents à flammes ascendantes, à flammes descendantes, horizontaux à foyer unique. — Fours à feu continu à chambre de cuisson unique, à chambres de cuisson multiples. — Fours intermittents horizontaux à foyers multiples. — Fours à moufles. — *d) Récupérateurs.* — *e) Construction des fours.*
§ 3. *Fonctionnement des fours.* — Généralités sur le fonctionnement des fours. — Enfournement. — Enfournage. — Cuisson proprement dite. — Atmosphère des fours. — Analyse des gaz. — Mesure du tirage. — Mesure de la température. — Refroidissement et défournement. — Rendement thermique des fours.

§ 1. — Propriétés des pates et des glaçures pendant la cuisson

143. Généralités sur la cuisson. — La cuisson est la dernière, la plus importante et la plus difficile opération de la fabrication des poteries. Elle a pour but, d'une part, de rendre les pâtes inaltérables, de leur donner la résistance ou l'imperméabilité correspondant à leur emploi et, d'autre part, de vitrifier les glaçures, en leur communiquant les propriétés physiques des verres.

La température à laquelle il faut élever les pâtes pour les rendre inaltérables dépend de leur composition chimique, et particulièrement de la proportion de fondants qu'elles contiennent.

Elle varie entre 700 et 1.200°. L'imperméabilité ne peut être obtenue pour certaines d'entre elles qu'à une température plus élevée : de 1.100 à 1.400°. La température de vitrification des glaçures est encore plus variable, car elle oscille entre 500 et 1.400°. Elle doit être naturellement inférieure ou au plus égale à celle de la cuisson de la pâte. Lorsqu'elle est égale, la cuisson se fait en une seule opération ; lorsqu'elle est inférieure, il faut d'abord cuire la pâte, puis, par un second chauffage à plus basse température, vitrifier la glaçure.

On a vu, par ce qui a été dit à propos de la classification des poteries, que les terres cuites, les faïences et les grès, peuvent être fabriqués par cuisson simple ou double, suivant les circonstances. En principe, la cuisson simple doit être préférée, non seulement à cause de l'économie qui en résulte, mais aussi parce que la cuisson à même température de la pâte et de la glaçure rend leur union plus intime, en donnant à la poterie des qualités de résistance particulières. Cependant il faut recourir à la cuisson double, lorsqu'on veut poser certaines glaçures fusibles sur une pâte dure qui ne peut être obtenue qu'à une température plus élevée.

Les porcelaines sont fabriquées par cuisson simple, mais la pâte est presque toujours chauffée préalablement à basse température, pour faciliter la pose de la glaçure. Ce premier chauffage doit être considéré comme un tour de main de fabrication, et non comme une cuisson proprement dite.

On verra dans le chapitre suivant que les poteries cuites peuvent encore être soumises à un ou plusieurs autres chauffages successifs, à températures de plus en plus basses, pour y faire adhérer des décors ou des couleurs de plus en plus fusibles.

L'étude de la cuisson des poteries peut se subdiviser en trois parties. Dans la première, on examinera les modifications apportées par la cuisson aux propriétés des pâtes et des glaçures ; la deuxième sera consacrée à la description des fours ; la troisième, à l'étude de leur fonctionnement.

144. Modifications dans la constitution des pâtes.

— On a vu que les pâtes sèches, prêtes à être cuites, contiennent encore ordinairement de l'eau hygrométrique, qui est évaporée dans la première phase de la cuisson, désignée sous les noms assez impropres d'enfumage ou d'étuvage. Cette eau disparaît à une température légèrement supérieure à 100°, en même temps que les matières organiques sont dépouillées de leurs éléments volatils, et que les hydrates de silice, de protoxyde de fer, sont décomposés, ainsi que certains hydrosilicates d'alumine comme l'allophane et la collyrite.

La température continuant à s'élever, il ne se produit plus de modifications jusque vers 400°, où l'argile pure commence, à son tour, à se décomposer, en même temps que l'halloysite, la lenzénite, la cymolithe, la bauxite, le talc, la magnésite, etc. Cette décomposition se poursuit lentement jusque vers 600°. A cette température également, le carbone des matières organiques est brûlé dans l'atmosphère oxydante des fours.

Ainsi vers 700°, les pâtes ne sont plus formées que d'un mélange anhydre de silice combinable, de silice cristalline, d'alumine, d'oxydes de fer, d'alcalis, de carbonates de chaux ou de magnésie et de silicates multiples provenant du feldspath, des roches analogues ou du ciment de terre cuite. Les autres substances minérales que peuvent encore contenir les pâtes ne s'y trouvant qu'exceptionnellement, ou en proportions trop infimes, pour exercer une influence sur la cuisson. Jusqu'à cette température, toutes les pâtes se comportent de la même manière, leurs éléments constitutifs restant mélangés, sans affinité chimique les uns pour les autres.

A partir de 700° les alcalis, puis le protoxyde de fer, lorsqu'ils sont en proportion suffisante, et en présence de l'alumine, commencent à s'unir à la silice combinable, pour former des silicates multiples. Il faut à ce sujet bien observer qu'aucune de ces bases seule ne pourrait, à cette température, se combiner à la silice; elles ne peuvent agir que par leur mélange. Il s'ensuit que dans les pâtes ne contenant que peu de fondants les silicates ne commencent à se former qu'à une température plus élevée.

La chaleur continuant d'augmenter, les carbonates commencent à se décomposer, l'acide carbonique s'échappe et les bases, mises en liberté, se joignant à l'alumine et aux autres fondants pour s'unir avec la silice combinable, donnent naissance à de nouveaux silicates plus complexes, de sorte que, à une température d'environ 900°, les différentes pâtes présentent des variations considérables dans leur constitution ; il devient alors nécessaire de les subdiviser en quatre catégories :

1° *Pâtes contenant une forte proportion de fondants et peu de silice cristallisée, à moins que celle-ci ne s'y trouve qu'à l'état de poudre impalpable.* — Dans ces pâtes, presque toutes les bases se sont combinées à la silice. Il reste cependant, encore souvent une certaine quantité de carbonates non décomposés. La silice cristallisée a été attaquée à son tour, ou du moins disparaît au milieu des silicates. Les bases et principalement l'alumine, étant entièrement combinées, la cuisson peut être considérée comme terminée. Si on continue d'élever la température, la masse se ramollit, se déforme rapidement, puis fond sous forme d'une scorie fortement colorée, brune noirâtre ou verte, dans laquelle on observe souvent des bulles provenant de l'acide carbonique des carbonates en décomposition.

2° *Pâtes contenant une forte proportion de fondants, et ayant une teneur importante en silice cristalline sous forme de grains d'assez grandes dimensions.* — Dans ces pâtes, presque toutes les bases se sont également unies à la silice combinable, mais la silice cristalline est restée intacte, et forme au milieu de la masse des silicates une sorte d'ossature rigide. La cuisson de ces pâtes est également terminée ou près de l'être. Si on élève la température, les silicates commencent à se ramollir, à se vitrifier, mais la masse conserve sa forme, grâce à l'inaltérabilité de la silice cristalline. Ce n'est qu'à une température de 1.100 à 1.200°, quelquefois même plus, suivant la proportion des fondants, que la silice cristalline est attaquée à son tour, que la masse se déforme et fond comme la précédente.

3° *Pâtes contenant peu de fondants, la teneur en silice cristallisée étant faible, ou celle-ci étant sous forme impalpable.* — Dans ces pâtes, la formation des silicates est à peine commencée à 900°; il faut élever la température vers 1.200° pour que l'alumine, aidée par la petite quantité de fondants, se combine avec la silice. Cette combinaison se fait d'autant plus facilement que la proportion de silice est plus élevée, sans cependant dépasser certaines limites. C'est à des températures très variables, suivant la proportion des fondants, que la masse se vitrifie d'abord, puis se ramollit et finit par fondre.

4° *Pâte contenant peu de fondants, mais une forte proportion de silice cristalline en grains grossiers.* — Comme dans les pâtes précédentes, la combinaison de la silice et de l'alumine ne s'effectue que vers 1.200°. Mais, aux températures supérieures, la masse se vitrifie sans se ramollir, grâce à son ossature siliceuse. On n'arrive à la fondre, lorsqu'il n'y a que 1 ou 2 0/0 de fondants, qu'aux températures les plus élevées que l'on puisse produire dans l'industrie.

Il est bien entendu que ces quatre catégories de pâtes ne sont pas nettement tranchées, et que l'on en rencontre en céramique ayant tous les degrés intermédiaires. Mais, d'une manière générale, on doit considérer que la *cuisson proprement dite* d'un produit céramique est terminée lorsque toutes les bases, et particulièrement l'alumine, sont transformées en silicates. Si on élève la température au-delà de ce point de cuisson, ou bien la pâte se ramollit en se déformant et finit par fondre sous forme de scorie, ou bien elle se vitrifie d'abord sans se déformer, puis fond également. Dans ce dernier cas, la *vitrification* de la pâte, qui jusqu'alors était poreuse, a pour effet de la rendre imperméable.

145. Rôle des différentes matières constitutives des pâtes dans la fusibilité. — *Alumine.* — Cette base doit être considérée comme l'élément réfractaire par excellence de tous les produits céramiques. Combinée sous forme de silicates, elle rend ceux-ci d'autant plus réfractaires que sa teneur y est plus élevée.

Fondants. — On sait que l'on désigne sous ce nom, en ce qui concerne les pâtes, la potasse, la soude, le protoxyde de fer, la chaux et la magnésie.

Chacun de ces fondants pris isolément ne se combine à la silice qu'à une température élevée. Mais, en ne considérant toujours qu'une même proportion de fondants par rapport à la silice, la fusibilité augmente à mesure que l'on en mélange deux, trois, quatre, ou que l'on fait agir simultanément les cinq. Ainsi, un mélange par parties égales de potasse et de soude est plus fondant que la potasse ou la soude seule ; un mélange de potasse, de soude et d'oxyde de fer est plus fondant que les alcalis seuls, etc. La cause de cette action singulière est actuellement encore inconnue, mais elle est générale et s'observe dans toutes les industries où on a l'occasion de produire des silicates sous l'influence de la chaleur.

En ce qui concerne la fusibilité relative des cinq fondants, on admet, d'après Richter, qu'elle est proportionnelle à leurs équivalents chimiques, c'est-à-dire que 47 parties en poids de potasse agissent comme 36 d'oxyde de fer, 31 de soude, 28 de chaux et 20 de magnésie. Ce principe, qui paraît justifié aux températures élevées, n'est pas exact aux basses températures et pour une proportion élevée de fondants, car la température à laquelle ces différentes bases commencent à avoir de l'affinité pour la silice n'est pas la même. Ce sont les alcalis qui, comme il a été dit précédemment, commencent les premiers à se combiner, puis vient l'oxyde de fer à l'état de protoxyde. Le rang des autres fondants n'est pas encore bien déterminé. Le fer à l'état de peroxyde n'est pas un fondant, il agit comme matière réfractaire, quoique à un moindre degré que l'alumine.

Ce qui vient d'être dit au sujet des fondants ne s'applique que pour ceux qui se trouvent à l'état libre dans la pâte, ou dont les combinaisons se détruisent à basse température. Il n'en est plus de même lorsque ces fondants se trouvent, dès l'origine, sous forme de combinaisons stables, auquel cas le fondant ne commence à agir que lorsque la température s'est assez élevée pour détruire celles-ci. On a vu que tel était le cas pour les carbonates de chaux et de magnésie. Le même fait se produit pour le sulfate de chaux. Les fondants peuvent également entrer dans la composition de substances, comme, par exemple, les feldspaths non décomposables par la chaleur, qui ne commencent à agir que lorsque la température est assez élevée pour provoquer leur fusion.

Silice. — Le rôle de la silice est complexe, car, suivant les circonstances, elle augmente ou diminue la fusibilité, comme on a déjà pu le voir dans l'article précédent.

La silice pure est extrêmement réfractaire, au même titre que l'alumine; par conséquent, lorsqu'il reste de la silice non combinée dans une pâte, elle en diminue la fusibilité. Mais, par contre, il faut observer que les silicates se forment d'autant plus facilement que les fondants et l'alumine se trouvent en présence d'une plus grande quantité de silice et que les silicates siliceux sont plus fusibles que les silicates basiques.

Ces deux observations permettent de déterminer le rôle de la silice. A une température relativement basse, inférieure à 1.000 ou 1.100°, ce n'est que la silice combinable, ou la silice cristalline en poudre impalpable, qui est susceptible de s'unir avec les bases et de concourir à la fusibilité. Il en résulte que la silice cristalline grossière et l'alumine sont deux éléments réfractaires. Au contraire, à une température plus élevée, la silice cristalline entre elle-même en combinaison et concourt à augmenter la fusibilité, de sorte que l'alumine reste la seule matière réfractaire. Si cependant la proportion de silice devient assez considérable, non seulement elle est susceptible de neutraliser l'affinité des bases, mais il peut en rester une certaine quantité non combinée. A partir de ce moment, cet excès de silice joue de nouveau un rôle réfractaire vis à-vis des silicates siliceux auxquels elle est mélangée.

Ces rapports de la silice et de l'alumine, au point de vue de la fusibilité, se révèlent plus clairement lorsqu'on porte à des températures très élevées des mélanges des deux substances sans intervention de fondants. Tant que la proportion d'alumine est supérieure à celle contenue dans l'argile pure, le mélange est industriellement infusible, puis la fusibilité augmente en même temps que la proportion de silice, jusqu'à ce que la composition corresponde environ à la formule $Al_2O_3 16SiO_2$. A partir de ce moment, le mélange redevient de plus en plus réfractaire.

Dans toutes les circonstances indiquées, il y a une substance qui entre très fréquemment dans la composition des pâtes, mais qui a été passée sous silence. C'est le ciment de terre cuite, ayant la même composition que la pâte (chap. II, page 75). A des températures inférieures à la vitrification, il agit comme élément réfractaire, mais, à partir de ce moment, il se ramollit en même temps que la pâte et n'exerce plus d'influence sur la fusibilité.

146. Modifications dans le volume et la densité.

— L'évaporation de l'eau hygrométrique provoque une diminution dans la densité de la pâte, car le retrait, s'il s'en produit un, est très faible et ne compense pas l'augmentation des vides. Le départ de l'eau de combinaison agit de la même manière, et on peut admettre que, jusque vers 600 à 700°, le volume de la pâte diminue peu, tandis que la densité devient toujours plus faible. Mais, à partir du moment où les silicates commencent à se former, la pâte se contracte et tend à combler les vides produits par l'évaporation de l'eau et la combustion des matières organiques. Cette action se poursuit régulièrement jusqu'au moment où, la vitrification commençant, les vides tendent à disparaître; la pâte devient imperméable, et la densité apparente atteint son maximum. Le retrait est d'abord constant, assez faible, presque proportionnel à l'élévation de la température, jusqu'à ce que celle-ci corresponde à la cuisson proprement dite de la pâte. A partir de ce moment, le retrait augmente assez brusquement, cette augmentation devenant d'autant plus rapide que la température de vitrification est plus rapprochée.

Si telles sont, d'une manière générale, les variations de volume et de densité des pâtes pendant la cuisson, ces pâtes présentent cependant à ce sujet entre elles des différences notables. D'une part, il faut tenir compte naturellement de leur proportion variable d'eau hygrométrique et de combinaison ; d'autre part, le retrait des kaolins et des argiles ne se fait pas à la même température, et enfin une teneur importante en quartz ou en carbonates amène des variations particulières dans le volume.

Pour montrer ces modifications sous une forme plus claire, on a représenté graphiquement (*fig.* 149), les variations du volume total et celles des vides, pour quatre sortes de pâtes considérées comme typiques. Mais il est bien entendu que ces graphiques ne doivent être regardés que comme des exemples, sans vouloir leur attribuer une rigueur que, dans l'état actuel de nos connaissances, il est encore impossible de leur donner.

Le premier type est celui des *pâtes kaoliniques;* on sait que le volume total de la pâte sèche, admis égal à 100, diminue très lentement et très peu jusque vers 800° A partir de ce moment, le retrait croît de plus en plus rapidement jusque vers 1.350 à 1.375°, température de cuisson de la porcelaine dure, considérée en céramique, comme le maximum que l'on puisse atteindre industriellement. D'autre part, le volume des vides, contenus dans la pâte sèche, s'accroît d'abord brusquement entre 50 et 130°, par suite de l'évaporation de l'eau hygrométrique, puis reste à peu près constant, pour subir, entre 400 et 600°, une nouvelle augmentation rapide due à la décomposition de l'hydrosilicate d'alumine. Après avoir atteint son maximum entre 600 et 800°, il diminue d'abord à cause du retrait et ensuite parce que la pâte, à partir d'environ 1.000°, diminue de densité absolue.

Cette diminution est due à la formation de silicates, qui sont d'autant moins denses qu'ils ont été produits à une température plus élevée. Il se passe donc un phénomène très curieux, longtemps inexpliqué: la diminution simultanée du volume et de la densité de la pâte. Le dessin montre qu'il faut en chercher l'explication dans la réduction des vides, qui masque le gonflement forcé de la pâte dont le poids reste constant, tandis que sa densité diminue.

Tous les silicates naturels: feldspaths, granites, porphyres, etc., éprouvent également une diminution de densité lorsqu'on les chauffe à une température voisine de leur point de fusion. Ainsi, pour la pâte kaolinique considérée, la densité absolue (mesurée sur la pâte en poudre) d'abord d'environ 2,4, augmente, par suite du départ de l'eau, pour atteindre près de 2,7, puis elle diminue ensuite pour tomber aux environs de 2,5. Quant à la densité apparente (le poids de l'unité de volume), primitivement de 1,6 à 1,7, elle diminue également au moment de l'évaporation de l'eau, pour augmenter ensuite rapidement, à mesure que les vides disparaissent. Elle ne devient cependant jamais égale à la densité absolue, parce que, même dans les pâtes complètement vitrifiées, il reste toujours une certaine proportion de vides.

Les *pâtes argileuses* à peu près pures constituent le second type. Celui-ci diffère du premier, d'abord par la proportion plus grande d'eau et, ensuite, parce que le retrait est à peu près achevé vers 1.200°, et que, à partir de ce moment, le volume ne diminue plus que très lentement. Cette dernière différence, jusqu'à présent inexpliquée, est très caractéristique et permet nettement de distinguer les argiles des kaolins.

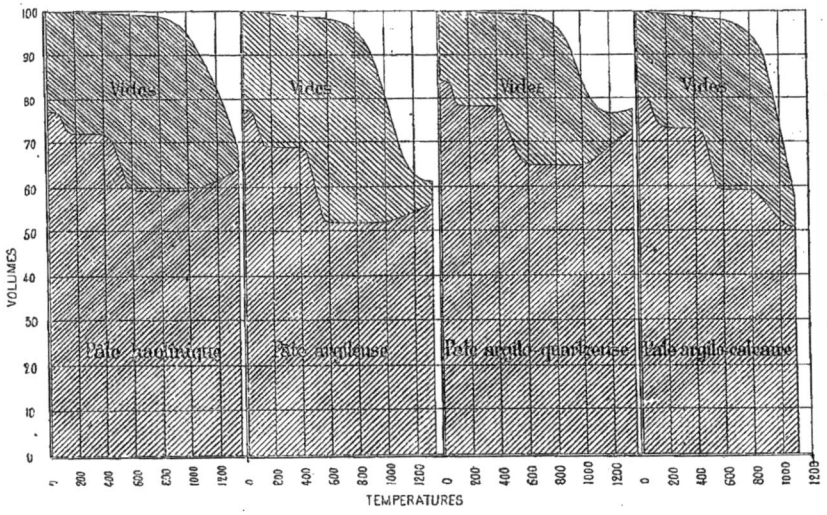

Fig. 149. — Variations de volume des pâtes à la cuisson.

Lorsque les pâtes contiennent une proportion notable de quartz, le gonflement que celui-ci éprouve en passant de la densité 2,7-2,6 à la densité 2,3-2,2, qui a été signalée précédemment, s'ajoute à celui de l'argile, et il peut se faire que la réduction des vides ne soit plus suffisante pour le masquer. C'est le cas qui est représenté dans le troisième type (*pâtes argilo-quartzeuses*), où l'on voit que le volume de la pâte, après avoir diminué jusque vers 1.200°, comme dans le cas précédent, augmente ensuite. Le fait peut facilement s'observer dans la pratique, sur des briques réfractaires très quartzeuses.

Enfin, lorsque les pâtes ont une teneur assez élevée en carbonates, l'élimination de l'acide carbonique à partir de 800° provoque une troisième augmentation des vides, qui est représentée dans le quatrième type (*pâtes argilo-calcaires*). Comme ces pâtes sont généralement assez fusibles, le retrait continue à se produire jusqu'au moment de la fusion, celle-ci pouvant avoir lieu avant le départ complet de l'acide carbonique.

On voit donc, d'après ce qui précède, qu'à chaque composition de pâte correspondent, pendant la cuisson, des modifications différentes dans le volume et la densité dont l'importance et la nature peuvent être préjugés d'après les quatre exemples précédents. Nous répétons, enfin, que ceux-ci ne doivent pas être pris dans une acception rigoureuse, et que les graphiques ne représentent que d'une manière approximative des phénomènes encore trop peu étudiés.

147. Modification dans la coloration.

— Parmi les différentes substances qui entrent dans la composition des pâtes plastiques, il n'y a que les combinaisons du fer et les matières organiques qui aient une coloration. Ce n'est que tout à fait exeptionnellement qu'on y trouve les combinaisons oxygénées, également colorées, du manganèse, du titane et du vanadium. Il est bien entendu que cette observation ne s'applique pas aux pâtes dans lesquelles on introduit volontairement un oxyde métallique colorant, dans un but décoratif.

Sous l'influence de la cuisson, les matières organiques disparaissent, tandis que la pâte prend une coloration plus ou moins grise, lorsqu'elle contient de l'oxyde de manganèse, et qu'elle devient d'un bleu grisâtre foncé pour une forte teneur en acide titanique. Quant à l'acide vanadique, il produit des efflorescences jaunes ou vertes, dont il sera question plus loin. Reste le fer, qui est presque toujours le seul élément colorant des pâtes, et dont les différentes combinaisons leur communiquent des nuances variant du bleu verdâtre au noir, du jaune à l'orangé et au rouge, du brun jaunâtre au vert. L'étude des conditions dans lesquelles ces différentes combinaisons peuvent se produire est un des problèmes les plus complexes de la céramique.

Quelle que soit la forme sous laquelle le fer se trouve dans les pâtes plastiques, il se transforme en peroxyde de fer rouge, lorsqu'on les chauffe dans une atmosphère *oxydante*. Si la pâte ne contient qu'une faible proportion de chaux ou de magnésie, elle prend de ce fait une coloration variant du jaune clair au jaune, puis à l'orangé et, enfin, au rouge, suivant la proportion d'oxyde de fer qu'elle contient. Une teneur de 5 0/0 suffit pour donner une teinte d'un rouge franc, qui atteint son maximum d'intensité pour une proportion de 8 à 9 0/0, la coloration ne se modifiant pas pour une teneur plus élevée.

Cependant à mesure que la température de cuisson s'élève, la nuance se fonce et tend à passer au brun. Dans ce cas, le peroxyde de fer se combine avec la silice et l'alumine pour former un silicate double ayant les colorations indiquées ci-dessus.

Il n'en est plus de même lorsque les pâtes contiennent de la chaux et de la magnésie. Dans ce cas, tant que la température de cuisson reste inférieure à 7 ou 800°, la coloration due au peroxyde de fer reste la même que précédemment, mais si elle dépasse cette température, il se forme un silicate multiple, jaunâtre, lorsque la proportion de chaux ou de magnésie est double de celle de l'oxyde de fer. En d'autres termes, ces deux bases neutralisent la coloration rouge d'une proportion d'oxyde de fer égale à la moitié de leur poids. Ainsi, une pâte contenant 10 0/0 de chaux ou de magnésie, et 7 0/0 de fer, a environ la même coloration qu'une pâte dépourvue de bases alcalino-terreuses et contenant seulement 2 0/0 d'oxyde de fer. Si on continue d'élever la température, le silicate de chaux et de fer prend une teinte jaune verdâtre, qui devient franchement verte au moment de sa fusion, comme on peut l'observer dans le verre de bouteilles et dans le ciment portland.

Lorsque les gaz du four dans lequel s'opère la cuisson contiennent des vapeurs sulfureuses, celles-ci se combinent sous forme d'acide sulfurique à la chaux de la pâte, pour former, principalement sur les surfaces, du sulfate de chaux; il en résulte que la chaux ainsi combinée ne peut plus entrer dans la formation des silicates multiples, et qu'elle perd sa propriété de décolorer l'oxyde de fer. Comme cette action ne se produit que sur les surfaces exposées aux gaz du foyer, il s'ensuit que celles-ci prennent quelquefois une coloration rouge, tandis que les parties intérieures, plus protégées, conservent la teinte jaune ou jaune verdâtre du silicate de chaux et de fer.

Telles sont les colorations variables produites par l'oxyde de fer lorsque la cuisson s'opère dans une atmosphère oxydante. Si, au contraire, cette atmosphère est *réductrice*, c'est-à-dire si elle ne contient plus d'oxygène et un excès d'hydrogène et d'oxyde de carbone, le peroxyde de fer se transforme en protoxyde et donne naissance à de nouvelles colorations.

En faible proportion, les combinaisons du protoxyde de fer ont une teinte légèrement bleuâtre, telle qu'on peut l'observer dans la plupart des porcelaines. Si la proportion augmente, la coloration se fonce rapidement et passe au noir avec reflets métalliques bleus. La présence d'une certaine proportion de chaux ou de magnésie ne modifie pas ces colorations. Quant aux vapeurs sulfureuses, elles n'ont pas d'action dans une atmosphère réductrice, car elles restent à l'état d'acide sulfureux.

On verra plus tard, à propos du fonctionnement des fours, que l'atmosphère peut souvent être *alternativement oxydante et réductrice*, surtout aux températures élevées. Dans ce cas, le degré d'oxydation des sels de fer peut être modifié plusieurs fois pendant la durée d'une même cuisson. Mais la coloration finale est celle qui correspond à la composition de l'atmosphère au moment du refroidissement. Si celle-ci, comme c'est presque toujours le cas, est oxydante, on observe que la transformation répétée des sels de fer a pour effet de diminuer l'intensité de leurs colorations.

Il faut cependant remarquer que l'oxydation ou la réduction des sels de fer ne peut se produire que dans une pâte poreuse, se laissant pénétrer par les gaz de la combustion. Si la cuisson est poussée à une température assez élevée pour provoquer la vitrification, ou si la pâte est recouverte d'une glaçure, elle conservera définitivement la coloration correspondant à la composition de l'atmosphère au moment de sa vitrification ou de la fusion de la glaçure. Cette observation a une importance capitale dans la fabrication des porcelaines et des grès, car elle permet de donner à la pâte la coloration bleuâtre des sels de protoxyde, par une allure réductrice pendant le grand feu, tout en ayant ensuite une atmosphère franchement oxydante pendant le refroidissement.

Enfin, il est nécessaire de remarquer que, pour des pâtes épaisses ou compactes, les changements dans la composition de l'atmosphère ne peuvent agir qu'au bout d'un certain temps jusqu'au centre du produit. Il peut donc se faire que dans certains cas les sels de fer soient, au centre, à l'état de protoxyde et, à la surface, sous forme de peroxyde. Le cas contraire, quoique plus rare, peut également se présenter.

Si l'action réductrice de l'atmosphère était intense et prolongée, elle pourrait provoquer une réduction complète des oxydes de fer qui se transformeraient au moins partiellement en fer métallique. Ce cas ne se présente dans l'industrie que tout à fait exceptionnellement. Cependant, si on opère le refroidissement des pâtes poreuses dans une atmosphère chargée d'hydrocarbures, ceux-ci se décomposent au contact de la pâte chauffée au rouge. L'hydrogène se combine plus ou moins à la petite proportion d'oxygène contenue dans l'atmosphère du four, tandis que le carbone se dépose dans les pores de la pâte en lui communiquant une coloration grise ou noire. Cette propriété est quelquefois utilisée pour obtenir des terres cuites noires ou noir bleuâtres, suivant qu'il y a simplement eu dépôt de carbone, ou que celui-ci s'est opéré simultanément avec la réduction des sels de fer à l'état de protoxyde.

Si on chauffe une seconde fois au rouge, dans une atmosphère oxydante, les poteries noires ainsi obtenues, celles-ci se décolorent et prennent la teinte que leur donne naturellement la proportion de peroxyde de fer qu'elles contiennent.

148. Défauts des pâtes après la cuisson. — Les différents défauts que peuvent présenter les pâtes après leur cuisson se classent en neuf catégories :

1° *Défauts provenant du façonnage*, qui ont été signalés dans le chapitre IV. Ils consistent, comme on l'a vu, dans une déformation des objets, provoquée par les différences de densité résultant d'une pression inégale des pâtes pendant le façonnage.

2° *Défauts dus à un mauvais enfournement*, qui seront examinés dans les articles consacrés aux procédés d'enfournement.

3° *Défauts résultant d'une température de cuisson trop basse ou trop élevée.* — Pour les pâtes poreuses, un manque de cuisson donne des produits trop tendres, peu résistants, et supportant mal les intempéries ; pour les pâtes imperméables, la vitrification reste incomplète et les produits poreux. Par contre, un excès de cuisson a pour résultat de déformer les objets, puis de les scorifier et de les fondre.

4° *Défauts résultant d'un chauffage trop rapide.* — Tant que les pâtes contiennent de l'eau hygrométrique, si on les chauffe trop brusquement, il se forme dans l'intérieur de leur masse de la vapeur d'eau, qui peut les faire éclater. Les pâtes une fois sèches peuvent être chauffées plus rapidement, le départ de l'eau de combinaison ainsi que celui de l'acide carbonique se faisant sans occasionner de nouvelles difficultés. Cependant il faut observer qu'il est difficile de chauffer également toutes les parties d'un même objet, et qu'il peut, de ce fait, se produire des inégalités dans le retrait, inégalités pouvant provoquer des ruptures que l'on évite par un chauffage suffisamment lent et régulier.

5° *Défauts provenant d'un refroidissement trop rapide.* — Ceux-ci peuvent être occasionnés soit pendant le refroidissement après cuisson, soit par des rentrées d'air froid venant surprendre les produits pendant leur cuisson. Dans les deux cas il se produit des fêlures ou des ruptures.

6° *Défauts dus à une mauvaise composition de l'atmosphère des fours.* — Ce genre de défaut se manifeste par une coloration irrégulière ou différente de celle que l'on désirait obtenir. On a examiné dans l'article précédent l'influence que pouvait avoir à ce sujet la composition, oxydante ou réductrice, des gaz du foyer. Il convient cependant d'ajouter un mot sur l'influence nuisible que peuvent exercer les fumées charbonneuses ou les hydrocarbures. On a vu que ceux-ci provoquent dans l'intérieur des pores de la pâte un dépôt de carbone. Dans les poteries poreuses, ce dépôt se consume pendant la période presque toujours oxydante du refroidissement ; dans les poteries imperméables, il peut, au contraire, rester enfermé dans les pores au moment de la vitrification et donner une teinte jaunâtre, enfumée, qui ne peut plus leur être enlevée.

7° *Défauts provenant de la présence dans l'atmosphère des fours de vapeurs sulfureuses ou de sels alcalins.* — Dans l'article précédent on a vu que les vapeurs sulfureuses, qui peuvent provenir soit du combustible, soit des sulfures contenus dans la pâte, se trouvent à l'état d'acide sulfurique, si l'allure est oxydante et la température assez basse, et d'acide sulfureux, pour une allure réductrice et une température élevée. Dans le premier cas l'acide se combine avec la chaux de la pâte et provoque souvent des taches dans les parties plus particulièrement exposées à la circulation des gaz. Pour des pâtes non calcaires, et avec une atmosphère réductrice, ces vapeurs sulfureuses n'ont pas d'action nuisible.

Les cendres des combustibles contiennent toujours une assez forte proportion de sels alcalins, qui peuvent être enlevés par le tirage et qui se fixent à la surface des poteries en y provoquant la formation de silicates plus fusibles. Dans les débuts de la cuisson, lorsque le four est encore humide, elles peuvent également se dissoudre dans l'eau que contiennent encore les pâtes et s'ajouter aux sels solubles que celles-ci peuvent contenir naturellement.

8° *Défauts provenant des sels solubles contenus dans les pâtes.* —Ces défauts ne sont pas dus à la cuisson, mais à la composition des pâtes, ils sont cependant mentionnés ici parce qu'ils ne deviennent franchement apparents qu'après la cuisson. Ces sels solubles (sulfates, chlorures, silicates, de chaux, de soude, de potasse et de magnésie), suivent en partie pendant la dessiccation le mouvement de l'eau du centre vers les surfaces, et viennent y former des efflorescences blanchâtres. Lorsque les gaz de la combustion ne contiennent pas de vapeurs sulfureuses, ce qui n'est guère le cas que pour le chauffage au bois, il en résulte simplement une atténuation de la coloration des surfaces, ces sels entrant au moment du grand feu dans la formation des silicates. Si, au contraire, il y a des vapeurs sulfureuses, l'acide sulfurique produit s'unit aux bases des sels solubles et donne des sulfates, qui forment des taches blanches adhérentes, en partie insolubles.

D'autre part, si la température de cuisson n'est pas suffisante pour transformer en silicates multiples les sels solubles restant dans la pâte, ceux-ci peuvent être dissous lorsque les pâtes cuites sont mouillées de nouveau, par la pluie par exemple, et ils viennent former, souvent après plusieurs mois de fabrication, de nouvelles efflorescences. Cependant celles-ci sont moins à craindre que les précédentes, parce que les sels étant solubles dans l'eau, les taches produites peuvent être enlevées par un simple lavage.

On a vu précédemment que les sels de vanadium contenus dans certaines pâtes produisent également des efflorescences jaunes et vertes. Ce défaut s'observe principalement avec les argiles de la formation du lignite, très employées dans l'Allemagne du Nord. Des efflorescences se produisent comme les précédentes, lorsque les pâtes cuites sont ensuite exposées à l'humidité. Il se forme d'abord des efflorescences d'un jaune intense dues à l'acide vanadique, qui, sous l'influence des poussières charbonneuses de l'atmosphère, prennent une coloration vert bleuâtre, par suite de la réduction de l'acide vanadique en oxyde de vanadium.

9° *Défauts provenant de la chaux et de la magnésie contenues dans les pâtes.* — On a déjà vu que, lorsque la chaux ou la magnésie ne sont pas intimement mélangées aux pâtes et que la température n'a pas été suffisante pour les transformer en silicates, elles peuvent rester à l'état de grains de chaux ou de magnésie caustique qui, en s'hydratant ensuite dans les produits cuits, augmentent de volume et font éclater les poteries. On a observé qu'en plongeant dans l'eau les pâtes encore chaudes, à leur sortie du four, on atténue notablement ce défaut.

L'énumération précédente des accidents qui peuvent survenir pendant et après la cuisson des pâtes céramiques sera complétée dans l'étude spéciale de la fabrication des diverses espèces de poteries. Quoique chacune d'elles en particulier n'ait pas à craindre simultanément tous les défauts qui viennent d'être signalés, ce qui précède montre néanmoins les difficultés multiples que présente dans la pratique industrielle la cuisson des pâtes.

149. Cuisson des glaçures. — On a vu que les glaçures pouvaient être posées, soit sur une pâte simplement séchée, soit sur une pâte préalablement cuite. Dans le premier cas, les précautions qu'il est nécessaire de prendre pour obtenir une cuisson parfaite de la pâte sont suffisantes pour assurer en même temps celle de la glaçure. Dans le second cas, l'opération est beaucoup plus facile, et on peut élever rapidement la température jusqu'à ce que la glaçure commence à se vitrifier. Ce n'est en effet qu'à partir du moment où, sous l'influence d'une chaleur suffisante, elle se transforme en verre qu'elle acquiert des propriétés propres différentes de celles de la pâte.

A chaque composition de glaçure correspond une température à laquelle celle-ci commence par se ramollir, par suite de la combinaison de ses matières premières à l'état de silicates et de borates. Puis, devenant plus fluide, elle s'égalise sur la surface de la pâte sous forme d'une couche visqueuse adhérente. Si la température continuait à s'élever, sa fluidité deviendrait suffisante pour détruire son adhérence à la pâte et elle s'écoulerait vers les parties les plus basses, pour finir ensuite par se volatiliser.

On voit que la température de cuisson des glaçures est comprise entre des limites assez étroites, aussi est-il nécessaire de leur donner une structure physique telle que la liquéfaction ne se fasse pas subitement, mais soit précédée d'une période suffisamment longue de ramollissement pâteux. Lorsque la couche vitreuse s'est uniformément répartie, on maintient la température pendant un temps variable avec la nature des poteries, puis on la laisse tomber régulièrement et assez lentement pour n'avoir pas à craindre les accidents mentionnés dans l'article précédent.

Les défauts que peuvent présenter les glaçures après cuisson se classent en quatre catégories :

1° *Défauts provenant du manque d'adhérence de la glaçure.* — On a déjà vu que la glaçure peut se détacher de la pâte avant cuisson, lorsqu'elle n'est pas suffisamment plastique et qu'elle devient pulvérulente à la dessiccation. Il peut également se faire que la surface de la pâte soit trop compacte, ou bien recouverte de poussière ou enfin huileuse, auquel cas la glaçure ne peut pas y adhérer convenablement. Il en résulte, après cuisson, des lacunes dans la couche vitreuse, qui semble se *retirer* sur elle-même.

2° *Défauts provenant d'une trop forte absorption de la pâte.*
— Contrairement à ce qui se passe dans le cas précédent, la pâte peut être trop absorbante, la glaçure en se vitrifiant pénètre dans ses pores et peut y disparaître complètement. Il est singulier que le même effet s'observe assez souvent lorsque les poteries sont enfournées à côté de pièces en pâtes poreuses non émaillées, comme par exemple les gazettes qui servent à l'enfournement ou les parois du four. Dans ce cas, il y a une volatilisation plus intense de la glaçure qui va se porter sur les pâtes mates. On dit alors que la glaçure est *sucée* par la pâte.

3° *Défauts résultant d'une température de cuisson trop basse ou trop élevée.* — Dans le premier cas, la vitrification est incomplète et la glaçure prend l'aspect caractérisé par le nom de *coque d'œuf*. Dans le second, la glaçure trop fluide coule vers les parties inférieures de la poterie, laissant les autres à nu. Ce défaut du *coulage* se produit aussi lorsque la glaçure est trop épaisse pour qu'elle puisse être entièrement retenue par l'adhérence de la pâte. Dans certains cas, une température trop élevée peut également déterminer une ébullition de la glaçure, qui est alors après refroidissement remplie de *bulles* ou *bouillons*.

4° *Défauts dans la composition de la pâte ou de la glaçure.* — Dans ce cas, la glaçure peut également contenir des *bulles* ou être ponctuée d'une foule de petits points noirâtres. La cause de ce défaut est, soit dans une décomposition gazeuse de la glaçure (dégagement d'acide carbonique, d'oxygène, etc.), soit dans une réaction chimique qui se produit entre les éléments de la pâte et ceux de la glaçure.

L'étude des défauts des glaçures sera également complétée dans l'examen spécial des différentes espèces de poteries.

150. Accord des pâtes et des glaçures. — Jusqu'à présent, il n'a été question que de la cuisson des pâtes et des glaçures prises isolément, il s'agit maintenant d'étudier les conditions réciproques qu'elles doivent remplir pour donner une poterie sans défauts.

On a déjà fait observer que si la cuisson doit se faire en une seule opération, il est nécessaire qu'il y ait *accord entre les températures de cuisson* de la pâte et de la glaçure. Cet accord est ordinairement assez facile à établir, en faisant varier, soit dans l'une, soit dans l'autre, soit dans les deux simultanément, la proportion des éléments réfractaires et des fondants. Ce problème n'existe plus lorsqu'on opère la cuisson en deux opérations : la première destinée à cuire la pâte et la seconde à plus basse température servant à vitrifier la glaçure.

Quel que soit du reste le procédé de cuisson employé, à partir du moment où la glaçure s'est étendue comme un verre à la surface de la glaçure, ces deux éléments des poteries deviennent solidaires, et il est nécessaire que pendant le refroidissement ils se contractent également. Comme tous les corps solides, les pâtes cuites et les glaçures se dilatent sous l'influence de la chaleur, et reviennent à leur volume primitif lorsqu'on les refroidit. On comprend donc qu'il est nécessaire qu'il y ait pendant le refroidissement *accord entre la contraction de la pâte et celle de la glaçure.*

Si la glaçure se contracte plus que la pâte, elle se trouve soumise à une tension, qui peut provoquer sa rupture, soit de suite pendant le refroidissement, soit plus tard sous l'influence d'une cause extérieure (choc, chauffage, etc.). Cette rupture se produit sous forme de gerçures plus ou moins nombreuses, plus ou moins espacées et plus ou moins larges, que l'on désigne sous le nom de *trésaillures*. Plus celles-ci sont rapprochées et nombreuses, plus grand est l'antagonisme entre la pâte et la glaçure. Quelquefois, lorsque la glaçure est très épaisse, ce défaut peut devenir assez grave pour provoquer la rupture de la pâte elle-même.

Si au contraire la glaçure se contracte moins que la pâte, elle se trouve comprimée, et si cette compression dépasse sa limite d'élasticité, elle se brise en formant des éclats, qui se détachent de la pâte dont ils arrachent quelquefois des fragments. Ce défaut opposé à la trésaillure est désigné sous le nom d'*écaillage*.

Le problème de l'accord des contractions des pâtes et des glaçures est le plus difficile que l'on rencontre en céramique. On ne peut le résoudre que par une série de tâtonnements, et on comprend les difficultés, souvent insurmontables, qu'il a opposées aux anciens céramistes, qui ne connaissaient pas les compositions exactes données par l'analyse chimique et qui ignoraient même la cause de leurs insuccès.

Actuellement, voici quelle est la méthode la plus rapide de résoudre ce problème. On commence par déterminer exactement les compositions chimiques de la pâte et de la glaçure, puis on procède à la cuisson de pièces d'essai.

Si celles-ci présentent des trésaillures, on modifie la composition de la glaçure, en diminuant la proportion des alcalis, et en augmentant celle des bases alcalino-terreuses, de la silice ou de l'acide borique. Ce sont en effet les alcalis, potasse et soude, qui donnent les composés ayant la plus grande dilatation; l'oxyde de plomb occupe une position moyenne ; tandis que les composés des bases alcalino-terreuses, alumine, chaux, magnésie, ont la plus faible dilatation. D'autre part, les monosilicates ont une dilatation plus forte que les bisilicates. Quant à l'acide borique, il donne des composés se comportant comme les bisilicates.

L'action des oxydes colorants sera étudiée dans le chapitre suivant, traitant de la décoration des poteries.

Lorsqu'au contraire les pièces d'essai sont écaillées, on modifie en sens inverse la composition de la glaçure.

Généralement, après quelques tâtonnements, on arrive ainsi au résultat désiré. Si cependant tel n'était pas le cas, il faudrait alors modifier la composition de la pâte, puis recommencer une nouvelle série d'essais.

Lorsqu'il y a trésaillure, voici les modifications qu'on peut faire subir à la pâte:

1° Augmenter la proportion de silice ;
2° Pulvériser celle-ci plus finement ;
3° Dans les pâtes non vitrifiées augmenter la teneur en fondants ;
4° Dans les pâtes vitrifiées diminuer, au contraire, cette teneur ;
5° Dans les pâtes contenant de l'argile et du kaolin, augmenter la proportion de l'argile et diminuer celle du kaolin.

S'il y a au contraire écaillage, il convient naturellement de faire les modifications inverses.

La silice a une dilatation beaucoup plus grande que celle de l'argile, aussi son mélange dans une pâte a-t-il pour résultat de diminuer les trésaillures et d'augmenter l'écaillage. Cette action est d'autant plus prononcée que ses grains sont plus fins. Il s'ensuit que l'on peut diminuer les trésaillures en pulvérisant la silice plus finement, ou réciproquement, diminuer l'écaillage en la mélangeant à l'état de grains plus grossiers.

Quant aux fondants, ils agissent sur la température de cuisson de la pâte. Dans les pâtes non vitrifiées, la dilatation va régulièrement en augmentant à mesure que l'on élève la température de cuisson. Il en résulte qu'en vitrifiant une glaçure sur trois échantillons d'une même pâte l'un faiblement, le second moyennement et le troisième fortement cuit, s'il y a accord avec le second, le premier aura des trésaillures et le troisième sera écaillé. Dans ce cas, l'augmentation de la teneur en fondants agit comme l'élévation de la température en diminuant la trésaillure et en augmentant l'écaillage. Il n'en est pas de même pour les pâtes vitrifiées dont la dilatation diminue, au contraire, à partir du moment où la vitrification commençant, elles se transforment de plus en plus en un produit vitreux. Dans ce cas, l'augmentation des fondants provoque la trésaillure et diminue l'écaillage. Les pâtes non vitrifiées, mais fortement siliceuses, se comportent de même, on observe en effet que leur dilatation, après avoir atteint un maximum, tend à diminuer avec l'élévation de la température. Ce fait peut s'expliquer par la transformation progressive, sous l'influence de la chaleur, de la silice de densité 2,7 à 2,6 en silice de densité 2,3 à 2,2, la première ayant une dilatation plus forte que la seconde.

Les observations précédentes, tout en indiquant la voie à suivre dans la résolution du problème de l'accord des pâtes et des glaçures, montrent également les difficultés qu'il présente, ainsi que la persévérance et l'habileté professionnelle qu'il exige de la part des céramistes.

La mesure directe des contractions, ou plutôt des dilatations des pâtes et des glaçures, a été l'objet d'expériences longues et minutieuses entreprises par MM. Le Chatelier et Damour. Au moyen d'appareils très précis et très ingénieux, ces savants expérimentateurs ont prouvé que le coefficient de dilatation variait de $0,000002$ à $0,000007$ pour une augmentation de température d'un degré. Malheureusement, ces recherches n'ont qu'un intérêt théorique, car en déterminant séparément les dilatations de la pâte et de la glaçure, on ne tient pas compte de l'action qu'elles exercent l'une sur l'autre; action qui, notamment pour les grès et les porcelaines, peut être assez importante pour enlever toute valeur aux chiffres ainsi obtenus. En outre, il est à peine besoin de faire remarquer que ces expériences ne sauraient à aucun degré suppléer aux recherches pratiques qui ne s'en trouvent ni simplifiées ni abrégées.

151. Essai de fusibilité et de cuisson. — On voit par ce qui précède, que les essais de cuisson ont une importance considérable, et qu'on peut être amené à en faire un grand nombre avant d'entreprendre une nouvelle fabrication industrielle. Il est donc nécessaire de posséder un four d'essai, permettant d'obtenir rapidement une température élevée, et dont l'allure puisse être assez facilement modifiée pour donner à volonté des atmosphères oxydantes, neutres ou réductrices.

Le combustible employé dans les fours d'essai est le charbon de bois ou le gaz d'éclairage. Lorsqu'on se sert du premier et pour une température ne devant pas dépasser 1.000°, on peut se contenter d'un des fours à réverbère employés dans les laboratoires de chimie. Pour des températures plus élevées, il faut avoir recours à l'emploi d'un ventilateur. On peut dans ce but employer l'appareil représenté sur la figure 150, composé de deux boîtes en tôle laissant entre elles un espace de 2 à 3 centimètres, dans lequel on insuffle l'air, dont la pression est indiquée par un tube manométrique. La boîte intérieure est garnie de pièces réfractaires, au travers desquelles sont ménagées de petites ouvertures

Fig. 150. — Four d'essai.

donnant passage à l'air soufflé. Les pièces d'essai sont mises vers le milieu du vide central en les posant sur un support réfractaire et en les protégeant au besoin du contact du charbon par une autre pièce réfractaire mince. Après avoir mis de la braise dans le fond du four, on le remplit entièrement de charbon, et on fait marcher le ventilateur d'abord doucement, puis de plus en plus vite, en ajoutant constamment du combustible.

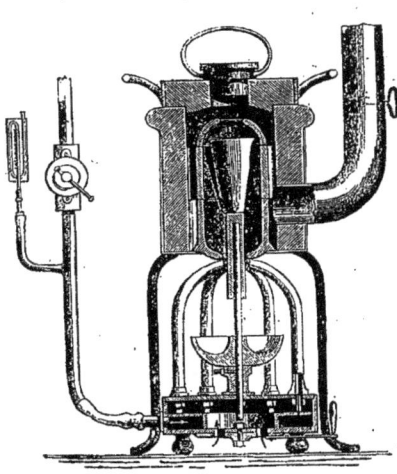

Fig. 151. — Four d'essai.

On voit que ce four est d'un réglage difficile ; aussi ne sert-il guère que pour les essais de terres cuites ou d'argiles réfractaires, en vue de déterminer leur fusibilité. Pour des essais sur les poteries imperméables et sur les glaçures, on n'obtient des résultats satisfaisants qu'avec le chauffage au gaz.

CÉRAMIQUE.

La figure 151 montre un appareil imaginé par M. Perrot (construit par M. Wiesnegg), qui donne assez facilement des températures de 1.200°. Le gaz, dont la pression est mesurée par un manomètre, est introduit dans une couronne inférieure, d'où il sort par une série d'ajutages disposés circulairement, en entraînant une certaine quantité d'air dont on peut régler le volume au moyen d'un disque manœuvré par une manivelle. Les flammes qui jaillissent à l'extrémité des becs pénètrent au centre de la partie inférieure du four, pour passer autour du creuset ou des pièces à chauffer, puis redescendre le long des parois extérieures du four et s'échapper par la cheminée. Ce four se construit avec 6, 9, 12 et même 20 becs.

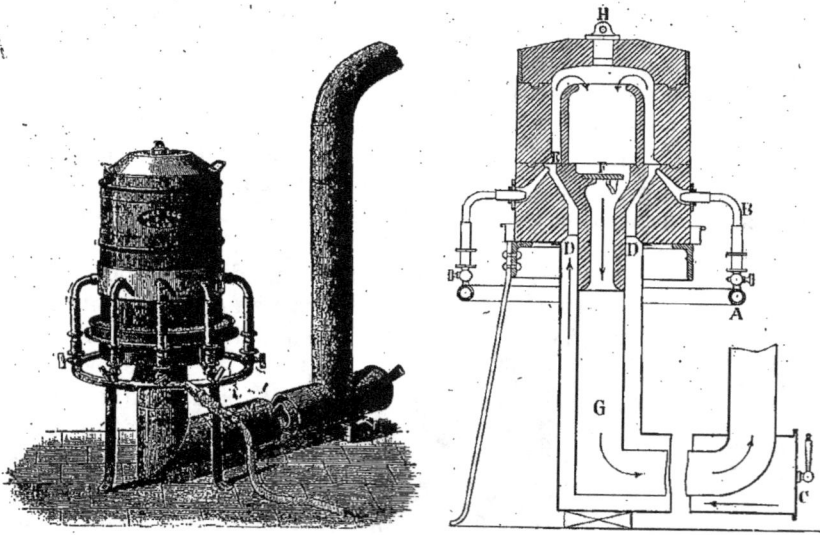

Fig. 152 et 153. — Fours d'essais.

On préfère actuellement le four représenté sur les figures 152 et 153, construit par M. Wiesnegg, qui permet d'obtenir avec facilité la température de cuisson de la porcelaine dure. Le gaz est amené dans une série de becs B, par un conduit circulaire A, tandis que l'air qui entre en C, dans un conduit en tôle horizontal, puis vertical, pénètre en D dans le four. La combustion se produit en E, et les flammes montent d'abord pour redescendre ensuite autour des pièces à chauffer qui sont placées sur une tablette F. De là elles continuent à descendre, et les produits de la combustion entrent dans le tuyau G où ils réchauffent l'air, pour s'échapper ensuite par une cheminée. L'allure de ce four se règle facilement en ouvrant le petit tampon H, et en observant s'il y a rentrée d'air ou sortie de flammes.

Pour des essais sur la fusibilité, on opère avec des fragments de terres cuites, ou en façonnant de petites briquettes ou mieux de petites pyramides. Pour des essais de cuisson de poteries imperméables, ou de glaçures, on se sert de préférence de petites plaquettes de quelques millimètres d'épaisseur et de 15 à 20 centimètres carrés. Il est toujours bon d'opérer sur 2 ou 3 pièces semblables, à cause des accidents de cuisson qu'il n'est pas toujours facile d'éviter. La mesure des températures se fait au moyen de montres ou de pyromètres, comme il sera dit plus loin à propos du fonctionnement des fours.

§ 2. — DESCRIPTION DES FOURS

152. Généralités sur les fours. — Tous les fours ont pour double but la production et l'utilisation de la chaleur. La *production de la chaleur* s'obtient dans le foyer, grâce à l'appareil de tirage. Sous le nom de *foyer*, on désigne l'ensemble des dispositions employées pour introduire le combustible dans le four, pour le mélanger avec l'air et pour assurer sa combustion. L'*appareil de tirage* a pour but de déterminer l'introduction de l'air, et de provoquer dans l'intérieur du four la circulation des gaz et des flammes. L'*utilisation de la chaleur* se fait dans une ou plusieurs *chambres de cuisson*, destinées à mettre en contact les flammes ou les gaz chauds avec les produits à cuire, ou avec les récipients dans lesquels ceux-ci sont placés et qui constituent le four proprement dit.

A ces trois organes essentiels, il faut quelquefois en ajouter un quatrième facultatif, le *récupérateur*, qui a pour but d'utiliser d'une manière indirecte une partie de la chaleur qui n'a pu être employée au chauffage direct des produits.

Les dispositions particulières et le mode de construction de ces différentes parties des fours dépendent du combustible employé, de la température à obtenir et des conditions spéciales de cuisson des divers produits céramiques. Celles-ci seront examinées particulièrement dans les chapitres consacrés à leur fabrication ; il ne sera actuellement question que des dispositions générales des fours : foyers, appareils de tirage, chambres de cuisson ou fours proprement dits, récupérateurs et mode de construction.

Les fours employés actuellement dans les industries céramiques sont de types très différents à tous les points de vue. Cette diversité est justifiée en partie par la variété des poteries et les différences de leur température de cuisson ; mais, en examinant les nombreux systèmes de fours en usage au point de vue de la production et de l'utilisation rationnelle de la chaleur, il est facile de voir que nombre d'entre eux doivent être absolument condamnés. On est même assez souvent surpris de rencontrer, à côté d'installations mécaniques perfectionnées pour la préparation et le façonnage des pâtes, des fours absolument illogiques, d'un fonctionnement incertain, d'un rendement déplorable. On peut également voir souvent des types de fours absolument défectueux se perpétuer dans certaines localités, ou dans des branches spéciales de l'industrie céramique.

La cause de cette singularité doit être recherchée dans les anciennes traditions du potier. La céramique a été pendant longtemps une des rares industries employant les hautes températures et la seule qui ait été obligée de les utiliser par une opération demandant autant de précision et de soin que la cuisson des poteries. Il en est résulté que les anciens potiers, ne pouvant trouver ni aide ni conseils autour d'eux, ont considéré la construction des fours comme un secret professionnel, au même titre que la composition de leurs pâtes ou de leurs émaux.

Les progrès de la mécanique les ont pris à l'improviste, aussi lorsqu'ils ont dû modifier leur outillage manuel, se sont-ils adressés aux mécaniciens. Par contre, les découvertes de la chimie, comme celles de la physique industrielle dans leur application à la céramique, les ont laissés trop souvent incrédules ou méfiantes ; ils se sont entêtés à conserver leurs procédés de dosage empiriques et leurs prétendus secrets de cuisson.

Pendant ce temps, la science de la production et de l'utilisation de la chaleur faisait à côté d'eux, à leur insu, des progrès considérables. Aussi ne saurait-on trop conseiller aux céramistes de consulter les spécialistes pour la construction de leurs fours, de même qu'ils commandent leurs machines aux mécaniciens, et de renoncer aux secrets de cuisson qui ne sont presque toujours qu'un mot servant à masquer une routine invétérée.

Cependant, de ce que le nombre des types de fours est actuellement trop considérable, de ce que plusieurs d'entre eux devraient être abandonnés, il ne faudrait pas conclure, tombant dans l'excès opposé, que tous les fours céramiques doivent être construits d'après un certain nombre de modèles uniformes. Après avoir adopté un type de fours, il faut au contraire en étudier toutes les dispositions, non seulement pour la fabrication spéciale que l'on a en vue, mais en tenant compte également de la nature du combustible, des propriétés variables des pâtes et des glaçures, des matériaux de construction et des exigences générales de la fabrication. Ce n'est qu'en donnant satisfaction dans la mesure du possible à ces conditions multiples, quelquefois même contradictoires, que l'on peut obtenir un four satisfaisant sous le double rapport du fonctionnement et de l'économie.

A. — *Foyers*

153. Combustibles. — Comme dans toutes les industries le premier combustible employé en céramique a été le bois, ce n'est que dans le courant de ce siècle qu'il a été presque entièrement remplacé par la houille. Cependant le bois est encore utilisé, à cause de son bas prix, dans certaines régions forestières ; il présente d'ailleurs de réels avantages, dans la cuisson des poteries pour lesquelles la dépense en combustible est relativement minime par rapport à leur valeur. On utilise aussi, par suite des circonstances locales, le lignite, la tourbe et, exceptionnellement, des matières végétales, herbes, pailles, des huiles minérales et des gaz naturels.

Par suite de la distance qui existe toujours entre le foyer et les produits à cuire, on ne peut employer que des combustibles flambants, la production des flammes devant être d'autant plus intense que cette distance est plus grande. Ce n'est que dans un cas exceptionnel, qui sera signalé plus loin, et, d'autre part, pendant le début de la cuisson, alors qu'il ne s'agit que de chauffer l'atmosphère des fours pour évaporer l'eau contenue dans les produits, que l'on peut utiliser des combustibles maigres.

De même que dans toutes les autres industries, il faut préférer les combustibles secs, contenant peu de cendres, et éviter ceux qui s'agglomèrent ou s'effritent sous l'action de la chaleur.

Lorsqu'il s'agit d'obtenir de hautes températures, on ne peut plus utiliser que le bois de bonne qualité, sous forme de bûches, ou les houilles grasses ou demi-grasses assez pures. Cependant, en transformant préalablement les combustibles en gaz dans des gazogènes, on peut arriver à utiliser des combustibles relativement inférieurs.

La cuisson des glaçures exige, en outre, des combustibles donnant peu de fumée et contenant une faible proportion de matières sulfureuses.

Les ouvrages spéciaux sont ordinairement riches en théories sur la combustion et en renseignements sur la composition et la puissance calorifique des combustibles. Il ne faut cependant accepter leurs chiffres qu'avec réserve, car ils sont établis sur des moyennes et sur des échantillons choisis avec soin. Il semble peu intéressant, au point de vue industriel, de les suivre dans cette voie, et nous nous contenterons de donner sur chaque espèce de combustibles quelques renseignements pratiques.

Bois. — Le bois peut être employé sous forme de bûches, de fagots et de sciure. On a vu que par les hautes températures on ne peut se servir que des bûches de dimensions régulières appropriées aux foyers. En employant des dispositions spéciales, on peut utiliser les fagots pour la cuisson de produits ordinaires et pour obtenir une température modérée. Quant à la sciure, elle ne peut être utilisée que mélangée à la houille, soit pour le chauffage direct, soit dans des gazogènes. Jusqu'à présent on n'a pas employé en céramique le gaz de bois, et il semble peu probable qu'il puisse jamais devenir avantageux.

Au point de vue du chauffage, on distingue les bois durs des bois légers. Les premiers sont le chêne, le hêtre, l'orme, le frêne; les seconds, le bouleau, le sapin, le pin, le mélèze, le peuplier, le tremble. Les bois durs, ayant un poids au stère de 450 à 400 kilogrammes, donnent plus de chaleur, mais produisent une flamme courte. Les bois tendres dont le poids varie de 350 à 300 kilogrammes, sont moins calorifiques, mais, par contre, dégagent de longues flammes qui se prêtent généralement mieux à la cuisson des produits céramiques. Cependant les espèces les plus tendres sont inutilisables pour la production de températures élevées. D'autre part, on reproche à certaines essences résineuses de produire des vapeurs qui peuvent altérer les glaçures. Ordinairement, pour la cuisson des pâtes, on préfère le sapin, le pin et le mélèze, et pour celle des glaçures le bouleau, quelquefois le hêtre ou le frêne.

Houille. — On peut classer les houilles en cinq catégories, d'après leur teneur en matières volatiles et la manière dont elles se comportent pendant la combustion :

1° Anthracite et houilles maigres à courte flamme, contenant de 5 à 11 0/0 de matières volatiles, donnant un coke pulvérulent et pesant de 900 à 850 kilogrammes par mètre cube, ces houilles ne peuvent être employées seules que dans des gazogènes et pour la production de températures moyennes ;

2° Houilles demi-grasses, contenant de 11 à 13 0/0 de matières volatiles, donnant un coke compact assez dur pesant de 850 à 800 kilogrammes par mètre cube. On ne peut les utiliser directement en céramique que lorsque la combustion se fait au milieu des produits à cuire. Dans les autres cas, leur utilisation est la même que les précédentes, quoiqu'elles leur soient en moyenne préférables ;

3° Houilles grasses, dites maréchales ou de forge, contenant de 13 à 15 0/0 de matières volatiles, donnant un coke plus ou moins boursouflé pesant de 800 à 750 kilogrammes par mètre cube. Elles ne peuvent être employées qu'à l'état de mélange avec des houilles maigres, par suite de leur tendance à s'agglomérer.

4° Houilles à gaz, contenant de 15 à 20 0/0 de matières volatiles, donnant un coke lâche tombant en fragments, pesant de 750 à 700 kilogrammes par mètre cube. Ces houilles conviennent particulièrement, lorsqu'elles ne s'agglomèrent pas, pour le chauffage des fours exigeant de longues flammes et une température élevée ;

5° Houilles maigres à longues flammes, contenant plus de 20 0/0 de matières volatiles, donnant un coke sableux non aggloméré, et pesant moins de 700 kilogrammes par mètre cube. Elles s'appliquent à la cuisson des produits céramiques, mais donnent des températures moins élevées que les précédentes.

Dans les compositions qui viennent d'être indiquées, il n'est pas tenu compte de la proportion des cendres, qui est bien rarement inférieure à 5 0/0, et peut s'élever jusqu'à 25 et 30 0/0 ; la moyenne est de 7 à 15 0/0. Les cendres n'ont pas seulement pour effet de diminuer la puissance calorifique de la houille, elles nuisent en outre à la combustion en encombrant les grilles, en formant des mâchefers, en exigeant des décrassages fréquents qui sont toujours des temps d'arrêt ou de ralentissement de la cuisson, et qui peuvent même, dans certaines circonstances, en compromettre la réussite.

On a généralement tout intérêt pour la fabrication de produits fins, et pour l'obtention de températures élevées, de prendre des houilles plus chères, mais de meilleure qualité.

Dans ces cas, on pourra aussi avoir avantage à employer des

gazogènes; mais en observant que même en transformant la houille en gaz, il est nécessaire, pour les fours exigeant une température élevée, d'employer des combustibles contenant une proportion suffisante de matières volatiles.

Pour les produits de moindre valeur, cuisant à plus basse température, on est souvent amené à faire usage de houilles de qualité inférieure, mais ce n'est que par des essais industriels que l'on peut, dans chaque cas particulier, arriver à se rendre compte de la solution réellement la plus économique.

Le *coke* est un très bon combustible dans les débuts de la cuisson, à cause de sa combustion régulière, mais il ne peut plus être utilisé lorsqu'il s'agit de produire des flammes. Tout au plus pourrait-on quelquefois s'en servir mélangé à des houilles grasses.

Les *lignites* de bonne qualité conviennent à la cuisson des poteries, pour des températures modérées; les lignites ligneux, de même que les *tourbes*, ne peuvent guère être employés que pour la fabrication de terres cuites ordinaires dans des fours à récupération. Il est essentiel qu'ils soient aussi secs que possible.

Les herbes et la paille ont été employées en l'absence d'autres combustibles pour la cuisson de briques communes. Les gaz naturels ont été utilisés en Pensylvanie, seul endroit où ils soient l'objet d'une exploitation régulière. De même les huiles naturelles ont été employées aux États-Unis et dans le Caucase, il est peu probable que leur utilisation se propage en dehors de ces pays de production. On s'est enfin quelquefois servi du tan, de grignons d'olive, de bouse de chameau, etc.

La valeur d'un combustible est souvent considérée comme proportionnelle à sa puissance calorifique, c'est-à-dire au nombre de calories dégagées par la combustion d'un kilogramme. Ce chiffre est toujours intéressant à connaître, mais il ne saurait suffire dans la pratique industrielle, car il faut également tenir compte des autres propriétés. En réalité, pour une application donnée, la valeur effective d'un combustible ne peut être déterminée que par un essai industriel, dans lequel on doit chercher à bien approprier les foyers au nouveau combustible, en ne prenant qu'en médiocre considération l'avis des chauffeurs toujours opposés à une modification quelconque. Si l'on craint que l'emploi d'un combustible inconnu ne compromette la cuisson, il est facile de le mélanger à doses de plus en plus élevées avec celui dont on a l'habitude.

Il est cependant utile, avant tout essai industriel, particulièrement pour les houilles, de déterminer la proportion de cendres et de principes volatils à la température du rouge vif, opérations qui peuvent facilement se faire dans un creuset quelconque, et qu'il est bon de renouveler, de temps en temps, dans le courant d'une livraison.

154. Classification des foyers. — La combustion peut se faire dans les fours céramiques au moyen de quatre dispositions de foyers différentes :

1° Combustion au milieu des produits à cuire, ceux-ci remplissant en partie le rôle des foyers ;

2° Combustion dans des foyers à grille ;

3° Combustion dans des foyers alandiers ;

4° Transformation du combustible en gaz dans des foyers gazogènes, et combustion du gaz produit dans des brûleurs.

La *combustion au milieu des produits* n'est appliquée que pour la fabrication des terres cuites, qui n'ont pas à redouter le contact des cendres, ni du combustible en incandescence. Ce moyen de chauffage est, en principe, le plus économique, car il utilise immédiatement la chaleur ; aussi, lorsque les circonstances s'y prêtent, doit-il être préféré à tous les autres. On verra que, grâce à des procédés particuliers d'enfournement des poteries, il peut aussi servir à cuire des produits craignant le contact des cendres ou l'action directe des flammes.

Les combustibles qui peuvent être employés sont le bois sous forme de bûches ou de fagots, les houilles demi-maigres ou demi-grasses, le lignite, la tourbe.

La *combustion dans des foyers à grille* se prête à la cuisson de tous les produits céramiques. Le combustible est étendu sur la surface de la grille, de manière à former une couche uniforme, laissant passer suffisamment d'air pour assurer la combustion complète. Ces foyers fonctionnent bien pour la production de températures inférieures ou moyennes, et particulièrement pour la première période de la cuisson, dite le petit feu. La flamme qu'ils donnent est de moyenne longueur, on peut l'allonger en augmentant l'épaisseur de la couche, mais on risque alors d'avoir une combustion incomplète. Pour des températures élevées, le service en devient pénible, ils s'encrassent, sont difficiles à nettoyer, et les grilles se détruisent rapidement.

Celles-ci peuvent être en métal ou en produits réfractaires. On peut employer tous les combustibles, sauf ceux qui sont pulvérulents.

La *combustion dans des foyers alandiers* est assez spéciale à l'industrie céramique. Le combustible est employé en couche relativement épaisse, les foyers peuvent être avec ou sans grille ; il y a ordinairement deux zones, l'une dans laquelle s'effectue la distillation du combustible et l'autre où se consume la braise ou le coke formé. Ils ont généralement plusieurs rentrées d'air réglables à volonté. Les flammes produites sont longues, l'allure du foyer peut être assez facilement modifiée, le décrassage ne présente pas de difficultés particulières. Ces foyers alandiers se prêtent bien à la production de hautes températures, mais le petit feu y est difficile à régler et exige souvent des dispositions spéciales.

Les combustibles employés sont le bois en bûches et la houille demi-grasse à longue flamme.

Les gazogènes sont des foyers spéciaux, indépendants des fours, dans lesquels les combustibles sont transformés en gaz qui, au moyen d'une canalisation, sont amenés dans les fours où ils s'enflamment à la sortie de brûleurs et au contact de l'air. La conduite des fours, ainsi chauffés au gaz, est remarquablement facile, elle se prête à toutes les allures et à toutes les températures. Il faut cependant observer que la gazéification entraîne forcément une perte de calorique qui doit être compensée par d'autres avantages, faute de quoi, ce mode de chauffage devient plus onéreux.

Les gazogènes employés jusque dans ces derniers temps laissent généralement à désirer au point de vue de la régularité et du décrassage souvent très pénible. C'est à ces causes qu'il faut attribuer certains insuccès du chauffage au gaz. Les gazogènes soufflés, plus récents, remédient en partie à ces inconvénients, ils ont cependant le défaut d'être assez coûteux.

Les seuls combustibles employés sont la houille, le lignite et quelquefois le coke.

Les dispositions générales des différents types de foyers ayant été ainsi sommairement décrites, on va étudier avec plus de détails : le chauffage au bois et celui à la houille dans les foyers à grille, les foyers alandiers et les gazogènes. Quant aux autres combustibles, d'une application très restreinte et très spéciale, on trouvera quelques mots à leur sujet dans la deuxième partie de cet ouvrage à propos des fabrications particulières où ils ont été utilisés.

155. Chauffage au bois. — On a vu que la combustion du bois peut se faire au milieu des produits lorsque ceux-ci ne craignent pas le contact des cendres légères facilement emportées par le tirage. Ce mode de chauffage ne présente ordinairement d'autre difficulté que celle qui résulte du chargement du bois dans le four, chargement qui doit se faire fréquemment et provoque des rentrées d'air froid qui sont une cause de perte de calorique et souvent de déchets dans les produits. Ces défauts se font particulièrement sentir lorsqu'on se sert de fagots.

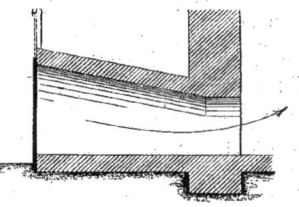

Fig. 154. — Chauffage au bois.

Pour y remédier, il est bon de prolonger extérieurement les ouvertures de chargement sous forme de tunnels (*fig.* 154) fermés par une plaque en tôle suspendue à la partie supérieure, et dans lesquels brûle une certaine quantité de bois qui réchauffe l'excès d'air aspiré par le tirage au moment du chargement. Cette disposition, employée particulièrement pour la combustion des fagots, s'applique aussi bien aux fours intermittents qu'aux fours à feu continu. Lorsque le bois est sous forme de bûches, on peut l'introduire dans ces derniers fours par des ouvertures ménagées dans la voûte, comme on le verra plus loin à propos du chauffage à la houille.

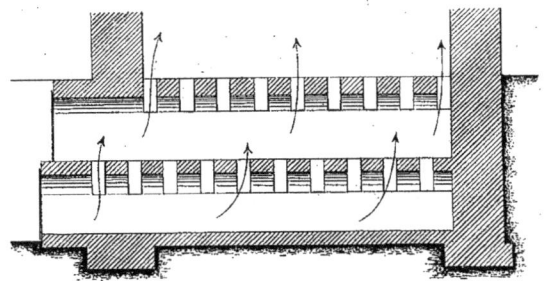

Fig. 155. — Chauffage au bois.

Les bûches de bois peuvent être également consumées dans des foyers à grilles; celles-ci peuvent être en métal, mais il est préférable, à cause de la chaleur à laquelle elles sont exposées, de les faire en produits réfractaires. La figure 155 indique une disposition de ce genre. De même que précédemment il est bon de prolonger le foyer au-delà du parement du four. Le bois est introduit dans un conduit supérieur, dont la voûte percée de fentes est placée immédiatement au-dessous du four et supporte les produits à cuire. L'air entre par un conduit inférieur formant cendrier et pénètre dans le conduit supérieur par des fentes ménagées également dans sa voûte, en discordance avec les premières. Une partie de la braise tombe dans ce cendrier et achève de s'y consumer en échauffant l'air. Cette disposition s'applique particulièrement aux fours à tirage ascendant, elle peut facilement être modifiée suivant les besoins.

Pour la production de hautes températures, on emploie des alandiers, auxquels on a donné des formes très diverses. Le type

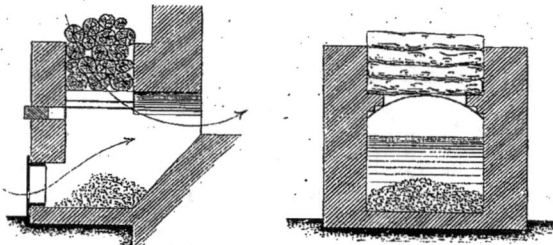

Fig. 156. — Alandier à bois.

représenté par la figure 156, donne de bons résultats à condition d'employer des bûches de même longueur. Celles-ci sont chargées en tas par l'ouverture supérieure de l'alandier et reposent sur deux saillies en maçonnerie. La combustion se produit par l'air qui passe entre les bûches, et les flammes se développent dans la direction indiquée par les flèches. Les braises qui tombent dans le fond de l'alandier achèvent de brûler, grâce à une introduction d'air par la porte du cendrier. Une ouverture, ménagée dans le mur de façade de l'alandier, permet de provoquer au besoin une entrée d'air supplémentaire. Ce type de foyers s'accole latéralement aux fours, il donne des flammes très longues et se prête à toutes les allures. Pour le petit feu, il faut remplacer les bûches par des fagots, ou bien condamner par un registre l'ouverture supérieure, et faire seulement un chauffage modéré par le cendrier.

156. Chauffage à la houille avec foyers formés par les produits. — On peut cuire des briques ordinaires en alternant un rang de briques et une couche de combustible, comme on le fait pour la cuisson de la chaux ou du ciment et dans les hauts-fourneaux. Cette méthode particulièrement employée dans les Flandres, sera décrite, vu son caractère très spécial, dans le paragraphe consacré à la fabrication des briques (page 480). Le contact du combustible avec les produits, et la nécessité d'empêcher la formation de coke aggloméré, fait préférer dans ce cas, et par une exception unique, des houilles assez maigres.

Dans certains fours à tirage horizontal, on peut également jeter le combustible directement sur les produits, ceux-ci, qui sont exclusivement des briques pleines ou creuses, ayant été disposés dans l'enfoncement de manière à former des espèces de grilles à gradins. Les deux dispositions généralement employées sont représentées sur la figure 157.

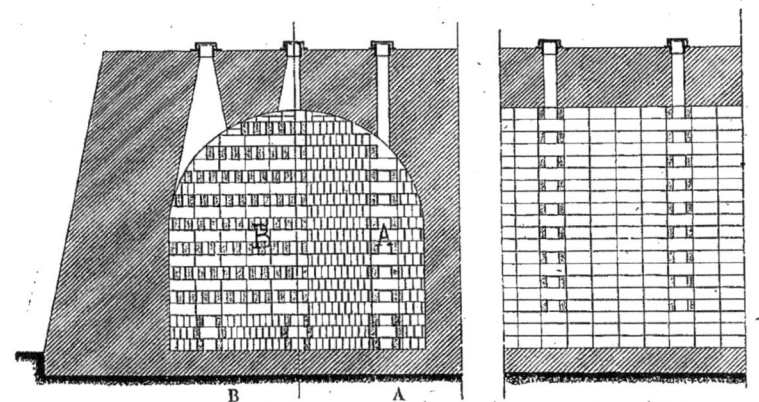

Fig. 157. — Chauffage à la houille.

En A, ces grilles sont des sortes de puits, dans lesquels, de distance en distance, se trouvent des briques en saillies qui retiennent une partie du combustible jeté par l'ouverture supérieure, munie d'une tubulure et d'un couvercle.

En B, l'enfournement est disposé de manière à laisser une travée dans laquelle des briques, faisant également saillie, en traversant l'espace vide, formant des gradins étagés. Le combustible assez menu, qui est retenu par chacun de ces gradins, y brûle dans le courant d'air chaud, horizontal, qui traverse le four. Le chargement doit se faire par petites quantités, fréquemment et à intervalles réguliers. L'écartement de deux bouches de chargement varie de 0ᵐ,70 à 1ᵐ,50. Comme les cendres ne peuvent souiller que les produits formant les puits ou les travées, on peut placer entre eux des marchandises plus délicates, telles que tuiles, carreaux, etc.

Le chauffage se fait avec de la houille demi-grasse assez menue. Comme il a été dit précédemment, on peut également employer le chauffage au bois, mais dans ce cas on supprime les briques en saillie.

157. Chauffage à la houille avec foyers à grille. — Les foyers à grille pour le chauffage à la houille peuvent être placés en dessous du four ou latéralement. Dans le premier cas, ils sont étroits, mais très longs. La figure 158 représente une

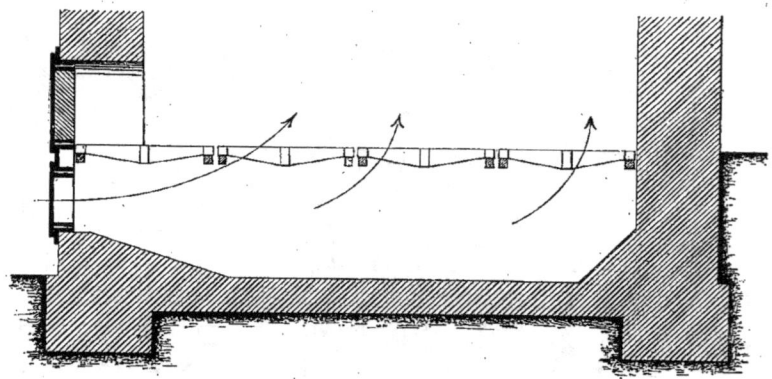

Fig. 158. — Foyer à grille.

disposition de ce genre, dans laquelle la grille est placée au niveau de la sole inférieure du four. On pourrait également recouvrir le foyer d'une voûte perforée comme elle est représentée sur la figure 155. Le chargement du combustible se fait par une porte placée à une extrémité. Dans certains fours, cette porte est supprimée, et la houille est jetée sur la grille par une ou plusieurs ouvertures ménagées dans la voûte du four, assez semblables à celles indiquées sur la figure 157, l'air étant toujours introduit par le cendrier.

Lorsqu'au contraire, les foyers sont latéraux, ils se rapprochent de la forme carrée. Il est alors ordinairement préférable de faire la grille inclinée, de manière à pousser plus facilement le coke vers le fond et à mettre le combustible frais près de la porte de chargement, comme le montre la figure 159.

Les grilles sont toujours métalliques, la grandeur de leur vides dépend de la nature du combustible. On se servait autrefois de barres de fer carrées ou rectangulaires, au lieu de barreaux en fonte indépendants. Actuellement, on préfère réunir plusieurs barreaux dans une même pièce de fonte, pour pouvoir les obtenir plus minces et mieux répartir l'accès de l'air. En même temps, on les fait plus hauts. Les grilles immergées de M. Michel Perret ne sont

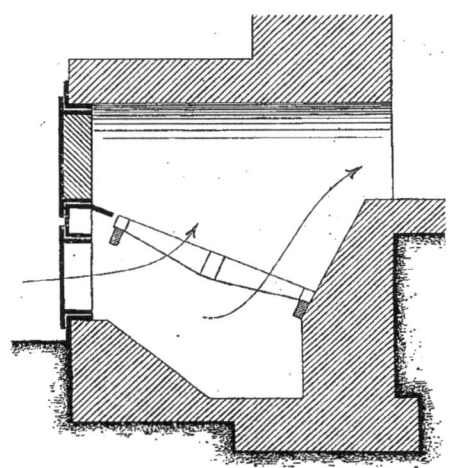

Fig. 159. — Foyer à grille.

guère employées en céramique, où l'on évite ordinairement, sauf pour les gazogènes, de mettre de l'eau dans le cendrier. Il en est de même des grilles auxquelles on imprime des mouvements oscillants, pour détacher les machefers, parce que, le chauffage étant intermittent, il est ordinairement possible, avec un bon combustible, d'éviter l'encrassement de la grille pendant la durée de

Fig. 160. — Foyer à grille.

la cuisson. Cependant la grille représentée par la figure 160 (Wagner) pourrait, pour certains combustibles plus difficiles, donner de bons résultats.

Les devantures des foyers doivent être construits très solidement, sinón il vaut mieux les supprimer entièrement et les remplacer par des plaques en tôle simplement posées contre les portes de chargement et du cendrier.

158. Chauffage à la houille avec foyers alandiers.
— Les premiers foyers alandiers dérivaient des foyers à grille,

dans lesquels, au moyen d'une ouverture de chargement supérieure, on pouvait introduire une couche plus épaisse de combustible. La figure 161 montre une disposition de ce genre. La porte latérale au niveau de la grille ne sert qu'au décrassage, le cendrier est plus ou moins fermé au moyen d'une plaque de tôle, enfin une ouverture placée entre l'orifice de chargement et la porte de décrassage permet une rentrée d'air supplémentaire. Cet alandier se prête bien au petit feu, mais, dans la marche en grand feu, le combustible frais en tombant sur le coke incandescent provoque des irrégularités dans le fonctionnement.

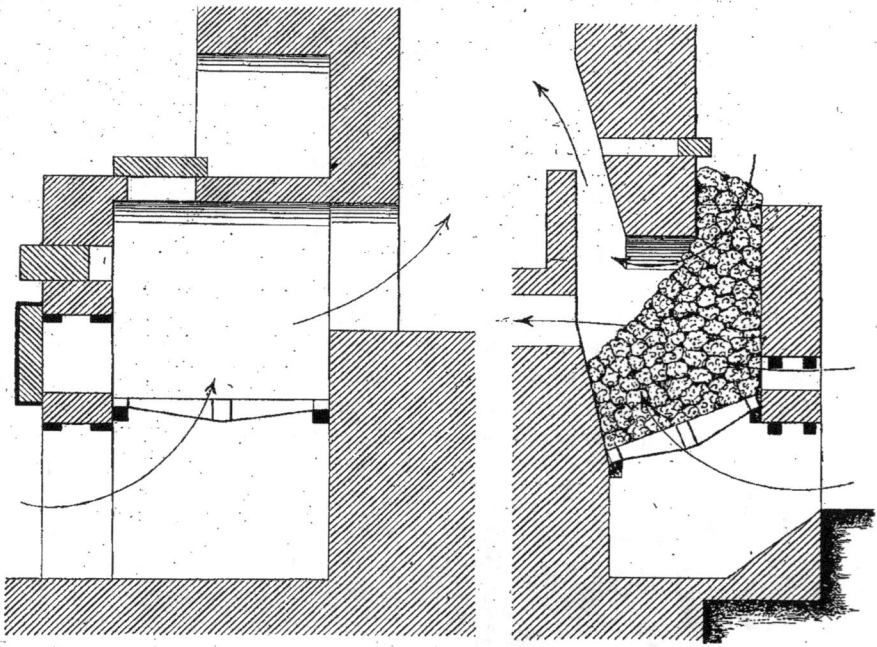

Fig. 161 et 162. — Foyers alandiers.

L'alandier représenté par la figure 162 est à chargement continu. Le combustible frais distille à la partie supérieure, tandis que le coke est brûlé par l'air pénétrant par l'ouverture de décrassage et par la grille. Les flammes sortent du foyer par deux ouvertures, l'une verticale, l'autre horizontale, mais cette disposition est accessoire, et on pourrait ne faire qu'une sortie comme dans l'exemple précédent.

Dans les nouveaux alandiers, on s'éloigne de plus en plus de la forme des foyers à grille pour se rapprocher de celle des gazogènes. La figure 163 montre un alandier établi dans cet ordre d'idée. La grille fortement inclinée est suspendue à sa partie supérieure et laisse à son extrémité inférieure, entre elle et la maçonnerie, un vide par où les cendres et le mâchefer s'accumulent dans le cendrier, d'où il devient facile de les extraire. Comme dans le cas précédent, le combustible distille à la partie supérieure, et le coke produit brûle au contact de l'air qui traverse la grille. Il existe une rentrée supplémentaire de chaque côté, l'air étant préalablement chauffé en circulant dans des conduits disposés dans les murs

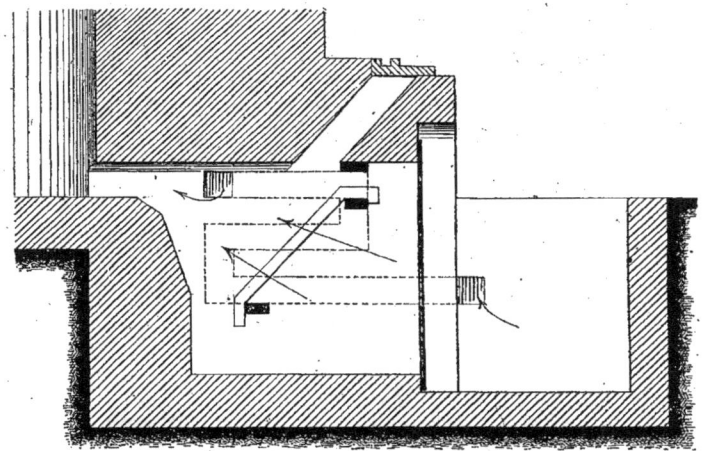

Fig. 163. — Foyer alandier.

latéraux de l'alandier. L'ouverture de chargement est ordinairement fermée, le combustible contenu dans le conduit incliné en maçonnerie servant à l'alimentation pendant l'intervalle de deux charges. Le décrassage se fait très facilement, presque automatiquement, par la descente du combustible; on peut en outre passer dans ce but un ringard entre les barreaux. Cet alandier donne de bons résultats pendant le grand feu, et permet d'employer des combustibles donnant beaucoup de mâchefer, mais il se prête mal à une conduite progressive du petit feu.

Pour remédier à cet inconvénient on a cherché à réduire la section de la grille pendant la première phase de la cuisson. Parmi les diverses solutions qui ont été proposées, il ne convient de citer que celle consistant à placer sur la grille inclinée un diaphragme réfractaire qui est poussé à fond au moment du petit feu, et que l'on retire progressivement à mesure qu'on veut augmenter l'intensité du foyer.

L'alandier représenté par la figure 164 (E. Bourry) paraît également résoudre la question, quoique théoriquement d'une manière moins complète. La grille se compose d'une partie verticale et

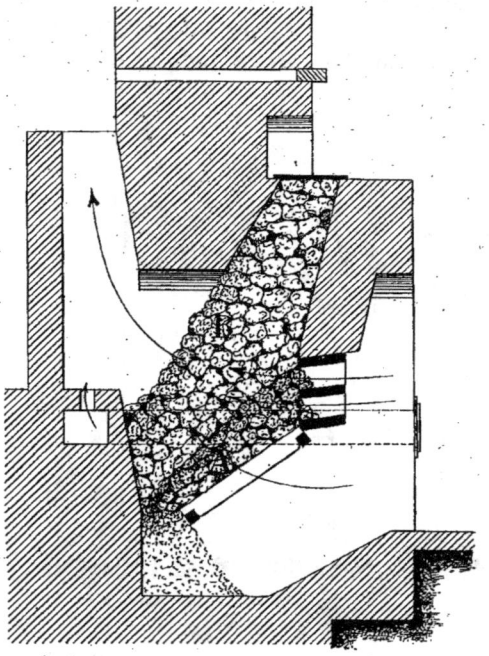

Fig. 164. — Foyer alandier.

d'une partie inclinée. Pendant le petit feu, la première est bouchée au moyen de tampons réfractaires, et le combustible forme une couche réduite A. On ouvre ensuite successivement les ouvertures de la grille verticale, pour aboutir au grand feu à une couche épaisse B, avec forte rentrée d'air. Comme dans les alandiers précédents, il y a un conduit d'air chaud supplémentaire, mais celui-ci débouche par une série d'orifices verticaux placés dans l'autel. L'air introduit ainsi parallèlement aux flammes n'achève leur combustion que dans l'intérieur du four.

DESCRIPTION DES FOURS

159. Chauffage au gaz. — Le chauffage au gaz nécessite l'emploi d'un ou plusieurs gazogènes, d'une canalisation reliant ceux-ci avec le four, et de brûleurs, placés dans le four, qui opèrent le mélange de gaz et d'air.

Le principal but des *gazogènes* est de transformer le carbone de la houille en un gaz combustible. En effet, 1 kilogramme de carbone se combine à $1^{kg},333$ d'oxygène pour former $2^{kg},333$ d'oxyde de carbone. Ce gaz peut brûler, à son tour, en se transformant en acide carbonique et en produisant théoriquement 2.400 calories par kilogramme, soit 5.600 calories pour les $2^{kg},333$. Comme, d'autre part, 1 kilogramme de carbone pur produit 8.080 calories, la perte due à la gazéification serait de 3.480 calories ou de 43 0/0.

Cette perte peut théoriquement être entièrement supprimée en utilisant ces 3.480 calories à décomposer de la vapeur d'eau, dont l'oxygène s'unit au carbone pour former de l'oxyde de carbone, et dont l'hydrogène se mêle aux gaz combustibles en produisant par sa combustion ultérieure, une quantité de chaleur précisément égale à celle employée pour décomposer l'eau. Ces deux méthodes de gazéification peuvent être représentées par les égalités suivantes :

1 kg. carbone $+ 5^{kg},797$ air $= 2^{kg},333$ oxyde de carbone $+ 4^{kg},464$ azote
1 kg. carbone $+ 2^{kg},283$ air $+ 0^{kg},909$ eau
$= 2^{kg},333$ oxyde de carbone $+ 1^{kg},758$ azote $+ 0^{kg},101$ hydrogène.

Dans ce dernier cas, la combustion de $2^{kg},333$ d'oxyde de carbone et de $0^{kg},101$ d'hydrogène, dont la puissance calorifique est 34.462 calories, donne exactement les 8.080 calories du carbone ; la perte est donc nulle. On voit également que dans le premier cas le poids des gaz produits est de $6^{kg},797$, tandis qu'il n'est que de $4^{kg},192$ dans le second.

Ces considérations théoriques sont modifiées dans la pratique : d'une part à cause des hydrocarbures et des gaz que contiennent tous les combustibles, et, d'autre part, parce que la vapeur d'eau ne se décompose qu'à une température élevée qui ne peut être maintenue dans le gazogène qu'au prix d'une certaine dépense en combustible. Il en résulte que, pratiquement, la perte dans le cas de l'emploi de l'air seul se réduit à 30 ou 35 0/0 et qu'elle ne s'abaisse guère au-dessous de 15 0/0 avec l'emploi de l'air et de l'eau. Il va sans dire que, si le fonctionnement du gazogène est mauvais, si la combustion y devient trop complète, il peut ne plus se produire de gaz combustibles et la perte devient alors totale.

Cette observation suffit pour montrer que la valeur du chauffage au gaz dépend entièrement du fonctionnement du gazogène. S'il est bien construit et bien conduit, la perte inévitable de la gazéification peut ne guère dépasser celle qui se produit dans les foyers à grille ou dans les alandiers. Si l'appareil est mauvais et mal conduit, c'est le système de chauffage le plus déplorable que l'on puisse imaginer.

La grande difficulté de la gazéification consiste dans la formation de scories et de mâchefer. Ceux-ci sont très pénibles à enlever, et cette opération occasionne souvent des pertes considérables de combustible et amène des perturbations graves dans le fonctionnement. A ce premier inconvénient, il faut en ajouter un autre particulier aux houilles grasses, c'est leur tendance à s'agglutiner et à former une masse compacte, qui peut arrêter complètement le passage des gaz.

Ces inconvénients disparaissent en grande partie lorsqu'on emploie comme combustibles le coke, l'anthracite ou des houilles très maigres ; mais ces combustibles, qui peuvent être d'un bon usage dans d'autres industries, donnent généralement en céramique des gaz ayant une flamme trop courte et souvent trop peu calorifique. On est presque toujours obligé d'employer des houilles demi-grasses pour obtenir des résultats convenables.

On se sert actuellement de gazogènes à tirage naturel, et de gazogènes soufflés. Les gazogènes aspirés qui obligent de refroidir et de purifier les gaz, avant de les laisser pénétrer dans l'appareil d'aspiration, n'ont pas d'intérêt en céramique.

Dans les *gazogènes à tirage naturel*, l'aspiration de l'air se fait, d'une part, par le tirage de la cheminée, et, d'autre part, en plaçant les gazogènes suffisamment au-dessous du niveau des brûleurs pour profiter de la force ascensionnelle du courant gazeux chaud. Les systèmes de gazogènes de ce genre sont très nombreux, mais la plupart n'ont eu que des applications restreintes et éphémères. Une étude de leurs dispositions ne présenterait qu'un médiocre intérêt pratique et sortirait du programme de cet ouvrage. On se contentera donc d'indiquer deux dispositions, applicables, l'une au coke, à l'anthracite et aux houilles très maigres, l'autre aux demi-grasses qui se recommandent par la facilité relative de leur fonctionnement.

DESCRIPTION DES FOURS

Dans le gazogène représenté par la figure 165, le combustible est chargé par un orifice supérieur et remplit une capacité de section carrée ou rectangulaire. Il repose à la partie inférieure sur une grille à gradins et sur une grille ordinaire faiblement inclinée. Un orifice latéral sert à l'évacuation des gaz, un tuyau percé de petits trous amène constamment de l'eau qui s'écoule dans le cendrier. Celui-ci est fermé par une porte ayant une ouverture réglable à volonté, permettant l'introduction de l'air. Pour effectuer le décrassage, on enfonce une grille mobile à barreaux

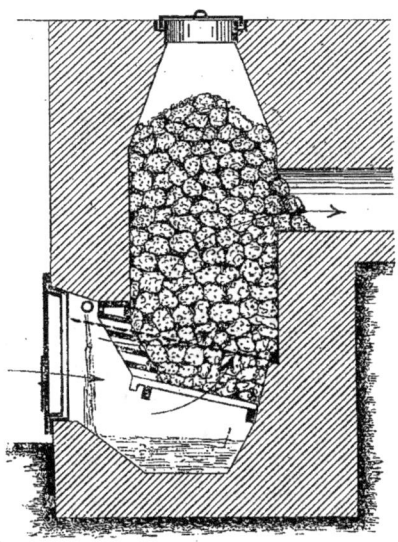

Fig. 165. — Gazogène à combustibles maigres.

ronds et pointus, qui viennent prendre la position indiquée par la ligne ponctuée, s'appuyant sur le dernier échelon de la grille à gradins et sur une saillie de la maçonnerie. Cette grille placée, on enlève la grille fixe, on retire les mâchefers et les scories qui tombent dans le cendrier, puis on replace la grille fixe et on enlève la grille mobile. Cette opération se fait à intervalles réguliers, toutes les quatre à douze heures. Le combustible remplissant la partie pyramidale supérieure sert à alimenter le gazogène pendant l'intervalle de deux charges.

Pour des combustibles gras et collants, cette disposition ne saurait convenir, il faut employer celle représentée par la figure 166. Une trémie à double fermeture, destinée à empêcher les sorties de gaz, sert au chargement. Le combustible tombe sur un plan incliné, où il distille, puis passe sur une grille fortement inclinée, où se produit la transformation du carbone en oxyde de carbone. Les cendres ainsi que les mâchefers, que l'on détache assez facilement au moyen d'un ringard passé entre les barreaux, descendent dans le cendrier par un espace laissé entre l'extrémité inférieure de la grille et la maçonnerie. Une ouverture supérieure fermée par un boulet permet de ringarder le combus-

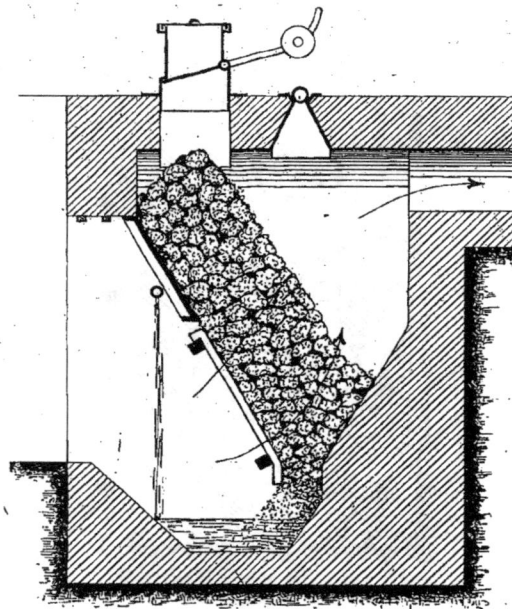

Fig. 166. — Gazogène à combustibles gras.

tible et de désagréger les morceaux qui se sont agglomérés. Enfin, une disposition semblable à celle de la figure précédente sert à l'alimentation d'eau du cendrier. Ordinairement ces gazogènes se construisent sans portes.

Dans les *gazogènes soufflés*, l'air est introduit sous pression, soit au moyen d'un ventilateur, soit par un injecteur. Ils ont sur les précédents l'avantage de permettre le réglage à volonté de la pression et de la production du gaz, indépendamment du tirage de la cheminée, ce qui est souvent précieux pour le bon fonctionnement des fours.

Le soufflage, au moyen d'un ventilateur, exige une force motrice constante, ce qui nécessite dans presque toutes les usines céramiques l'emploi d'un moteur spécial. Au contraire, l'injecteur à courant de vapeur ne demande qu'une petite chaudière auxiliaire, facilement conduite par le chauffeur du gazogène. Cette dernière solution est donc plus simple, moins coûteuse, et a en outre l'avantage de fournir au gazogène la vapeur qui, comme on l'a vu précédemment, est nécessaire à son fonctionnement économique, la simple évaporation de l'eau du cendrier étant dans tous les cas insuffisante.

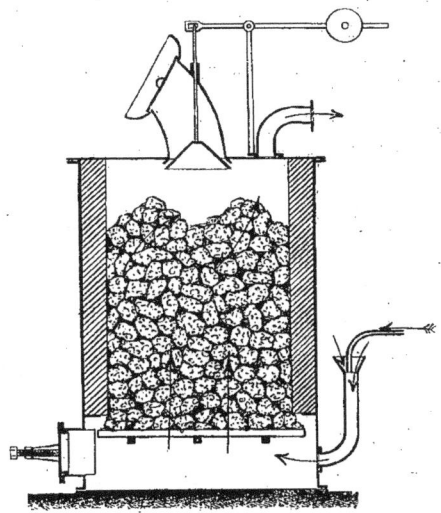

Fig. 167. — Gazogène soufflé.

Le soufflage peut être adapté aux deux types de gazogènes indiqués précédemment, à condition, bien entendu, de fermer hermétiquement la porte du cendrier. On préfère cependant leur donner une forme cylindrique et les placer au niveau du sol. Pour du coke, de l'anthracite, ou de la houille maigre pure, on peut employer la disposition représentée sur la figure 167 (Dowson). Le combustible introduit par une trémie supérieure à double fermeture repose sur une grille horizontale, au-dessous de laquelle est injecté un courant d'air et de vapeur d'eau. Le gaz produit sort par un tuyau adapté sur le fond supérieur. Le décrassage s'opère toutes les douze heures par une ou deux portes inférieures.

Ce type de gazogène s'applique particulièrement à la production du gaz pauvre, qui, employé à la production de la force motrice, fait une si redoutable concurrence aux moteurs à vapeur. Il semble avoir beaucoup moins d'avenir dans la céramique à cause de son usage exclusif aux combustibles maigres.

Le gazogène représenté par la figure 168 (Taylor) permet l'utilisation de combustibles plus gras. D'un fonctionnement semblable au précédent, il s'en distingue par le décrassage automatique, qui s'effectue en faisant tourner au moyen d'une manivelle le plateau en fonte inférieur sur lequel viennent s'accumuler les cendres et les mâchefers. Ceux-ci sont refroidis et désagrégés par le courant d'air et de vapeur qui s'échappe du tuyau central. On achève du reste leur désagrégation par des ringards que l'on enfonce dans leur cône d'éboulement, au moment de la manœuvre du plateau, celle-ci s'effectuant sans arrêter le fonctionnement de l'appareil.

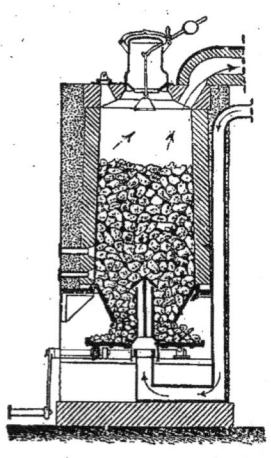

Fig. 168. — Gazogène soufflé.

Le gaz employé dans les fours céramiques n'a pas besoin d'être épuré ni emmagasiné dans des gazomètres. La *canalisation* qui relie les gazogènes aux fours est donc très simple. Tantôt elle est souterraine avec conduits en maçonnerie, tantôt aérienne avec tuyaux métalliques, qu'il est bon de revêtir intérieurement d'une maçonnerie réfractaire. Dans tous les cas elle doit être étanche et assez peu conductrice pour empêcher le refroidissement des gaz. Lorsque les gazogènes sont à allure lente et emploient des combustibles gras, il s'y dépose des goudrons, dont on se débarrasse de temps en temps en y mettant le feu.

L'inflammation du gaz dans les fours se fait à la sortie de *brûleurs* en pièces refractaires, qui ont pour but de diviser le gaz, pour assurer son mélange avec l'air. Plus ce mélange est intime, plus les flammes sont courtes et la chaleur locale élevée. Si on veut donc obtenir des flammes très longues, il faut éviter de faire un mélange trop parfait, sans tomber cependant dans l'excès contraire. Les dispositions adoptées pour les brûleurs dépendent du système du four, on en trouvera plus loin quelques exemples.

L'air ainsi introduit dans le four prend le nom d'*air secondaire*, par opposition au nom d'*air primaire* donné à celui qui, dans les gazogènes, sert à la gazéification.

B. — *Tirage*

160. Cheminées. — Le tirage peut être naturel ou forcé. Dans le premier cas, il résulte de la différence de poids des gaz chauds et des gaz froids. Le poids d'un mètre cube de gaz à la température t est égal à son poids à 0° divisé par $1 + \alpha t$, α étant le coefficient de dilatation des gaz égal à 0,00366. Il n'y a pas lieu à ce sujet de tenir compte des différences de pression qui sont toujours négligeables dans les fours, et on admet uniformément une pression de 760 millimètres de mercure. Si donc on considère une cheminée de 10 mètres de hauteur ayant une section de 1 mètre carré, et contenant par exemple de l'air à 200°, on voit que le poids d'un mètre cube d'air à 0° étant de $1^{kg},3$, le poids de cette colonne d'air de 10 mètres sera de

$$\frac{1,3}{1 + (0,00366 \times 200)} \times 10 = 7^{kg},5.$$

D'autre part, le poids d'une même colonne d'air à 0° serait de 13 kilogrammes. Si on considère une ouverture d'un mètre carré à la base de la cheminée, on verra que la couche d'air qui s'y trouve supporte du côté extérieur un poids égal à la pression de l'atmosphère, mesuré à la partie supérieure de la cheminée, plus 13 kilogrammes, tandis que du côté intérieur, elle ne supporte qu'un poids égal à cette même pression plus $7^{kg},5$. Il y a donc une différence de poids de $5^{kg},5$ ou de $0^{gr},55$ par centimètre carré, qui oblige cette couche d'air de se déplacer et à s'élever dans la cheminée.

En désignant d'une manière générale par H la hauteur d'une cheminée contenant un gaz à la température t, de poids d par mètre cube à 0°, tandis que l'air atmosphérique d'un poids δ est à une température θ, la différence de poids à la base de la cheminée de section S sera donnée par la formule :

$$\frac{HS\delta}{1 + \alpha\theta} - \frac{HSd}{1 + \alpha t},$$

ou

$$HS \left(\frac{\delta}{1 + \alpha\theta} - \frac{d}{1 + \alpha t} \right).$$

Si on désigne par e la hauteur d'une colonne d'eau ayant pour base la section de la cheminée qui fait équilibre à cette différence de poids, on voit que la dépression produite par cette cheminée, mesurée en colonne d'eau, est de :

$$e = H\left(\frac{\delta}{1+\alpha\theta} - \frac{d}{1+\alpha t}\right),$$

e étant exprimé en millimètres d'eau.

Dans le cas qui nous occupe, le poids d, des gaz sortant par la cheminée, est plus élevé que celui $\delta = 1^{kg},3$ de l'air, par suite de la présence d'une certaine quantité d'acide carbonique ; de ce fait il peut au maximum arriver à $1^{kg},41$.

D'autre part, la vapeur d'eau tend à le diminuer, et il en résulte qu'on peut en moyenne admettre $d = 1,35$.

La différence entre δ et d est assez faible pour que l'on puisse admettre que $\delta = d$ et que, par conséquent, la dépression produite par une cheminée est égale à :

$$e = H\alpha d \frac{t-\theta}{(1+\alpha\theta)(1+\alpha t)}.$$

On voit qu'elle est proportionnelle à la hauteur H, mais aussi à la différence de température $t - \theta$. Si en effet on admet $\theta = 0$, l'expression $\frac{t}{1+\alpha t}$ donne pour $t = 100, 500$ et $1,000°$ les valeurs suivantes : 0,73, — 1,76 et 2,29, c'est-à-dire proportionnelles à 1 — 2,41 et 3,19, ou approximativement à la racine carrée de la température.

Cette dépression (e) doit être suffisante pour vaincre toutes les résistances (r) que ce courant gazeux rencontre dans son passage au travers du four, et pour lui donner, en outre, une vitesse dans la cheminée assez grande pour n'être pas trop influencée à sa sortie par le vent. Le mouvement ascensionnel se produit donc en raison de la dépression $e - r$. La vitesse correspondante est donnée par la formule :

$$v = \sqrt{\frac{(e-r)(1+\alpha t).2g}{d}}.$$

Il ne faut pas qu'elle soit inférieure à $1^m,5$ ou 2 mètres. Connaissant t et r, on peut en déduire la hauteur H de la cheminée.

DESCRIPTION DES FOURS

La résistance (r) opposée par le four au courant gazeux, mesuré en millimètres d'eau, ne peut être évaluée que par l'expérience sur des fours existants, de sorte qu'ordinairement, dans la pratique, la détermination de la hauteur des cheminées se fait par comparaison avec d'autres installations. Quant à la section S de la cheminée, on la trouve facilement en déterminant le volume V de gaz nécessaire à la combustion et en le divisant par la vitesse v.

Si on admet que $r = ae$, c'est-à-dire que la perte de charge due à la résistance du four est fonction simple de la dépression de la cheminée, la valeur de la vitesse v devient,

$$v = \sqrt{\frac{2ge(1-a)(1+\alpha t)}{d}},$$

ou en remplaçant e par sa valeur

$$v = \sqrt{\frac{2g H \alpha (1-a)(t-\theta)}{1+\alpha\theta}},$$

d'où on déduit pour le volume de gaz débité par la cheminée :

$$V = S\sqrt{\frac{2g H \alpha (1-a)(t-\theta)}{1+\alpha\theta}}.$$

Des formules précédentes on peut déduire :

1° Que la dépression produite par une cheminée est proportionnelle à sa hauteur et environ à la racine carrée de la différence de température intérieure et extérieure ;

2° Que le volume de gaz débité par une cheminée est proportionnel à la section et à la racine carrée de sa hauteur et de la différence des températures ;

3° Que si dans les formules précédentes on admet H = 1 mètre, $\theta = 0$, S = 1 mètre carré, on trouve les quantités suivantes représentant les dépressions, les volumes et les poids d'air débités en une seconde, par une cheminée d'un mètre de hauteur et d'un mètre carré de section pour des températures t croissantes.

TEMPÉRATURE	DÉPRESSION	VOLUME	POIDS
(t)	(e)	(V)	(P)
10	0,046	0,848	1,071
50	0,201	1,897	2,073
100	0,347	2,683	2,538
150	0,459	3,286	2,741
200	0,547	3,795	2,829
250	0,619	4,242	2,861
300	0,678	4,648	2,860
350	0,727	5,020	2,841
400	0,769	5,366	2,811
500	0,837	6,000	2,736
700	0,931	7,098	2,572
1.000	1,016	8,485	2,349

On voit que le poids $P = \dfrac{1 + \alpha t}{Vd}$ d'air débité par une cheminée augmente lorsque la température de la cheminée passe de 0 à 300°, pour atteindre un maximum et décroître ensuite.

Pratiquement, on voit même qu'à partir de $t = 150°$ il ne varie plus guère et qu'on n'a pas intérêt, pour augmenter le poids d'air débité, à dépasser cette température. D'autre part, il ne faut pas non plus qu'elle tombe au-dessous de 50°, ce qui exigerait des cheminées considérables, fonctionnant mal, parce qu'elles seraient trop dépendantes des variations atmosphériques, et que le refroidissement trop grand des gaz pourrait amener la condensation de la vapeur d'eau qu'ils contiennent. Une température légèrement supérieure à 100° est celle qui, à tous les points de vue, est à préférer.

Au lieu de cheminées, on peut employer des engins mécaniques et obtenir ainsi un *tirage forcé*. On a employé dans ce but des ventilateurs et des éjecteurs à jet de vapeur. Ces appareils ne sont à recommander que lorsqu'il faut obtenir de fortes dépressions, ce qui n'est jamais le cas dans les industries céramiques. En outre, la présence de gaz sulfureux et de vapeur d'eau entraîne la formation d'acide sulfurique, ce qui, joint à la température assez élevée, détériore rapidement les ventilateurs aspirants. Quant aux ventilateurs soufflants, leur emploi est généralement difficile, sinon impossible.

161. Tirage dans les fours. — Ce qui vient d'être dit au sujet des cheminées s'applique également aux fours qui, par leur position verticale, sont par eux-mêmes des cheminées. La hauteur H est la différence de niveau qu'il y a entre les orifices d'entrée d'air et de sortie des gaz. Souvent certaines parties des fours tendent à augmenter ou à diminuer le tirage. Si par exemple on considère un four dont la circulation est représentée par le schéma de la figure 169, la dépression sera donnée par la différence :

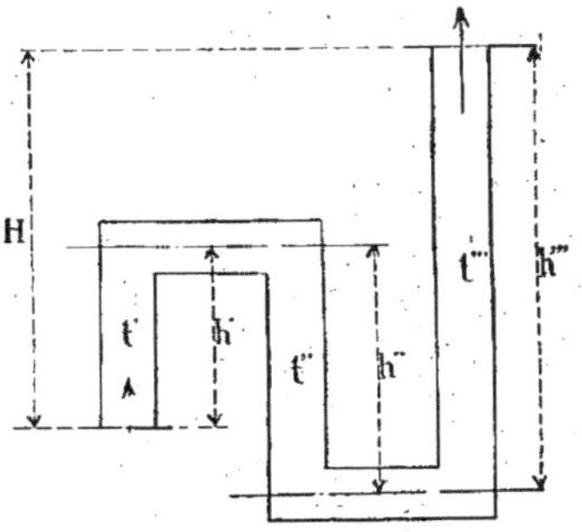

$$\frac{H.\delta}{1+\alpha\theta} - \left(\frac{h'd}{1+\alpha t'} - \frac{h''d}{1+\alpha t''} + \frac{h'''d}{1+\alpha t'''}\right)$$

les parties ascendantes augmentant la dépression et les descendantes la diminuant.

Fig. 169.

En particulier, si on examine la disposition de la figure 170, dans laquelle la circulation se fait par une branche ascendante de température T et par une descendante de température T', on voit que dans une section MN la différence de pression est de

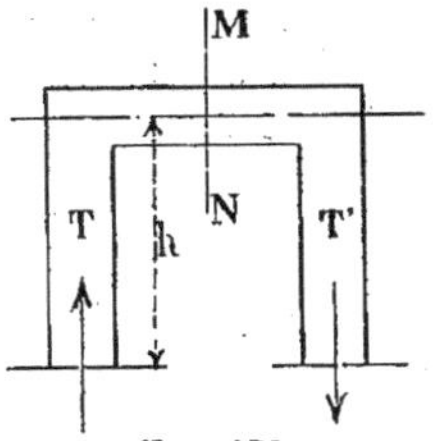

$$\frac{hd}{1+\alpha T} - \frac{hd}{1+\alpha T'}.$$

Fig. 170.

Si T est plus grand que T', le mouvement des gaz se produit dans le sens indiqué par les flèches allant de la branche T à la branche T'.

Dans la disposition contraire (*fig.* 171) le même raisonnement montre que la circulation se produit en sens inverse allant de T' à T.

On peut présenter cette double observation sous une autre forme et disant que le tirage est augmenté lorsqu'on élève la température de gaz ascendants et qu'on abaisse celle de gaz descendants, et qu'il est, au contraire, diminué dans les cas inverses. On voit également qu'il n'est pas nécessaire qu'il y ait une différence de niveau entre l'entrée de l'air et la sortie des gaz pour déterminer dans un four une circulation gazeuse.

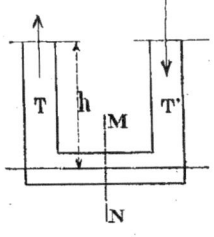

Fig. 171.

Dans les chambres de cuisson, le mouvement des flammes et des gaz peut être ascendant, descendant ou horizontal. Lorsque cette circulation est *ascendante*, il faut, pour qu'elle soit régulière, que la température soit absolument uniforme, sur chaque plan horizontal. Si en un endroit quelconque la température s'élève, il tend à s'y former une circulation plus énergique, qui a pour conséquence d'y appeler de préférence les flammes, de sorte que le défaut va toujours en s'aggravant. Il se produit alors, au milieu des marchandises enfournées, des courants verticaux très violents et très chauds, désignés, dans la pratique, sous le nom de cheminées, qu'il est ensuite souvent difficile d'arrêter et qui peuvent compromettre la réussite d'une cuisson.

Il n'en est plus de même lorsque la circulation est *descendante*. S'il se produit en un point une élévation de température, le tirage y devient moins actif; les flammes s'y portent moins, jusqu'à ce que l'équilibre de température, un instant rompu, soit de nouveau rétabli. Ainsi la circulation descendante tend à uniformiser la température, qu'une faute dans le fonctionnement peut avoir rendue inégale, tandis qu'au contraire la circulation ascendante tend à aggraver cette faute initiale.

Lorsque la chambre de cuisson est traversée par un courant *horizontal*, si celui-ci est plus chaud que les produits enfournés, il tend à monter et à suivre la voûte; si au contraire il est plus froid, il descend et circule le long de la sole inférieure. Les écarts de température tendent donc à s'aggraver. On peut combattre cette tendance en augmentant les résistances au courant dans la partie supérieure et en les diminuant dans le bas. Un enfournement judicieux permet généralement d'atteindre ce but.

162. Réglage du tirage. — Le réglage du tirage dans les fours a pour but de faire varier, d'une part, la vitesse du courant, et, d'autre part, le poids des gaz en circulation.

Le réglage de la *vitesse* est nécessaire : 1° pour obtenir une bonne combustion dans les foyers, car elle doit rester entre certaines limites, qui varient avec les dimensions du combustible et l'épaisseur de la couche ; 2° pour avoir une bonne utilisation, le courant gazeux devant circuler assez lentement au milieu des produits pour avoir le temps de leur transmettre sa chaleur.

Du réglage du *poids* des gaz dépend, par contre, la quantité de combustible consumé et, par conséquent, l'intensité du feu.

Ce double réglage se fait en donnant pendant la construction des sections rétrécies déterminées à certaines parties du four, et en disposant dans d'autres des orifices à section variable. On peut également à certains endroits provoquer des entrées d'air. Les ouvertures à section déterminée se placent généralement entre le foyer et la chambre de cuisson, et entre celle-ci et la cheminée. Les orifices réglables se trouvent aux entrées d'air et aux sorties des gaz. On se sert dans ce but de clapets à charnière, de registres ou de soupapes.

Les clapets ne se placent qu'au sommet des cheminées, on les manœuvre du bas au moyen d'une chaîne et d'un contrepoids. Ils n'ont guère d'autre utilité que de fermer complètement l'orifice lorsqu'on veut arrêter le fonctionnement du four, car ils se prêtent mal à un réglage un peu précis.

Lorsque les registres sont verticaux, ils sont suspendus à une chaîne passant au-dessus d'un galet et équilibrés par un contrepoids. Leur manœuvre est très facile; par contre, ils ne donnent pas une fermeture hermétique. Pour obtenir celle-ci, il faut se servir de registres horizontaux ou inclinés, qui glissent sur leur siège et s'y appliquent par leur poids. Les registres peuvent être soit en fonte, soit en terre réfractaire, suivant que la chaleur à laquelle ils sont soumis est plus ou moins élevée.

Les soupapes sont des couvercles ordinairement ronds, que l'on soulève plus ou moins. Souvent, pour obtenir un réglage plus précis, on leur donne une forme conique. Pour leur permettre de fermer hermétiquement, on peut dresser au tour leur surface de contact avec le siège, ou bien faire plonger leur rebord dans un bain de sable suffisamment profond. Leur manœuvre se fait par une vis ou par un palan différentiel. Les soupapes ne se font guère qu'en fonte; si elles donnent de très bons réglages pour les températures modérées, on ne peut pas s'en servir lorsqu'elles sont exposées à une forte chaleur.

Il est facile de se rendre compte que tous ces appareils, en faisant varier la section du passage des gaz, augmentent ou diminuent environ dans la même proportion le volume gazeux qui circule dans le four, mais qu'ils n'agissent pas de même sur la dépression. Si on considère en effet le fonctionnement d'un four intermittent, dont la température s'élève progressivement, on a vu qu'à partir du moment où les gaz passant dans la cheminée ont atteint une température de 150°, le volume débité devient à peu près constant, mais que la dépression va toujours en augmentant. Si on veut la réduire pour conserver un bon fonctionnement des foyers, on est souvent amené à diminuer la section de l'appareil de réglage dans une proportion telle que le poids du gaz évacué devient insuffisant. Il faut alors ouvrir à côté du registre une ouverture spéciale qui laisse rentrer une certaine quantité d'air extérieur, diminuant, il est vrai, dans une certaine proportion le poids des gaz aspirés, mais qui agit d'une manière beaucoup plus efficace sur la dépression. Cette rentrée d'air froid a en outre l'avantage de refroidir le registre ainsi que la cheminée, et par conséquent de les préserver contre l'action d'une chaleur trop intense.

Ces considérations générales sur le tirage se trouveront complétées par la description de la construction et du fonctionnement des différents systèmes de four.

C. — *Fours*

163. Classification des fours. — L'utilisation de la chaleur se fait dans une ou plusieurs chambres de cuisson, qui constituent le four proprement dit dans une acception plus restreinte du mot. La disposition de ces chambres caractérise le four et sert de base à la classification.

Dans la plupart des fours céramiques, l'utilisation de la chaleur est *directe*, c'est-à-dire que les produits ou les récipients qui les contiennent sont directement exposés à l'action des flammes et des gaz chauds. Dans d'autres fours, dits fours à moufle, l'utilisation est *indirecte*, les flammes chauffant les parois extérieurs des chambres de cuisson sans y pénétrer. Les fours de la première classe sont utilisés pour la cuisson de produits ne craignant pas le contact des flammes, et de ceux qui, tout en devant être protégés par des récipients spéciaux, désignés sous le nom de gazettes (1), doivent être cuits à une haute température. Les fours de la seconde classe ne servent que par des produits délicats n'exigeant qu'une température de cuisson modérée.

Pour ces deux classes de fours, la cuisson peut être *intermittente* ou *continue*. Dans le premier cas, il n'y a ordinairement qu'une seule chambre de cuisson, tandis que dans le second, ou bien la chambre unique forme un circuit continu, ou bien une série de chambres formant également circuit sont accolées les unes aux autres.

---

(1) Altération de *casette*, case.

La classification comprend donc quatre sous-classes que l'on pourrait diviser en plusieurs ordres d'après la direction des flammes et des gaz dans les chambres de cuisson. On obtiendrait ainsi une classification très méthodique et assez rationnelle. Cependant, pour le but industriel qu'on se propose dans cet ouvrage, il nous semble préférable de se contenter de la classification ci-après en sept catégories :

1° Fours intermittents à flammes ascendantes ;
2° Fours intermittents à flammes descendantes ;
3° Fours intermittents horizontaux à foyer unique ;
4° Fours à feu continu à chambre de cuisson unique ;
5° Fours à feu continu à chambres de cuisson multiples ;
6° Fours intermittents horizontaux à foyers multiples ;
7° Fours à moufle.

164. Fours intermittents à flammes ascendantes. — Dans les débuts de la céramique, on plaçait simplement les produits à cuire au milieu d'un brasier de bois, c'est ce procédé qui a permis de fabriquer les grandes jarres dont il a été question à la page 19, qu'il était impossible de transporter à l'état cru et qu'il fallait cuire à l'endroit où elles avaient été façonnées.

 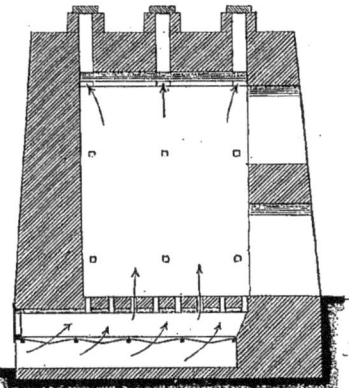

Fig. 172. — Four carré à flammes ascendantes.

On emploie encore actuellement un procédé analogue dans la cuisson des briques ordinaires *à la volée*, qui consiste à empiler les produits en mettant alternativement une couche de briques et une couche de houille maigre. Ce mode de cuisson très spécial sera décrit dans le chapitre consacré à la fabrication des briques.

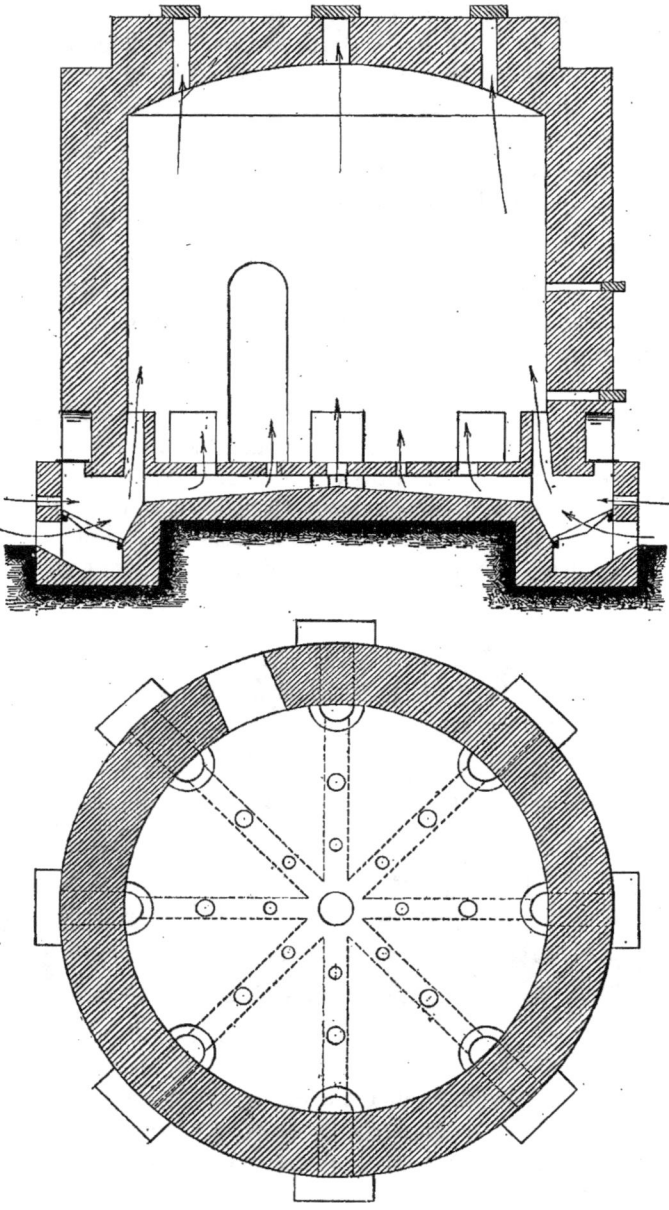

Fig. 173. — Four rond à flammes ascendantes.

Le premier perfectionnement des fours a consisté à faire une enceinte en maçonnerie, dont le vide intérieur constituait la chambre de cuisson ; puis on a isolé le foyer, en le plaçant en dessous de cette chambre, et enfin on a voûté celle-ci en ménageant dans cette voûte plusieurs orifices formant cheminées. On a ainsi obtenu le four représenté par la figure 172, qui a été longtemps le type des fours céramiques. Son usage peut encore rendre des services dans les pays nouveaux, où l'on ne peut pas se procurer des ouvriers intelligents, où le combustible est bon marché et la fabrication restreinte. Dans le dessin, on a admis des foyers appropriés au chauffage à la houille, mais on peut y adapter aussi facilement des foyers pour le chauffage au bois (*fig*. 154 et 155). Deux portes latérales superposées, qui sont murées pendant la cuisson, servent à l'enfournement et au défournement. Les ouvertures d'appel percées dans la voûte sont recouvertes de dalles en terre cuite qui servent à régler le tirage. Il est enfin bon d'armer le four au moyen de poutres verticales en bois ou en fer, fixées à leur base dans le sol et reliées à leur partie supérieure par des tirants en fer passant au-dessus de la voûte. Quant à la forme de la chambre de cuisson, elle peut être, suivant les circonstances, carrée ou rectangulaire.

Le second type de fours intermittents a flammes ascendantes représenté par la figure 173, a été inventé par Parent, en 1769.

La chambre de cuisson a une forme ronde, qui se prête mieux à l'égale répartition de la chaleur. Le chauffage s'opère par plusieurs foyers latéraux, régulièrement espacés sur le périmètre du four, les flammes pénétrant dans la chambre de cuisson par des orifices latéraux et par des ouvertures de la sole inférieure. Le tirage s'effectue par des ouvertures ménagées dans la voûte et le service est fait par une ou deux portes dont le seuil est au niveau de la sole. Enfin, des cercles en fer servent à armer le four, principalement au-dessus des alandiers et au niveau de la naissance de la voûte.

Ce type de four a été mentionné parce qu'il est encore fréquemment employé, et parce que son invention a été à l'époque un sérieux perfectionnement, marquant une des principales étapes dans l'histoire de la cuisson des poteries.

En laissant de côté le four à la volée, tout à fait spécial et en dehors des cas signalés pour le four carré ou rectangulaire, les fours intermittents à flamme ascendante doivent être d'une manière générale absolument condamnés. Ils ont le double défaut de donner une mauvaise utilisation et une inégale répartition de la chaleur. Dans cette même catégorie doivent être rangés les fours carrés ouverts, les fours ronds à étages superposés et flamme ascendante, ainsi que différentes autres dispositions qui ne méritent que l'oubli.

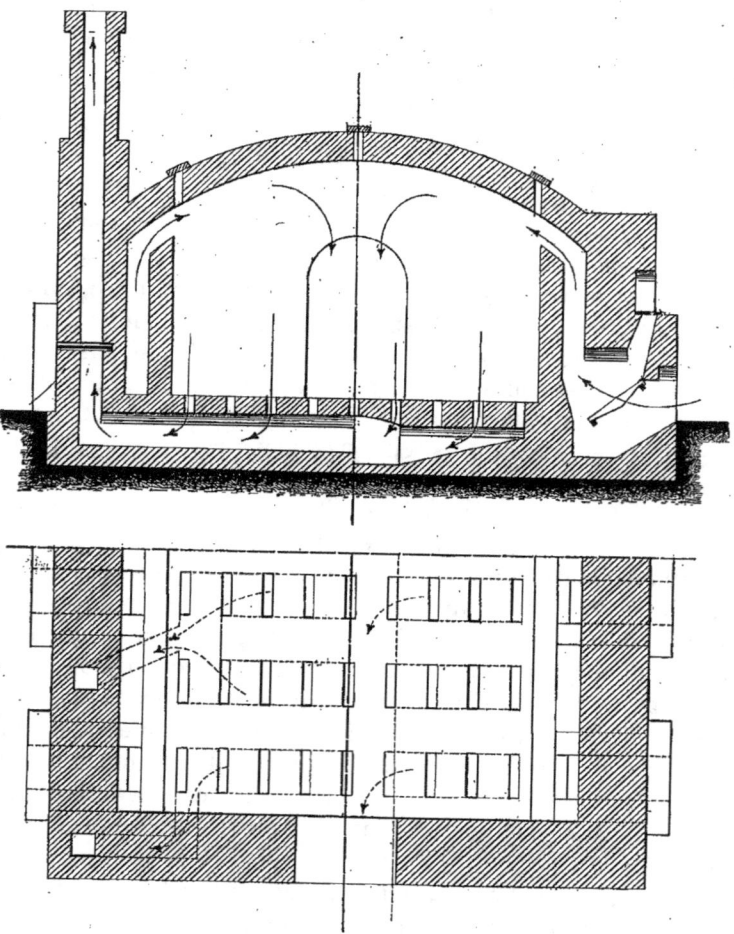

Fig. 174. — Four rectangulaire à flamme descendante.

165. Fours intermittents à flamme descendante. —
La catégorie des fours intermittents à flamme renversée est représentée par quatre types:

le four rectangulaire;

le four rond ;
le four rond avec globe supérieur ;
le four rond avec globe inférieur.

Dans tous ces fours, le chauffage se fait par des alandiers latéraux, auxquels on peut dans certains cas substituer des brûleurs à gaz.

Le *four rectangulaire*, représenté par la figure 174, peut se construire avec une seule cheminée indépendante ou avec une série de cheminées placées dans l'épaisseur des murs latéraux. La partie droite de la figure montre la première disposition et la partie gauche la seconde. La chambre de cuisson de forme rectangulaire, surmontée d'une voûte, peut être prolongée dans le sens de la longueur, de manière à obtenir la production désirée. Cependant, pour une grande longueur, la disposition par cheminées séparées est préférable, le tirage n'étant pas aussi facile à régler uniformément avec une cheminée unique. Une porte à chaque extrémité sert à l'enfournement. Le four doit être solidement armé par des poutres placées de chaque côté des alandiers et reliées par des tirants supérieurs.

Ce four est utilisé pour la cuisson des briques et des terres cuites des constructions, dont l'enfournement se fait mal dans les chambres de cuisson rondes. Cependant son emploi doit être strictement limité aux produits qui, pour des raisons qui seront examinées dans le chapitre ix, ne peuvent pas être cuites dans des fours à feu continu.

Le *four rond* (*fig.* 175) se construit avec des dimensions très différentes selon la nature des produits à cuire et la température à obtenir. Les alandiers au nombre de deux à douze sont régulièrement espacés sur le pourtour. Lorsque le diamètre du four est assez grand, ils sont réunis entre eux par des conduits placés sous la sole aboutissant à une entrée des flammes centrale, comme le représente la figure. Lorsqu'au contraire le diamètre est faible, on se contente des entrées de flammes périphériques. Dans tous les cas, la sortie des gaz se fait dans la sole, par des orifices dont la disposition, le nombre et les dimensions dépendent de la nature des produits à cuire et de leur mode d'enfournement. Tous ces orifices débouchent dans un collecteur central, qui, par un conduit souterrain, communique avec une cheminée extérieure ordinairement commune à plusieurs fours. Une ouverture supérieure sert à activer le refroidissement lorsque la cuisson est terminée, une ou plusieurs portes, au niveau du sol, permettent le service.

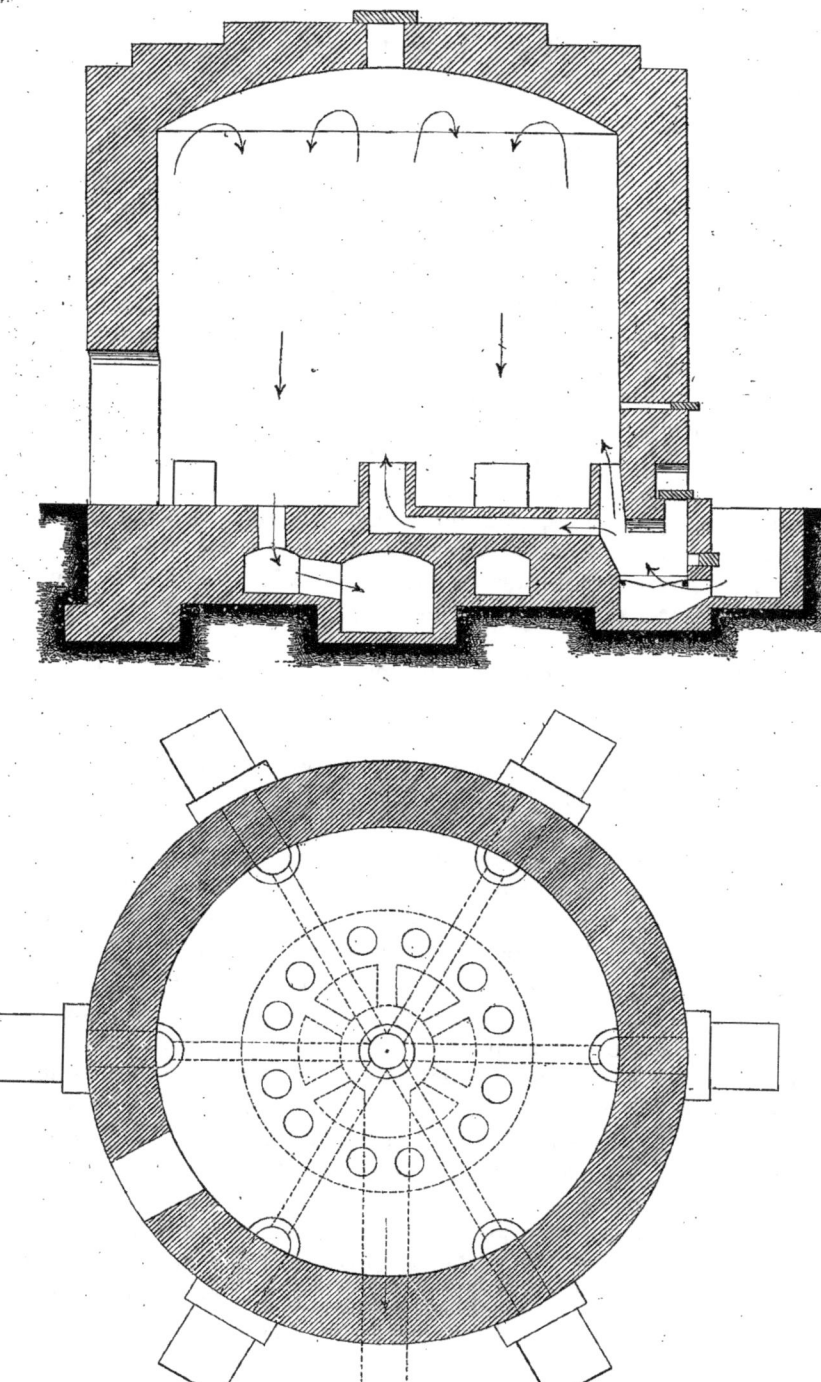

Fig. 175. — Four rond à flammes descendantes.

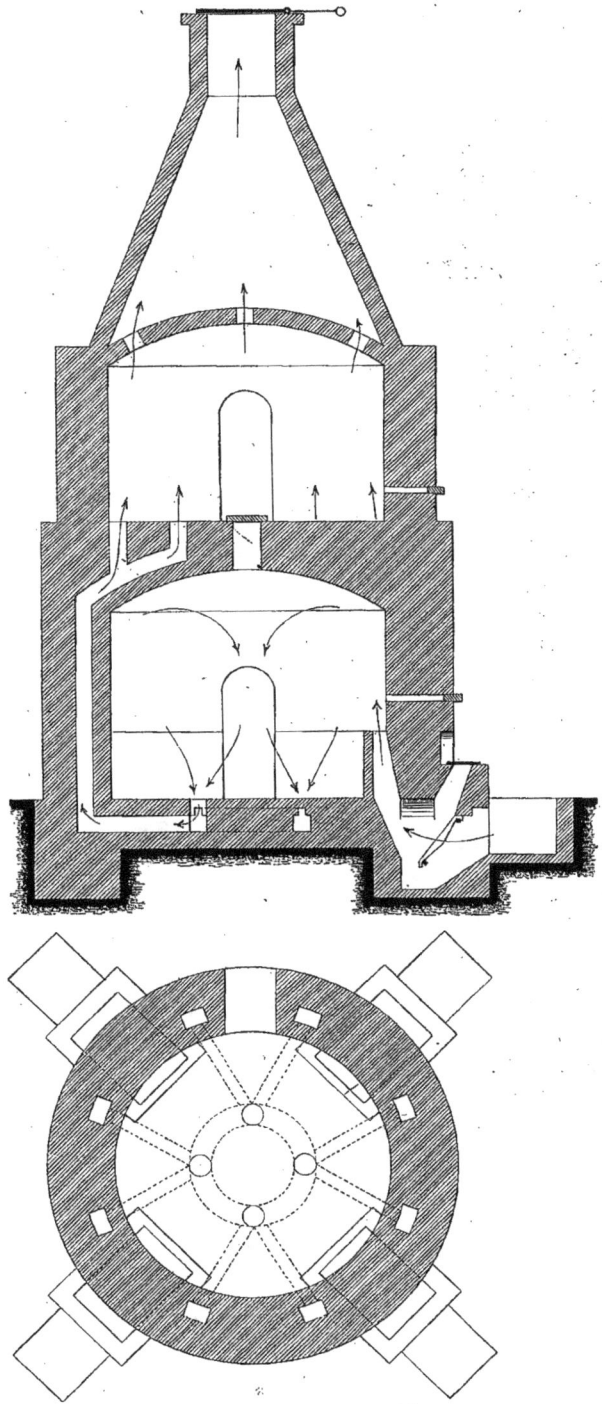

Fig. 176. — Four rond à globe supérieur.

Ce four est particulièrement employé pour la cuisson des faïences et des grès, son utilisation, quoique légèrement meilleure que celle des fours ronds à flammes ascendantes, est cependant médiocre, mais avec un procédé d'enfournement approprié, la répartition de la chaleur est satisfaisante.

Le *four rond à globe supérieur* (*fig.* 176) est employé pour la cuisson des poteries, qui doivent être préalablement cuites ou dégourdies avant de recevoir la glaçure (Minton). Ce chauffage se faisant dans une seconde chambre de cuisson désignée sous le nom de *globe*, au moyen des flammes sortant de la première. Le fonctionnement de celle-ci est le même que celui du four rond précédent, mais les flammes, au lieu de se réunir dans un collecteur, pour aller de là dans la cheminée, montent par une série de conduits verticaux ménagés dans les murs pour aboutir par plusieurs orifices dans la sole du globe. Là elles continuent leur mouvement ascendant, traversant la voûte du globe, pour se rendre dans la cheminée qui surmonte le four.

La figure 177 représente une disposition analogue mais dans laquelle le *globe est inférieur*, le chauffage de celui-ci pouvant se faire très simplement par des ouvertures ménagées dans la voûte qui sépare les deux chambres. Cette solution est applicable lorsque la température de cuisson dans le globe ne doit pas être notablement inférieure à celle de la chambre supérieure. S'il s'agit, au contraire, d'un dégourdi à assez basse température, comme c'est le cas pour la porcelaine, il est préférable d'employer la disposition représentée sur la figure 177, dans laquelle les flammes, sortant par la sole de la chambre supérieure, descendent par des conduits ménagés dans les murs pour déboucher au niveau de la sole du globe. Là, elles s'élèvent vers la voûte, puis descendent au milieu des produits, et sortent par des orifices inférieurs se réunissant dans un collecteur pour se rendre ensuite dans une cheminée extérieure.

Dans ces deux types de fours à globe, l'utilisation de la chaleur est passable, légèrement meilleure dans le second que dans le premier, où l'on est quelquefois obligé de compléter le chauffage du globe par des alandiers supplémentaires placés à l'étage supérieur. Si l'on adopte le chauffage au gaz, il faut l'appliquer au four à globe inférieur, qui se prête beaucoup mieux que l'autre au chauffage par récupération de l'air secondaire.

Les fours intermittents à flamme descendante donnent une bien meilleure répartition de la chaleur que ceux à flammes ascen-

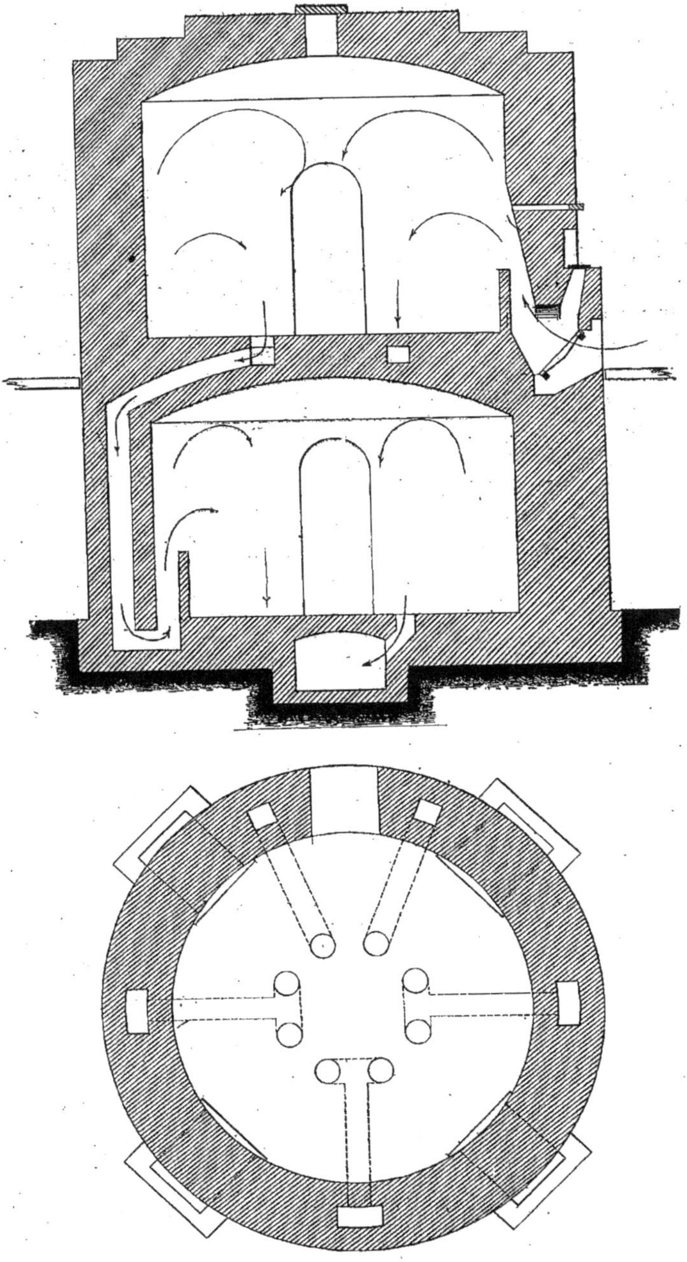

DESCRIPTION DES FOURS 361

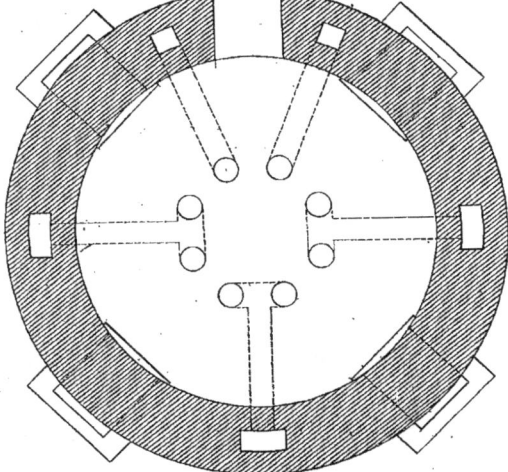

Fig. 177. — Four rond à globe inférieur.

dantes, mais leur utilisation de la chaleur, quoique ordinairement un peu meilleure, est encore assez médiocre. On l'augmente par l'emploi de globes et par le chauffage au gaz, qui procure des fours aussi économiques que le permet la cuisson intermittente. Il convient d'employer ces fours pour la cuisson de toutes les poteries qui demandent une cuisson soignée, et qu'il n'a pas encore été possible de cuire convenablement dans des fours à feu continu.

166. Fours intermittents horizontaux à foyer unique. — Ces fours sont caractérisés par leur forme horizontale et par un foyer unique placé à une extrémité, tandis que la cheminée ou le conduit de tirage est à l'autre. D'assez nombreux types se rangent dans cette catégorie, mais il suffira de mentionner sommairement les trois suivants :

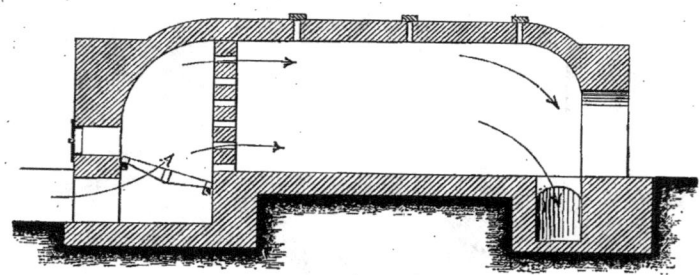

Fig. 178.

Figure 178 : four à flammes exclusivement horizontales ; lorsqu'on en accole plusieurs les uns à côté des autres, le tirage s'opère

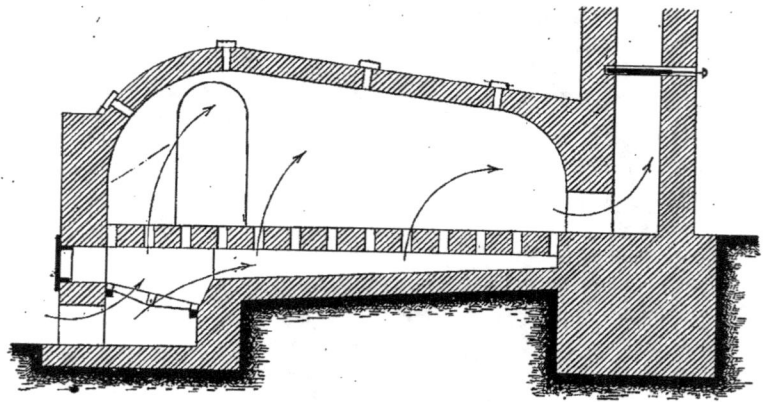

Fig. 179.

par une cheminée unique en communication avec un collecteur de fumée ; dans le cas contraire, on termine le four par une cheminée comme dans les exemples suivants ;

Figure 179 : four à flammes d'abord ascendantes, puis horizontales ;

Figure 180 : four à flammes descendantes plus ou moins obliques.

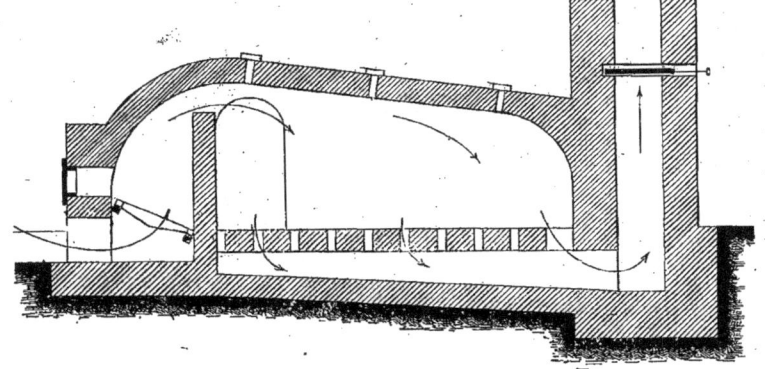

Fig. 180.

Tous les fours de cette catégorie ont l'inconvénient d'être pris dans ce dilemme : ou bien le four est court, la répartition de la chaleur se fait assez convenablement, mais son utilisation est très mauvaise ; ou bien le four est long, l'utilisation est meilleure, quoique toujours très médiocre, mais la répartition est exécrable. Avant l'invention des fours ronds, ils étaient fréquemment utilisés pour la production de hautes températures, mais ils doivent être actuellement absolument condamnés.

167. Fours à feu continu à chambre de cuisson unique. — La continuité de la cuisson peut être obtenue par deux moyens très différents. On peut faire circuler d'une manière continue ou périodique les produits empilés sur des wagons, au travers de foyers de chaleur fixes, ou bien déplacer ces foyers au milieu des produits immobiles. La première solution, malgré de nombreux essais (Demimuid (1854), Péchinet, Borrie, Colas, Dueberg, Curot, Bock, Maillet et Ramez, etc.) est actuellement complètement abandonnée. Il est du reste facile de comprendre qu'il est beaucoup plus simple de déplacer des courants gazeux que des marchandises très lourdes, portées à une haute température. Une description des dispositions souvent très ingénieuses qui ont été employées n'aurait qu'un intérêt historique.

Dans la seconde solution, on peut ou bien déplacer les foyers toujours en activité, le long des marchandises immobiles, ou bien répartir des foyers dans la chambre de cuisson, où ils sont allumés puis éteints successivement. La première disposition (Barbier, 1855) a également été abandonnée, il n'y a donc lieu de s'occuper ici que de la seconde.

Avant d'entrer dans la description des différents types de four à feu continu et à chambre unique, il est bon d'indiquer d'abord le principe de la cuisson à feu continu, dans le cas le plus simple (Hoffmann et Licht, 1858) représenté en coupe verticale et en coupe horizontale sur la figure 181. Une chambre de cuisson circulaire A, ayant douze portes d'enfournement B, communique au moyen de douze conduits de fumée C pouvant être fermés par des soupapes F, avec un collecteur qui est lui-même relié par des orifices avec la cheminée centrale D. Un registre mobile barrant complètement la chambre de cuisson peut être placé près de chaque porte ; sur la figure il est représenté à côté de la porte 1. L'espace compris entre deux positions consécutives du registre prend le nom de compartiment. Le four a donc douze compartiments, chacun d'eux ayant une porte d'enfournement à une extrémité et un conduit de tirage à l'autre.

Ceci posé, en admettant que le four soit en fonctionnement normal, les compartiments 1 et 2 sont en enfournement et en défournement ; le service se faisant par la porte 2. Les compartiments 3, 4, 5 et 6 contiennent des produits cuits en refroidissement. On chauffe les compartiments 7 et 8 qui sont en grand feu. Les compartiments 9, 10, 11 et 12 contiennent des produits cuits qui s'échauffent graduellement. L'air nécessaire à la combustion, appelé par le tirage de la cheminée, entre par la porte 2 qui est seule ouverte, toutes les autres étant murées, et parcourt la chambre de cuisson dans toute sa longueur. Il refroidit progressivement les marchandises cuites, pour arriver dans les compartiments en feu à une température presque égale à celle de la cuisson. Après avoir servi à la combustion, il continue sa marche, traverse les produits à cuire qu'il échauffe progressivement, pour arriver dans le dernier compartiment dont la soupape de tirage F est ouverte, toutes les autres étant fermées, et se rendre de là dans la cheminée.

Lorsque la cuisson du septième compartiment est achevée, on

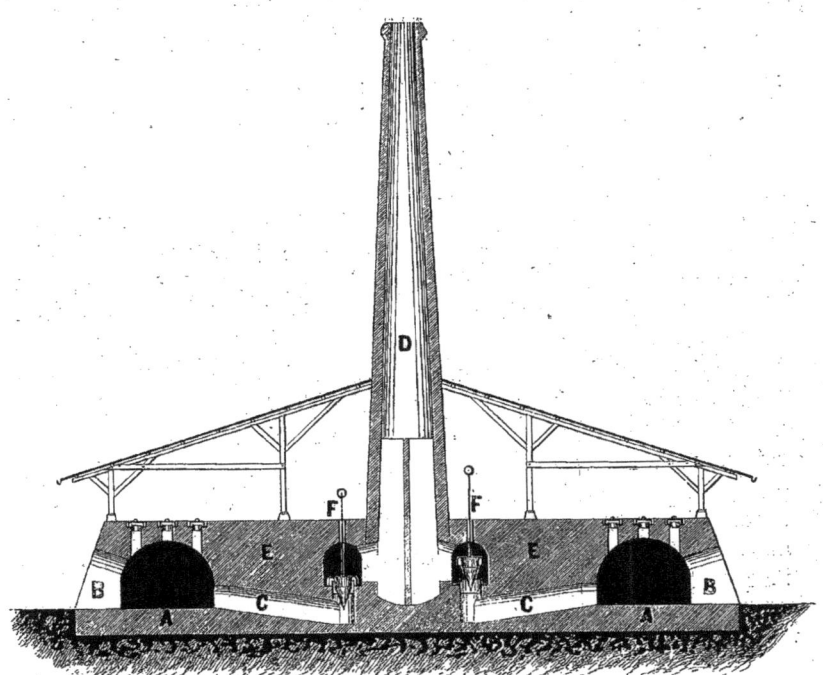
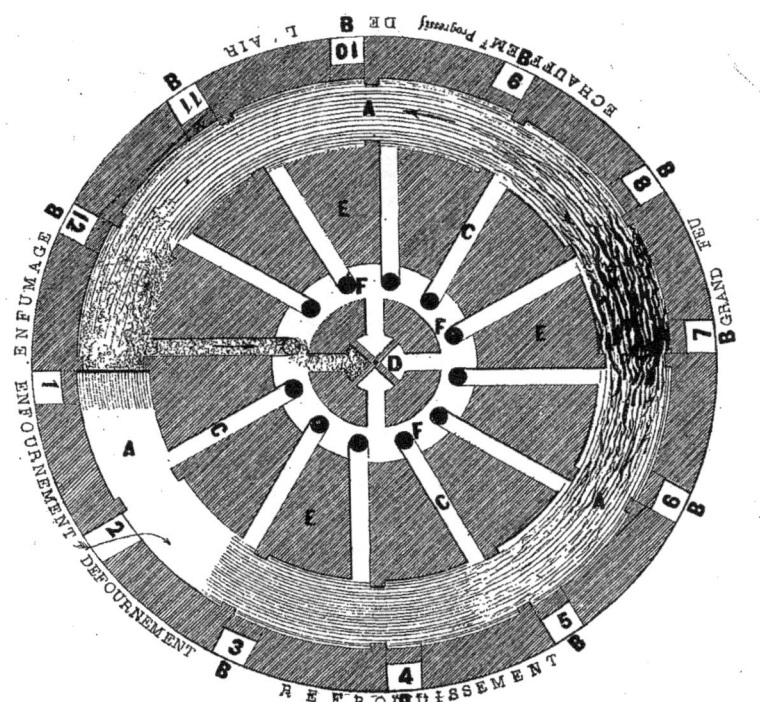

Fig. 181. — Four à feu continu.

enlève le registre placé entre le douzième et le premier, pour le mettre entre le premier qui vient d'être enfourné et le deuxième qu'on a achevé de défourner. On ouvre la soupape de tirage du premier compartiment, tandis qu'on ferme celle du deuxième, on débouche la porte 3, on mure la porte 2 ; les différentes phases de la cuisson se succèdent dans le même ordre, mais ayant avancé d'un compartiment. On continue ainsi indéfiniment, en progressant en moyenne de 1 à 2 compartiments en vingt-quatre heures, l'enfournement, le défournement et la cuisson se faisant d'une manière continue. La mise en marche s'opère en construisant en un endroit quelconque de la galerie de cuisson des foyers temporaires, au moyen desquels on chauffe suffisamment les produits pour déterminer l'inflammation du combustible jeté par les puits de chauffage les plus rapprochés. Ces foyers sont maintenus en activité, jusqu'à ce que le four ait pris sa marche normale, puis ils sont démolis.

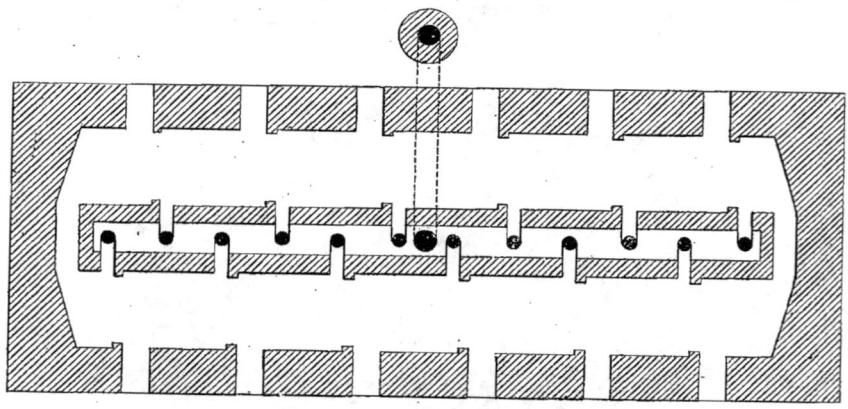

Fig. 182. — Four à feu continu.

Dans les fours de ce type, la chambre de cuisson était primitivement circulaire, comme le représente la gravure 181 ; plus tard, pour des raisons d'économie dans la construction, on lui donna une forme oblongue (Hoffmann, 1870), puis une forme rectangulaire composée de deux galeries parallèles réunies par des carneaux de communication à leurs deux extrémités (Buhrer, Hamel, Simon). Cette forme, actuellement presque la seule employée, est représentée par la figure 182. La cheminée est ordinairement extérieure comme le montre la gravure. Pour de très petites productions, on a aussi quelquefois adopté différentes formes en zigzag dont l'une est représentée par la figure 183, mais celles-ci, hors quelques cas tout à fait spéciaux, sont peu à recommander.

Le chauffage se fait comme il a été dit page 333 et en disposant les produits comme le représente la figure 157. Le bois peut également être employé, mais seulement sous forme de bûches. Pour la cuisson de produits plus délicats : briques vitrifiées, tuiles, carreaux, etc., on peut y utiliser le chauffage au gaz.

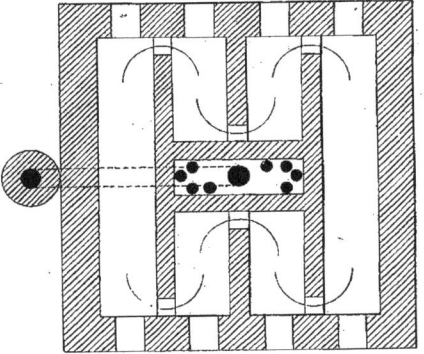

Fig. 183. — Four à feu continu.

Différentes dispositions ont été employées dans ce but; mais celle qui a donné les meilleurs résultats et qui est à peu près la seule

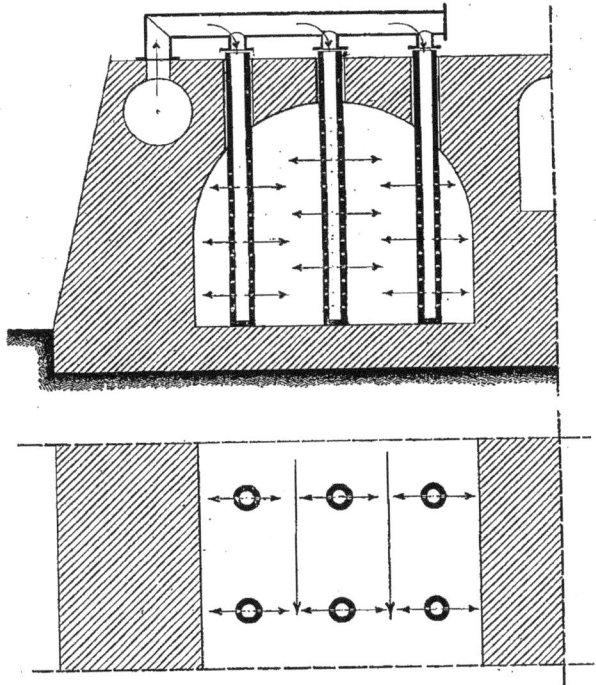

Fig. 184. — Chauffage au gaz des fours à feu continu.

368 CUISSON

usitée actuellement, consiste à introduire le gaz à la place des puits de chauffage par des tuyaux en terre réfractaire, dits chandelles comme le montre la figure 184 (Société de Schwandorf, 1875). Ceux-ci sont percés d'un grand nombre de trous latéraux formant brûleurs, lançant les flammes perpendiculairement au courant

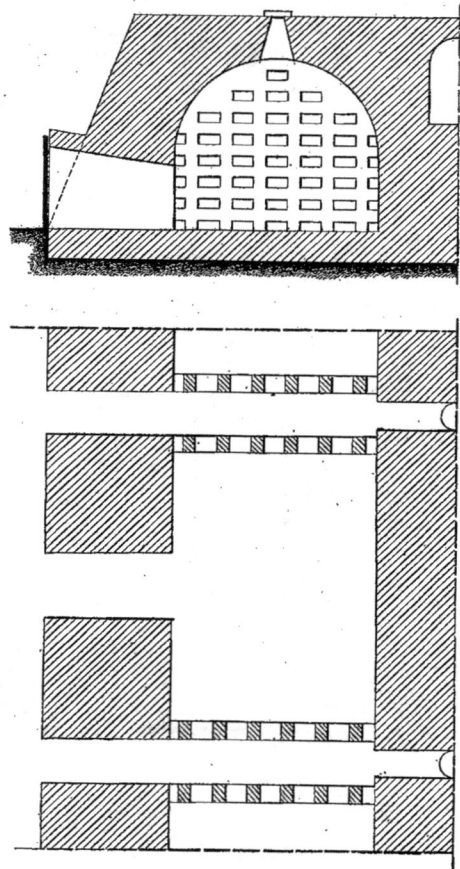

Fig. 185. — Four à tranches pour chauffage au fagot.

d'air. L'introduction du gaz dans ces tuyaux se fait par leur partie supérieure au moyen d'un tuyau en tôle mobile, communiquant avec un conduit général de gaz ménagé dans la maçonnerie du four. Le gaz est introduit simultanément par plusieurs rangs de chandelles, et les tuyaux en tôle sont déplacés au fur et à mesure de l'avancement du feu. (Voir également *fig*. 284).

Dans les fours à feu continu qui viennent d'être décrits, on a vu que le chauffage se fait au milieu des produits à cuire, ceux-ci étant, s'il est nécessaire, plus ou moins protégés contre le contact direct des flammes grâce à des procédés particuliers d'enfournement. Il existe un second type de fours à feu continu avec chambre de cuisson unique dans lequel le chauffage se fait par des foyers spéciaux placés à intervalles réguliers dans la galerie de cuisson.

Fig. 186. — Four à tranches pour chauffage à la houille.

Celle-ci est ainsi partagée en une série de subdivisions, d'où le nom de *four à tranches* donné à ce type qui, historiquement, est plus ancien que le précédent (Arnold, 1839; Jolibois, 1852).

Les fours à tranches donnent la meilleure solution de la cuisson continue avec chauffage au moyen de fagots, de paille ou d'autres combustibles du même genre. La figure 185 montre une des dispositions que l'on peut adopter. Le combustible est introduit entre deux murs à claire-voie, par une ouverture fermée par une plaque en tôle. L'espace compris entre deux foyers forme un compartiment qui est desservi par une porte, murée pendant la cuisson.

On peut également se servir de cette porte pour charger le combustible, auquel cas un des murs à claire-voie doit être démoli à chaque cuisson. On le fait alors généralement avec des produits crus.

Dans le cas de chauffage à la houille, on remplace la sole pleine du four à l'endroit du foyer par une grille, le chargement du combustible se faisant soit par une porte latérale, soit par des ouvertures dans la voûte. Il faut nécessairement, dans ce cas, laisser entrer une certaine quantité d'air sous cette grille. La figure 186 représente une disposition de ce genre, assez souvent employée pour la cuisson des tuiles (Gilardoni, Virollet). Les grilles sont très rapprochées ($0^m,60$ à $0^m,70$); le chargement du combustible se fait par une ouverture conique de la voûte, et on laisse pénétrer une certaine quantité d'air sans les grilles par des conduits verticaux ménagés dans les murs latéraux de la chambre de cuisson. (Voir également la figure 285, page 527).

On a aussi employé le chauffage au gaz dans les fours à tranches en mettant des brûleurs à la place des grilles, mais cette disposition donne une moins bonne répartition de la chaleur que celle représentée précédemment sur la figure 184.

Dans les fours à feu continu, la première phase de la cuisson, connue sous le nom d'enfumage, doit se faire normalement par les gaz de la circulation générale, avant leur sortie dans la cheminée. Cette disposition présente des inconvénients sérieux, lorsque les pâtes contiennent beaucoup d'eau. En effet, au moment où un nouveau compartiment est mis dans la circulation, les gaz s'y refroidissent assez pour que la vapeur d'eau qu'ils contiennent se condense sur les produits; non seulement la pâte est ainsi fortement ramollie, mais il se produit souvent à sa surface des dépôts de sels solubles provenant soit de la pâte elle-même, soit des cendres du combustible. Par suite de l'action des vapeurs sulfureuses, il se forme alors des sulfates qui tachent les poteries. On remédie à cet inconvénient en chauffant préalablement chaque compartiment à une température d'environ 100° avant de le mettre dans la circulation. Cette opération se fait dans les fours du premier type, au moyen de petits foyers mobiles, placés contre les portes ou au-dessus des ouvertures de chargement de combustible. Pour des pâtes très humides, il vaut mieux avoir recours à des foyers fixes, placés le long des murs extérieurs de la chambre de cuisson, avec conduits circulant sous la sole du four. Pour les fours à tranche, on utilise, dans ce but, les foyers de chauffage.

Si on compare les deux types de fours à feu continu précédents, on se rend facilement compte que le premier donne un chauffage plus méthodique et plus économique. Cependant les fours à tranches sont à recommander pour le chauffage au bois (surtout sous forme de fagots), et lorsqu'on veut cuire exclusivement des marchandises, craignant le contact du combustible. Il est vrai que, dans ce cas, le chauffage au gaz des fours du premier type donne également une solution satisfaisante du problème.

168. Fours à feu continu à chambres de cuisson multiples. — La cuisson dans des fours à feu continu à chambre de cuisson unique devient difficile pour des produits plus délicats, particulièrement pour ceux qui exigent une température élevée, parce qu'on n'est pas maître à chaque phase de la cuisson de régler la composition de l'atmosphère du four, et parce que la direction horizontale du courant gazeux peut ne pas convenir ou ne pas donner une répartition suffisamment égale de la température. Dans ces cas, on a recours à des fours à chambres de cuisson multiples, communiquant entre elles.

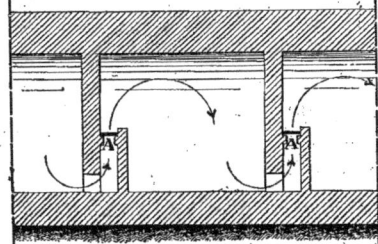

FIG. 187. — Four à chambres de cuisson multiples.

Les systèmes de fours de cette catégorie sont très nombreux ; on peut cependant les ramener à trois types principaux :

1° *Fours à galerie de cuisson, divisée en plusieurs chambres, au moyen de cloisons destinées à modifier la direction du courant gazeux.* — La disposition fondamentale de ce type de fours est représentée en coupe longitudinale sur la figure 187. Ordinairement, un registre horizontal A permet d'isoler les chambres. Le chauffage se fait par un des procédés indiqués précédemment (puits de chauffage, foyers à grille, brûleurs à gaz, etc.). La meilleure répartition de la chaleur, que l'on se propose d'atteindre par cette disposition, peut être obtenue plus simplement dans les fours à chambre unique par des méthodes appropriées d'enfournement et la pose de registres mobiles ; aussi cette solution n'est-elle pas à recommander.

2° *Fours à chambres de cuisson solidaires, présentant plu-*

sieurs variétés, mais qui sont généralement de forme carrée ou rectangulaire, juxtaposées et groupées, de manière à former deux séries parallèles, les chambres extrêmes étant réunies par deux conduits transversaux. — Les différents systèmes de ce genre de four se distinguent par la direction du courant gazeux dans chaque chambre et par le procédé de chauffage. Nous nous contenterons de mentionner les dispositions suivantes, les plus rationnelles et les plus usitées :

La figure 188 représente la coupe longitudinale d'un four chauffé à la houille, au moyen de quatre alandiers placés aux quatre angles de chaque chambre ; le tirage s'effectuant par des ouvertures régulièrement espacées dans la sole qui, par un réseau de carneaux communiquent avec la chambre suivante ; il y a donc, comme pour les fours à tranches, rentrée d'air extérieur dans le compartiment en feu, indépendamment de la circulation générale (le dessin détaillé de ce four se trouve page 684).

La figure 189 montre un four chauffé au gaz (Mendheim), ayant des brûleurs répartis sur toute la sole ; l'air de la chambre précédente, arrivant par une série de carneaux inférieurs, s'élève verticalement pour redescendre le long du mur de séparation et se rendre dans la chambre suivante (le dessin détaillé de ce four se trouve page 672).

Enfin, la figure 190 représente un four également chauffé au gaz, celui-ci pénétrant par des brûleurs placés dans la voûte, tandis que l'air, venant du compartiment précédent, monte le long du mur de séparation pour redescendre dans toute la section de la chambre et sortir par des orifices également espacés dans la sole pour se rendre dans la chambre suivante.

3° *Fours à chambres de cuisson isolées, chacune d'elles pouvant être chauffée séparément comme un four intermittent ou mise en communication, à volonté, avec celles qui la précèdent et qui la suivent.* — Plusieurs systèmes de ce genre ont été proposés, mais, malgré leurs dispositions souvent ingénieuses, ils ne présentent pas dans la pratique les avantages que l'on serait disposé à leur attribuer à première vue, à cause de leur complication et des pertes de chaleur dans les canalisations. Il en sera cependant encore fait mention à propos des industries spéciales où ils peuvent être employés.

Il ne sera pas inutile d'observer, à la fin de ces deux articles consacrés aux fours à feu continu, que rarement un problème a autant excité l'ingéniosité des inventeurs que celui de la cuisson continue des poteries. Beaucoup ignorent les nécessités de la pra-

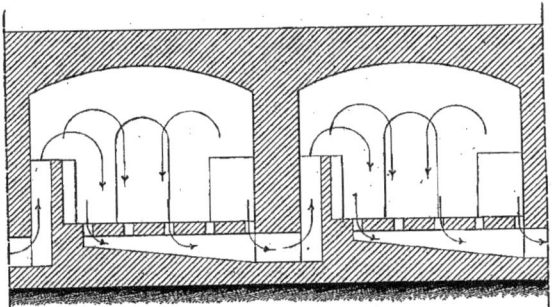

Fig. 188. — Four à chambres de cuisson multiples.

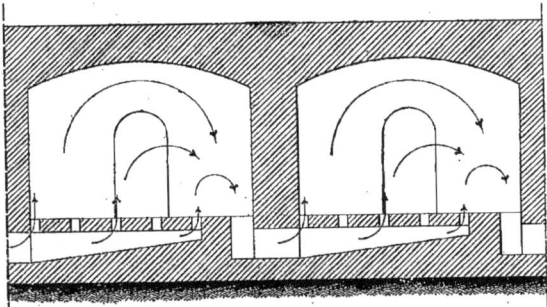

Fig. 189. — Four à chambres de cuisson multiples.

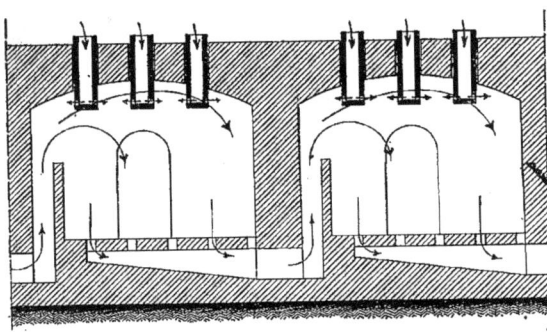

Fig. 190. — Four à chambres de cuisson multiples.

tique industrielle et font des projets théoriques compliqués, qui ne sont heureusement que rarement exécutés ; d'autres présentent

374 CUISSON

partout leur système comme le four universel, sans se rendre compte que ce qui est bon dans un cas peut ne pas l'être ailleurs. Aussi, les céramistes feront-ils bien de ne construire des fours que bien appropriés aux conditions spéciales qu'ils doivent remplir, en évitant les dispositions compliquées et les systèmes bons à tout faire.

169. Fours intermittents horizontaux à foyers multiples. — Les fours de cette catégorie, souvent désignés sous le nom de fours *semi-continus*, ne sont que des fractions des fours à feu continu précédemment décrits. Il suffit de n'en construire que le quart, le tiers, ou la moitié. La cuisson s'y fait naturellement d'une manière intermittente, mais, pendant sa durée le fonctionnement est à peu près le même que si le four était à feu continu.

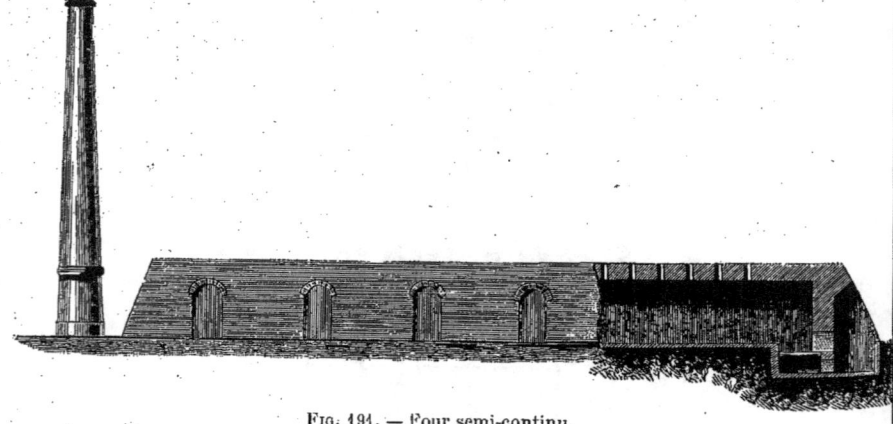

Fig. 191. — Four semi-continu.

La figure 191 montre un four de ce genre dérivé du type de four représenté par la figure 182. A une extrémité de la chambre de cuisson se trouvent les foyers destinés à mettre le four en feu, tandis que l'autre est en communication avec la cheminée. On peut, de même, construire des fours semi-continus à tranches, ou à chambres isolées.

Ces fours sont utilisés lorsque la production d'un four à feu continu serait momentanément trop considérable, si l'on prévoit leur agrandissement futur et leur transformation en four à feu continu. Ils doivent, en tout cas, être préférés aux fours intermittents horizontaux à foyer unique (page 362). Ce qui vient d'être dit à propos des fours à feu continu nous dispense de plus longues explications à leur sujet.

170. Fours à moufle. — On a vu que dans les fours à moufle (1) les flammes et les gaz chauds ne pénètrent pas dans la chambre de cuisson et que celle-ci est chauffée par ses parois extérieures, la chaleur se transmettant aux produits par conductibilité et par radiation. Cette disposition est employée pour la cuisson de produits qui seraient détériorés par le contact des flammes, et que l'on ne veut pas enfourner en gazettes. La perte

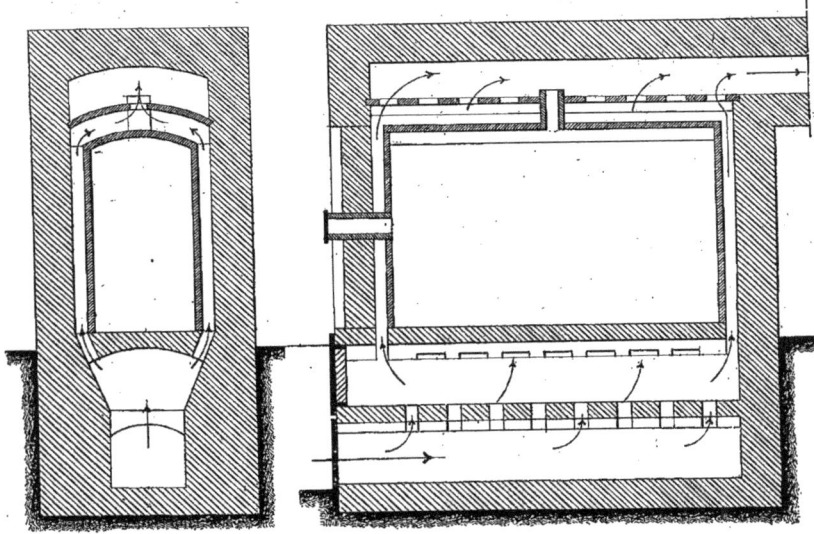

Fig. 192. — Four à moufle.

considérable de chaleur qui résulte de ce mode de transmission empêche que les fours à moufle soient employés pour la cuisson de produits exigeant une température élevée. Une chaleur de 1.100 à 1.200° dans l'intérieur du moufle sont le maximum que l'on puisse pratiquement atteindre.

Ces fours ont ordinairement la disposition générale représentée par la figure 192. Les parois de la chambre de cuisson sont fermées par des plaques minces en terre réfractaire, laissant entre elles et les murs extérieurs un vide par où circulent les flammes

---

(1) De l'anglais *to muffle*, envelopper. Ce mot, que le Dictionnaire de l'Académie met au masculin, est employé au féminin par les céramistes.

et les gaz. L'enfournement se fait par une porte à l'avant, qui est ensuite fermée par une cloison mince et un mur, en réservant entre eux un vide permettant également le chauffage de cette partie du four. Un évent placé à la partie supérieure permet la sortie de l'air dilaté de la moufle, et un regard antérieur sert à surveiller la marche de la cuisson. Les gaz s'échappent par un conduit supérieur, pour se rendre dans la cheminée, ordinairement commune à plusieurs fours. Le chauffage se fait au moyen de foyers inférieurs, à bois ou à houille, rarement au moyen de brûleurs à gaz. Suivant les produits à cuire, la largeur de la chambre de cuisson varie de $0^m,60$ à 1 mètre, la hauteur de $0^m,60$ à 2 mètres, tandis que la profondeur n'est limitée que par la longueur pratique que l'on peut donner au foyer.

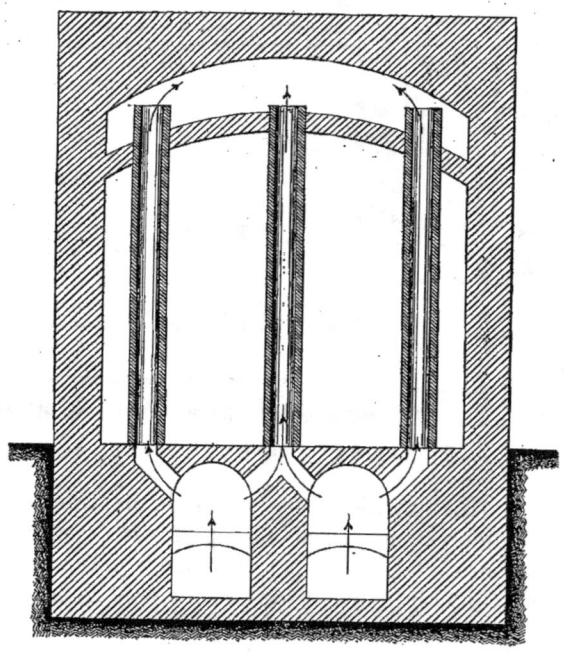

Fig. 193. — Four à moufle.

Un second type de fours à moufle, moins souvent employé, quoique peut-être à tort, est représenté par la figure 193. Dans celui-ci, la chambre de cuisson est limitée par les parois du four, et le chauffage se fait par des tuyaux verticaux, au travers desquels passent les flammes. Ces tuyaux sont disposés par rangées parallèles ou en quinconces. La largeur de la chambre de cuisson peut naturellement être beaucoup plus grande, car il est facile de faire le chauffage par plusieurs foyers juxtaposés. Les tuyaux du milieu sont généralement enlevés, pour faciliter le service de l'enfournement et du défournement.

Ordinairement, ces fours étant destinés à cuire des produits ayant une assez grande valeur, et la température n'y étant jamais bien élevée, la consommation en combustible, qui est relativement considérable, n'a cependant qu'une importance accessoire. Ce n'est que dans certaines fabriques à grande production que l'on a songé à remplacer la cuisson intermittente par une cuisson à feu continu.

Dans ce but, on dispose deux séries parallèles de moufles juxtaposées, de manière à ce que les gaz chauds passent de l'une à l'autre, le fonctionnement étant le même que celui des fours à feu continu à chambres de cuisson multiples. Le chauffage se fait dans ce cas, de préférence, au moyen du gaz provenant d'un gazogène soufflé. Les brûleurs peuvent être disposés soit à la partie inférieure, comme dans les exemples précédents, soit à la partie supérieure, avec flammes descendantes le long des parois de la moufle.

D. — *Récupérateurs*

171. On a vu que le meilleur fonctionnement des cheminées était obtenu par une température légèrement supérieure à 100°. Si donc les gaz sont évacués à une température plus élevée, l'excédent de chaleur constitue une perte, que l'on peut se proposer de diminuer par l'emploi de récupérateurs (1). Ceux-ci sont à fonctionnement intermittent ou continu.

Les récupérateurs intermittents (Siemens) sont formés de deux ou de plusieurs chambres, remplies d'un empilage en briques, qui sont placées entre le four et la cheminée. En traversant l'une d'elles, les gaz cèdent une partie de leur chaleur aux briques, jusqu'à ce que la température de celles-ci soit assez élevée pour que, la récupération devenant de plus en plus faible, on ait intérêt à faire passer les gaz par une seconde chambre. La chaleur accu-

---

(1) On emploie aussi quelquefois le mot régénérateur, mais cette expression est vicieuse, car il ne s'agit pas de régénérer, mais de récupérer la chaleur.

mulée dans la première peut alors être utilisée à chauffer un courant d'air dirigé en sens inverse du courant gazeux précédent. Les récupérateurs de ce genre, qui ont rendu de grands services en verrerie et en métallurgie, ont été peu employés en céramique où on doit leur préférer les récupérateurs continus.

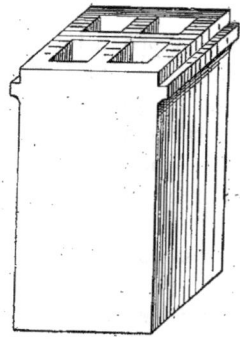

Fig. 194. — Brique de récupérateur continu.

Ceux-ci peuvent présenter des variations dans le mode de construction, mais ils se composent toujours de briques tubulaires réfractaires, disposées de telle manière qu'elles puissent être traversées dans un sens par les gaz provenant du feu et dans un autre par l'air à chauffer. La figure 194 (Gaillard et Hallot) représente une brique tubulaire de ce système et la figure 195 montre la manière dont elles sont assemblées pour former un récupérateur continu. Les gaz chauds entrent en A, et suivent le chemin ABCDE pour se rendre dans la cheminée. D'autre part, l'air froid entre en F, et monte dans les trous des briques pour sortir chaud dans une chambre supérieure G.

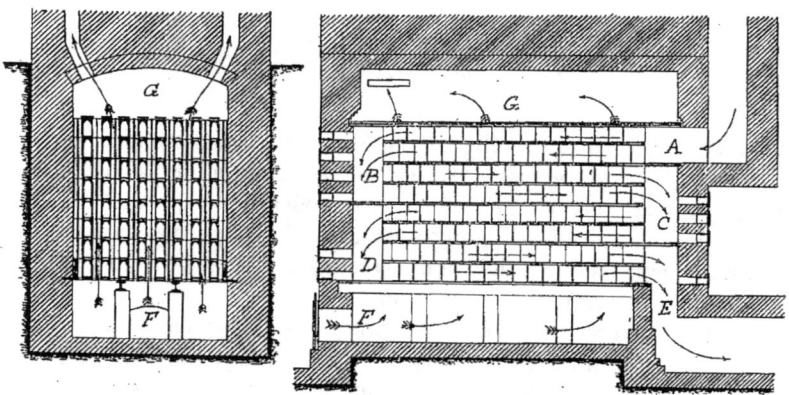

Fig. 195. — Récupérateur continu.

Des tampons permettent le nettoyage des conduits horizontaux. La différence de température entre les gaz entrant et l'air chaud est ordinairement de 150 à 200°. En faisant le récupérateur assez grand, on peut arriver à réduire à la limite que l'on désire la chaleur des gaz évacués par la cheminée.

Les récupérateurs ne peuvent naturellement être employés en céramique qu'avec des fours à cuisson intermittente, les fours à feu continu ne donnant que des gaz ayant la température strictement suffisante pour assurer le tirage de la cheminée. Quant à l'air chaud fourni par le récupérateur, on peut l'utiliser soit à sécher les produits façonnés ou les matières premières, soit à commencer le chauffage d'un autre four, soit enfin, dans le cas du chauffage au gaz, à fournir l'air secondaire nécessaire à la combustion dans les fours.

Il faut faire observer, au sujet de ce dernier emploi, que les récupérateurs absorbent une grande quantité de chaleur avant d'être en marche normale, de sorte qu'il peut se faire qu'ils ne deviennent efficaces que lorsque la cuisson est à peu près terminée, c'est-à-dire lorsqu'ils ne servent plus. Il faut donc les employer ou bien pour le chauffage de l'air destiné à un autre four, ou bien les construire très légèrement, quitte à avoir un moins bon rendement lorsqu'ils sont annexés à un four unique.

E. — *Construction des fours*

172. Malgré la diversité des fours employés dans les industries céramiques, il existe cependant certaines règles générales de construction qu'il peut être bon de rappeler à la suite de ce paragraphe consacré à la description des fours. La première condition que doivent remplir tous les fours, dont l'énoncé ressemble à une naïveté, est de *résister à la température* à laquelle ils sont soumis et à l'attaque des flammes et des gaz des foyers. Cette condition est presque toujours facile à remplir en céramique. Il suffit de faire les parois des chambres de cuisson avec des produits ayant la même résistance au feu que ceux qui y sont cuits. On comprend, en effet, que ces parois n'ont jamais à supporter une chaleur supérieure à celle à laquelle sont soumis les produits enfournés. Cette observation ne s'applique naturellement pas aux moufles, qui doivent toujours être faites en très bons produits réfractaires. Il en est de même des parties de maçonnerie avoisinant les foyers, qui ont, en outre, à résister à l'action destructive des cendres.

Il est souvent plus difficile de se procurer des matériaux résistant bien à l'action d'un grand nombre de chauffages et de refroidissements successifs. Mais cette question sera traitée avec les développements qu'elle comporte à propos de la fabrication spéciale des produits réfractaires (chapitre x).

La deuxième condition que doivent remplir les fours est de *résister à la déformation* produite par la dilatation des maçonneries sous l'influence de la chaleur. Pour des produits réfractaires de bonne qualité, cette dilatation est de 4 à 5 millimètres par mètre pour une élévation de température de 1.000°. Elle est plus forte pour des terres cuites ordinaires. Il en résulte que les parois intérieures du four, plus fortement chauffées, en augmentant de volume pendant la cuisson, forcent les parois extérieures qui ne se sont pas dilatées à se déformer et à se fissurer. Cette action inévitable n'entraîne aucune conséquence fâcheuse si, lorsque le four s'est refroidi, les fissures se referment et si toutes les maçonneries reprennent leur forme primitive. Il n'en est plus de même lorsque les déformations sont permanentes. A chaque nouvelle cuisson elles s'aggravent, obligent rapidement à des réparations toujours insuffisantes, et finissent par compromettre complètement la solidité du four.

On remédie à ces inconvénients soit en armant le four, soit en isolant les parois intérieures des murs extérieurs. Suivant les cas, on se sert de l'un ou de l'autre moyen, quelquefois des deux simultanément. Les fours ronds se laissent facilement armer au moyen de cercles en fer serrés par des cales en bois. A ce point de vue, les fours de cette forme sont toujours à préférer. L'armature des parois planes et des angles se fait au moyen de poutres verticales en fer ou en bois, encastrées dans le sol et reliées à leur partie supérieure au moyen de tirants en fer dont on règle la tension par des boulons. L'isolement entre les murs intérieurs et extérieurs se fait en interposant une couche de cendres, ou de sable non argileux. Dans ce cas, les murs extérieurs doivent être disposés de telle manière que l'action de la pesanteur les ramène dans leur position primitive. Cette solution est particulièrement employée dans les fours à feu continu, qui, par leurs grandes dimensions, exigeraient des armatures très coûteuses.

Il est également essentiel d'éviter, dans la mesure du possible, *les fuites* et *les rentrées d'air*, qui entravent le fonctionnement régulier des fours. Elles proviennent soit de dislocations dans les maçonneries, soit de leur porosité. En ce qui concerne le premier cas, il faut observer que si, par un des deux moyens indiqués précédemment, on peut arriver à empêcher les déformations du profil extérieur, il n'en est pas de même de celles qui peuvent se produire dans les conduits et les carneaux intérieurs. C'est pour cela qu'il convient d'éviter toutes les canalisations compliquées, tous les conduits placés dans les parties sujettes, comme les voûtes, à de grandes dilatations, toutes les parois trop minces, etc. Beaucoup de fours, d'un fonctionnement très ingénieux sur les plans, donnent de mauvais résultats au bout de peu de temps, parce que tous les conduits fuient et communiquent entre eux.

Quant à la porosité des maçonneries, on sait que les murs, même de forte épaisseur, laissent facilement passer l'air, pour peu que la dépression du four devienne importante. Lorsque la surface des parois par où l'air peut pénétrer est assez grande, il est nécessaire de s'opposer à cette porosité par une couche de cendres ou de sable fin intercalée entre les maçonneries, ou en recouvrant d'un enduit leurs surfaces extérieures.

Enfin, il faut encore signaler la nécessité de *protéger les fours contre l'humidité*. Cette recommandation semble également naïve, mais nous croyons devoir la faire, parce que nous avons constaté que beaucoup de fours fonctionnent mal parce que, construits sur des sols humides ou perméables, l'eau du sous-sol aspirée par capillarité en refroidit les parties inférieures et y empêche la cuisson des produits, ou bien forme des buées qui paralysent le tirage.

§ 3. — Fonctionnement des fours

173. Généralités sur le fonctionnement des fours.
— Quelle que soit la nature des poteries à cuire et le système de four employé, la cuisson comprend cinq opérations :

1° *L'enfournement*, c'est-à-dire la pose des produits dans le four ;

2° *L'enfumage*, opération qui consiste à chauffer les poteries jusqu'à une température de 100° environ ;

3° *La cuisson proprement dite*, se subdivisant dans le cas le plus général en petit feu, grand feu et recuit ;

4° Le *refroidissement* des poteries dans le four ;

5° Le *défournement*.

L'étude générale de ces cinq opérations sera suivie de considérations sur *le rendement thermique des fours*.

174. Enfournement. — On distingue trois méthodes générales d'enfournement, dont le choix dépend de la nature des poteries.

Pour des produits résistants et non vitrifiés, c'est-à-dire qui ne se ramollissent pas à la cuisson, on se sert de l'*enfournement en charge*, les poteries étant empilées les unes sur les autres, de manière à remplir aussi complètement que possible la chambre de cuisson. La seule condition imposée est de laisser dans l'enfournement les vides nécessaires à la circulation des flammes et des gaz pour répartir uniformément la chaleur. La figure 157 représente l'enfournement de briques pleines en charge dans un four à feu continu, et on trouvera d'autres exemples dans les chapitres relatifs aux industries spéciales. En général, cette méthode d'enfournement s'applique à toutes les terres cuites et à certains grès. Il suffit de placer les poteries les plus fragiles, qui exigent ordinairement une moindre chaleur, dans les parties supérieures moins chargées et plus éloignées des foyers. L'enfournement en charge ne s'applique qu'aux pâtes qui ne craignent pas le contact des flammes, à moins qu'on ne fasse la cuisson dans des fours à moufle, ce qui est, en général, peu économique. Quant aux glaçures, on ne peut guère les cuire en charge que si elles ne recouvrent que partiellement les poteries, celles-ci n'ayant en contact que leurs parties mates. Dans ce cas, elles sont cuites en moufle, car il est bien rare qu'elles puissent impunément subir l'action directe des flammes. Lorsqu'on craint que certaines pâtes se ramollissent et adhèrent entre elles, on peut saupoudrer leurs surfaces de contact avec du sable quartzeux restant réfractaire à la température de cuisson.

L'*enfournement en échappade* est employé pour les poteries fragiles, vitrifiables ou recouvertes de glaçures. Il se fait, soit dans des fours ordinaires, soit dans des moufles, suivant que les produits peuvent ou non être exposés aux flammes. En principe, il consiste à disposer, dans la chambre de cuisson, un échafaudage en produits résistants ou en pièces réfractaires, de manière à former une série de cases dans lesquelles sont placées les poteries. La figure 196 montre un exemple d'enfournement de ce genre, dans lequel A représente les parois du four, B de petites colonnes en terre réfractaire, et C des plaques également réfractaires. Celles-ci sont perforées de manière à permettre la circulation des gaz. Les poteries reposent sur ces plaques par une face non recouverte de glaçure. Pour certains produits, on

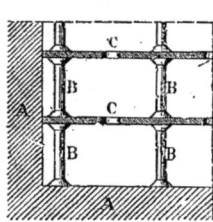

Fig. 196. — Enfournement en échappade.

supprime les colonnes verticales, en se contentant de recouvrir chaque rang horizontal de poteries, au moyen de dalles qui ont alors simplement pour but d'uniformiser la répartition de la charge.

L'*enfournement en gazettes* se fait, d'une part, pour les poteries mates non vitrifiables, qui craignent l'action des flammes mais qu'on ne veut pas cuire au moufle, et, d'autre part, pour les poteries avec glaçure et celles sujettes à se déformer sous l'action de la chaleur.

Les gazettes sont des récipients en terre réfractaire de formes et de dimensions diverses, qu'il est bon d'émailler intérieurement lorsqu'on veut y cuire des glaçures. On leur donne souvent la forme représentée sur la figure 197, en les plaçant les unes sur les autres, de manière à élever des piles, dont les éléments extrêmes ont des fonds pleins et en intercalant entre elles des colombins en pâte réfractaire maigre, qui s'écrasent sous la charge et servent en même temps à faire joint et à assurer la stabilité. Le diamètre des gazettes varie d'après les dimensions des objets; quelquefois on les fait ovales, plus rarement carrées ou rectangulaires.

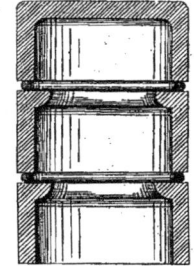

Fig. 197. — Gazettes.

La mise en place des poteries dans les gazettes prend le nom d'*encastage*. Si les pâtes sont mates et non vitrifiables, on les place dans l'intérieur des gazettes en les empilant et en intercalant de distance en distance une plaque réfractaire sur le rebord intérieur d'une gazette (*fig.* 197), divisant ainsi la pile en une série de cases superposées, pour que les poteries inférieures ne supportent pas toute la charge. Cette disposition est, du reste, indispensable pour les produits dont la forme ne se prête pas à l'empilage.

Si les pâtes sont recouvertes de glaçure, on place les poteries sur leur fond ou sur une partie mate (vases, pots, etc.); mais comme on ne peut les empiler, parce que la fusion de la glaçure les ferait adhérer les unes aux autres, on est obligé de cuire chacune d'elles dans une case particulière. Dans certains cas, il n'est cependant pas nécessaire de diviser la pile de gazettes en véritables cases, il suffit d'enfoncer dans des trous percés dans les parois des gazettes de petits supports désignés sous le nom de pernettes sur lesquels vient reposer la poterie. L'arête vive de ces pernettes empêche la glaçure de trop adhérer et ne laisse, après cuisson, qu'une faible trace. On peut même, pour des produits assez légers, les empiler les uns sur les autres en les séparant par de petits objets réfractaires, qui ne sont en contact avec les poteries que par des pointes, ne produisant qu'une petite piqûre sur la glaçure. On trouvera, dans le chapitre XI, des exemples de ces derniers modes d'enfournement qui s'emploient particulièrement pour les faïences.

Lorsque les pâtes sont ramollissables, les difficultés de l'enfournement deviennent beaucoup plus grandes, parce qu'il faut chercher à empêcher leur déformation. Les poteries ne peuvent plus reposer seulement sur des arêtes ou des pointes, et doivent nécessairement être enfournées chacun séparément dans des cases, formées d'une part par les gazettes, et d'autre part par d'autres pièces réfractaires ayant des formes appropriées. Ce mode d'enfournement spécial à la porcelaine sera traité avec plus de détails dans le chapitre XIII.

D'après ce qui précède, on voit que les procédés d'enfournement sont très variables, et qu'il est difficile de donner à ce sujet d'autres indications générales que celles qui précèdent. On peut seulement ajouter qu'après avoir pris toutes les précautions nécessitées par la nature spéciale de la poterie, après avoir tenu compte de la bonne circulation des flammes et des courants gazeux, il faut chercher, dans un but d'économie de combustible, à placer la plus grande quantité de produits possible dans la chambre de cuisson.

175. Enfumage. — L'enfumage, désigné quelquefois sous le nom aussi impropre d'étuvage, est une opération qui a pour but d'évaporer l'eau contenue dans les pâtes, les glaçures, les pièces accessoires de l'enfournement et, éventuellement, les parois des fours. Elle est terminée lorsque la chambre de cuisson est uniformément à une température voisine de 100° et que les gaz sortant par la cheminée ne contiennent plus de vapeur d'eau.

Cette opération assez simple pour des poteries minces et relativement sèches, devient beaucoup plus délicate pour des produits épais et humides. Il faut, en effet, qu'il y ait évaporation et non ébullition pour empêcher la formation de vapeur d'eau dans les produits, qui les ferait éclater. D'autre part, il convient autant que possible d'éviter que la vapeur dégagée par les marchandises placées près des foyers n'aille se condenser sur les produits plus éloignés, encore froids, pour éviter leur ramollissement et les taches particulières qui ont été signalées précédemment. Dans ce but, il faut chercher à évacuer la vapeur formée aussi vite que possible, ce qui n'est pas toujours facile dans les fours à flammes descendantes ou horizontales, parce que la vapeur d'eau, plus légère que l'air, tend à se cantonner dans les parties supérieures des chambres de cuisson. En principe, il est préférable d'utiliser autant que possible pour cette opération un tirage ascendant.

Le combustible employé doit être sec, donnant une combustion lente, régulière avec peu de flammes. Le bois dur sec et le coke donnent les meilleurs résultats. La proportion d'air entrant dans le four doit être grande, on la réduit peu à peu à mesure que la température augmente, mais le but de ce chauffage doit toujours être de produire de l'air moyennement chaud, et non d'élever la température du four.

Comme appareils de contrôle, on se sert de thermomètres à mercure, gradués jusqu'à 200 ou 250°, et de tiges de fer, qui sont enfoncés par les regards dans les différentes parties des chambres de cuisson, puis ressortis au bout de quelques instants. L'élévation de température indique la marche du chauffage, et les buées qui se déposent sur les tiges de fer froides permettent d'évaluer la proportion d'humidité encore contenue dans la partie correspondante du four. Ce n'est que lorsque ces tiges sortent entièrement sèches des regards les plus éloignés des foyers que l'on peut considérer l'enfumage comme terminé.

176. Cuisson proprement dite. — Cette opération dure depuis la fin de l'enfumage jusqu'au moment où les poteries ont atteint la température maxima à laquelle elles doivent être soumises. On peut la diviser en trois périodes plus ou moins distinctes :

Le *petit feu*, pendant lequel la température s'élève jusque vers 500 à 600°, c'est-à-dire jusqu'au moment où l'hydrosilicate d'alumine s'est décomposé ; cette période exige un chauffage lent et graduel ;

Le *grand feu*, commençant à la température précédente pour atteindre celle de la cuisson, et caractérisé, au contraire, par un chauffage actif et plus rapide ;

Enfin, le *recuit*, période de durée variable avec l'épaisseur des poteries et le mode d'enfournement, pendant laquelle la température nécessaire étant atteinte il convient de la maintenir pour qu'elle pénètre jusqu'au centre des produits.

La manière dont la cuisson est conduite dépend entièrement de la nature des produits, du système de four employé, du mode de chauffage et de la qualité du combustible. Quelques indications ont déjà été données à ce sujet dans le premier paragraphe de ce chapitre, on en trouvera d'autres à propos des différentes industries spéciales; mais il est nécessaire d'étudier actuellement, d'une manière générale, les questions qui se rattachent à la composition de l'atmosphère des fours, à la mesure du tirage et à celle de la température.

177. Atmosphère des fours.

— On a déjà vu (page 310) l'influence qu'exerce sur la cuisson des pâtes et des glaçures la composition de l'atmosphère des fours.

On sait que celle-ci est *oxydante* lorsque la combustion s'est faite avec un excès d'air et qu'il reste, par conséquent, de l'oxygène libre. La composition normale de l'air est en volume de 21 0/0 d'oxygène et 79 0/0 d'azote ou, en poids, de 23 0/0 d'oxygène pour 77 0/0 d'azote. Si, par conséquent, dans les gaz sortant du four, il reste 10,5 0/0 d'oxygène en volume ou 11,5 0/0 en poids, c'est que la combustion s'est opérée avec une quantité d'air double que celle qui était strictement nécessaire. Cette proportion correspond à l'allure la plus oxydante que l'on ait à employer dans les fours céramiques.

L'atmosphère est *neutre* lorsqu'elle ne contient ni oxygène ni gaz combustibles. Si la combustion se faisait avec du carbone pur, l'atmosphère contiendrait dans ce cas 21 volumes d'acide carbonique pour 79 d'azote. Mais, comme il y a toujours dans le combustible, de l'hydrogène et des hydrocarbures dont la combustion donne de la vapeur d'eau, et que, d'autre part, il reste toujours des traces d'oxygène et d'oxyde de carbone, la proportion d'acide carbonique ne s'élève guère à plus de 18 ou 19 0/0.

Enfin l'atmosphère est *réductrice*, s'il y a un excès de gaz combustibles : oxyde de carbone, hydrogène, hydrocarbures, tout l'oxygène ayant naturellement disparu et la proportion d'acide carbonique étant inférieure à la limite qui vient d'être indiquée.

La composition de l'atmosphère des fours dépend de la disposition des foyers, de la nature et du mode de chargement du combustible et enfin du tirage. L'allure oxydante peut facilement être obtenue dans tous les foyers, en y mettant relativement peu de combustible et en donnant un tirage énergique, avec forte introduction d'air. Par contre, une allure franchement réductrice exige une épaisse couche de combustible, un tirage et une introduction d'air réduits; seuls les foyers alandiers et le chauffage au gaz peuvent la donner en fonctionnement normal.

En se rapportant aux foyers représentés par les figures 154, 155, 157, 158 et 159, il est facile de se rendre compte que le chargement périodique du combustible modifie chaque fois l'allure du feu. De même que dans les foyers de chaudières à vapeur, il y a, immédiatement après chaque charge, un dégagement considérable de gaz combustibles, qui ne sont que partiellement brûlés, comme on l'observe à la teinte noire ou rousse de la fumée. Au bout de quelques instants, la combustion devient complète, puis l'air arrive en excès, jusqu'au moment où une nouvelle charge vient amener les mêmes perturbations. Un chauffage très méthodique, avec chargements à intervalles très rapprochés, comme on le fait dans les fours à feu continu, diminue ces irrégularités, mais sans les supprimer. En général, pour que les foyers de ce genre fonctionnent convenablement, ils doivent avoir en moyenne une allure franchement oxydante, qui ne devient neutre ou même réductrice que pendant quelques instants après chaque chargement.

Il n'en est pas de même dans les foyers alandiers (*fig.* 156, 162, 163 et 164), pour lesquels le chargement, lorsqu'il est bien fait, ne doit occasionner que de légers changements dans l'allure. Celle-ci est plutôt influencée par les décrassages périodiques de la grille, qui, en modifiant les résistances opposées à la circulation des gaz font, pour un tirage constant, varier le poids d'air entrant dans le feu. Cependant, comme les décrassages sont moins fréquents que les chargements, on peut généralement s'arranger de manière à ne pas être obligé de les effectuer pendant certaines périodes de la cuisson. Dans les foyers alandiers il est en outre facile de régler à volonté l'épaisseur de la couche de combustible et par conséquent la composition de l'atmosphère du four. Leur inconvénient qui a déjà été signalé, est de se prêter assez mal à la production d'une chaleur modérée, nécessaire pendant le petit feu. L'épaisseur de la couche de combustible qui convient aux différentes allures dépend de la nature du combustible, de sa grosseur et de sa proportion en cendres ou en mâchefers. Plus les fragments sont gros et le combustible pur, plus la couche doit être épaisse. En moyenne, avec de la houille une épaisseur de 30 à 40 centimètres donne une atmosphère neutre, une épaisseur plus faible rend celles-ci oxydante, tandis que pour une épaisseur plus forte elle devient réductrice.

Le chauffage au gaz ne présente pas ces inconvénients et donne une composition régulière et réglable à volonté de l'atmosphère des fours, mais à la condition que le fonctionnement des gazogènes soit lui-même très régulier, ce qui est rarement le cas, sauf pour les gazogènes soufflés.

On peut donc dire qu'il est impossible d'obtenir dans les fours, non seulement pendant toute la cuisson, mais même pendant un laps de temps assez long, une atmosphère absolument régulière. On ne peut que s'attacher par une bonne disposition et une conduite rationnelle des foyers à réduire les écarts entre des limites assez restreintes.

Si la température de cuisson est faible ou moyenne, il est assez facile d'opérer le chauffage en allure franchement oxydante ou réductrice. Mais il n'en est plus de même si la température doit être très élevée, l'introduction d'un excès notable d'air, ou une combustion incomplète, ayant pour effet d'abaisser dans une forte proportion la température des gaz sortant des foyers. Il faut dans ce cas se rapprocher de l'allure neutre, et ne laisser dans l'atmosphère des fours que l'excès d'oxygène ou de gaz combustible strictement nécessaire pour agir sur les oxydes de fer.

Une autre considération oblige aussi dans beaucoup de fours à se rapprocher de l'allure neutre, pendant le grand feu. C'est la nécessité de donner aux flammes une assez grande longueur pour qu'elles traversent toute la chambre de cuisson. Lorsque la combustion se fait avec un fort excès d'air, les flammes sont forcément plus courtes que si la proportion d'air est celle qui est strictement nécessaire. Dans ce cas la combustion ne s'achève que par le brassage des gaz circulant au milieu de l'enfournement, et la température devient plus facilement uniforme dans toute la chambre de cuisson.

Il est enfin encore un point qui a quelquefois une certaine importance dans l'enfournement en gazettes, ce sont les différences de vitesse avec lesquelles les divers gaz peuvent traverser une paroi en terre réfractaire toujours poreuse. Toutes choses égales, si on désigne par 1 la *vitesse de diffusion* de l'air, l'oxygène seul n'a qu'une vitesse de 0,949, tandis qu'elle s'élève pour les gaz combustibles, à 3,800 pour l'hydrogène, à 1,015 pour l'oxyde de carbone, à 1,344 pour l'hydrogène protocarboné et à 1,019 pour l'hydrogène bicarboné Il s'ensuit que l'athmosphère de l'intérieur des gazettes a une tendance à être plus réductrice que celle qui remplit la chambre de cuisson.

178. Analyse des gaz.

— La détermination de la composition de l'atmosphère d'un four peut être faite par l'observation directe des flammes et des gaz sortant de la cheminée, par l'analyse chimique de ceux-ci et enfin par la mesure de leur densité.

Quelque primitive et incertaine que soit la méthode de l'observation directe, c'est cependant celle qui, sauf certains cas spéciaux, est la seule actuellement employée. Elle est basée sur les indications suivantes : Lorsque les flammes sont courtes, brillantes, à contours nettement tranchés, et que leur extrémité se termine en pointe facile à distinguer, l'allure est oxydante. Si, au contraire, elles sont longues, troubles, à contours incertains, leur extrémité s'éteignant progressivement pour être suivie par une traînée fumeuse, l'allure est réductrice. Si les gaz sortant par la cheminée ont une teinte bleuâtre, même quelquefois colorée en noir, mais seulement au moment des chargements, c'est un indice que la combustion est en moyenne complète. Si, au contraire, la teinte est constamment jaune ou rousse, avec coloration noire après les chargements, la combustion est incomplète.

Ces observations peuvent suffire, dans la majorité des cas, aux praticiens habiles; mais il n'en est plus de même lorsqu'il s'agit, à certains moments de la cuisson, d'obtenir une atmosphère d'une composition déterminée. Il faut alors avoir recours à l'analyse chimique. On se sert dans ce but de l'appareil Orsat, ou de celui représenté par la figure 201, construit par M. Coquillon, qui dérive du précédent. Un tube en verre M, ou mesureur, entouré d'eau pour maintenir sa température constante, est divisé en cent parties égales à un centimètre cube; dans sa partie inférieure de moindre diamètre, la graduation est faite en dixièmes de centimètre cube. Celle-ci se termine par un tube en caoutchouc reliant l'appareil à un flacon contenant de l'eau. La partie supérieure est reliée à un tube capillaire R, terminé à une extrémité par un tube t d'introduction des gaz, à l'autre par une cloche E, et qui communique en outre avec quatre récipients : P', contenant de la potasse; P, du pyrogallate; C, du chlorure de cuivre, et B est un brûleur surmontant la cloche C'. Toutes les communications du tube R étant fermées, on remplit le mesureur d'eau en élevant le flacon, puis, après avoir mis le tube t en communication avec l'atmosphère à analyser, on abaisse de nouveau le flacon, de manière à remplir exactement le mesureur de 100 centimètres cubes de gaz. Bouchant ensuite le tube t, on ouvre la communication avec le récipient P, dans lequel on chasse le gaz en élevant le flacon. Au bout de quelques instants, on ramène le gaz dans le mesureur, en abaissant à nouveau le flacon, et on lit sur la graduation le nouveau volume, la différence indiquant la proportion d'acide carbonique. On continue de même en faisant passer le gaz dans le réservoir P qui absorbe l'oxygène, dans G qui enlève l'oxyde de carbone, dans E où on ajoute quelques gouttes de brome qui retient l'hydrogène bicarboné, et enfin dans B où on l'additionne d'une quantité déterminée d'oxygène pour enflammer l'hydrogène et l'hydrogène protocarboné par un courant électrique. Le volume d'acide carbonique produit, absorbé ensuite dans le récipient P, indique la proportion d'hydrogène protocarboné, et la contraction du volume celle d'hydrogène. Le gaz restant est de l'azote.

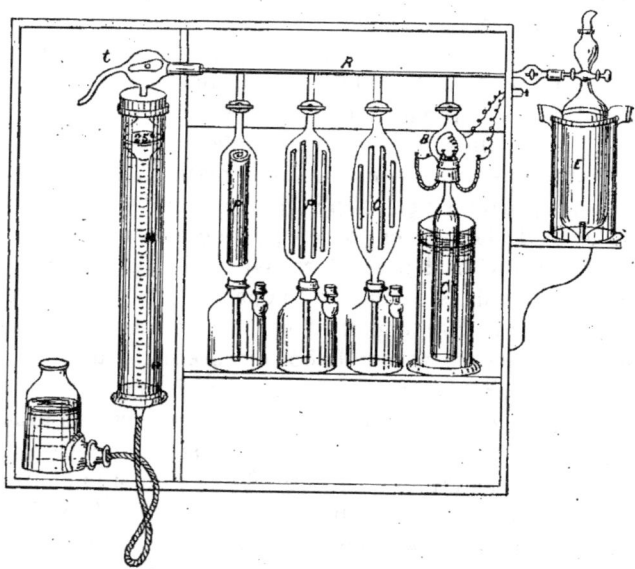

Fig. 198. — Appareil à analyser les gaz.

Cette analyse complète, appliquée aux gaz combustibles produits pas les gazogènes, donne des indications précieuses sur la gazéification. Pour les gaz de la combustion, on la simplifie généralement en se contentant de déterminer la proportion d'acide carbonique, d'oxygène et d'oxyde de carbone. Nous considérons même qu'à moins de recherches scientifiques cette analyse réduite est préférable, car elle peut s'effectuer en quelques minutes, alors que les variations de composition que présentent les gaz pendant le cours d'une cuisson rendent illusoire le contrôle d'une analyse de longue durée. Celle-ci n'est pratique que dans les fours à feu continu en marche très régulière, et encore doit-on préférer la moyenne de trois ou quatre analyses sommaires consécutives aux résultats d'une seule analyse complète.

On sait que la densité de l'acide carbonique est sensiblement plus grande que celle de l'air (1,529); en mesurant la densité des gaz de la combustion on peut donc indirectement évaluer la proportion d'acide carbonique qu'ils contiennent, et, par conséquent, en déduire la composition de l'atmosphère des fours. Sur ce principe on a inventé deux appareils qui, grâce à une circulation constante des gaz de la combustion, indiquent continuellement sur un cadran la proportion d'acide carbonique. L'un d'eux, construit par MM. Meslans et Frère, est une sorte de balance hydrostatique dont les fléaux portent deux ballons plongés l'un dans l'air et l'autre dans le gaz à analyser. La différence dans le poids du fluide déplacé par chacun des ballons fait plus ou moins incliner la balance. L'autre inventé par M. Arndt, connu sous le nom d'économètre, est aussi une balance portant également deux ballons, mais dont l'un contient de l'air et l'autre le gaz, qu'une disposition spéciale permet de renouveler automatiquement. Le défaut commun de ces appareils est leur extrême sensibilité, de sorte que la moindre poussière, ou la plus petite impureté des gaz, fausse leurs indications. Ils ne s'appliquent en outre qu'aux fours marchant constamment en allure oxydante, car, tous les gaz combustibles étant plus légers que l'air, il devient impossible de tirer aucune conclusion de la densité du mélange gazeux dans lequel ils se trouvent même en faible proportion.

179. Mesure du tirage. — Le tirage est réglé d'après l'intensité que l'on veut donner au feu, la longueur des flammes et la composition de l'atmosphère. L'observation directe suffit presque toujours aux praticiens pour régler convenablement la position des registres. Il est cependant préférable de mesurer la dépression produite par la cheminée ; si les chiffres ainsi obtenus n'ont pas une grande valeur en eux-mêmes, ils servent en tous cas de contrôle en permettant de conduire plus facilement les cuissons ultérieures d'après les observations faites pendant une première opération.

Les différents appareils qui servent à mesurer le tirage sont très simples, tous donnent d'assez bons résultats, mais on préfère actuellement l'appareil représenté par la figure 199. Il se compose de deux flacons ayant une section dix fois plus grande que le tube en U qui relie leurs fonds. L'un est mis en communication par un tube en caoutchouc avec l'enceinte dont on veut mesurer la dépression, et l'autre est en relation avec l'atmosphère par un tube en verre, destiné à empêcher l'introduction des poussières. On les remplit de deux liquides, choisis de manière à ne pas réagir l'un sur l'autre, et ayant des densités suffisamment différentes pour ne pas se mélanger, par exemple de l'eau et du phénol coloré en noir. On s'arrange de manière que la surface de séparation des liquides se trouve en face de la graduation zéro d'une règle dont la position peut du reste être modifiée. La dépression qui agit dans l'un des flacons y provoque une différence de niveau qui est décuplée dans le tube en U, de sorte que le tirage mesuré par une différence de hauteur en millimètres d'eau est représenté en centimètres sur la règle graduée.

Le tuyau en caoutchouc fixé sur l'appareil est terminé à son autre extrémité par un tube en fer ou en cuivre qui est introduit dans le four, entre la chambre de cuisson et le registre de tirage.

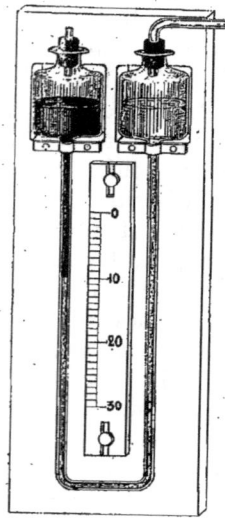

Fig. 199. — Appareil à mesurer le tirage.

180. Mesure de la température.

La température des fours peut être observée à l'œil, d'après les colorations que prennent les produits ou les parois des fours. On adopte généralement dans ce cas les chiffres indiqués par le tableau suivant, établi par Pouillet.

Rouge naissant	525
— sombre	700
Cerise naissant	800
Cerise —	900
— clair	1,000
Orange foncé	1,100
— clair	1,200
Blanc —	1,300
— soudant	1,400
— éblouissant	1,500

Pour opérer avec un peu de précision, il est indispensable que l'observateur se place préalablement dans l'obscurité pour que, pendant le jour, son œil ne soit pas influencé par l'éclat variable de la lumière solaire. On reconnaît alors assez facilement la nuance de l'intérieur du four, à condition que l'atmosphère ne soit pas trouble. Lorsque celle-ci est réductrice, l'observation devient plus difficile. Il convient également de ne pas se laisser influencer par l'éclat des flammes, qui sont blanches lorsqu'il y a combustion d'hydrocarbures et bleues si elles sont seulement produites par l'oxyde de carbonne ou l'hydrogène. En tous cas, les chiffres précédents sont trop élevés ; les teintes orangées apparaissent dès 1.000° et le blanc dès 1.200°, il convient donc de désigner seulement la coloration observée et non la température d'après le tableau précédent.

Dans les fours dont l'enfournement est fait en charge, on peut également apprécier l'avancement de la cuisson d'après le *retrait*, c'est-à-dire d'après la hauteur dont la masse enfournée s'est abaissée. Dans ce cas, il ne s'agit évidemment pas de mesurer la température, mais seulement de déterminer si un certain degré de cuisson fixé par l'expérience a été atteint. Cette observation se fait au moyen d'une tige en fer, sur laquelle on mesure la distance entre un point fixe du four et la partie supérieure des produits enfournés.

Pour toutes les cuissons céramiques qui exigent une certaine précision, on détermine au moyen de *pyroscopes* si la température nécessaire à la cuisson a été atteinte. La plupart du temps, on se sert dans ce but de *montres*, c'est-à-dire d'échantillons de pâte recouverts, s'il y a lieu, de glaçure, qui sont introduits dans le four par des regards spéciaux, et que l'on retire ensuite pendant la cuisson pour apprécier si la pâte a acquis la dureté ou la coloration convenables, ou pour observer si la glaçure s'est vitrifiée. Lorsque la dernière montre extraite a prouvé que la cuisson est arrivée au degré voulu, il est nécessaire de continuer encore le feu pendant une durée indiquée par l'expérience, pour que les poteries ordinairement plus épaisses ou mieux protégées que les montres aient également atteint le même degré de cuisson.

En même temps que les montres, on peut placer dans le four certains *métaux* qui se fondent et se volatilisent à des températures déterminées. Le tableau suivant indique les matières dont on peut se servir ainsi que les températures correspondant à leur changement d'état:

Étain, fusion	233
Plomb id.	325
Zinc id.	433
Aluminium id.	625
Zinc, Volatilisation	930
Argent, fusion	954
Or id.	1.045
Cuivre id.	1.054
Fonte blanche id.	1.130
— grise id.	1.220
Nickel id.	1.440
Palladium id.	1.500
Platine id.	1.775

Les observations faites avec ces métaux sont généralement faussées par la couche d'oxyde qui se forme. On préfère actuellement les remplacer par des *montres pyrométriques*, qui ont été particulièrement étudiées par Seger. Ce céramiste a fait une série de montres dont la composition est indiquée par le tableau suivant, en même temps que leur numéro d'ordre. Dans ce tableau, Na^2O représente la soude, PbO l'oxyde de plomb, Al^2O^3 l'alumine, CaO la chaux, Fe^2O^3 le peroxyde de fer, K^2O la potasse, SiO^2 la silice et Bo^2O^3 l'acide borique.

Numéro d'ordre	COMPOSITION					
022...	$0,5Na^2O$	— $0,5PbO$	— $0,0\ Al^2O^3$	— $2,0SiO^2$	— $1Bo^2O^3$	
021...	»	»	$0,1$ »	$2,2$ »	»	
020...	»	»	$0,2$ »	$2,4$ »	»	
019...	»	»	$0,3$ »	$2,6$ »	»	
018...	»	»	$0,4$ »	$2,8$ »	»	
017...	»	»	$0,5$ »	$3,0$ »	»	
016...	»	»	$0,55$ »	$3,1$ »	»	
015...	»	»	$0,6$ »	$3,2$ »	»	
014...	»	»	$0,65$ »	$3,3$ »	»	
013...	»	»	$0,7$ »	$3,4$ »	»	
012...	»	»	$0,75$ »	$3,5$ »	»	
011...	»	»	$0,8$ »	$3,6$ »	»	
010...	$0,3K^2O$	— $0,7CaO$	— $0,2Fe^2O^3$	— $0,3Al^2O^3$	— $3,50SiO^2$	— $0,5\ Bo^2O^3$
09...	»	»	»	»	$3,55$ »	$0,45$ »
08...	»	»	»	»	$3,60$ »	$0,40$ »
07...	»	»	»	»	$3,65$ »	$0,35$ »
06...	»	»	»	»	$3,70$ »	$0,30$ »
05...	»	»	»	»	$3,75$ »	$0,25$ »
04...	»	»	»	»	$3,80$ »	$0,20$ »
03...	»	»	»	»	$3,85$ »	$0,15$ »
02...	»	»	»	»	$3,90$ »	$0,10$ »
01...	»	»	»	»	$3,95$ »	$0,05$ »

FONCTIONNEMENT DES FOURS

```
 1...   0,3K²O   — 0,7CaO — 0,2  Fe²O³ —  0,3  Al²O³ — 4SiO²
 2...      »           »     0,1    »      0,4    »         »
 3...      »           »     0,05   »      0,45   »         »
 4...   0,3K²O   — 0,7CaO — 0,5Al²O³ — 4SiO²
 5...      »           »     0,5    »      5      »
 6...      »           »     0,6    »      6      »
 7...      »           »     0,7    »      7      »
 8...      »           »     0,8    »      8      »
 9...      »           »     0,9    »      9      »
10...      »           »     1,0    »     10      »
11...      »           »     1,2    »     12      »
12...      »           »     1,4    »     14      »
13...      »           »     1,6    »     16      »
14...      »           »     1,8    »     18      »
15...      »           »     2,1    »     21      »
16...      »           »     2,4    »     24      »
17...      »           »     2,7    »     27      »
18...      »           »     3,1    »     31      »
19...      »           »     3,5    »     35      »
20...      »           »     3,9    »     39      »
21...      »           »     4,4    »     44      »
22...      »           »     4,9    »     49      »
23...      »           »     5,4    »     54      »
24...      »           »     6,0    »     60      »
25...      »           »     6,6    »     66      »
26...      »           »     7,2    »     72      »
27...      »           »    20      »    200      »
28...   1Al²O³ — 10  SiO²
29...      »      8   »
30...      »      6   »
31...      »      5   »
32...      »      4   »
33...      »      3   »
34...      »      2,5 »
35...      »      2   »    Kaolin pur avec traces d'alcali.
36...      »      2   »    Argile pure.
```

Les températures de fusion de ces montres pyrométriques ont été exagérées par Seger ; aussi, en l'absence de déterminations précises, vaut-il mieux s'abstenir d'évaluations incertaines. A titre de simple indication, voici les numéros des montres dont on se sert dans les diverses industries céramiques :

```
Feu de moufle pour décors........................  022 à 010
Cuisson de pâtes fusibles........................  015 à 01
Cuisson de pâtes peu fusibles....................    1 à 10
Cuisson de grès..................................    5 à 10
Cuisson de la pâte de faïence fine...............    3 à 10
Cuisson de la glaçure de faïence fine............  010 à 01
Cuisson de produits réfractaires et de la porcelaine...  10 à 20
```

Les montres de 20 à 36 ne servant que pour des recherches de fusibilité.

Les mélanges composés comme l'indique le tableau précédent sont moulés sous la forme de prismes ainsi que le représente la figure 200.

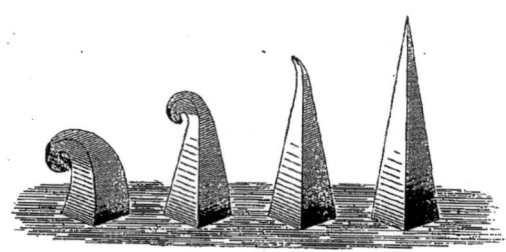

Fig. 200. — Montres pyrométriques.

Cette figure indique la manière dont, sous l'influence de la température, les prismes diminuent de volume, puis se recourbent avant de fondre. Pour une première détermination, il faut se procurer une série de montres, qui sont placées dans le four en face d'un regard ; on note, lorsqu'on a atteint le degré de cuisson convenable, le numéro de celle qui a commencé à se recourber, la suivante étant encore intacte. Cette constatation faite une fois pour toutes, il suffit d'employer les 4 à 6 montres voisines pour régler la température maxima dans les cuissons ultérieures. On peut également confectionner des montres en s'inspirant des compositions du tableau, et les comparer ensuite avec les montres normales de Seger.

Les *pyromètres* sont d'un usage beaucoup moins fréquent en céramique que les montres, on va donc simplement mentionner les différents systèmes en n'insistant que sur ceux qui sont quelquefois employés.

Le *pyromètre de Wedgwood*, basé sur le retrait de l'argile, n'est plus guère usité à cause de son peu de précision. Les appareils basés sur la *dilatation des corps* solides, liquides ou gazeux (pyromètre métallique, pyromètre de Gauntlett, de Wiborgh, pyromètre à air, thalpotasimètre, etc.) ne peuvent servir qu'à des températures inférieures à la cuisson de presque toutes les poteries.

Le *pyromètre à circulation d'eau* de M. de Saintignon se compose essentiellement d'un tube en fer placé dans le four, qui est parcouru par un courant d'eau ayant une vitesse suffisante pour éviter la vaporisation. La différence de température de l'eau à son entrée et à sa sortie, mesurée par des thermomètres, est fonction de la température du four. Cet appareil, lorsqu'il est bien réglé, peut rendre des services, mais son installation est assez coûteuse.

Dans le *pyromètre actinométrique* de M. Latarche, un thermomètre à mercure est disposé de manière à être soumis en dehors du four à la radiation d'une partie de l'intérieur. Il est placé dans un tube métallique entouré d'un réservoir d'eau que la chaleur du four maintient à l'ébullition. On admet une certaine proportionnalité entre la température indiquée par le thermomètre et celle du four. Cet appareil, évidemment plus précis que l'œil de l'observateur, a cependant comme défaut d'être influencé par la nature de l'atmosphère du four.

Le *pyromètre électrique* de Siemens est basé sur la différence de résistance qu'oppose à un courant électrique un fil de platine suivant sa température. Cet appareil assez délicat, se dérangeant facilement, ne peut guère servir que pour des recherches scientifiques.

Dans le *pyromètre thermo-électrique* de M. Le Chatelier, on mesure le courant électrique d'intensité variable produit en chauffant un couple formé d'un fil de platine et d'un fil en alliage de platine et de un dixième environ d'iridium ou de rhodium. L'évaluation de ce courant est faite dans un galvanomètre apériodique dont les déviations sont observées au moyen d'un réflecteur de Poggendorf.

Pour que cet appareil donne de bons résultats, il faut placer le couple à poste fixe dans la partie du four dont on veut mesurer la température, en ayant soin qu'il n'y ait aucune rentrée d'air autour des fils, le galvanomètre étant, d'autre part, placé dans un local isolé. Lorsque ces conditions sont bien remplies, ce pyromètre est certainement celui qui donne les observations les plus précises.

La *lunette pyrométrique* de MM. *Mesuré et Nouel*, est un appareil portatif, représenté par la figure 201, avec lequel on vise un objet placé dans le four. Il est basé sur les phénomènes de la polarisation rotative de la lumière. Le rayon lumineux entrant en A traverse deux prismes de Nicol, P et A, séparés par un disque de quartz Q, avant d'arriver à l'œil de l'observateur placé contre l'objectif O. La couleur perçue varie d'après l'intensité de la source lumineuse; en tournant l'oculaire dans le sens de la graduation du cercle C, on trouve une position des prismes pour laquelle la coloration passe rapidement du vert au rouge, donnant par une position intermédiaire une nuance citron sale. La mesure de la température est déterminée par le nombre de degrés dont on a tourné l'oculaire, à partir du zéro de l'appareil, jusqu'au moment où apparaît cette nuance. Cette lunette peut être mise entre les mains des chauffeurs et leur servir utilement à régler la marche ascensionnelle de la température, les montres indiquant d'autre part lorsque la chaleur maxima est atteinte.

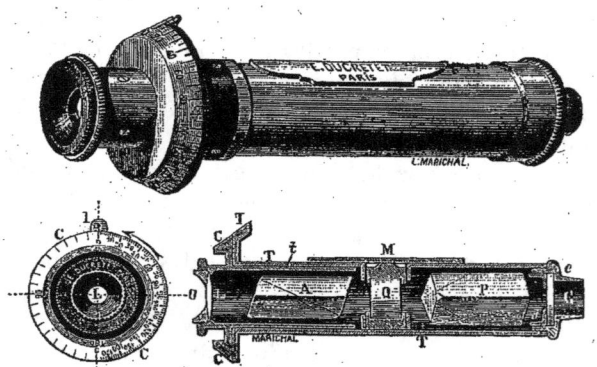

Fig. 201. — Lunette pyrométrique.

Enfin, le *pyromètre optique* de M. *Le Chatelier* est fondé sur la comparaison de la lumière émise par une partie déterminée du four avec la flamme d'une lampe à essence prise comme étalon. La figure 202 en montre la disposition théorique. La lampe L émet des rayons lumineux qui sont reflétés par le miroir M et perçus par l'œil, placé à l'oculaire O. D'autre part les rayons venant du four par l'ouverture A, y sont également perçus, les deux images étant juxtaposées et facilement comparables. On égalise leur intensité en interposant des verres plus ou moins foncés B, et en diminuant l'ouverture d'un diaphragme C. Pour rendre l'observation plus facile, on place devant l'objectif un verre rouge D, de manière à ne laisser passer que des

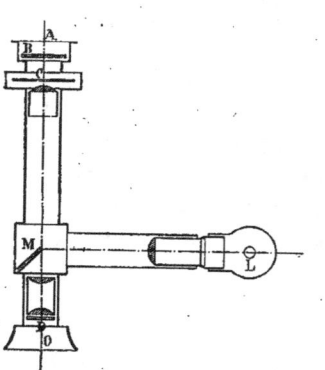

Fig. 202. — Pyromètre optique.

rayons monochromatiques. L'appareil est gradué en visant une petite sphère de palladium, chauffée sur la soudure d'un couple thermo-électrique.

Ces pyromètres optiques ont l'avantage de ne pas se déranger et de donner constamment des observations comparables. Cependant il faut que l'observateur s'attache à ce que les rayons émis par l'objet visé dans l'intérieur du four ne rencontrent pas sur leur passage des gaz ou des flammes qui fausseraient les résultats.

181. Refroidissement et défournement. — Lorsque la température maxima a été atteinte et qu'on l'a maintenue assez longtemps pour opérer le recuit, il faut laisser lentement refroidir les poteries jusqu'au moment où on peut les défourner. Si le refroidissement peut se faire dans une atmosphère oxydante, on l'accélère en continuant de laisser passer un courant d'air, qui, suivant la disposition du four, est utilisé pour le chauffage d'autres produits ou s'échappe par la cheminée ou par des orifices supérieurs de la chambre de cuisson.

Si, au contraire, l'atmosphère doit rester réductrice, on arrête toute circulation, et le refroidissement ne se fait plus que par le rayonnement des parois du four. Cependant, dans ce cas, on se contente d'opérer de la sorte jusqu'au moment où la composition de l'atmosphère n'a plus d'influence sur la coloration, c'est-à-dire jusqu'à ce que les glaçures se soient solidifiées ou que les pâtes soient à une température inférieure au rouge sombre. A partir de cet instant, on accélère le refroidissement comme dans le cas précédent.

De quelque façon que l'on opère, il faut employer les mêmes précautions que pour le chauffage, de manière à éviter un refroidissement trop brusque ou inégal qui amènerait la rupture des poteries. C'est surtout lorsque celles-ci sont presque froides qu'il convient d'être prudent et de ne pas trop se hâter de les défourner.

Le défournement est la dernière opération de la cuisson. Elle est très simple quoique souvent assez pénible à cause de la chaleur, elle se fait ordinairement par des manœuvres et ne comporte aucune indication particulière.

182. Rendement thermique des fours. — Le rendement thermique des fours est défini par le rapport entre la chaleur réellement utilisée pour cuire les poteries et celle fournie par la combustion. Soit c le nombre de calories réellement utilisées, et C le nombre de calories produites dans les foyers, le rapport $\frac{c}{C}$ représente le rendement du four et $\frac{C-c}{c}$ la proportion de la chaleur perdue.

Si cette définition est très simple, il n'en est pas de même des calculs et des observations que l'on doit faire pour trouver la valeur de c et de C. Pour opérer avec méthode, il convient d'abord de chercher à évaluer c, puis de se rendre compte de toutes les pertes de chaleur. En additionnant les chiffres ainsi obtenus, on doit trouver le nombre de calories C; celui-ci étant également déterminé, d'autre part, en multipliant le poids du combustible employé par sa puissance calorifique.

Le *nombre de calories théoriquement nécessaire pour cuire un poids déterminé de poteries* peut être évalué comme suit : à la chaleur nécessaire pour élever ce poids de poteries à la température maxima T, il faut ajouter celle absorbée par l'évaporation de l'eau hygrométrique, par la décomposition de l'hydrosilicate d'alumine et la dissociation des carbonates. Par contre, la formation des silicates est accompagnée d'un dégagement de chaleur. Comme la chaleur dégagée ou absorbée par la formation ou la décomposition des silicates n'a pas encore été déterminée, on est obligé d'admettre, en l'absence de toute donnée précise, que ces deux phénomènes se compensent.

La chaleur employée pour élever de 0° à T° 1 kilogramme de pâte cuite est égale à 0,2T, en admettant pour la chaleur spécifique des poteries le chiffre de 0,2. Comme T varie de 800 à 1.375, la valeur de 0,2T a pour limites 160 et 275 calories.

D'autre part, si la quantité d'eau de combinaison contenue dans la pâte est de a 0/0 ; la chaleur nécessaire pour la vaporiser à 500° est de :

$$\frac{a}{100-a} [606,5 + (0,305 \times 500)].$$

On a vu que a pouvait, au maximum, être égal à 13,9, ce qui correspondrait à une dépense de 122,5 calories.

Enfin, l'eau hygrométrique étant admise égale à b 0/0 exige environ :

$$\frac{b}{100-b} \times \frac{100}{100-a} [606,5 + (0,305 \times 100)] \text{ calories},$$

ce qui donne, b variant de 4 à 6 0/0, une dépense de 26,5 à 47,1 calories.

Il s'ensuit que 1 kilogramme de poterie cuite exige théoriquement un maximum de 445 calories pour sa cuisson, et que ce chiffre peut descendre à 245 calories pour des pâtes fusibles. S'il entrait dans la composition du carbonate de chaux, il faudrait ajouter à ces nombres $\frac{21,7 \times n}{100}$ calories, n désignant la proportion de carbonate dans la pâte (Berthelot); mais ce chiffre, toujours faible, peut être négligé comparativement aux précédents.

Les causes de *pertes de chaleur* peuvent être rangées en six catégories qui vont être examinées successivement :

1° Perte due à l'enfournement, lorsque celui-ci exige l'emploi de gazettes, supports, etc. Pour évaluer cette perte, il faut déterminer le poids des accessoires ainsi employés pour enfourner 1 kilogramme de poteries cuites. Ce nombre est ensuite multiplié par $0,2 \times T$, le produit donnant le nombre de calories perdues. Pour certaines poteries, le poids utile enfourné n'atteint quelquefois pas le cinquième du poids total de l'enfournement. Cette observation montre l'avantage considérable au point de vue thermique de l'enfournement en charge, et l'intérêt qu'il y a à n'employer l'enfournement en gazettes que s'il est impossible de l'éviter.

2° Perte due au chauffage des parois du four. Pour l'évaluer on peut admettre que toutes les parois intérieures de la chambre de cuisson doivent être chauffées sur une épaisseur de 15 à 25 centimètres, suivant la température de cuisson, à un degré de chaleur égal à celui des produits. Quant aux murs placés dans les chambres de cuisson, ils doivent naturellement être intégralement portés à la température de la cuisson. L'évaluation de cette perte s'estime en multipliant comme précédemment le poids des maçonneries chauffées par $0,2 \times T$. A ce point de vue les fours les plus économiques sont ceux qui offrent le plus grand volume utilisable pour le minimum de parois. Cette condition est la mieux remplie par les fours ronds et les fours à feu continu à chambre unique ; par contre, dans les fours à feu continu à chambres multiples, cette perte devient souvent assez considérable pour compenser les avantages que donne la continuité de la cuisson.

3° Perte due à la radiation des murs extérieurs de la chambre de cuisson. Celle-ci est la plus difficile à évaluer et doit être l'objet d'observations directes. Dans certains fours bien construits, à parois épaisses, elle peut ne pas atteindre 10 0/0 ; dans d'autres, elle s'élève jusqu'à 25 0/0. Il convient seulement d'observer qu'elle augmente avec la surface extérieure des murs et qu'elle se produit surtout dans la partie supérieure des fours, particulièrement par les voûtes des chambres de cuisson.

4° Perte occasionnée par les gaz chauds sortant par la cheminée, qui ne peut être exactement évaluée qu'en déterminant à des intervalles rapprochés leur volume et leur température. Cette dernière peut être assez facilement mesurée par des thermomètres ou des pyromètres. Quant au volume, il peut se déduire de la vitesse des gaz passant par un orifice de section déterminée, la vitesse étant évaluée au moyen d'anémomètres. Cependant ces appareils fonctionnent mal dans des gaz chargés de poussières charbonneuses, et ils refusent tout service lorsque les gaz sont assez chauds. On préfère en général déduire le volume des gaz du poids du combustible brûlé et de leur analyse chimique. Connaissant la composition du combustible, on en conclut le volume d'air strictement nécessaire pour la combustion, volume qui est ensuite augmenté ou diminué proportionnellement à la teneur en oxygène ou en gaz combustibles indiqués par les analyses des gaz de la combustion.

Il faut observer, au sujet de cette perte, que lorsque les gaz ne s'échappent pas à une température supérieure à 100 ou 150° la chaleur ainsi enlevée est indispensable au fonctionnement du four ; ce n'est que lorsque leur température s'élève au-dessus de ces chiffres qu'il y a perte véritable.

Une allure oxydante, en accroissant le volume des gaz en circulation, augmente également la perte de chaleur. Cependant celle-ci est beaucoup plus importante pour les fours intermittents tandis que, pour les fours à feu continu, comme on le verra plus loin, (page 487), on peut quelquefois réaliser une économie par une marche très oxydante.

5° Perte résultant d'une allure réductrice ; elle se déduit assez facilement de l'analyse des gaz, comparée à la quantité de combustible brûlée pendant la durée de la période réductrice.

6° Perte de chaleur qui se produit dans les foyers, par suite d'une combustion imparfaite ; elle est déterminée en pesant les cendres, les mâchefers, et en évaluant la proportion de matières combustibles qu'ils peuvent encore contenir.

Dans le cas de chauffage au gaz, il faut en outre tenir compte de la perte due à la gazéification dont il a été question page 339.

Lorsque la chaleur contenue dans les produits cuits peut être en partie utilisée, comme c'est le cas dans les fours à feu continu, celle-ci constitue un *gain de chaleur* qui vient atténuer les pertes précédentes.

En additionnant au nombre de calories théoriquement nécessaires pour la cuisson, ceux qui résultent des différentes causes de pertes qui viennent d'être énumérées, et en retranchant, s'il y a lieu, le gain de chaleur, on doit, si on a bien opéré, trouver le chiffre qui représente la chaleur totale dégagée par la combustion. On a déjà dit que celui-ci s'obtient, d'autre part, en multipliant le poids du combustible employé par sa puissance calorifique. Ce n'est que lorsqu'on a pu établir cette balance, entre la quantité de chaleur produite et celle dépensée, que l'on peut prétendre connaître exactement le fonctionnement d'un four. On trouvera dans les chapitres suivants d'autres indications sur ce genre de calcul, mais il ne faut pas se dissimuler que le problème n'est souvent pas facile à résoudre et exige des expérimentateurs familiarisés avec les questions du chauffage.

CHAPITRE VIII

DÉCORATION

Sommaire. — § 1. *Matières colorantes :* Généralités sur les matières colorantes. — Métaux colorants. — Préparation et propriétés des matières colorantes.
§ 2. *Procédés de décoration :* Généralités sur les procédés de décoration. — Façonnage décoratif des pâtes. — Coloration de la pâte. — Engobes colorés. — Coloration sous la glaçure. — Glaçures colorées. — Coloration sur la glaçure. — Décoration par les métaux. — Décoration par les lustres métalliques. — Procédés de décoration divers. — Cuisson des couleurs.

§ 1. — Matières colorantes

183. Généralités sur les matières colorantes. — Avant d'examiner les différents procédés de décoration des poteries, il est nécessaire de donner quelques détails sur les matières colorantes employées en céramique. Sous cette désignation on ne comprend que celles qui sont fixées ou développées sous l'influence de la chaleur, c'est-à-dire les matières minérales colorées, résistant à des températures plus ou moins élevées. Elles doivent leurs colorations aux combinaisons oxygénées et aux sels d'un ou de plusieurs des treize métaux suivants : fer, cuivre, chrome, cobalt, manganèse, nickel, urane, titane, antimoine, or, argent, platine et iridium, auxquels on peut ajouter le vanadium, le molybdène et le tungstène, jusqu'à présent inutilisés.

Ces matières colorantes peuvent être fixées dans, ou sur les poteries de cinq manières différentes :

1° On peut les introduire dans la pâte, qui devient alors une *pâte colorée*, pouvant rester mate ou être recouverte d'une glaçure transparente ;

2° On peut se servir de pâtes colorées pour recouvrir par engobage (page 238) une autre pâte, auquel cas on leur donne le nom d'*engobes colorés*, la poterie ainsi décorée pouvant également rester mate ou être recouverte d'une glaçure transparente ;

3° On peut recouvrir la pâte engobée ou non, d'une couche de matière colorante, qui est ensuite rendue adhérente en la recouvrant d'une glaçure transparente ; ce mode de décoration est connu par la désignation de *coloration sous la glaçure ;*

4° On peut mélanger la matière colorante à la glaçure, qui devient ainsi une *glaçure colorée*, pouvant être transparente ou opaque ;

5° On peut enfin placer la coloration à la surface de la glaçure transparente ou opaque, auquel cas on doit mélanger les matières colorantes à des fondants, c'est-à-dire en faire des *couleurs vitrifiables;* ce procédé de décoration consiste donc en une *coloration sur la glaçure.*

Deux ou plusieurs de ces modes de coloration peuvent être employés simultanément pour concourir à la décoration d'une même poterie.

Lorsque les matières colorantes sont incorporées à une pâte ou à un engobe, elles doivent pouvoir résister à la température de cuisson de cette pâte ; lorsqu'elles sont placées sous la glaçure ou mélangées à celle-ci, elles doivent supporter la température de vitrification de cette glaçure ; lorsqu'enfin elles sont posées à la surface de la glaçure, ou bien ce dépôt a été fait sur la glaçure crue, et alors on rentre dans le cas précédent, ou bien la glaçure a été préalablement cuite et alors elles n'ont à supporter que la température de vitrification de leurs fondants, forcément inférieure à celle de la cuisson de la glaçure.

Dans ce dernier cas, on désigne les matières colorantes sous le nom de *couleurs de feu de moufle ;* dans tous les autres cas, ce sont des *couleurs de grand feu.* On voit que ces désignations n'indiquent pas des températures déterminées, mais qu'elles dépendent de la température de cuisson de la poterie. Telle couleur de moufle placée sur une porcelaine, par exemple, peut avoir supporté une chaleur plus élevée que telle couleur de grand feu servant à décorer une faïence. Ainsi ces dénominations, entrées dans le langage courant, n'ont point de valeur au point de vue céramique et ne peuvent à aucun degré servir à classer les matières colorantes. Une classification de ce genre est au reste peu utile, et il suffit de désigner les matières colorantes et les couleurs par les noms des composés minéraux auxquels elles doivent leur coloration.

Si on considère maintenant cette coloration en elle-même, on peut observer qu'elle est influencée:

1° Par la température de la cuisson ;

2° Par l'atmosphère oxydante, neutre ou réductrice des fours ;
3° Par certaines matières des pâtes, des glaçures ou des fondants, qui sont cependant elles-mêmes incolores ;
4° Par l'action réciproque que peuvent exercer les matières colorantes, la coloration de leur mélange n'étant pas forcément une moyenne de leurs colorations propres.

Dans cet ordre d'idées on a déjà vu les colorations variables produites par l'oxyde de fer dans les pâtes (page 310), et on a observé que les glaçures pouvaient être classées en alcalines, boraciques et plombifères, d'après l'influence qu'elles exercent sur le développement des couleurs.

Il est donc impossible de donner en céramique une classification rigoureuse des couleurs, comme, par exemple, Chevreul l'a fait pour l'industrie de la teinture. On ne peut pas, d'une manière générale, éclairer ou rabattre les couleurs en y ajoutant simplement du blanc ou du noir. Il convient, au contraire, de considérer chacune d'elles isolément et de chercher à obtenir les divers tons qu'elle peut fournir en variant la proportion de matière colorante ajoutée à une quantité déterminée de pâte, de glaçure ou de fondant, ou dans certain cas en augmentant ou en diminuant l'épaisseur de la couche colorée.

Ces principes généraux étant posés, on va maintenant examiner les colorations fournies par les treize métaux colorants usuels. On trouvera en tête de cet ouvrage une *planche coloriée* sur laquelle sont représentées, aussi bien qu'il est possible de le faire en chromolithographie, les principales couleurs céramiques, et à laquelle on est prié de se reporter pour ce qui va suivre (1).

184. Métaux colorants. — *Fer*. — On a vu, dans le chapitre précédent, les différentes colorations que l'oxyde de fer pouvait communiquer aux pâtes, il reste maintenant à examiner son action dans les glaçures. Pour des températures relativement basses, ordinairement inférieures à 1.000°, et dans une atmosphère légèrement oxydante, l'oxyde de fer donne les colorations du peroxyde, c'est-à-dire du brun et du rouge, qui peuvent devenir violacées et tirer sur le noir par suite de la présence de protoxyde. Il est alors en suspension dans la masse vitreuse, à laquelle il ne

---

(1) Nous nous faisons un devoir et un plaisir de remercier ici M. Achille Parvillée du concours qu'il a bien voulu nous donner pour la confection de cette planche coloriée et pour ses conseils dans les questions se rapportant à la décoration céramique, où il a acquis une si haute compétence.

se mélange pas facilement. Pour des températures plus élevées, il peut entrer en combinaison et donne alors des colorations peu stables, d'un vert bleuâtre dans les glaçures alcalines, d'un jaune brunâtre dans les glaçures boraciques et d'un jaune plus ou moins clair dans les glaçures plombifères. Enfin, aux températures très élevées, il forme des silicates de protoxyde peu colorés, s'il est en faible proportion, ou d'un brun rougeâtre ou noirâtre s'il est à forte dose.

Par contre, mélangé à d'autres oxydes colorants, il peut donner des colorations très stables qui sont d'un grand emploi.

On l'obtient à l'état de pureté en calcinant le sulfate de fer; il se présente alors sous forme de poudre rouge ou colcothar, dont la nuance dépend de la rapidité et de la température de la calcination. On peut également le préparer en précipitant des sels de fer par l'ammoniaque ou par les alcalis. La teinte qu'il prend dans ce cas dépend du sel et du réactif employés.

Enfin, il se trouve naturellement dans beaucoup de composés terreux, comme les ocres, la terre de Sienne, la pierre de Thiviers, le bol d'Arménie, etc., qui ont ordinairement l'inconvénient d'avoir des compositions assez variables.

Cuivre. — Les oxydes de cuivre ne s'emploient que dans les glaçures se vitrifiant à des températures moyennes. Aux températures élevées, ils ont une tendance à se déplacer dans la glaçure et même à pénétrer dans la pâte. Dans une atmosphère oxydante, c'est-à-dire à l'état de bioxyde, le cuivre donne dans les glaçures alcalines une belle coloration bleue azurée, connue sous le nom de bleu turquoise. Elle devient d'un vert plus ou moins intense dans les glaçures boraciques et plombifères. Dans une atmosphère franchement réductrice, il se forme un protoxyde donnant un beau rouge pourpre dans les glaçures alcalines, tirant plus sur l'orangé ou le brun dans les autres.

Mélangé à d'autres matières colorantes, l'oxyde de cuivre sert principalement à produire des verts.

Il est surtout employé à l'état de bioxyde anhydre, qui est une poudre noire très dense, obtenue en calcinant du nitrate de cuivre. On se sert aussi quelquefois des carbonates. Quant aux cendres bleues et autres minerais assez impurs, ils ne sont pas à recommander.

Chrome. — Les oxydes de chrome ne peuvent être employés que pour la coloration de pâtes très blanches, car la petite quantité de fer que celles-ci contiennent toujours fonce et salit les couleurs. Dans les glaçures le chrome se trouve à l'état d'oxyde de chrome ou d'oxyde chromique. L'atmosphère des fours exerce une certaine influence, le chrome prenant la forme d'acide chromique dans une atmosphère oxydante et celle d'oxyde dans une atmosphère réductrice. Cependant cette action est beaucoup moins énergique que pour le fer et le cuivre. Avec une proportion suffisante de colorants, elle ne se fait sentir qu'en modifiant légèrement les nuances. L'oxyde de chrome donne dans les glaçures alcalines un vert bleuâtre ou un bleu verdâtre peu employé ; par contre, dans les autres glaçures, il produit une belle coloration verte qui devient jaunâtre par une faible proportion d'oxyde dans une atmosphère oxydante. L'acide chromique produit des jaunes assez intenses dans les glaçures alcaliques ou purement plombifères, et des verts jaunâtres dans les glaçures boraciques. Dans les glaçures alcalino-plombifères et à basse température, il donne une coloration rouge orangée. Enfin, en mélangeant à la glaçure de l'acide stannique, de la chaux et une faible proportion d'acide chromique, on obtient une coloration d'un rouge variant du rose au pourpre, à une température suffisamment élevée. Cette coloration n'est pas spécialement due à l'acide chromique, car elle peut être obtenue dans les mêmes conditions avec d'autres substances, mais l'emploi du chrome donne les meilleurs résultats.

Les composés du chrome sont également très employés comme mélanges à d'autres oxydes, pour produire des verts avec le cuivre, des noirs avec l'oxyde de fer, etc.

L'oxyde de chrome est préparé en décomposant du chromate de mercure par la chaleur ou en attaquant le chromate de potasse à chaud par du soufre. Quant à l'acide chromique, on l'utilise à l'état de bichromate de potasse. L'emploi du chrome en céramique ne date que du commencement de ce siècle ; aussi sa présence dans les poteries peut-elle quelquefois donner des indications sur la date de leur fabrication.

Cobalt. — L'oxyde de cobalt a un grand pouvoir colorant ; il peut être employé pour la coloration des pâtes, et résiste à toutes les températures. La coloration qu'il fournit est toujours bleue. Additionné seul dans une glaçure, il donne une couleur d'un bleu intense tirant légèrement sur le violet, mais qu'il n'est pas facile d'obtenir pure dans les nuances claires. Il se comporte mieux mélangé à l'oxyde de zinc, donnant un bleu d'outremer ; additionné d'alumine, il produit une belle coloration bleu céleste.

On le mélange avec les autres oxydes colorants pour obtenir toutes les nuances du bleu.

L'oxyde de cobalt est produit dans un petit nombre de fabriques de couleurs par le traitement des minerais de cobalt. On le vend à l'état de protoxyde de cobalt presque pur, qui est une poudre d'un gris foncé, mais pour des glaçures plus ordinaires, ou pour la coloration de pâtes fines, on se sert du sesquioxyde contenant de 85 à 90 0/0 d'oxyde. Enfin, pour des pâtes ordinaires, il est plus économique d'employer le carbonate de cobalt gris rosé, ou le silicate de cobalt dit cobalt rose qui ne contiennent que 40 à 50 0/0 d'oxyde. Tous ces produits sont toujours plus ou moins mélangés d'oxyde de nickel.

Manganèse. — L'oxyde de manganèse a également une assez grande puissance colorante, qui permet de l'employer dans les pâtes auxquelles il communique, presque toujours mélangé au fer, des colorations brunes foncées ou noires, résistant à toutes les températures. Dans les glaçures, il fournit des couleurs variant du brun au violet, d'après sa teneur en oxyde de fer et d'après la composition de la glaçure. Dans les glaçures alcalines il est plus particulièrement violet et brun dans les boraciques ; les glaçures plombifères servant d'intermédiaire.

Mélangé à l'oxyde de fer, l'oxyde de manganèse donne des bruns, et on le fait entrer dans la composition de presque tous les noirs.

On peut l'extraire à peu près pur en traitant les minerais de manganèse, il se présente alors sous forme d'une poudre noire qu'il est préférable d'employer dans les glaçures, particulièrement pour les violets. Dans les autres cas, on se sert directement des minerais qui sont simplement triés, lavés et pulvérisés.

Nickel. — L'oxyde de nickel n'est guère employé seul, parce qu'il donne des nuances incertaines et tachées, variant du vert jaunâtre dans les glaçures alcalines, au vert terreux dans les boraciques et au vert brun dans les plombifères. On s'en sert à l'état de mélange particulièrement avec le fer, il donne alors un brun éclatant ; il entre également dans la composition de certains noirs. On l'extrait sous forme d'oxyde vert ou gris des minerais de nickel.

Urane. — L'oxyde d'urane donne des colorations jaunes dans un feu oxydant et vertes ou noires dans une atmosphère réductrice. Comme son prix est assez élevé, on ne l'utilise guère que dans les glaçures plombifères, où il fournit en allure moyennement oxydante un jaune orangé d'un grand éclat. Il s'extrait d'un minerai connu sous le nom de pechblende, qui peut aussi être quelquefois employé directement.

Titane. — On a vu les colorations que l'acide titanique peut donner aux pâtes (page 310). Dans les glaçures, il ne fournit que des teintes jaunes, dues au moins en partie au fer que contient toujours l'acide titanique brut du commerce.

Antimoine. — L'oxyde d'antimoine forme avec le plomb un composé ayant une coloration jaune. Dans toutes les autres circonstances, il ne communique aucune coloration et agit comme opacifiant. On l'emploie ordinairement mélangé à de l'oxyde de fer, avec lequel il forme une belle gamme de jaunes. Il est vendu sous forme d'acide antimonique et à l'état d'antimoniate de potasse, matières qui sont obtenues par le traitement de l'antimoine métallique. On peut également se le procurer sous forme d'antimoniate de plomb, connu sous le nom de jaune de Naples.

Or. — L'or préparé dans certaines conditions qui seront examinées plus loin peut servir à décorer les poteries soit à l'état d'or mat, qui peut être rendu brillant par le brunissage, soit directement à l'état d'or brillant. Si on l'introduit dans les glaçures à l'état de chlorure, il leur communique une coloration variant du rose au pourpre, qui résiste aux températures élevées, mais qui a l'inconvénient d'être d'un prix élevé. En mélangeant au chlorure d'or du chlorure d'étain, on obtient un précipité d'un pourpre violacé, connu sous le nom de pourpre de Cassius, qui donne dans les glaçures de belles colorations roses, pourpres, carminées ou violettes, mais qui, lorsqu'on élève la température au-dessus de 1.000 à 1.100° prennent une teinte d'un violet bleuâtre, puis disparaissent.

Argent. — Ce métal introduit également à l'état de chlorure dans les glaçures leur communique une coloration jaune qui est peu employée. De même on s'en sert rarement pour faire de l'argenture, à cause de sa basse température de fusion ; mais on l'ajoute souvent à la pourpre de Cassius.

Platine. — Comme on le verra plus loin, le platine peut servir à couvrir les poteries d'une couche de platine mat rendue brillante par brunissage. Introduit dans les glaçures à l'état de chlorure, il donne des colorations grises, résistant aux hautes températures, mais assez coûteuses.

Iridium. — Ce métal peut être introduit dans les glaçures à l'état d'oxyde et donne alors une coloration variant du gris au noir. Il est peu employé à cause de son prix élevé.

185. Préparation des matières colorantes. — La fabrication des matières colorantes simples se fait actuellement dans des usines spéciales. Chacune de ces matières exige, en effet, des procédés de fabrication particuliers, nécessitant quelquefois de longues préparations, si on veut les obtenir à un degré de pureté suffisant. Il faut, en outre, observer que leur fabrication demande des connaissances spéciales, et qu'elle est forcément plus économique, lorsqu'elle permet de traiter une quantité de matières premières plus grande que celle qui est employée même dans les plus grandes fabriques céramiques. Il est donc inutile, pour le but que l'on s'est proposé dans cet ouvrage, d'entrer à ce sujet dans des explications plus détaillées ; aussi, dans ce qui va suivre, n'examinera-t-on que les mélanges des matières colorantes simples et la fabrication de certaines substances colorantes composées, qui sont souvent préparées dans les usines céramiques. On suivra une classification basée sur les colorations, en divisant celles-ci en blancs, noirs, gris, bleus, verts, jaunes, rouges, bruns et violets.

Blancs. — Toutes les pâtes ne contenant pas ou seulement peu d'oxyde de fer sont blanches, et peuvent servir d'engobes blancs. Quant aux glaçures, on ne peut les rendre blanches qu'aux dépens de leur transparence. Toutes les matières opacifiantes : oxyde de zinc, calcine, acide arsénieux, alumine, etc., qui ont été examinées précédemment (page 281), sont blanches ; on n'a donc que l'embarras du choix.

Noirs. — Les noirs peuvent être obtenus de différentes manières :

1° Emploi de l'oxyde d'iridium seul, ou de l'oxyde d'urane également seul, mais uniquement dans une atmosphère réductrice ;

2° Mélange de deux oxydes, dont l'un doit toujours être l'oxyde de fer ou de manganèse, et l'autre les oxydes de cobalt, de chrome ou d'urane. Parmi ces mélanges, les plus employés sont ceux de fer et de chrome, de fer et de cobalt, de manganèse et d'urane ;

3° Mélanges de trois ou de quatre oxydes, composés toujours de fer et de manganèse, auxquels on ajoute du cobalt, du chrome et du cuivre.

Dans tous ces mélanges, on obtient des nuances différentes, en faisant prédominer l'une des matières colorantes. Ainsi, le fer donne des teintes brunes, le cobalt des teintes bleues, le manganèse des teintes violettes et le chrome des teintes vertes. Ces matières colorantes sont employées directement à l'état d'oxydes; cependant on se sert aussi quelquefois de chromate de protoxyde de fer, qui est obtenu en précipitant une dissolution de chromate neutre de potasse, par un sel de protoxyde de fer également en dissolution.

Gris. — En diminuant la proportion de matières colorantes noires, on obtient naturellement des gris, cependant on se sert principalement d'un mélange de fer et de cobalt. Il faut observer que le gris est plus difficile à obtenir que le noir, parce que le mélange des matières colorantes doit être assez exactement dosé pour ne pas donner des teintes grises jaunâtres, verdâtres, bleuâtres, d'un vilain aspect. Le platine donne un beau gris, qui n'a que l'inconvénient d'être coûteux. Dans ce but, le platine après avoir été dissous dans l'eau régale, est précipité par l'ammoniaque, et la liqueur est évaporée, puis calcinée. On obtient ainsi une poudre de platine extrêmement divisée.

Bleus. — Toutes les colorations bleues sont données par le cobalt. Celui-ci est vendu à l'état d'oxyde, de carbonate, de silicate ou de phosphate de cobalt. Sans mélange, il donne un beau bleu légèrement violacé on a vu qu'en le mélangeant avec de l'oxyde de zinc ou avec l'alumine, on obtient des colorations bleu outremer ou bleu céleste. Les nuances bleu verdâtres sont obtenues en mélangeant un peu d'oxyde de chrome; de même, le bleu devient plus violacé par l'addition d'une petite quantité d'oxyde de manganèse. La cuisson des couleurs de cobalt doit se faire dans une atmosphère oxydante ou au moins neutre.

On a vu que l'oxyde de cuivre dans une glaçure alcaline, et cuit en feu franchement oxydant, donne une belle coloration connue sous le nom de bleu turquoise. Il faut observer que le protoxyde de cuivre est noir et le bioxyde rouge, c'est seulement le silicate de protoxyde qui est bleu.

Verts. — Les colorations vertes sont produites au moyen du chrome, à l'état d'oxyde de chrome. Dans les glaçures alcalines, la teinte d'un vert bleuâtre est ramenée au vert par un mélange d'oxyde de cuivre. Les verts bleuâtres sont obtenus dans toutes les glaçures par un mélange de chrome et de cobalt. L'addition d'un peu de fer les fait tirer au jaune et au brun. Un mélange de chrome et de nickel donne également un vert qui a été quelquefois employé. Quant aux verts fournis par le cuivre seul, dans les glaçures boraciques et alcalines, il est moins en usage.

Jaunes. — Les couleurs jaunes sont nombreuses, voici les principales :

1° Oxyde de fer pur, employé surtout dans les pâtes, pour une température élevée il tourne au brun ;

2° Mélange d'oxyde d'antimoine et d'oxyde de plomb, auquel on ajoute souvent un peu d'oxyde de fer ;

3° Oxyde d'urane pur, dont la teinte devient orangée en présence du plomb ;

4° Oxyde de titane mélangée à de l'oxyde de zinc ;

5° Acide chromique, mais seulement dans les glaçures alcalines.

Pour les températures élevées, on ne peut se servir que de l'urane et du titane.

Rouges. — Les colorations roses, rouges ou pourpres, sont obtenues par le fer, le chrome, le cuivre ou l'or, suivant les circonstances.

1° La coloration rouge due au fer ne peut être obtenue qu'à une température inférieure à $1.000°$; au delà elle devient brune, puis noirâtre. Dans les glaçures sa nuance dépend entièrement de la manière dont l'oxyde de fer a été préparé.

2° Un mélange d'oxyde de zinc, de carbonate de chaux et d'une faible proportion d'acide chromique, donne une couleur rouge désignée dans le nom de rouge œillet ou de pink, mais seulement dans une atmosphère oxydante. On pulvérise d'abord finement le mélange d'oxyde et de carbonate, et on y ajoute une dissolution de bichromate de potasse, puis la masse est séchée, calcinée, pulvérisée, lavée et séchée à nouveau. Une certaine quantité de quartz, ajoutée au mélange, donne des nuances plus franchement rouges.

3° En mélangeant du chlorure d'or, avec une pâte argileuse blanche, additionnée de carbonate de soude, ce mélange étant fait en pâte liquide, puis séché, on obtient une masse ayant une belle coloration pourpre, qui résiste aux températures élevées, mais qui est naturellement assez cher.

4° Pour de basses températures, on la remplace par la pourpre de Cassius. Celle-ci est obtenue de la manière suivante : On fait d'une part une dissolution d'or dans de l'eau régale, qui est ensuite évaporée pour éliminer l'acide en excès, puis dissoute dans l'eau. D'autre part, on dissout de l'étain dans de l'acide chlorhydrique concentré, puis on évapore et on laisse le sel se cristalliser. On dissout dans l'eau, et on traite la moitié de la dissolution par un courant de chlore, qui transforme le chlorure d'étain en bichlorure. Les deux dissolutions de chlorure et de bichlorure sont réunies fortement étendues d'eau, et on y verse goutte à goutte la dissolution de chlorure d'or. Il se fait un précipité couleur lie de vin qui est lavé et séché. La méthode qui vient d'être décrite peut être l'objet de plusieurs variantes, considérées plus ou moins comme des secrets de fabrication, par les marchands de couleur.

On ajoute quelquefois du chlorure d'argent au chlorure d'or, pour rendre plus rouge la pourpre de Cassius qui a une tendance à passer au violet.

5° On a vu que l'oxyde de cuivre donne également une belle coloration rouge, mais seulement dans une atmosphère franchement réductrice ; son emploi se trouve par conséquent limité à certains effets décoratifs.

Bruns. — Les bruns sont donnés par l'oxyde de fer, soit seul aux températures élevées, soit mélangé d'oxydes de manganèse, de chrome, de cobalt ou de nickel, qui lui communiquent les nuances les plus diverses.

Violets. — Les teintes violettes ne sont directement données que par le manganèse, dans des glaçures alcalines. Dans les autres cas, il faut avoir recours à un mélange de cobalt avec une des matières colorantes rouges précédemment décrites, particulièrement avec le pinck. Enfin la pourpre de Cassius, dans un fondant plutôt alcalin que plombifère et en l'absence de chlorure d'argent, donne des colorations violettes.

Toutes les matières colorantes doivent être très finement pulvérisées et intimement mélangées, pour donner une coloration uniforme et régulièrement répartie. Cette pulvérisation se fait soit au moyen de mortiers pour de très petites productions, soit en se servant des procédés employés pour la pulvérisation des glaçures (page 295).

186. Propriétés des matières colorantes. — Il reste à dire quelques mots sur les combinaisons des matières colorantes soit entre elles, soit avec les autres éléments des pâtes, des glaçures et des fondants, ainsi que sur l'action qu'elles exercent sur la fusibilité et sur la dilatation.

A des températures relativement basses, les matières colorantes peuvent se combiner entre elles pour donner naissance à des sels, dont la coloration n'est pas une moyenne entre les couleurs des substances composantes. Ainsi on a vu que l'oxyde d'antimoine et l'oxyde de plomb, tous les deux blancs, donnent un antimoniate de plomb ayant une coloration jaune. Dans ces combinaisons, d'une manière générale, les oxydes qui ont le symbole MO (M étant un métal quelconque) jouent le rôle de base, ceux de la forme MO^2, MO^3, ou M^2, O^7 sont acides, tandis que ceux ayant le symbole M^2O^3 ou quelquefois MO se comportent, suivant les circonstances, comme des acides ou comme des bases.

Ainsi les protoxydes de fer, de manganèse, de cobalt, le bioxyde de cuivre sont basiques, tandis que les composés de l'antimoine et du chrome sont acides. Parmi les sels qui peuvent ainsi se former, on peut mentionner : le chromate et l'antimoniate de fer ; les manganates de cobalt, de chrome ; les ferrates de manganèse, de chrome, de cobalt, etc.

En ajoutant aux matières colorantes proprement dites d'autres oxydes métalliques incolores, on peut également obtenir des sels colorés, ayant des nuances particulières. Ces oxydes incolores qui ont été mentionnés parmi les matières premières des glaçures sont les oxydes d'étain, de zinc, de plomb. Le premier, toujours acide, donne des stannates, le second produit généralement des zincates ; quant au troisième, à l'état de protoxyde, il fournit des bases et des plombates lorsqu'il est sous forme de minium. On peut citer, comme exemple, le stannate de chrome, le zincate de fer, l'antimoniate et le chromate de plomb, etc.

Parmi les bases alcalino-terreuses, qui peuvent également se trouver mélangées aux couleurs, la chaux, la baryte et la magnésie agissent constamment comme bases, tandis que l'alumine joue plutôt le rôle d'acide. Exemple : chromate de baryte et aluminate de cobalt.

Enfin, les alcalis (soude et potasse) sont naturellement toujours basiques, tandis que l'acide borique et la silice sont toujours acides.

Le grand nombre de combinaisons qui peuvent ainsi se former explique les nombreuses variations dans les nuances des couleurs céramiques, ainsi que l'impossibilité de mélanger, en général, plusieurs couleurs pour obtenir une coloration moyenne.

Lorsque les matières colorantes doivent être fixées à la surface de la glaçure, on les additionne de *fondants*, c'est-à-dire de matières qui forment avec elles des composés vitreux. Il est alors facile de donner à la couleur vitrifiable la composition voulue pour obtenir la coloration désirée ; ceci, joint à la basse température de cuisson, explique pourquoi la série des couleurs vitrifiables mises en vente par les fabricants de couleurs est si riche, et comprend toutes les nuances imaginables.

Il n'en est plus de même lorsque les matières colorantes ou leurs composés sont introduits dans les pâtes ou dans les glaçures, dont la composition ne peut pas être uniquement dictée par des considérations de coloration. Il résulte de cette première circonstance que le nombre des couleurs se trouve notablement diminué, mais il éprouve une seconde réduction plus importante du fait de la température plus élevée de la cuisson de la pâte et de la vitrification de la glaçure. Sous l'influence de la chaleur les affinités chimiques des différentes substances en présence se trouvent modifiées. En particulier, les propriétés acides de la silice se développent à mesure que la température augmente, de sorte que les silicates se substituent progressivement aux antimoniates, aux ferrates, aux zincates, aux stannates, aux manganates, aux plombates, aux aluminates, et qu'à la température de la cuisson de la porcelaine la silice reste le seul élément acide, à côté de l'acide borique.

On voit que l'on a intérêt à chercher à retarder autant que possible l'action de la silice, en formant entre les matières colorantes et les autres éléments de la pâte ou de la glaçure des composés aussi résistants que possible. On peut admettre avec Seger que les combinaisons les plus stables à ce point de vue sont celles ayant la composition des spinelles, c'est-à-dire qui sont formées par la combinaison d'un protoxyde et d'un sesquioxyde.

Ce qui précède ne s'applique, bien entendu, qu'aux matières colorantes susceptibles d'entrer en combinaison avec les éléments des fondants, de la glaçure ou de la pâte. Certaines d'entre elles agissent soit comme les opacifiants en n'entrant pas en combinaison à la température de cuisson, comme c'est le cas pour plusieurs couleurs de la peinture sur glaçure, soit en demeurant inattaquées aux températures élevées, comme l'or et le platine.

L'introduction de matières colorantes dans les pâtes ou les glaçures a pour effet général d'augmenter leur fusibilité. Parmi les oxydes colorants les plus employés, celui de chrome paraît le moins fusible, puis viennent ceux de fer, de manganèse, d'urane et enfin ceux de cobalt et de cuivre. Il convient de tenir compte de ces indications pour modifier, s'il y a lieu, la composition de la pâte ou de la glaçure et de la rendre plus réfractaire.

En ce qui concerne la dilatation, on admet que tous les oxydes colorants donnent des composés ayant une dilatation inférieure à celle de l'oxyde de plomb (v. page 319); l'oxyde de cuivre seul fait exception. C'est cette propriété qui rend si difficile l'obtention de certaines couleurs de cuivre et particulièrement du bleu turquoise.

§ 2. — Procédés de décoration

187. Généralités sur les procédés de décoration.
— Aucun objet de l'industrie ou des arts ne se prête à autant de procédés différents de décoration que les poteries. La pâte, grâce à sa plasticité, peut recevoir toutes les formes et toutes les décorations ; la glaçure peut être en elle-même un sujet d'ornementation, et on vient de voir qu'il existe cinq manières d'introduire la couleur. En employant séparément ou simultanément plusieurs de ces procédés de décoration, on peut obtenir les résultats les plus divers, alliant ainsi l'art de la sculpture à celui de la peinture. Il existe, en outre, une série de procédés, de tours de main particuliers, qui multiplient les effets décoratifs et permettent de les varier à l'infini. Une description de tous les procédés de décoration qui ont été employés sortirait complètement du cadre de cet ouvrage, et on se contentera de résumer ceux qui sont pour ainsi dire classiques, ne faisant que mentionner les autres et passant généralement sous silence les décors obtenus par l'emploi simultané de plusieurs modes d'ornementation. Il est également bien entendu qu'il ne sera point question d'art, et qu'on se contentera de donner quelques conseils pratiques sur la meilleure manière d'employer les différents modes de décoration.

Après avoir dit quelques mots sur le façonnage décoratif des pâtes, on décrira les cinq procédés de décoration par la couleur, puis on parlera de l'ornementation au moyen des métaux, et enfin on mentionnera brièvement quelques-uns des autres procédés les plus usités ou les plus à la mode. Ce chapitre sera terminé par des observations sur la cuisson des couleurs, la dernière opération de la fabrication des produits céramiques les plus complexes.

188. Façonnage décoratif de la pâte. — Dans le chapitre IV, on n'a étudié que le façonnage industriel, c'est-à-dire celui qui a pour but la reproduction d'un plus ou moins grand nombre d'objets semblables, et sans s'occuper de certains détails de fabrication d'ordre purement décoratif. Il reste à compléter maintenant ce qui a été dit alors, mais en se plaçant au point de vue de la décoration.

Dans cet ordre d'idée, le façonnage peut avoir deux buts :
1° La création d'un objet unique décoratif ;

2° La décoration d'objets fabriqués par un des procédés du façonnage industriel.

Le façonnage d'une poterie décorative originale ne peut naturellement se faire que par un modelage à la main, ou, lorsque l'objet est rond, par un tournage sur le tour à potier, souvent terminé par un tournassage. Il est impossible de donner à ce sujet des indications précises, les procédés employés dépendant complètement de la nature de la pâte et de la forme de la poterie. Voici cependant quelques observations générales :

Le modelage et le tournage à la main exigent des pâtes assez plastiques, ce qui peut toujours être le cas pour les terres cuites et les grès. Il en est généralement de même pour celles employées dans la fabrication des faïences; par contre, les pâtes de porcelaine sont beaucoup plus maigres, et présentent des difficultés spéciales. On est souvent obligé de leur ajouter des agglutinants : colles, dextrine, etc.

Pour les parties en haut relief, il est souvent plus commode, et quelquefois nécessaire, de les façonner séparément et de les souder ou coller ensuite à l'objet principal. La facilité avec laquelle cette opération peut se faire rend possible le modelage de sujets très fouillés ou à parties saillantes minces et délicates.

Le degré d'humidité des pâtes a une grande importance. Pendant toute la durée du modelage, il faut empêcher la pâte de se dessécher, en l'entourant de linges mouillés, ou en l'humectant avec des éponges, mais cette sujétion est largement compensée par la facilité avec laquelle on peut sculpter la pâte lorsque, le modelage étant terminé, on la laisse se raffermir. La pâte se prête alors à un travail de précision qui permet d'aviser les arêtes, de diminuer les épaisseurs et de préciser les contours. Pour les pâtes maigres, ce sculptage remplace en grande partie le modelage, qui ne peut servir qu'à ébaucher plus ou moins grossièrement la poterie. Il est alors également possible de coller des parties en haut relief très minces, qui se déformeraient si on les appliquait lorsqu'elles sont encore plastiques.

Il est très important d'observer qu'il est impossible de sécher et de cuire convenablement des objets ayant des parties épaisses massives à côté d'autres beaucoup plus minces. Si ce cas se présente, il est de toute nécessité d'évider intérieurement les parties les plus volumineuses. Lorsqu'il est impossible de faire cette opération par une face non apparente, il faut, après le modelage, la pâte s'étant un peu raffermie, diviser la partie à évider en deux ou plusieurs fragments au moyen d'un fil métallique ou d'une lame mince. Chaque partie est alors évidée séparément, puis le tout est recollé et les bavures sont enlevées par sculptage.

Il faut enfin tenir compte du retrait que prennent toutes les pâtes au séchage (environ 1/10 pour les pâtes plastiques) et augmenter d'autant les dimensions de l'objet pendant le modelage.

Ce qui vient d'être dit s'applique également en partie à la décoration des poteries, dont le façonnage a été fait industriellement. Il est souvent beaucoup plus facile de mouler séparément certains ornements, ou certaines parties fortement en saillie, et de les souder ou de les coller ensuite. Ce mode de façonnage s'applique spécialement aux figurines en haut relief, aux guirlandes, aux médaillons qui servent à décorer les poteries.

La décoration en creux de motifs fréquemment répétés peut se faire au moyen d'estampes, portant gravé en saillie le motif que l'on veut imprimer dans la poterie. On les presse contre la pâte légèrement raffermie, en maintenant celle-ci intérieurement s'il y a lieu, pour l'empêcher de se déformer sous la pression. Lorsque ce décor en creux forme un bandeau dans lequel le même motif est constamment répété, on remplace l'estampe par une roue à molette. Ces deux procédés de décoration sont désignés sous les noms d'*estampage* et de *moletage*. On peut également employer le *guillochage*, tel qu'il se pratique dans d'autres industries et qui n'offre aucune difficulté. Enfin des plaques d'assez grandes dimensions peuvent être ornées d'un dessin indéfiniment reproduit, en les faisant passer sous un cylindre gravé, portant en saillie les creux que l'on veut obtenir.

Lorsque la pâte est presque sèche, sa surface peut être polie au moyen d'une corne; on lui donne ainsi un aspect glacé, en même temps que l'on augmente sa dureté. Il ne s'agit naturellement dans ce cas que de poteries mates.

Dans certains cas, la glaçure peut compléter le façonnage de la pâte. On peut ainsi, avec des colombins de pâte, faire des objets tressés qui auraient peu de résistance, si on ne les plongeait dans une glaçure qui soude les colombins entre eux. On peut aussi pratiquer dans la pâte des évidements de petites dimensions, qui se remplissent ensuite de glaçure, et qui, lorsque celle-ci est transparente, deviennent un motif de décoration tout particulier.

189. Coloration des pâtes. — On a vu, dans le chapitre

relatif à la cuisson, les diverses colorations que donne aux pâtes l'oxyde de fer contenu dans les argiles. En y mélangeant d'autres matières colorantes, on peut obtenir des pâtes colorées de différentes nuances.

Les matières colorantes doivent être introduites à l'état de poudre extrêmement fine et intimement mélangées à la pâte, si on veut obtenir une coloration uniforme. Quelquefois, pour économiser la couleur, on peut se contenter d'en imprégner la surface de la pâte, lorsque celle-ci est très sèche ou mieux légèrement dégourdie. Cependant il est rare que ce procédé d'*imprégnation* donne des colorations uniformes.

Il faut observer que, pour que les couleurs soient stables et ne puissent pas être enlevées par lavage par exemple, il est nécessaire que la température de cuisson soit suffisante pour déterminer leur combinaison avec les éléments de la pâte. Si tel n'est pas le cas, et si on veut précisément éviter cette combinaison pour empêcher l'action que, par exemple, l'alumine paraît exercer sur elles, on les fritte d'avance de manière à ne les introduire qu'à l'état de composés stables, soit presque toujours sous forme de silicates.

Voici maintenant quelques détails sur les différentes colorations que l'on peut obtenir.

Blancs. — Cette coloration est naturellement celle des pâtes ne contenant pas d'oxyde de fer. On a vu qu'il est presque impossible d'éviter complètement sa présence, et qu'une faible proportion permet néanmoins d'obtenir des pâtes blanches, à une température de cuisson modérée, mais que, pour des pâtes vitrifiables, il faut avoir recours à une cuisson en atmosphère réductrice pour obtenir un blanc légèrement bleuté.

Noirs. — Le noir est presque toujours obtenu par un mélange d'oxyde de fer et d'oxyde de manganèse. Suivant que l'un ou l'autre est prépondérant, le noir tire sur le brun ou sur le violet. Dans les pâtes ferrugineuses, il suffit d'ajouter du manganèse.

Pour des poteries fines, on se sert quelquefois d'oxyde de fer auquel on ajoute un peu d'oxyde de cobalt. Le mélange indiqué précédemment des oxydes de fer, de manganèse, de cobalt et de chrome peut également être employé.

Il convient de ne citer que pour mémoire le procédé de cuisson qui consiste, par une allure très réductrice, à réduire l'oxyde de fer et à faire déposer dans les pores de la terre cuite du carbone, provenant de la décomposition des hydrocarbures fournis par les gaz des foyers.

Gris. — Les gris sont naturellement obtenus avec une plus faible proportion d'oxydes de fer et de manganèse. Cependant, pour avoir des nuances assez claires, il est nécessaire que la pâte soit préalablement pas ou seulement peu ferrugineuse.

On obtient de plus belles nuances par le mélange d'oxyde de fer et de cobalt, la petite quantité de ce dernier oxyde qu'il faut alors employer rend cette solution suffisamment économique. Pour des pâtes fines vitrifiables, on peut se servir également de sesquioxyde d'iridium et de chlorure de platine, soit séparément, soit mélangés.

Bleus. — Les colorations bleues ne peuvent être produites que par des pâtes blanches auxquelles on ajoute de l'oxyde de cobalt. Les nuances ainsi obtenues dépendent non seulement de la proportion d'oxyde colorant, mais aussi de la quantité d'alumine contenue dans la pâte. Si celle-ci est alumineuse, la couleur est bleu céleste; si elle est siliceuse, la nuance tire sur l'indigo. On peut cependant obtenir cette dernière coloration (bleu persan) dans les pâtes siliceuses, en faisant fritter préalablement l'oxyde de cobalt avec son poids d'oxyde de zinc. De même, on peut colorer les pâtes siliceuses en bleu céleste en frittant d'abord l'oxyde de cobalt avec de l'alun.

Verts. — Les verts sont obtenus par le mélange d'oxyde de chrome à une pâte blanche. Il est essentiel que celle-ci soit aussi exempte de fer que possible, faute de quoi les teintes sont blafardes. Les nuances s'obtiennent en faisant varier la teneur de l'oxyde colorant, et en ajoutant un peu de cobalt pour produire des verts bleuâtres. On a aussi employé quelquefois l'oxyde de nickel, qui seul donne du vert franc quoique un peu incertain, et qui, mélangé à un peu d'oxyde de cobalt, produit un vert olive.

Jaunes. — Les colorations jaunes, jaune orangé et jaune brun sont produites dans les terres cuites par l'oxyde de fer, en employant des argiles naturelles donnant seules ou par leur mélange entre elles la nuance voulue. Dans les pâtes vitrifiées, on a vu qu'on ne peut obtenir avec l'oxyde de fer qu'un jaune pâle dans une atmosphère oxydante; si on force la teneur d'oxyde, il se produit une coloration brune noirâtre et non un jaune intense. Pour obtenir cette couleur, il faut avoir recours à l'oxyde d'urane qui donne un beau jaune, mais seulement dans une atmosphère franchement oxydante. Si celle-ci est réductrice, la teinte passe au gris verdâtre.

Rouges. — Dans les terres cuites les colorations rouges sont également obtenues par l'oxyde de fer, mais on a observé dans le chapitre précédent qu'elles ne résistent pas à une température élevée. D'une manière générale les colorations jaune intense et rouges sont très difficiles, sinon impossible à obtenir dans les pâtes vitrifiées. Lorsqu'elles sont très blanches, on peut cependant les colorer en rose par le rouge de chrome. Dans ce cas il faut fritter du bichromate de potasse avec de l'alumine pure, et additionner cette fritte finement pulvérisée à la pâte. Le mélange d'une petite proportion d'oxyde de cobalt fait passer cette coloration rose au lilas.

Bruns. — On sait que cette couleur est donnée par l'oxyde de fer à une température assez élevée. Pour des pâtes ferrugineuses n'exigeant qu'une chaleur modérée, on la produit facilement par le mélange d'un peu d'oxyde de manganèse. Dans les pâtes blanches plus fines on se sert d'un mélange d'oxydes de fer et de chrome, ou de fer chromé tel qu'on le trouve dans certains minéraux. On peut également employer un mélange d'oxydes de manganèse et de chrome, ou une fritte d'oxydes de zinc et de chrome, obtenue par exemple en chauffant du sulfate de zinc avec de l'oxyde de chrome.

Violets. — Ces colorations ne peuvent que difficilement s'obtenir par l'oxyde de manganèse ou par le chrome et le cobalt.

190. Engobes colorés. — On a vu dans le chapitre relatif au façonnage (page 238), qu'on désigne, sous le nom d'engobe, une pâte déposée à la surface d'une autre pâte façonnée. Les pâtes colorées comme il vient d'être dit peuvent naturellement servir d'engobes colorés, pour décorer des objets façonnés avec d'autres pâtes. Ce procédé décoratif est utilisé soit dans un but d'économie, en communiquant seulement à la surface une coloration ou des qualités qu'il serait trop coûteux de donner à toute la pâte, soit pour décorer la surface de la pâte au moyen de peintures ou de relief de différentes nuances.

Dans le premier cas, l'engobe doit être étendue soit sur toute la surface, soit seulement à l'intérieur ou à l'extérieur de la poterie, celle-ci étant en pâte sèche ou en pâte dégourdie par une première cuisson. Les procédés employés pour la pose de l'engobe coloré sont les mêmes que ceux indiqués, chapitre iv, pour les engobes incolores; il n'y a donc pas lieu d'y revenir.

Dans le second cas, l'engobe est ordinairement posé au pinceau, sur la pâte crue ou préalablement dégourdie, en employant les procédés usités dans la peinture à l'huile ou à l'aquarelle. Ce mode de décoration a reçu le nom de *peinture à la barbotine*. La poterie décorée, après avoir été séchée, peut être cuite, si elle doit rester mate, ou être d'abord recouverte d'une glaçure incolore naturellement transparente et cuite ensuite. On peut aussi ne recouvrir de glaçure que les fonds ou les parties peintes.

Dans la peinture à la barbotine, il est bon de n'employer qu'un petit nombre de couleurs franches, sans vouloir donner trop de modelé au dessin, et sans vouloir à ce sujet imiter la peinture à l'huile. On évite également l'aspect terne et un peu monotone de ce genre de décoration en faisant les fonds plus éclatants que les parties peintes ou réciproquement.

En donnant à la pâte liquide de l'engobe un peu plus de consistance, il est possible de faire au pinceau des décors en relief, présentant ainsi un certain modelage dont on peut ensuite aviver les contours et les saillies par un sculptage avec de petits outils manuels.

L'engobe pâteux peut aussi être placé dans un vase muni d'un bec effilé, permettant de le laisser tomber goutte à goutte sur la poterie, de manière à y former des pastilles rondes en saillie, des lignes ou des rosaces. Cette décoration est connue sous le nom de *pastillage*.

En employant un vase à plusieurs compartiments remplis d'engobes de différentes couleurs, avec une série de becs contigus, on peut également couler sur la poterie un engobe multicolore, qui permet de faire des *marbrures*. En recouvrant le tout d'une glaçure, on imite ainsi les différentes colorations des marbres.

Dans certains cas, particulièrement pour les carreaux de pavement, on ménage quelquefois pendant le façonnage, sur la surface de la poterie, des alvéoles que l'on peut remplir d'engobes de différentes nuances, la surface étant ensuite égalisée au moyen d'un couteau.

Enfin on peut utiliser dans un but décoratif l'engobage par incrustation, précédemment décrit (page 239). Dans ce cas, on se sert de petits moules, divisés par des cloisons en fer-blanc mince formant les contours du dessin que l'on veut obtenir, que l'on remplit de pâtes sèches diversement colorées. Après avoir enlevé les cloisons séparatrices, on recouvre les pâtes colorées de pâte ordinaire également en poudre, et on agglomère le tout au moyen d'une forte pression. On trouvera une description plus complète de ces deux derniers procédés dans les articles consacrés à la fabrication des carreaux (pages 606 et 674).

191. Coloration sous la glaçure. — Ce procédé de décoration consiste à colorer les pâtes crues ou cuites, recouvertes ou non d'engobe, avec des matières colorantes et à recouvrir le tout d'une glaçure transparente incolore qui développe et fixe les couleurs. Il ne faut pas le confondre avec la peinture à la barbotine sous glaçure. Dans celle-ci les matières colorantes sont fixées dans l'engobe, tandis que, dans la peinture sous glaçure, c'est dans la glaçure que les couleurs pénètrent sous l'influence de la cuisson.

Lorsque toute la poterie doit recevoir une coloration uniforme, on emploie les procédés de pose décrits chapitre IV (page 238), la matière colorante très finement pulvérisée ayant été mélangée à une quantité suffisante d'eau additionnée d'un peu de gomme arabique, de mélasse, de glycérine, etc., pour la rendre plus adhérente. Lorsque la pâte a été préalablement dégourdie, il convient souvent de la rendre moins absorbante en l'imbibant d'eau ou d'un liquide gommeux ou albumineux. Dans ce cas, il est nécessaire de chauffer suffisamment la poterie pour rendre de nouveau la pâte absorbante avant de la recouvrir de glaçure.

On peut aussi employer l'immersion pour produire des effets de marbrure. Les couleurs broyées à l'eau ou à l'essence sont, dans ce cas, disposées sur un bain de gomme adragante dissoute dans l'eau, sur lequel, après avoir été légèrement remuées, elles viennent surnager. On trempe alors dans le bain les poteries dégourdies qui absorbent la couleur.

S'il s'agit au contraire de recouvrir la poterie d'un décor, la pose des couleurs peut se faire soit au pinceau, soit par impression.

Pour la *peinture sous glaçure au pinceau*, on délaye les couleurs réduites en poudres impalpables, soit à la molette, soit au couteau à palette avec de la gomme arabique ou de l'essence de térébenthine sur des glaces dépolies, et on les applique au pinceau comme on le fait pour la peinture à l'huile. Les modelés sont obtenus par des teintes superposées. Les poteries décorées sont ensuite séchées, puis recouvertes de glaçures suivant les procédés connus.

La *décoration par impression* se fait d'une tout autre manière. On se sert dans ce but de plaques en cuivre, battues au marteau, dans lesquelles on grave en creux le dessin qu'il s'agit de reproduire. Cette gravure doit se faire de préférence par pointillés, en employant le moins possible le burin. D'autre part, on prépare un mélange intime de la matière colorante en poudre fine avec une huile d'impression. Celle-ci est produite par la cuisson d'huile de lin additionnée d'un peu de résine ou de gomme. Le mélange est fait au moyen d'une molette sur une plaque de fer chauffée à 150° ou dans un appareil spécial à mélanger les couleurs d'impression.

On prend alors le mélange avec une spatule, on l'étend sur la plaque gravée, en ayant soin, au moyen d'un tampon, de le faire pénétrer dans les creux, puis on enlève l'excès de couleur et on essuie la plaque. Celle-ci étant ainsi préparée est recouverte d'une feuille de papier de chanvre mince, préalablement imbibée dans une dissolution aqueuse de savon noir, et passée sous une presse à imprimer. Puis, après l'avoir placée sur un réchaud, ordinairement chauffé à la vapeur, on détache le papier sur lequel la couleur est restée adhérente, on découpe la partie contenant le dessin et on l'applique sur la poterie à décorer, en frottant avec un rouleau. Au bout de quelques heures, on immerge la poterie dans de l'eau, on détache le papier avec une éponge. L'impression reste adhérente sur la poterie, qui est ensuite séchée, chauffée à 150 ou 200°, pour éliminer les huiles, puis recouverte de glaçure et cuite.

On voit que ce procédé ne permet que l'impression de dessins monochromes. Aussi, le décor est-il souvent complété par une peinture au pinceau, ou plutôt par une enluminure.

Dans certains cas, on peut remplacer le procédé d'impression précédent par une impression chromolythographique. Mais ce mode de décoration sera décrit plus loin à propos de la coloration sur glaçure.

Dans la coloration sous glaçure, les couleurs doivent résister à la température de cuisson de la glaçure dans laquelle elles se vitrifient. Les matières colorantes employées ont été décrites dans le chapitre précédent. Il suffit de compléter ce qui a été dit par les indications suivantes :

On distingue les couleurs pour fonds de celles employées au pinceau ou par impression. Les premières sont assez liquides, elles servent soit pour la coloration de toute la poterie remplaçant l'engobe, soit pour colorer seulement certaines parties comme les bords des assiettes ou pour faire des filets. Leur pose est assez difficile si on veut obtenir des teintes uniformes. En outre, pour des nuances intenses, on est obligé de leur donner une assez forte épaisseur et de courir le risque qu'elles ne soient pas entièrement dissoutes par la glaçure, auquel cas elles restent ternes et sont sujettes à se détacher de la pâte.

Les couleurs appliquées au pinceau ou par impression sont plus nombreuses et exigent moins de précautions. Comme pour les précédentes, leur composition dépend de la température de fusion de la glaçure, aussi a-t-on intérêt, lorsque cette température est assez élevée, à chercher à leur donner des compositions suffisamment stables pour pouvoir résister autant que possible à l'action de la silice. On les mélange souvent, particulièrement pour la porcelaine, avec une certaine proportion de pâte.

192. Glaçures colorées. — La couleur, au lieu d'être mise dans la pâte ou sur sa surface, peut être incorporée à la glaçure, qui devient ainsi un verre coloré. Ce mode de coloration des poteries est celui qui donne les couleurs les plus éclatantes.

Les glaçures colorées sont préparées comme les glaçures ordinaires, mais en y introduisant la matière colorante. Suivant la couleur employée, elles doivent être alcalines, boraciques ou plombifères. Après avoir été finement pulvérisées, on les additionne d'eau de manière à en faire une pâte ayant la consistance voulue. La pose se fait presque toujours sur la pâte cuite ou dégourdie, recouverte ou non d'engobe.

Si toute la poterie doit recevoir une couche uniforme de glaçure, celle-ci est posée par un des procédés employés pour la pose des glaçures incolores (page 297), en se servant particulièrement de l'immersion ou de la saupoudration, la pâte ayant été préalablement enduite de gomme arabique ou d'une autre matière visqueuse.

En employant ces procédés, on peut réserver certaines parties destinées à recevoir une décoration spéciale. Différentes méthodes sont employées pour faire ces *réserves*; voici les deux plus simples : On recouvre au pinceau, avec un enduit composé de craie et d'essence ou de gomme, les parties à réserver, on immerge toute la poterie dans la glaçure colorée, puis on la chauffe suffisamment pour que la glaçure devienne adhérente. Les parties peintes qui n'ont pas adhéré à la pâte tombent d'elles-mêmes, laissant la réserve à nu.

Lorsque ces réserves doivent être ornées de glaçures de couleurs différentes de celles du fond, on peut préalablement les poser au pinceau, après les avoir délayées dans de l'huile; lors de l'immersion, la glaçure de fond qui est préparée avec de l'eau n'adhère pas sur ces parties grasses.

Lorsque les glaçures sont transparentes, il est quelquefois difficile d'obtenir, par immersion, une épaisseur parfaitement régulière, qui est nécessaire pour donner à toute la poterie une coloration uniforme. On préfère, dans ce cas, surtout lorsqu'il s'agit de grandes surfaces, employer le procédé de pose qui a été décrit sous le nom d'insufflation (page 299).

D'autres fois, on cherche au contraire à provoquer des différences d'épaisseur dans la glaçure, de manière à obtenir des nuances plus ou moins foncées. Dans ce but, la pâte porte en creux des ornements qui sont obtenus au moulage, ou par la gravure ultérieure de la pâte. On peut aussi, en posant par insufflation, varier l'épaisseur de la couleur.

Les glaçures colorées peuvent, naturellement, être aussi appliquées au pinceau, sur la pâte cuite ou dégourdie ; mais, si on les juxtapose, elles ont une tendance à se mélanger au moment de la vitrification. Pour éviter cet inconvénient, on commence par tracer les contours du dessin avec une glaçure noire moins fusible, ayant un relief suffisant. Les alvéoles ainsi faites sont ensuite remplies des différentes couleurs. Les poteries décorées par ce procédé ont reçu le nom de poteries à *émaux cloisonnés*, par suite de leur analogie avec certains émaux sur métaux.

193. Coloration sur la glaçure. — La couleur peut enfin être placée sur la glaçure, soit que celle-ci ne soit pas encore cuite, soit qu'elle ait déjà été vitrifiée. Dans le premier cas, la glaçure est presque toujours un émail opaque blanc, qui au moment de sa vitrification dissout et fixe les couleurs, celles-ci devant naturellement résister à la température de sa cuisson. Dans le second cas, les couleurs doivent être additionnées de fondants, c'est-à-dire être des couleurs vitrifiables, se transformant en verres à une température de cuisson inférieure à celle de la glaçure sur laquelle elles adhèrent.

La pose des couleurs sur *émail cru* ne peut se faire qu'au pinceau, et exige une grande dextérité à cause de la faible consistance de la glaçure. Les matières colorantes sont délayées dans l'eau, à laquelle on ajoute de la glycérine si leur absorption se fait trop rapidement. Il faut observer que, la glaçure étant presque toujours stannifère et plombifère, il convient de tenir compte de l'action que les oxydes d'étain et de plomb peuvent exercer sur les matières colorantes. La réduction du nombre des nuances qui en est la conséquence, jointe aux difficultés de la pose, fait que ce genre de décoration est relativement peu employé, malgré l'harmonie et le fondu qu'il donne aux colorations.

La *peinture sur glaçure avec des couleurs vitrifiables* est, au contraire, un mode de décoration très employé, non seulement dans l'industrie céramique, mais encore par les amateurs. Grâce à la faible température de vitrification des fondants, on possède une gamme de couleurs extrêmement riche, et on évite en même temps toutes les nombreuses difficultés que présentent les autres modes de coloration dont il vient d'être question. Il est juste d'ajouter que les couleurs sont ordinairement assez ternes et d'un effet décoratif qui ne saurait être comparé à celui des colorations de grand feu.

Pour fabriquer les *couleurs vitrifiables*, il faut d'abord faire un mélange convenable des matières colorantes. Leur combinaison s'effectue ordinairement en dissolvant les oxydes colorants dans de l'acide chlorhydrique, et en les précipitant par du carbonate de soude. Le précipité est lavé, séché, puis calciné au rouge.

D'autre part, on prépare le fondant qui est un composé en proportions variables de sable blanc, de minium et de borax. Le mélange est fondu dans un creuset et coulé aussitôt qu'il est en fusion complète. Lorsqu'il est refroidi on le mélange en proportion convenable avec la matière colorante, et on pulvérise très finement le tout.

Les usines céramiques les plus importantes fabriquent elles-mêmes leurs couleurs vitrifiables, les autres les achètent toutes préparées.

Pour la *peinture sur glaçure*, les couleurs vitrifiables sont ordinairement mélangées avec de l'essence grasse de térébenthine. La pose se fait au pinceau, en procédant par couches plates superposées comme dans la peinture à l'aquarelle. Pour obtenir des colorations intenses, on est quelquefois conduit à donner aux couches ainsi superposées une épaisseur telle que la couleur s'écaillerait au feu. On passe alors la poterie une première fois au four, puis on repeint sur la couleur vitrifiée et on cuit de nouveau. On peut répéter cette opération plusieurs fois, jusqu'à ce qu'on obtienne l'effet désiré.

Les fonds d'une seule nuance peuvent être peints de même, mais avec un blaireau et en tamponnant ensuite la couche au moyen d'un pinceau à poils courts ou putois. On peut aussi enduire la poterie avec de l'huile de lin cuite additionnée d'un peu de résine, sur laquelle on pose la couleur sèche et pulvérisée par saupoudration.

Les marchands de couleurs vitrifiables vendent aux amateurs

des couleurs toutes préparées, de sorte qu'il est facile à n'importe qui de se croire céramiste en achetant une assiette ou un vase blanc, en le peignant et en l'envoyant cuire.

Lorsqu'il s'agit de décorer un grand nombre d'objets semblables, on a recours à l'impression. On se sert dans ce but, soit du procédé d'impression monochrome précédemment décrit, soit de l'*impression chromolithographique*. Dans ce but, on commence par calquer le dessin original au trait avec de l'encre lithographique et on le reporte sur pierre. Ce premier report permet, par les procédés ordinaires de la lithographie, de tirer un nombre suffisant d'exemplaires, qui sont eux-mêmes reportés sur autant de pierres qu'il y aura de couleurs différentes. Le dessinateur, se guidant sur les contours ainsi reproduits, trace au pinceau avec de l'encre lithographique les parties qui doivent être coloriées, chaque pierre n'étant naturellement peinte que sur les parties qui correspondent à sa couleur, le reste du tracé étant ensuite effacé. Ceci fait, les pierres sont lavées avec de l'eau acidulée, qui fixe l'encre et donne un léger relief. En passant ensuite sur la surface de la pierre un rouleau de bois recouvert de cuir et imbibé de vernis, celui-ci se dépose sur les parties recouvertes d'encre. On prend alors une feuille de papier encollé avec de la gomme arabique ou de la dextrine, on l'étend sur la pierre et on fait passer le tout sous une machine à imprimer. Le papier se recouvre du vernis, on l'enlève, on le retourne et on le saupoudre de couleur vitrifiable. Après avoir laissé sécher le vernis, on enlève avec une brosse douce l'excès de couleur, et on procède de la même manière à l'impression de la seconde couleur. D'après le nombre des nuances à obtenir, cette opération se répète plus ou moins souvent, il faut naturellement avoir chaque fois soin de repérer minutieusement la position de la feuille de papier pour que les différentes couleurs occupent exactement la place qui leur convient. Ordinairement chaque dessin est reproduit plusieurs fois sur la même pierre de manière à utiliser toute sa surface. Dans certaines fabriques on a remplacé les pierres lithographiques par des plaques en zinc convenablement préparées.

Les feuilles de chromolithographie, ainsi fabriquées, sont conservées jusqu'au moment de l'emploi. On peut également s'en procurer dans le commerce.

Le transport de la couleur sur les poteries se fait très simplement. Le dessin ayant été recouvert d'un vernis de copal et de résine dissous dans de l'essence, on l'applique sur la poterie, d'abord avec une roulette, puis en le tamponnant de manière à expulser les bulles d'air. Après avoir laissé le vernis se solidifier à l'air, on plonge la poterie dans de l'eau, qui dissout la gomme ou la dextrine du papier ; celui-ci se détache de lui-même, laissant la couleur adhérente à la poterie. Cette dernière, après avoir été lavée, est séchée à l'air, chauffée dans une étuve pour éliminer le vernis, puis mise dans le four.

Ce procédé chromolithographique est particulièrement employé pour les ornements et les fleurs, mais il donne des résultats médiocres pour les sujets représentant des animaux ou des figures. Dans ce cas, on peut avoir avantage à se servir de la *photolithographie*, c'est-à-dire en employant des photographies à la place des dessins originaux. Sans vouloir entrer à ce sujet dans des détails tout à fait spéciaux, nous dirons simplement que le problème consiste à transformer le modelé et les demi-teintes de la photographie en une sorte de gravure susceptible d'être reproduite par impression. Plusieurs procédés peuvent être employés dans ce but. Le plus simple, qui donne généralement des résultats suffisants pour l'impression céramique, consiste à exposer à la lumière une plaque de gélatine bichromée recouverte d'une épreuve de la photographie qu'il s'agit de reproduire. Lorsque la durée de pose a été suffisante, on encre, au moyen du rouleau d'impression, la surface de la plaque de gélatine, on la recouvre d'une feuille de papier, le tout est passé à la presse et on obtient ainsi sur le papier une reproduction de la photographie, qui est ensuite reportée sur pierre et traitée comme dans les procédés ordinaires de la chromolithographie.

Les colorations ainsi obtenues par impression sur glaçure sont, comme il a déjà été dit, assez ternes, surtout à cause de la petite quantité de matière colorante qu'il est possible de fixer par la chromolithographie. On cherche quelquefois à les rendre plus brillantes en les frottant après cuisson, avec un tampon et du sable très fin. Ce procédé, long et coûteux, peut être remplacé par une disposition mécanique dans laquelle on appuie la poterie contre des brosses animées d'un mouvement de rotation très rapide, en ajoutant de la poudre d'émeri.

194. Décoration par les métaux. — Les métaux qui peuvent être employés à l'état métallique pour la décoration des poteries sont l'or, le platine et l'argent. Ce sont en effet les seuls qui, tout en restant malléables, résistent à l'action de l'oxydation et de la chaleur.

L'or métallique peut être employé *sous glaçure*. Dans ce cas, on découpe une feuille d'or notablement plus épaisse que celles destinées à la dorure, de manière à lui donner la forme de la partie à décorer, et on la colle sur la pâte cuite au moyen de résine ou d'une décoction de pépins de coings. Pour donner un aspect plus vif à la décoration, on peut d'abord recouvrir la pâte d'une glaçure mince, saupoudrée de grains de sable, qui, après cuisson, sont recouverts, comme il vient d'être dit, de la feuille d'or qui, tamponnée au moyen d'un pinceau à poils courts, prend une surface granulée. La glaçure est ensuite posée et cuite par les procédés ordinaires. L'or ne doit pas contenir de cuivre, qui s'oxyderait et se diluerait dans la glaçure en la colorant en vert. Il faut observer que la température de vitrification de la glaçure doit être inférieure à la température de fusion de l'or, c'est-à-dire à 1.045°.

Le platine peut être employé de la même manière. L'argent, plus oxydable et plus fusible, est plus difficile à utiliser.

Le mode de décoration précédent n'est employé qu'exceptionnellement, tandis qu'au contraire la *dorure sur glaçure* est d'un usage très fréquent, on pourrait même ajouter trop fréquent. Dans ce cas, l'or n'est plus à l'état de feuille, mais il doit être réduit sous forme de poudre impalpable. On le dissout dans ce but dans de l'eau régale, et on le précipite ensuite soit au moyen d'une dissolution étendue de sulfate de protoxyde de fer, soit par une dissolution de protonitrate de mercure. Dans les deux cas, il se forme un précipité d'or métallique, qui est séparé du liquide par décantation, lavé plusieurs fois à l'eau bouillante, puis séché à une température inférieure à 100°. La poudre d'or préparée au mercure est plus volumineuse, et par conséquent plus économique et plus employée que celle au protoxyde de fer, plus dense et plus solide.

Pour fixer à la poterie la poudre d'or ainsi obtenue, il faut la mélanger à un fondant. On emploie dans ce but une dissolution de nitrate de bismuth dans l'acide nitrique. Ce sel étant précipité par l'eau, on ajoute environ 1/12 de borax, et le mélange séché est additionné à la poudre d'or dans la proportion de 1/12 ou 1/15. Dans certains cas, on ajoute un peu de borate de plomb pour augmenter la fusibilité.

Après cuisson, l'or vitrifié a un aspect mat, que l'on peut rendre brillant en le brunissant au moyen de brunissoirs en agate, en hématite (sanguine) ou avec du sable fin. Il convient de frotter toujours dans le même sens pour ne pas écorcher la dorure, et d'ajouter un liquide, du vinaigre par exemple, pour rendre le frottement plus doux, lorsqu'on emploie les brunissoirs. On peut ne brunir que certaines parties, de manière à obtenir des effets de contraste entre l'or mat et l'or brillant.

Le *platine* peut également être employé sur glaçure de la même manière que l'or. Dans ce but, on le dissout également dans de l'eau régale, et on précipite au moyen de carbonate de potasse et de sucre, ou avec de la potasse caustique additionnée d'alcool. Le précipité ou noir de platine est séché, puis calciné au rouge naissant et employé comme il vient d'être dit pour l'or. Quant à l'*argent*, on l'obtient en poudre en précipitant le chlorure par du zinc et en ajoutant de l'acide sulfurique. On peut également décomposer le nitrate au moyen d'une lame de cuivre. Le précipité ainsi obtenu est séché et employé comme l'or en poudre.

On peut aussi réduire mécaniquement les métaux précédents en poudre en les broyant sur une glace avec du miel. Ce procédé qui a été employé pour la fabrication de l'or dit *en coquille* est très onéreux, aussi n'est-il plus guère usité.

195. Décoration par les lustres métalliques. — Les lustres sont formés par une couche très mince de métaux extrêmement divisés, qui prend un éclat métallique avec des effets d'irisation, lorsqu'elle a été chauffée à assez basse température, et sans qu'il soit nécessaire de la brunir. Les métaux employés sont l'or, le platine, l'argent, le cuivre, le fer, le plomb. Les lustres sont toujours posés sur la glaçure, et ils ont d'autant plus d'éclat que celle-ci est plus brillante. Il existe de nombreuses recettes qui permettent d'obtenir des effets décoratifs à bon marché, aussi ne mentionnera-t-on que celles qui sont le plus employées.

Lustres d'or. — Le plus connu de ces lustres est l'*or brillant*, qui possède après cuisson un éclat métallique, mais qui est moins résistant à l'usage que l'or mat rendu brillant par brunissage, dont il vient d'être question. Ce mode de décoration, connu également sous le nom de *dorure de Meissen*, s'obtient au moyen de liquides qui sont vendus par certains marchands de couleurs; ceux-ci conservent soigneusement leurs recettes comme secrets de fabrication. Grâce à la concurrence, les prix sont tellement tombés que les céramistes ont actuellement intérêt à acheter ces lustres plutôt que de chercher à les fabriquer eux-mêmes.

Le point de départ est toujours la dissolution de l'or dans de l'eau régale; seulement, au lieu de précipiter l'or du chlorure ainsi formé, on cherche à séparer ce chlorure en dissolution de la liqueur acide, et à l'incorporer dans un mélange d'essence de térébenthine et de soufre. Dans ce but, après avoir ajouté un peu d'étain à la dissolution acide, on verse lentement celle-ci dans un mélange de soufre ou de baume de soufre et d'essence. Il se forme un liquide visqueux jaune à reflets verdâtres, tandis que la liqueur acide qui surnage est enlevée par décantation. On peut aussi mélanger à la dissolution de chlorure d'or de l'éther rectifié, qui s'empare du chlorure et vient surnager au-dessus du liquide acide, qui est enlevé par soutirage. La liqueur éthérée peut être alors additionnée du mélange de soufre et d'essence. De quelque manière qu'on procède, le mélange est amené à la consistance sirupeuse, puis additionné au fondant de bismuth, comme pour la dorure, et enfin délayé dans un volume suffisant d'essence de térébenthine ou d'essence de lavande, pour pouvoir être appliqué au pinceau.

On peut également employer l'*or fulminant*, qui est obtenu en précipitant par l'ammoniaque le chlorure d'or résultant de l'attaque par l'eau régale. Il se produit un précipité jaune brunâtre qui est séparé et broyé, étant encore humide, avec de l'huile essentielle de térébenthine ou de l'essence de lavande. Il s'applique directement sur les poteries sans mélange de fondant. On doit absolument éviter de sécher le précipité, qui détonerait alors avec violence au moindre contact.

Enfin, l'or sert à préparer le lustre connu sous le nom de *burgos*, qui ne diffère guère des lustres précédents que par l'emploi d'une plus grande quantité d'essence et de moins d'or. La dissolution dans l'eau régale peut également être additionnée dans ce but de 20 0/0 d'étain métallique.

Lustre de platine. — Le chlorure de platine obtenu par la dissolution de ce métal dans l'eau régale peut être employé directement pour la décoration. Il suffit, après avoir concentré la dissolution, d'ajouter une huile essentielle, par exemple de l'essence de lavande, et d'étendre le liquide au pinceau sur la poterie. Le lustre obtenu a des reflets d'acier, mais il a l'inconvénient d'être à peu près opaque.

Grâce à l'inaltérabilité des métaux employés, les lustres précédents peuvent être cuits dans un feu oxydant. Il n'en est plus de même des suivants qui doivent, au contraire, être fixés dans une atmosphère très nettement réductrice.

Lustre d'argent. — Le chlorure d'argent doit être préalablement vitrifié avec un fondant plombifère comme le cristal; il donne alors un verre plus ou moins jaune, qui est pulvérisé, additionné d'essence et quelquefois de bismuth, puis posé au pinceau. Il communique après cuisson à la poterie, soit un aspect métallique à reflets jaunes, soit une irisation très riche, qui lui a fait donner le nom de *lustre cantharide*.

Lustres divers. — On peut, enfin, fabriquer toute une série de lustres dans lesquels on introduit des sels d'argent, de cuivre, de fer et de plomb. Suivant que l'un ou l'autre de ces métaux est en proportion prépondérante, le lustre a des reflets différents. Le cuivre donne une teinte dorée, l'argent une nuance acier, le fer produit du rouge. Les métaux sont ordinairement à l'état de sulfures, et on y ajoute quelquefois un peu de noir de fumée pour faciliter la réduction. Les couleurs sont délayées soit avec du vinaigre, soit avec de l'essence grasse, puis posées au pinceau. Certains marchands de couleurs en vendent toute une série ayant les reflets les plus divers.

196. Procédés de décoration divers. — Parmi les nombreux procédés de décoration divers qui ont été employés, et qui ne se prêtent du reste à aucune classification, on peut mentionner les suivants :

Craquelé. — Le défaut qui a été mentionné sous le nom de trésaillure, qui provient de la contraction relativement plus grande de la glaçure, peut être utilisé comme moyen de décoration. Il faut, dans ce cas, que l'antagonisme entre la pâte et la glaçure soit assez considérable pour que cette dernière se fissure suivant un grand nombre de petites lignes, formant un réseau régulier plus ou moins serré. On peut alors recouvrir la poterie d'une seconde glaçure colorée plus fusible, qui pénètre dans les trésaillures et les fait ressortir par sa coloration différente. Ce procédé de décoration, dans lequel les Chinois ont excellé, est désigné sous le nom de craquelé.

Coulures. — On a vu que, par suite d'une cuisson trop longue, ou à une température trop élevée, la glaçure peut couler. Ce défaut a également été utilisé comme moyen de décoration. On se sert dans ce cas de glaçures rendues plus fusibles par l'introduction d'une assez forte proportion de borax; elles sont généralement colorées et posées soit sur la pâte cuite, soit sur une autre glaçure plus réfractaire. On obtient ainsi des effets de marbrures plus ou moins imprévus.

Flammés. — Ce procédé de décoration consiste également dans l'utilisation raisonnée d'un défaut. On sait que certaines matières colorantes changent de couleur suivant qu'elles sont cuites dans une atmosphère oxydante ou réductrice. L'oxyde de cuivre est particulièrement dans ce cas. Sous forme de protoxyde, c'est-à-dire cuit dans un four à allure oxydante, il a une couleur verte dans les glaçures boraciques et plombifères, et bleue dans les glaçures alcalines. Au contraire, à l'état d'oxydule, c'est-à-dire dans une atmosphère réductrice, il prend une coloration rouge. En alternant la composition de l'atmosphère, on peut produire une succession d'effets oxydants et réducteurs, de sorte que la poterie peut prendre des colorations changeantes, capricieuses, qui ont tout l'attrait de l'imprévu, d'autant plus que si la température est assez élevée, l'oxyde de cuivre peut partiellement se volatiliser, et laisser apparaître la pâte à travers la glaçure devenue incolore.

Couleurs volatiles (anglais : *flowing colours*). — Si on chauffe les poteries décorées au moyen d'un dessin fait avec certains oxydes colorants, dans une atmosphère contenant des chlorures volatils, ceux-ci peuvent attaquer l'oxyde métallique et le transformer également en chlorure volatil. Celui-ci en se dégageant du dessin en couleur, passe sur la pâte blanche environnante, s'y décompose au contact de la silice, en lui communiquant une teinte légère, dégradée, plus intense sur le pourtour du dessin et formant tout autour une sorte d'auréole. L'atmosphère chlorurée est ordinairement produite en mettant dans un godet, au sommet des piles de gazettes, une petite quantité de chlorure de plomb obtenu en dissolvant de la céruse dans de l'acide chlorhydrique. Avec la pâte ainsi obtenue on forme de petites boulettes d'environ 15 millimètres de diamètre, qui sont séchées, puis placées dans les godets, enduits préalablement de chaux pour éviter leur fusion au contact du plomb. Lorsque les glaçures employées sont fortement plombifères et qu'il y aurait inconvénient à augmenter leur teneur en plomb, on peut se servir d'un mélange de 6 parties de sel marin et de 4 parties de salpêtre, qui donne un dégagement de chlorures alcalins.

Les oxydes colorants qui forment ainsi des chlorures volatils sont principalement l'oxyde de cobalt, soit pur, soit dans ses différentes combinaisons, qui produit un dégradé bleu, l'oxyde de nickel donnant du brun, l'oxyde de cuivre à basse température produisant du vert, et enfin l'oxyde de fer qui donne un jaune peu agréable. Ce procédé de décoction est employé à peu près exclusivement pour les faïences, il est inutile d'ajouter que, pour qu'il réussisse, il est nécessaire de luter soigneusement les gazettes.

Les procédés de décoration suivants se rapprochent au contraire de ceux qui ont été décrits.

Après avoir posé une glaçure colorée, on peut, lorsqu'elle est sèche, l'enlever par place, ou la *graver* de manière à laisser apparaître la pâte ou une glaçure inférieure. La friabilité de la glaçure crue rend cette opération très facile, mais il est néanmoins nécessaire qu'elle soit faite avec une certaine dextérité pour ne pas détacher plus de glaçure qu'il n'est convenable.

On obtient sur la surface d'une poterie un effet de *perlé* en la recouvrant d'abord d'une mince couche d'une glaçure incolore, sur laquelle, pendant qu'elle est encore humide, on saupoudre des grains de sable ou de la pâte cuite pulvérisée grossièrement. Après cuisson, on recouvre la surface, ainsi mouchetée, d'une autre glaçure qui forme autour de chacun des grains une petite goutte vitreuse ayant plus ou moins l'aspect d'une perle. En remplaçant le sable par de la pâte plus finement granulée, on obtient un effet décoratif que l'on a désigné sous le nom de *mousse*.

Dans le même ordre d'idées, on peut fixer sur la pâte ou sur une première glaçure, au moyen d'essence grasse additionnée de fondants, de petits objets en verre : *perles, paillons, joyaux*, etc.

Les pâtes cuites peuvent être décorées par des dessins qui semblent avoir été faits au moyen du crayon à mine de plomb ou des pâtes colorées employées dans le dessin au pastel. On se sert dans ce cas de *crayons vitrifiables*, c'est-à-dire de couleurs vitrifiables enchâssées dans du bois, qui sont employés comme les crayons ordinaires, à la seule condition de les tailler en les frottant sur du papier de verre. Ces crayons vitrifiables ont été inventés par M. A. Lacroix, chimiste éminent, auquel on doit l'introduction en France de l'industrie des couleurs vitrifiables.

On peut encore mentionner la décoration au moyen de photographies, c'est-à-dire la *photocéramique*, qu'il ne faut pas confondre avec la photolithographie dont il a été question précédemment.

Le procédé dont il est ici question ne se prête pas à la reproduction. On prend une plaque de verre dépoli, que l'on recouvre de bichromate de potasse, de dextrine et de sucre de raisin délayés dans l'eau, et on l'expose à la lumière dans un châssis positif. Dans le cas où on aurait un châssis négatif, la plaque de verre devrait être recouverte d'une solution aqueuse de perchlorure de fer et d'acide tartrique. Après avoir laissé l'épreuve ainsi obtenue prendre l'humidité de l'air, on la saupoudre d'une couleur vitrifiable. Le développement terminé, on enlève l'excès de couleur, on recouvre le verre d'une couche de collodion normal, et on immerge dans de l'eau légèrement acidulée. Le collodion se détache en entraînant la couleur vitrifiable, et on l'applique sur la poterie. Si le collodion se trouve en dessous, on n'a qu'à sécher et à cuire ; si, au contraire, on a appliqué sur la poterie le côté portant la couleur, il faut enlever le collodion au moyen d'une solution d'alcool, d'éther et d'essence de lavande.

Il existe enfin toute une série de procédés pour décorer les poteries sans avoir recours à l'action de la chaleur, que l'on peut désigner sous l'appellation générale de *décoration à froid*. Les poteries, de même que n'importe quelle autre substance, peuvent en effet être recouvertes de peintures ordinaires, de vernis, de laques, etc. Sans vouloir absolument condamner ce genre de décoration comme certaines personnes l'ont fait, nous nous bornerons à remarquer qu'il n'est pas du domaine de la céramique ; aussi n'insisterons-nous pas à ce sujet.

197. Cuisson des couleurs. — Ce qui a été dit précédemment relativement à la cuisson des pâtes et des glaçures s'applique naturellement à la cuisson des couleurs. Comme pour les glaçures incolores, il faut se préoccuper de l'accord de la pâte et de la glaçure, en suivant les indications qui ont été données. La température maxima de la cuisson, ainsi que l'allure du feu, doivent être l'objet d'une surveillance plus minutieuse. En principe, il est bon de ne pas exposer trop longtemps les couleurs à la température de fusion de la glaçure ou du fondant, à cause de la facilité avec laquelle quelques-unes se volatilisent. On sait que cette volatilisation est augmentée dans de fortes proportions lorsque les poteries sont enfournées à côté de pâtes sans glaçures. Elle est également plus à craindre pour les colorations sur glaçures ou pour les glaçures colorées que pour les couleurs sans glaçures. Enfin, les oxydes métalliques d'une pièce peuvent aller souiller une pièce voisine lorsque l'enfournement est trop serré, ou que les poteries ont des couleurs différentes.

Lorsque la température de cuisson est très élevée, l'enfournement se fait en gazettes dans des fours ordinaires ; dans tous les autres cas, on se sert de fours à moufle avec enfournement en échappade. Pour la cuisson des couleurs vitrifiables, qui se fait à température relativement basse, on peut remplacer les plaques en terre réfractaire de cet enfournement par des plaques en fer.

Outre les moyens de mesurer la température indiqués précédemment (p. 392), on se sert souvent pour la cuisson de ces couleurs vitrifiables de la *montre d'or*. Celle-ci consiste en une montre de pâte recouverte d'une couleur d'or assez épaisse, dont la coloration varie avec la température, comme l'indique le tableau suivant :

COULEUR DE LA MONTRE	TEMPÉRATURE approximative	OBSERVATIONS
Rouge brun................	650°	Cuisson des lustres.
Rouge.....................	800°	»
Rose pourpre..............	900°	Cuisson des couleurs vitrifiables.
Rose violacé..............	920°	»
Violet.....................	950°	»
Violet pâle................	980°	»
Incolore ou seulement légèrement violacé............	1000°	Cuisson de l'or mat.

L'allure des moufles pour la cuisson des couleurs doit presque toujours être oxydante, et il convient d'éviter toute fissure qui permettrait une rentrée des gaz du foyer. Pour les rouges de cuivre et pour certains lustres, il faut, au contraire, une atmosphère franchement réductrice ; on se sert alors de préférence d'un petit four ordinaire, dans lequel les poteries sont enfournées dans des gazettes à claire-voie.

SECONDE PARTIE

CÉRAMIQUE SPÉCIALE

Chapitre IX. — Terres cuites
— X. — Produits réfractaires
— XI. — Faiences
— XII. — Grès
— XIII. — Porcelaines

CHAPITRE IX

TERRES CUITES

Sommaire : Classification.
§ 1. *Briques.* — *a) Briques pleines ordinaires.* — Formes et dimensions. — Façonnage à la main. — Façonnage mécanique. — Repressage. — Séchage. — Cuisson. — Installation générale des briqueteries. — *b) Briques creuses.* — *c) Briques de parement.* — *d) Briques vitrifiées.* — *e) Briques légères.*
§ 2. *Tuiles.* — *a) Tuiles ordinaires.* — Formes et dimensions. — Façonnage à la main, par étirage, à la presse en pâte demi-molle, demi-ferme et ferme. — Séchage. — Cuisson. — Installation générale des tuileries. — *b) Tuiles noires.*
§ 3. *Carreaux.*
§ 4. *Tuyaux.*
§ 5. *Terres cuites architecturales.*
§ 6. *Vases, statues et objets décoratifs.*
§ 7. *Poteries communes.*
§ 8. *Hydrocérames et filtres.*
§ 9. *Pipes.*
§ 10. *Poteries lustrées.*
§ 11. *Propriétés et essais des terres cuites.* — Causes de désagrégation et remèdes. — Méthodes d'essai des terres cuites.

198. Classification. — On a vu, dans le chapitre I, que les terres cuites sont des poteries perméables, non recouvertes de glaçures, dont la pâte ne peut être chauffée à une température supérieure à celle de la cuisson de la porcelaine dure sans se déformer ou se vitrifier.

Cet ordre renferme des poteries très différentes comme forme, comme usage et comme aspect ; cependant, les caractères qui viennent d'être indiqués permettent presque toujours de les distinguer sans hésitation des autres produits céramiques.

Pour différentier les diverses espèces de terres cuites, on ne peut s'appuyer sur les propriétés physiques de la pâte, qui sont généralement les mêmes pour toutes, on est obligé de faire intervenir des différences dans la forme et dans l'usage. Voici, dans cet ordre d'idées, les différentes espèces de terres cuites qui seront étudiées dans ce chapitre.

1° *Briques*, ou terres cuites employées dans la construction des murs des édifices. Elles comprennent cinq variétés :
 a) Briques pleines ordinaires ;
 b) Briques creuses ;
 c) Briques de parement ;
 d) Briques vitrifiées ;
 e) Briques légères ;

2° *Tuiles*, ou terres cuites servant à la couverture des édifices. Il y a deux variétés :
 a) Tuiles ordinaires ;
 b) Tuiles noires ;

3° *Carreaux*, ou terres cuites destinées au revêtement des murs ou au pavement ;

4° *Tuyaux* ou terres cuites servant aux canalisations de gaz ou de liquides ;

5° *Terres cuites architecturales*, employées ordinairement pour la décoration des édifices ;

6° *Vases, statues et objets décoratifs* ;

7° *Poteries communes* servant aux usages domestiques ;

8° *Hydrocérames et filtres* ;

9° *Pipes* ;

10° *Poteries lustrées*, dont la pâte est recouverte en tout ou en partie d'un enduit désigné sous le nom de lustre, intermédiaire comme aspect entre les engobes et les glaçures.

§ 1. — Briques

A. — *Briques pleines ordinaires*

199. Formes et dimensions. — Les briques (1) employées par les Égyptiens, les Assyriens et les Romains étaient notablement plus grandes que celles fabriquées actuellement ; souvent

---

(1) De l'ancien anglo-saxon *brice* (fragment) ; anglais actuel *brick* (brique) ; provençal *briga* (miette).

elles avaient plutôt la forme de dalles. Le tableau suivant indique les dimensions de quelques types de briques les plus connus.

	Dimensions en centimètres			Volumes en décimètres cubes
Briques anciennes :				
Susiane (Mission Dieulafoy)	30	15	15	6.75
— —	30	15	7.5	3.38
Romaines	59.4	59.4	5.5	19.40
—	44.5	44.5	5	9.90
—	21.2	21.2	4	1.80
Languedoc (xɪᵉ et xvᵉ siècle)	33	25	6	4.95
Briques modernes :				
France : Bourgogne	22	11	5.5	1.33
— Marseille	22	11	5	1.21
— —	22	11	7	1.69
— Paris (Vaugirard)	22	11	6	1.45
— —	22	11	6.5	1.57
— type maximum	23	11	7	1.77
— — minimum	20	10	5	1.00
— — proposé par l'Union céramique	22	10.5	5.5	1.27
— — proposé par les architectes du Nord	22	10.5	6	1.39
Allemagne : type normal	25	12.5	6.5	2.03
Angleterre : type maximum	25.4	12.4	7.6	2.39
— — minimum	23.6	11.5	7.6	2.04
Autriche : type maximum	29.5	15.2	6.7	3.00
— — normal	25	12.5	6.5	2.03
Belgique : type minimum	17.6	8.5	4.5	0.68
États-Unis	19.7	9.8	5	0.98
Mexique	26	13	6.5	2.20
Pays-Bas	26	12	5.4	1.68
Suisse : type maximum	27	14	6.5	2.45
— — normal	25	12.5	6.5	2.03

Toutes les briques ont la forme de parallélipipèdes. Seules certaines briques romaines étaient triangulaires.

Actuellement, dans tous les pays, on semble être d'accord pour donner aux briques un volume variant entre 2,2 et 1,0 décimètres cubes. La longueur doit être le double de la largeur en tenant compte d'un joint de 6 à 10 millimètres. Cette largeur ne peut pas dépasser 12 centimètres, pour qu'un maçon puisse prendre facilement entre les doigts la brique placée à plat.

Il s'ensuit que la longueur doit être au plus égale à 25 centimètres. Quant à l'épaisseur, elle ne peut guère dépasser 7 centimètres pour que la dessiccation ne soit pas trop lente, et elle ne peut tomber au-dessous de 5, si on ne veut pas augmenter le prix de la maçonnerie. On peut donc considérer le type normal allemand, d'une part, et le type proposé par l'Union céramique de France, d'autre part, comme les deux limites des dimensions les plus convenables.

200. Façonnage par moulage à la main. — Les briques ordinaires sont fréquemment façonnées par un moulage à la main. On doit se servir dans ce cas de pâtes assez maigres pour qu'elles n'aient pas une trop grande tendance à adhérer aux moules, eu égard à leur consistance forcément très molle.

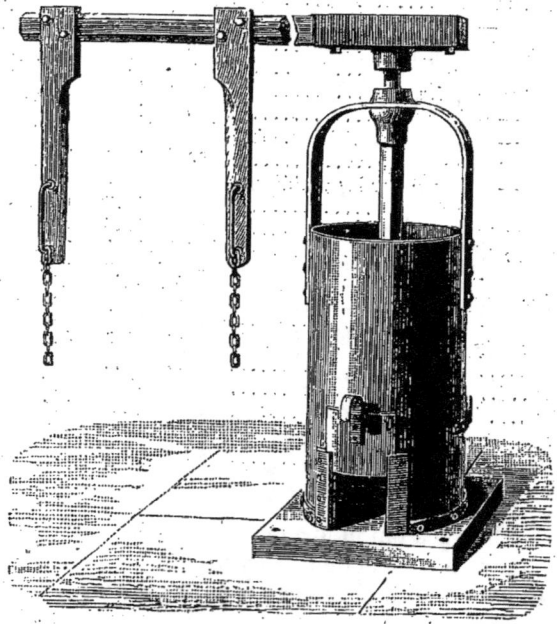

Fig. 203. — Malaxeur.

La préparation des pâtes consiste généralement en un simple malaxage (page 157). Le pétrissage avec les pieds ou au moyen d'animaux doit être absolument condamné. Comme dans les briquetteries à la main, on ne possède ordinairement pas de force motrice, les malaxeurs employés sont actionnés par un manège, dont la flèche est montée directement sur l'arbre vertical. La figure 203 représente la disposition généralement employée.

Il est bon de donner préalablement à l'argile la consistance voulue en l'humectant soit en tas, soit en fosse (page 154). Si on doit lui ajouter une matière dégraissante, le dosage se fait au volume à l'entrée du malaxeur. La production de ces malaxeurs varie de 3/4 à 1 1/2 mètre cube à l'heure lorsqu'ils sont actionnés par un cheval.

La pâte étant ainsi préparée on procède au moulage. Celui-ci se fait sur une table devant laquelle le mouleur est debout. On a vu (*fig.* 99, page 211), le dessin d'un moule en bois. On peut se servir également de moules en fer ou en bois renforcé par des armatures en fer. Dans certaines localités, on emploie deux moules solidaires; dans d'autres, le moule, au lieu d'être un simple cadre, est muni d'un fond.

Pour empêcher l'adhérence de la pâte, le moule est préalablement trempé dans un baquet d'eau, ou bien saupoudré de sable. La première méthode donne des produits d'un aspect plus agréable, mais qui sont plus sujets à se fendre pendant le séchage.

Dans tous les cas, le moulage se fait en prenant une quantité de pâte légèrement supérieure à celle qui est nécessaire, en la lançant violemment dans le moule et en égalisant ensuite la surface supérieure au moyen d'une râclette. Lorsque le moule n'a pas de fond, on l'attire ensuite vers le bord de la table, puis, passant la main en dessous, on le tourne de manière à le mettre de champ. C'est dans cette position qu'on l'enlève pour le porter sur une aire, où on le retourne de nouveau, de manière à ce que la face primitivement supérieure soit placée sur le sol. Grâce au léger choc que l'on donne en appliquant le moule sur l'aire, le démoulage se fait facilement en soulevant le moule bien verticalement. Dans certaines localités, le moule, au lieu d'être placé sur la table, est mis sur une planchette, qui est transportée en même temps que le moule, le démoulage se faisant sur l'aire en retirant cette planchette. Si le moule a un fond, on ne le retourne qu'au moment du démoulage sur l'aire.

Les mouleurs des différents pays ont chacun des procédés spéciaux, auxquels ils sont habitués dès l'enfance, et qu'il n'est pas possible de leur faire modifier. Ils travaillent en équipe, composée du mouleur, et de un, deux ou trois femmes et enfants, qui servent à transporter les briques et à les démouler. Lorsque la préparation de la pâte se fait par pétrissage, cette opération exige un ou deux ouvriers supplémentaires. Le nombre de briques façonnées par un mouleur dépend de son habileté et de la nature de la pâte. Dans les circonstances les plus favorables, la production peut atteindre 6 à 700 briques à l'heure, mais celles-ci sont alors assez défectueuses, parce que la pâte employée est trop molle. A mesure que l'on augmente la consistance, la qualité s'améliore, et la production diminue.

Pour obtenir des briques de belle apparence et de meilleure qualité, on est obligé d'employer une pâte d'une consistance telle qu'il n'est plus facile de démouler en utilisant les moules dont il vient d'être parlé. On se sert alors de moules démontables (dits moules ouverts) que l'on peut construire de différentes manières, mais dont le type le plus employé est représenté sur la figure 204. Dans ce cas la production peut se réduire à 150 ou 200 briques à l'heure.

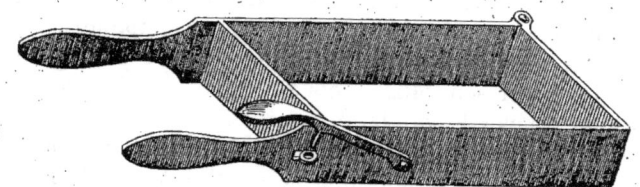

Fig. 204. — Moule ouvert.

201. Façonnage mécanique. — Dans les premières machines employées pour façonner les briques on a naturellement imité le moulage manuel, tel qu'il vient d'être décrit. Les dispositions employées dans ce but ont été très nombreuses, mais, malgré des différences considérables dans le fonctionnement et l'aspect, le principe était toujours le même : introduire un excès de pâte assez molle dans une série de moules et chercher à le comprimer en faisant ensuite passer ces moules sous un cylindre, un tambour, un galet quelconque à mouvement rotatif. L'introduction de la pâte se faisait au moyen de palettes, d'hélices, de cylindres propulseurs; quelquefois le fond du moule était mobile, et en se soulevant venait augmenter la compression.

Toutes ces machines, dont on trouve la description dans les ouvrages de céramique datant de quelques années, ne sont plus employées, ou tout au moins n'ont pas de raison d'être. Il faut en effet bien se rendre compte qu'avec une pâte ayant une consistance molle, le moulage à la main est le mode de façonnage le meilleur et le plus économique. Il présente le grand inconvénient de donner des produits impossibles à manier, exigeant des surfaces considérables pour leur dessiccation, ayant un grand retrait et, par conséquent, très poreux et peu résistants. Si donc dans le façonnage mécanique on emploie une pâte aussi molle que dans le moulage à la main, on se heurte aux mêmes inconvénients sans les compenser par aucun avantage. Le façonnage mécanique n'a de sens que s'il peut être fait avec des pâtes plus consistantes donnant des produits pouvant être manipulés, empilés, séchés plus facilement et ayant en même temps une qualité supérieure.

Au point de vue économique, sauf certains cas exceptionnels, les frais directs de façonnage seront toujours plus élevés si on emploie des machines, mais, par contre, les frais totaux de la fabrication peuvent être diminués dans les installations bien étudiées, ayant les matières premières convenables et lorsque l'acheteur paye la plus-value qui résulte d'une meilleure qualité. Il n'y a plus actuellement que deux modes de façonnage mécanique des briques pleines : l'étirage en pâte demi-molle ou demi-ferme, et le moulage à la presse en pâte plus ou moins sèche.

Dans certains cas les briques façonnées soit à la main, soit par étirage, peuvent être l'objet d'un rachevage à la presse, auquel on donne le nom de repressage. On va examiner plus en détail ces différents procédés.

202. Façonnage par étirage. — Dans le façonnage par étirage, la pâte plus consistante doit forcément être plus plastique que dans le moulage à la main. Sa préparation se fait comme il a été indiqué au chapitre III (pages 153 et suivantes) ; elle consiste ordinairement en un dosage et en une homogénéisation d'abord par laminage, puis par malaxage. Presque toujours une seule machine sert à préparer la pâte et à effectuer le façonnage.

Les *filières* (page 197) sont actuellement presque toujours lubrifiées avec de l'eau. Le prisme de pâte sortant peut avoir une largeur et une épaisseur correspondant à la longueur et à la largeur de la brique,

Fig. 205. — Filière à briques pleines

comme le représente la figure 205. Il suffit alors de le couper en fragments de l'épaisseur que l'on veut donner aux briques. Les filières de ce genre, dites à *coupe transversale*, donnent des briques lisses sur toutes les surfaces susceptibles d'être en parement, tandis que les deux grandes surfaces qui reçoivent le mortier sont rendues rugueuses par la coupe au moyen d'un fil métallique. Dans certains cas, le prisme de pâte a les dimensions en largeur et en épaisseur de la brique, la coupe se faisant alors à intervalles égaux à la longueur.

On peut également donner au prisme de pâte une plus grande largeur et le couper de suite à la sortie de la filière, au moyen de plusieurs fils tendus, comme le représente la figure 206. L'écartement entre ces fils est égal à l'épaisseur de la brique, la hauteur de la filière égale à sa largeur, de sorte qu'il faut ensuite couper les prismes juxtaposés en fragments égaux à la longueur. Avec cette filière, dite à *coupe longitudinale*, il n'y a que les deux surfaces longues qui soient lisses, toutes les autres coupées au fil sont rugueuses, car on enlève ordinairement deux languettes de pâte latérales d'environ 2 centimètres d'épaisseur, pour que les deux briques extrêmes n'aient pas une face lisse et une autre rugueuse.

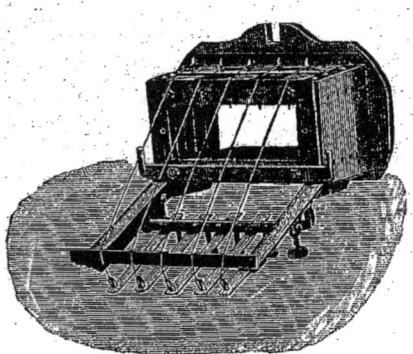

Fig. 206. — Filière à briques pleines.

A propos des filières il faut, d'une manière générale, observer que la pâte n'étant pas très consistante, les produits, en roulant ensuite sur le tablier coupeur et pendant leur transport aux séchoirs, ont une tendance à s'affaisser sous leur propre poids. Il est donc bon, lorsqu'on le peut, de diminuer légèrement les dimensions des parties inférieures de la filière pour compenser cette déformation.

Parmi les cinq catégories de *propulseurs* employés en céramique (page 200) ceux à pistons ne sont pas utilisés pour le façonnage des briques pleines à cause de leur faible débit. En ce qui concerne les *propulseurs à palettes*, la figure 87 (page 203) montre une disposition employée dans le cas où la force motrice est fournie par un manège. La figure 207 représente une machine analogue à plus grande production ayant deux filières, mues par une transmission souterraine construite par M. Schlikeysen. La production de ce genre de machines varie, suivant les modèles, de 700 à 4.000 briques à l'heure (22-11-6) pour une force dépensée de 5 à 20 chevaux. On voit qu'il n'y a pas de laminoirs et que

BRIQUES 451

ceux-ci, s'il y a lieu, doivent être placés latéralement, la pâte laminée étant introduite automatiquement dans le malaxeur au moyen d'une toile sans fin.

Fig. 207. — Machine à briques à palettes.

Les *propulseurs à une hélice* sont les plus employés et leur

452   TERRES CUITES

invention a réalisé un grand progrès dans le façonnage mécanique des briques pleines. Il est rare que l'hélice serve uniquement de propulseur, on la dispose presque toujours de manière à servir en

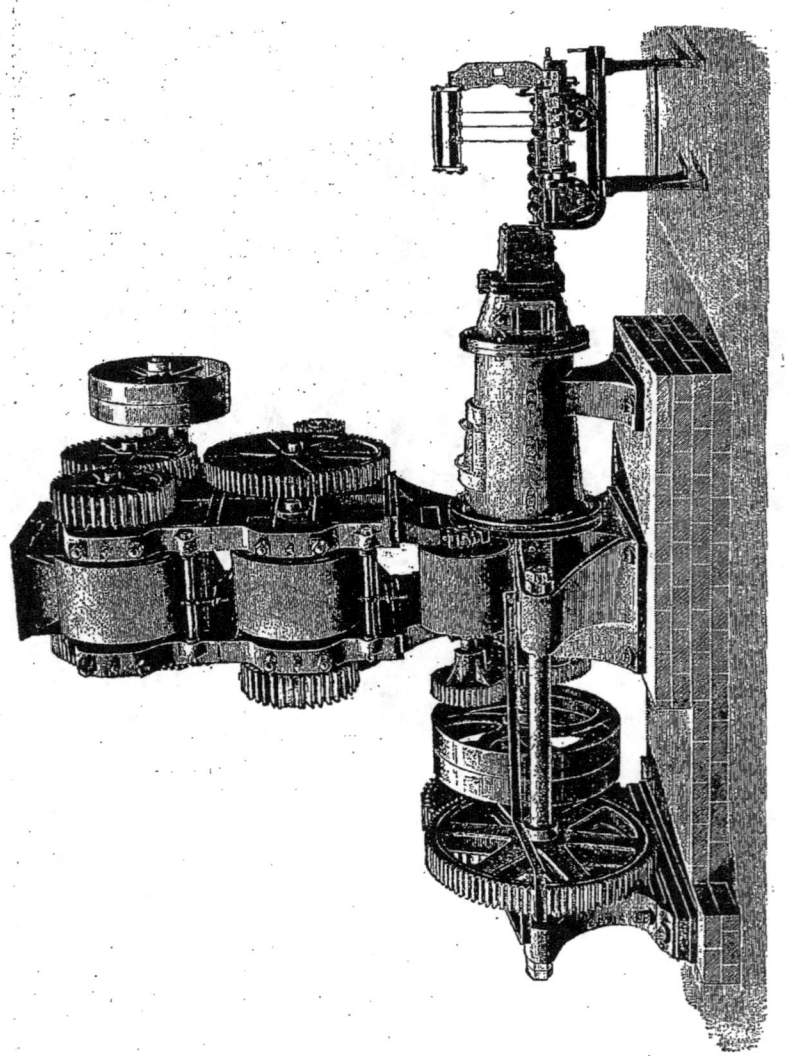

Fig. 208. — Machine à briques.

même temps de malaxeur horizontal. Dans ce but, sa partie arrière est composée de palettes mobiles et de palettes fixes, dont on a donné la description à la page 159, qui agissent comme malaxeur, tandis que sa partie avant a une forme régulière hélicoïdale (page 203) et sert de propulseur.

Les dimensions de ces diverses parties, l'inclinaison du pas, la vitesse de rotation, doivent être appropriées à la consistance et à la plasticité de la pâte. La consistance la plus convenable est celle de la pâte demi-ferme, qui permet d'empiler de cinq à dix rangs de briques à la sortie de la machine. Si elle est plus faible, on retombe dans les inconvénients des briques moulées à la main qui viennent d'être signalés. Si elle est plus forte, la force dépensée devient considérable. Quant à la plasticité, elle doit être suffisante pour que la pâte prenne une forme régulière, sans arrachements à la sortie de la filière ; mais, lorsque ce degré est atteint, il convient de ne point le dépasser, car une pâte trop plastique présente les mêmes inconvénients qu'une pâte trop consistante, c'est-à-dire occasionne une augmentation anormale de la force employée ou une diminution notable de la production.

Lorsque la pâte ne contient pas de rognons ou de pierres, on peut l'introduire directement dans le malaxeur ; dans les cas contraires, il faut préalablement la laminer, et dans ce but on superpose fréquemment au malaxeur une paire de laminoirs.

La figure 91 (page 206) représente la première machine de ce genre, inventée par Hertel, qui a pendant longtemps été considérée comme la plus parfaite. Depuis, on en a modifié les détails d'exécution, mais non le principe.

La figure 208 montre une machine plus récente très employée en Allemagne. Elle est disposée pour travailler des pâtes plus difficiles qui exigent un double laminage. On remarquera un cinquième cylindre placé immédiatement au-dessus de l'hélice, il a pour but de refouler la pâte contre les palettes, grâce à son mouvement de rotation dirigé en sens inverse de celui de l'hélice. La production de ces machines varie de 1.000 à 4.000 briques à l'heure pour une force de 10 à 30 chevaux.

La figure 209 représente une machine du même genre, construite par MM. Boulet et Cie. Dans celle-ci les laminoirs sont placés immédiatement au-dessus du malaxeur de manière à y refouler la pâte. Suivant les dimensions, ces machines produisent de 500 à 2.000 briques à l'heure, pour une dépense en force de 4 à 15 chevaux.

Un grand nombre de mécaniciens construisent des machines analogues, dérivées du type créé par Hertel, qui ne se différencient entre elles que par des détails de construction. Cependant

certaines d'entre elles, au lieu d'avoir une seule filière en possèdent deux, placées latéralement, et plus ou moins inclinées sur l'axe de l'hélice. En principe cette disposition, en rendant l'écoulement de la pâte plus difficile, augmente dans une forte proportion la force dépensée, aussi ne saurait-on la recommander.

Comme dernier exemple de machine à une hélice, on peut mentionner celle construite par MM. Chamber frères et Cie, de Philadelphie, représentée sur la figure 210, qui diffère des précédentes et offre des particularités intéressantes. Le laminage se fait, s'il y a lieu, dans des laminoirs placés sur le sol et reliés à une haute trémie qui surmonte le malaxeur par une toile sans fin. Un petit cylindre à section quadrangulaire refoule la pâte contre les palettes de l'hélice. Celle-ci, qui est représentée sur la figure, en supposant le corps de la machine transparent, est composée de deux parties nettement distinctes. L'une, dans le corps cylindrique, est un malaxeur à palettes, l'autre est un propulseur hélicoïdal tronconique. Le prisme de pâte a, comme largeur et hauteur, la largeur et l'épaisseur de la brique. Il sort par une filière dont les parois sont chauffées à la vapeur, ce qui assure une sorte de lubréfication des surfaces. Une trémie, placée au-dessus de la sortie, contient du sable qui est saupoudré sur le prisme de pâte au moyen d'un mécanisme spécial. Enfin, une soupape de sûreté maintenue par un contrepoids, empêche que la pression de la pâte ne dépasse une certaine limite. La production de cette machine peut atteindre 4.000 briques à l'heure.

Dans toutes ces machines qui fonctionnent d'une manière continue, on doit se servir d'*appareils coupeurs mobiles* (page 210), tels qu'ils sont représentés dans les figures 207, 208 et 209. Dans ceux-ci, le fil, en traversant la pâte, a une tendance, au moment de sa sortie, à arracher les arêtes. On peut remédier à cet inconvénient en disposant deux fils, comme le montre la figure 211 représentant un appareil coupeur construit par M. Groke. Le fil placé verticalement décrit un cercle comme dans les autres appareils, tandis que le fil incliné fait une entaille dans les parties antérieures et inférieures du prisme de pâte.

Les briques coupées sont enlevées du tablier soit en les serrant entre les mains, soit en les piquant au moyen de fourchettes à deux ou trois pointes. C'est cette manœuvre qui limite la production des machines à 2.500 ou 3.000 briques à l'heure au maximum.

On a cherché à couper les briques automatiquement, et plu-

Fig. 210. — Machine à briques.

sieurs dispositions ont été proposées dans ce but, qui, pour la plupart, ne donnent que des résultats peu satisfaisants. Il convient cependant de mentionner le procédé inventé par MM. Chamber frères et Cie, qui, malgré sa complication, est actuellement la meilleure solution du problème. Comme le montre la figure 212 qui fait suite à la figure 210, le prisme de pâte est reçu sur une toile sans fin à laquelle on donne une vitesse de translation égale à celle de la sortie de la pâte. Cette vitesse est

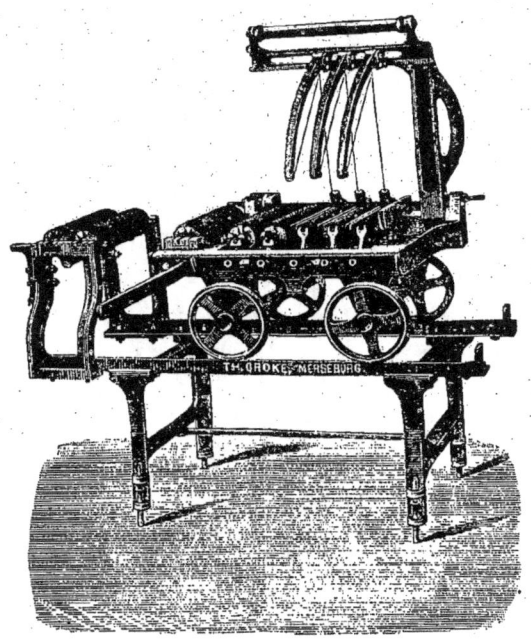

Fig. 211. — Appareil coupeur.

réglée au moyen d'un levier incliné; le levier vertical figuré à gauche du dessin servant au débrayage. A l'extrémité de cette toile sans fin se trouve une roue verticale, tournant avec une vitesse correspondant à celle de la toile, et qui est munie de sept bras portant des fils, qui, dans leur mouvement circulaire, coupent les briques à la longueur voulue. Les briques ainsi coupées sont poussées sur une seconde toile sans fin, ayant un mouvement plus rapide, de sorte qu'elles sont séparées les unes des autres, et qu'elles peuvent ensuite être prises isolément par une série d'ouvriers, placés à côté de la table sur laquelle roule cette seconde toile sans fin. Grâce à ce procédé, on peut arriver à débiter jusqu'à 200 briques par minute.

Fig. 212. — Appareil coupeur.

Les *propulseurs à deux hélices*, dont il a été question page 207, ont été assez employés dans le façonnage des briques pleines. On a déjà dit que le malaxage produit par les deux hélices tangentes

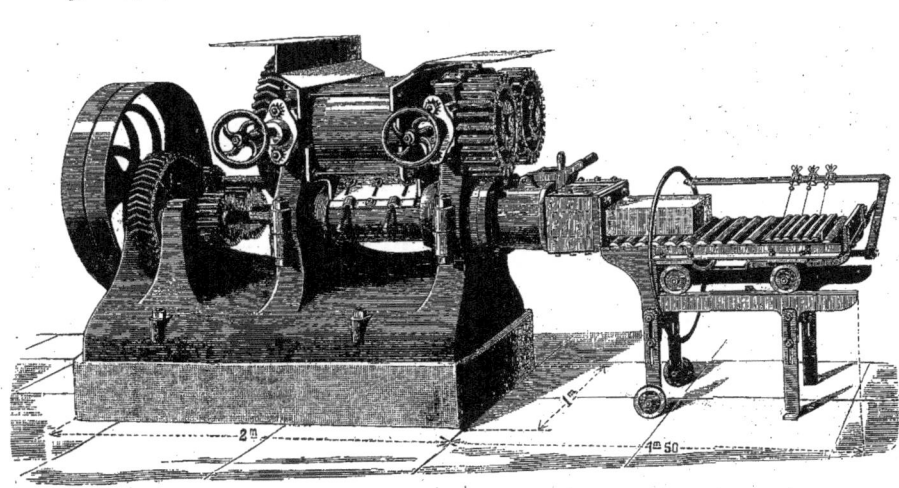

Fig. 213. — Machine à briques

est très médiocre et que les produits sont quelquefois imparfaitement soudés à la sortie de la filière. Ces machines sont toujours surmontées d'une paire de laminoirs, qui a moins pour but de laminer véritablement la pâte que de la diviser en fragments pouvant être saisis par les petites spires des hélices. Comme on peut le voir par la figure 213, qui représente une machine de ce genre construite par MM. Boulet et Cie, la disposition d'ensemble se rapproche beaucoup des machines à une hélice. Leur production varie d'après leurs dimensions de 600 à 1.500 briques à l'heure pour une force dépensée de 3 à 10 chevaux.

Quant aux *propulseurs à cylindres*, quoique plus logiques que les précédents, ils ne semblent donner de bons résultats pour le façonnage des briques pleines, qu'en utilisant des pâtes molles. Il est, du reste, assez facile à comprendre que le passage d'une section large et très mince, comme celle qui existe entre les cylindres propulseurs, à la section presque carrée de la filière à briques pleines, ne peut s'opérer convenablement qu'avec une pâte plastique et peu consistante.

203. Façonnage à la presse. — On a vu que le façonnage des briques à la presse se fait actuellement presque exclusivement en pâte sèche. C'est-à-dire que les matières premières sont à l'état de terre plus ou moins humide, et non sous forme de pâte, dans l'acception ordinaire de ce mot. Les produits ainsi obtenus ont un aspect granuleux, exigent une plus forte cuisson, pour remplacer par un commencement de ramollissement l'absence de cohésion de la masse. Ce procédé trouve son emploi pour l'agglomération des matières très maigres, la compression suppléant en partie au manque de plasticité, ou bien lorsque, dans un but de fabrication à bon marché, on veut simplifier la préparation des pâtes et supprimer plus ou moins complètement le séchage.

La pâte est presque toujours une argile maigre, sans mélange, que l'on se borne à réduire en poudre homogène, en lui donnant l'humidité qui correspond à la pression dont on dispose. Cette préparation peut se faire manuellement dans les carrières, en extrayant l'argile au moyen de sortes de racloirs, ou en la laissant se déliter à l'air, puis l'humectant ensuite. Pour de plus grandes productions, on se sert soit de granulateurs (page 133), soit de malaxeurs. Ce n'est que par une granulation et une homogénéisation préalables faites avec soin que l'on peut obtenir des briques d'une qualité satisfaisante.

Il existe un très grand nombre de presses de systèmes très divers, leur description complète n'offrirait qu'un médiocre intérêt et dépasserait les limites de cet ouvrage, aussi nous contenterons-nous d'en donner quelques exemples.

Les *moules* sont toujours à compression et présentent généralement une des dispositions qui ont été décrites précédemment (page 226).

Pour de petites productions, on peut se servir de la presse à choc, dont il a été donné un exemple (*fig.* 118, page 228). La figure 214 montre une machine du même genre, qui est très employée dans les petites briqueteries. Les moules ordinairement

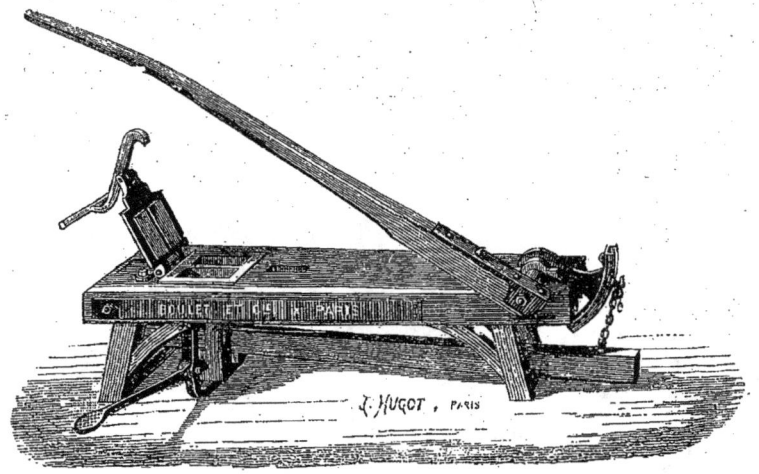

Fig. 214. — Presse à briques.

en bronze, au nombre de deux, ont des fonds mobiles et un couvercle à charnières, qui est fermé au moyen d'un crochet, après que les moules ont été remplis à la main de pâte sèche. Par l'intermédiaire du double levier, on exerce alors une pression sur les fonds, puis le couvercle est ouvert et, au moyen d'une pédale, les fonds sont entièrement soulevés pour opérer le démoulage. Un mouleur avec deux aides peut ainsi fabriquer environ 300 briques à l'heure.

Pour de plus grandes productions, et pour avoir des produits de meilleure qualité, on emploie des presses à mouvement continu, actionnées par un moteur. La presse construite par MM. Bou-

462 TERRES CUITES

let et Cie, qui est représentée sur la figure 123 (page 233), a donné un premier exemple de ce genre de machines. Elle peut produire de 800 à 1.000 briques à l'heure pour une force dépensée d'environ 3 chevaux.

Fig. 215. — Presse à briques.

La machine représentée sur la figure 215 fonctionne d'une manière analogue. Les six moules étant remplis de pâte, le mandrin supérieur s'abaisse, d'abord rapidement, puis, après un moment très court d'arrêt, il donne une seconde pression plus énergique, après quoi les fonds des moules se soulèvent à leur tour pour exercer une troisième pression. Le démoulage se fait comme dans les presses précédentes, par le soulèvement complet des fonds. Un mécanisme placé à l'avant, actionnant un coin, permet de régler l'épaisseur des briques et la pression. Enfin, des tuyaux de vapeur chauffent les moules et les mandrins pour empêcher l'adhérence.

Les presses hydrauliques, dont le fonctionnement serait le même que celles à excentriques ou à cames, ne sont pas employées pour la fabrication des briques pleines, à cause de leur faible production.

En utilisant des pâtes plus humides, on peut employer des machines moins puissantes, à grand débit, mais bonnes seulement pour des produits très communs. Voici deux exemples de ce genre de presses très employées aux États-Unis.

On se sert de six moules accolés en bois, armés de garnitures en fer, tels qu'ils sont représentés sur la figure 216. Ils sont placés sous la presse, qui les remplit, comprime la pâte et les pousse sur un tablier d'où ils sont enlevés, tandis qu'on met en place un nouveau groupe de moules.

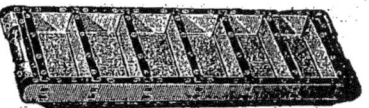

Fig. 216. — Moules à briques.

Ordinairement ces presses sont réunies à des malaxeurs qui granulent et homogénéisent l'argile. La figure 217 représente une machine de ce genre, de construction rustique, ayant un malaxeur vertical, tandis que, dans la presse figure 218, celui-ci est horizontal. La production de ces presses est de 2.500 à 3.000 briques à l'heure.

On voit que, dans toutes les machines précédentes, la forme des moules est la même, et que la pression est toujours exercée par le mandrin et par le fond. Cette disposition n'est cependant pas obligatoire, et il existe des presses de construction différente. Il est impossible d'indiquer tous les systèmes qui ont été proposés. On se bornera à mentionner la presse représentée par la figure 219 qui est connue sous le nom de Léviathan.

La pâte est introduite dans un malaxeur vertical à deux arbres, qui la refoule dans quatre moules, creusés dans quatre disques verticaux, qui portent chacun quatre moules, soit seize en tout. Ces disques font chaque fois un quart de tour, puis s'arrêtent.

Fig. 217. — Presse à briques.

Fig. 218. — Presse à briques.

Dans la première position ils se remplissent de pâte, dans la deuxième, qui n'est pas vue sur la figure, la pâte est comprimée simultanément par des mandrins et par les fonds, dans la troisième, les fonds opèrent le démoulage, les briques tombant sur

Fig. 249. — Presse à briques.

un disque circulaire. Enfin, dans la quatrième position, représentée à l'avant du dessin, ils sont lubrifiés automatiquement par une petite pompe qui projette de l'huile. La production de cette machine est de 4.000 briques par heure.

204. Repressage. — Le façonnage des briques peut également se faire en deux opérations. Dans la première, les briques sont façonnées en pâte plastique par un des procédés précédemment décrits, puis, lorsqu'elles se sont ressuyées et qu'elles ont la consistance du cuir (pâte ferme), on les presse de manière à leur donner généralement la forme d'un parallélipipède, avec des ren-

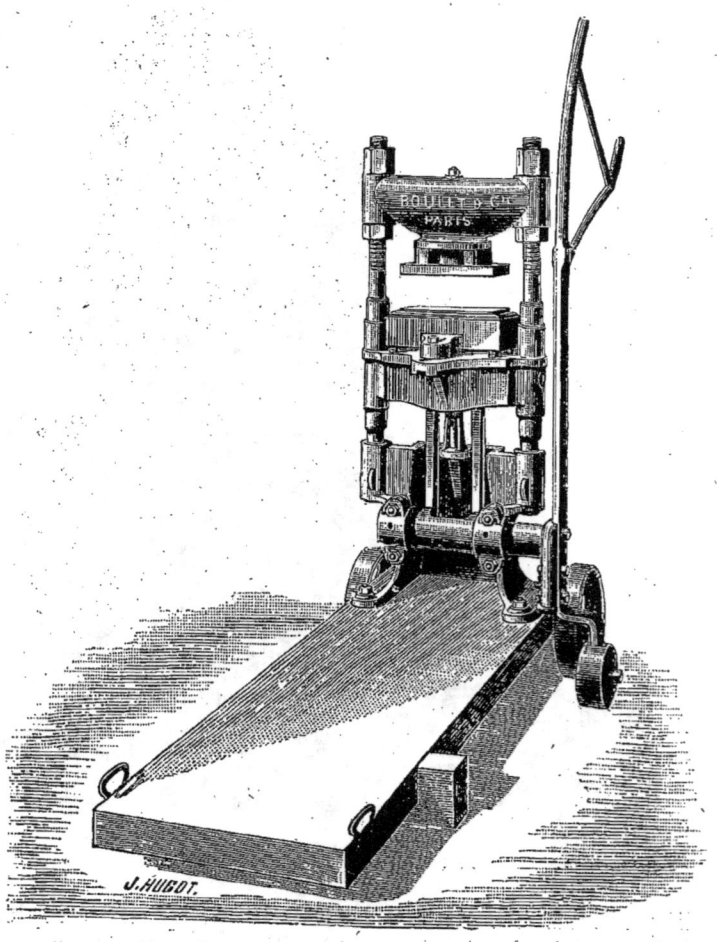

Fig. 220. — Represseuse.

foncements tronc-pyramidaux sur les deux grandes faces. Ceux-ci ont pour but de forcer la pâte de refouler vers les arêtes au moment de la pression, et de diminuer l'épaisseur des joints en laissant une place pour le mortier.

Dans certains cas, on peut avoir pour but de donner une forme exacte aux produits, ce qu'il n'est pas possible d'obtenir avec précision par un façonnage ou un ébauchage en pâte molle. Le repressage prend, dans ce cas, le nom de *calibrage*.

Avant l'emploi des engins mécaniques, on frappait quelquefois les briques ressuyées au moyen de battoirs plats en bois, pour régulariser leur forme et pour durcir leur surface. Ce procédé n'a plus de raison d'être pour les briques, mais le nom de *rebattage*, qu'on lui donnait, est quelquefois employé à tort pour désigner le repressage.

De même que pour les presses, on n'emploie, dans les represseuses, que des moules à compression, et ces machines peuvent agir par choc ou par pression. Ordinairement les represseuses mues à bras travaillent par choc ; elles sont mobiles, de manière à pouvoir être déplacées dans les séchoirs et éviter ainsi le transport des briques. La figure 220 montre le type de represseuse le plus employé. La brique est placée sur le fond du moule par un aide, puis l'ouvrier, debout sur le plateau représenté à l'avant de la figure, saisit le levier et le lance violemment vers le sol, en appuyant dessus, de manière à lui faire supporter le poids de son corps. Dans ce mouvement, le fond du moule s'est abaissé, la brique est entrée dans le moule, puis le mandrin supérieur, qui a une course plus grande que le fond, est venu presser sur la brique. L'ouvrier profite de l'élasticité du mécanisme qui tend à relever le levier après le choc, pour saisir celui-ci et le replacer dans sa position primitive, démoulant en même temps la brique, qui est enlevée par l'aide et remplacée par une autre. Le plateau sur lequel se place l'ouvrier a pour but de donner plus de stabilité au système. On peut ainsi represser de 350 à 400 briques en une heure. Quelquefois on donne deux ou trois pressions successives, ce qui naturellement diminue la production.

Il faut observer que si les produits, lorsqu'ils ont la consistance convenable au repressage, ne présentent plus de plasticité à la pression de la main, ils en acquièrent cependant sous l'influence de la pression beaucoup plus grande de la machine, et qu'ils adhéreraient aux parois, si on n'avait soin de lubrifier celles-ci. Cette lubrification se fait avec des huiles végétales ou minérales diluées d'eau, ou avec une émulsion de savon.

Lorsque les pâtes contiennent de la chaux, les corps gras ont l'inconvénient de se saponifier à son contact et de former des sels calcaires, qui sont détruits pendant la cuisson, mais qui laissent sur les surfaces un résidu de chaux, lequel se transforme dans le four en sulfate de chaux et produit des taches blanchâtres qu'il est impossible d'enlever. Pour éviter cet inconvénient, souvent très préjudiciable, il ne faut employer pour la lubrification que des liquides ne contenant pas d'acides gras.

Fig. 221. — Represseuse.

Une represseuse du même genre que la précédente, mais donnant une pression moins grande, est représentée par la figure 221. Elle porte trois moules montés sur un plateau tournant, ce qui permet d'en avoir un en démoulage et l'autre prêt au graissage et à la mise en moule. Enfin, la figure 222 montre une troisième disposition, dans laquelle le choc est produit par la puissance vive accumulée dans un volant suffisamment lourd. Dans toutes ces machines, l'arbre sur lequel est fixé le levier ou le volant porte des cames ou des excentriques, qui déterminent le mouvement des divers organes.

Le repressage peut également se faire dans des machines mues par un moteur, qui fonctionnent d'une manière continue.

La plus grande production de ces machines qui sont forcément fixes, ne compense souvent pas la dépense supplémentaire

BRIQUES 469

résultant du transport des briques. Les systèmes de represseuses de ce genre sont assez nombreux ; les suivants ne sont indiqués qu'à titre d'exemple.

Fig. 222. — Represseuse.

La represseuse (*fig.* 223) construite par M. Clayton, se rapproche beaucoup des types précédemment décrits. Deux excentriques montés sur l'arbre moteur servent à actionner le fond du moule et le mandrin supérieur. Au contraire, la machine (*figure* 224) de M. Pinette est disposée horizontalement. Les briques sont posées sur une tringle, placée devant la machine, qui les amène en face du moule, où un mandrin vient les enfoncer et déterminer la pression. Ceci fait, le fond du moule est poussé à son tour, et

Fig. 223. — Represseuse.

ramène la brique repressée sur la tringle qui, en se déplaçant de nouveau pour amener une seconde brique, transporte la brique achevée de l'autre côté, où elle est enlevée. Cette machine peut arriver à represser 1.000 briques à l'heure. Enfin la figure 225 montre une represseuse, construite par M. Frey, dans laquelle les briques sont placées sur une toile sans fin, qui les fait pénétrer dans la machine, où elles sont pressées latéralement par une

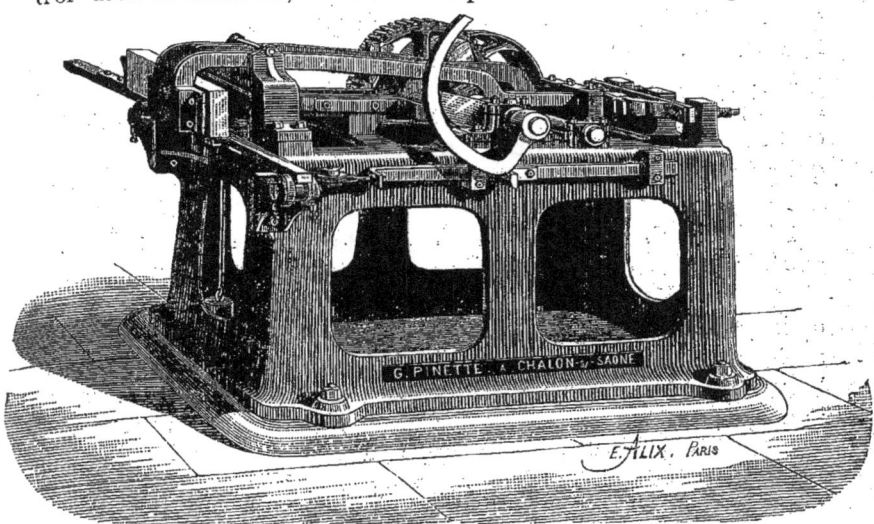

Fig. 224. — Represseuse.

came, puis ressortent de l'autre côté sur la même toile sans fin. Deux rouleaux lubrifient automatiquement les briques à leur

Fig. 225. — Represseuse.

entrée. La production est un peu plus grande que celle de la machine précédente.

Pour terminer ce qui a rapport au repressage, il faut observer que cette opération n'améliore que l'aspect des briques et non leur qualité. Sous l'influence de la pression les molécules de pâte sont déplacées et jusqu'à un certain point resserrées; mais, comme leur plasticité est très faible, elles se ressoudent mal entre elles, et il reste dans le produit des fissures, des plans de glissement, qui diminuent la résistance à l'écrasement.

205. Séchage. — Le séchage des briques est une opération assez difficile à cause de la grande quantité d'eau qu'il s'agit d'évaporer. Prenons, en effet, les briques du format le plus usité en France, pesant après cuisson environ $2^{kg},5$, elles contiennent après le façonnage environ 25 0/0 d'eau, lorsque celui-ci est fait à la main, ou 15 à 20 0/0 lorsqu'on procède par étirage. Avec le moulage en pâte sèche, cette proportion peut tomber à 5 ou 10 0/0. Si on admet une teneur en eau égale à 20 0/0, on voit qu'il faut évaporer 500 grammes d'eau par brique, ou 500 kilogrammes par mille.

La dessiccation se fait par quatre procédés :

1° Séchage sur des aires ;

2° Séchage sur des étagères soit isolées, soit groupées dans un bâtiment ;

3° Séchage dans des séchoirs ventilés utilisant les chaleurs perdues des fours ;

4° Séchage dans des séchoirs chauffés et ventilés.

Le *séchage sur des aires* n'est employé que pour le moulage à la main. Sur de grandes surfaces en terre battue, légèrement inclinées pour que l'eau n'y séjourne pas, on place les briques à leur sortie du moule à plat les unes à côté des autres. Lorsqu'elles se sont suffisamment raffermies, on les redresse sur champ, puis, après une nouvelle période de séchage, elles sont empilées en tas, en gambettes suivant l'expression consacrée. Ces gambettes (*fig.* 226) sont placées sur des parties plus élevées du sol, le rang inférieur des briques étant souvent en briques cuites, pour éviter l'humidité. Lorsqu'on craint la pluie, on recouvre ces gambettes de paillassons, de planches, ou d'autres couver-

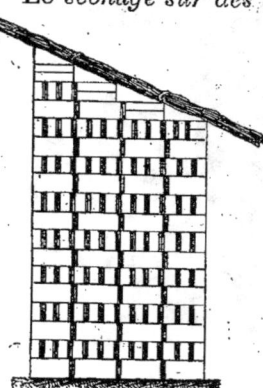

Fig. 226.—Séchage des briques.

tures légères et mobiles. Quelquefois on abrite également une de leurs parois latérales, pour éviter la pluie chassée par le vent. C'est dans ces gambettes que les briques achèvent de se sécher.

Le *séchage sur des étagères* se fait soit dans de petites halettes isolées, soit dans des hangars contenant plusieurs rangées d'étagères, soit enfin dans des bâtiments construits généralement au-dessus des fours. Les figures 131, 132 et 134 ont montré les différentes dispositions générales les plus employées. Il n'y a donc pas lieu d'y revenir.

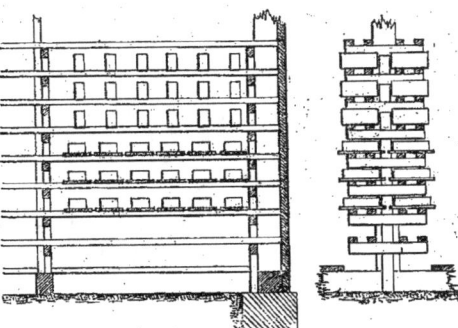

Fig. 227. — Séchage des briques.

Lorsque le façonnage est fait en pâte molle, les briques doivent être mises sur des planchettes, et posées à plat. Si, au contraire, la pâte est demi-ferme ou sèche, elles sont directement placées sur deux liteaux fixés sur les montants des étagères. La figure 227 représente ces deux dispositions.

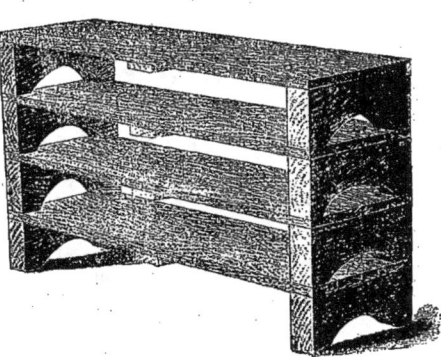

Fig. 228. — Séchage des briques.

Quelquefois les briques sont placées immédiatement après le façonnage sur des planches de $1^m,20$ à $1^m,50$ de long, que l'on transporte dans les étagères où elles prennent la place des liteaux de la figure 227. Enfin, dans certains cas, on se sert, au moins partiellement, d'étagères mobiles, formées de planches, portant à leurs extrémités des bouts de madriers qui permettent de les empiler comme l'indique la figure 228.

Le transport des briques dans les séchoirs, et des séchoirs dans le four, ont une certaine importance à cause du poids considérable des produits à déplacer. Dans ce but on emploie différents procédés, qui dépendent de la disposition des séchoirs.

Fig. 229. — Brouette.

Les brouettes sont très employées, parce qu'elles permettent de circuler facilement entre les rangs des étagères. Celles qui servent au transport des briques vertes sont à plate-forme, comme le montre la figure 229. Il est bon, pour que les chocs du roulement ne

Fig. 230. — Vagonet.

déforment pas les produits, de les suspendre au moyen de ressorts ou d'employer des bandages en caoutchouc. Pour le transport des briques sèches, on se sert simplement de brouettes plates à dossier. Lorsqu'il faut monter les briques dans des étages, on peut

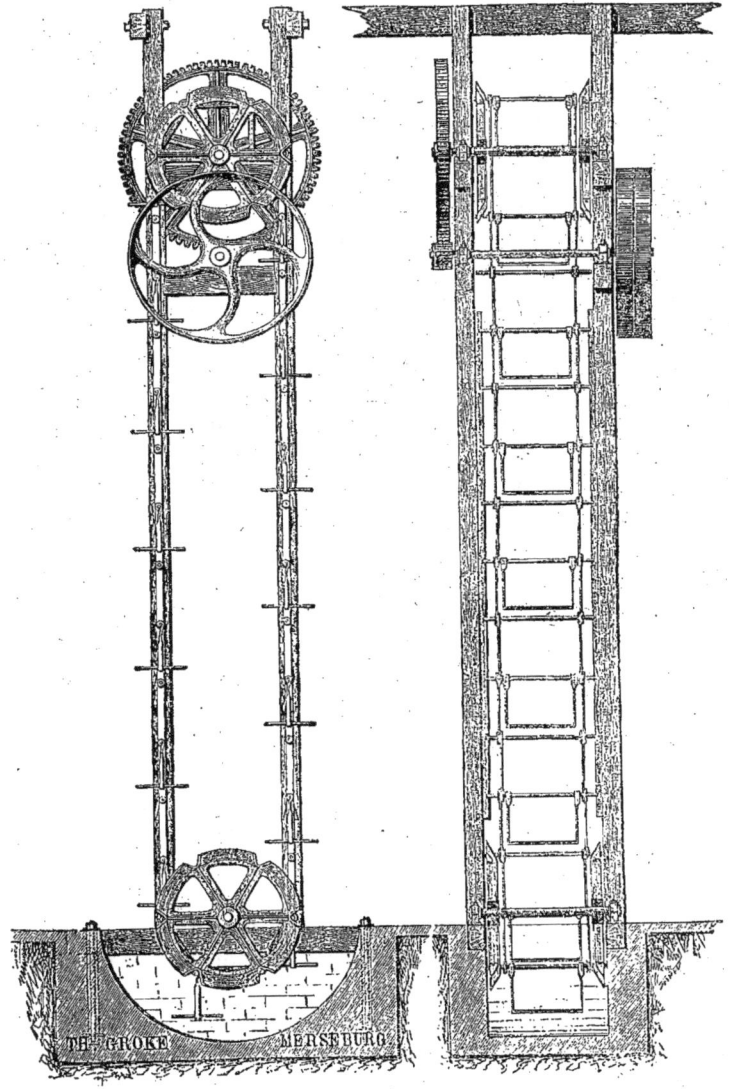

Fig. 231. — Élévateur.

pousser les brouettes sur des plans inclinés, ou les élever dans des monte-charges.

Les vagonets sont d'un usage moins fréquent, parce qu'ils exigent un développement considérable de voies ferrées, si on veut les faire circuler entre les étagères. Pour les briques vertes, on se sert de vagonets du type représenté sur la figure 230, et pour les briques sèches de vagonets à plate-forme ordinaires. Dans certains cas on a employé des vagonets suspendus à une voie aérienne. Ce système, lorsque l'installation s'y prête, peut être plus pratique que le précédent.

Lorsque le façonnage se fait dans un bâtiment à étages, contenant les séchoirs, on peut disposer des élévateurs à côté des machines et y placer directement les briques qui sont alors reprises aux différents étages, pour être mises sur des brouettes et réparties dans les étagères. La figure 231 représente un élévateur de ce genre, auquel on peut naturellement donner la hauteur que l'on désire. Il se compose de deux doubles poulies, sur lesquelles tourne une chaîne supportant des planchettes servant à recevoir les produits, et qui sont suspendues de manière à rester horizontales pendant tout le trajet.

La durée du séchage dans les étagères dépend de leur disposition et du climat. On a déjà dit que le séchage était, à une hauteur de 3 mètres, double de ce qu'il est sur le sol lui-même, et triple pour une hauteur de 6 mètres. Sur le sol il varie suivant le climat de deux à cinq semaines pendant les saisons favorables. Il peut se réduire, pour les étages élevés et dans les meilleures circonstances, à une dizaine ou même à une huitaine de jours.

En disposant les séchoirs au-dessus des fours, comme le représente la figure 134, on peut arriver à sécher en toute saison, lorsque le bâtiment est bien clos et que le climat n'est pas trop rigoureux. La durée du séchage dépend néanmoins fortement des saisons, même dans les meilleures installations. Elle est double ou triple en hiver qu'en été.

On peut sensiblement améliorer le séchage en disposant dans des endroits appropriés des ventilateurs, que l'on fait fonctionner pendant les temps calmes, lorsque l'aération naturelle devient insuffisante ou même nulle.

On peut également employer des *séchoirs ventilés utilisant les chaleurs perdues des fours*. La figure 135 (page 263) montre une installation de ce genre. Les fours sont toujours à feu continu, et la ventilation se fait au moyen de cheminées ou de ventilateurs. Plusieurs dispositions ont été proposées par MM. Ohle (celle de la figure 135), Cohr, Rübne, Hoffmann, etc., mais elles ne semblent pas présenter d'avantage sur le séchage par aération dans un bâtiment surmontant les fours, surtout lorsqu'on peut suppléer par une ventilation à une aération insuffisante.

On a vu, en effet, que la chaleur nécessaire pour évaporer 1 kilogramme d'eau contenu dans les pâtes est donnée par la formule III (page 253) :

$$C = \frac{1.000\,(T - \theta)\,c}{E\,(T - t)}$$

avec la condition II :

$$E\,(T - t) = P - p).$$

Si on admet que la température extérieure est égale à 0, que $T = 20°$, on voit que la chaleur dépensée est minima pour $t = 11°$, auquel cas $C = 1.360$ calories (page 258). On a vu que ce chiffre devait être augmenté de 50 à 100 0/0, suivant les installations, et devient dans les conditions les plus favorables égal à 2.000 calories.

Si d'autre part on admet une pâte ayant 10 0/0 d'eau à évaporer, 1 kilogramme de pâte cuite contiendra 150 grammes, exigeant 300 calories. Or, comme on le verra dans l'article suivant, la quantité de chaleur que peut fournir un four à feu continu, cuisant des briques, ne dépense guère théoriquement que 200 calories par kilogramme de pâte cuite.

On peut donc admettre, d'une manière absolue, qu'il est impossible de sécher les briques uniquement avec les chaleurs perdues des fours à feu continu, les seuls utilisables dans les briqueteries fabriquant économiquement.

Fig. 232. — Vagonet pour séchoirs.

C'est cette constatation qui a fait quelquefois adopter les *séchoirs chauffés et ventilés*, dont les différents systèmes ont été représentés par les figures 138, 139, 140, 141, 142 et 143. Lorsque les étagères sont fixes, les briques sont placées comme il a été dit précédemment. Lorsqu'elles sont mobiles, on se sert de vagonets, à plate-forme, portant des étagères fixes, ou mieux des supports en fer mobiles comme le représente la figure 232. Ce sont ces vagonets chargés de briques que l'on introduit dans les séchoirs.

Ceux-ci sont de différents types, et les trois gravures suivantes ne sont données que comme exemples.

Fig. 233. — Séchoir à briques.

La figure 233 montre le séchoir construit par MM. Chamber frères et Cie. Il est du type G (page 265, *fig.* 139) dans lequel les briques ne sont pas déplacées pendant le séchage, et il se compose d'une série de tunnels indépendants, chauffés à une extrémité et munis d'une cheminée d'appel à l'autre.

La figure 234 représente un séchoir du type B (page 268) dans lequel les produits se déplacent dans le même sens que l'air, celui-ci étant chauffé progressivement par une canalisation souterraine de tuyaux contenant de la vapeur. Il est construit pas MM. Wolff et Cie.

Enfin la figure 235 montre le séchoir de M. Moeller, dont le plan schématique a été donné par la figure 143 (page 270).

Pour calculer les dimensions de ces séchoirs et le nombre de vagonets, il faut se rendre compte de la durée de la dessiccation,

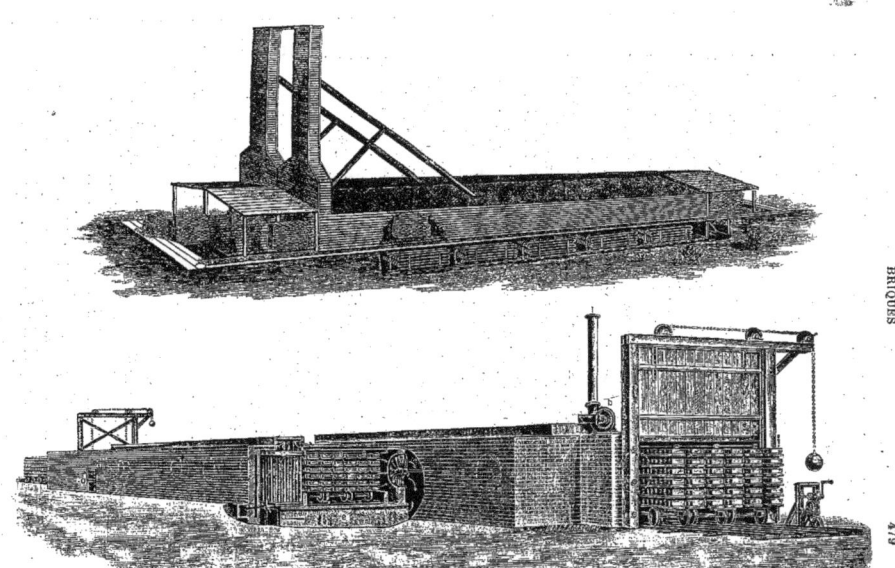

Fig. 234 et 235. — Séchoirs à briques.

celle-ci dépendant de la nature de la pâte, du mode de façonnage et de la disposition du séchoir. Dans les conditions les plus favorables cette durée peut se réduire à vingt ou vingt-quatre heures, mais elle est souvent notablement dépassée.

Ce qui a été dit dans le chapitre v permet de comparer la valeur et d'évaluer la consommation en combustible des différents séchoirs. Il suffit d'ajouter que les séchoirs chauffés, de même que le façonnage en pâte sèche, sont plutôt destinés aux pays ayant un climat froid et humide. Il semble peu probable que, dans les circonstances actuelles de l'industrie des briques, on ait avantage à employer ces procédés partout où, comme c'est le cas général en France, on peut sécher pendant l'hiver dans des étagères convenablement aménagées au-dessus des fours.

206. Cuisson. — La cuisson des briques pleines ordinaires se fait quelquefois *à la volée*. Ce procédé est ordinairement le complément du moulage à la main, et comme lui exige des ouvriers spéciaux, il n'y a donc lieu de donner que quelques indications sommaires.

L'emplacement du four doit être un terrain placé, à l'abri des eaux, à proximité des gambettes de briques. On commence par disposer un premier rang de briques de champ, cuites, comme il est représenté par la figure 236, de manière à former un carré ayant de 10 à 15 mètres de côté. Sur celui-ci on met un deuxième rang, les briques cuites étant placées perpendiculairement aux premières, et également écartées. Le troisième rang est fait aussi en briques de champ, mais disposées de manière à ne laisser entre elles qu'un vide de 2 à 3 centimètres. Arrivé à cette hauteur on remplit les conduits qui traversent le four de bois et de copeaux, puis on place le quatrième rang, composé de deux assises de briques à plat, écartées comme les précédentes. Au cinquième rang on recouvre les conduits de briques à plat, les autres étant placées de champ à l'intervalle qui vient d'être indiqué. Le sixième rang est mis perpendiculairement au cinquième, puis le septième comme le cinquième, le huitième comme le sixième et ainsi de suite. Les briques de la bordure sont plus serrées, mises avec plus de soin et placées de manière à donner un léger fruit aux parements, on les recouvre d'un enduit d'argile maigre.

Entre le sixième et le septième rang, on saupoudre avec une couche de charbon maigre menu, également répartie, et on fait de même tous les trois rangs. Les sept ou neuf premiers rangs sont en briques cuites, ils forment le *pied* du four, les autres sont crues. Lorsque le pied est terminé, ce que fait une équipe de 10 à 15 hommes en un jour, on allume, le soir, le bois mis dans les conduits, et on entretient le feu au moyen de fagots, de bûches et de houille. Le lendemain, on continue l'enfournement, de manière à placer de trois à quatre rangs.

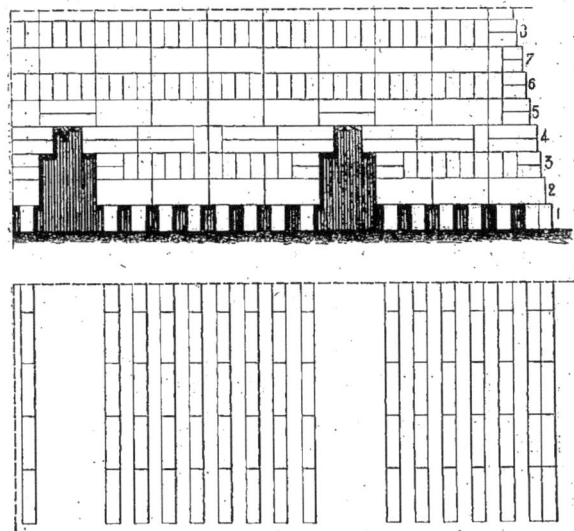

Fig. 236. — Cuisson à la volée.

Lorsque le feu s'est bien communiqué à la première couche de houille, ce que l'on observe aux fumées qui doivent sortir également de toute la surface de l'enfournement, on règle la vitesse de la combustion en diminuant la section des orifices de rentrée d'air. Chaque jour, l'enfournement doit suivre les progrès de la combustion, qui a une tendance à s'accélérer, de sorte que, vers la fin de la cuisson, on arrive à mettre de quatre à six rangs. On s'arrête généralement lorsque le four a environ 7 mètres de hauteur, en mettant une dernière couche plus serrée que les autres.

Avec un procédé de cuisson aussi primitif, il est naturel que les incidents soient fréquents. Si le feu ne se répartit pas également, on diminue l'entrée de l'air du côté où il est trop actif, et on bouche du haut les *cheminées* qui peuvent se produire, en y jetant du combustible. De même on accélère le feu dans les endroits où il se ralentit, en débouchant les rentrées d'air. Comme le centre est forcément plus cuit que les bords, il se tasse davantage, et on rachète la différence de niveau en plaçant un rang dont les briques sont de champ au centre et inclinées ou à plat sur les bords. Mais l'incident le plus grave qui puisse arriver est la pluie, dont on ne peut que difficilement protéger le four, au moyen de couvertures mobiles. Aussi ne peut-on cuire à la volée que pendant l'été.

Les fours contiennent de 200.000 à 1.000.000 de briques. Les plus usités sont de 500.000, sur lesquelles environ un sixième, sont du déchet ou trop peu cuites. La consommation de combustible varie de 140 à 180 kilogrammes de houille par mille de briques, suivant la qualité de la houille et la grandeur du four. On a quelquefois fait usage de la tourbe.

La cuisson à la volée est employée dans le nord de la France, en Belgique et en Angleterre. Elle ne peut servir que pour des pâtes maigres et n'a de raison d'être que dans les petites briqueteries temporaires, créées à proximité et en vue d'une construction déterminée.

Pour de petites installations dans les colonies, on peut se servir de *fours intermittents à flammes ascendantes*, du type représenté par la figure 172 (page 353), le chauffage se faisant soit à la houille, soit au bois, soit au moyen d'herbes, de paille ou de tout autre combustible.

Hors les deux applications spéciales qui viennent d'être citées, les briques doivent être cuites dans des fours à feu continu à galerie unique ; ce n'est que dans de très petites briqueteries, créées pour des besoins locaux, que l'on peut faire usage de fours semi-continus.

Les fours à feu continu ont été décrits précédemment (page 363), et on a vu qu'à leur forme primitivement ronde, puis oblongue, on a substitué actuellement la forme rectangulaire (*fig.* 182).

La figure 237 représente avec plus de détails la construction d'un four de ce genre, destiné spécialement à la cuisson des briques ordinaires. Chacune des deux galeries parallèles est divisée en six, sept ou huit compartiments, ayant chacun une porte d'enfournement, une soupape de tirage et un arceau faisant saillie sur le parement de la galerie de cuisson, contre lequel on applique les registres. Ces registres étaient autrefois en tôle et en 2 ou 3 morceaux pour permettre leur introduction par les portes. On les fait actuellement en papier, en les lutant avec du mortier de terre contre l'arceau. Lorsqu'ils doivent être suppri-

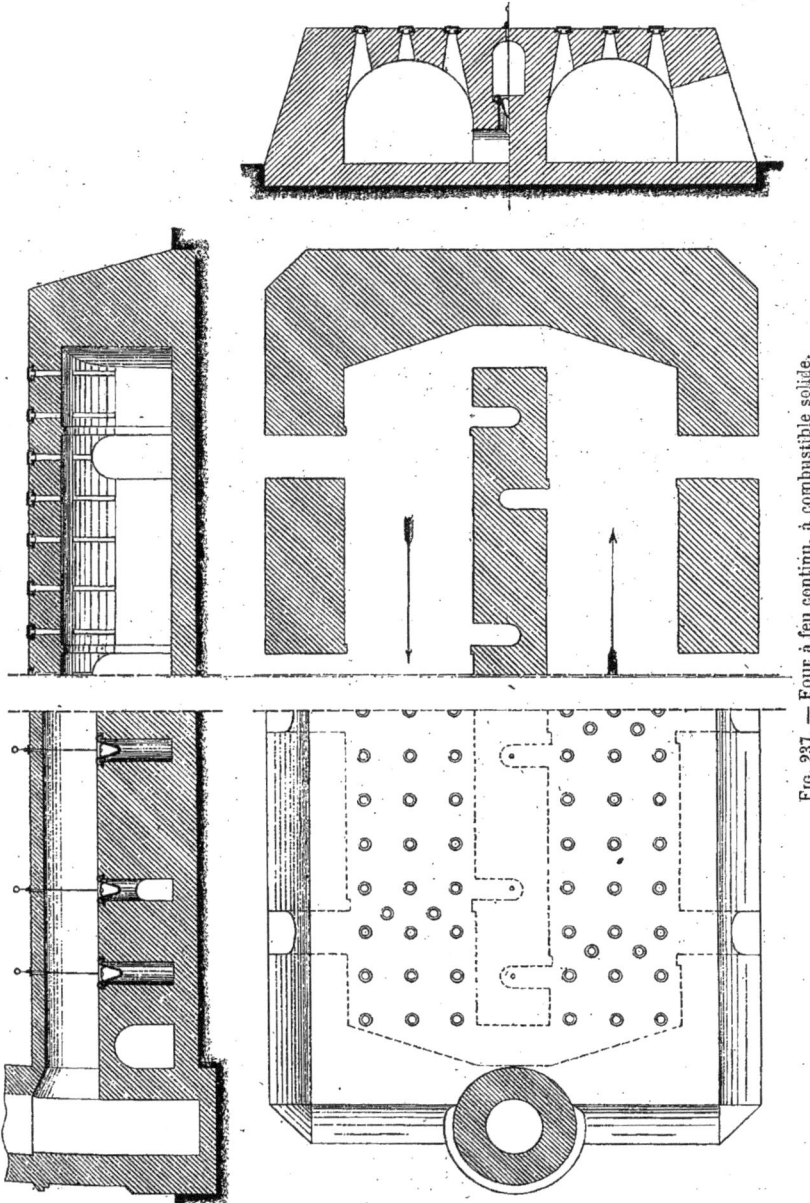

Fig. 237. — Four à feu continu, à combustible solide.

més, on se contente de déchirer leur partie inférieure, pour laisser passer le courant gazeux, les fragments de papier sont naturellement détruits pendant la cuisson.

Des ouvertures dans la voûte, à côté de chaque arceau, sont spécialement destinées à cette opération.

Le papier dont on se sert est acheté en rouleaux de 1 mètre à 1^m,40 de largeur, on le taille et on le colle de manière à préparer un morceau ayant une forme identique à la section de la galerie de cuisson.

Le chauffage se fait à la houille, au lignite ou à la tourbe, le combustible étant introduit par une série d'ouvertures percées dans la voûte, espacées d'environ 1 mètre et fermées par des couvercles en fonte. L'enfournement est disposé comme le représente la figure 157 (page 333).

Voici quelques renseignements sur la production et les dimensions de ces fours :

Volume d'un compartiment (Mètres cubes)	Nombre de briques (22 — 11 — 6,5) cuites en 24 heures	DIMENSIONS DU FOUR	
		Longueur (mètres)	Largeur (mètres)
10	4,000	20 à 25	6 à 7
15	6,000	—	7 à 8
20	8,000	25 à 35	8 à 9
25	10,000	—	9 à 10
30	12,000	—	10 à 11
40	16,000	35 à 45	11 à 12
50	20,000	—	12 à 13
60	24,000	—	13 à 14

Normalement le feu avance d'un compartiment, c'est-à-dire de 3 à 7 mètres en vingt-quatre heures. Cette production peut être naturellement diminuée ou portée à un compartiment et demi. Pour une production dépassant 25 à 30.000 briques, il est préférable d'employer deux fours distincts.

Le type de four, représenté sur la figure 237 peut être l'objet de plusieurs variantes. On se contentera de dire quelques mots sur les principales.

1° La cheminée accolée au bout du four peut être placée d'une manière indépendante, soit en bout, soit sur le côté (*fig.* 182). Au point de vue du tirage, la position représentée par la figure 237 est la meilleure.

2° Les conduits d'évacuation des gaz, au lieu d'être placés latéralement dans le mur central, peuvent être disposés sur le mur extérieur ou déboucher sous la sole. Ces dispositions, qui semblent théoriquement plus logiques, ne présentent en réalité aucun avantage pour la bonne répartition de la chaleur et ont l'inconvénient d'être d'une construction plus compliquée.

3° L'évacuation des gaz peut également se faire par les ouvertures de chauffage en faisant communiquer celles-ci avec le conduit de fumée, au moyen de tuyaux mobiles en tôle, qui sont déplacés au fur et à mesure de l'avancement du feu.

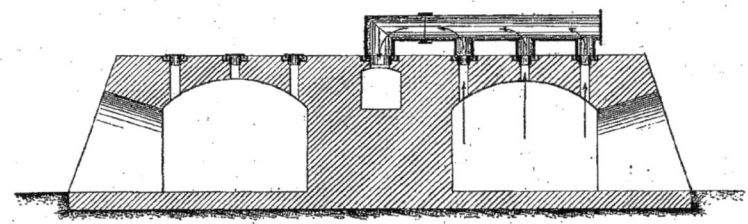

Fig. 238. — Four à briques.

La figure 238 montre cette disposition en coupe transversale (Siehmon et Rost).

Elle est d'une construction un peu plus simple, et donne, lorsque les produits sont très humides, une meilleure évacuation de la vapeur d'eau, qui, par suite de sa moindre densité, s'accumule sous la voûte. Par contre, la manœuvre des tuyaux mobiles est une opération beaucoup plus longue que le simple soulèvement d'une soupape. Aussi estimons-nous qu'il est préférable d'employer le tirage par des conduits inférieurs spéciaux, quitte, lorsque les marchandises crues sont très humides, comme c'est quelquefois le cas pendant la mauvaise saison, de faciliter l'évacuation de la vapeur par des tuyaux supérieurs.

4° L'enfumage des briques fraîchement enfournées exige quelquefois des dispositions spéciales. Celle qui vient d'être indiquée suffit presque toujours, mais lorsque les pâtes sont très humides, trop plastiques ou fortement calcaires, il faut avoir recours à d'autres procédés. On dispose quelquefois de petits foyers mobiles chauffés au coke et à flamme renversée sur les puits de chauffage du compartiment en enfumage, en ayant soin de laisser entrer plutôt un grand volume d'air à basse température que peu d'air très chaud. Ces foyers peuvent être également mis dans les portes, ou d'une manière fixe dans le mur extérieur. Dans certains cas, heureusement très rares, on est obligé de compléter ce chauffage par foyers fixes au moyen d'une canalisation sous la sole du four. On a également proposé (Hoffmann) de prendre de l'air chaud des compartiments en refroidissement et de l'amener par une canalisation spéciale dans le compartiment en enfumage, mais ce procédé est peu efficace.

Fig. 239. — Four à briques temporaire.

5° Pour des installations temporaires ne devant durer qu'un, deux, ou trois ans, on peut simplifier la construction du four, en le mettant en partie dans le sol et en remplaçant la plus grande partie de la maçonnerie par des remblais de terre comme le montre la figure 239. Grâce au bas prix de la construction, la cuisson dans ce four devient meilleur marché, amortissement compris, que dans les fours à la volée, lorsque la quantité totale de briques à fabriquer dépasse 2 millions.

6° On a dit que le four représenté (*figure* 237) était destiné au chauffage à la houille menue, au lignite et à la tourbe. On peut aussi y employer des bûches de bois ; mais pour le chauffage avec des bois menus, des fagots, de la paille, etc., il faut adopter le four à tranches représenté sur la figure 185 (page 368).

La consommation en combustible est de 35 à 50 kilogrammes de houille de qualité moyenne pour 1.000 kilogrammes de briques cuites, suivant le degré de température et la nature de la pâte.

Le rendement thermique des fours à feu continu pour la cuisson des briques peut être évaluée comme suit :

Chaleur produite par la combustion................	100	Chaleur théoriquement utile.	90
Chaleur fournie par la récupération	40	Chaleur perdue par le chauffage des murs...........	20
		Chaleur perdue par radiation	25
		Chaleur perdue par la cheminée.....................	5
	140		140

L'air employé est, en moyenne, 1 1/2 fois celui qui est théoriquement nécessaire. Si on augmentait cette proportion, on pourrait récupérer une plus grande proportion du calorique, et par conséquent diminuer la consommation du combustible. Pour avoir une récupération complète, il faudrait employer de 2 1/2 à 3 1/2 fois plus d'air que la proportion théorique. Mais alors on abaisserait d'une manière considérable la température, et c'est cette considération qui limite l'intensité du tirage. Dans la pratique, un volume d'air double ne peut être dépassé pour les plus basses températures, et il doit être réduit à 1 1/2 comme il a été admis dans le calcul précédent pour les températures moyennes.

207. Installation générale des briqueteries. — Les briqueteries sont des fabriques essentiellement locales, à cause du grand nombre de gisements d'argiles propres à faire les briques que l'on rencontre dans tous les pays et du poids considérable des marchandises par rapport à leur valeur. Le prix de revient de fabrication des briques varie, sauf les cas exceptionnels, de 4 à 8 francs les 1.000 kilogrammes, auxquels il faut ajouter de 20 à 50 0/0 de frais généraux. La diminution dans le prix de revient que peut procurer une grande production, est donc rapidement compensée par les frais de transport. En fait, on ne trouve de briqueteries importantes que près des grands centres de consommation.

Au point de vue des procédés de fabrication on peut diviser les briqueteries en trois catégories :

1° Celles employant le moulage à la main et des fours intermittents ;

2° Celles employant le même procédé de façonnage, mais cuisant dans des fours à feu continu ;

3° Celles façonnant mécaniquement et utilisant naturellement des fours à feu continu.

Outre les deux cas qui ont été signalés précédemment, les premières ont leur justification lorsque la production est inférieure à 600.000 ou 1 million de briques par an. C'est en effet la limite au-dessous de laquelle il n'y a plus économie à employer des fours à feu continu. D'autre part, on peut également admettre, en moyenne, que l'usage des moteurs mécaniques ne peut devenir avantageux que pour un façonnage de plus de 10.000 briques par jour. Les briqueteries de la première catégorie sont donc de petites fabriques essentiellement locales, qui peuvent prospérer à la condition d'être protégées contre les grands établissements, par des frais de transport assez élevés et d'avoir des frais généraux très réduits.

On a vu précédemment que pour la fabrication de briques très communes, avec des argiles et un climat appropriés, on peut avoir avantage à employer le moulage à la main, même pour de grandes productions. Dans ce cas, il faut disposer les places de moulage et de séchage autour du ou des fours à feu continu, pour réduire autant que possible le transport des produits en cours de fabrication. L'usine est placée à côté des carrières; l'argile étant amenée au moyen de vagonets. Si la consommation des briques ne se fait pas sur place, elle doit, en outre, être reliée à une voie ferrée ou à un cours d'eau.

Enfin, dans les briqueteries de la troisième catégorie, employant des machines et des fours à feu continu, le séchage se fait ou bien dans des hangars, ou bien dans de grands bâtiments surmontant les fours, ou enfin dans des séchoirs artificiels. Il est impossible, dans l'état actuel de cette industrie, de donner en principe la préférence à l'un de ces systèmes. La solution à adopter dépend des conditions locales.

On a vu que la production maxima d'un four à feu continu était de 25 à 30.000 briques en vingt-quatre heures, ce qui, en tenant compte des chômages, jours de fête, etc., correspond à un façonnage de 30 à 40.000 briques par jour. Pour une production plus importante, on dispose deux fours parallèlement, dans deux bâtiments, à 12 ou 15 mètres l'un de l'autre, le local contenant les machines étant placé entre les deux. Cette installation qui peut servir à fabriquer de 10 à 20 millions de briques par an, est la plus grande que l'on puisse employer. Au delà il faut faire deux ou plusieurs fabriques indépendantes.

Dans toutes les briqueteries, il faut s'attacher avant tout à réduire les frais de transport et à éviter toute manipulation inutile des produits, ce n'est qu'à cette condition qu'on peut espérer avoir une exploitation rémunératrice.

B. — *Briques creuses*

208. On a vu que la fabrication industrielle des briques creuses ne date que de 1855. Leur emploi s'est depuis considérablement développé, particulièrement en France. Elles servent principalement pour la construction de cloisons, de murs légers, et pour remplir dans les planchers l'intervalle compris entre les poutres.

La figure 240 représente un certain nombre de types de briques généralement employées pour les cloisons, elles ont de 22 à 35 centimètres de longueur, pour 10,5 à 17 centimètres de largeur et 3 à 11 centimètres d'épaisseur.

Fig. 240. — Briques creuses.

La figure 241 donne des exemples de briques à plancher. Le type I est utilisé pour les planchers légers ; on lui donne de 40 à 60 centimètres de longueur, 20 à 25 centimètres de largeur et 5 à 7 centimètres d'épaisseur. Lorsque la brique repose sur l'aile inférieure des fers à plancher, il est bon de l'entailler comme le représente le dessin, pour donner une place à l'aile. Le type II est destiné à des planchers solides, ayant un écartement entre les poutres de 60 à 80 centimètres. Les briques ont ordinairement 22 à 30 centimètres de longueur pour 10 à 12 d'épaisseur. Enfin, le type III, fait avec des briques sommier et des briques creuses pour cloisons, est utilisé pour les planchers robustes et à plus grande portée.

On peut, en outre, faire des briques creuses de formes très diverses, destinées aux usages les plus variés. Pour ne pas sortir du cadre de cet ouvrage, nous dirons simplement qu'il faut, en général, pour obtenir une fabrication régulière et économique, ne pas dépasser les dimensions suivantes : longueur 45 centimètres, largeur 25 centimètres et épaisseur 15 centimètres.

Les *pâtes* employées pour le façonnage des briques creuses doivent être plus plastiques que celles servant à la confection des briques pleines.

Le *façonnage* se fait toujours par étirage, les filières employées dans ce but ont été décrites, chapitre IV (page 198). Pour de petites productions, on se sert de propulseurs à pistons (*fig.* 85, page 201) et des autres propulseurs pour une plus forte fabrication. Il est inutile de revenir sur ce qui a été dit au sujet de ces différentes machines, mais il est cependant bon d'observer que

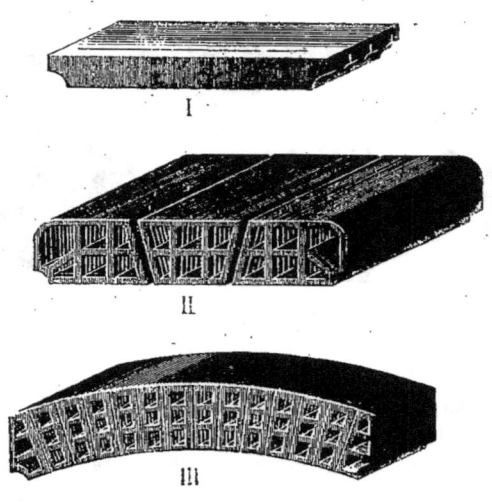

Fig. 241. — Briques à plancher.

les propulseurs à cylindres conviennent particulièrement aux grandes productions de briques creuses et sont, en général, à préférer. La figure 96 (page 208) représente une machine de ce genre, construite par MM. Chavassieux et Cie.

Lorsqu'il s'agit de façonner des briques creuses ayant des dimensions plus grandes que celles qui ont été indiquées précédemment comme un maximum, par exemple les briques à plancher du type I (*fig.* 241), il faut employer une pâte assez consistante, ayant par conséquent peu de retrait. On ne peut, dans ce cas, utiliser que des propulseurs à pistons. L'outillage qui sert dans ce cas est le même que celui employé par la fabrication des galettes de tuiles en pâte ferme qui sera examiné plus loin (page 520).

Le *séchage* des briques creuses ne présente aucune difficulté. Il est beaucoup plus prompt que celui des briques pleines et les produits ont moins de tendance à se déformer.

Leur *enfournement* est également très facile, elles se placent en les serrant les unes contre les autres, les vides des trous étant suffisants pour assurer la circulation du gaz et des flammes. Enfin leur *cuisson* est plus rapide que celle des briques pleines, et il est plus facile de répartir la chaleur uniformément dans le four.

Il n'existe guère de fabriques spéciales de briques creuses, celles-ci sont produites soit dans les briqueteries, soit plus généralement dans les tuileries.

C. — *Briques de parement*

209. Lorsque, dans les constructions soignées, les briques doivent rester apparentes, c'est-à-dire n'être ni peintes, ni recouvertes d'enduits, on fait souvent usage de briques dites de parement. Celles-ci se distinguent des briques ordinaires par des formes plus régulières, une coloration uniforme, un grain plus fin, une plus grande résistance aux intempéries. Si, céramiquement, les briques de parement ne diffèrent pas des briques ordinaires, il est cependant nécessaire, pour obtenir les qualités qui viennent d'être signalées, d'avoir recours à une fabrication plus soignée. Ce sont ces soins supplémentaires qui exigent d'en faire industriellement une mention spéciale.

Les pâtes doivent être mieux préparées et plus homogènes qu'elles ne le sont généralement pour les briques ordinaires, et il faut, en outre, qu'elles aient la composition convenable pour donner, après cuisson, la nuance que l'on désire obtenir. Il est inutile de revenir à ce sujet sur ce qui a été dit page 310.

Le moulage à la main ne donne pas de briques de parement satisfaisantes ; il est nécessaire de les soumettre à un repressage. La brique représentée à gauche de la figure 242, montre le type de briques repressées le plus usité. Les dimensions sont celles des briques ordinaires, en augmentant cependant un peu la largeur et l'épaisseur, lorsqu'on admet que le joint de 1 centimètre d'épaisseur des maçonneries ordinaires est réduit à 6 à 8 millimètres pour les maçonneries apparentes.

On peut également obtenir par repressage les briques ornées

(*fig.* 242). Dans ce but on dispose dans le moule ordinaire des represseuses, contre une des parois verticales, une plaque en cuivre ayant en creux le relief que l'on veut donner à la brique. La pression fait pénétrer la pâte dans le creux de cette plaque, et on opère le démoulage en enlevant celle-ci en même temps que la brique. On la détache ensuite facilement et on la replace dans le moule après l'avoir graissée.

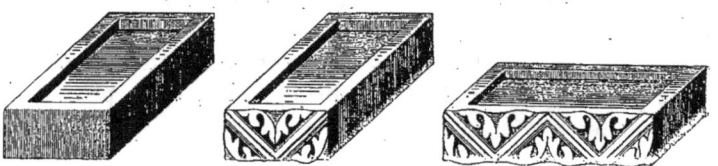

Fig. 242. — Briques de parement, repressées.

Le moulage à la presse en pâte sèche permet de faire des briques de parement de dimensions régulières, lourdes, ne résistant bien aux intempéries que si elles sont fortement cuites, mais il est coûteux de faire par ce procédé des briques à moulures.

Le façonnage par étirage est le meilleur et le plus économique procédé de fabrication des briques de parement. Les surfaces lissées par les filières ont un grain régulier, d'un aspect agréable,

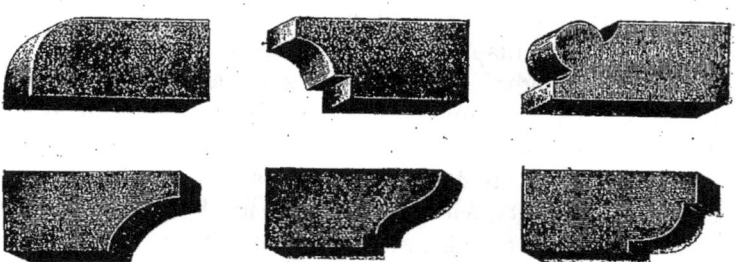

Fig. 243. — Briques de parement, à moulures.

qui fait mieux valoir la coloration que les surfaces unies des briques repressées. Les briques étirées sont quelquefois repressées, mais cette opération doit être condamnée, sauf pour les briques ornées (*fig.* 242), car avec un peu de soin on obtient directement à la filière des produits meilleurs à tous les points de vue. La coupe des briques de parement doit naturellement se faire transversalement. Les briques à moulures, dont quelques exemples sont donnés dans la figure 243, sont facilement façonnées en fixant sur le cadre extérieur de la filière une petite lame d'acier dont le tranchant est tourné vers l'intérieur et à laquelle on donne la forme du profil que l'on désire obtenir (*fig.* 244). La partie de pâte qui est détachée par la lame reste sur la brique et n'est enlevée que lorsque celle-ci est sèche, au moment de son enfournement.

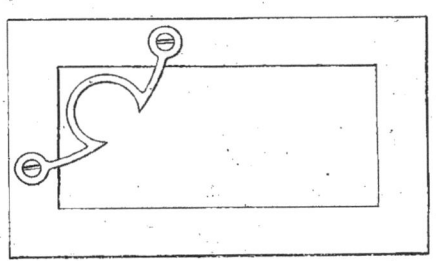

Fig. 244. — Filière pour briques à moulures.

Lorsqu'on veut avoir des briques de parement très régulières, et en même temps économiser la matière première, il est préférable de se

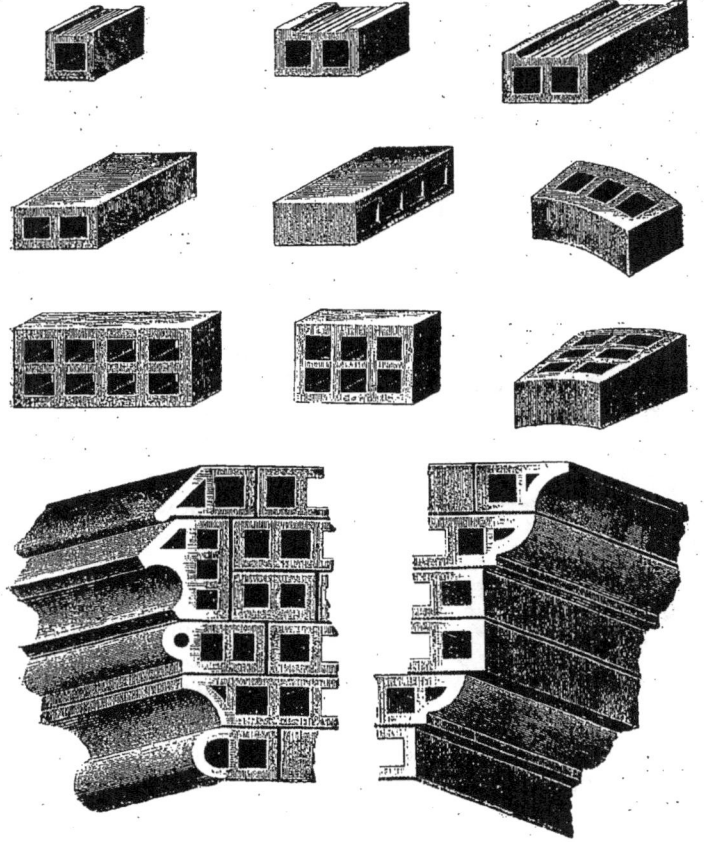

Fig. 245. — Briques de parement creuses.

servir de briques creuses, qui sont moins sujettes à se déformer à la dessiccation. Ces briques sont très employées en Allemagne, sous le nom de *Verblender*, où leur fabrication y est devenue la spécialité de certaines grandes briqueteries et a acquis un degré de perfection qui n'est nulle part égalé. La figure 245 montre les modèles les plus usités de ces briques ainsi que leur application. Dans la construction courante des murs, on se sert de quart et de demi-briques, tels qu'elles sont représentées par les deux premiers types.

Fig. 246. — Filière.

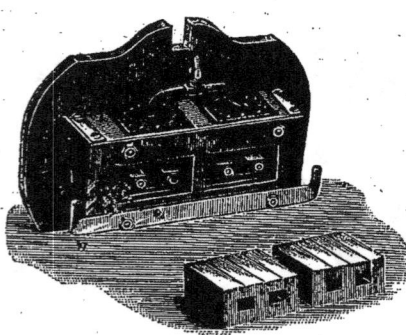

Fig. 247. — Filière.

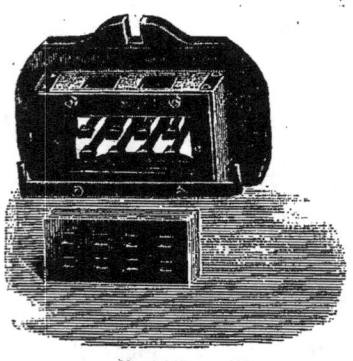

Fig. 248. — Filière.

Pour les angles, on emploie des briques dont les trous sont perpendiculaires aux joints (types 7 et 8). Les briques de parements ne forment qu'un revêtement qui est relié à des briques ordinaires d'égales dimensions, constituant le mur proprement dit.

Les figures 246, 247 et 248 montrent la disposition des filières employées pour l'étirage des types les plus courants. Les propulseurs sont à hélice unique, de petites ou de moyennes dimensions. Pour éviter de déformer ou de détériorer la surface des briques, on les enlève des tabliers coupeurs au moyen de fourchettes en bois que l'on introduit dans les trous.

Pour que les briques de parement puissent résister convenablement aux intempéries, il importe que leur température de cuisson soit assez élevée pour que la pâte se laisse difficilement rayer par le fer. Il est nécessaire d'employer dans ce but une pâte contenant assez de fondants pour avoir une tendance à se vitrifier, et assez de matières réfractaires pour l'empêcher de se déformer. Certaines argiles naturelles remplissent les conditions voulues ; lorsqu'on n'en possède pas, il faut faire des mélanges. Pour obtenir des colorations pures, il est nécessaire d'éviter le contact des produits avec les cendres du combustible. On se sert dans ce but soit de fours à feu continu chauffés au gaz (page 526), soit des mêmes fours avec combustible solide, mais en prenant certaines précautions dont il sera parlé plus loin (page 525).

Lorsque la pâte employée n'a pas une teinte suffisamment uniforme ou que sa coloration n'est pas celle que l'on désire obtenir, on peut engober les surfaces de parement. La pose de l'engobe se fait au pinceau sur la pâte raffermie ou presque sèche. Malgré le soin que l'on apporte à faire accorder les dilatations des deux pâtes, il est rare que l'on obtienne par ce procédé de très bons résultats.

D. — *Briques vitrifiées*

217. Les briques vitrifiées ne sont pas rayables par le fer et difficilement rayables à l'acier. Comme on l'a déjà observé, elles forment la transition entre les terres cuites et les grès. Tantôt leur porosité toujours faible est cependant suffisante pour les ranger dans l'ordre des terres cuites, tantôt elles sont presque imperméables et sont alors de véritables grès. Elles présentent, au moins à la surface, un commencement de vitrification, leur coloration est soit d'un brun rougeâtre plus ou moins foncé, quelquefois presque noir, soit d'un jaune brunâtre. Dans le premier cas, la pâte est ferrugineuse, et dans le second plus ou moins calcaire.

Les briques vitrifiées sont employées soit comme parement, soit dans les travaux hydrauliques, soit dans les maçonneries qui ont à supporter de fortes pressions. Dans le premier cas leur forme peut se rapprocher de celle des carreaux, dans les autres elles ont le même format que les briques ordinaires.

Leur pâte doit contenir une assez forte proportion de fondants, et avoir en même temps une teneur importante en silice cristalline sous forme de grains relativement gros. En la chauffant à une température suffisante pour déterminer la vitrification des fondants, la silice doit rester inattaquée et former au milieu de la masse une ossature rigide qui en empêche la déformation. Il existe un assez grand nombre d'argiles naturelles qui remplissent cette condition. D'autres fois on mélange du sable quartzeux à des argiles fusibles.

La fabrication des briques vitrifiées est la même que celle des briques ordinaires ; seule la cuisson doit être faite à une température plus élevée. Cependant il convient d'éviter le moulage à la main qui donne des produits trop poreux. Comme leur emploi est ordinairement assez restreint, ou les cuit dans les mêmes fours, à feu continu, que les briques ordinaires, en chauffant plus fortement le compartiment dans lequel elles sont enfournées.

Fig. 249. — Four pour briques de pavement.

Dans certains pays, comme les Pays-Bas et les États-Unis, ces briques sont employées sur une vaste échelle pour le pavement des rues. On opère alors quelquefois la cuisson dans des fours intermittents rectangulaires à flamme descendante. La figure 249 représente un de ces fours utilisés aux États-Unis; on en a donné la coupe dans la figure 174 (page 357). Il nous semble cependant qu'on aurait plus d'économie à se servir des fours à feu continu, chauffés au gaz.

En employant le chauffage au bois, les cendres du combustible, entraînées par le tirage, se déposent sur les surfaces des briques et y forment, lorsque la température est assez élevée, des silicates alcalins plus fusibles. Ceux-ci recouvrent alors les briques d'une mince couche vitreuse.

On cherche quelquefois à obtenir des effets analogues dans les fours au charbon en y jetant du sel (chlorure de sodium) pendant le grand feu, et en chargeant les foyers de manière à obtenir en même temps une atmosphère réductrice. La cuisson doit alors se faire dans des fours intermittents à flamme descendante ou dans des fours à feu continu, à chambres de cuisson multiples. Si la pâte est franchement ferrugineuse, on obtient par ce procédé des briques noires, ayant un certain éclat métallique, auxquelles on a donné le nom de briques de fer.

E. — *Briques légères*

211. Les briques légères se distinguent des briques ordinaires par leur faible densité apparente et leur très grande porosité. Elles sont fabriquées en ajoutant à la pâte des matières combustibles, qui se consument pendant la cuisson en laissant des vides. On a dit quelques mots (page 75) sur les matières premières charbonneuses employées dans ce but.

Beaucoup de fabricants de briques ordinaires ajoutent à la pâte du poussier de coke, des escarbilles, des menus de houille, etc. et obtiennent ainsi des produits plus légers, mais qu'on ne saurait cependant ranger dans la variété des briques légères. La diminution de poids ainsi obtenue n'est jamais bien considérable, et dans ce procédé de fabrication, on recherche moins la réduction de poids que les autres avantages qu'il fournit : dessiccation plus rapide, moindre retrait, cuisson plus économique, etc.

Si on voulait ajouter à une pâte assez de combustible minéral pour la rendre très légère, la chaleur dégagée lors de la cuisson ferait fondre l'argile, d'autant plus que cette fusion serait hâtée par les cendres. On ne peut obtenir de briques légères qu'avec des combustibles végétaux, ayant une faible puissance calorifique. Les substances les plus employées dans ce but sont la sciure de bois et la paille hachée. L'argile doit être aussi plastique que possible, pour pouvoir agglutiner une plus grande quantité de substance organique, et celle-ci doit contenir aussi peu de cendres que possible. Dans ces conditions on peut arriver à mélanger un tiers d'argile et deux tiers de sciure de bois. La proportion d'argile peut même se réduire à un quart, en additionnant de la paille hachée en fragments de 3 à 5 centimètres.

La pâte ainsi obtenue ne peut être façonnée qu'à l'état pâteux. On peut la mouler à la main, mais seulement dans des moules à charnières. Il est également possible de l'étirer, mais non de la couper au moyen de fils métalliques. On doit remplacer les tabliers coupeurs, précédemment décrits, par des scies circulaires. La filière doit avoir une section assez rétrécie, comparativement au diamètre de l'hélice, pour comprimer fortement la pâte.

Le séchage se fait comme pour les briques ordinaires. Quant à la cuisson, celle-ci ne peut s'opérer dans des fours à feu continu que si la proportion de matières organiques est égale à celle de l'argile. Passé cette limite, la chaleur serait trop considérable, et il faut opérer la cuisson dans des fours intermittents, de préférence à flammes ascendantes, avec un courant d'air assez vif pour diminuer la température du four. Dans tous ces cas, il ne faut ajouter que le combustible nécessaire à l'allumage et pour obtenir l'égale répartition de la température.

Les briques légères ainsi obtenues peuvent être sciées, tournées et même rabotées avec des outils semblables à ceux qui sont employés pour le travail du bois. Ce genre de produits céramiques n'a guère trouvé d'application qu'aux États-Unis, où il peut quelquefois remplacer le bois dans les bâtiments où on craint les dangers d'incendie.

On a proposé différents autres procédés pour fabriquer des briques légères, mais ceux-ci ne sont guère entrés dans la pratique. Il suffit de mentionner le mélange de l'argile avec des corps gras, de la naphtaline par exemple. Les produits, après façonnage, sont séchés dans des étuves à une température suffisante pour que le corps gras fonde et s'écoule dans des récipients, où il est recueilli et employé à nouveau. Enfin, on peut mélanger de l'argile à du carbonate de chaux réduit en poudre impalpable. Après cuisson à une température modérée, on traite les produits par de l'acide chlorhydrique, il se forme du chlorure de chaux, qui est enlevé par un lavage. Ces deux procédés ont également été proposés pour la fabrication de filtres en terre cuite.

Les Romains ont fabriqué des briques légères, flottant sur l'eau. Ils se servaient de produits volcaniques, de tufs siliceux additionnés d'une petite proportion d'argile. Dans le même ordre d'idées, on peut aussi utiliser la terre d'infusoires, mais les produits ainsi obtenus sont réfractaires et seront examinés dans le chapitre suivant.

§ 2. — Tuiles

A. — *Tuiles ordinaires*

212. Formes et dimensions. — L'emploi des tuiles remonte à une haute antiquité. On possède au Louvre des fragments de tuiles du temple d'Artaxercès Mnémon (362 avant Jésus-Christ). Les Grecs, puis les Romains, ont imité ce genre de couverture ; la forme des tuiles que ces peuples ont employées, qui sont faussement désignées sous le nom de *tuiles romaines*, est représentée dans la figure 250.

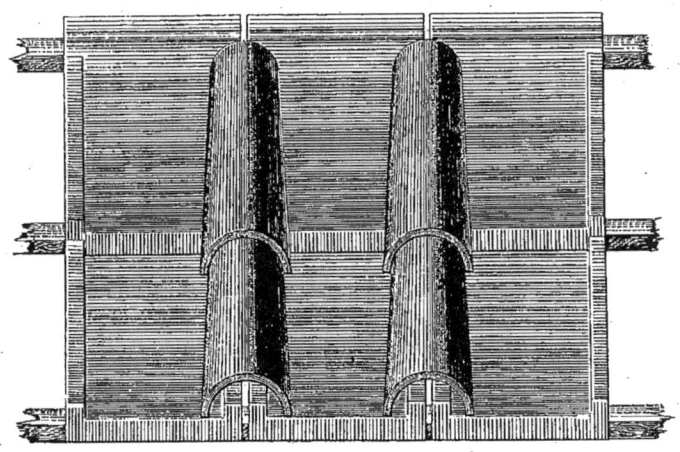

Fig. 250. — Tuiles romaines.

Elle nécessite l'emploi de deux modèles : l'un ayant la forme d'une dalle assez épaisse, avec deux rebords latéraux, et l'autre celle d'un demi-cylindre légèrement conique. La dalle a une longueur de $0^m,40$ à $0^m,80$, pour une largeur de $0^m,25$ à $0^m,53$, et une épaisseur de 2,5 à 4 centimètres. Le recouvrement est d'environ 8 centimètres. Il est rendu possible par la suppression des rebords sur une même longueur à l'arrière de la tuile. Enfin un petit bourrelet saillant, sur la face supérieure de la tuile, correspond à un creux dans la face inférieure de la tuile superposée et a pour but d'assurer l'étanchéité.

Il est très remarquable que ce même modèle ait été employé par les Chinois plusieurs centaines d'années avant notre ère, puis par les autres peuples de l'Extrême-Orient. On peut reprocher à cette tuile son poids excessif, mais elle est d'un bel aspect architectural, certainement supérieure à ce point de vue à toutes les tuiles modernes. En Extrême-Orient, les tuiles rondes de recouvrement ont souvent été surmontées de fleurons, qui donnent des couvertures d'une très riche ornementation. Sauf la question de poids qui est quelquefois accessoire, la tuile romaine est un des types de tuile les plus parfaits, et elle a certainement dû être précédée d'autres modèles dont la trace ne nous est pas parvenue.

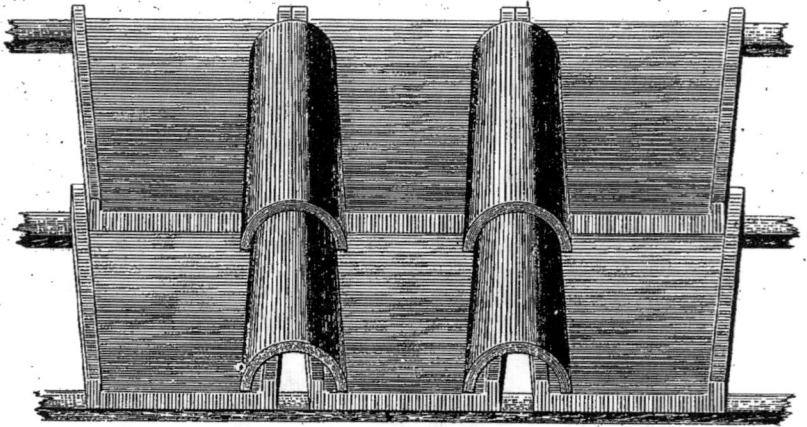

Fig. 251. — Tuiles du moyen âge.

Son emploi est resté général jusqu'au xe siècle, puis elle s'est modifiée pour faire place au type représenté sur la figure 251, dans lequel les dalles ont une forme trapézoïdale qui permet leur recouvrement sans exiger la suppression d'une partie des nervures. Cette modification entraîne un agrandissement de la tuile de recouvrement et un élargissement de la tuile plate. Le nouveau modèle a été employé du xe au xiie siècle, il est encore usité en Italie.

A partir du xiie siècle on voit apparaître dans les pays riverains de la Méditerranée, une nouvelle couverture utilisant uniquement la tuile ronde de recouvrement des Romains. Cette disposition, qui est représentée par la figure 252, consiste à mettre sur des chevrons triangulaires placés perpendiculairement au faîtage des tuiles rondes (1) assez coniques, se recouvrant et dont le plus grand diamètre est dirigé vers le haut de la couverture. Ces tuiles sont ensuite recouvertes de tuiles semblables, mais disposées exactement en sens inverse. Ce modèle de tuile est encore très usité dans les pays méridionaux, la longueur varie de 0^m,42 à 0^m,50 et la plus grande largeur de 0^m,18 à 0^m,22. Il donne une couverture lourde, mais préservant bien les bâtiments contre la chaleur. Au lieu de placer les tuiles comme il vient d'être dit,

Fig. 252. — Tuiles rondes.

on peut également les disposer sur un voligeage jointif, cloué sur des chevrons longitudinaux. Dans ce cas les tuiles inférieures sont fixées sur ce voligeage au moyen de mortier, et il en est ordinairement de même des supérieures, l'ensemble formant ainsi une sorte de maçonnerie. Cette pose au mortier a du reste, également dû être employée pour les tuiles romaines et pour celles du moyen âge, au moins pour les assises inférieures de la couverture.

(1) On donne souvent à ce modèle de tuiles le nom de tuiles creuses, mais cette dénomination doit être rejetée, d'abord parce que ces tuiles ne sont pas creuses, dans le sens que l'on attache, par exemple, au mot briques creuses, et ensuite parce qu'elle ferait confusion avec les tuiles véritablement creuses, dont il sera question plus loin.

Dans les Flandres, on a employé, à partir du xv⁰ siècle, un nouveau modèle de tuiles, dites tuiles pannes (*fig.* 253), ayant la forme d'un S allongé, qui dérive évidemment des tuiles rondes, mais qui en diffère non seulement par la forme, mais encore par l'adjonction à la face inférieure de la tuile d'une petite partie saillante, dite crochet, qui sert à fixer les tuiles sur les lattes et permet de donner une plus forte inclinaison à la couverture.

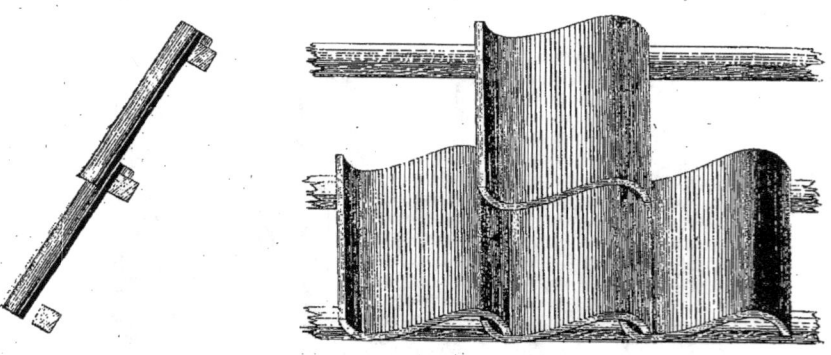

Fig. 253. — Tuiles pannes.

Vers la fin du xiii⁰ siècle apparaît, en Champagne et en Bourgogne, une nouvelle forme de tuiles qui n'a aucune analogie avec la tuile romaine, et à laquelle on a donné le nom de tuile plate

Fig. 254. — Tuiles plates.

(*fig.* 254). Elle avait la forme d'un rectangle de 0ᵐ,30 à 0ᵐ,35 de longueur sur 0ᵐ,20 à 0ᵐ,27 de largeur et 18 à 22 millimètres d'épaisseur. Un crochet la maintenait sur les lattes, et les deux tiers de sa surface étaient recouverts par les tuiles supérieures. Quelquefois des trous percés dans la tuile permettaient d'enfoncer une ou deux pointes qui la fixaient sur les lattes.

Ce modèle de tuiles est encore employé dans son pays originaire, les dimensions actuelles les plus courantes sont de 0^m,30 sur 0^m,25 et de 0^m,24 sur 0^m,20, avec une épaisseur de 15 à 18 millimètres. Dans d'autres endroits, on a augmenté la longueur par rapport à la largeur, soit par exemple 0^m,27 sur 0^m,18, et on a réduit le recouvrement des deux tiers aux trois cinquièmes.

En arrondissant le bas des tuiles plates on obtient les tuiles dites écailles (*fig.* 255), ayant en moyenne 0^m,26 ou 0^m,27 sur 0^m,15 à 0^m,16 et se posant de la même manière que les précédentes.

Fig. 255. — Tuiles écailles.

Les tuiles plates se sont répandues en Allemagne et dans les pays septentrionaux de l'Europe, mais on les fait généralement plus grandes et beaucoup plus épaisses. La surface supérieure est légèrement striée et la partie inférieure arrondie comme le représente la figure 256.

Les tuiles écailles se prêtent très bien à la couverture des tourelles ou des coupoles. Dans ce cas on se sert de deux modèles de tuiles trapézoïdales ayant ordinairement 0^m,27 de longueur sur 0^m,15 et 0^m,14 de largeur pour le grand modèle, 0^m,07 et 0^m,04 pour le petit. En intercalant suivant les rangs un nombre variable de tuiles du petit modèle entre les grandes, on arrive à donner à la couverture toutes les formes coniques.

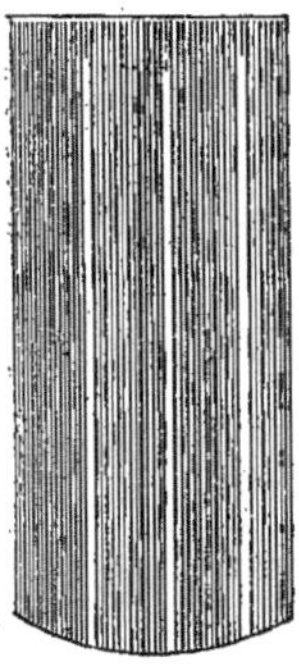

C'est en 1851 que Gilardoni a inventé un nouveau système de tuile, qui tend peu à peu à supplanter, hors certaines applications spéciales, les tuiles dérivées de la tuile romaine et les tuiles plates. Ce système est basé sur l'emboîtement des tuiles (ce qui permet en évitant le recouvrement, d'écarter le lattis), et sur leur forme ondulée, qui leur donne une égale résistance pour une moindre épaisseur.

Fig. 256. — Tuile plate allemande.

Depuis l'invention de Gilardoni on a créé un grand nombre de types différents, aussi devons-nous nous contenter de donner comme exemples les cinq types suivants, qui sont les plus répandus.

La figure 257 représente la tuile fabriquée actuellement par MM. Gilardoni, à Altkirch, qui a 0^m,42 sur 0^m,23. Il en faut 15 par mètre carré de couverture, le poids est d'environ $2^{kg},5$. La tuile représentée (*fig*. 258), dite à nervure centrale dérive du type pré-

Fig. 257. — Tuile Gilardoni.   Fig. 258. — Tuile à nervure centrale

cédent. On voit que dans ces tuiles les joints verticaux sont con-

Fig. 259. — Tuile losangée.

tinus; ils sont, au contraire, discontinus dans les types suivants, ce qui exige l'emploi de demi-tuiles de droite et de gauche. La tuile dite losangée, représentée sur la figure 259, a 0^m,40 sur 0^m,21 ; il en faut 13 par mètre carré ; le poids dépasse 3 kilogrammes.

La tuile marseillaise (*fig.* 260) a 0^m,42 sur 0^m,25. Il en faut 13 1/2 au mètre carré, le poids est d'environ 2^{kg},5.

Fig. 260. — Tuile marseillaise.

Enfin la tuile Boulet (*fig.* 261) a 0^m,27 sur 0^m,21, il en faut 22 au mètre carré et son poids est approximativement de 1^{kg},4.

Fig. 261. — Tuile Boulet.

Au lieu d'emboîter les tuiles par des joints verticaux et horizontaux, on peut disposer ceux-ci obliquement, et obtenir ainsi des tuiles dites losangiques. Leur emploi s'est peu répandu, et elles n'ont d'autre but que d'obtenir certains effets décoratifs, aussi n'y a-t-il pas lieu d'insister à ce sujet.

Toutes les tuiles à emboîtement sont fixées sur les lattes au moyen de crochets faisant saillie sur leur face inférieure. On complète quelquefois ce mode d'attache, en disposant sur cette même face un petit œillet, qui sert à passer un fil de fer que l'on recourbe autour de la latte. On peut également percer la tuile d'un ou de deux trous, qui servent à placer des vis que l'on enfonce dans la latte. Enfin, on a proposé de faire à l'extrémité des tuiles un petit tenon qui s'emboîte dans une mortaise de la tuile latérale, rendant ainsi toute la couverture solidaire. La difficulté de la pose a fait généralement renoncer à ce système.

Vers 1882, on a inventé en Suisse un modèle de tuile qui dérive à la fois des tuiles plates et des tuiles à emboîtement. Le joint se fait en effet en bout par recouvrement et latéralement par emboîtement. Plusieurs types de ce genre ont depuis été proposés ; nous nous contenterons de mentionner celui qui s'est le plus répandu sous le nom de tuile de montagne (M. Schmid-Kerez) et qui est représenté sur la figure 262. Ces tuiles ont $0^m,39$ sur $0^m,21$, il en faut 17 par mètre carré, le poids est d'environ $1^{kg},8$.

Il convient enfin de mentionner encore un système de tuiles se rapprochant du type précédent, mais dans lequel, comme le représente la figure 263, les tuiles sont creuses et, par conséquent, donnent un bon isolement contre les variations de température. Elles ont des dimensions variables, leur poids pour 14 tuiles au mètre carré est de $2^{kg},9$ et de $1^{kg},2$ pour 28 au mètre carré.

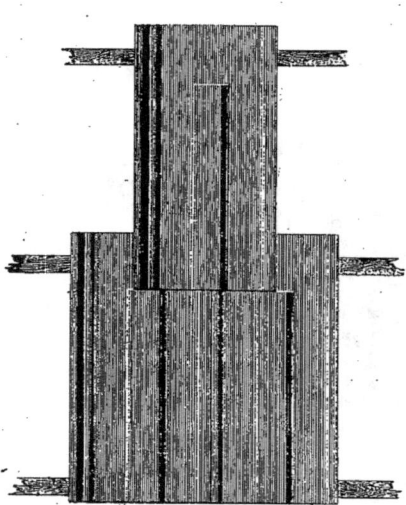

Fig. 262. — Tuile de montagne.

On voit que les types de tuiles sont très nombreux, et il suffit de consulter les recueils des brevets pour voir que ce problème continue d'exciter l'imagination des inventeurs. L'appréciation de leurs mérites respectifs n'entre pas dans le programme de cet ouvrage consacré à la fabrication. Il suffit de dire que les exemples cités donnent tous d'excellentes couvertures à la double condition que les tuiles soient bien fabriquées et bien posées. La préférence que l'on peut accorder à l'un ou à l'autre est une question de prix de revient, de considérations locales, et aussi de mode et de routine.

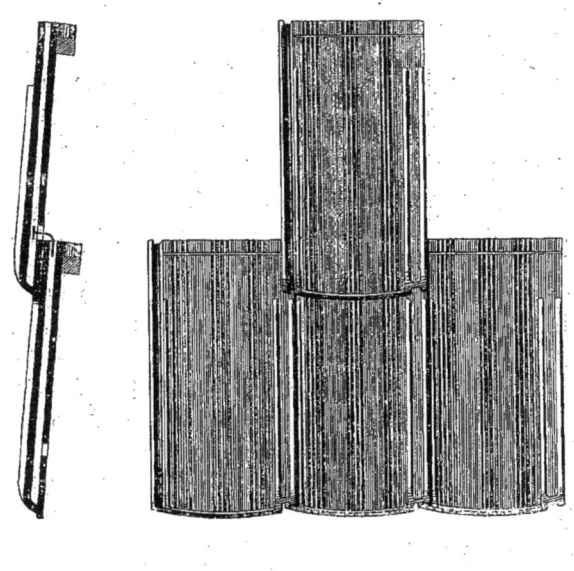

Fig. 263. — Tuile creuse.

Outre les tuiles ordinaires on emploie dans les couvertures une série de pièces céramiques :

Fig. 264. — Faîtières.

Faîtières, servant à recouvrir le faîte des toitures, dont la figure 264 représente différents modèles ;

Tuiles chatières, ayant une ouverture d'aération, *tuiles à vitres* par l'éclairage des combles, *tuiles à tuyaux* servant aux passages de tuyaux d'aération ou de tirage, etc. ;

Abouts de faîtières, poinçons, rives, abouts de rives, frontons, etc., etc.

On trouve dans les catalogues des principaux fabricants des dessins de ces différents accessoires des couvertures dont la description serait ici superflue.

213. Façonnage des tuiles. — Le façonnage des tuiles exige des pâtes plus plastiques que celles employées dans la fabrication des briques. Il faut, en effet, tenir compte non seulement du façonnage en lui-même, mais encore de la porosité de la pâte. En se reportant à ce qui a été dit sur la texture des pâtes (page 103), on voit qu'il est nécessaire que la proportion d'argile pure soit suffisante pour remplir tous les vides qui séparent les grains des matières antiplastiques. Il est vrai que la perméabilité des tuiles n'est qu'un défaut temporaire, et que les pores de la terre cuite sont rapidement colmatés par les poussières de l'atmosphère. Mais ce colmatage peut provoquer sur les tuiles le développement de végétations, et une grande perméabilité, même temporaire, constitue toujours pour les tuiles une moins-value commerciale.

Dans le même ordre d'idées, il convient d'éviter l'emploi de pâtes trop molles, qui, comme on l'a vu, deviennent plus poreuses après le séchage. C'est le défaut commun de toutes les tuiles anciennes fabriquées par un moulage à la main, défaut que l'on a cherché à atténuer par une forte épaisseur de la pâte et l'emploi fréquent de glaçures. Le façonnage mécanique en pâte plus consistante est donc préférable, mais à la condition de ne pas exagérer cette consistance si on ne veut tomber dans un autre défaut plus grave : le feuilletage, qui a pour conséquence la gélivité. On reviendra sur cette question à la fin de ce chapitre.

La préparation des pâtes doit être faite avec soin, et leur homogénéité doit être absolue pour obtenir des produits résistants.

Le *moulage à la main* était autrefois le seul mode de façonnage. Pour les tuiles romaines, on devait sans doute souder les nervures à la dalle moulée dans un cadre en bois, comme il a été dit pour les briques pleines. Quant aux tuiles rondes, on moulait d'abord une galette plate, et on plaçait celle-ci sur une pièce de bois ayant la forme intérieure de la tuile. La pâte, grâce à sa plasticité, prenait la courbure voulue, on coupait l'excès de pâte débordant la pièce de bois, puis on enlevait celle-ci lorsque la pâte s'était légèrement raffermie. Le même procédé servait à la fabrication des pannes. Le moulage des tuiles plates n'offre aucune difficulté, il suffit de dire que le crochet est soudé sur la pâte façonnée. Les tuiles à emboîtement peuvent être également moulées à la main, en se servant de deux moules en plâtre portant les empreintes de la face supérieure et de la face inférieure. Mais, vu son prix de revient élevé, ce procédé n'est employé que pour la fabrication de certains accessoires des couvertures, qu'il ne serait pas possible ou, tout au moins, pas rémunérateur de fabriquer mécaniquement.

Le façonnage par étirage est actuellement employé, pour les tuiles plates, rondes, ou celles du type de la tuile de montagne, tandis que les tuiles à emboîtement sont d'abord ébauchées par étirage, puis moulées à la presse, soit en pâte demi-molle ou demi-ferme, soit en pâte ferme. Il est nécessaire d'entrer à ce sujet dans plus de détails.

214. Façonnage par étirage. — La préparation des pâtes se fait par voie pâteuse, ou par voie sèche; dans tous les

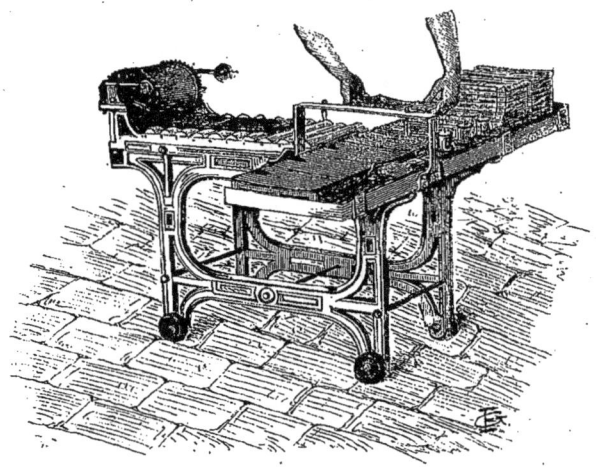

Fig. 265. — Appareil coupeur pour tuiles plates.

cas la pâte doit avoir une consistance demi-molle ou demi-ferme et être bien homogénéisée au moment où on la met dans le propulseur. Celui-ci, de petite ou de moyenne dimension, peut être d'un quelconque des systèmes précédemment décrits. Les filières présentent presque toujours la disposition représentée sur la figure 82 (page 199), leur construction n'offre pas de difficultés. Tout l'intérêt de ce mode de façonnage réside dans les appareils coupeurs, qui doivent transformer le prisme de pâte continu sortant de la filière en des tuiles ayant une forme différente. A chaque type de tuile correspond une solution différente du problème ; on va en donner quelques exemples :

Pour les tuiles plates rectangulaires et minces, on peut former le crochet en refoulant la pâte. Cette solution est représentée sur la figure 265. Le prisme de pâte est forcé par le propulseur de passer entre deux rouleaux qu'il fait tourner. L'inférieur porte une saillie qui correspond à un vide du rouleau supérieur, et qui a pour but de refouler la pâte à intervalles réguliers, pour former le crochet. Une lame placée suivant une génératrice du rouleau supérieur coupe la tuile à longueur. Celle-ci est ensuite mise par un ouvrier sur un cadre et portée dans les séchoirs. Cet appareil est construit par M. Joly-Barbot.

Lorsque les tuiles plates sont plus épaisses, ce procédé n'est pas applicable. Par une échancrure dans la filière, égale à la section du crochet, on donne au prisme de pâte la forme représentée par la figure 266, et on enlève dans l'appareil coupeur, au moyen d'un fil $a — b$, le boudin ainsi formé, sauf dans la partie où il doit servir de crochet. La figure 267 montre un appareil de ce genre construit par M. Schlickeysen, dans lequel on coupe en même temps la tuile à la longueur voulue en lui donnant à l'extrémité une forme cintrée pour obtenir le type représenté dans la figure 256. La tuile coupée arrive à l'extrémité du tablier sur une partie basculante ; on la recouvre d'un cadre en bois et on renverse le tout en soutenant le cadre avec la main. La tuile ainsi déposée sur le cadre est portée au séchoir, tandis que la partie basculante du tablier est remise dans sa position primitive pour recevoir une autre tuile. On peut ainsi produire 6 à 700 tuiles à l'heure.

Fig. 266. — Façonnage des tuiles plates.

M. Diesener a proposé de fabriquer en même temps plusieurs tuiles plates du type précédent. Dans ce but, il fait sortir de la filière un prisme de pâte ayant en section la forme représentée sur la figure 268, qui est coupé à la longueur de la tuile par un premier appareil coupeur. Puis, le paquet de tuiles est poussé à la main dans un second appareil, ayant une série de fils horizontaux qui le divise, suivant les lignes pointillées de la gravure, en

Fig. 267. — Appareil coupeur pour tuiles plates.

quatre tuiles, réservant la portion des bourrelets a qui doivent former le crochet. Tout l'ensemble est alors mis dans les séchoirs,

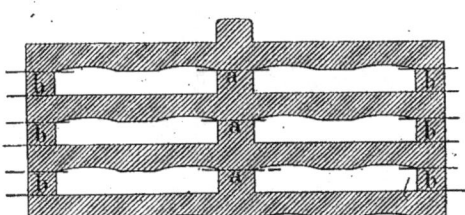

Fig. 268. — Façonnage de tuiles plates en paquet.

et ce n'est qu'après dessiccation que l'on sépare les tuiles, en enlevant les languettes a et b. La production est de 1.200 à 1.600 tuiles à l'heure.

La tuile de montagne précédemment décrite (*fig.* 262) est achevée par un appareil coupeur représenté sur la figure 269. De même que pour les tuiles plates précédentes, il faut couper le prisme de pâte à la longueur voulue, et enlever une partie du bourrelet pour former le crochet. Mais il est, en outre, nécessaire d'abattre sur une longueur égale au recouvrement la saillie de la nervure médiane. Ces opérations multiples se font facilement par un seul ouvrier. La tuile arrive terminée à l'extrémité du tablier, est recouverte du cadre et basculée comme le montre la gravure.

Cet appareil coupeur, construit en France par la Société d'Études et d'Entreprises, peut produire 500 tuiles à l'heure.

On a construit en Allemagne des appareils coupeurs, munis de mandrins qui permettent de donner aux tuiles certaines saillies qu'il est impossible d'obtenir à la filière. On a également essayé

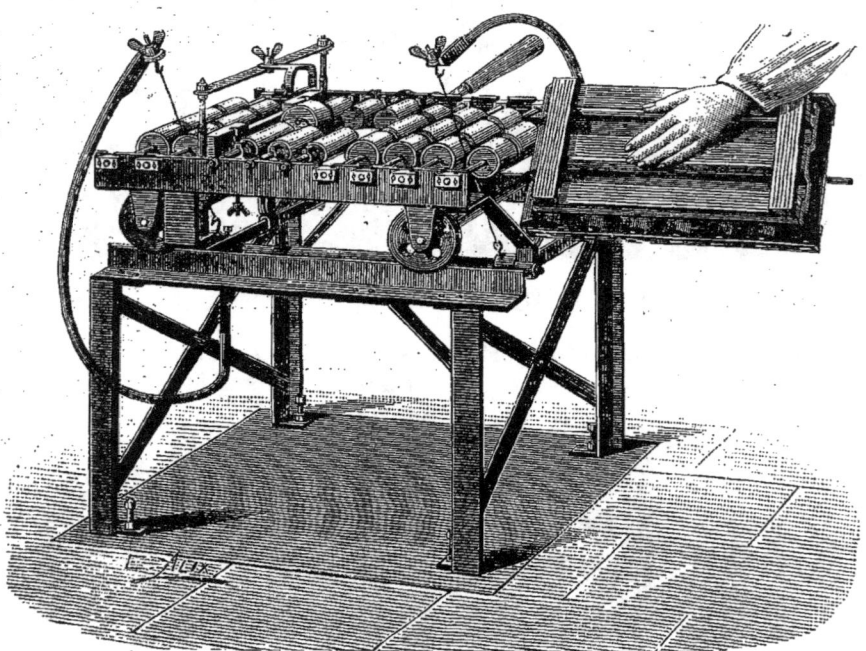

Fig. 269. — Appareil coupeur pour tuiles de Montoque.

de modifier périodiquement le profil de la filière. Ces dispositions ne sont pas à recommander, et il est peu logique de transformer l'appareil coupeur en une presse, sous prétexte d'éviter le moulage à la presse.

Comme dernier exemple du mode de façonnage par étirage, on peut citer celui des tuiles rondes. Différents systèmes très ingénieux ont été proposés pour résoudre ce problème, assez paradoxal à première vue, de façonner à la filière un corps ayant une forme conique. La solution suivante est la plus simple : On fait sortir par la filière un prisme de pâte ayant la forme représentée sur la figure 270, prisme qui est immédiatement divisé par un fil horizontal fixe *mn*. Puis, la tuile ayant été coupée à la longueur voulue sur un tablier coupeur ordinaire, on enlève la partie circulaire supérieure au moyen d'un mandrin conique en bois (*fig.* 270) ayant la forme intérieure de la tuile. La galette de pâte grâce à sa plasticité s'applique sur le mandrin, suivant le contour pointillé *abc*, *def*. Il suffit alors de faire glisser ce mandrin sur un fil de fer tendu pour couper les deux triangles de pâte qui débordent la face inférieure, et de déposer la tuile terminée sur une planchette. Ce tour de main permet de fabriquer environ 250 tuiles rondes à l'heure. Leur façonnage peut du reste également s'effectuer à la presse.

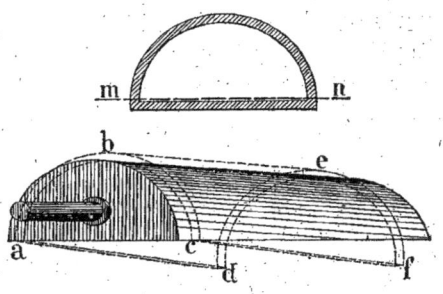

Fig. 270. — Façonnage des tuiles rondes.

215. Façonnage à la presse en pâte demi-molle ou demi-ferme. — Comme il vient d'être dit, le façonnage à la presse doit être précédé d'un ébauchage par étirage. La pâte, convenablement préparée comme pour le mode de façonnage précédent, est introduite dans un propulseur quelconque, d'où elle sort sous forme d'un prisme ayant approximativement la longueur de la tuile, et qui est divisé horizontalement par plusieurs fils fixes dont l'écartement correspond à l'épaisseur de la tuile. La figure 271 représente, à titre d'exemple, une machine de ce genre, à cylindres propulseurs surmontés de deux paires de laminoirs, construite par MM. Chavassieux Long, pouvant fabriquer environ 1.000 galettes à l'heure.

Le prisme de pâte divisé est coupé à la longueur voulue par un appareil coupeur ordinaire, puis les blocs ainsi obtenus sont mis en tas et conservés humides pendant environ vingt-quatre ou quarante-huit heures.

Les galettes sont ensuite séparées les unes des autres et introduites entre les moules d'une presse. Ces moules sont à écrasement, leur fonctionnement a été décrit à la page 224, il suffit d'indiquer la manière dont les moules métalliques sont recouverts d'une couche de plâtre. On se sert à cet effet de deux modèles-types en

CÉRAMIQUE.

fonte polie, reproduisant la face supérieure et la face inférieure de la tuile. Ces modèles-types sont soigneusement dégraissés au moyen d'une émulsion au savon noir, puis, après les avoir recouverts au pinceau d'une légère couche de savon, on coule dessus le plâtre préparé comme il a été dit à la page 212. On coule de même une certaine quantité de plâtre dans les coquilles métalliques,

Fig. 271. — Machine à galettes.

puis on place chaque modèle-type sur la coquille correspondante, on presse le tout ensemble pendant environ une demi-heure, puis on enlève le modèle-type et on plonge la coquille recouverte de la couche de plâtre pendant une heure dans l'eau. Le moule est alors prêt à être employé.

La figure 272 représente, à la partie supérieure les deux coquilles, et à la partie inférieure les deux modèles-types d'une tuile mar-

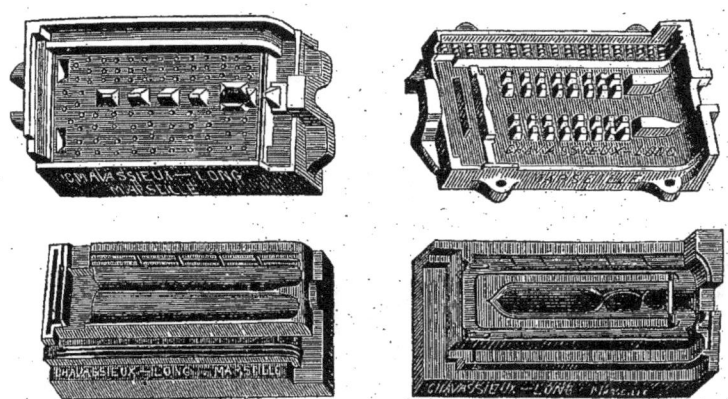

Fig. 272. — Modèles et moules à tuiles.

seillaise. La pression du modèle-type contre la coquille est ordi-

Fig. 273. — Presse pour fabriquer les moules en plâtre.

nairement donnée au moyen d'une vis fixée sur une table en bois au moyen d'un arc en fonte (*fig.* 273).

Les presses employées pour la fabrication des tuiles en pâte demi-molle ou demi-ferme sont toutes à cames ou à excentriques, et agissent par pression. La figure 274 représente une machine de ce genre, à deux moules inférieurs et un moule supérieur, construite par MM. Chavassieux Long. Chaque moule inférieur est glissé à tour de rôle sous le moule supérieur, auquel le moteur

Fig. 274. — Presse à tuiles.

communique un mouvement alternatif de haut en bas et de bas en haut. Le démoulage se fait en plaçant un cadre sur la tuile, qui reste adhérente au moule inférieur, en maintenant cette planchette avec la main et en renversant le moule pour lui donner la position représentée sur le côté gauche de la gravure. En n'employant qu'un ouvrier mouleur, la production de cette machine est d'environ 250 tuiles à l'heure, elle peut atteindre 400 tuiles, avec deux mouleurs.

Pour de plus grandes productions on se sert de presses dites à cinq pans, inventées par M. Schmerber, dont on a donné un exemple *fig.* 122, page 232. Cette machine, construite par MM. Boulet et Cie,

Fig. 275. — Presse à tuiles.

produit environ 500 tuiles à l'heure, avec un seul ouvrier mouleur. La figure 275 représente une machine du même genre construite par M. Pinette, dont le fonctionnement est identique à celui de la presse précédente.

Les tuiles ainsi moulées et placées sur des planchettes sont transportées dans les séchoirs où, après avoir été séchées pendant quelque temps, et lorsqu'elles ont acquis la consistance de la pâte ferme, elles sont ébarbées, c'est-à-dire dépouillées des bavures produites par l'excès de pâte s'échappant entre les moules.

216. Façonnage à la presse en pâte ferme. — Le façonnage des tuiles en pâte ferme se fait de la même manière que le façonnage en pâte demi-molle ou demi-ferme ; mais on est obligé d'employer d'autres machines à cause de la plus forte pression qu'il faut exercer pour étirer les galettes et pour mouler les tuiles. La pâte doit naturellement être préparée comme il a été dit article 89 (page 164).

Les propulseurs à hélice ne peuvent plus être employés, et il faut, pour la fabrication des galettes, avoir recours soit aux propulseurs à piston, soit aux cylindres propulseurs. La première solution est adoptée dans la machine représentée sur la figure 276, construite par M. Pinette,

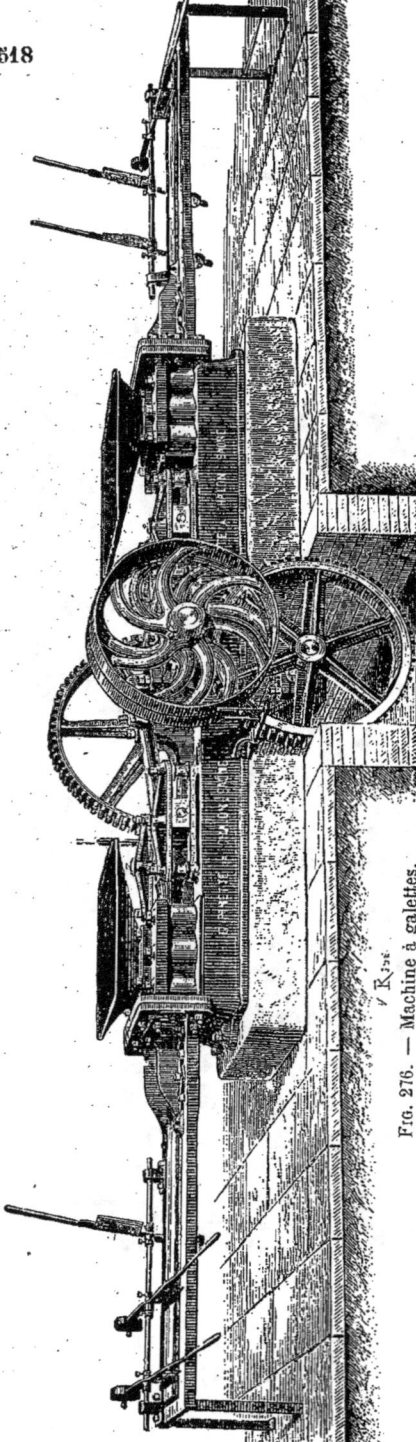

Fig. 276. — Machine à galettes.

qui se compose de deux boîtes de compression, l'une étant en fonctionnement tandis que l'on remplit l'autre. La pâte sort de

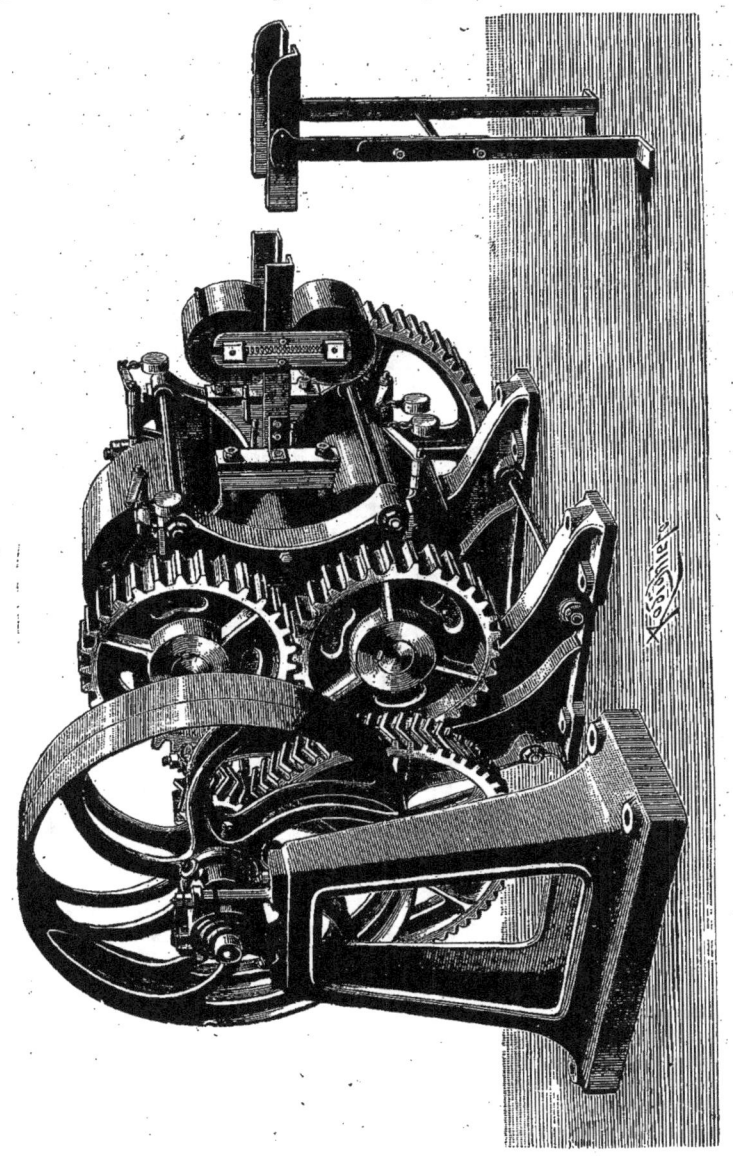

Fig. 277. — Machine à galettes.

la filière sous forme d'un prisme ayant une largeur et une épaisseur égales à celles de la galette, et qui est ensuite coupé à la longueur voulue au moyen de couteaux basculants. Suivant les modèles, cette machine peut étirer de 400 à 1.000 galettes à l'heure. Pour une seule boîte de compression, la production se réduit à 300 galettes.

En parlant de la fabrication des briques creuses de grandes dimensions, il a été observé que l'on devait se servir d'une pâte

Fig. 278. — Presse à tuile.

assez consistante et de propulseurs à piston. La machine précédente convient particulièrement à ce genre de fabrication.

La figure 277 représente une machine à fabriquer les galettes dans laquelle la propulsion se fait au moyen de cylindres. La pâte sortant de la filière a la même forme que dans la machine précédente, elle est forcée de passer entre deux rouleaux qu'elle met en mouvement et dont l'un porte une lame qui coupe le prisme de pâte en fragments correspondant à la longueur des galettes. Il faut observer que, dans cette machine construite par MM. Boulet et Cie, l'emploi de cylindres propulseurs ne permet pas de donner à la pâte une consistance aussi ferme que celle qu'elle peut avoir en utilisant les propulseurs à piston.

Contrairement à ce qui se passe pour la fabrication en pâte demi-molle, les galettes en pâte ferme sont pressées immédiatement après leur étirage.

Les moules dont on se sert dans ce cas ne peuvent être en plâtre, qui serait brisé; il faut se servir de moules en fonte polie, qui sont lubrifiés pour empêcher l'adhérence. Souvent on préfère graisser la galette elle-même avant de l'introduire sous la presse.

Pour la fabrication de tuiles en pâte ferme on utilise principalement des presses à choc, telles qu'elles ont été représentées sur les figures 119 et 120 (pages 229 et 230). La figure 278 montre une machine du même genre, mais plus robuste, disposée pour la fabrication de faîtières, mais pouvant, par un changement de moules, presser également des tuiles. Le moule inférieur étant dans la position représentée sur la gravure, on y met la galette, puis on le pousse sous le moule supérieur. En agissant alors sur le levier latéral, on amène un des disques verticaux en contact avec le volant horizontal supérieur, qui fait descendre la vis. La pression exercée est proportionnelle à la force vive accumulée dans le volant. Par une seconde manœuvre du levier, on fait agir l'autre disque tournant en sens inverse qui fait remonter la vis. Le moule inférieur est alors ramené en avant et basculé. Cette machine, construite par M. Pinette, peut presser à l'heure 300 à 350 tuiles de 13 à 14 au mètre carré.

Fig. 279
Tourniquet à ébarber les tuiles.

On se sert aussi quelquefois de presses à excentrique, mais ces machines, qui ne donnent qu'une pression déterminée, sont moins pratiques que la presse précédente dite presse à friction, qui permet, suivant la consistance de la pâte et les dimensions de l'objet à façonner, de graduer la pression par la course donnée à la vis et d'exercer deux ou plusieurs pressions successives.

A leur sortie de la presse, les tuiles sont placées sur un tourniquet représenté sur la figure 279 et ébarbées à la main. On a souvent cherché à faire cet ébarbage mécaniquement, en plaçant la tuile au-dessous d'un cadre portant des lames qui, en descendant, viennent trancher les bavures. Jusqu'à présent l'emploi de ces machines ne s'est pas répandu.

217. Séchage. — Ce n'est que lorsque les tuiles sont façonnées en pâte très ferme qu'on peut les transporter et les mettre sur des étagères sans les supporter par des cadres en bois. Presque toujours ceux-ci sont indispensables. Leur forme et leurs dimensions dépendent du type de la tuile, la figure 280 montre à titre d'exemple une des dispositions les plus employées : trois liteaux de bois sont cloués sur deux traverses. Comme les tuiles doivent sécher sur ces cadres, et que ce séchage dure en moyenne de dix à vingt jours, si on n'emploie pas des séchoirs artificiels, il en résulte que le nombre des cadres employés même dans une tuilerie de médiocre importance est considérable. Il est nécessaire d'employer dans leur fabrication de bon bois sec, peu sujet à se déformer sous l'influence de l'humidité de la pâte nouvellement façonnée. Le gauchissement du cadre entraîne naturellement celui de la tuile.

Fig. 280. Cadre à tuile.

Les moyens de transport des tuiles dans les séchoirs sont les mêmes que ceux employés pour les briques, il n'y a donc pas lieu d'y revenir. Il suffit de dire que les vagonets ne sont guère employés, et que les brouettes, au lieu d'être à plate-forme, sont généralement du type représenté sur la figure 281.

Le séchage des tuiles se fait généralement dans de grands bâtiments aérés surmontant les fours, dont on utilise les chaleurs perdues. On se sert plus rarement de hangars indépendants. Les différents types de séchoirs artificiels, précédemment décrits, peuvent naturellement être également employés.

Fig. 281. — Brouette à tuiles.

TUILES

Comme les tuiles pèsent ordinairement de 2 kilogrammes à $3^{kg},2$, la quantité de chaleur et le volume d'air qu'elles exigent pour leur dessiccation sont environ les mêmes que pour les briques pleines, et il suffit de se reporter au calcul qui a été fait à propos de celles-ci. Cependant la durée du séchage est sensiblement plus courte, à cause de leur faible épaisseur.

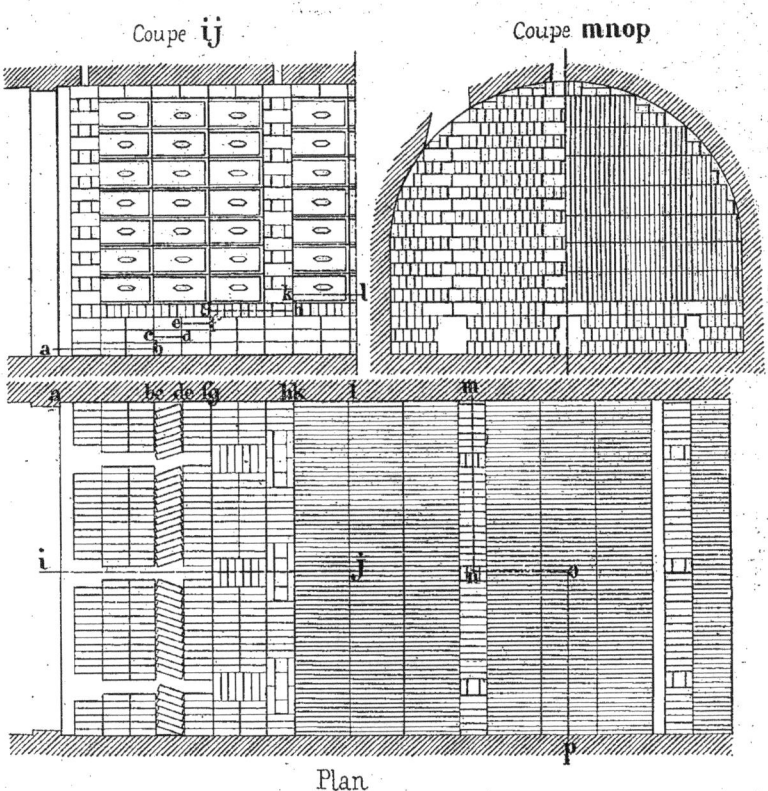

Fig. 282. — Enfournement de tuiles et de briques.

218. Cuisson. — De même que pour les briques, la cuisson des tuiles doit se faire dans des fours à feu continu, sauf pour de petites productions, auquel cas il faut avoir recours à des fours semi-continus. Ce n'est que tout à fait exceptionnellement, par exemple pour de petites installations dans les colonies, que l'on peut employer des fours intermittents à flammes ascendantes (page 353), ou descendantes.

Dans la cuisson des tuiles, comme dans celle des briques de parement, il faut éviter que le combustible ou les cendres ne soient en contact avec les marchandises. Lorsque, comme c'est le cas le plus fréquent, on fabrique en même temps des briques pleines ou creuses et des tuiles, il convient d'employer de préférence le four représenté dans la figure 237 (page 483). On se sert alors des briques pour former les puits de chauffage et pour garnir la sole du four. Ce mode d'enfournement, qui exige de 40 à 60 0/0 de briques, est représenté sur la figure 282.

La manière dont les tuiles sont placées dans le four dépend de leur forme. Mais on doit surtout s'attacher à éviter leur gauchissement pendant la cuisson, en les serrant les unes contre les autres. Ordinairement les tuiles sont placées par groupes de deux, celles-ci étant appliquées l'une contre l'autre de manière à occuper le moins de place possible et à préserver les parties saillantes.

Les tuiles à emboîtement sont fortement serrées, les vides qu'elles laissent entre elles étant suffisants pour assurer la circulation des gaz et des flammes.

Il en est de même des tuiles rondes qui sont placées les unes dans les autres et debout. Quant aux tuiles plates, leur enfournement est moins commode, parce qu'il faut laisser des vides. Lorsqu'elles sont minces, elles ne peuvent supporter l'enfournement en charge, et il faut les placer en échappade en se servant de briques ou au besoin de pièces spéciales pour former des cases. Ce mode d'enfournement doit également être employé pour les autres tuiles, lorsqu'on veut les cuire à une température se rapprochant de celle à laquelle elles commencent à se déformer.

La cuisson simultanée de briques creuses ou de tuiles donne d'excellents résultats. Grâce au peu d'épaisseur des produits, la cuisson peut être très rapide, et le rendement thermique du four dépasser celui que l'on obtient avec les briques pleines. En admettant une proportion d'air double que la quantité théoriquement nécessaire, on peut arriver à faire fonctionner le four dans les conditions thermiques suivantes :

Chaleur produite par la combustion................	100	Chaleur théoriquement nécessaire................	100
Chaleur fournie par la récupération..............	50	Chaleur perdue par le chauffage des murs............	20
		Chaleur perdue par radiation.	25
		Chaleur perdue par la cheminée...................	5
	150		150

Dans ce cas donc, le rendement du four peut atteindre 100 0/0, la chaleur fournie par la récupération compensant les chaleurs perdues.

Lorsqu'on veut fabriquer exclusivement des tuiles, on peut remplacer dans le four précédent les puits de chauffage en briques à cuire, par des espèces de foyers fixes en briques réfractaires, espacés d'environ 2 mètres. La figure 283 montre une disposition de ce genre proposée par M. Haedrich. Le combustible jeté par une ouverture centrale tombe sur des briques en gradins placées entre deux murs ayant une demi-brique d'épaisseur. L'air suit le chemin indiqué par les flèches. Les cendres restent entre les murs sans se répandre dans le four. Cette disposition rend le service du four beaucoup plus difficile, oblige d'avoir de trop nombreuses pertes d'enfournement, et les foyers doivent être fréquemment réparés. Sauf certains cas spéciaux, il vaut mieux avoir recours à la cuisson au gaz en adoptant la disposition des brûleurs dits chandelles, telle qu'elle a été représentée sur la figure 184 (page 367). La figure 284 montre avec plus de détails l'ensemble d'un four de ce genre. Le gaz, arrive des gazogènes par deux conduits latéraux, et est introduit dans les brûleurs par des tuyaux mobiles en tôle. L'enfournement se fait par tranches (A) en laissant entre celles-ci un vide dans lequel se trouvent les brûleurs, et où s'effectue la combustion; la sortie du gaz se faisant perpendiculairement à la circulation de l'air. Le fonctionnement de ce four est le même que celui du four précédemment décrit figure 237 (page 487).

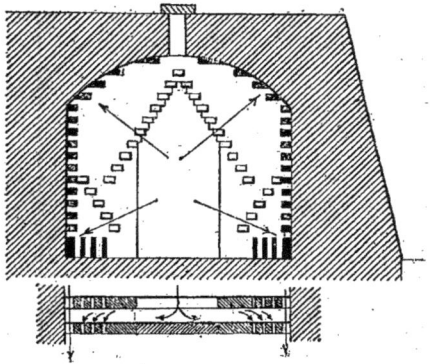

Fig. 283. — Foyers réfractaires fixes.

La cuisson au gaz a l'avantage de supprimer les inconvénients dus au contact du charbon, le chauffage est plus rapide, le réglage de la température plus facile. Par contre, elle exige une installation plus coûteuse, et le rendement thermique du four est diminué de la perte due à la gazéification, qui a été évaluée page 339.

Les fours à feu continu à tranches donnent également une solution du problème de la cuisson exclusive des tuiles. Leur principe a été décrit précédemment (page 369), et la figure 285 montre

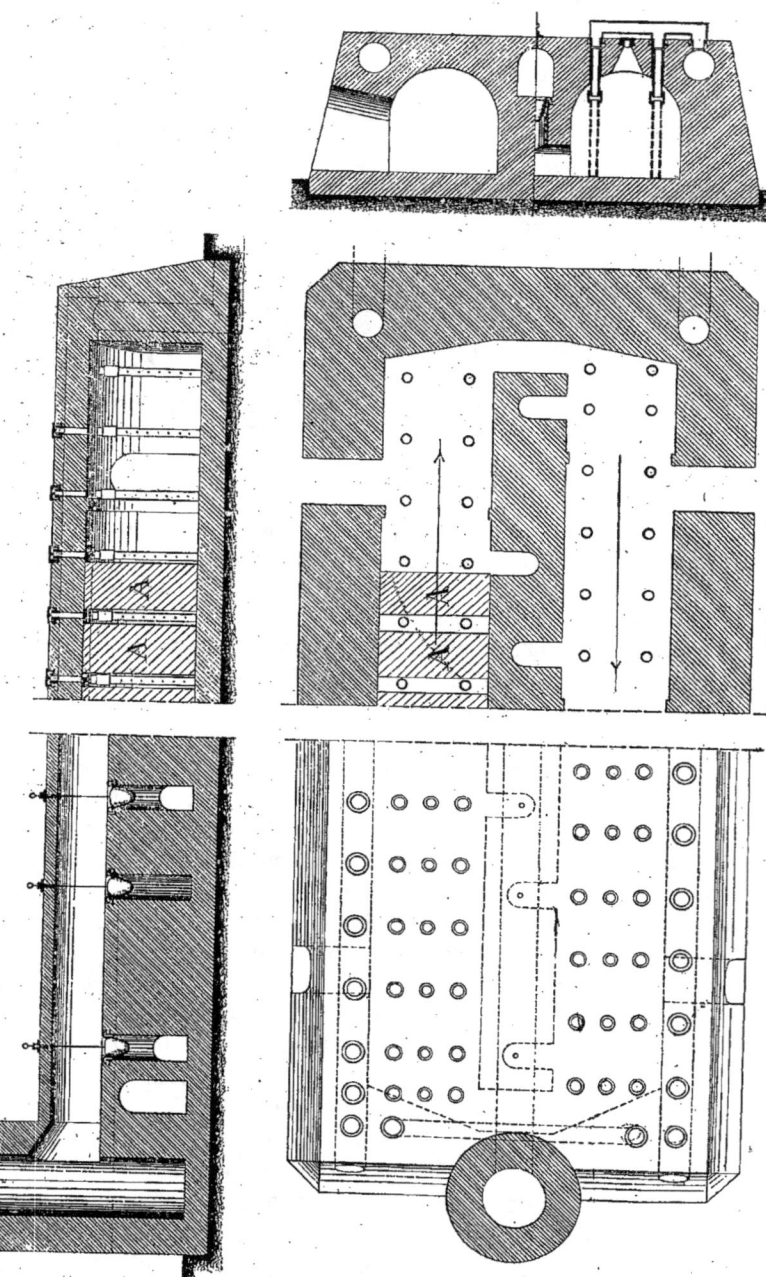

Fig. 284. — Four à feu continu, à combustible gazeux.

les dispositions d'ensemble d'un four de ce genre. Les tuiles sont

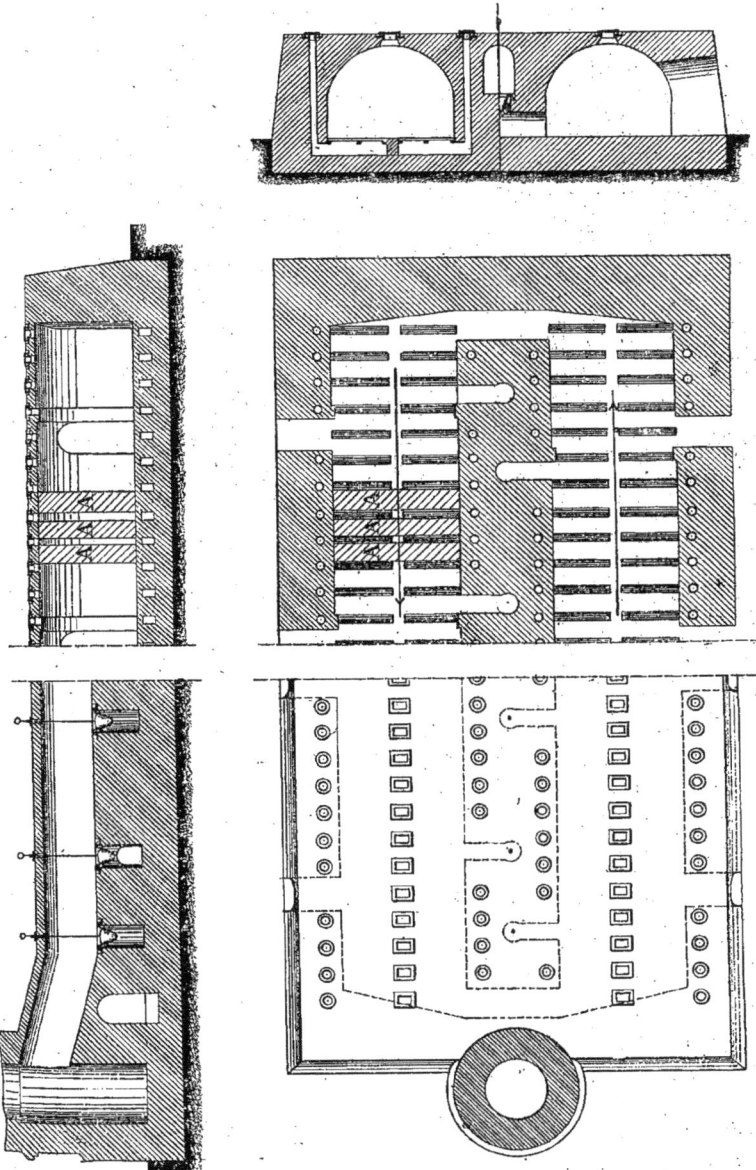

Fig 285. — Four à feu continu, à tranches.

enfournées par tranches, égales à la longueur d'une tuile et séparées entre elles par des vides égaux à la largeur des grilles.

Dans ces fours, l'air nécessaire à la combustion est envoyé directement sous les grilles, et ne peut servir à la récupération.

Si cependant, comme c'est la règle générale, le four fonctionne avec un excès d'air, on peut faire venir cet excès d'air de l'arrière, comme dans les fours dont il vient d'être question, et obtenir, de la sorte, une certaine récupération.

Le bilan thermique de ces fours est approximativement le suivant :

Chaleur produite par la combustion..................	100	Chaleur théoriquement nécessaire...................	60
Chaleur fournie par la récupération................	15	Chaleur perdue par le chauffage des murs...........	20
		Chaleur perdue par radiation.	25
		Chaleur perdue par la cheminée..................	5
		Chaleur perdue par une combustion incomplète.......	5
	115		115

le rendement se réduit à 60 0/0.

219. Installation générale des tuileries.

— La valeur des tuiles est ordinairement de 2 1/2 à 3 fois plus grande, à égalité de poids, que celle des briques pleines. D'autre part, les gisements d'argiles propres à la fabrication des tuiles sont moins répandus, de sorte que les tuileries sont des fabriques moins locales que les briqueteries. Les frais de transport sont encore très élevés, eu égard à la valeur de la marchandise, mais les usines bien placées peuvent cependant écouler leurs produits dans un rayon assez étendu, et même vendre pour l'exportation. Dans ces conditions, les petites tuileries, c'est-à-dire celles qui ne peuvent employer des fours à feu continu, sont rares, et ne doivent leur existence qu'à des circonstances tout à fait locales. Il faut, en outre, rappeler ce qui a été dit au sujet de la qualité médiocre des tuiles obtenues par le moulage à la main et observer que le façonnage mécanique et la bonne préparation des pâtes ne peuvent être réalisés que par l'emploi d'un moteur.

Laissant de côté les petites installations de moins en moins nombreuses, on observe que la plupart des tuileries sont placées à côté des gisements d'argile, ce n'est qu'exceptionnellement que l'on transporte les matières premières pour les mettre en œuvre à côté des grands centres de consommation.

Les différences qui existent dans les procédés de fabrication employés dans les tuileries, ne sont pas suffisantes pour provoquer des variations importantes dans leur installation générale. Toutes les tuileries de construction récente consistent en de grands bâtiments surmontant les fours, contenant au rez-de-chaussée les ateliers de préparation des pâtes et de façonnage, tandis que les étages sont réservés aux séchoirs.

B. — *Tuiles noires*

220. La coloration noire des terres cuites mates peut être obtenue par cinq procédés :
1° Coloration de la pâte au moyen de l'oxyde de manganèse ;
2° Pose sur la pâte d'un engobe noir ;
3° Immersion dans des matières goudronneuses ;
4° Cuisson dans une atmosphère réductrice chargée d'hydrocarbures ;
5° Cuisson dans des gazettes contenant du carbone pulvérulent.

Les deux premiers procédés ont été précédemment décrits, mais, à cause du prix assez élevé de l'oxyde colorant, ils ne sont que rarement employés pour les terres cuites ordinaires des constructions.

Le *goudronnage* est d'un emploi plus fréquent principalement pour les tuiles. Il se fait en plongeant les produits dans du goudron liquide. Pour que celui-ci ait la fluidité nécessaire pour pénétrer dans les pores de la terre cuite, il est indispensable de le chauffer. Si on y plonge les terres cuites froides, celles-ci ne s'imprègnent qu'à la surface, et la coloration noire disparaît rapidement sous l'action de la pluie. Au contraire, en les chauffant préalablement à 50 ou 60°, le goudron pénètre d'une profondeur de 2 à 3 millimètres, et donne des produits conservant une couleur noire mate plus ou moins terne.

Il ne faudrait point croire que le goudronnage améliore la résistance des terres cuites aux intempéries. C'est plutôt le fait inverse qui se produit, comme on le verra, à la fin de ce chapitre, à propos des essais des terres cuites des constructions.

Le procédé qui consiste à colorer les terres cuites en noir, au moyen d'une cuisson particulière, est désigné sous le nom de *bleuissage*, parce que, lorsque les pâtes s'y prêtent, la coloration noire a des reflets bleuâtres métalliques. Les fours à bleuir, à cause de l'atmosphère ultra-réductrice qu'ils doivent avoir pendant le refroidissement, sont forcément intermittents. Ils peuvent être construits de différentes manières. La figure 286 montre, à titre d'exemple, une des dispositions les plus employées (O. Bock). Une série de fours-tunnels sont placés les uns à côté des autres, communiquant par un conduit central souterrain avec une cheminée. Le chauffage se fait par deux foyers extrêmes. Des entonnoirs servent à verser l'huile dont il sera question plus loin. On ne peut guère faire plus de deux cuissons par mois, le refroidissement durant de sept à dix jours. L'enfournement, l'enfumage et la cuisson proprement dite se font comme il a été dit pour les terres cuites ordinaires. Ce n'est que lorsque la température maxima a été atteinte que commence l'opération particulière du bleuissage. Autrefois on employait dans ce but des bois verts,

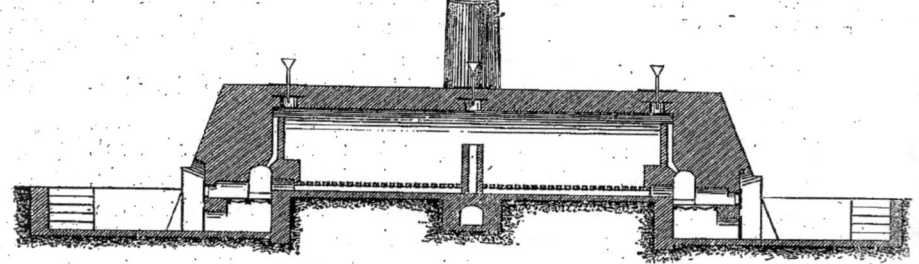

Fig. 286. — Four à bleuir.

dont on chargeait les foyers, puis on fermait tous les orifices du four, et on laissait celui-ci se refroidir lentement, uniquement par radiation. Actuellement, on préfère isoler d'abord complètement la chambre de cuisson, puis verser par des entonnoirs spéciaux des hydrocarbures liquides, comme du goudron ou des huiles provenant de la distillation du pétrole ou du schiste. Sous l'influence de la chaleur, ces corps sont décomposés, et il se forme dans l'intérieur des pores des terres cuites un dépôt de graphite, qui colore toute la masse. Si les pâtes ne contiennent pas de fer, ou si celui-ci est entré en combinaison avec la chaux qui peut exister dans leur composition, la coloration reste d'un noir plus ou moins grisâtre, d'un aspect plus ou moins sale. Si, au contraire, les pâtes sont ferrugineuses, le peroxyde se transforme en protoxyde, peut-être même partiellement en fer métallique, et donne à la terre cuite un éclat bleu métallique très recherché. Il faut de 8 à 25 kilogrammes d'huile pour mille tuiles, cette huile étant introduite en deux ou trois fois à une ou deux heures d'intervalle.

Pour que cette opération réussisse bien, il est indispensable que le four soit parfaitement étanche, et qu'il n'y ait pas de rentrées d'air, qui brûleraient le graphite, tant que la température des produits n'est pas tombée au-dessous du rouge sombre. Lorsque cette température est atteinte, on peut impunément hâter le refroidissement, en ouvrant les orifices supérieurs du four ou le registre de la cheminée. Il faut observer que, par suite du refroidissement, il tend à se former un vide partiel dans la chambre de cuisson ; aussi ne saurait-on employer trop de précautions pour isoler celle-ci convenablement et empêcher la pénétration de l'air extérieur.

On peut donner un bel éclat noir brillant aux terres cuites, ainsi bleuies, en les frottant avec une brosse chargée de plombagine. Mais cet éclat n'est pas durable, aussi ce procédé doit-il être absolument condamné. Il est, du reste, facilement reconnu à la trace noire que les produits laissent sur les doigts.

On peut enfin donner une coloration noire aux tuiles en les enfournant dans des gazettes, ou dans des espèces de boîtes formées avec des briques ou des plaques en terre cuite. Il se forme ainsi, dans ces gazettes ou ces boîtes, une atmosphère ultra-réductrice, qui agit de la même manière que celle des fours à bleuir. Quoique ce procédé présente l'avantage de ne pas exiger de fours spéciaux, il oppose des difficultés d'enfournement assez grandes ; aussi ne l'emploie-t-on guère, comme on le verra plus loin, que pour les carreaux ou les poteries décoratives.

§ 3. — Carreaux

221. Les carreaux sont employés soit comme pavement, soit comme revêtement des murs. Dans le premier cas, ils sont en terre cuite ou en grès ; dans le second, ils sont en terre cuite vernissée, en faïence, en grès ou en porcelaine. Il ne sera actuellement question que des carreaux en terre cuite mats et sans ornements polychromes.

Il est souvent assez difficile de distinguer les carreaux en terre cuite des carreaux en grès, on ne s'occupera ici que de ceux dont la pâte franchement poreuse et relativement peu dure les fait sans hésitation ranger parmi les terres cuites. Les autres seront mentionnés dans le chapitre consacré aux grès.

La forme des carreaux en terre cuite est ordinairement celle d'un carré ou d'un hexagone, dont le côté ou le diamètre du cercle circonscrit varie de 33 à 15 centimètres, la dimension la plus courante étant de 20 centimètres. L'épaisseur dépend des autres dimensions, du mode de façonnage et de la nature de la pâte, variant de 1 à 5 centimètres.

La pâte employée pour la fabrication de ces carreaux est la même que celle qui sert à la confection des tuiles, et les procédés de façonnage sont identiques.

Le moulage à la main dans un cadre en bois est encore quelquefois employé, principalement pour les grands carreaux ou plutôt pour les dalles; mais le moulage mécanique, qui donne des produits plus compacts, est à préférer dans tous les cas. Comme pour les tuiles, il peut se faire par étirage, en coupant définitivement les carreaux aux dimensions voulues sur un tablier coupeur très simple, ou bien en préparant une ébauche par étirage qui est ensuite façonnée à la presse. Lorsque cette ébauche est faite en pâte demi-molle, on attend qu'elle se soit raffermie pour la represser ensuite, comme il a été dit pour les briques. Lorsqu'au contraire elle est faite en pâte ferme, on la presse de suite après son étirage.

Les carreaux ordinaires peu soignés ont la forme de prismes, ayant pour base le carré ou l'hexagone et pour hauteur l'épaisseur. Comme ils sont posés à bain de mortier, ils ont l'inconvénient de laisser le joint apparent sur tout leur pourtour. On peut remédier à ce défaut en donnant aux carreaux la forme de troncs de pyramides, dont la plus grande base est la face apparente. Dans la pose on fait toucher les côtés de cette face, de manière à ne pas laisser de joints apparents, le mortier se logeant dans l'espace triangulaire, ouvert par le bas, compris entre deux carreaux juxtaposés.

Dans le premier cas, le façonnage peut se faire au moyen de toutes les presses qui ont été indiquées précédemment. Dans le second cas, il faut avoir recours à des dispositions spéciales. Le moyen le plus simple, sinon le plus économique, consiste à mouler à la main ou à étirer et à represser ensuite un carreau prismatique légèrement plus grand que celui que l'on désire obtenir, et ensuite à le tailler à la main. Dans ce but, on applique sur la face inférieure de ce carreau, placé sur un marbre, un calibre métallique ayant les dimensions de la base du carreau, mais dont les côtés en saillie sont inclinés et se rétrécissent vers le haut (*fig.* 287). En appuyant sur ces côtés la lame d'un couteau, celui-ci entaille obliquement la pâte et donne au carreau ainsi

Fig. 287. — Calibres pour découper les carreaux.

découpé la forme tronc-pyramidale désirée. Pour que le calibre ne se déplace pas pendant la taille, il porte de petites aspérités qui pénètrent dans la pâte et maintiennent l'ensemble solidaire.

En employant la machine représentée sur la figure 288, on peut aussi represser un carreau prismatique et lui donner la forme voulue. Il y a deux moules, pivotant autour d'un des montants à la presse qui sont à tour de rôle en démoulage et en repressage. Les moules sont formés d'un fond uni et d'un cadre mobile

Fig. 288. — Presse à carreaux.

sur une charnière, dont les côtés sont inclinés vers le bas. L'ébauche étant mise dans ce cadre, la pression force la pâte de refluer, pour remplir l'élargissement du bas du moule, puis la bavure se forme entre le piston et le cadre, c'est-à-dire sur la face non apparente. Pour démouler, on relève le cadre comme il est indiqué à gauche de la gravure, et on enlève à la main le carreau qui est resté appliqué sur le fond du moule.

Cette presse, construite par M. Pinette, peut represser 500 carreaux à l'heure. Son seul inconvénient est de donner une pression plus forte sur la face inférieure du carreau, tandis que le contraire serait préférable. Il faut avoir soin de bien appliquer l'ébauche sur la face du moule, de manière à ce qu'il ne reste pas de bulles d'air emprisonnées qui occasionneraient des défauts sur la surface apparente. La même disposition de moules peut naturellement être adoptée sur toutes les presses décrites précédemment.

Après le façonnage, les carreaux sont ordinairement accolés deux à deux, les faces apparentes en contact, et mis dans les séchoirs. Lorsqu'ils sont minces, il faut éviter qu'ils ne se déforment, aussi est-il nécessaire de les sécher en pile, le carreau supérieur étant recouvert d'un carreau cuit chargé d'une brique ou d'un poids quelconque. Ce procédé a l'inconvénient de retarder considérablement la dessiccation, mais il est indispensable de l'employer pour obtenir des produits droits.

La cuisson des carreaux se fait dans tous les fours employés pour les tuiles. Les carreaux épais peuvent être enfournés par groupes de deux, comme il vient d'être dit, en les posant à plat pour laisser des vides. Les carreaux minces doivent être empilés pour éviter leur déformation et en disposant les autres produits enfournés en même temps que les carreaux, de manière à éviter le renversement de ces piles. Il est indispensable de faire précéder la cuisson d'un enfumage très lent et très soigné. Si, au commencement du petit feu, il reste des traces d'humidité dans les piles, il se forme au pourtour des carreaux des auréoles blanchâtres d'un aspect très déplaisant. De même, le petit feu doit être conduit très doucement pour éviter que le même fait ne se reproduise au moment du départ de l'eau de combinaison. Ces soins, qu'on est obligé de prendre pendant la dessiccation et la cuisson, rendent la fabrication des carreaux plus difficile que celle de toutes les autres terres cuites des constructions. Les carreaux ordinaires sont généralement fabriqués dans les tuileries et n'exigent pas, en dehors de ce qui vient d'être dit, d'outillage ou d'installations spéciales.

§ 4. — Tuyaux

222. Tuyaux pour canalisations de gaz. — Les tuyaux en terre cuite employés dans les constructions comprennent deux variétés : ceux destinés aux canalisations de gaz et ceux employés pour les canalisations d'eau.

Les tuyaux pour canalisation de gaz servent comme cheminées et comme évents. On leur donne des formes très différentes, dont la description fait plutôt partie de l'art de la construction que de la céramique, car, quelle que soit la disposition employée, les procédés de fabrication restent les mêmes. On n'indiquera donc les types suivants (*fig.* 294) qu'à titre d'exemple, sans discuter leurs applications et leurs mérites respectifs.

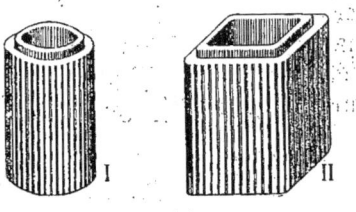

Les ventouses ou boisseaux ronds, type I, sont des tuyaux ronds avec emboîtements aux deux extrémités, ayant un diamètre de 13 à 25 centimètres pour une hauteur de 30 à 50 centimètres.

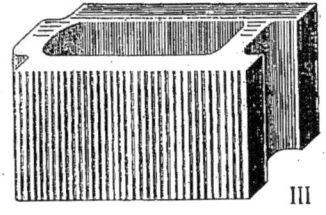

Les boisseaux, type II, sont rectangulaires, à angles arrondis, également à emboîtements, leurs dimensions intérieures varient de 12 sur 17 centimètres à 25 sur 30, pour une hauteur de 30 à 50 centimètres.

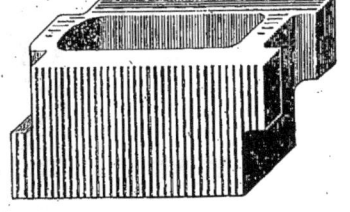

Ces deux types de tuyaux peuvent être placés d'une manière indépendante, tandis que les wagons, type III, sont maçonnés dans les murs. On les fait droits ou obliques, prismatiques ou avec des saillies pour mieux assurer leur liaison.

Enfin, dans certains cas, par un raffinement peut-être illusoire, on fait leurs parois creuses,

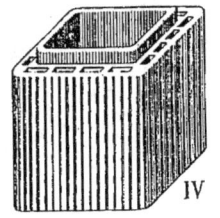

Fig. 289. — Type de tuyaux pour canalisation de gaz.

type IV, dans l'espoir de donner une meilleure isolation.

La pâte employée pour ces tuyaux est la même que celle qui sert à la fabrication des briques creuses.

Le façonnage se fait par étirage en pâte demi-molle, avec propulseurs à pistons, généralement mus à bras. La figure 86 (page 202) représente une machine de ce genre construite par M. Pinette. On remplit un cylindre métallique avec la pâte, en comprimant celle-ci autant qu'il est possible pour éviter de laisser des espaces vides, puis on actionne le piston au moyen d'une manivelle. Ce piston descend verticalement et oblige la pâte à s'étirer par une filière inférieure, ayant la disposition représentée sur la figure 79 (page 198).

Fig. 290. — Machine à tuyaux.

La pâte façonnée vient reposer sur un plateau équilibré qui descend en même temps qu'elle. Lorsque la longueur voulue est atteinte, l'ouvrier en est averti par un timbre, il cesse de tourner la manivelle tout en la maintenant dans sa position, et un second ouvrier fait glisser le cadre portant un fil métallique qui coupe le cylindre de pâte. On appuie ensuite sur le plateau pour le faire descendre plus bas, et on enlève le tuyau façonné, qui repose sur une planchette, pour le mettre dans les séchoirs. Enfin, au moyen d'une pédale, on fait remonter le plateau, et on procède à un second étirage. Le façonnage se poursuit ainsi jusqu'à ce qu'il ne reste plus de pâte dans la machine. On remonte alors le piston et on procède à un nouveau remplissage.

Fig. 291. — Machine à tuyaux.

Pendant les temps d'arrêt nécessaires à la coupe, il est indispensable de maintenir la manivelle à cause de l'air comprimé que contient toujours le corps du cylindre, qui tendrait à soulever le piston et à produire des inégalités de pression, qui se traduiraient par des défauts de façonnage.

La figure 290 représente une machine du même genre à piston

rectangulaire, dans laquelle la pâte est introduite par une porte latérale antérieure qui est ensuite solidement fermée.

Pour augmenter la production on peut employer deux cylindres, pivotant autour d'un des montants de la machine, comme le représente la figure 291 ; l'un de ces cylindres est en chargement, tandis que l'autre sert au façonnage (MM. Boulet et Cie).

Les machines précédentes peuvent produire de 40 à 80 tuyaux par heure. Pour de plus grandes fabrications on se sert des machines à fonctionnement continu qui seront décrites à propos du façonnage des tuyaux en grès (page 679).

Lorsqu'on veut faire des tuyaux obliques, il suffit d'incliner la planchette sur le plateau et de déplacer le cadre coupeur de manière à lui donner une position parallèle à cette inclinaison. Pour faire les emboîtements, on attend que la pâte se soit raffermie; puis on enlève manuellement, au moyen d'un petit instrument coupeur qu'on fait circuler autour du tuyau, une languette de pâte extérieure. Quelque temps après, le tuyau est retourné, et on fait la même opération à l'intérieur.

La cuisson de ces tuyaux se fait dans les fours à briques ou à tuiles. Dans l'enfournement ils sont disposés verticalement en plaçant, s'il est possible, deux tuyaux de dimensions différentes l'un dans l'autre.

Cette fabrication se fait dans les tuileries, ou même dans les briqueteries. Elle n'offre, en général, pas de difficultés. Lorsqu'il y a des tuyaux fêlés ou même cassés, on les raccommode avec du plâtre, et on prétend que ces tuyaux réparés sont ensuite plus solides que les autres.

223. Tuyaux pour canalisations d'eau. — Les tuyaux en terre cuite pour canalisations d'eau étaient autrefois d'un grand emploi, mais ils sont actuellement presque complètement remplacés par des tuyaux en grès; aussi n'en sera-t-il parlé qu'à propos de la fabrication de ces poteries, les procédés de façonnage étant les mêmes. Quant à leur cuisson, elle s'opère de la même manière que celle des tuyaux précédents. Ces tuyaux en terre cuite sont souvent vernissés intérieurement pour les rendre étanches, les procédés employés dans ce but seront, comme il a été dit au commencement de ce chapitre, étudiés chapitre XI (page 599).

Il existe cependant une espèce de tuyaux, qu'il n'y a pas lieu de faire en grès, et dont il convient de dire quelques mots : ce

sont les tuyaux de drainage. On sait que ceux-ci sont simplement des cylindres ayant de 6 à 20 centimètres de diamètre intérieur, et qu'ils sont assemblés en plaçant leurs extrémités dans un bout de tuyau d'un diamètre supérieur.
Leur façonnage se fait par étirage dans des machines analogues à celles employées pour les briques creuses. Dans ce but on se sert de filières semblables à celles représentées sur la figure 297. Pour les gros diamètres on ne façonne qu'un tuyau à la fois, tandis que pour les petites dimensions on peut en faire simultanément, 2, 3 ou

Fig. 292. — Filière pour tuyaux de drainage.

même 4. La coupe se fait avec les mêmes appareils coupeurs que ceux employés pour les briques. Quant à la cuisson elle a lieu dans les fours à briques ou à tuiles, en mettant les plus petits tuyaux dans les plus grands, et en les empilant de manière à ce que leur longueur soit dans le sens du courant. Cette fabrication, très facile, se fait dans les tuileries et les briqueteries.

§ 5. — TERRES CUITES ARCHITECTURALES

224. En dehors des briques, tuiles, carreaux, tuyaux de toutes ormes et dimensions, on emploie dans les constructions de nombreuses terres cuites qui n'entrent pas dans ces catégories. La plupart ont un but décoratif et sont faites soit sur des modèles courants appartenant aux fabricants, soit d'après des dessins originaux de l'architecte ou des décorateurs.

Les pâtes employées pour la fabrication de ces terres cuites architecturales doivent être assez plastiques pour se prêter facilement au moulage à la main. Leur préparation, très soignée, est faite de préférence par voie sèche, si, comme c'est presque toujours le cas, on veut obtenir des produits résistant convenablement aux intempéries. Il est également nécessaire que les pâtes soient assez fines, c'est-à-dire que les grains qu'elles contiennent ne soient pas grossiers, faute de quoi les poteries auraient des surfaces rugueuses, qui se rempliraient de toutes les impuretés atmosphériques et prendraient rapidement un aspect sale désagréable.

Dans certains cas, on peut utiliser le façonnage par étirage ou le tournage, mais la plupart du temps il faut avoir recours au moulage à la main dans des moules en plâtre. Si le nombre des pièces à faire est peu important, les frais des moules peuvent augmenter d'une manière considérable le prix de revient de ces terres cuites. Ce façonnage a été décrit précédemment dans les chapitres consacrés au façonnage et à la décoration avec tous les développements qu'il comporte. On a également indiqué les règles générales qu'il faut s'attacher à suivre dans la confection des modèles (page 250), pour obtenir des poteries qui ne soient pas sujettes à se déformer ou à se rompre. Il convient cependant d'ajouter qu'il est difficile d'obtenir en terre cuite des parties droites d'une certaine longueur, comme, par exemple, les main courantes des balustrades, il est préférable de faire des fragments plus petits en multipliant les joints.

Le séchage a lieu dans l'atelier de moulage ou dans un séchoir à proximité, de telle manière que la dessiccation puisse être facilement surveillée par le mouleur.

La cuisson se fait dans les fours employés pour les tuiles ou les carreaux, en protégeant les terres cuites architecturales contre les flammes au moyen des autres produits moins délicats. On se sert aussi quelquefois de fours à moufle, quoiqu'on puisse dans ce cas craindre de ne pas atteindre une température de cuisson suffisante. Dans les fabriques consacrées uniquement à la confection de terres cuites architecturales, il semble préférable d'employer des fours ronds, à flamme descendante.

La décoration des terres cuites architecturales résulte de leur forme et de leur coloration. En ce qui concerne la première, il n'y a rien à ajouter à ce qui a été dit précédemment; par contre, la coloration mérite des explications complémentaires.

La plupart du temps, une même pièce doit avoir une couleur uniforme à peu près déterminée. Lorsque cette couleur varie du jaune clair à l'orangé, au rouge et au brun rougeâtre, on l'obtient par un mélange d'argiles, en suivant les indications données page 310 sur les diverses colorations produites par l'oxyde de fer. La couleur blanche, ou plutôt blanche jaunâtre, exige l'emploi d'argiles réfractaires blanches, convenablement amaigries avec du sable blanc ou du ciment, et additionnées d'une certaine proportion de marne pour introduire dans la pâte de la chaux comme fondant. On peut naturellement aussi se servir d'alcalis, mais leur prix est notablement plus élevé. Cependant on peut avec avantage employer des debris de verre à vitres.

L'usage de fondants est indispensable pour abaisser la température de cuisson et obtenir des produits résistant aux intempéries. Leur proportion doit être telle que l'on obtienne entre 1.000 et 1.200°, une pâte dure bien cuite ; au dessous on risque de ne pas décomposer complètement le carbonate de chaux, et au dessus les traces d'oxyde de fer, que contiennent forcément toutes les pâtes argileuses, communiquent une coloration d'autant plus sensible que la température est plus élevée. Certaines fabriques céramiques spéciales produisent de la sorte des terres cuites imitant d'une manière parfaite les pierres calcaires naturelles.

On a également utilisé, pour la confection de produits imitant les pierres, des sables blancs, additionnés d'alcalis, comme ceux qui ont servi au polissage des glaces, et qui sont des résidus de fabrication des cristalleries. L'inconvénient de ces sables, qui donnent cependant de beaux et bons produits, est leur manque de plasticité, qui oblige à les façonner avec des presses puissantes, ordinairement à fonctionnement hydraulique.

Enfin les pâtes de coloration grise et noire peuvent être obtenues par une cuisson dans une atmosphère très réductrice en employant les procédés qui ont été indiqués à propos des tuiles noires (page 531). Lorsque le prix de revient ne s'y oppose pas, on peut également colorer les pâtes au moyen d'oxydes colorants. Les seuls oxydes employés sont ceux de fer et de manganèse. Les premiers sont fournis par des terres ocreuses ou certains minerais de fer, les seconds par des minerais de manganèse plus ou moins lavés. Ce n'est qu'exceptionnellement, avec des pâtes très peu colorées, que l'on peut ajouter de l'oxyde de cobalt qui donne des nuances bleues. Les colorations ainsi obtenues ont été étudiées page 420.

Lorsque, par des raisons économiques, ou à cause de certaines difficultés de fabrication, on ne peut donner à la pâte la coloration voulue, il faut avoir recours à des engobes. Leur composition et leur pose ont été examinées précédemment (page 238 et 423). Pour obtenir un accord parfait entre la pâte et l'engobe, il faut introduire dans ce dernier une proportion aussi élevée que possible de la pâte elle-même. On produit ainsi facilement des engobes plus colorés que la pâte. Par contre, les nuances claires et principalement le blanc sont d'une application beaucoup plus difficile.

Les argiles blanches qu'il faut alors mélanger rendent l'engobe beaucoup plus réfractaire, et il faut lui ajouter des fondants calcaires ou alcalins. En particulier l'engobe blanc, qui exige toujours une température de cuisson assez élevée, ne peut être appliqué que sur des pâtes relativement peu fusibles. Il est rare que l'on puisse l'utiliser sans modifier la composition de la pâte elle-même.

La pose de ces engobes se fait soit au pinceau sur la poterie à peu près sèche, soit par le procédé de façonnage par incrustation qui a été décrit page 239. Les procédés de séchage et de cuisson ont été mentionnés précédemment, il suffit d'ajouter que l'on ne peut enfourner des engobes blancs à côté de pâtes ou d'engobes colorés. Il y a en effet toujours une certaine volatilisation de l'oxyde de fer, qui va souiller les pâtes blanches.

Les terres cuites architecturales, au lieu d'avoir une coloration uniforme, peuvent être également de différentes nuances. On peut naturellement se servir dans ce but d'engobes de différentes couleurs. Il faut cependant observer qu'à part certaines poteries ayant des reliefs dans des plans différents nettement tranchés, ce mode de décoration donne des tons durs, d'un aspect peu satisfaisant. Il est, en général, préférable de ne pas juxtaposer des colorations différentes, mais de chercher seulement à nuancer la coloration naturelle de la pâte. Dans ce cas, on se sert avec avantage de la décoration par imprégnation (page 421), en utilisant soit un engobe très clair, soit simplement de la matière colorante délayée dans de l'eau. La pose se fait au pinceau, par couches successives. Ce procédé permet d'obtenir des effets très remarquables, en éclaircissant, par exemple, les parties en relief ou en assombrissant les fonds.

§ 6. — Vases, statues et objets décoratifs

225. La fabrication des objets décoratifs en terre cuite remonte à une haute antiquité. On a vu dans l'historique de la céramique que particulièrement les Grecs, par la pureté des formes et le fini du décor, ont atteint la perfection. Cette belle fabrication disparut dès le IVe siècle, pour faire place à des produits grossiers, sans valeur artistique. L'avènement de la faïence a, pendant la Renaissance, détourné les céramistes de la terre cuite, et ce n'est guère qu'à partir du XIXe siècle que l'on fabrique de nouveau des objets décoratifs de ce genre.

Actuellement les vases, les statues, les jardinières, les cache-

VASES, STATUES ET OBJETS DÉCORATIFS

pots et tous les autres objets en terre cuite qui servent à la décoration des habitations se fabriquent par des procédés analogues à ceux qui viennent d'être indiqués pour les terres cuites architecturales. Les pâtes employées sont cependant plus fines, les argiles sont toujours lavées, et les sables dont on peut se servir comme dégraissants doivent être très fins, de manière à donner à la poterie un aspect lisse et même poli.

Le façonnage se fait par tournage ou par moulage à la main dans des moules en plâtre. Pour les statues, on doit nécessairement les mouler en plusieurs pièces qui sont ensuite soudées ou collées car il ne faut pas oublier que toutes les parties plus épaisses, comme le tronc, la tête, doivent être creuses. Cette réunion des parties est assez délicate à faire si on veut reproduire exactement le modèle. Il arrive très souvent que la position de certaines parties, comme les bras ou les jambes, n'est pas exactement observée, défaut qui enlève beaucoup à la valeur artistique de ces poteries. En outre, les mouleurs ont fréquemment la mauvaise habitude de faire des retouches, pour arrondir les contours, il en résulte des reproductions léchées à formes indécises, n'ayant plus du tout le caractère de l'original.

Le séchage se fait dans l'atelier de moulage, et la cuisson s'opère généralement en moufle ou en gazettes.

Ces poteries en terre cuite sont fabriquées dans certaines tuileries et faïenceries. Il existe également quelques fabriques spéciales, particulièrement dans les grands centres de consommation.

En ce qui concerne la décoration, celle-ci résulte principalement du façonnage, il n'y a qu'à se reporter à ce qui a été dit à ce sujet page 418. On attache également une grande valeur à ce que la pièce, lorsqu'elle doit être monochrome, ait une coloration bien uniforme. De même que pour les terres cuites architecturales, en employant des argiles appropriées on obtient des poteries d'un blanc jaunâtre, jaunes, roses, orangées ou rouges. Pour les colorations grises, ou brunes, on mélange à la pâte de l'oxyde de manganèse. La cuisson dans une atmosphère réductrice n'est pas à recommander dans ce cas, surtout si on veut l'effectuer dans des moufles.

Cette uniformité de teinte exige une fabrication soignée et surtout une cuisson très régulière. Il arrive fréquemment que, pour conserver à ces terres cuites une belle nuance, on n'opère la cuisson qu'à très basse température. Il n'en résulte pas d'inconvénient, si les poteries sont conservées dans l'intérieur des habitations, mais elles ne peuvent être exposées au dehors sans se détériorer rapidement.

Il est plus facile d'obtenir cette teinte uniforme en passant sur la poterie, après son façonnage, un léger engobe, fait avec de la pâte délayée dans l'eau. Certains fabricants évitent toutes ces difficultés en peignant tout simplement les poteries cuites avec une peinture à l'eau ou à la colle. Ce procédé, qui enlève toute valeur céramique aux poteries, est, du reste, facilement reconnu par les traces de couleur qu'elles laissent lorsqu'on les frotte avec le doigt ou avec un linge mouillé.

On obtient facilement des poteries polychromes au moyen d'engobes colorés. Ces engobes peuvent être assez épais pour permettre de faire au pinceau différents dessins ; par exemple des ornements, des fleurs, des figurines, se détachant en blanc sur un fond coloré. C'est le procédé connu sous le nom de peinture à la barbotine (page 424). On peut également se servir d'engobes très délayés, que l'on applique également au pinceau, par couches successives, de manière à former des dégradés. On donne ainsi plus de relief au modelé, en fonçant les parties rentrantes et en éclaircissant les saillies, ou bien on recouvre de teintes légères, différentes, les diverses parties des poteries. Ce dernier procédé a été, dans ces derniers temps, très employé pour décorer les statues.

§ 7. — POTERIES COMMUNES

226. Ces poteries sont les plus anciennes qui aient été fabriquées, sauf peut-être en Égypte. Comme il a été dit dans l'historique sommaire de la céramique, on les trouve chez tous les peuples, aux débuts de leurs civilisations. Jusqu'au milieu du moyen âge elles ont été employées presque exclusivement pour tous les usages domestiques. Les poteries vernissées, puis les faïences stannifères, et enfin les faïences à pâte fine, les grès et les porcelaines, les ont complètement supplantées, sauf pour quelques applications spéciales, qui se réduisent elles-mêmes chaque jour. Cette branche de l'industrie céramique était donc autrefois beaucoup plus développée que de nos jours. Les potiers formaient chez tous les peuples une des corporations les plus importantes et jouissaient souvent de privilèges spéciaux. Actuellement on ne peut plus considérer les petites fabriques de poteries, végétant misérablement, que comme un débris d'un état de choses disparu pour toujours. Les rares poteries communes en terre cuite qui sont encore employées sont généralement devenues un article secondaire de la fabrication des tuileries et de certaines faïenceries.

La pâte dont on se servait autrefois devait être faite avec une argile fine, fusible, que l'on amaigrissait au besoin avec du sable également fin. Lorsqu'on ne trouvait pas d'argile convenable, on avait recours à la lévigation. La préparation consistait en un marchage et en un pétrissage. La pâte, toujours assez molle, était façonnée soit à la main, sans moules, en employant des colombins pour les grandes pièces, soit au tour, le dernier raffinement consistant à achever la poterie au moyen d'un calibre. Enfin la cuisson s'opérait dans des fours horizontaux à foyer unique ou dans des fours carrés à flammes ascendantes, naturellement chauffés au bois.

Le façonnage de ces anciennes poteries était souvent très remarquable, à cause des dimensions considérables des pièces, comme on l'a fait remarquer au sujet des jarres ou amphores (page 19). Par contre, la cuisson laissait souvent fortement à désirer. Il semble que les anciens potiers ont éprouvé de sérieuses difficultés pour obtenir une température suffisante; aussi se servaient-ils d'argiles très fusibles, surtout calcaires, d'où le nom d'argile à potier que l'on a donné à une sorte d'argile ferrugino-calcaire, encore indiquée par certains auteurs, comme devant nécessairement servir de base à la fabrication de ce genre de poteries.

Actuellement les pâtes employées sont les mêmes que celles qui servent pour le façonnage des tuiles. Ces pâtes, après avoir été préparées comme il a été indiqué précédemment, sont conservées en tas sous forme de blocs dans l'atelier de façonnage des poteries.

Le procédé de façonnage dépend naturellement de la forme des objets. Pour les ustensiles domestiques généralement ronds, on se sert du tournage, qui est quelquefois rendu plus précis au moyen d'un calibre. Les anses, les manches, les pieds sont rapportés par soudage. Les pots de fleurs sont également presque toujours tournés. On peut aussi les faire par moulage au tour (*fig.* 113, page 222), quoique ce procédé exige un nombre de moules très considérable. Enfin, on peut procéder par moulage à la presse, comme le représente la figure 115 (page 225). Dans ce cas, il est bon, avant d'opérer le démoulage, de donner un certain mouvement de rotation au mandrin, pour que celui-ci blement, que se détache de la pièce qui doit rester dans le moule. Avec cette machine on peut arriver à faire 15 pots de dimensions moyennes par minute.

Les poteries de ce genre étant toujours minces et relativement légères, le séchage se fait facilement dans l'atelier de façonnage ou sur des étagères placées à proximité.

Si la fabrique possède des fours à feu continu, la cuisson peut s'y faire sans difficultés, tout au plus doit-on disposer l'enfournement de manière à les protéger, au moyen de produits plus grossiers, contre le contact des flammes ou des cendres. Si on veut employer un four spécial, il suffira, la production étant toujours faible, d'un petit four rond à flammes descendantes.

Lorsque les poteries doivent être exposées aux intempéries, il est nécessaire de les cuire à une température assez élevée, et de suivre les indications qui seront données à propos des essais des terres cuites.

§ 8. — Hydrocérames et filtres (alcarazzas, gargoulettes)

227. Ces poteries sont fabriquées depuis fort longtemps dans tous les pays méridionaux, pour rafraîchir les liquides. Grâce à leur porosité, le liquide vient suinter à leur surface, et si on a le soin de les mettre dans un courant d'air, il se produit une évaporation active, qui détermine un abaissement de température de 5 à 8°. On les utilise également quelquefois comme filtres.

La pâte employée est la même que celle qui sert à faire les poteries ordinaires, on cherche seulement à la rendre plus poreuse par divers procédés. Si l'argile employée est suffisamment plastique, il suffit généralement de l'additionner de sable, ou mieux de ciment de terre cuite, et de la chauffer à une température relativement basse, qui ne présente pas d'inconvénient pour l'usage que l'on fait de ces poteries. On peut également opérer comme il a été dit à propos des briques légères (page 497), mais alors les matières combustibles ajoutées à la pâte doivent être réduites en poussière, sinon les alvéoles produites sont trop grandes et il y a écoulement du liquide et non suintement. Enfin on ajoute quelquefois à la pâte du sel en grains assez fins. A la température, toujours faible, de la cuisson, celui-ci reste indécomposé, et on le fait dissoudre ensuite en immergeant les hydrocérames dans l'eau.

La même pâte poreuse peut être employée comme filtre pour clarifier les liquides et particulièrement l'eau. On se sert également depuis quelque temps, dans ce but, de pâtes blanches kaolineuses analogues aux pâtes à porcelaine, mais qui, étant simplement cuites en dégourdi, sont de véritables terres cuites. La fabrication de ces poteries ne présente aucune difficulté.

§ 9. — Pipes

228. Il y a deux variétés de pipes ; les unes, en une seule pièce composées du tuyau et du fourneau, sont usitées dans l'Europe septentrionale et occidentale ; les autres en deux pièces, le fourneau seul étant en terre cuite, qui sont employées dans les pays riverains du Danube et l'Orient.

Pour les premières, on se sert d'argiles pures ou d'argiles réfractaires, contenant assez peu d'oxyde de fer pour avoir, après une faible cuisson, une coloration blanche. Dans certaines fabriques on se sert aussi d'argiles contenant un peu de fer, mais qui est décoloré par la présence d'une certaine quantité de chaux. Ces argiles sont assez fines pour n'avoir pas besoin d'être lavées. On fait un triage à la main suivi d'une préparation par voie pâteuse, généralement manuelle, qui doit être assez soignée pour donner une masse bien homogène.

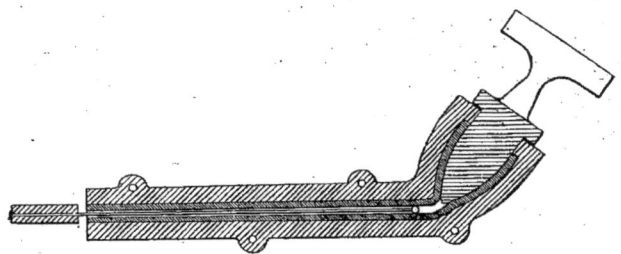

Fig. 293. — Façonnage des pipes.

Le façonnage se fait par moulage à la main. On commence par confectionner un petit rouleau de pâte auquel on soude à une extrémité une petite masse de pâte. Au moyen d'une aiguille terminée par une petite boule, on perce un trou dans le milieu du rouleau, puis, lorsque cette ébauche est ressuyée, on place le tout dans un moule en cuivre en deux parties (*fig.* 293) qui sont serrées l'une contre l'autre au moyen de vis. On enfonce alors pour former le fourneau un mandrin semblable à une clef de robinet, en lui donnant en même temps un mouvement de rotation. Il reste, après avoir enlevé le mandrin, à finir de percer la communication entre le fourneau et le tuyau, au moyen d'une pointe introduite par le fourneau ; puis on opère le démoulage. Ce façonnage, très simple, est fait généralement par des femmes ou des enfants qui acquièrent une grande dextérité.

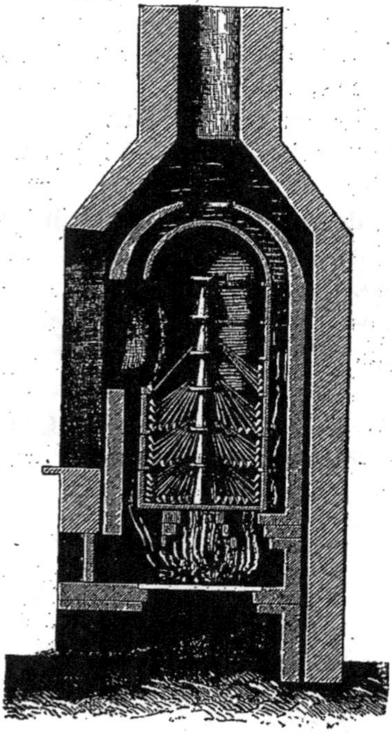

On peut naturellement obtenir au moule tous les ornements voulus, à la condition que ceux-ci se laissent démouler. Si tel n'était pas le cas, on les rapporterait par collage. Pour les pipes soignées, on procède ensuite au polissage des surfaces extérieures.

Le séchage doit être très lent, à cause de la grande plasticité de la pâte, mais ne présente pas de difficultés.

La cuisson s'opère soit dans de petits fours carrés ou ronds à flammes ascendantes, avec enfournement en gazettes, soit dans des fours à moufile. La figure 294 représente une disposition de ce genre, avec le mode spécial d'enfournement.

Dans les pipes en deux pièces (chiboucks), le fourneau est, au contraire, fait avec une argile plastique ferrugineuse, semblable à celle employée pour faire les carreaux fins rouges, dont il sera parlé plus loin. Au besoin on l'amaigrit avec du ciment de la même argile.

FIG. 294. — Cuisson des pipes.

Le façonnage se fait, pour la tête du fourneau, par une ébauche au tour, terminée par un tournassage, puis en collant la partie qui sert à fixer le tuyau et qui a été tournée séparément. La cuisson s'opère en gazettes, mais, vu la forme plus simple des pièces, il n'y a pas lieu à faire un enfournement spécial.

Les pipes, terminées, sont l'objet d'une foule de manipulations, destinées soit à rendre moins poreux le bout que l'on met entre les lèvres, soit à les polir, soit à les orner, opérations qui ne présentent pas d'intérêt au point de vue céramique, mais qui sont très appréciées par les fumeurs.

Par suite de la dextérité qu'exige le façonnage des pipes, qui ne peut être acquise que par un long apprentissage, leur fabrication se trouve localisée dans un certain nombre d'endroits où se trouve une population ouvrière habituée dès l'enfance à ce travail. Les centres de production les plus importants sont, en France : Saint-Omer, Arras, Nîmes, Marseille ; en Angleterre : Londres, Brossely ; en Allemagne : Cologne, Aix-la-Chapelle, Hanovre ; en Hollande : Gouda ; en Hongrie : Debreczen.

§ 10. — Poteries lustrées

229. Les poteries lustrées ont été fabriquées par les Égyptiens, les Grecs et les Romains, depuis le vi^e siècle avant notre ère jusque vers l'an 300, époque à laquelle elles tombèrent complètement dans l'oubli. Ce n'est que dans le courant du xixe siècle que certaines fabriques céramiques ont réussi à faire des imitations de ces poteries antiques. Les Grecs, dans leurs colonies de l'Italie méridionale, étaient arrivés à atteindre la perfection ; leurs poteries, dites campaniennes, font la gloire des musées, mais depuis, la céramique a suivi d'autres voies. La porosité de la pâte des poteries lustrées en ferait actuellement rejeter l'emploi par le plus pauvre paysan, et à la décoration fine, sobre, sévère des Grecs on préfère l'éclat et le relief des glaçures modernes. Aussi la fabrication des poteries lustrées ne saurait actuellement consister qu'en une imitation pour ainsi dire archéologique des modèles antiques.

La pâte est faite avec une argile, tantôt moyennement plastique, ferrugino-calcaire (Grecs et Romains), tantôt fortement siliceuse (Égyptiens). Le façonnage avait lieu par tournage et était suivi d'un important travail de rachevage. La cuisson, effectuée généralement à basse température, était tantôt oxydante, donnant des produits d'une coloration variant du jaune au rouge éclatant, tantôt réductrice, communiquant alors aux pâtes une teinte grise plus ou moins foncée. Quant aux lustres qui ont servi à recouvrir ces poteries, leur composition est restée longtemps une énigme, et on ne peut pas encore considérer le problème comme entièrement résolu.

Pour comprendre les procédés employés dans la fabrication des poteries lustrées, il faut d'abord observer que les Grecs connaissaient les engobes, qui leur ont permis de faire des décorations blanches, jaunes ou rouge intense, au moyen de mélanges d'argiles blanches et d'ocres. Il est, en second lieu, important de remarquer qu'ils avaient fréquemment l'habitude de polir les poteries avant cuisson, opération ayant pour effet de communiquer aux surfaces après cuisson un éclat particulier. Ces moyens de décoration, joints à l'action des cendres fusibles du bois qui servait de combustible, ont souvent fait supposer que certaines de leurs poteries avaient été recouvertes d'une glaçure.

Cependant, en examinant de près les poteries lustrées antiques, on peut remarquer que certaines parties rouges et noires ou grises dans les poteries grecques, plus ou moins verdâtres dans les poteries égyptiennes, ont dû être décorées au moyen d'une couche mince d'une matière assez vitrifiable, probablement posée au pinceau. D'après les analyses faites sous la direction de Brongniart, ce lustre est un silicate alcalin, dont la couche très mince se combinait au moment de la cuisson avec les éléments de la pâte. Lorsqu'il était rouge, il contenait de l'oxyde de fer dont la couleur venait s'ajouter à celle de la pâte. Les nuances vertes des poteries égyptiennes étaient produites par l'oxyde de cuivre. Quant au lustre noir, si remarquable, l'analyse n'y a trouvé que de l'oxyde de fer, mélangé quelquefois d'un peu d'oxyde de manganèse, mais en proportion insuffisante pour produire normalement une coloration noire. D'autre part, ce lustre, chauffé à nouveau dans une atmosphère oxydante, devient rouge. Cette observation montre que la coloration noire ne doit être attribuée qu'à une cuisson dans un feu fortement réducteur. Comme dans beaucoup de poteries, le fond est noir, tandis que dans les figurines où les ornements se détachent en rouge, on a fait soit des réserves, soit gratté ensuite le lustre noir.

Il faut, en outre, bien se rendre compte que les Grecs ne devaient point avoir sur la céramique les mêmes idées que nous, et qu'ils ne considéraient pas une poterie comme étant terminée au sortir du four. Grâce au peu de dureté de la pâte, ils pouvaient la polir, la sculpter même, puis la peindre ou la vernir.

Quant à la composition des lustres, elle est encore douteuse par suite de leur union intérieure avec la pâte, qui empêche de les détacher et de les analyser séparément. Si on admet la composition suivante, donnée par Salvetat pour un lustre noir :

Silice	46,30
Alumine	11,90
Oxyde de fer	16,70
Chaux	5,70
Magnésie	2,30
Alcalis	17,10

on voit que celui-ci était composé vraisemblablement de sable, d'alcalis fournis soit par des cendres, soit par des produits volcaniques, et d'une terre ferrugineuse. Seule une cuisson en feu fortement réducteur pouvait lui communiquer une coloration noire.

§ 6. — Propriétés et essais des terres cuites

230. Causes de désagrégation et remèdes. — Toutes les terres cuites bien fabriquées doivent pouvoir résister indéfiniment à l'action des intempéries et aux effets mécaniques auxquels elles sont soumises dans les constructions.

Si on observe une désagrégation partielle ou totale d'une terre cuite, les causes qui peuvent l'avoir produite sont les suivantes :

1° Causes physiques extérieures : humidité, végétations, gelée, atmosphère saline ;

2° Causes mécaniques, provoquant l'écrasement, la rupture par flexion ou par pression extérieure ;

3° Causes chimiques internes : présence dans les terres cuites de chaux ou de magnésie et de sels solubles.

L'examen de ces causes de désagrégation permet de déterminer quel est le vice originaire de la terre cuite et, par conséquent, d'indiquer les procédés à employer pour l'éviter.

Lorsque les terres cuites sont trop friables, une humidité prolongée ou des pluies fréquentes suffisent pour les désagréger. Dans ces conditions, elles peuvent également se recouvrir de végétations, dont les racines contribuent à leur destruction. Ce défaut peu fréquent provient de l'emploi de pâtes trop maigres et insuffisamment cuites.

La gelée a une action plus puissante et plus dangereuse. Par suite d'un abaissement de température, l'eau, absorbée préalablement par les terres cuites, se solidifie dans l'intérieur des pores.

L'augmentation de volume de la glace au moment de la congélation provoque des tensions internes qui peuvent déterminer l'effritement des surfaces, puis de proche en proche la désagrégation totale. L'atmosphère saline des bords de la mer exerce une action analogue, il faut l'attribuer à la formation dans l'intérieur des pores de cristaux de sel, qui agissent de la même manière que la glace.

Il faut observer que ce n'est pas l'intensité du froid qui est à craindre, mais la succession brusque d'un froid de seulement 2 à 3° au-dessous de zéro à un temps pluvieux, parce qu'alors l'eau contenue dans les pores des terres cuites n'a pas eu le temps de s'évaporer. Il n'y a rien à craindre d'un froid, quelque intense qu'il soit, succédant à un temps sec. Dans un autre ordre d'idées, la neige peut protéger très efficacement les couvertures. Ces observations expliquent pourquoi certaines terres cuites, qui résistent parfaitement dans des climats rigoureux, peuvent être désagrégées dans des contrées tempérées, mais humides.

Pour qu'une terre cuite résiste à l'action de la gelée, il faut :

1° Que les parois des pores aient une tenacité suffisante pour supporter la pression de la glace, ce qui s'obtient en employant des pâtes suffisamment plastiques et surtout par une cuisson à une température assez élevée ;

2° Que les pores soient uniformément répartis dans toute la masse, c'est-à-dire que celle-ci soit homogène sans plans de clivage ou de feuilletage. Cette condition se trouve naturellement remplie lorsqu'on emploie une pâte bien homogène et qu'on la façonne à la main, soit au moule, soit au tour. Par contre, l'étirage et le moulage à la presse ont toujours une tendance à donner à la pâte une structure lamellaire. Dans ce cas l'eau, au lieu d'être confinée dans une multitude de petites cellules et d'y déterminer, au moment de la gelée, des tensions qui s'équilibrent, se trouve sous forme de nappe entre les différents feuillets et exerce, en se transformant en glace, une pression qui, n'étant pas compensée, provoque l'écartement de ces feuillets. Cette structure feuilletée est d'autant plus sensible que le façonnage se fait en pâte plus ferme, parce que, la plasticité devenant plus faible, les feuillets ne peuvent plus se souder. Dans le moulage à la presse en pâte sèche, cette première cause de feuilletage est notablement aggravée par l'intercalation d'air dans la masse, qui reste emprisonné au moment de la pression, et forme des nappes détruisant toute cohésion entre les différents feuillets.

Les moyens d'obtenir des terres cuites absolument ingélives sont les suivants :

1° Bonne homogénéisation des matières premières, de manière à ce qu'il ne se trouve pas dans la pâte des parties maigres et des parties grasses, qui glissent les unes sur les autres au moment du façonnage, sans se mélanger, provoquant ainsi une structure lamellaire ;

2° Façonnage avec une pâte dont la consistance se rapproche autant que possible de celle nécessaire au moulage à la main ;

3° Emploi pour le façonnage, de procédés et de machines qui réduisent au minimum la structure lamellaire de la pâte façonnée.

4° Lorsque les deux conditions précédentes ne peuvent pas être remplies, il faut alors élever suffisamment la température de la cuisson pour provoquer dans la masse un commencement de vitrification des fondants. Si cette élévation de température ne peut être obtenue sans amener une déformation des produits, on n'a plus alors d'autre ressource que de modifier la composition de la pâte.

D'une manière générale, on peut dire que le façonnage par étirage ou à la presse, avec des pâtes fermes ou sèches, ne peut donner des produits ingélifs qu'à la condition de les cuire jusqu'à la température qui vient d'être indiquée.

Les causes mécaniques qui peuvent déterminer la rupture des terres cuites sont les suivantes :

Pour les *briques*, c'est la charge qu'elles ont à supporter, qui peut occasionner leur écrasement. Sauf certaines circonstances exceptionnelles, la résistance d'une maçonnerie en briques est limitée par celle du mortier, servant à faire les joints. Ce ne sont que les briques en pâtes très maigres et trop faiblement cuites qui peuvent s'écraser dans les circonstances ordinaires de la pratique des constructions. Si l'on veut obtenir des briques très résistantes, il faut employer des pâtes plastiques, les façonner à une consistance relativement ferme, sans les represser, et les cuire à une température aussi élevée que possible. La résistance des briques à l'écrasement par centimètre carré est, en effet, d'autant plus grande qu'elles sont plus denses. Cependant, hors certains cas spéciaux, il est inutile de chercher à avoir de hautes résistances, qui ne peuvent être obtenues qu'aux dépens d'autres qualités.

Pour les *tuiles*, l'effort maximum qu'elles ont à supporter est le poids d'un homme circulant sur la toiture. Soit un poids de

100 kilogrammes placé en leur milieu, et tendant à les rompre par flexion lorsqu'elles sont posées, comme elles doivent l'être dans la couverture, c'est-à-dire en tenant compte de l'écartement des emboîtements ou des recouvrements. Comme on peut modifier leur épaisseur, il est toujours possible, avec une pâte et un mode de fabrication déterminés, de donner aux tuiles une résistance suffisante.

Pour les *carreaux*, il convient de les essayer à l'usure, et pour les *tuyaux* à la résistance à une pression hydraulique intérieure.

Dans ces deux cas, les plus fortes résistances sont également obtenues par des pâtes plastiques, denses et fortement cuites.

Il est également intéressant de tenir compte d'une autre cause mécanique de rupture commune à toutes les terres cuites, ce sont les chocs qu'elles peuvent recevoir pendant leur transport, ou lorsqu'elles sont posées. A ce point de vue, les pâtes qui se comportent le mieux sont également les plus plastiques, mais il est bon de ne pas pousser la cuisson jusqu'à la vitrification, car, après avoir atteint un certain maximum de résistance à un degré de cuisson convenable, les terres cuites chauffées au delà deviennent plus cassantes.

Enfin, les terres cuites peuvent être désagrégées lorsqu'elles contiennent de la chaux ou de la magnésie caustique qui, en s'hydratant plus tard, augmente de volume et agit comme la gelée. On a vu comment, par une meilleure préparation des pâtes, on peut éviter cet inconvénient. Si cependant les frais qu'occasionne un travail plus soigné de la pâte étaient trop considérables par rapport à la faible valeur du produit fabriqué, on pourrait atténuer l'action nuisible de la chaux en immergeant les terres cuites à leur sortie du four. On peut, dans ce but, se servir de l'appareil représenté sur la figure 295, qui consiste en une fosse souterraine remplie d'eau, dans laquelle on fait descendre les brouettes chargées de produits. Il semblerait que, dans ce cas, la chaux ou la magnésie se délayent dans le grand excès d'eau, au lieu de se gonfler sur place, comme elles le font lorsqu'elles sont seulement rendues humides.

Lorsque les pâtes contiennent une forte proportion de sels solubles, ceux-ci peuvent être dissous par la pluie ou l'humidité et venir cristalliser dans les pores superficiels en agissant comme l'atmosphère saline des bords de la mer. Cependant cette action est rare, et ordinairement les efflorescences de sels solubles n'ont pour effet que de souiller les surfaces, et de détacher les enduits dont elles peuvent être recouvertes. On peut éviter ce défaut en lavant les pâtes ou en les cuisant à une température suffisante pour provoquer la combinaison de ces sels à l'état de composés insolubles. On a précédemment signalé (page 151) les procédés d'épuration chimique des pâtes qui peuvent également être quelquefois employés.

Fig. 295. — Appareil pour neutraliser l'action de la chaux et de la magnésie.

231. Méthodes d'essai des terres cuites. — Les méthodes d'essai des terres cuites ont fait l'objet de réglementations discutées lors des Conférences de Munich (1884), de Dresde (1886), de Berlin (1890). Plus récemment (1895), elles ont été déterminées par la Commission des Méthodes d'essai des matériaux de construction, nommée par le Gouvernement français. Nous ne pouvons mieux faire que de reproduire, avec quelques observations, les conclusions prises par cette Commission d'après un rapport présenté par M. Debray, secrétaire général de la Commission, et par l'auteur de cet ouvrage.

ÉCHANTILLONS

Les essais des terres cuites doivent toujours être faits sur les produits marchands.

Si l'on veut connaître le plus exactement possible la valeur d'une fabrication, il convient d'opérer sur des échantillons aux différents degrés de cuisson. On se contente souvent d'examiner les échantillons le plus faiblement cuits, qui se reconnaissent facilement à l'aspect et plus particulièrement à une moindre dureté et à des dimensions légèrement plus grandes que la moyenne.

PRESCRIPTIONS GÉNÉRALES

On indiquera la marque commerciale des échantillons, leur forme, l'état de leurs arêtes et de leurs surfaces, ainsi que leur couleur.

Pour les briques et les carreaux, on mesurera les dimensions dans le sens de la longueur, de la largeur et de l'épaisseur. Pour les tuiles, on mesurera la longueur et la largeur et on dressera des croquis, ou coupes, suffisants pour indiquer d'une façon claire les creux et saillies ainsi que les emboîtements que peuvent présenter les échantillons. Enfin, pour les tuyaux on mesurera le diamètre intérieur, la longueur utile du tuyau en dehors de l'emboîtement, l'épaisseur de la paroi ainsi que la forme et les dispositions de l'emboîtement, s'il y a lieu.

On vérifiera pour les briques et tuiles les dimensions qui pour une même pièce, devraient être identiques; on signalera l'écart lorsqu'il dépassera 1 0/0.

Lorsque le laboratoire d'essai aura à sa disposition un nombre suffisant d'échantillons de même provenance, il sera utile qu'il mesure, d'une part, les plus cuits ou les plus petits et, d'autre part, les moins cuits ou les plus grands. Il signalera, s'il y a lieu, les différences observées.

ESSAIS PHYSIQUES

1° *Observation de la structure ou de l'homogénéité*

L'observation de la structure ou de l'homogénéité consistera dans l'examen de la cassure, fait à l'œil nu ou à la loupe.

Il conviendra de signaler :

a. L'aspect de la cassure, soit grenue et à arrachements plus ou moins prononcés, soit lisse ou à surface conchoïdale;

b. La grosseur du grain, en indiquant, d'après la classification adoptée pour les pierres de construction naturelles (1), si le grain est fin, moyen ou grossier et si les grains sont uniformes ou de dimensions différentes;

c. L'homogénéité, en faisant observer si la masse est entièrement, moyennement ou peu homogène, s'il existe des plans de feuilletage ou de clivage plus ou moins nombreux, plus ou moins accentués.

---

(1) Grains très fins ($0^{mm},2$ à $0^{mm},4$), grains fins ($0^{mm},3$ à $0^{mm},8$), grains assez fins ($0^{mm},5$ à $1^{mm},2$), grains moyens (1 millimètre à $2^{mm},5$), grains un peu grossiers (2 millimètres à 4 millimètres), grains grossiers (3 millimètres à 7 millimètres), grains très grossiers (5 millimètres et au delà).

2° *Poids spécifique* (1)

La détermination du poids spécifique de la matière sera faite sur de la poudre provenant de fragments pulvérisés, de manière à les faire passer par un tamis de 900 mailles.

La poudre sera desséchée à la température de $+110°$.

La détermination du poids spécifique sera faite au moyen de volumètres, par l'une des méthodes actuellement en usage, de façon à obtenir la première décimale avec certitude et la deuxième avec une approximation de deux unités.

Le liquide dont on se servira sera la benzine ou l'essence minérale.

La température devra rester constante pendant toute la durée de l'opération ; elle ne devra pas être supérieure à $+15°$.

3° *Densité apparente*

La détermination de la densité apparente devra être faite, autant que possible, sur des échantillons restés entiers, après dessiccation à la température de $+30$ à $+40°$ C.

Quand les échantillons auront une forme géométrique régulière permettant d'en déterminer le volume par mesurage, on se servira d'un pied à coulisse ordinaire donnant l'approximation au dixième de millimètre ; le poids sera déterminé au moyen d'une balance sensible au demi-centigramme.

Quand les échantillons seront de forme irrégulière ou présentent des angles rentrants, on déterminera le volume et par suite la densité apparente au moyen de la différence du poids de l'échantillon dans l'air et dans l'eau. On aura soin d'enduire préalablement la surface d'un vernis capable d'empêcher l'entrée de l'eau. Une mince couche de suif fondu appliquée au pinceau et étendue avec le doigt remplit très bien ce but.

4° *Porosité absolue*

La porosité absolue sera déduite de la différence entre le poids spécifique et la densité apparente.

5° *Porosité relative ou poids d'eau absorbée dans un temps déterminé*

La détermination du poids d'eau absorbée se fera sur une série de trois échantillons au moins, préalablement désséchés soit à l'air libre, soit à l'étuve, à la température de $+30$ à $+40°$ C. Il convient, autant que possible, d'opérer sur des échantillons entiers et non sur des fragments.

Après dessiccation, les échantillons seront immergés dans l'eau jusqu'à la moitié de leur épaisseur pendant douze heures, puis submergés com-

---

(1) La détermination du poids spécifique n'a pas d'intérêt au point de vue de la qualité des terres cuites, il ne peut servir qu'à calculer la porosité absolue.

plètement soit pendant douze heures, trente-six heures, sept jours ou vingt-huit jours (1).

Si les échantillons contiennent une proportion notable de chaux, de magnésie ou de sels solubles, il sera bon de recommencer une ou deux fois l'expérience sur les mêmes échantillons.

La quantité d'eau absorbée, ou porosité relative, devra toujours être calculée en volume, mais on indiquera aussi le pour cent d'eau en poids.

Dispositions spéciales aux tuiles. — En ce qui concerne les tuiles, le Comité émet le vœu que, comme pour les ardoises de couverture, l'on étudie quelle peut être la quantité d'eau absorbée par un mètre carré de tuiles fixées, comme elles le sont réellement dans la pratique, sur un châssis présentant l'inclinaison minimum adoptée pour ces toitures, en soumettant ce châssis à une pluie régulière d'intensité déterminée pendant un temps donné.

6° *Perméabilité*

Tuiles. — L'essai se fera sur au moins 3 tuiles entières préalablement immergées pendant quarante-huit heures, comme il a été dit au paragraphe 5. On fixera au moyen de ciment pur, vers le milieu de la face supérieure de chaque tuile, placée horizontalement, un tube en verre de $0^m,035$ de diamètre intérieur et de $0^m,11$ de hauteur. Le tube, fermé à sa partie supérieure par un bouchon en caoutchouc, sera mis en communication avec un réservoir donnant une charge d'eau de $0^m,10$.

On recueillera, au moyen d'un réservoir placé sous la face inférieure, l'eau qui peut traverser chaque tuile.

La perméabilité sera déterminée par le volume d'eau écoulé pendant une heure, après une durée d'expérience de vingt-quatre heures.

7° *Essais de résistance à la gelée* (2).

L'épreuve de résistance à la gelée devra, autant que possible, porter sur des produits entiers. On pourra cependant faire l'essai sur des fragments. Dans ce cas, on devra protéger les parties coupées ou cassées des éprouvettes par un vernis ou une mince couche de suif, dans le but de ne laisser libre à la pénétration de l'eau pendant l'immersion que les seules faces des échantillons ordinairement vues.

Les essais de gélivité normaux, dirigés comme il a été dit pour les pierres naturelles (3), comprendront :

(1) Dans le cas où le temps d'immersion doit dépasser quarante-huit heures, si l'on veut abréger la durée de l'expérience, on peut se servir du procédé d'imbibition à l'aide de la cloche pneumatique, tel qu'il est décrit pour les essais des pierres de construction naturelles (Note de la Commission).

(2) Il faut, à notre avis, faire les plus grandes réserves au sujet de cette méthode, la seule employée actuellement, mais qui s'éloigne tellement des conditions de la pratique qu'il ne nous semble pas possible de tirer une conclusion des résultats obtenus.

(3) Dans l'exécution de ces essais, il faudra tenir compte des détails suivants :
 a) On se servira pour l'immersion d'eau distillée, prise à la température de + 15 à

a. L'examen des échantillons avec le secours de la loupe, en cherchant à se rendre compte si des gerçures ou des éclatements se sont produits dans ces échantillons soumis à l'action de gels et dégels successifs répétés jusqu'à vingt-cinq fois.

b. La détermination de la perte du poids des échantillons gelés (1).

Il faut employer pour ces essais au moins :
3 éprouvettes imbibées d'eau par immersion pendant vingt-quatre heures ;
3 éprouvettes imbibées d'eau à saturation.

ESSAIS MÉCANIQUES

1° Résistance à la rupture par écrasement

Briques et matériaux analogues. — L'essai de résistance à la rupture par écrasement sera fait sur des morceaux de forme à peu près cubique, obtenus pour les briques ordinaires, par exemple, en superposant deux demi-briques et en les reliant par une mince couche de pâte de ciment portland pur.

Les surfaces de compression seront rendues rigoureusement parallèles par un enduit fait avec une couche de pâte semblable.

Comme pour les pierres de construction naturelle, les essais de résistance à l'écrasement pourront être faits au moyen d'appareils à levier ou au moyen de presses hydrauliques.

Les éprouvettes devront être placées entre les plaques de compression, recouvertes d'une feuille de carton mince ; il est utile qu'un des deux plateaux de compression soit mobile dans tous les sens.

Les dimensions des faces portantes seront indiquées dans le procès-

---

+ 20° C. ou, à défaut d'eau distillée, d'eau potable, prise à la même température, qui n'offre pas d'inconvénients quand on ne tient pas à déterminer la quantité de sels solubles ;
b) Les échantillons seront exposés à une température de — 15 à — 20° C. ;
c) La durée d'exposition au froid sera de quatre heures ;
d) Le dégel s'accomplira par immersion complète de chaque échantillon dans de l'eau distillée ou de l'eau potable à la température de + 15 à + 20° (Pour les pierres naturelles il est prescrit un volume de 500 centimètres cubes d'eau, pour une éprouvette cubique de 7 centimètres de côté). Pour les échantillons essayés à l'état d'imbibition après immersion de vingt-quatre heures, le dégel s'accomplit dans l'air humide et non dans l'eau. Dans l'intervalle qui sépare les gels et dégels successifs, les échantillons sont conservés dans des bocaux fermés pour éviter une trop grande déperdition de l'eau absorbée ; de plus on a soin, avant de les soumettre à une nouvelle action du froid, de les plonger quelques instants dans l'eau de manière à leur conserver, pendant toute la durée de l'essai, sensiblement le même degré d'imbibition, qu'ils avaient au début de l'expérience.

(1) Si les échantillons ont supporté sans détériorations les essais de résistance à la gelée, il y aura lieu de comparer les résistances à la compression et à la flexion de ces échantillons, après nouvelle dessiccation, avec celles d'échantillons de même provenance soumis aux mêmes efforts après dessiccation, mais sans avoir subi l'action de la gelée (Note de la Commission).

verbal d'essai en même temps que la résistance rapportée au centimètre carré de surface portante.

L'essai portera sur au moins 3 éprouvettes du même échantillon.

La moyenne des résultats fournis sera calculée.

Il sera bon de faire l'essai sur deux séries d'éprouvettes, l'un à l'état desséché, l'autre à l'état d'imbition, en indiquant le degré d'imbition.

2° *Résistance à la rupture par flexion*

Briques. — Les essais de résistance à la rupture par flexion se feront, pour les briques ordinaires, sur des produits entiers posés sur deux couteaux placés à la distance de $0^m,20$, et chargés en leur milieu d'une façon continue jusqu'à rupture.

On indiquera le poids brut qui déterminera la rupture de chaque éprouvette.

Les produits ayant une longueur plus grande que les briques ordinaires (briques à plancher) pourront être essayés avec une portée entre les deux couteaux d'appui égale à la portée qu'on leur donne en pratique.

Tuiles. — Les essais de résistance à la rupture par flexion seront faits sur des tuiles entières posées sur deux couteaux, et chargées en leur milieu d'une façon continue jusqu'à rupture.

Lorsque les tuiles n'auront pas un profil rectiligne, on devra établir de petites banquettes transversales horizontales en ciment portland pur, larges de 1 centimètre, au droit des supports et le couteau médian, dans le but de niveler les ondulations et de répartir les efforts uniformément sur toute sa largeur.

Une de ces banquettes sera placée à l'endroit où dans la couverture la tuile doit s'appuyer sur le liteau, et l'autre à l'endroit où elle repose sur la tuile inférieure.

On indiquera la charge qui aura produit la rupture.

Il sera bon de faire l'essai sur des tuiles imbibées d'eau, en indiquant le degré d'imbition.

3° *Résistance à l'usure par frottement*

La détermination de la résistance à l'usure par frottement sera faite dans les mêmes conditions que pour les pierres de construction naturelles (1), tant en ce qui concerne la dimension des éprouvettes que pour l'essai proprement dit.

---

(1) Pour déterminer la résistance à l'usure par frottement, on mesurera la quantité dont s'usent les échantillons lorsque, sous une charge donnée, ils subissent le frottement d'un sable normal répandu régulièrement sur une piste circulaire horizontale en fonte, qui se meut avec une vitesse déterminée.

Les échantillons auront comme dimensions : $0^m,06$ sur $0^m,04$ de base et une hauteur variable de $0^m,10$ à $0^m,12$; ils seront posés deux à deux de part et d'autre de l'axe et sur un même diamètre de la meule, de telle façon que leur centre se trouve sur une

PROPRIÉTÉS ET ESSAIS DES TERRES CUITES

4° Résistance à la rupture par choc

Les expériences en cours ne permettent pas encore de fixer des règles pour cet essai.

Ces expériences devront être poursuivies.

5° Résistance à la rupture par pression intérieure

Essais spéciaux aux tuyaux. — Les essais de résistance à la rupture par pression intérieure seront faits soit à l'aide d'une pompe foulante, soit à l'aide d'un accumulateur hydraulique.

L'unité de pression à adopter est le kilogramme par centimètre carré et les nombres, à moins de mention contraire, se rapportent à des pressions effectives.

Les tuyaux à essayer doivent être exactement remplis d'eau. Il importe que la pression y soit produite progressivement et sans à-coup. Le manomètre doit accuser sans risque d'erreur la pression qui s'exerce dans le tuyau même.

L'essai pourra être fait soit sur un tuyau isolé, soit sur plusieurs tuyaux assemblés.

Les joints de fermeture des extrémités des tuyaux doivent être disposés de manière à ne pas fuir et faits de telle façon que leur serrage n'amène pas une rupture prématurée des pièces soumises à l'essai.

Le Comité émet le vœu que les essais en cours pour trouver un dispositif commode de fermeture des bouts des tuyaux soient poursuivis.

ESSAIS CHIMIQUES

1° Recherche de la chaux et de la magnésie

Dans le but de déterminer s'il existe dans les terres cuites de la chaux ou de la magnésie caustique, on immergera cinq échantillons pendant

circonférence de $0^m,261$ de rayon, la petite dimension étant dirigée perpendiculairement au rayon.

La charge totale sur le plan de frottement sera de 250 grammes par centimètre carré.

Le sable normal employé sera obtenu en pilant, puis tamisant du grès quartzeux de Fontainebleau moyennement dur, passant au travers du tamis n° 50 (324 mailles) et retenu complètement sur le tamis n° 200 (4.900 mailles).

La quantité de sable à répandre sur la meule sera de un litre par éprouvette et par mille tours de meule.

On fera tourner l'appareil à raison de 1.000 tours par demi-heure et l'on fera subir aux échantillons 4.000 tours de meule. On mesurera la diminution de hauteur de l'échantillon et on déterminera la perte de poids qu'il a subie. La même constatation sera faite au cours de l'essai après 1.000, 2.000 et 3.000 tours.

On pourra retourner l'échantillon bout pour bout après 2.000 tours de meule, afin de comparer les résultats obtenus sur la face inférieure et la face supérieure.

trois heures dans l'eau bouillante, et on observera si, dans ces circonstances, il s'est produit des exfoliations.

2° *Détermination des sels solubles*

Pour déterminer la proportion de sels solubles que peut contenir une terre cuite, on prendra cinq échantillons choisis de préférence dans le milieu des terres cuites, et on les pulvérisera de manière à les faire passer entièrement par le tamis de 900 mailles. On prendra 25 grammes de la poudre ainsi obtenue que l'on fera bouillir pendant une heure dans 250 grammes d'eau distillée, en remplaçant l'eau évaporée. Après filtration, on évaporera à siccité et on pèsera le résidu obtenu.

CHAPITRE X

PRODUITS RÉFRACTAIRES

Sommaire. — Classification.
§ 1. *Produits réfractaires argileux.* — Formes, dimensions et propriétés. — Résistance des argiles réfractaires aux hautes températures. — Composition et préparation des pâtes. — Façonnage. — Séchage. — Cuisson. — Installation générale des fabriques de produits réfractaires.
§ 2. *Produits réfractaires alumineux.*
§ 3. *Produits réfractaires carbonifères.*
§ 4. *Produits réfractaires siliceux.*
§ 5. *Produits réfractaires basiques.*
§ 6. *Coulis réfractaire.*
§ 7. *Essais des produits réfractaires.*

232. Classification. — Les poteries réfractaires se distinguent de toutes les autres par leur résistance à l'action de la chaleur. Chauffées à la température de la cuisson de la porcelaine dure, elles ne doivent pas encore présenter de vitrification. Elles sont naturellement toujours mates et d'une coloration d'un blanc plus ou moins jaunâtre ou légèrement grisâtre, excepté une variété, dont il va être question plus loin, qui est noire.

On a vu, au commencement de cet ouvrage, que l'on classait parmi les poteries certains produits réfractaires, dans lesquels l'argile est remplacée par d'autres agglutinants, parce que ces produits sont fabriqués au moyen des procédés usités en céramique. La classification suivante comprend donc non seulement les poteries réfractaires, mais également les produits auxquels il vient d'être fait allusion. C'est pourquoi ce chapitre qui, au point de vue céramique pur, devrait avoir pour titre : *Terres cuites réfractaires*, a été intitulé : *Produits réfractaires*.

La classification la plus rationnelle de ces produits repose sur leur composition chimique. C'est en effet celle-ci qui doit guider dans le choix des différentes espèces de produits réfractaires pour leur utilisation dans les fours. Elle permet, en outre, de préjuger de leur résistance à la chaleur.

Chimiquement on peut diviser, avec M. Jordan, les produits réfractaires comme suit :

Produits acides, c'est-à-dire formés de silicate d'alumine pur, d'un mélange de silicate d'alumine et de silice, ou de silice à peu près pure ; leurs propriétés acides étant d'autant plus développées que la proportion de silice est plus grande.

Produits basiques, contenant une forte proportion de chaux, de magnésie, ou du mélange de ces bases.

Produits neutres, formés de silicates d'alumine plus alumineux que l'argile pure, en faisant observer que l'alumine joue tantôt le rôle de base vis-à-vis des acides, tantôt le rôle d'acide vis-à-vis de certaines bases comme la chaux, par exemple.

Produits réducteurs ou carburants, contenant une plus ou moins grande teneur en carbone.

Produits oxydants ou décarburants, formés avec des minerais de peroxyde de fer.

Ces derniers produits n'ont jusqu'à présent été employés que comme garnissage de certains fours, et non comme produits réfractaires proprement dits, fabriqués dans des usines spéciales. Nous n'avons donc pas à nous en occuper dans cet ouvrage.

En prenant l'argile pure comme point de départ, on voit que celle-ci donne des produits légèrement acides, parce qu'en présence de bases assez énergiques, l'argile pure, qui est un bisilicate, peut se transformer en monosilicate, abandonnant ainsi un équivalent de silice. Il est bien entendu qu'il ne s'agit ici que de réactions se produisant à des températures élevées.

En ajoutant de plus en plus de silice à l'argile, on augmente les propriétés acides, comme en additionnant de l'alumine on les diminue, jusqu'à les neutraliser complètement lorsque la composition du produit correspond à celle du monosilicate d'alumine. D'autre part, en ajoutant toujours à l'argile une assez forte proportion de chaux ou de magnésie, on obtient des produits à réactions basiques, et enfin en lui additionnant du carbone, on peut fabriquer des produits réducteurs ou carburants.

Telles sont les différentes espèces de terres cuites réfractaires que l'on peut obtenir en prenant l'argile pour base. Mais on peut également prendre soit la silice, soit la chaux ou la magnésie comme point de départ, et fabriquer des produits contenant une proportion aussi élevée que possible de ces substances en ne leur ajoutant que la quantité strictement nécessaire d'agglomérant pour permettre leur fabrication. Dans ce cas, l'agglomérant peut être de l'argile ou toute autre matière remplissant le même but. Les produits réfractaires ainsi obtenus ne sont plus des poteries.

Les observations précédentes permettent de classer très nettement les différentes espèces de produits réfractaires. Il est cependant nécessaire de faire encore à ce sujet une remarque importante. Sauf de rares exceptions, toutes les argiles réfractaires contiennent de la silice en excès. Une distinction entre les poteries réfractaires en argile pure et celles composées d'un mélange d'argile pure et de silice ne correspondrait pas aux conditions de la pratique, aussi, eu égard à cette remarque, a-t-on adopté la classification suivante :

1° *Produits réfractaires argileux*, plus ou moins acides, ayant pour base les argiles réfractaires naturelles ;

2° *Produits réfractaires alumineux*, faiblement acides ou neutres, formés d'un mélange d'argile et d'alumine ou plutôt de composés relativement riches en alumine ;

3° *Produits réfractaires carbonifères*, réducteurs et carburants, dans lesquels le carbone se trouve en proportion notable ;

4° *Produits réfractaires siliceux*, fortement acides, formés presque exclusivement de silice ;

5° *Produits réfractaires basiques*, contenant une proportion prépondérante de chaux, de magnésie ou du mélange de ces deux bases.

On a également quelquefois employé comme matière réfractaire le fer chromé, qui résiste aux acides comme aux bases, et qui supporte une température très élevée ; mais les briques de ce genre sont un produit métallurgique et ne relèvent pas de la céramique.

§ 1. — Produits réfractaires argileux

233. Formes, dimensions et propriétés. — La fabrication des produits réfractaires argileux dans des usines spéciales ne date que du commencement du xixe siècle. Auparavant elle se confondait avec celle des briques ordinaires. L'expérience permettait seule de distinguer les briques qui résistaient le mieux à l'action de la chaleur, et qui étaient employées de préférence pour la construction des fours. Ce n'est que grâce à l'analyse chimique précise des argiles qu'on est parvenu à distinguer scientifiquement les argiles réfractaires des autres, et à établir les compositions qu'elles doivent avoir pour résister aux hautes températures et à l'attaque des matières avec lesquelles elles se trouvent en contact dans les fours. Un grand pas a également été fait dans cette voie lorsqu'on a dégraissé les argiles au moyen de ciment de terres cuites réfractaires (page 75), au lieu d'employer du sable, comme on le fait pour les briques ordinaires. Ce procédé était connu depuis très longtemps, mais ce n'est qu'à partir du commencement du xixe siècle qu'il a été employé d'une manière raisonnée.

La figure 296 représente certaines applications les plus courantes des produits réfractaires argileux. Elles ne sont naturellement données qu'à titre d'exemple, car les formes peuvent varier à l'infini. Les briques pleines ont ordinairement la forme et les dimensions des briques de constructions (I) soit $22 \times 11 \times 6$ en France, $24 \times 12 \times 8$ en Angleterre, et $25 \times 12,5 \times 6,5$ en Allemagne. On fabrique également d'une manière courante des briques à couteau (II) et des briques à coins (III) pour la construction des voûtes. Il existe, en outre, un grand nombre de modèles spéciaux, et, comme on le verra plus loin, les fabricants peuvent facilement faire sur commande les modèles même les plus divers et les plus compliqués (V). Lorsque les pièces dépassent notablement les dimensions des briques ordinaires, on leur donne le nom de blocs. Ces derniers ont l'avantage dans la construction des fours de diminuer le nombre des joints, qui sont toujours un point faible de la maçonnerie. Cependant il faut, autant que possible, ne pas dépasser des dimensions en longueur et en largeur de 60 centimètres pour une épaisseur de 40 centimètres. Au delà les blocs sont peu maniables, et on risque qu'ils soient trop peu cuits intérieurement.

On fabrique également des dalles (VI) ayant de 4 à 10 centimètres d'épaisseur pour une longueur pouvant dépasser 1 mètre, et une largeur de 50 à 60 centimètres.

Dans certains cas, on utilise des produits creux, comme briques tubulaires de récupérateurs (*fig.* 194), comme brûleurs à gaz (VII), comme conduits (VIII), etc., etc.

Comme applications spéciales d'un grand usage, on peut enfin citer les fours à moufle, les creusets ordinaires (IX) dont les dimensions en hauteur varient de 5 à 60 centimètres, les creusets de verrerie, les cornues ordinaires (X) ayant jusqu'à 70 centi-

PRODUITS RÉFRACTAIRES ARGILEUX

mètres de large pour 50 de hauteur et plus d'un mètre de longueur, les cornues à gaz (XI) pouvant avoir jusqu'à 75 centimètres de

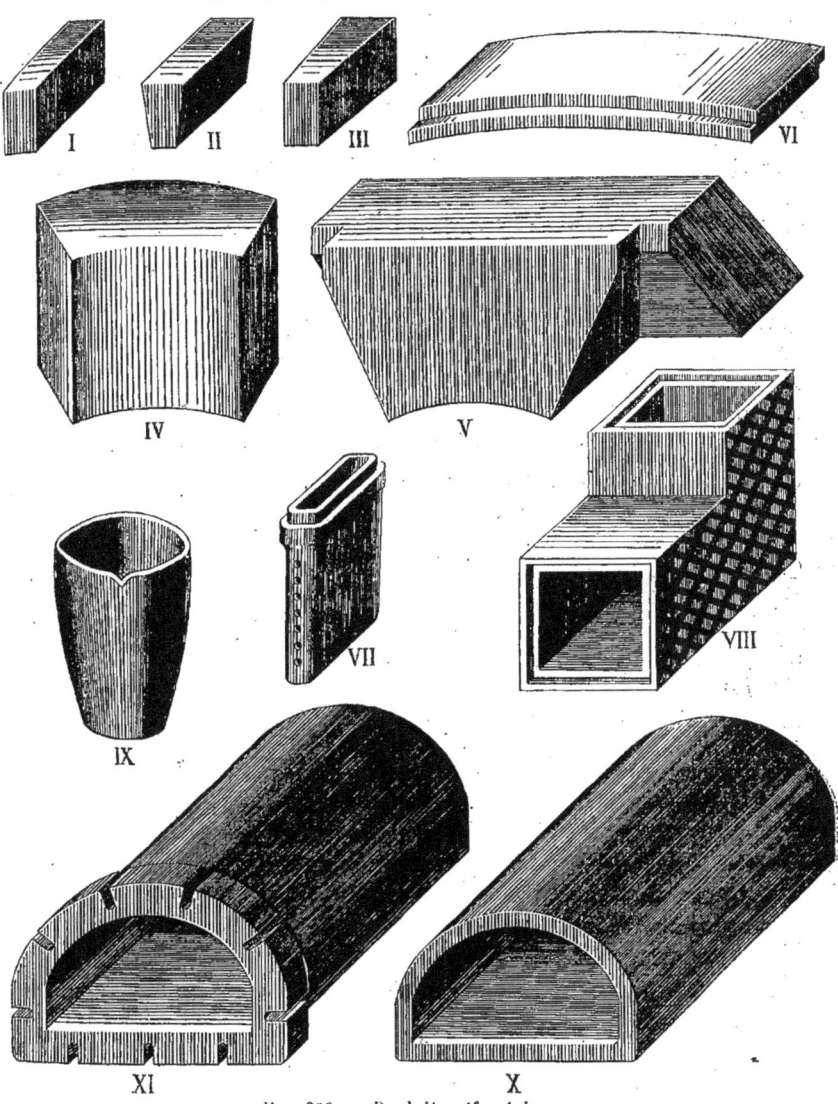

Fig. 296. — Produits réfractaires.

large, 45 centimètres de hauteur et 3 mètres de longueur, les fourneaux pour laboratoires, etc., etc.

Toutes ces pièces aux formes et aux usages si divers doivent remplir autant que possible les conditions suivantes :

1° Résister sans se déformer à la température maxima à laquelle elles doivent être soumises. Cette résistance à la chaleur dépend surtout de leur composition chimique et en partie de leur texture physique, comme on le verra plus loin.

2° Supporter sans se fendre ou se briser des variations assez brusques de température. A ce sujet il faut observer que ce ne sont pas les variations de température en elles-mêmes qui sont à craindre, mais les différences de température entre les parties d'une même poterie, différences qu'il est d'autant plus difficile d'éviter que le chauffage ou le refroidissement se fait plus brusquement. Ainsi un creuset épais pourra se briser dans des conditions de chauffage où un creuset plus mince aurait résisté. Plus la poterie est à texture lâche et faiblement cuite, plus vite la température s'égalise dans sa masse, et moins elle est sujette à se fendre ou à se briser. Tandis que, dans les pâtes compactes, plus ou moins vitrifiées, la conductibilité est plus faible, l'équilibre de température est plus difficile à obtenir, et il en résulte des différences de dilatation qui provoquent des tensions auxquelles la masse peut ne pas résister.

3° Enfin, les poteries réfractaires doivent résister à l'attaque des différentes matières avec lesquelles elles se trouvent en contact dans les fours. Celles qui exercent principalement une action nuisible sont les cendres du combustible, et soit, les matières elles-mêmes qui sont chauffées, soit les gaz qui peuvent s'en échapper. Il faut d'abord observer à ce sujet que les produits réfractaires argileux, étant plus ou moins acides, sont attaquables par toutes les substances susceptibles de former avec la silice des silicates, c'est-à-dire qui contiennent des bases alcalines, alcalino-terreuses ou certains oxydes métalliques. A basse température, une réaction inverse peut se produire, les acides énergiques étant alors capables de déplacer la silice de sa combinaison avec l'alumine et les autres bases contenues dans la pâte. L'attaque des poteries réfractaires est d'autant plus énergique que ces poteries sont plus poreuses, et d'autant plus faible qu'elles sont plus compactes et cuites à une température plus élevée.

On voit que les deux conditions précédentes sont contradictoires, qu'il est impossible de faire des poteries pouvant en même temps supporter un chauffage rapide, et l'attaque de cendres alcalines, ou l'action corrosive du verre fondu par exemple. Il convient, dans chaque cas particulier, d'établir un juste milieu, qu'en général l'expérience seule est capable de déterminer.

Il faut enfin observer, au point de vue de la bonne construction des fours, que si les poteries réfractaires doivent y subir une température plus élevée que celle à laquelle elles ont été soumises pendant leur cuisson, elles prendront en général un certain retrait, qui peut provoquer des crevasses ou des dislocations dans la maçonnerie. Si les pâtes contiennent une proportion notable de quartz, le fait inverse peut se produire, par suite de la dilatation qu'éprouve le quartz par son passage, sous l'influence d'une chaleur élevée et prolongée, de la densité 2,7-2,6 à la densité 2,3-2,2.

234. Résistance des argiles réfractaires aux hautes températures. — Dans le chapitre relatif à la cuisson, on a étudié le rôle des différentes matières constitutives des pâtes dans la fusibilité, ainsi que les modifications apportées par la cuisson aux propriétés des pâtes (page 305). Comme la composition chimique des argiles réfractaires joue un rôle tout à fait prépondérant dans leur résistance aux hautes températures, rôle plus important que dans n'importe quelle autre espèce de poteries, il est nécessaire d'entrer actuellement à ce sujet dans des détails complémentaires.

On a vu que les argiles naturelles réfractaires sont composées d'argile pure, de silice et de fondants, ces derniers étant toujours en faible proportion, mais la teneur en silice pouvant s'élever jusqu'à 50 0/0 (page 59). Sous cette désignation d'argiles naturelles réfractaires, il faut comprendre non seulement les argiles proprement dites, mais aussi les kaolins, en tant que ceux-ci ne sont ni trop alcalins, ni trop ferrugineux, pour pouvoir être employés dans la fabrication des produits réfractaires. Pour simplifier l'examen des propriétés réfractaires des argiles, on étudiera d'abord l'influence qu'exerce sur l'argile pure l'addition de proportions variables de silice et d'alumine, puis on examinera l'action des fondants.

Le bisilicate d'alumine ou argile pure fond à la température correspondant à la montre 36 de Seger (page 395). Cette température n'est pas exactement déterminée, elle semble se rapprocher de celle de la fusion du platine (1775°). Quoi qu'il en soit, on observe que la fusion devient d'autant plus facile que l'on ajoute à l'argile pure une proportion croissante de silice, jusqu'à ce que le mélange renferme un équivalent d'alumine pour 17 de silice (90,83 0/0 de silice; 9,17 0/0 d'alumine). A partir de ce moment, si on continue d'augmenter la teneur en silice, la pâte redevient plus réfractaire, jusqu'à ce que, ne contenant plus que de la silice pure (cristal de roche) on atteigne une température correspondant à la montre 35, c'est-à-dire à la fusion d'une argile pure contenant des traces d'alcalis. Si, d'autre part, on ajoute à l'argile pure de l'alumine, le mélange devient de plus en plus réfractaire. Enfin, l'alumine pure, telle qu'on la trouve dans la cryolithe, résiste à une température supérieure à toutes les précédentes, et ne présente pas de traces de vitrification à la température de la fusion du platine.

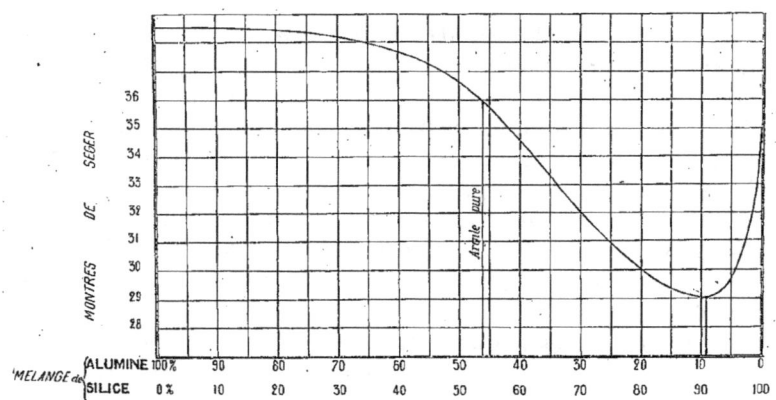

Fig. 297. — Graphique des températures de fusion des mélanges de silice et d'alumine.

La figure 297 représente sous forme graphique les observations précédentes. Les températures sont évaluées d'après les montres de Seger, et la courbe des températures de fusion indiquée reproduit celle que cet habile céramiste a donnée, mais en remplaçant la division en équivalents par la proportion centésimale de silice et d'alumine.

En ce qui concerne les fondants, on a dit que, d'après Richter, on admet que leur action, au point de vue de la fusibilité, est proportionnelle à leurs équivalents, c'est-à-dire que 20 parties de magnésie agissent comme 28 de chaux, 31 de soude, 36 de protoxyde de fer et 47 de potasse. Cette règle semblerait également s'appliquer au peroxyde de fer, qui paraît avoir une infusibilité analogue à celle de l'alumine et dont l'équivalent est 80. Cependant on ne saurait considérer, en l'absence d'expériences décisives, les équivalences précédentes comme une loi, mais seulement comme une indication générale. En ce qui concerne les oxydes de fer, il faut aussi remarquer qu'aux températures élevées le peroxyde se transforme toujours plus ou moins en protoxyde.

Il est bien entendu, comme on l'a déjà fait observer, que ces fusibilités relatives des divers fondants ne peuvent être exactes qu'aux températures élevées, au moment où, toute la masse de la pâte se ramollissant, il se forme un composé chimiquement défini par l'analyse globale. Il n'en est évidemment plus de même à plus basse température, car alors les fondants peuvent être engagés dans des combinaisons qui sont encore réfractaires à la température considérée. Le cas se présente très fréquemment pour les fondants alcalins, qui se trouvent souvent dans les pâtes à l'état de feldspath et qui ne peuvent agir qu'à partir du moment où cette roche commence à se vitrifier. Il en est également de même pour la chaux lorsqu'elle se trouve à l'état de sulfate.

M. Bischof, dans des travaux très étendus sur les produits réfractaires, mais antérieurs à ceux de Seger, avait cherché à préciser par un nombre le degré de fusibilité des argiles réfractaires. Il se basait uniquement sur la composition chimique, en prenant pour base la proportion de fondants exprimée d'après leurs équivalents, et en y rapportant la proportion de silice et d'alumine. Il arrivait ainsi à représenter la composition des argiles par un symbole de la forme :

$$a.Al^2O^3 + b.SiO^2 + RO$$

RO, pris comme unité représentant les fondants, a et b indiquant la teneur en alumine et en silice proportionnellement à ces fondants. Il admettait que le coefficient de fusibilité était donné par le quotient, de la proportion d'alumine, par le rapport de la silice à l'alumine, c'est-à-dire qu'il est égal à a divisé par $\frac{b}{a}$ ou à $\frac{a^2}{b}$.

A l'appui de sa thèse, M. Bischof a indiqué sept argiles naturelles réfractaires typiques, ayant des coefficients variant de 13,95 à 1,64, le chiffre le plus élevé correspondant à la plus réfractaire.

La théorie de M. Bischof semble assez bien correspondre aux résultats pyrométriques directs ; mais son utilité est très contestable, car elle repose sur une analyse chimique, plus difficile d'obtenir avec la précision indispensable, que de faire un essai de fusion directe, en prenant comme points de repère les montres de Seger. Nous n'avons mentionné cette théorie que parce qu'elle a encore d'assez nombreux partisans en Allemagne.

Le tableau ci-dessous reproduit, à titre de comparaison, les compositions des sept argiles typiques de M. Bischof.

	ARGILE D'ALTWASSER	KAOLIN DE ZEITLITZ	ARGILE D'ANDENNES	ARGILE DE MULHEIM	ARGILE DE GRUNSTADT	ARGILE DE CASSEL	ARGILE DE NIDERPLEIS
Silice..................	43.84	45.68	49.64	47.74	47.33	57.99	58.32
Alumine................	36.30	38.54	34.78	36.00	35.05	27.97	28.05
Oxyde de fer...........	0.46	0.90	1.80	2.57	2.30	2.01	1.89
Chaux.................	0.19	0.08	0.68	0.40	0.16	0.97	0.72
Magnésie..............	0.19	0.38	0.41	0.33	1.11	0.54	0.75
Potasse...............	0.42	0.66	0.41	1.05	3.18	0.53	1.39
Perte au feu et divers.	17.78	13.00	12.00	11.84	10.51	9.43	8.66
	99.18	99.24	99.72	99.90	99.64	99.44	99.78

Les chiffres précédents peuvent être mis sous une autre forme en séparant l'argile de la silice et en réduisant tous les fondants en protoxyde de fer, dans les rapports de leurs équivalents. Le protoxyde de fer a été choisi comme point de comparaison, parce qu'il est généralement le fondant qui se trouve en quantité prépondérante.

Voici les chiffres ainsi obtenus :

Argile pure.............	92.34	91.51	84.49	87.28	83.34	67.95	64.24
Silice..................	6.00	5.96	11.29	7.66	8.98	26.93	30.18
Fondants réduits en protoxyde de fer............	1.66	2.53	4.22	5.06	7.68	5.12	5.58
	100.00	100.00	100.00	100.00	100.00	100.00	100.00
Température de fusion évaluée d'après les montres de Seger................	N° 36	N° 35	N° 33	N° 32	N° 30	N° 28	N° 26

Les deux premières argiles sont des argiles à peu près pures, les trois suivantes des argiles réfractaires plastiques, et les deux dernières des argiles réfractaires siliceuses.

235. Composition et préparation des pâtes.

— Les pâtes réfractaires sont composées uniquement d'argiles ou de kaolins additionnés, s'il y a lieu, de matières dégraissantes : ciment réfractaire ou silice quartzeuse. Pour des argiles très plastiques, la proportion de dégraissants peut être de deux parties en poids pour une partie d'argile, tandis que pour les argiles très siliceuses, il peut se faire qu'il ne soit pas possible de les amaigrir.

L'emploi de la silice comme amaigrissant présente les inconvénients de modifier la composition chimique, de réduire la température à laquelle peut résister la terre cuite, de ne pas permettre de lui donner la grosseur de grain voulue, et de la rendre sujette à se gonfler et même à se désagréger par suite de la dilatation du quartz. Aussi, pour tous les produits réfractaires de bonne qualité, ne doit-on employer que le ciment comme matière antiplastique. Comme les argiles réfractaires fortement siliceuses ne sont que des argiles pures amaigries avec du sable, elles présentent naturellement tous les inconvénients signalés précédemment et elles ne peuvent jamais donner des produits réfractaires de première qualité. Il faut cependant observer à ce sujet que, dans l'industrie, les cas sont très fréquents où on peut se contenter de produits moyens ou même inférieurs, qui ont l'avantage d'être meilleur marché, considération actuellement très appréciée.

La plus grande quantité du ciment employé dans les fabriques de produits réfractaires est fournie par les débris de poteries réfractaires : briques, creusets, cornues, gazettes, etc. Ces débris, qui ont ainsi une certaine valeur, sont rachetés par tous les fabricants pour être broyés par un des appareils qui ont été décrits précédemment, puis blutés de manière à obtenir des grains de différentes grosseurs. Si l'on ne peut pas se procurer suffisamment de ce ciment, on cuit de l'argile naturelle en mottes dans les fours qui servent à la cuisson des produits. Il est assez rare que l'on se serve dans ce but de fours spéciaux.

L'argile réfractaire est, de son côté, généralement extraite longtemps d'avance, puis séchée à l'air ou dans des fours appropriés et finalement pulvérisée.

Le dosage de cet argile et du ciment se fait au volume en introduisant les deux matières dans un malaxeur, où on leur ajoute la proportion d'eau voulue. Dans les fabriques bien installées, la poudre d'argile et le ciment de différentes grosseurs sont emmagasinés dans des trémies placées dans la partie supérieure des bâtiments d'où elles s'écoulent naturellement dans le malaxeur.

Celui-ci est soit vertical, soit horizontal. Cette dernière solution est ordinairement préférable, parce que la pâte est plus compacte et contient moins de bulles d'air. Une très bonne solution consiste à employer d'abord le malaxeur représenté sur la figure 43 (page 162) et à faire passer ensuite la pâte dans un second malaxeur horizontal, tel que le représente la figure 298, qui fournit la pâte sous forme de gros blocs. Ceux-ci sont ensuite conservés pendant quelque temps dans un endroit humide, avant d'être employés au façonnage.

Fig. 298. — Malaxeur.

Il reste maintenant à dire quelques mots sur certaines compositions spéciales de poteries réfractaires. D'une manière générale on a intérêt à employer une argile aussi infusible que possible; cependant, dans certains cas, il convient d'utiliser des argiles qui, à la température de leur cuisson, présentent un commencement de ramollissement. Dans ce cas la pâte devient plus compacte et résiste mieux à l'attaque des matières avec lesquelles elle est en contact dans les fours. C'est, par exemple, le cas des creusets de verrerie ou des fours dans lesquels se dégagent des vapeurs fortement basiques ou acides. Il est bien entendu qu'alors la cuisson des poteries doit être portée à une température supérieure à celle qu'elles auront à supporter dans leurs applications industrielles.

Lorsqu'il s'agit, au contraire, de fabriquer des terres cuites résistant aux brusques changements de température, il faut incorporer aux argiles autant de ciment que possible, celui-ci étant à grains assez gros. Les dimensions de ces grains dépendent, du reste, de celles de l'objet à façonner. Pour des blocs épais, ils peuvent avoir jusqu'à 7 millimètres; on les réduit à 2 millimètres pour les produits minces. En employant simultanément des grains grossiers et des grains fins, ces derniers se placent entre les premiers, et permettent de mélanger à l'argile une plus forte proportion de ciment.

236. Façonnage. — Le façonnage des produits réfractaires argileux se fait soit par moulage à la main, soit par étirage.

Dans le premier cas la pâte employée doit avoir une consistance notablement plus ferme que celle qui sert au moulage des briques ordinaires, car il est essentiel d'obtenir des poteries plus compactes. Cette consistance oblige à pilonner ou à battre la pâte dans l'intérieur des moules, au lieu de la façonner comme il a été dit dans le chapitre précédent. Il en résulte également que les moules doivent être construits plus solidement. Ils sont en bois, les assemblages étant faits avec des coins en bois ou avec des boulons. Pour les grandes pièces il est quelquefois nécessaire de les renforcer par des armatures en fer.

Ce moulage à la main exige, pour être bien réussi, non pas une grande habileté professionnelle, mais du soin et un travail régulier. Voici, au sujet des tours de main particuliers pour les différentes formes de poteries, quelques renseignements succincts.

Les briques ordinaires sont façonnées dans des moules semblables à ceux utilisés pour les briques des constructions, mais la production est beaucoup plus faible à cause de la consistance de la pâte. Les pièces plus grandes, les blocs, sont pilonnées par couches horizontales dans des moules. Lorsque les formes sont compliquées, ou qu'il y a des parties évidées, on moule une sorte d'ébauche, que l'on sculpte ensuite avec la plus grande facilité. Certaines pièces rondes peuvent être tournées, mais cette opération n'est, en général, pas très facile à cause de la texture granuleuse de la pâte.

Pour les pièces creuses de grandes dimensions, comme les creusets de verrerie ou les cornues à gaz, on commence par faire le fond, sur un plancher en bois, soit en juxtaposant des ballons de pâte, soit en soudant des plaques découpées dans les blocs de pâte préparée par le malaxeur. Dans tous les cas ce fond est d'abord ébauché avec une épaisseur notablement plus forte que celle qu'il doit avoir, puis il est réduit par un pilonnage, de manière à faire refluer la pâte vers les bords. On place alors autour de ce fond le moule qui sert à faire les parois, et on applique sur celui-ci la pâte, battue et convenablement soudée. La figure 299 représente le moulage par ce procédé d'un creuset de verrerie, le moule étant en deux pièces assemblées par des boulons ou des crochets, pour permettre le démoulage. Dans la figure 300 on a représenté le façonnage d'une cornue à gaz; dans ce cas le moule est en plusieurs pièces assemblées par des boulons, que l'on superpose au fur et à mesure de l'avancement du moulage. Le profil intérieur est obtenu en lissant la surface à la main, et en y faisant passer un calibre, ou en mesurant l'épaisseur de la pâte au moyen d'un compas.

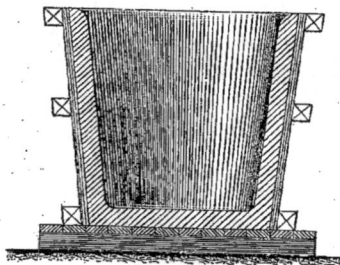

Fig. 299. — Moulage à la main d'un creuset de verrerie.

Les briques pleines ordinaires peuvent être également façonnées par les machines à étirer qui ont été précédemment décrites. Une inclinaison des fils du tablier coupeur permet de faire les briques à couteau ou à coin.

Pour les produits creux à section rectangulaire, vu leur faible production, on se sert généralement de propulseurs à piston mus à bras. Par contre, les creusets ou les cornues, à section cylindrique ou prismatique, sont façonnés par étirage au moyen de propulseurs à piston verticaux. Les machines employées dans ce but présentent la disposition qui sera décrite et représentée plus loin (*fig.* 336, page 679) qui sert à la fabrication de tuyaux en grès de grand diamètre. Les fonds sont toujours rapportés et soudés à la main.

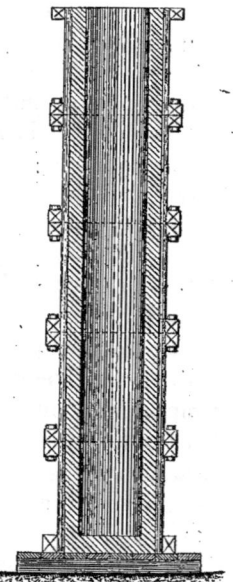

Fig. 300. — Moulage à la main d'une cornue à gaz.

Certains produits, comme les gazettes par exemple, se font en moulant d'abord à la main des galettes de pâte. Ce moulage s'effectue sur une table saupoudrée de ciment, sur laquelle sont fixées quatre règles dont l'épaisseur est égale à celle de la galette. La pâte doit être assez ferme pour que cette ébauche ne puisse se faire qu'en la frappant avec une batte en bois. La galette ainsi moulée est lissée, puis enroulée autour d'un moule en bois ayant la forme intérieure de la gazette. Lorsqu'il y a un fond, on place le

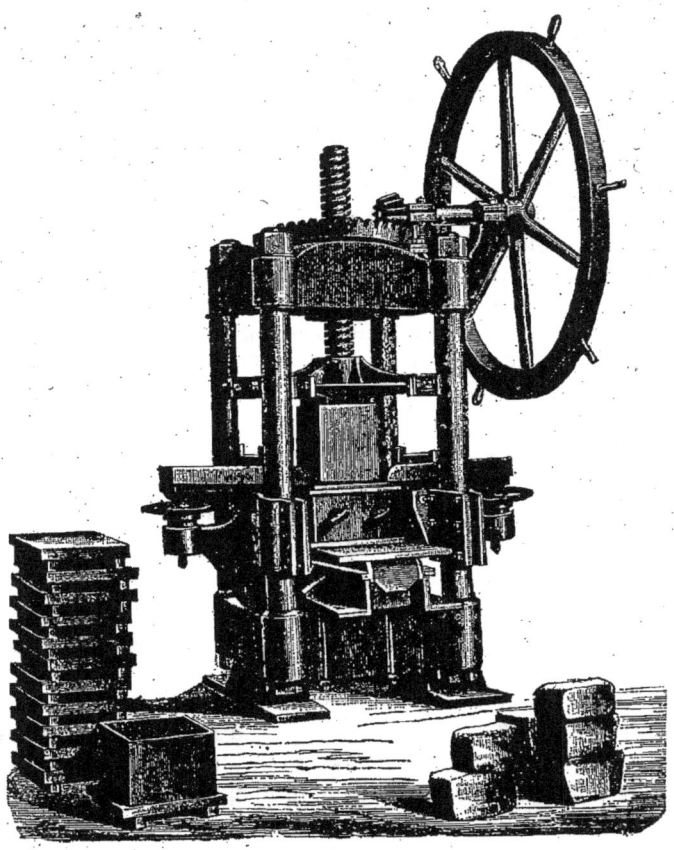

Fig. 301. — Machine à mouler les gazettes.

moule sur une autre galette de pâte circulaire, et on soude le tout à la main en se servant également de la batte. Pour démouler il suffit de frapper sur la pâte, qui s'allonge légèrement en se détachant du moule que l'on retire verticalement.

Cette opération peut être remplacée par une sorte de façonnage mécanique. Dans ce cas, les galettes de pâte sont placées dans l'intérieur d'un moule, dont la forme correspond alors à l'extérieur du produit, puis on y fait pénétrer un piston qui refoule la pâte et l'oblige à se souder. La figure 301 représente une machine de ce genre construite par M. Wenger. La production est de 12 à 15 gazettes à l'heure lorsque la machine est mue à bras, et de 25 à 30 avec un moteur.

Enfin, dans certains cas, les creusets peuvent être façonnés par un moulage au tour. Il sera donné, à propos de la fabrication des produits réfractaires carbonifères (page 584), un exemple d'une machine de ce genre.

La comparaison entre les produits moulés à la main et ceux obtenus par un étirage mécanique a souvent donné lieu à des polémiques. Si les premiers sont plus poreux et si leur réussite dépend du soin apporté par les ouvriers, en revanche les seconds ont les défauts précédemment signalés de tous les produits étirés. On peut considérer qu'en moyenne les deux procédés se valent ; mais, vu les installations coûteuses qu'exige le façonnage mécanique, celui-ci n'est rémunérateur que pour de fortes productions de pièces semblables.

237. Séchage. — Le séchage des produits réfractaires, minces ou de petites dimensions, ne présente pas de difficultés, il se fait par les mêmes procédés que ceux employés pour les briques pleines des constructions. Il n'en est pas de même des produits épais et lourds, qui sont difficiles à manier, et qui, à moins d'être fabriqués dans un climat chaud et sec, ne peuvent être séchés complètement que dans des séchoirs artificiels.

Lorsque le façonnage se fait à la main, on laisse généralement les produits se ressuyer environ vingt-quatre heures dans le moule, puis on démoule, et on les transporte dans le séchoir. Celui-ci est une chambre chauffée soit par des conduits circulant sous le plancher, soit au moyen d'un calorifère à air chaud. Dans le premier cas on peut utiliser les chaleurs perdues des fours ou de la chaudière à vapeur. Le séchage doit se faire d'autant plus lentement que les pièces sont plus épaisses, il dure quelquefois plusieurs semaines. Il est en principe préférable d'avoir plusieurs petits séchoirs, de manière à graduer la température d'après le degré d'avancement de la dessiccation. De temps en temps, si la forme le permet, on retourne les pièces pour uniformiser leur séchage.

Dans certaines fabriques, le séchage se fait dans l'atelier de moulage, auquel cas il est bon de chauffer celui-ci, à moins d'être favorisé par un climat spécial.

238. Cuisson. — La cuisson des produits réfractaires argileux se fait généralement dans des fours ronds à flammes descendantes, tels qu'ils ont été décrits page 357 (*fig.* 175). Le volume de ces fours varie de 40 à 150 mètres cubes, le diamètre étant égal ou légèrement plus grand que la hauteur.

Suivant le degré d'humidité des produits et leurs dimensions, la durée du petit feu peut varier de douze heures à deux jours. Le grand feu exige de deux à trois jours. La consommation en combustible est extrêmement variable, par suite des différences considérables que l'on observe dans les diverses fabriques, tant au point de vue de la nature de la pâte que de la température de cuisson. Dans certaines usines, il suffit de 130 kilogrammes de combustible par tonne de produits (houille d'assez bonne qualité); dans d'autres, il est nécessaire d'employer 250 et même 300 kilogrammes. Il faut, à ce sujet, observer que pour des fours de même système, également bien conduits, plus la température de cuisson est élevée, et par conséquent plus forte est la consommation en combustible, meilleure est la qualité des marchandises.

Voici, mais seulement à titre d'exemple, le rendement thermique d'un de ces fours.

Chaleur produite par la combustion..............	100	Chaleur théoriquement nécessaire................	35
		Chaleur perdue par le chauffage des murs...........	15
		Chaleur perdue par radiation.	15
		Chaleur perdue par la cheminée...................	30
		Chaleur perdue par une combustion incomplète.......	5
	100		100

On peut également se servir, pour la cuisson des briques et des blocs, de fours à feu continu, chauffés à la houille, semblables à ceux employés pour la cuisson des briques ordinaires. Il y a, dans ce cas, une certaine proportion de produits détériorés par le contact du combustible; mais, comme la consommation en combustible se réduit de 80 à 120 kilogrammes par tonne de marchandises, on aurait intérêt, au point de vue thermique, à employer ce genre de fours. L'usage de combustible gazeux dans les fours à feu continu à chambre unique exige un peu plus de combustible, mais tous les produits sont intacts et généralement bien cuits. Cette solution, sauf l'observation générale sur les fours à feu continu, qui sera faite plus loin, est certainement la meilleure pour la cuisson des briques et blocs réfractaires.

Pour la cuisson des cornues, des creusets, etc., pour une très grande production, on peut également employer les fours à feu continu, mais à chambres multiples. Il faut observer que, dans ce genre de fours, la récupération est moindre que dans les fours à chambre unique, et que la chaleur perdue par le chauffage des murs est beaucoup plus considérable. Il n'y a donc lieu de les préférer que lorsque, comme pour les cornues, les flammes doivent être descendantes, ou lorsque les produits des creusets, par exemple, exigent une élévation de température très régulière.

Si, d'une manière générale, les fours à feu continu sont plus économiques pour la cuisson des produits réfractaires, il est nécessaire d'observer qu'ils ne sont d'une exploitation commerciale facile que dans les fabriques à grande production. Dans l'industrie des produits réfractaires, les commandes sont assez irrégulières, il est difficile de fabriquer sur stock, à cause des formes et des qualités multiples des produits, de sorte que, commercialement parlant, on peut avoir quelquefois intérêt à préférer aux fours à feu continu les fours intermittents à production éminemment variable, s'adaptant mieux aux besoins de la clientèle.

239. Installation générale des fabriques de produits réfractaires. — La fabrication des produits réfractaires se fait quelquefois dans les briqueteries et les tuileries. On se sert alors ordinairement des argiles réfractaires extraites dans les environs, et on utilise l'outillage employé pour la confection de briques ordinaires à la fabrication de briques réfractaires des types les plus courants. Les produits ainsi obtenus sont ordinairement de qualité moyenne ou inférieure, grâce à leur prix relativement peu élevé, ils trouvent leur emploi dans les nombreuses applications industrielles qui n'exigent pas une qualité supérieure.

Les importantes usines métallurgiques, les verreries, certaines usines à gaz, les faïenceries, les porcelaineries et quelques fabriques de produits chimiques, fabriquent également les produits réfractaires dont elles ont besoin. Elles préparent le ciment avec leurs déchets et achètent des argiles réfractaires. Dans ces usines on a ainsi pour but, non pas de faire une économie sur le prix d'achat, mais d'avoir des produits réfractaires ayant absolument la qualité, que la pratique industrielle a indiquée comme étant la meilleure pour le but poursuivi. Ces installations spéciales sont presque toujours assez mal outillées et reléguées dans un coin quelconque de l'usine.

Enfin, il existe un certain nombre de fabriques spéciales de produits réfractaires. La plupart sont placées à proximité des gisements d'argile, lorsque ceux-ci ne sont pas trop éloignés des centres de consommation. Le prix du combustible, qui, comme on l'a vu, est un facteur important du prix de revient, exerce également une certaine influence sur l'emplacement de ces fabriques. Dans certains cas, plus rares, on préfère placer l'usine au milieu d'un centre de consommation et transporter les matières premières.

Quoi qu'il en soit, la disposition générale d'une fabrique de produits réfractaires est très simple. Les séchoirs étant généralement au rez-de-chaussée, toute la fabrique se compose de hangars dans lesquels sont disposés les ateliers de préparation des pâtes, de façonnage, les séchoirs et les fours. Il est également nécessaire de conserver les produits fabriqués à l'abri de la pluie, si on ne veut pas leur voir prendre une teinte verte désagréable, due à des végétations.

Le prix de revient des produits réfractaires argileux varie suivant la qualité, la forme des produits et la situation plus ou moins favorisée de l'usine, de 17 à 80 francs la tonne. L'unité de vente est ordinairement les 100 ou les 1.000 kilogrammes. Les fabriques de moyenne importance fabriquent de 3.000 à 5.000 tonnes par an, les plus importantes pouvant atteindre jusqu'à 40.000 tonnes.

§ 2. — Produits réfractaires alumineux

240. Les produits réfractaires alumineux sont employés lorsqu'il est nécessaire d'avoir des produits neutres, peu attaquables par les alcalis, et résistant à de hautes températures. Les argiles réfractaires siliceuses qui contiennent au maximum 30 0/0 d'alumine à l'état naturel, soit environ 33 0/0 après cuisson, ne peuvent être employées pour la fabrication de véritables produits alumineux. Les argiles réfractaires plastiques, avec une teneur de 30 à 35 0/0 d'alumine, donnent des produits ayant de 34 à

40 0/0 d'alumine. Enfin certaines argiles très pures contiennent, étant cuites, jusqu'à 43 0/0 d'alumine.

Ordinairement on considère comme produits réfractaires alumineux tous ceux qui contiennent plus de 33 0/0 d'alumine. Cependant cette teneur est insuffisante pour combiner entièrement la silice à l'état de bisilicate, et on ne peut théoriquement admettre comme produits franchement alumineux que ceux ayant une teneur en alumine plus grande que l'argile pure.

Il est donc nécessaire d'introduire dans les pâtes, même les plus plastiques, une quantité supplémentaire d'alumine. Malheureusement les minerais très alumineux sont rares et souvent à des prix inabordables. Jusqu'à présent on n'a guère pu employer que certaines espèces d'halloysites ou de lenzenites et les bauxites.

Parmi ces dernières, il faut choisir les variétés qui contiennent le moins d'oxyde de fer. Les compositions de certaines bauxites propres à la fabrication de produits réfractaires ont été données page 85. Quoique ces bauxites soient des silicates d'alumine hydratés, elles sont dépourvues de toute plasticité, au moins à l'état dans lequel on les trouve dans la nature. Elles ne peuvent donc être introduites dans les pâtes que comme substances dégraissantes, c'est-à-dire que leur proportion ne peut dépasser 66 0/0. Si on admet une argile plastique assez pure contenant après cuisson 33 0/0 d'alumine, 60 0/0 de silice et 4 0/0 de fondants, et qu'on la mélange avec une bauxite contenant 76 0/0 d'alumine, 18 0/0 de silice et 6 0/0 de fondants, on pourra fabriquer un produit ayant au maximum de 61 à 62 0/0 d'alumine pour 33 0/0 de silice, c'est-à-dire qui correspond à la composition du protosilicate d'alumine. On a vu précédemment que c'est cette combinaison qu'il s'agit d'obtenir, pour avoir des produits véritablement neutres.

La bauxite se trouve sous forme de roches, quelquefois assez dures, ou de terre, qu'il est nécessaire de calciner fortement et de réduire en poudre, avant de la mélanger à l'argile. Il ne faudrait point la confondre avec du ciment réfractaire, car celui-ci ayant la composition de l'argile peut rester à l'état de grains grossiers sans modifier la composition de la pâte. La bauxite, au contraire, doit être mélangée intimement à l'argile, pour avoir une masse de composition homogène. Il en résulte que les produits ainsi obtenus sont compacts, résistent bien à l'attaque des cendres ou des vapeurs des fours, mais supportent mal les différences brusques de température.

La fabrication des produits alumineux est la même que celle des produits argileux et se fait dans les mêmes fabriques.

On a également quelquefois essayé d'agglomérer la poudre de bauxite avec différentes matières agglutinantes, on a particulièrement employé dans ce but le goudron et le silicate de soude. Cette fabrication devient alors semblable à celle des produits réfractaires siliceux, qui sera examinée plus loin.

§ 3. — Produits réfractaires carbonifères

241. Les produits réfractaires carbonifères remplissent toutes les conditions que l'on exige des matériaux réfractaires : résistance aux plus hautes températures, aux variations brusques de chaleur, aux cendres et aux autres matières avec lesquelles ils peuvent se trouver en contact. Ils ont, par contre, l'inconvénient de se brûler assez rapidement et de coûter très cher. On s'en sert rarement comme briques ou comme blocs, mais ils sont très employés pour la fabrication des creusets dits en plombagine dont on fait usage dans plusieurs opérations métallurgiques, particulièrement à cause de leurs propriétés réductrices ou carburantes.

Le carbone employé est du graphite que l'on trouve dans la nature, ou bien le dépôt de charbon qui se forme dans les cornues à gaz. Le graphite ou plombagine est un minerai, d'un noir gris métallique, cristallisé, d'un toucher gras, laissant une trace aux doigts. Sa densité est de 2,1. On le trouve en France à Chardonet (Hautes-Alpes) ; en Allemagne à Passau : en Angleterre à Borrowdale et Kerwick (Cumberland) ; en Autriche-Hongrie à Mugram (Autriche) et dans plusieurs localités de Moravie et de Styrie ; aux États-Unis à Sturbridge (Massachussets), à Ficouderora (New-Jersey), à Fishkill (New-York), et dans certaines localités de la Californie ; d'assez importants gisements se trouvent dans l'île de Ceylan ; mais les mines les plus importantes sont celles d'Iniséi des monts Batougal et Oural, et des rives du fleuve Anotte, en Sibérie. Il ne se rencontre que dans les terrains primitifs au milieu des gneiss, des granites, des micaschistes ou des calcaires saccharoïdes.

La teneur en carbone varie de 75 à 97 0/0, le reste étant formé par une gangue quartzeuse, ou quelquefois quartzeuse et alumineuse.

Le charbon des cornues à gaz est ordinairement plus pur, mais son prix s'est sensiblement élevé depuis qu'il a trouvé un emploi considérable pour la fabrication des charbons employés dans l'industrie électrique.

Le carbone, sous quelque forme qu'il soit employé, est préalablement pulvérisé, puis mélangé avec l'argile réduite elle-même en poudre. La quantité de carbone mélangée varie de 25 à 50 0/0, d'après l'action carburante que l'on veut donner au creuset. Une partie de l'argile peut être à l'état de ciment réduit en grains assez fins. Quelquefois on ajoute également de la magnésie sous une des formes qui seront indiquées plus loin à propos de la fabrication des briques basiques.

Le dosage et le mélange étant faits à sec, on met la masse dans un malaxeur en y ajoutant la proportion d'eau nécessaire au façonnage, puis on laisse la pâte séjourner plusieurs jours avant de l'employer.

Le façonnage se fait mécaniquement, parce qu'il est nécessaire de comprimer la matière. On se sert généralement dans ce but de machine à mouler par tournage, comme le représente la figure 302. Le moule extérieur en plâtre ou en fonte ayant un fond mobile, est placé sur le plateau d'un tour, mis en mouvement au moyen de poulies ou d'un volant manivelle. La quantité convenable de pâte ayant été mise dans le fond de ce moule, on fait descendre, au moyen d'un volant à main et de crémaillères, un mandrin qui donne une ébauche. Puis, agissant sur une roue à lanterne, on force ce mandrin, qui est en deux pièces, à s'ouvrir et à comprimer latéralement la pâte contre le moule extérieur. Cette compression est rendue plus forte par le rebord supérieur que porte le man-

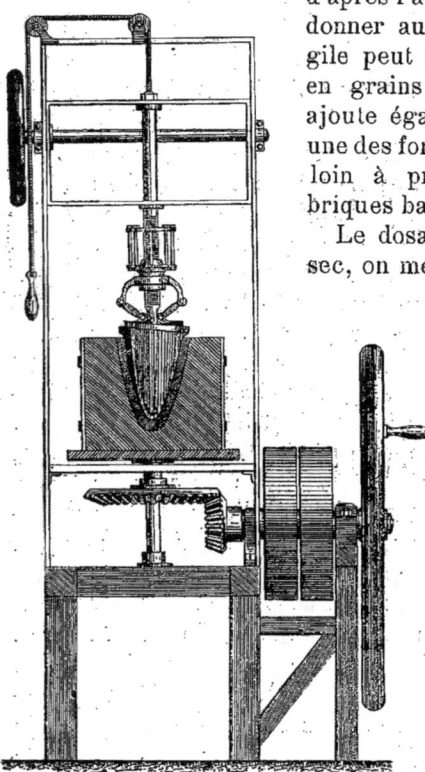

Fig. 302. — Machine à façonner les creusets.

drin qui empêche la pâte de s'échapper par le haut. Lorsque le mandrin est complètement ouvert, on donne une dernière pression en agissant sur le volant à main, puis on enlève le mandrin et on opère le démoulage, en soulevant le fond mobile du moule extérieur.

Les creusets façonnés sont séchés quelque temps à l'air dans l'atelier de moulage, puis placés dans des étuves à air chaud.

La dessiccation terminée, les creusets sont chauffés dans des fours à moufle, à une température d'environ 700°. On se sert quelquefois également de fours ronds à flammes descendantes, avec enfournement en gazettes.

La dimension des creusets en plombagine est ordinairement déterminée par le poids des matières qu'ils peuvent contenir, lequel varie de 5 à 60 kilogrammes.

La fabrication des produits réfractaires carbonifères est localisée dans certaines fabriques, dont les unes vendent les creusets et dont les autres les emploient pour leurs propres besoins.

§ 4. — Produits réfractaires siliceux

242. On a vu que la silice est moins réfractaire que l'alumine, mais, comme les minerais d'alumine sont presque toujours impurs, tandis que l'on trouve dans la nature d'assez nombreux gisements de silice ne contenant que des traces de fondants, il en résulte qu'on peut arriver à fabriquer plus économiquement des produits réfractaires en silice, résistant aux températures élevées. Ces produits sont, en outre, fortement acides, propriété recherchée pour certaines opérations métallurgiques et, comme ils ont une tendance à augmenter de volume dans les fours, on peut, par des dispositions tenant compte de ce gonflement, avoir des maçonneries très serrées et sans fuites.

Les produits réfractaires siliceux ne sont guère employés que pour la fabrication de briques ou de blocs. Les plus connus sont ceux de Dinas, qui sont fabriqués depuis 1822, au moyen d'un sable quartzeux qui se trouve dans le sud du pays de Galles, qui contient de 97 à 98 0/0 de silice. Pour l'agglomérer, on le mélange avec 1 à 1 1/2 0/0 de chaux délayée dans de l'eau, puis la masse est moulée dans une presse, semblable à celles qui servent au façonnage des briques ordinaires en pâte sèche. Dans beaucoup de fabriques, on se sert simplement d'une presse à bras. Les briques moulées doivent être soigneusement et fortement séchées, dans des séchoirs artificiels, puis elles sont cuites dans des fours ronds à flammes descendantes. Le petit feu doit être conduit assez lentement, puis on élève la température, de manière à atteindre 1.300 à 1.400°. Le refroidissement doit être très lent, il s'opère ordinairement sans rentrées d'air, par la seule radiation du four.

Émile Muller a, le premier, introduit sur le continent la fabrication des briques siliceuses, genre Dinas, et son exemple a été depuis suivi par plusieurs fabriques, notamment par des usines allemandes.

Pour réussir cette fabrication, il est nécessaire de pulvériser du sable quartzeux ou des roches siliceuses assez pures, car on n'a nulle part trouvé de sable naturel ayant la qualité de celui employé à Dinas. On prépare ainsi, d'une part, une poudre fine impalpable et, d'autre part, des grains de 1 à 7 millimètres, qui sont triés par tamisage, et ensuite mélangés en proportions convenables. La meilleure proportion du mélange semble être de 1/3 de poudre, 1/3 de grains de 1 à 3 millimètres, et 1/3 de grains de 3 à 7 millimètres. Les procédés employés pour pulvériser le quartz ont été indiqués précédemment, il suffit de dire que si l'on se sert de roches siliceuses, il est bon de les étonner d'abord, pour rendre leur désagrégation plus facile.

On ajoute ensuite à la silice 1 1/2 0/0 de chaux, et on continue la fabrication comme il a été dit pour les briques de Dinas.

Le rôle de la chaux ne consiste pas seulement à donner de la plasticité pour le façonnage, car la silice impalpable a une plasticité relative suffisante pour mouler des briques, mais elle sert surtout à donner aux produits cuits une plus grande résistance. A la température élevée de la cuisson, il se forme, en effet, un silicate de chaux, qui agglomère les grains siliceux. Une plus forte proportion de chaux aurait pour effet de rendre le produit plus fusible. La chaux a été récemment remplacée avec avantage par du chlorure de calcium en dissolution dans l'eau. Ce sel se décompose à la chaleur, le chlore est éliminé et la chaux reste seule, mais mieux divisée dans toute la masse que lorsqu'elle a été mélangée directement.

On a cherché à remplacer la pulvérisation impalpable d'une partie de la silice, qui est indispensable pour obtenir une certaine plasticité, en ajoutant de l'argile. Ce qui a été dit précédemment (page 569) montre que ce procédé doit être condamné, parce qu'on diminue ainsi notablement les propriétés réfractaires des produits.

Les autres agglomérants : silicate de soude, goudron, mélasse, etc., qui ont été quelquefois préconisés, ne donnent pas de produits comparables aux bonnes briques de Dinas.

Lorsqu'il s'agit d'obtenir des briques très légères, n'ayant pas à résister à une très haute température, comme, par exemple, celles employées dans les foyers des locomotives ou des chaudières marines, on peut se servir avec avantage de la terre d'infusoires (page 83), que l'on agglomère avec un peu d'argile réfractaire. La fabrication est, du reste, la même que celle des briques réfractaires argileuses.

Il convient enfin de signaler les briques siliceuses faites avec le sable ayant servi au polissage des glaces. Ce sable est moulé au moyen de presses, et les produits façonnés sont séchés, puis cuits à une température moyenne. L'agglomération se produit par la proportion assez forte de verre que contient ce sable. On obtient ainsi des produits blancs, imitant la pierre, d'un bel aspect décoratif, mais contenant trop de fondants pour être considérés comme des matériaux réfractaires.

§ 5. — Produits réfractaires basiques

243. Les produits réfractaires basiques doivent leurs propriétés à la plus ou moins grande proportion de magnésie ou de chaux qu'ils contiennent. La magnésie semble légèrement plus fusible que l'alumine, mais on peut l'obtenir plus facilement à peu près pure ; elle est moins fusible que la silice. Quant à la chaux, c'est la matière la plus réfractaire que l'on connaisse. Ces deux bases peuvent être employées séparément ou mélangées. Ces différents modes de fabrication vont être examinés successivement.

Produits en magnésie. — La magnésie peut être obtenue à peu près pure, en l'extrayant des eaux-mères des marais salants ou des salines. Celles-ci contiennent du sulfate de magnésie et surtout du chlorure de magnésium qui, traités par un lait de chaux, laissent déposer de la magnésie hydratée. On peut également remplacer la chaux par de la dolomie calcinée, comme l'a proposé M. Closson. La dolomie est une roche naturelle assez répandue qui, à l'état de pureté, est un carbonate double de chaux et de magnésie. Dans ce cas, la réaction est la suivante :

$$MgCl^2 + CaO,MgO = CaCl^2 + 2MgO.$$

La boue de magnésie hydratée qui se dépose est séchée soit au soleil, soit dans des filtres-presses.

La magnésie peut être également extraite de la dolomie suivant le procédé de M. Scheibler. Dans ce but, on calcine la dolomie pour la décarbonater, on la délaye dans l'eau, puis on y ajoute une solution de mélasse contenant de 10 à 15 0/0 de sucre. On agite le mélange, et, en quelques minutes, celui-ci est décomposé, il se forme un sucrate de chaux soluble dans l'eau, tandis que la magnésie hydratée se dépose et est séchée comme il a été dit précédemment. La liqueur sucrée est de son côté traitée par l'acide carbonique provenant du four à décarbonater la dolomie, qui précipite la chaux à l'état de carbonate et régénère la solution sucrée qui peut être ainsi employée à nouveau. Cette double réaction peut être représentée comme suit :

$$C^{12}H^{11}O^{11} + CaO,MgO = C^{12}H^{11}O^{11},CaO + MgO$$
$$C^{12}H^{11}O^{11},CaO + CO^2 = C^{12}H^{11}O^{11} + CaO,CO^2$$

Quel que soit le procédé, on obtient de la magnésie hydratée à peu près pure, ne contenant qu'environ 2 0/0 de chaux et 1 à 1 1/2 0/0 de silice, d'oxyde de fer et d'argile. Calcinée à plus de 4 à 500°, elle perd son eau de combinaison, comme l'hydrosilicate d'alumine. Chauffée à une température inférieure, elle peut ensuite absorber l'humidité de l'air et, en se transformant de nouveau en hydrate, faire une sorte de prise.

On mélange ordinairement de la magnésie calcinée à de la magnésie simplement séchée, et on obtient ainsi une pâte, ayant une plasticité suffisante pour être moulée sous forme de briques, et qui a même été employée pour façonner des creusets ou des cornues. Dans ce dernier cas, il semble cependant préférable de lui ajouter un peu d'argile très plastique. Pour obtenir des briques très résistantes, il est bon de les façonner au moyen d'une presse. Le séchage se fait d'abord à l'air, puis dans un séchoir chauffé ; enfin la cuisson, qui ne présente pas de difficultés, s'opère de la même manière que pour les produits réfractaires ordinaires.

Ce procédé de fabrication des briques en magnésie est relativement récent; jusqu'à présent la plupart des briques de magnésie ont été obtenues à l'aide du carbonate de magnésie ou giobertite, appelé quelquefois improprement magnésite. Les gisements de giobertite sont assez rares, les plus connus sont ceux de Frankenstein (Silésie) et ceux de l'île d'Eubée.

On commence par calciner à une haute température la giobertite de manière à la décarbonater, puis on lui ajoute une certaine quantité de matière non calcinée, et on fait une pâte qui doit être façonnée au moyen de presses hydrauliques. La plasticité, qui est très faible, peut être augmentée en humectant la masse au moyen d'une solution de chlorure de magnésium. Après un séchage à l'air, il faut procéder à une cuisson à haute température, rendue difficile par le retrait considérable que prennent les produits en se décarbonatant complètement.

On a également employé la magnésite, c'est-à-dire le silicate de magnésie (page 69), mais on obtient ainsi des produits relativement peu réfractaires.

Produits en magnésie et chaux. — Ces produits sont fabriqués au moyen de calcaires magnésiens ou de dolomie. Un mélange de chaux et de magnésie semble avoir les mêmes qualités réfractaires que chacune de ces bases isolément, mais l'addition de silice et d'alumine, sous forme d'argile, augmente rapidement la fusibilité. Il semble cependant difficile de façonner ces calcaires ou la dolomie sans que la masse ne contienne quelque pour cent d'argile, soit que celle-ci s'y trouve naturellement, soit qu'elle ait été ajoutée volontairement. Ce genre de briques assez économiques, relativement aux précédentes, ne convient donc que pour les applications où il est indispensable d'employer des matériaux basiques, mais sans atteindre des températures très élevées.

La fabrication se fait en pulvérisant les matières premières, et en les transformant en une pâte qui est ensuite moulée à la presse.

Le séchage est très lent, mais ne présente pas de difficultés. Il n'en est pas de même de la cuisson, à cause du retrait considérable des briques, qui n'est pas atténué, comme pour les briques en giobertite, par une calcination préalable d'une partie de la matière. D'après M. Walrand une pâte contenant :

Silice..	5,00
Alumine et oxyde de fer........................	5,00
Chaux...	28,00
Magnésie.......................................	18,00
Eau et acide carbonique........................	44,00

donne des briques de bonne qualité.

Produits en chaux. — Contrairement à la magnésie, la chaux même fortement cuite conserve la propriété de s'hydrater à l'air, il n'est donc possible de conserver des produits en chaux que dans une atmosphère absolument sèche. Cette condition n'a pu jusqu'à présent être remplie que dans les fours électriques, où la chaux résiste à la température formidable de l'arc voltaïque. En dehors de cette application très limitée, pour laquelle les produits sont fabriqués sur place, il n'est possible de faire des briques en chaux qu'en combinant celle-ci avec de l'alumine et de l'oxyde de fer. On sait qu'il ne faut pas songer à la silice, qui donne des silicates de chaux beaucoup plus fusibles que les silicates de magnésie. La composition suivante indiquée par M. Walrand donnerait de bons résultats :

```
Silice............................................ 0,50
Alumine et oxyde de fer.......................... 8,50
Chaux............................................ 51,00
Eau et acide carbonique.......................... 41,00
```

La fabrication des briques en chaux se fait de la même manière que celles en dolomie et présente les mêmes difficultés de cuisson.

§ 6. — Coulis réfractaire

244. Le coulis qui sert de mortier dans les maçonneries réfractaires est ordinairement fourni par les fabriques de produits réfractaires en même temps que les différents matériaux qui ont fait l'objet de ce chapitre. En principe, ce coulis est constitué par la même pâte qui a servi à façonner les produits. Le mélange, au lieu d'être hydraté pour donner une pâte, est, au contraire, séché s'il est nécessaire, et mis en sacs. On n'ajoute de l'eau que sur place, au moment de l'emploi.

Il faut cependant observer que le coulis, devant être employé en couches aussi minces que possible, ne doit pas contenir de matières dégraissantes à grains grossiers. On ne peut donc, pour les produits argileux, employer que du sable fin ou du ciment en poudre. Comme ce coulis prend du retrait dans le four, il est, en outre, bon de l'amaigrir plus que la pâte et de ne lui laisser que la plasticité strictement nécessaire pour pouvoir être employé au moyen de la truelle.

La même observation s'applique pour le mortier employé avec les produits alumineux. Pour les produits siliceux ou basiques il suffit d'ajouter à la pâte un peu d'argile pour lui donner une certaine plasticité.

Le coulis est également employé pour boucher les fissures qui peuvent se produire dans les maçonneries ou dans les creusets et les cornues. Le coulis ordinaire peut servir dans le premier cas, mais dans le second il est généralement insuffisant. Tous les coulis contenant de l'argile, quelque maigres qu'ils soient, prennent un certain retrait qui les fait détacher des pièces réparées et rend cette réparation généralement illusoire. On peut, dans ce cas, profiter avec avantage de la propriété de la silice de se gonfler lorsqu'on la soumet à une température élevée. Le sable connu en Angleterre et aux États-Unis sous le nom de ganister, dont la composition a été indiquée page 84, a souvent été employé avec succès dans cette application.

On peut fabriquer artificiellement une matière analogue au moyen de sables de roches quartzeuses pulvérisées auxquelles on ajoute environ 10 0/0 d'argile. Ce mélange convient pour des températures élevées ; si tel n'est pas le cas, il faut l'additionner de fondants en proportion voulue, pour que le coulis subisse un commencement de vitrification qui le fait adhérer aux produits réfractaires.

§ 7. — Essais des produits réfractaires

245. Contrairement à ce qu'on a vu pour les terres cuites des constructions, les produits réfractaires n'ont, jusqu'à présent, été l'objet d'aucune méthode d'essai d'un emploi général. Les différentes fabriques qui emploient ces produits se contentent de les essayer dans leurs fours. Eu égard aux conditions très différentes dans lesquelles sont employés les produits réfractaires, on peut bien admettre que cette méthode pratique soit la seule qui donne des résultats absolument concluants. Cependant on ne saurait se dissimuler non plus, qu'elle n'offre qu'une satisfaction incomplète aux fabricants de produits réfractaires, qui voudraient pouvoir présenter à leur clientèle des résultats d'expériences prouvant la qualité de leurs produits. Enfin, au point de vue de l'intérêt scientifique général, il serait également à désirer que l'on adoptât des méthodes d'essai permettant de comparer entre eux les produits d'origines diverses.

L'analyse chimique exacte des produits semble être la première base de comparaison la plus sérieuse. Vu sa complication, ou les quantités souvent très faibles qu'il s'agit de doser, celle-ci ne saurait être faite que dans des laboratoires outillés pour ce genre d'essai, et par des chimistes compétents.

La mesure de la température qui provoque un commencement de vitrification ou de déformation, puis celle qui amène la fusion, peuvent être faites dans des fours d'essai, tels qu'ils ont été décrits à la page 320. Comme appareil de mesure, le plus pratique semble être actuellement les montres de Seger. La matière à essayer devant de préférence être mise sous forme de petites pyramides triangulaires de 1 centimètre de côté et de 3 centimètres de hauteur, dont il est facile d'apercevoir et de comparer les déformations.

En ce qui concerne la mesure de la résistance à un chauffage brusque, on n'a, jusqu'à présent, rien trouvé de mieux que de chauffer une pièce d'essai au rouge et de l'immerger ensuite dans l'eau. Il est inutile d'insister sur ce que peut valoir une pareille méthode.

La mesure de la grosseur des grains, celle de la dilatation sous l'influence d'une température déterminée, et celle de la porosité, nous sembleraient, au contraire, devoir donner des résultats intéressants et comparatifs.

CHAPITRE XI

FAÏENCES

Sommaire. — Classification.
§ 1. *Faïences dites vernissées à pâte argileuse fusible.* — Poteries communes plombifères et non plombifères. — Faïences architecturales. — Carreaux encaustiques. — Poêles. — Vases, plats et objets décoratifs.
§ 2. *Faïences dites émaillées à pâte argilo-calcaire fusible.* — Composition. — Décoration. — Carreaux de poêle, panneaux, etc.
§ 3. *Faïences dites siliceuses à pâte siliceuse peu fusible.*
§ 4. *Faïences dites terre de pipe à pâte argilo-calcaire peu fusible.*
§ 5. *Faïences dites cailloutage à pâte argilo-siliceuse réfractaire.*
§ 6. *Faïences dites feldspathiques à pâte argilo-siliceuse alcaline peu fusible.*
Composition. — Préparation des pâtes. — Façonnage. — Séchage. — Cuisson. — Enfournement et encastage. — Décoration. — Installation générale des faïenceries.

246. Classification. — On a vu que les faïences (1) sont des poteries à pâte perméable, blanche ou colorée, toujours recouvertes d'une glaçure. C'est l'existence de cette glaçure qui les distingue des deux autres ordres de poteries : terres cuites ordinaires et terres cuites réfractaires, composant avec elles la classe des poteries perméables.

Nous avons déjà dit que certains céramistes n'admettent pas cette classification (page 14), mais que dans cet ouvrage, nous nous rangeons à l'opinion de Deck : « A défaut d'un autre mot générique, j'appelle faïence toute poterie à cassure terreuse (par conséquent perméable) recouverte d'un émail. »

Il nous semble, en effet, difficile de classer parmi les terres cuites certaines poteries vernissées, simplement parce que leur pâte est argileuse et leur glaçure plombifère. Il faudrait alors considérer les poteries de Thun et même celles de Bernard Palissy comme des terres cuites. Nous savons qu'il peut paraître bizarre

---

(1) De *Faenza*, ville dans les Marches (Italie).

à certaines personnes d'appeler faïence une brique ou une tuile émaillée. Mais il existe également des briques et des tuiles en grès et en porcelaine; nous ne voyons donc pas pourquoi il n'y en aurait pas en faïence. Il est certain que le sens du mot faïence s'est considérablement étendu, depuis le moment où il ne servait qu'à désigner les poteries italiennes du xve et du xvie siècle, et que c'est un singulier anachronisme de l'appliquer aux poteries des Persans. Mais, comme le fait très bien observer Deck, on n'en a pas d'autre, et il vaut mieux, en acceptant la définition claire et précise de l'illustre faïencier, sortir de la confusion amenée, par la suite des temps, par la classification de Brongniart. L'avantage d'avoir un mot unique, pour désigner toutes les poteries perméables avec glaçure, se fait particulièrement sentir, si on compare la terminologie française avec celle usitée en Angleterre et en Allemagne. Les Anglais n'ont aucun terme commun pour désigner toutes les catégories de faïences : *majolica, delft ware, earthen ware, flint ware, iron stone, queen's ware*, etc. Il en est de même en Allemagne, où *Steingut* désigne la faïence fine de Brongniart, mais où les autres faïences portent toutes une série de noms : *Terra cotta, majolika, Irden-geschirr*, etc., sans qu'il y ait jusqu'à présent une désignation générale universellement admise.

Le terme de faïence étant adopté pour désigner toutes les poteries perméables recouvertes de glaçure, nous ne croyons pas qu'il faille continuer d'appeler, avec Brongniart, faïences fines les services de table et faïences communes les poteries d'Urbino, de Rouen et par suite également les faïences siliceuses, le plus beau produit de la décoration céramique. L'intention de Brongniart n'était certes pas de jeter une marque de défaveur sur ces dernières poteries, les adjectifs fins et communs ne s'appliquant pour lui qu'aux pâtes qui sont entièrement masquées par la glaçure. Mais ces mots prêtent à une confusion qu'il importe de faire disparaître. D'autre part, la distinction entre les pâtes fines et communes est basée sur une différence de dureté, et on a déjà vu que la dureté ne saurait plus être considérée comme un caractère certain de différenciation.

En parlant des principes généraux de la classification des poteries, nous avons dit (page 5), qu'il faut « se contenter de définir exactement les principales espèces de poteries et grouper celles qui, par l'ensemble de leurs propriétés, ont le plus d'analogie ». Partant de ce principe, il nous semble que l'on peut distinguer actuellement six espèces de faïences, formant des groupes assez bien définis dans lesquels on peut classer à peu près toutes les poteries de cet ordre. La distinction entre ces différentes espèces étant basée sur la composition de la pâte, qui entraîne dans une certaine mesure celle de la glaçure. La classification adoptée dans ce chapitre est la suivante :

1° *Faïences dites vernissées à pâte argileuse fusible*, dans lesquelles les fondants : oxyde de fer, alcalis, chaux ou magnésie, sont en assez forte proportion pour rendre la pâte fusible, sans cependant qu'aucun d'eux ne soit en proportion prépondérante. Cette pâte, toujours assez plastique, est la même que celle employée pour un grand nombre de terres cuites. Elle est formée par une ou plusieurs argiles, naturelles ou lavées, additionnées seulement, s'il y a lieu, de sable, ou rarement de ciment.

La glaçure est généralement plombifère, quelquefois alcaline boracique.

Le mot vernissé, employé pour désigner ces faïences, nous paraît tout à fait impropre, car il s'applique à la glaçure qui doit être évidemment fusible, *parce que* la pâte l'est également. Cette dénomination, que nous avons subie à défaut d'autre, a donc le tort de prendre la conséquence pour la cause.

Les principales variétés de cette espèce de faïence sont les suivantes :

Poteries communes ;
Faïences architecturales ;
Carreaux encaustiques ;
Poêles ;
Vases, plats et objets décoratifs.

2° *Faïences dites émaillées à pâte argilo-calcaire fusible*, dans laquelle, à côté d'une proportion toujours assez faible d'oxyde de fer et d'alcalis, il y a une forte teneur en chaux. Cette pâte moyennement plastique est formée soit par une marne naturelle, soit par le mélange d'une argile avec une marne ou avec du carbonate de chaux.

La glaçure est généralement stannifère, quelquefois plombifère.

Le terme émaillé désignant ces faïences est également impropre. On emploie quelquefois le mot stannifère qui est encore plus mauvais, car l'étain n'est qu'un opacifiant, et sa présence dans une glaçure ne donne aucune indication sur la composition de celui-ci et, à plus forte raison, sur celle de la pâte. Nous n'avons employé le mot émaillé qu'à défaut d'autre, et pour ne pas rompre avec une terminologie consacrée par l'usage.

3° *Faïences dites siliceuses à pâte siliceuse fusible*, contenant peu d'argile, beaucoup de silice et une proportion notable de fondants alcalins ou calcaires. Cette pâte, très peu plastique, est composée actuellement de silice, additionnée d'argile plastique non ferrugineuse et de chaux ou d'alcalis sous différentes formes. La glaçure est alcalino-plombifère.

4° *Faïences dites terre de pipe à pâte argilo-calcaire peu fusible*, formée par le mélange d'une argile réfractaire blanche et d'une faible proportion de carbonate de chaux et de marne. La pâte, fortement plastique, exige une température de cuisson plus élevée que les précédentes. La glaçure était autrefois alcaline plombifère, actuellement on y ajoute souvent des bases alcalino-terreuses et de l'acide borique.

5° *Faïences dites cailloutage à pâte argilo-siliceuse réfractaire*, formée par le mélange d'une argile réfractaire blanche et d'une forte proportion de silice. La pâte assez plastique exige une température de cuisson élevée. La glaçure est plombifère, alcaline, alcalino-terreuse, boracique.

6° *Faïences dites feldspathiques à pâte argilo-alcaline peu fusible*. — Cette pâte assez plastique est ordinairement formée d'un mélange de terre réfractaire blanche, de kaolin, de silice et de fondant alcalin sous forme de feldspath ou de pegmatite. La glaçure est plombifère, alcaline, alcalino-terreuse, boracique.

Il est impossible de faire rentrer dans cette classification les faïences dites d'Oiron dont il a été question dans l'historique (page 26). Leur pâte analysée par Salvetat serait composée de :

```
Silice............................................... 59,00
Alumine ............................................. 40,24
                                                      -----
                                                      99,24
```

avec des traces de fer. La glaçure est un vernis plombifère. La décoration est obtenue uniquement avec des engobes incrustés dans la pâte. En tenant pour exacte l'analyse précédente, on est surpris de la proportion très élevée d'alumine, qui devait donner une pâte tellement plastique que son façonnage devait être très difficile : à moins qu'on n'ait mélangé à l'argile blanche à peu près pure, qui devait servir de base à la composition de la pâte, du ciment fait avec la même argile. Brongniart range les faïences d'Oiron parmi celles dites terre de pipe, mais l'absence de chaux dans la pâte et d'alcalis dans la glaçure ne nous permet pas d'admettre cette classification. Cette faïence constitue donc une espèce particulière, mais, vu le petit nombre de poteries que l'on possède (53) et la disparition de cette fabrication, il ne nous a pas paru nécessaire de la faire entrer dans la classification générale.

§ 1. — Faïences dites vernissées a pate argileuse fusible

247. Poteries communes plombifères. — Les poteries vernissées plombifères ont été d'un emploi général pour tous les usages domestiques du XIIe au XVe siècle. Elles ne servent plus actuellement que comme vases destinés ordinairement à la cuisson des aliments. La pâte est ou bien celle des poteries ordinaires, ou bien composée d'une argile plus ou moins fusible généralement ferrugino-calcaire, additionnée de grains de sable quartzeux ou de ciment ayant pour but de la rendre moins sensible aux variations de température: Ce qui a été dit au sujet des pâtes réfractaires se rapporte également à cette poterie. La résistance à la chaleur, ou plutôt à un chauffage inégal, est d'autant plus grande que la proportion des amaigrissants est plus forte. On n'est limité dans cette voie que par la nécessité de conserver à la pâte une plasticité suffisante pour permettre son façonnage.

Celui-ci se fait presque exclusivement par tournage, en rapportant par soudage les anses, les manches, les becs ou les pieds. Le séchage se fait facilement à proximité des ateliers de façonnage. Si la dessiccation est complète, on peut poser la glaçure sur la pièce crue. Si, au contraire, le climat ne s'y prête pas, il vaut mieux cuire d'abord la pâte, puis, par un second chauffage, vitrifier la glaçure. Celle-ci, qui est mince et transparente, n'a pour but que de rendre la pâte imperméable.

La glaçure est un silicate de plomb, d'autant plus fusible que la teneur en silice y est plus faible. Sa composition varie généralement entre

Silice	28,8
Oxyde de plomb	7,12

et

Silicé 44,7
Oxyde de plomb 55,3

la première composition correspondant à la formule

$$PbO, 1\ 1/2\ SiO^2$$

et la seconde à

$$PbO, 3SiO^2.$$

On ajoute ordinairement à la glaçure une certaine quantité (de 5 à 20 0/0) d'argile, en se servant généralement de celle employée à la confection de la pâte. Cette addition, qui a pour but de donner une certaine plasticité à la glaçure, a pour effet de diminuer sa fusibilité, et peut avoir pour conséquence la nécessité de modifier le rapport de la silice à l'oxyde de plomb. Dans tous les cas il faut s'arranger à ce qu'il y ait au moins 1 1/2 équivalent de silice pour un équivalent de bases, si on ne veut pas risquer qu'il reste de l'oxyde de plomb non combiné. Si la proportion de silice dépasse 3 équivalents pour 1 de bases, la glaçure devient généralement trop peu fusible pour ce genre de poteries.

L'intérieur des vases est quelquefois recouvert d'une glaçure blanche nécessairement opaque. Celle-ci est ordinairement obtenue en ajoutant de 10 à 15 0/0 d'oxyde d'étain au vernis précédent et en réduisant en même temps la proportion de silice pour ne pas modifier la fusibilité. L'argile mélangée doit dans ce cas être une argile réfractaire blanche. En général, ces émaux blancs sont assez difficiles à obtenir; on trouvera des détails à leur sujet dans la suite de l'ouvrage.

La pose de la glaçure se fait généralement par arrosement, quelquefois par trempage, rarement par saupoudration. Le composé de plomb employé est ou le minium, ou l'alquifoux pour les produits les plus communs.

La glaçure est souvent incolore, ou faiblement colorée par l'oxyde de fer contenu dans l'argile qui lui est mélangée. La poterie a, dans ce cas, la coloration avivée de la pâte. Quelquefois on lui ajoute quelques pour cent d'oxyde de manganèse (5 à 12 0/0) pour obtenir une couleur brune, ou 2 à 3 0/0 d'oxyde de cuivre (battiture de cuivre rouge) qui lui communique une coloration verte, plus ou moins modifiée par la couleur de la pâte vue par transparence.

La cuisson s'effectue encore souvent dans des fours horizontaux à foyer unique, que l'on a intérêt à remplacer par des fours ronds à flammes descendantes. Pour de grandes productions, qui sont bien rares, il vaudrait mieux avoir recours à des fours à feu continu à tranches, ou à chambres de cuisson multiples. L'enfournement, qu'il s'agisse de la cuisson de la pâte ou de celle de la glaçure se fait en charge.

La fabrication des poteries communes s'opère dans de petites poteries locales, placées à proximité des carrières d'argile : là qualité des produits, c'est-à-dire leur résistance au feu, dépendant presque uniquement de celle de l'argile employée. Cette fabrication n'a plus de raison d'être que par le bon marché de ses produits ; aussi, quelque rudimentaire qu'elle soit, est-il inutile de chercher à la perfectionner, car on n'obtiendrait alors que des marchandises plus chères, sans que leur qualité puisse encore être comparée à celle des autres poteries.

Parmi les poteries vernissées communes, on peut ranger également certains tuyaux servant à la canalisation de liquides dont la pâte perméable est recouverte intérieurement d'une glaçure plombifère mince et transparente. Ces tuyaux, façonnés au tour ou par étirage, très employés autrefois, sont actuellement presque partout remplacés par des tuyaux en grès. Leur fabrication est, du reste, la même que celle des autres poteries communes.

L'emploi d'une glaçure plombifère présente certains dangers dans les vases destinés à la cuisson des aliments. Lorsque la température n'a pas été suffisante pour combiner tout l'oxyde de plomb, ou que la glaçure ne contient pas assez de silice (beaucoup de compositions indiquées dans les ouvrages de céramique sont dans ce cas), cet oxyde de plomb non combiné peut être dissous par les acides alimentaires, et produire des intoxications.

Le Comité d'hygiène a prescrit en France la méthode d'essai suivante pour se rendre compte si les poteries vernissées sont inoffensives. « Faire bouillir doucement pendant une demi-heure dans les vases suspects du vinaigre étendu de son volume d'eau, en remplaçant le liquide à mesure qu'il s'évapore et en proportionnant son volume à la capacité du vase (50 grammes de vinaigre suffiraient pour un vase d'un demi-litre) ; laisser refroidir, filtrer et ajouter à une partie de la dissolution incolore de l'hydrogène sulfuré dissous dans l'eau, ou y faire passer un courant de ce gaz. La présence du plomb sera décelée par un précipité noir ou au moins une coloration brune. Dans une autre partie de la solution, l'iodure de potassium produira un précipité jaune d'iodure de plomb. » Les fabricants feront bien d'effectuer eux-mêmes cette expérience sur certaines de leurs poteries les moins cuites, avant de vendre leurs produits, et éviter ainsi de s'exposer à des poursuites fort désagréables, indépendamment de l'ennui qu'ils pourraient éprouver à empoisonner leurs concitoyens.

248. Poteries communes non plombifères. — Le
défaut, heureusement actuellement très rare, qui vient d'être signalé, est cependant assez grave pour avoir occasionné de nombreuses recherches de la part des céramistes dans le but de remplacer la glaçure plombifère par d'autres composés ne contenant pas de plomb. Le problème est très difficile à résoudre, si on veut en même temps éviter de rendre la glaçure trop peu fusible, et ne pas augmenter son prix dans des proportions inadmissibles avec la valeur modique des poteries.

Si on ne se propose pas d'éliminer complètement le plomb, on peut remplacer en partie celui-ci par une certaine quantité d'alcalis, de manière à obtenir un silicate double de plomb et d'alcalis. Dans ce cas, les alcalis sont ordinairement introduits à l'état de silicate de soude ou verre soluble, mais on peut aussi se servir directement de soude ou de potasse. La composition chimique de ces glaçures peut être représentée par la formule

$$1 \begin{cases} PbO \\ K^2O \text{ ou } N^2O, \end{cases} 1 \text{ à } 1\ 1/2\ SiO^2.$$

Sur ce principe, M. Constantin a proposé la composition suivante :

Silicate de soude en dissolution à 50°......	100
Minium......	25
Silice (quartz pulvérisé)......	15

Si l'on veut supprimer entièrement le plomb, il faut d'une part introduire dans la glaçure de la chaux, pour obtenir avec les alcalis un verre non soluble et, d'autre part, remplacer une partie de la silice par de l'acide borique, pour augmenter la fusibilité.

D'après Seger, il serait en outre nécessaire que la glaçure contînt une certaine proportion d'alumine (argile) pour avoir une transparence suffisante, la composition de la glaçure ayant pour limite les deux formules suivantes :

$$\left.\begin{array}{l}0,6K^2O \quad \text{ou} \quad Na^2O \\ 0,4CaO\end{array}\right\} 0,5Al^2O^3, 4SiO^2, 0,5B^2O^3$$

et

$$\left.\begin{array}{l}0,2K^2O \quad \text{ou} \quad Na^2O \\ 0,8CaO\end{array}\right\} 0,6Al^2O^3, 5SiO^2, 1B^2O^3$$

qui correspondent approximativement aux proportions centésimales ci-après :

Silice..............................	60,5	58,6
Acide borique....................	11,5	18,0
Alumine...........................	13,0	12,0
Chaux..............................	5,6	9,0
Alcalis.............................	9,4	2,4
	100,0	100,0

La teneur relative en chaux et en alcalis dépend de la composition de la pâte, les glaçures alcalines devant être appliquées sur les pâtes siliceuses et les glaçures calcaires sur les pâtes alumineuses. D'autre part, M. Constantin a indiqué pour la glaçure non additionnée d'argile la composition suivante :

Silicate de soude en dissolution à 50°...........	100
Carbonate de chaux...........................	15
Silice (quartz pulvérisé)......................	15
Borax..	10

On peut obtenir une glaçure blanche en ajoutant à la glaçure la plus fusible de 10 à 12 0/0 d'oxyde d'étain, si la pâte est faiblement colorée, et de 12 à 15 0/0 pour les pâtes ferrugineuses. Si, du fait de ce mélange, la fusibilité devient trop faible, il suffit d'augmenter un peu la proportion d'acide borique.

Certains fabricants d'émaux vendent des vernis non plombifères, dont ils conservent la composition plus ou moins secrète, mais il ne semble pas que ces composés, qui contiennent, du reste, toutes les substances indiquées précédemment, puissent s'appliquer indifféremment à toutes les pâtes, comme les vernis plombifères, par une simple addition de silice ou d'argile.

On a également quelquefois proposé l'introduction dans ces glaçures de sels de baryte : spath pesant ou withérite, mais ces substances présentent des difficultés pratiques qu'il n'est pas facile de surmonter dans les fabriques toujours bien primitives de poteries communes.

249. Faïences architecturales. — Les briques, les tuiles, les carreaux, les terres cuites architecturales dont il a été parlé au chapitre ix, peuvent être recouverts de glaçures. Comme on l'a vu dans l'historique de la céramique, cette application de la glaçure remonte à la plus haute antiquité. Après avoir été inventée par les Égyptiens et les Persans, qui cependant se servaient de pâtes plus siliceuses que celles dont il est actuellement question et dont on parlera (page 619) elle a été délaissée pour redevenir en faveur au xe siècle en Orient, et au xiie ou au xiiie en Europe, grâce à l'emploi de glaçures plombifères. Cependant cette belle fabrication a disparu presque complètement à partir du xvie siècle, pour ne réapparaître que bien timidement dans le cours du xixe. Il faut cependant observer qu'elle a toujours été très en faveur en Extrême-Orient.

Actuellement la pâte des faïences architecturales est presque toujours formée d'une argile fusible, ce n'est qu'exceptionnellement et pour de petits objets que l'on s'est servi d'une des pâtes de faïences qui seront décrites dans la suite de ce chapitre. Toutes les pâtes de terres cuites ne se prêtent pas à recevoir des glaçures. Indépendamment de l'accord indispensable entre la glaçure et la pâte, il est indispensable que celle-ci ait une surfasse assez lisse et ne soit pas trop poreuse. On peut, du reste, au moins partiellement, corriger ces défauts en lissant la pâte après façonnage ou en la recouvrant d'un léger engobe.

La composition des glaçures et la manière de les appliquer dépend naturellement de la composition de la pâte, de sa coloration et de celle de la glaçure.

Si la pâte est orangée ou rouge, une glaçure plombifère transparente lui donne une coloration d'un rouge plus ou moins intense. En ajoutant à cette glaçure de 5 à 8 0/0 d'oxyde de manganèse, on obtient des couleurs brunes plus ou moins foncées. Un mélange d'oxydes de fer et de manganèse avec une pointe de cobalt donne du noir. Toutes les autres colorations ne peuvent être obtenues sur cette pâte qu'au moyen d'engobes ou de glaçures opaques.

Avec les pâtes jaunâtres, la série des couleurs transparentes devient beaucoup plus riche. Le silicate de plomb seul donne du jaune. Son mélange avec de l'oxyde de fer ou de manganèse produit les diverses colorations rouges et brunes précédentes. En outre, on obtient assez facilement du vert au moyen de l'oxyde de cuivre et du bleu avec l'oxyde de cobalt. Il n'y a guère que les couleurs tout à fait claires et le blanc qui doivent être opaques. Enfin ce n'est que tout à fait exceptionnellement que l'on a à décorer une pâte suffisamment blanche, pouvant avec une glaçure incolore produire du blanc. Une légère teinte jaunâtre peut cependant être masquée avec une glaçure contenant un peu de cobalt.

Ceci posé, on voit que la décoration polychrome des faïences architecturales se résume en ces trois points :

1° Emploi d'une glaçure transparente, sur une pâte recouverte d'engobes colorés ;

2° Emploi de glaçures transparentes colorées ;

3° Emploi d'une glaçure opaque, blanche, pouvant être légèrement colorée pour les tons clairs.

Ce sont les conditions particulières de fabrication, de colorations et de forme des poteries qui doivent décider de l'emploi d'engobes ou de glaçures colorées ; il est impossible d'indiquer aucune règle à cet égard.

Les glaçures incolores transparentes sont toujours plombifères, leur composition est ordinairement d'un équivalent d'oxyde de plomb pour 2, 2,5 à 3 de silice, c'est-à-dire qu'elle varie généralement de 60 à 55 0/0 d'oxyde de plomb pour 40 à 45 0/0 de silice. Les pâtes les plus siliceuses correspondent au vernis le plus plombifère.

Les glaçures colorées sont ordinairement formées du vernis plombifère précédent additionné d'oxydes colorants, dans la proportion d'un demi à cinq pour cent suivant la nuance à obtenir. Cette quantité étant additionnée à l'oxyde de plomb, on fait légèrement varier la teneur en silice, pour obtenir des vernis également fusibles.

Pour obtenir certaines couleurs, il est nécessaire d'introduire, comme on l'a vu au chapitre VIII, des alcalis dans la glaçure. On remplace dans ce cas une partie de l'oxyde de plomb par des alcalis, la proportion ne devant dans aucun cas dépasser un équivalent d'oxyde de plomb pour un d'alcalis. La composition chimique correspondant à ce cas extrême est :

$$\left. \begin{array}{l} 0,5 Pb^2O \\ 0,5 K^2O \text{ ou } NaO \end{array} \right\} 3SiO^2.$$

D'autre part, il n'est pas bon de faire tomber la teneur en silice au-dessous de 2 1/2 équivalents. L'introduction des oxydes colorants modifie un peu la fusibilité, que l'on corrige en faisant varier la proportion de silice dans les limites précédentes. Si la glaçure était, malgré cette correction, encore trop fusible, on diminuerait la proportion d'alcalis, et si ceci ne peut se faire à cause de la coloration que l'on veut obtenir, on ajouterait à la place du plomb un peu de chaux ou d'oxyde de zinc, qui sont beaucoup plus réfractaires.

Quant aux glaçures boraciques, elles ne sont guère employées dans les vernis pour les faïences architecturales, car on peut toujours plus économiquement obtenir le degré de fusibilité voulu par l'oxyde de plomb.

Les glaçures opaques blanches sont plus difficiles à obtenir, parce que l'introduction d'opacifiants dans leur composition a pour effet de diminuer la fusibilité. Si la pâte contient une proportion assez élevée de chaux, on peut se servir de l'émail blanc des faïences émaillées dont il sera parlé plus loin. Si tel n'est pas le cas, et si la pâte est faiblement colorée, on pourra quelquefois faire usage d'un vernis composé de 60 0/0 d'oxyde de plomb et de 40 0/0 de silice avec addition de 10 à 12 0/0 d'oxyde d'étain. Pour des pâtes très colorées cet émail n'est pas assez opaque, et, d'autre part, il est souvent trop réfractaire. Dans ces deux cas, il faut alors avoir recours à l'emploi de l'acide borique comme fondant, en substituant celui-ci partiellement à la silice. Les émaux de ce genre peuvent être représentés par la formule :

$$\left.\begin{array}{l} 0,7 PbO \\ 0,3 CaO \end{array}\right\} 1,5 SiO^2, 0,5 B^2O^3 + 10 \text{ à } 12 0/0 \, SnO^2$$

qui n'est donnée qu'à titre d'indication, toutes les proportions étant sujettes à varier suivant la nature de la pâte et le degré de fusibilité à obtenir.

On peut, au reste, y remplacer en tout ou en partie l'oxyde de plomb par des alcalis, mais alors il faut augmenter la teneur en silice, et se rapprocher des glaçures employées pour les poteries communes non plombifères, dont il vient d'être question.

La pose de la glaçure se fait par différents procédés. Pour les briques qui ne sont toujours vernissées que sur une ou deux faces, on opère généralement par immersion. Pour les tuiles ou les carreaux, on arrose la face supérieure. Enfin, les autres faïences architecturales sont vernissées par l'un ou l'autre procédé, à moins qu'on ne soit obligé d'avoir recours à la pose au pinceau, qui est naturellement obligatoire pour des pièces polychromes. Lorsque les poteries sont rondes, cette pose au pinceau peut être facilitée en les faisant tourner, le pinceau n'étant déplacé qu'en hauteur le long d'une génératrice.

Ordinairement, cette pose se fait sur la pâte sèche crue; pour certains objets plus délicats, on préfère cependant poser la glaçure sur la pâte cuite.

La cuisson peut quelquefois s'effectuer dans les fours à feu continu employé dans les tuileries ou les briqueteries, principalement s'ils sont chauffés au gaz, et en ayant soin de protéger les parties vernissées ou émaillées par un enfournement approprié. Cependant, on préfère généralement cuire les faïences architecturales soit en moufle, soit enfournées en gazettes dans des fours ronds intermittents. L'atmosphère des fours doit, du reste, toujours être oxydante, et la durée du grand feu assez courte pour éviter une trop grande volatilisation de l'oxyde de plomb ou de l'acide borique.

On peut, en outre, employer pour la décoration de ces faïences architecturales tous les procédés qui ont été indiqués au chapitre VIII, et, en particulier, la dorure. Dans certains cas, on cherche à atténuer l'éclat de la glaçure en diminuant sa fusibilité, principalement par l'addition d'une plus forte proportion de silice. La vitrification n'est alors pas complète et la surface reste plus ou moins mate, sans cependant avoir l'aspect absolument terne des pâtes engobées.

Il reste maintenant à examiner une question qui a soulevé de nombreuses discussions, celle de la résistance des faïences architecturales aux intempéries et particulièrement à la gelée. Il est tout d'abord évident que la pâte doit remplir les conditions de résistance qui ont été mentionnées à propos des terres cuites (page 553), et qu'il ne faut pas, comme on a quelquefois eu une tendance à le faire, prendre les pâtes les moins cuites pour les recouvrir de glaçure.

Si donc on admet une pâte parfaitement résistante, il est facile de se rendre compte que la présence d'une glaçure a plutôt pour effet de diminuer la résistance que de l'augmenter. La pâte étant imbibée d'eau, si on la soumet à la gelée, la glace qui se forme dans ses pores exerce une pression sur toute la surface interne de la glaçure, pression qui tend à la détacher ou tout au moins à en faire sauter des éclats. Pour remédier à ce défaut qui peut devenir grave, il faut absolument obtenir une union intime entre la pâte et la glaçure. Cette dernière doit pénétrer assez profondément dans les pores de la pâte, et ne pas former simplement une couche superficielle. Ce but est atteint en donnant à la glaçure une composition qui lui permette de s'harmoniser avec la pâte et même d'agir chimiquement sur celle-ci. Aussi une glaçure fortement alcaline adhèrera mieux sur une pâte siliceuse que sur une pâte alumineuse, par suite de la combinaison des alcalis de la glaçure avec le silice de la pâte. L'effet inverse est plus difficile à obtenir, parce qu'un excès de silice dans la glaçure suffisant pour pouvoir agir sur une pâte basique, rend cette glaçure trop dure à vitrifier. D'autre part, il faut, pour obtenir de bons produits, que la vitrification soit complète et assez prolongée pour permettre à la glaçure de bien pénétrer dans la pâte et pour laisser aux actions chimiques le temps de se produire.

Des faïences fabriquées dans ces conditions résistent à toutes les intempéries, comme le prouvent les nombreux exemples de faïences du moyen âge, employées dans la construction extérieure des édifices, qui se sont conservées intactes jusqu'à nos jours.

Cependant il est prudent de placer les faïences de telle manière que les surfaces non émaillées ne soient pas trop exposées à absorber de l'eau. Cette condition est presque toujours facile à remplir pour les murs; quant aux couvertures, il suffit de ne pas leur donner une trop faible inclinaison. Ces toitures vernissées ou émaillées, ayant du reste un but décoratif, il convient toujours, pour faire valoir la décoration, de leur donner une assez forte pente.

250. Carreaux encaustiques.

— Les carreaux encaustiques méritent une place à part parmi les faïences architecturales, à cause du développement considérable que leur fabrication avait prise au moyen âge et par suite de certaines particularités de leur fabrication. Les plus anciens échantillons de carreaux de ce genre que l'on possède datent du xiie siècle, ils furent très en vogue en France, en Angleterre et dans les Flandres pour le pavement des églises et des châteaux aux xiiie, xive et xve siècles, puis ils disparaissent au xvie pour être remplacés par des carreaux en faïence émaillée. Cette fabrication a depuis été reprise, particulièrement en Angleterre, mais, quoique les produits modernes soient plus résistants que les anciens, il n'est guère probable que leur usage se répande à cause de la concurrence que leur font les carreaux incrustés en grès.

La fabrication des carreaux encaustiques comprend les différentes opérations suivantes :

1° Moulage à la main de carreaux avec une pâte argileuse ;

2° Estampage en creux, au moyen d'un mandrin, dans la surface supérieure du carreau un peu ressuyé, d'un dessin de forme quelconque ;

3° Remplissage des creux ainsi obtenus par une pâte assez liquide, de couleur différente à celle du carreau, et raclage de la surface au moyen d'une lame métallique droite ;

4° Battage des carreaux ressuyés pour durcir leur surface ;

5° Vernissage par arrosement de la surface supérieure du carreau sec au moyen d'une glaçure plombique ;

6° Cuisson en moufles ou en gazettes.

Ces carreaux sont généralement carrés, de petites dimensions, d'une épaisseur de 2 à 3 centimètres. Les carreaux anciens avaient quelquefois des formes variables, d'après le dessin qu'ils devaient reproduire. La profondeur de l'estampe en creux varie de 3 à 5 millimètres.

Le procédé de fabrication précédent peut être simplifié en employant le moulage à la presse. On se sert, dans ce cas, d'un moule métallique dans le fond duquel on place une petite pièce en plâtre ayant une saillie égale à celle du creux que l'on veut obtenir. On y place une première galette de pâte fine, destinée à former la surface, on la recouvre d'une seconde galette plus épaisse de pâte plus grossière, puis on donne un coup de presse pour mouler et souder le tout. L'emploi de deux pâtes différentes a pour but d'économiser la pâte fine plus coûteuse. La suite de la fabrication a lieu comme il vient d'être dit.

Les carreaux sont ordinairement jaunes, orangés, rouges, bruns ou noirs. Les engobes peuvent, en outre, être colorés en vert ou en bleu, par le cuivre, le chrome, et le cobalt. Comme ces engobes sont posés en pâte plus liquide que celle du carreau, ils prendraient plus de retrait et se détacheraient si on n'avait la précaution de faire entrer plus de dégraissants dans leur composition. Quant à la glaçure, elle est un silicate de plomb, et ne diffère pas de celles dont il a été question précédemment.

251. Poêles. — Presque tous les poêles fabriqués actuellement ont une pâte argilo-calcaire, aussi donnera-t-on plus de détails sur cette fabrication dans le paragraphe suivant. Cependant les pâtes argileuses convenablement dégraissées peuvent aussi être employées à cet usage, contrairement à une opinion généralement admise même parmi les céramistes. Tous les poêles fabriqués en Allemagne, en Suisse et en Alsace avant le XVIe siècle, formés de carreaux assemblés qui avaient souvent des dimensions considérables, étaient en faïence vernissée. Ce n'est qu'à la fin du XVIe siècle que Hirchvogel introduisit à Nuremberg la fabrication des poêles en faïence émaillée.

La difficulté consiste à trouver une pâte résistant bien à un chauffage brusque souvent inégal, sans se fendre, et qui, en même temps, puisse être recouverte d'une glaçure qui ne trésaille pas. Ordinairement on tombe d'un défaut dans l'autre sans trouver un juste milieu. Comme la résistance à la chaleur est, somme toute, plus importante que la décoration, il en résulte que la glaçure est presque toujours trésaillée.

On peut cependant obtenir de bons produits en procédant comme suit : on mélange à l'argile une proportion suffisante de sable à grains de grosseur moyenne, de manière à obtenir une pâte analogue à celle des produits réfractaires, mais il faut se garder d'y introduire du ciment, comme on le fait pour les pâtes argilo-calcaires. Les carreaux façonnés sont cuits, puis engobés au moyen d'une argile plastique dégraissée avec du sable fin ou du quartz broyé, mais non pulvérisé. Lorsque l'engobe est sec, on pose le vernis par arrosement, et on procède à une seconde cuisson. Si le poêle doit être blanc, on se sert comme engobe d'une argile blanche, car il est difficile sinon impossible d'employer un émail opaque, analogue à ceux utilisés pour les faïences architecturales.

252. Vases, plats et objets décoratifs. — L'emploi des glaçures plombifères pour les vases, les plats et les autres objets mobiliers décoratifs, était connue des Égyptiens, comme le prouve les poteries trouvées dans les hypogées, et qui ont été faussement désignées sous le nom de porcelaines égyptiennes. Les découvertes archéologiques modernes ont montré que les vernis plombifères n'ont jamais cessé d'être connus, mais que, pour des raisons ignorées, leur fabrication n'a jamais pris de développement. Il faut attendre au XIIe siècle, pour voir les poteries vernissées être l'objet d'une fabrication régulière en Italie, d'où ils se répandirent ,au xiii° siècle, en France et en Allemagne.

La pâte était toujours colorée, de sorte que les couleurs introduites dans la glaçure transparente ne pouvaient donner que du jaune (seulement pour les pâtes claires), du rouge, du brun et du vert. Par contre, le façonnage décoratif de la pâte se composait de reliefs modelés à la main ou estampés à part et collés, et de traits gravés en creux dans la pâte encore plastique. Les fabriques de Beauvais ont été longtemps renommées pour ce genre de poteries.

Au xv° siècle, l'emploi des engobes vint fournir de nouveaux éléments de décoration. On sait que les engobes étaient connus des Grecs et des Romains, mais ils paraissent être tombés dans l'oubli, pour être employés de nouveau en Italie, d'où, de même que le vernis plombifère, ils se répandirent dans toute l'Europe.

Il a déjà été dit que cette fabrication a disparu au xvi° siècle, ou du moins elle n'a plus été employée que pour la production de poteries communes. Cependant on a continué à fabriquer à Thun, en Suisse, et dans la Forêt-Noire, des poteries qui ont eu de nouveau un moment de vogue et dont la décoration est faite sur une pâte préalablement recouverte d'un engobe général, brun ou blanc, en y déposant des engobes colorés au moyen d'un vase à bec affilé qui les laisse tomber goutte à goutte. Ce procédé a été désigné sous le nom de pastillage (page 424). On le complète ordinairement par des traits au pinceau, de manière à former des fleurs, des feuilles ou d'autres motifs d'ornementation assez simples. Les poteries sont ensuite chauffées à basse température pour bien fixer l'engobe, puis recouvertes d'un vernis plombifère par arrosement ou par immersion.

Certains céramistes ont rangé les poteries de Bernard Palissy parmi les faïences émaillées, il nous est impossible de partager leur opinion. Sans doute, la pâte employée par Palissy est très peu colorée, ce qui la différencie des autres faïences vernissées anciennes, mais la composition suivante, donnée par Brongniart, la range parmi les pâtes argileuses non calcaires.

Silice	67,50
Alumine	28,51
Oxyde de fer	2,05
Chaux	1,52
Magnésie	0
Alcalis	non dosés.

La glaçure est en outre nettement plombifère ; si elle contient un peu d'étain ce ne peut être, suivant l'opinion de Deck, qu'accidentellement, et non pour opacifier les glaçures colorées, car Palissy n'a précisément employé une pâte relativement blanche que pour obtenir une coloration blanche avec un vernis transparent.

Le façonnage des ornements, feuilles, coquilles, animaux divers, devait être fait par un moulage sur les sujets eux-mêmes, et par le collage des pièces ainsi obtenues sur les vases ou sur les plats.

Les colorations du vernis sont un jaune franc et un jaune brun, obtenus sans doute avec des ocres, un bleu indigo de cobalt, un bleu grisâtre, un vert émeraude de cuivre, un vert jaune de cuivre et d'ocre, un violet de manganèse, et un violet brun de manganèse et d'ocre.

Le faïences de Bernard Palissy ont été souvent imitées, mais on emploie de préférence dans ce but des pâtes argilo-calcaires et des glaçures stannifères.

La décoration artistique des faïences vernissées s'est très développée dans ces dernières années. Des fabriques céramiques devenues importantes en ont fait leur spécialité.

§ 2. — FAIENCES DITES ÉMAILLÉES A PATE ARGILO-CALCAIRE FUSIBLE

253. Composition. — Les faïences émaillées ont été employées pour les services de table et pour toutes les pièces de décoration et d'apparat du xvie au xviiie siècle. Actuellement on ne s'en sert plus guère que pour faire des imitations de faïences mauresques, italiennes et françaises et pour la fabrication des carreaux de poêles.

Voici, d'après Brongniart, la composition de la pâte d'un certain nombre de ces faïences :

	SILICE	ALUMINE	OXYDE DE FER	CHAUX	MAGNÉSIE	ACIDE CARBONIQUE ET PERTES
Faïence persane (du xive au xvie siéc.)	48.54	12.05	3.14	19.25	0.30	16.72
Faïence hispano-mauresque	46.04	18.45	3.64	17.64	0.87	13.96
Faïence hispano-mauresque de Manisès	54.71	18.80	2.20	19.69	tr	4.60
Faïence de Lucca della Robbia	49.65	15.50	3.70	22.40	0.17	8.58
Faïence de Nevers	56.49	19.22	2.12	14.96	0.71	6.50
Faïence de Rouen	47.96	15.02	4.07	20.24	0.44	12.27
Faïence de Delft	49.07	16.19	2.82	18.01	0.82	13.09

La rubrique, acide carbonique et pertes, comprend les alcalis, qui n'ont malheureusement pas été dosés, et l'acide carbonique provenant du carbonate de chaux non décomposé à cause de la température insuffisante de la cuisson.

Dans ces pâtes la proportion de chaux varie de 15 à 22 0/0, soit environ 20 0/0 en moyenne, qui correspond à 35 ou 36 0/0 de carbonate de chaux. Cette teneur élevée en chaux n'est admissible que par suite de la faible cuisson, une partie seulement du carbonate ayant été décomposée et l'autre n'ayant pas agi comme fondant, mais simplement comme matière dégraissante. Avec les températures plus élevées employées actuellement pour la cuisson des pâtes, il est bon de diminuer un peu la proportion de chaux. Si on supposait tout l'acide carbonique éliminé, la moyenne de la teneur en chaux dans les pâtes précédentes serait de 22 à 23 0/0, tandis que maintenant les limites sont 13 et 16 0/0. Au dessous l'émail stannifère a une tendance à trésailler et, au dessus, la pâte se comporte mal à la cuisson et absorbe les vernis plombifères, qu'on peut également employer pour la décorer.

Deck indique pour les faïences imitant le genre Palissy une composition qui donnerait une pâte contenant de 65 à 66 0/0 de silice, 14 à 15 0/0 d'alumine et 19 à 20 0/0 de chaux. Nous trouvons qu'il vaut mieux diminuer la proportion de chaux et se tenir à des pâtes dont les compositions varient dans les limites suivantes :

Silice...	60 à 65
Alumine.......................................	13 à 20
Oxyde de fer..................................	2 à 4
Chaux...	13 à 16
Alcalis..	2 à 4

Ces pâtes d'abord jaune rougeâtre, lorsqu'elles sont cuites à basse température, deviennent d'un blanc légèrement jaunâtre, lorsque la cuisson a été suffisante pour décomposer les carbonates.

Toutes les anciennes pâtes de faïences émaillées et la plupart des nouvelles sont entièrement recouvertes d'une glaçure opaque blanche, qui sert de fond à la décoration. Voici différentes compositions de cet émail données par Brongniart et Bastenaire-Daudenart.

Calcine composée de :

Oxyde d'étain............................	23	18	20	16	23
Oxyde de plomb.........................	77	82	80	84	77
	100	100	100	100	100
Calcine....................................	45	45	46	45	44
Oxyde de plomb.........................	2	»	»	»	»
Sable.......................................	45	45	45	47	44
Soude d'Alicante........................	3	3	»	»	1
Sel marin.................................	5	7	9	8	11
	100	100	100	100	100

Dans ces compositions il faut remarquer que la soude d'Alicante contient seulement environ un tiers de carbonate de soude et que son action est par conséquent à peu près nulle; elle n'est vraisemblablement ajoutée, de même que le tartre de vin employé par les Italiens, que pour faciliter le frittage de l'émail.

Dans ces conditions, on peut admettre pour ces glaçures la composition suivante :

Silice...		45
Calcine......... { Oxyde de plomb...............		36
{ Oxyde d'étain...................		10
Sel marin.......................................		9
		100

Cette composition donne, après cuisson, un émail correspondant environ à la formule.

$$\left. \begin{array}{l} 0,25 Na^2O \\ 0,75 PbO \end{array} \right\} 3,5 SiO^2 + 0,8 SnO^2.$$

Il est bon de fritter d'abord le sel marin et la silice, puis d'ajouter la calcine et de fondre. Si, comme on le fait souvent, on fritte le tout ensemble, il est à craindre que le sel ne soit qu'incomplètement décomposé.

254. Décoration. — Les procédés particuliers de la fabrication des plats, vases et objets décoratifs en faïence, seront examinés à la fin de ce chapitre; il ne sera actuellement question que des procédés de décoration particuliers à la faïence émaillée.

L'émail blanc dont la composition vient d'être indiquée peut être coloré par l'addition de 3 à 10 0/0 d'oxydes colorants. On obtient, par exemple, du jaune avec 9 0/0 d'antimoniate de plomb, du bleu avec 5 0/0 d'oxyde de cobalt, du vert avec 5 0/0 de protoxyde de cuivre, du violet avec 4 0/0 d'oxyde de manganèse, etc.

La pâte ayant été cuite à une température suffisamment élevée pour décomposer les carbonates (1.000 à 1.200°), on pose l'émail par immersion ou par arrosement, puis on le laisse sécher. La décoration peut alors se faire par deux procédés : ou bien les couleurs sont posées sur l'émail cru et on termine la fabrication par une seconde cuisson; ou bien on cuit d'abord l'émail, puis on le décore, les couleurs étant ensuite fixées par un troisième chauffage.

Le premier procédé, dit *peinture au grand feu sur émail cru*, a été à peu près le seul employé pour la fabrication des faïences italiennes, françaises, hollandaises, du xve au xviiie siècle. On a vu, page 428, que cette méthode présente de grandes difficultés à cause de la friabilité de l'émail cru, mais que, par contre, pour les décors peints, il donne des tons plus fondus, se solidarisant mieux avec la glaçure. Les couleurs vitrifiables employées sont ordinairement plombifères, quelquefois alcalino-plombifères. En Italie et en Hollande, on avait l'habitude d'asperger l'émail cru avec une seconde glaçure alcalino-plombifère qui permettait l'emploi de couleurs vitrifiables alcalines, et donnait à la poterie un plus grand éclat.

La *peinture sur émail cuit* a été employée dès le commencement du xviiie siècle, par Hannong et par tous les céramistes disciples de l'école de Strasbourg. Ce procédé a été généralement employé depuis, la décoration se faisant facilement au moyen de couleurs vitrifiables. On peut également utiliser les glaçures transparentes colorées en entourant les différents émaux au moyen d'un trait noir, c'est-à-dire en faisant usage d'émaux cloisonnés (page 428).

Les deux procédés de décoration précédents sont basés sur l'emploi comme fond d'un émail stannifère blanc, masquant la coloration et les défectuosités de la pâte. C'est pourquoi on a donné à ce genre de poteries le nom de faïences stannifères. Mais, comme il est actuellement facile d'obtenir des pâtes argilo-calcaires très peu colorées, on peut recouvrir celles-ci de glaçures transparentes à colorations plus variées, comme il a été dit à propos des faïences de Bernard Palissy. La composition calcaire de la pâte a alors l'avantage de permettre simultanément l'emploi des émaux transparents et des émaux opaques pour les tons clairs et particulièrement pour le blanc, si difficile à obtenir avec les pâtes argileuses.

255. Carreaux de poêle, panneaux, etc. — On a vu que les carreaux de poêle, les panneaux, et, d'une manière générale, les faïences qui ont à résister à un chauffage inégal, doivent avoir une pâte se rapprochant de celle des terres cuites réfractaires, c'est-à-dire formée par le mélange d'une argile et de sable quartzeux ou de ciment. Malheureusement la masse poreuse ainsi obtenue ne peut pas être recouverte de glaçure. Il faut rendre sa surface plus compacte, par engobage avec la même argile additionnée de sable fin. On peut alors la couvrir de vernis plombifère, mais non d'émail opaque. Celui-ci ne peut être fixé sans trésailler que sur une pâte calcaire.

Ainsi, d'une part, pour résister au chauffage, il faudrait une pâte argileuse, poreuse, grossière, et, d'autre part, pour la glaçure, il faudrait une pâte compacte calcaire fine. Il est assez difficile de trouver un juste milieu entre ces conditions contradictoires. A première vue, il semblerait que l'on pourrait trouver une solution en fabriquant les carreaux avec une pâte grossière réfractaire qui serait engobée avec une pâte fine calcaire. Mais on déplace simplement la difficulté, l'accord ne se faisant pas entre les deux pâtes, c'est l'engobe qui trésaille.

Actuellement il y a deux manières de résoudre la difficulté. Prendre une pâte médiocrement calcaire, dégraissée au moyen de sable et de ciment, et la recouvrir par immersion ou par incrustation d'un engobe fait avec la même pâte plus fine, c'est-à-dire dégraissée seulement avec du sable fin, ou bien n'employer qu'une sorte de pâte ayant une composition et une texture moyenne.

Comme la texture physique joue un rôle aussi important que la composition, il est impossible d'indiquer un type déterminé de pâte, aussi doit-on se contenter de donner les indications générales suivantes. La teneur en carbonate de chaux doit varier de 10 à 14 0/0, au dessous l'émail trésaille, au dessus la pâte fend. La teneur de 14 0/0 correspond à une pâte contenant peu d'oxyde de fer, soit de 1 à 2 0/0, tandis que la proportion de 10 0/0 s'applique aux pâtes en contenant de 5 à 6 0/0. La proportion d'alumine doit être aussi réduite que possible, de manière à ne laisser que la plasticité strictement nécessaire au façonnage, ce qui, étant donné la plasticité relative du carbonate de chaux, correspond généralement à une teneur de 12 à 14 0/0.

D'après les analyses de Barral, l'ancienne pâte employée par Pichenot était composée de

Silice...............................	56,3 à 55,4
Alumine.............................	29,2 à 26,6
Oxyde de fer........................	0,9 à 1,3
Chaux..............................	14,7 à 13,2

et formée par le mélange de

Argile plastique.....................	25	parties
Marne.............................	25	»
Sable..............................	12	»
Ciment réfractaire...................	37	»

Étant donnée la composition évidemment assez alumineuse du ciment réfractaire, on voit qu'environ la moitié de l'alumine devait se trouver dans le ciment, c'est-à-dire à l'état de matière antiplastique.

En Allemagne, on fait actuellement un grand usage, pour la fabrication des carreaux de poêle, de l'argile de Velten dont voici la composition, d'après Seger :

Silice.............................	47,86 à 43,48
Alumine...........................	11,90 à 10,46
Oxyde de fer.......................	5,18 à 5,10
Chaux.............................	18,68 à 14,96
Magnésie..........................	1,71 à 1,42
Alcalis............................	4,00 à 3,66
Eau et d'acide carbonique..........	16,98 à 15,08

Cette argile essayée par lévigation avec l'appareil de M. Schöne (page 93) donne :

Grains de moins de $0^m,010$..................	73,48
— de $0^m,010$ à $0^m,025$..............	4,02
— de $0^m,025$ à $0^m,040$..............	8,28
— de $0^m,040$ à $0^m,200$..............	14,00
Grains de plus de 0^m200...................	0,22

La préparation des pâtes se fait en triant d'abord l'argile, puis en procédant comme il a été dit pour les pâtes réfractaires argileuses. Le façonnage a toujours lieu par moulage à la main, ordinairement dans des moules en plâtre, en y appliquant une ébauche obtenue en coupant dans un bloc de pâte une galette ayant les dimensions voulues. On obtient ainsi des panneaux pouvant avoir jusqu'à 2/3 et même 3/4 de mètre carré de surface.

Pour les carreaux de poêle le façonnage est plus compliqué. Voici comment il se fait en Allemagne, pays où existent les plus importantes fabriques de ces poteries. Dans un moule en plâtre (*fig.* 303) on commence par façonner une plaque (A) comme il vient d'être dit, puis on rapporte un colombin de pâte (B), obtenu par étirage, auquel on donne une forme rectangulaire à angles arrondis,

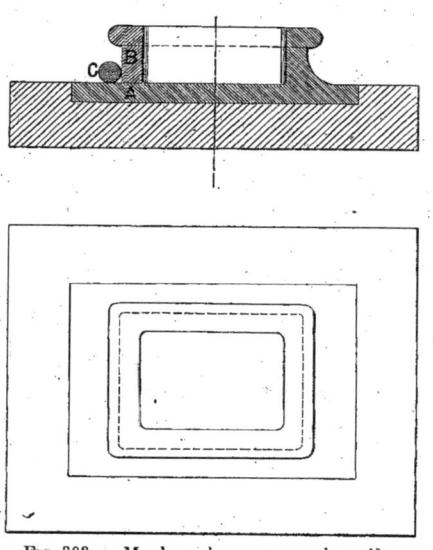

Fig. 303. — Moulage des carreaux de poêle.

en le soudant à lui-même, puis avec la plaque. Ceci fait on ajoute extérieurement un colombin rond C, que l'on aplatit à la main de manière à faire un congé qui renforce la soudure précédente.

Les carreaux d'angle ou encoignures sont moulés de la même manière, mais, dans ce cas, le moule en plâtre doit être en deux pièces (*fig.* 304) pour pouvoir opérer le démoulage.

Les opérations manuelles précédentes peuvent être simplifiées en

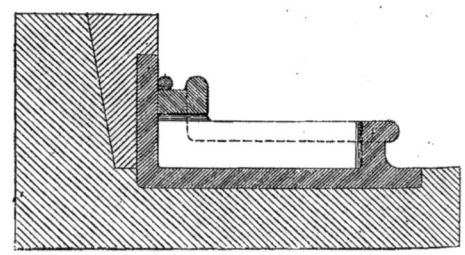

Fig. 304. — Moulage des carreaux de poêle.

employant la machine construite par M. Schlickeisen représentée sur la figure 305. Après avoir placé dans le moule, comme il vient d'être dit, une galette plate de pâte (A) et le colombin profilé (B), on fait descendre un mandrin ayant la forme du vide intérieur du carreau, puis, au moyen de deux vis latérales, on exerce une pression de manière à souder le tout. On a essayé, mais jusqu'à présent sans bons résultats, de mouler les carreaux directement à la presse sans ébauche.

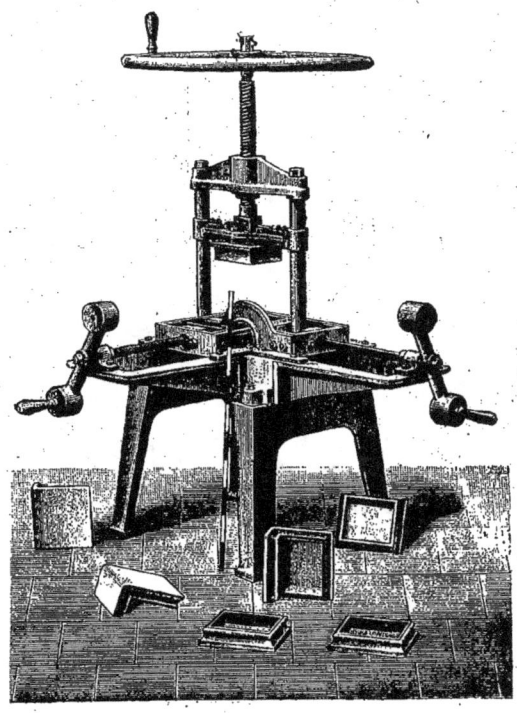

Fig. 305. — Machine à mouler les carreaux de poêle.

Le séchage doit se faire très lentement, mais, à cause de la forme dissymitrique du carreau, la surface a toujours une tendance à se bomber. Aussi, lorsque la pâte est ressuyée, est-on obligé de la dresser en la frappant sur un marbre. Dans certaines fabriques elle est égalisée sur une meule. Pour les encoignures on se sert de deux marbres assemblés à angle droit.

L'enfournement se fait en charge, en plaçant deux carreaux l'un contre l'autre, les faces apparentes étant en contact. La cuisson ne présente pas de difficultés, mais il est nécessaire de redresser une seconde fois les pièces cuites. Cette opération se fait sur une grande meule horizontale généralement en fonte, recouverte de sable à polir additionné d'eau (*fig.* 306). Les carreaux y sont placés la face apparente appliquée sur la meule, en les faisant tourner de temps en temps à la main, ou en employant dans ce but un petit mécanisme spécial.

Fig. 306. — Machine à dresser les carreaux de poêle.

La pose de la glaçure se fait par arrosement, et sa cuisson s'opère dans des fours à moufle, ou mieux en gazettes comme on le verra plus loin.

La composition de la glaçure est celle qui a été indiquée précédemment, cependant on emploie actuellement en Allemagne des émaux ayant une teneur plus élevée en alcalis. Voici deux résultats d'analyses de glaçures vitrifiées, la première plus ancienne provenant de la maison Fleiner de Berlin, qui s'est fait une spécialité de la vente d'émaux pour carreaux de poêle, et la seconde étant de fabrication récente.

Silice.................................	46,70	46,20
Oxyde de plomb..................	26,75	32,12
Oxyde d'étain.....................	14,00	9,24
Alumine...............................	4,90	4,24
Chaux.................................	1,36	2,58
Potasse...............................	1,94	0,67
Soude..................................	4,35	4,95
	100,00	100,00

Nous ne connaissons pas les mélanges qui servent à faire ces glaçures, mais il semble qu'elles sont composées de calcaire, de sel marin et d'un sable feldspathique, ou de sable quartzeux et de feldspath. Elles correspondent aux formules suivantes :

$$\left.\begin{array}{l}0{,}53\text{PbO}\\0{,}06\text{CaO}\\0{,}10\text{K}^2\text{O}\\0{,}31\text{Na}^2\text{O}\end{array}\right\} 0{,}21\text{Al}^2\text{O}^3, 3{,}43\text{SiO}^2 + 0{,}79\text{SnO}^2$$

$$\left.\begin{array}{l}0{,}56\text{PbO}\\0{,}10\text{CaO}\\0{,}03\text{K}^2\text{O}\\0{,}31\text{Na}^2\text{O}\end{array}\right\} 0{,}16\text{Al}^2\text{O}^3, 3{,}00\text{SiO}^2 + 0{,}46\text{SnO}^2.$$

Lorsque la surface des carreaux porte des ornements en relief, ceux-ci sont simplement moulés en creux dans le moule en plâtre. La fabrication de ces dernières poteries est relativement plus facile que celle des carreaux unis, parce que les déformations qu'elles peuvent éprouver au séchage et à la cuisson sont moins apparentes.

La décoration de ces carreaux se fait ordinairement au moyen de glaçures colorées transparentes ; les différentes couleurs étant séparées soit par un trait noir (émaux cloisonnés), soit en gravant au moulage des traits profonds dans la pâte qui reproduisent le dessin et empêchent les émaux de se mélanger.

Les poteries pour poêles se font dans les faïenceries ou dans certaines fabriques spéciales.

§ 3. — Faïences dites siliceuses à pate siliceuse fusible

256. Il semble que les premières faïences fabriquées par les Égyptiens, puis plus tard par les Persans, aient été des poteries à pâte extrêmement siliceuse, formées par du sable agglutiné avec un peu d'alumine et des fondants : alcalis et chaux. Les glaçures sont des silicates alcalino-plombeux, à couleurs éclatantes. Les deux fresques qui, grâce à M. Dieulafoy, sont actuellement au Louvre et qui ornaient le palais des rois de Perse à Suse, sont le plus bel échantillon de l'ancien art persan. On trouve également des faïences semblables datant d'époques beaucoup plus récentes. Ainsi Brongniart donne les compositions suivantes, la première d'un carreau de la grande mosquée de Jérusalem, et la seconde d'une dalle du tombeau de Mahomet à Médine, construit en 707.

Silice...........................	87,16	89,95
Alumine et oxyde de fer.........	5,50	3,87
Chaux...........................	3,00	2,00
Magnésie	0,28	0,54
Alcalis	1,20	3,00
Acide carbonique...............	2,86	»

On a vu, dans l'historique de la céramique, que l'on ne possède aucun renseignement sur l'art céramique des Persans, puis des Arabes, pendant les premiers siècles de notre ère, jusqu'au xie siècle, époque à laquelle commence, en Espagne, la célèbre fabrication des poteries hispano-mauresques. Mais celles-ci n'ont plus une pâte siliceuse, elle est argilo-calcaire, et les émaux alcalins ont fait place aux émaux stannifères.

Ce n'est que vers 1850 que la composition des anciennes faïences persanes attira l'attention des céramistes, et qu'on chercha à retrouver les procédés qui avaient été employés.

De nouvelles analyses de la pâte ont indiqué la composition suivante :

Silice...	90,0
Alumine...	3,0
Alcalis..	6,5
Pertes et divers...................................	0,5
	100,0

Les matières premières utilisées sont encore inconnues. La très faible plasticité de cette pâte a dû en rendre le moulage très difficile. Certaines personnes ont émis l'avis que l'on pouvait se trouver en présence non pas d'un produit façonné, mais de blocs de pierres sableuses taillées. Il ne semble pas cependant que cette explication soit la bonne. Peut-être ajoutait-on à la pâte des matières organiques qui donnaient un certain liant et disparaissaient ensuite à la cuisson.

Quoi qu'il en soit, cette pâte était recouverte à cru d'une première glaçure ou plutôt d'un lustre, composé d'après Lindhorst de :

Silice...	90,0
Alumine...	1,0
Oxyde de fer......................................	0,5
Alcalis..	8,0
Pertes et divers...................................	0,5
	100,0

Ce lustre était sans doute destiné à combler les pores de la pâte. Puis le tout devait être chauffé à une température assez élevée (probablement 1.200°) à laquelle sous l'action des fondants la pâte prenait une certaine dureté. La seconde glaçure avait, également d'après Lindhorst, la composition suivante :

Silice...	60
Oxyde de plomb.............................	25
Alcalis...	15

correspondant à la formule

$$\left. \begin{array}{l} 0,32 PbO \\ 0,68 Na^2O \end{array} \right\} 2,82 SiO^2$$

ou

$$\left. \begin{array}{l} 0,39 PbO \\ 0,61 K^2O \end{array} \right\} 3,48 SiO^2$$

En 1861, Deck est parvenu à reproduire ces faïences persanes, quoique avec une pâte sensiblement différente, mais également siliceuse et relativement fusible. Il a publié dans son ouvrage, *la Faïence*, les procédés qu'il a employés. Nous en extrayons ce qui suit :

On commence par faire une fritte formée de

Sable de Fontainebleau........................	86
Potasse..	7
Soude...	3
Craie...	5
	100

qui est pulvérisée à sec.

La composition de la pâte pour poteries est :

Terre blanche...................................	24
Blanc de Meudon..............................	24
Silex...	48
Fritte...	4
	100

et celle pour carreaux de poêles et panneaux :

Terre blanche réfractaire.....................	25
Silex...	60
Fritte...	15
	100

Après façonnage et cuisson, on recouvre les pâtes d'un engobe qui pour la première est composé de :

Fritte	63
Email blanc stannifère	32
Terre blanche	5
	100

et la seconde :

Fritte	75
Craie	15
Terre blanche	10
	100

Il est regrettable que l'on ne connaisse pas la composition chimique exacte de ces mélanges. En outre, Deck fait l'observation suivante : « Ce n'est pas que l'adjonction de la fritte à la terre soit absolument nécessaire pour éviter la trésaillure ; la silice et la chaux peuvent suffire à l'empêcher, mais la fritte ajoute beaucoup à la vigueur des colorations ; elles paraissent moins fades, et le tout prend un caractère plus énergique. Un œil un peu exercé aperçoit vite la supériorité de la pate alcaline sur celle qui ne l'est pas. » Nous ferons remarquer que, dans la pâte à poteries, la proportion d'alcalis ajoutée par la fritte n'est que de 0,4 0/0, et dans la pâte à carreaux de 1,5 0/0. La première est inférieure à la teneur en alcalis des argiles pures les plus réfractaires. Dans ces conditions il est impossible, même à un céramiste aussi habile que l'était Deck, de voir une différence quelconque dans les poteries dont la pâte contient un demi ou même un et demi pour cent en plus ou moins d'alcalis.

En tenant compte de la composition du sable de Fontainebleau, de celle probable de l'argile réfractaire blanche, et en négligeant la faible teneur en oxyde de fer on peut admettre pour les deux pâtes cuites précédentes la composition suivante :

	Pâte à poteries	Pâte à carreaux
Silice	72 à 74	86 à 87
Alumine	11 à 12	9,5 à 10
Chaux	14 à 15	1 à 2
Alcalis	1,5 à 2	2 à 2,5

Quant aux engobes, ils seraient composés de :

	Engobe pour poteries	Engobe pour carreaux
Silice................	72,0 à 73,0	72,0 à 79,0
Alumine...............	1,8 à 2,0	4,0 à 4,2
Oxyde d'étain.........	3,5	»
Oxyde de plomb........	12,0	»
Chaux.................	2,0 à 2,2	8,8 à 9,0
Potasse...............	4,6 à 4,8	6,0 à 6,2
Soude.................	3,1 à 3,2	2,7 à 2,8

ils correspondent approximativement aux formules :

$$\left.\begin{array}{l}0,25PbO\\0,25CaO\\0,25K^2O\\0,25Na^2O\end{array}\right\} 0,10Al^2O^3, 6SiO^2 + 0,25SnO^2$$

et

$$\left.\begin{array}{l}0,60CaO\\0,25K^2O\\0,15Na^2O\end{array}\right\} 0,15Al^2O^3, 5SiO^2.$$

Le retrait total de la première pâte, tant au séchage qu'à la cuisson, serait de 6 0/0 et celui de la seconde de 2 0/0 seulement.

La glaçure est un silicate alcalino-plombeux dont voici la composition :

Sable..	48 à 50
Minium.......................................	30
Potasse.......................................	12
Soude...	8 à 10

La formule chimique est approximativement :

$$\left.\begin{array}{l}0,33PbO\\0,33K^2O\\0,33Na^2O\end{array}\right\} 2SiO^2.$$

Le mélange est fondu, puis pulvérisé de préférence à sec, la poudre n'a pas besoin d'être impalpable. La température de cuisson varie entre 1.000 et 1.200°.

Enfin voici la composition de quelques-unes des couleurs indiquées par Deck.

FAÏENCES

Fondant

Silice	70
Minium	5
Potasse	15
Soude	10
	100

Bleu turquoise

Fondant	47
Minium	6
Oxyde de cuivre	47
	100

Bleu foncé

Fondant	50
Minium	20
Oxyde de cobalt	30
	100

Vert

Silice	30
Alumine	5
Fondant	10
Minium	40
Oxyde d'antimoine	20
Oxyde de cuivre	50
Oxyde de fer	10
Chromate de fer	30
	195

Jaune clair

Calcine	200
Minium	65
Antimoine	45
Ammoniaque	8
	218

Jaune foncé

Silice	15
Alumine	5
Calcine	55
Minium	50
Litharge	45
Oxyde d'antimoine	73
Oxyde de fer	41
Oxyde de zinc	16
	300

Rose

Silice	20
Carbonate de chaux	35
Acide stannique	80
Borax	4
Bichromate de potasse	4
Alumine	2
	145

Rouge

Minium	20
Grès de Thiviers	80

Rouge brun

Minium	20
Bol d'Arménie calciné	80

Brun foncé

Oxyde de zinc	25
Sulfate de fer	20
Chromate de fer	40
Oxyde de magnésie	15
	100

Noir

Silice	30
Alumine	6
Minium	44
Oxyde d'antimoine	22
Oxyde de fer	35
Chromate de fer	20
Oxyde de manganèse	40
Oxyde de cobalt	7
Oxyde de cuivre	15
	219

Blanc

Fondant	20
Émail blanc stannifère	40

Blanc

Sable de Nevers	20
Craie	10
Pâte de porcelaine pulvérisée	30

Ce mélange est délayé dans du silicate de potasse à 33°.

Les couleurs ayant été délayées à la molette, ou au couteau à palette, avec un peu de gomme arabique, sont posées au pinceau par teintes successives pour les modelés.

La décoration avec des glaçures colorées se fait en cloisonnant les contours, au moyen d'un trait noir de 1 à 1 et 1/2 millimètre d'épaisseur, fait avec un mélange de pâte, de fondant et de couleur noire. Quant aux émaux transparents, voici quelques compositions :

Fondant

Silice	45 à 50
Minium	30 à 35
Potasse	12
Soude	12

Bleu turquoise

Fondant	23
Oxyde de cuivre	7

Bleu

Fondant	25
Silice	4,3
Oxyde de cobalt	0,7

Vert

Silice	30 à 35
Borax	5
Minium	55
Potasse	5 à 10
Oxyde de cuivre	4

Jaune brun

Fondant	44
Silice	20
Minium	25
Oxyde de fer	8
Oxyde de magnésie	3

Grenat

Fondant	82
Soude	5
Nitrate de soude	5
Oxyde d'antimoine	2
Oxyde de magnésie	6

Violet foncé

Fondant	92,4
Oxyde de magnésie	7,0
Oxyde de cobalt	0,6

Blanc ivoire

Fondant	52
Silice	20
Minium	25
Oxyde de fer	3

Tous ces émaux sont fondus, puis pulvérisés.

La pâte relativement tendre des faïences siliceuses n'est pas assez résistante pour se prêter aux usages domestiques, mais elle convient admirablement aux poteries artistiques, dont le façonnage n'exige pas une pâte plastique, et dont le décor consiste principalement dans l'éclat incomparable des couleurs.

§ 4. — Faïences dites terre de pipe a pate argilo-calcaire peu fusible

257. Les faïences, dites terre de pipe, sont caractérisées par une pâte à peu près blanche, dure, formée par le mélange d'argile réfractaire aussi peu ferrugineuse que possible, de silex et de carbonate de chaux. Une partie du fondant calcaire est quelquefois remplacée par un fondant alcalin.

Cette pâte, lorsqu'elle est faiblement cuite, a l'aspect de celle qui sert à la fabrication des pipes, d'où son nom. Mais elle s'en différencie par une plus forte teneur en silice et par sa cuisson à une température plus élevée (1.200°).

C'est l'argile réfractaire qui sert de base à la composition de la pâte. On lui ajoute plus ou moins de silice, suivant son degré de plasticité, cette silice étant sous forme de sable pour les produits ordinaires, et à l'état de silex calciné (page 115) pour les produits fins. On se sert aussi quelquefois, mais en faible proportion, de ciment de la pâte cuite. La chaux est additionnée soit à l'état de marne, dont la plasticité relative s'ajoute à celle de l'argile et exige plus de dégraissant, soit à l'état de craie, qui diminue la plasticité quoique à un moindre degré que la silice. Le fondant alcalin est introduit à l'état de feldspath ; il est généralement aussi dégraissant que le silex.

On peut, d'une manière très générale, caractériser la composition de la pâte par le mélange théorique suivant :

Argile pure..	30
Silice...	50
Carbonate de chaux...........................	20
	100

donnant après cuisson une pâte formée de

Silice...	72,6
Alumine...	15,2
Chaux..	12,2

Voici, à titre d'exemple, différentes manières d'obtenir des pâtes de ce genre :

Argile réfractaire plastique.....	40	40	40
Silex..................................	40	35	35
Ciment...............................	»	5	5
Craie.................................	20	20	16
Feldspath..........................	»	»	4
	100	100	100

Argile réfractaire maigre.........	60	60
Silex................................	20	20
Craie................................	20	16
Feldspath..........................	»	4
	100	100

Argile réfractaire plastique...............	25
Silex.......................................	42
Ciment....................................	5
Marne plastique..........................	28
	100

Quelquefois on ajoute à la pâte une certaine proportion de kaolin, qui, contenant moins de fer que l'argile, a pour effet de blanchir la masse. Il faut naturellement dans ce cas tenir compte des fondants qu'il peut renfermer. Voici dans cet ordre d'idées la composition d'une pâte assez complexe.

Argile réfractaire plastique...............	15
Argile réfractaire maigre.................	45
Kaolin alcalin.............................	5
Silex.......................................	20
Craie......................................	10
Feldspath.................................	5
	100

Les glaçures employées autrefois étaient des silicates alcalino-plombifères très tendres, comme le montre la composition suivante, indiquée par Bastenaire :

Sable quartzeux...........................	36
Minium....................................	45
Carbonate de soude en solution à 80°...	17
Nitrate de potasse........................	2

Soit, approximativement :

Silice.......................................	40,4
Oxyde de plomb.........................	49,0
Soude......................................	9,6
Potasse....................................	1,0
	100,0

correspondant à la formule.

$$\left. \begin{array}{l} 0,57\text{PbO} \\ 0,03\text{K}^2\text{O} \\ 0,40\text{Na}^2\text{O} \end{array} \right\} 1,75\text{SiO}^2$$

FAIENCES DITES TERRE DE PIPE

Depuis, on a employé de préférence des glaçures alcalino-plombifères boraciques, surtout pour les poteries devant être décorées. Voici, à titre d'exemple, cinq compositions de glaçures de ce genre indiquées par Prössel.

Fritte

Feldspath	41,5	35	16	30	24
Sable	13,3	18	29	22	30
Minium	18,5	16	»	»	»
Borax	16,5	22	29	30	35
Kaolin	2,7	3	10	3,5	6
Potasse	1,0	»	»	4,5	3
Craie	6,5	6	15	11	12

Glaçure

Fritte	90	82	58	65	65
Céruse	9	8	26	24	13
Sable	»	»	»	»	11
Feldspath	»	10	16	11	11

La fritte ayant été préparée, on la mélange dans les proportions indiquées ci-dessus avec de la céruse, du sable ou du feldspath et on pulvérise le tout. En employant du feldspath de Norwège, ces glaçures ont approximativement les compositions suivantes :

Silice	43,4	47,8	44,8	42,9	53,1
Acide borique	6,0	7,2	7,1	8,1	9,6
Alumine	9,2	9,4	8,8	8,0	7,4
Oxyde de plomb	27,6	22,6	26,2	23,6	13,1
Chaux	3,9	3,3	6,1	5,0	5,5
Potasse	7,4	6,6	4,0	9,0	7,2
Soude	2,5	3,1	3.0	3,4	4,1

Enfin, on peut les représenter par les formules :

$$\left. \begin{array}{l} 0,39 PbO \\ 0,21 CaO \\ 0,27 K^2O \\ 0,13 Na^2O \end{array} \right\} 0,28 Al^2O^3 \left\{ \begin{array}{l} 2,26 SiO^2 \\ 0,26 BO^3 \end{array} \right.$$

$$\left. \begin{array}{l} 0,35 PbO \\ 0,21 CaO \\ 0,27 K^2O \\ 0,17 Na^2O \end{array} \right\} 0,32 Al^2O^3 \left\{ \begin{array}{l} 2,77 SiO^2 \\ 0,36 BO^3 \end{array} \right.$$

$$\left. \begin{array}{l} 0,37 PbO \\ 0,34 CaO \\ 0,14 K^2O \\ 0,15 Na^2O \end{array} \right\} 0,30 Al^2O^3 \left\{ \begin{array}{l} 2,33 SiO^2 \\ 0,35 BO^3 \end{array} \right.$$

$$\left.\begin{array}{l}0,30\text{PbO}\\0,25\text{CaO}\\0,29\text{K}^2\text{O}\\0,16\text{Na}^2\text{O}\end{array}\right\} 0,22\text{Al}^2\text{O}^3 \left\{\begin{array}{l}2,04\text{SiO}^2\\0,40\text{BO}^3\end{array}\right.$$

$$\left.\begin{array}{l}0,19\text{PbO}\\0,32\text{CaO}\\0,28\text{K}^2\text{O}\\0,21\text{Na}^2\text{O}\end{array}\right\} 0,20\text{Al}^2\text{O}^3 \left\{\begin{array}{l}2,88\text{SiO}^2\\0,45\text{BO}^3\end{array}\right.$$

Dans le but de masquer la teinte légèrement jaunâtre de la pâte, on ajoute souvent à la glaçure de un demi à un millième d'oxyde de cobalt.

La terre de pipe a surtout été fabriquée dans le nord-est de la France et l'ouest de l'Allemagne. On vient de voir que la composition, primitivement purement argilo-calcaire de la pâte, a été peu à peu modifiée par l'introduction de feldspath et de kaolin. De même, la glaçure alcalino-plombifère est devenue boracique et alcalino-terreuse. On se rapprochait de la sorte des faïences feldspathiques, qui sont actuellement d'un usage plus général. Néanmoins, pour des poteries bon marché, la terre de pipe peut encore rendre des services. Quant aux procédés de fabrication, ils sont les mêmes que ceux employés pour les faïences feldspathiques, qui seront étudiés plus loin.

§ 5. — Faïences dites cailloutage a pate argilo-siliceuse réfractaire

258. La pâte des faïences dites cailloutage est à peu près blanche, dure, réfractaire. Elle est formée par l'addition d'une certaine proportion de silex à une argile réfractaire blanche, aussi peu ferrugineuse que possible. Le silex est obtenu par le chauffage et la pulvérisation de galets (page 73), d'où son nom de cailloutage. La proportion du silex mélangé dépend naturellement de la plasticité de l'argile; elle varie de 10 à 30 0/0.

Actuellement, pour donner plus de blancheur à la pâte, on préfère remplacer une partie de l'argile et du silex par un kaolin siliceux. La composition de ces mélanges est trop variable pour que l'on puisse donner à cet égard des chiffres même approximatifs.

La glaçure est plombifère, alcaline, ou alcalino-terreuse et boracique, de composition analogue à celle des terres de pipe. On peut aussi se servir de glaçures plus dures, comme celles employées pour les faïences feldspathiques, dont il sera question dans l'article suivant.

On range parmi les faïences de cette espèce certaines poteries anglaises, à pâte colorée en rouge par de l'oxyde de fer, obtenues par Wegdwood, en faisant entrer une argile ferrugineuse dans la composition de la pâte.

Le cailloutage, très en vogue à la fin du xviiie siècle, est actuellement peu employé. La pâte doit être cuite à une température élevée, par suite de l'absence de fondants, et elle n'acquiert jamais la dureté et l'éclat des faïences feldspathiques ni même des terres de pipe.

§ 6. — FAÏENCES DITES FELDSPATHIQUES A PATE ARGILO-ALCALINE PEU FUSIBLE

259. Les faïences dites feldspathiques ont une pâte blanche, quelquefois légèrement jaunâtre, dure, qui, pour certaines variétés, devient très légèrement translucide, se rapprochant ainsi de la porcelaine. Elle est actuellement formée par le mélange d'argile plastique, de kaolin, de silex et de feldspath ou de pegmatite. Les rôles de ces différentes substances sont les suivants : L'argile plastique réfractaire, blanche, aussi peu ferrugineuse que possible, sert naturellement de base. On y ajoute du kaolin, pour blanchir la pâte, parce que les argiles même les plus pures prennent toujours à une température élevée une teinte jaunâtre. Le silex sert d'amaigrissant et donne en même temps de la blancheur et de la dureté. On peut le remplacer par du sable pur, mais à la condition de le chauffer préalablement pour le faire passer à la densité 2,2 — 2,3 et éviter son gonflement ultérieur, qui amènerait le fendillement de la pâte pendant la cuisson. Enfin le feldspath ou la pegmatite sert de dégraissant et surtout de fondant.

Les rapports dans lesquels ces quatre substances peuvent être mélangées sont variables ; ils dépendent non seulement des compositions variables des matières premières, mais également de la qualité de pâte que l'on veut obtenir et de considérations économiques.

La fabrication anglaise a servi de type à toutes les autres, et les matières premières employées en Angleterre sont encore très souvent utilisées en tout ou en partie dans les autres pays. Ces matières sont : l'argile bleue (blue clay) de Wareham et de Corfe Castle (comté de Dorset), le kaolin (China-clay) des Cornouailles, le silex (flint) provenant des galets de la Tamise et de la Somme, la pegmatite (cornish stone) des Cornouailles. Voici quelques exemples de compositions de pâtes anglaises obtenues avec ces matières.

Argile bleue	47	43	31	24	21	18
Kaolin	24	24	36	27	28	43
Silex	22	23	21	36	38	24
Pegmatite	7	10	12	13	13	15

On a, en général, une tendance à augmenter la proportion de kaolin pour rendre la pâte plus blanche, et celle de pegmatite pour augmenter sa fusibilité et, par conséquent, sa dureté.

Il faut observer qu'outre les modifications que l'on peut apporter aux qualités des pâtes en faisant varier la proportion des quatre éléments constitutifs, on peut agir également en modifiant la température de cuisson. Une chaleur plus intense permet d'employer moins de fondant. De sorte que, pour bien juger *a priori* de la qualité d'une pâte, il faut non seulement connaître sa composition, mais également sa température de cuisson.

Dans les faïenceries qui se sont établies dans différents pays, on cherche à remplacer les matières premières anglaises par des produits indigènes. C'est ainsi que l'on emploie, en France, les argiles du terrain tertiaire inférieur (Cessey en Seine-et-Marne, Monpothier dans l'Aube, etc.), les kaolins de l'Allier, les silex de Dieppe, les feldspaths ou les pegmatites de la Haute-Vienne. Dans certains cas, un kaolin alcalino-siliceux peut plus ou moins remplacer le silex et la pegmatite.

Voici, d'après Seger, les compositions de cinq pâtes de faïences feldspathiques : A) pâte composée d'argile de provenance française et de kaolin feldspathique de Saint-Yrieix ; B) pâte formée d'argile et de kaolin français, de sable quartzeux et de feldspath de Norwège ; C) et D) pâtes faites avec de l'argile belge, du kaolin et de la pegmatite de Cornouailles et du silex de Dieppe, la première pour les articles fins, la seconde pour des poteries communes ; enfin E est une pâte d'origine allemande.

FAÏENCES DITES FELDSPATHIQUE

	A	B	C	D	E
Silice	61,71	67,45	65,92	61,70	64,25
Alumine	26,60	21,59	23,62	27,01	21,46
Oxyde de fer	1,14	0,59	0,59	0,61	0,54
Chaux	tr.	»	tr.	0,65	2,38
Magnésie	0,06	0,51	0,22	0,25	tr.
Potasse	1,30	1,92	1,48	1,32	1,97
Soude	»	0,24	0,60	0,67	1,03
Acide carbonique	»	»	»	»	1,99
Eau et substances organiques	9,24	7,23	7,24	8,11	6.12
	100,14	99,53	99,37	100,32	99,74

Les glaçures ont une composition analogue à celles des terres de pipe, mais elles sont, en général, un peu plus dures, c'est-à-dire contiennent plus de silice et d'alumine. Cette dureté est cependant en partie compensée par une proportion plus grande d'acide borique. Voici, d'après Prössel, la composition de plusieurs de ces glaçures :

Fritte

Pegmatite	»	»	34	25	»	41	»
Sable	35	28	17	10	26	24	32
Borax	35	»	30	»	»	32	»
Acide borique	»	17	»	18,5	15	»	18
Minium	»	»	»	»	19	»	»
Cristaux de soude	»	22	»	23,5	16	»	20
Kaolin	12	15	11	8	11	3	13
Craie	18	17	11	15	13	»	16

Glaçure

Fritte	52	47	74	60	70	59	60
Céruse	18	21	12	18	6	18,5	22
Pegmatite	30	31	8	22	»	11	18
Feldspath	»	»	»	»	23	»	»
Silex	»	»	6	»	»	»	»
Craie	»	»	»	»	»	11,5	»

La composition de ces glaçures vitrifiées est approximativement la suivante :

Silice	53,4	49,3	56,7	45,4	46,0	50,6	46,3
Acide borique	7,8	8,3	8,8	11,8	4,6	8,1	11,4
Alumine	9,1	10,7	11,4	10,9	14,6	8,3	8,3
Oxyde de plomb	17,9	21,1	11,2	18,9	21,4	19,0	22,8
Chaux	6,2	5,5	5,3	6,4	6,2	8,0	6,8
Potasse	2,2	2,4	2,8	2,9	4,4	2,6	1,5
Soude	3,4	2,7	3,8	3,7	2,8	3,4	2,9

Leurs formules chimiques, peuvent être représentées comme suit :

$$\left.\begin{array}{l}0,30\text{PbO}\\0,40\text{CaO}\\0,10\text{K}^2\text{O}\\0,20\text{Na}^2\text{O}\end{array}\right\} \; 0,33\text{Al}^2\text{O}^3 \left\{\begin{array}{l}3,11\text{SiO}^2\\0,65\text{BO}^3\end{array}\right.$$

$$\left.\begin{array}{l}0,36\text{PbO}\\0,38\text{CaO}\\0,11\text{K}^2\text{O}\\0,15\text{Na}^2\text{O}\end{array}\right\} \; 0,40\text{Ac}^2\text{O}^3 \left\{\begin{array}{l}3,10\text{SiO}^2\\0,77\text{BO}^3\end{array}\right.$$

$$\left.\begin{array}{l}0,21\text{PbO}\\0,40\text{CaO}\\0,14\text{K}^2\text{O}\\0,25\text{Na}^2\text{O}\end{array}\right\} \; 0,45\text{Al}^2\text{O}^3 \left\{\begin{array}{l}3,93\text{SiO}^2\\0,62\text{BO}^3\end{array}\right.$$

$$\left.\begin{array}{l}0,29\text{PbO}\\0,39\text{CaO}\\0,12\text{K}^2\text{O}\\0,20\text{Na}^2\text{O}\end{array}\right\} \; 0,35\text{Al}^2\text{O}^3 \left\{\begin{array}{l}2,56\text{SiO}^2\\0,76\text{BO}^3\end{array}\right.$$

$$\left.\begin{array}{l}0,32\text{PbO}\\0,37\text{CaO}\\0,17\text{K}^2\text{O}\\0,14\text{Na}^2\text{O}\end{array}\right\} \; 0,47\text{Al}^2\text{O}^3 \left\{\begin{array}{l}2,59\text{SiO}^2\\0,22\text{BO}^3\end{array}\right.$$

$$\left.\begin{array}{l}0,27\text{PbO}\\0,47\text{CaO}\\0,08\text{K}^2\text{O}\\0,18\text{Na}^2\text{O}\end{array}\right\} \; 0,36\text{Al}^2\text{O}^3 \left\{\begin{array}{l}2,73\text{SiO}^2\\0,37\text{BO}^3\end{array}\right.$$

$$\left.\begin{array}{l}0,36\text{PbO}\\0,42\text{CaO}\\0,06\text{K}^2\text{O}\\0,16\text{Na}^2\text{O}\end{array}\right\} \; 0,29\text{Al}^2\text{O}^3 \left\{\begin{array}{l}2,75\text{SiO}^2\\0,59\text{BO}^3\end{array}\right.$$

La composition des pâtes et des glaçures des faïences feldspathiques étant ainsi établie, on va examiner les procédés de fabrication, ceux-ci étant les mêmes pour la terre de pipe et le cailloutage.

260. Préparation des pâtes.

— Les matières premières qui entrent dans la préparation des pâtes doivent être préalablement épurées ou désagrégées.

Les *argiles* sont employées dans les faïenceries soit à l'état naturel, soit purifiées par lévigation, cette lévigation pouvant se faire dans les carrières ou dans la fabrique. La plupart du temps il est nécessaire de procéder à une lévigation, en employant les méthodes qui ont été décrites à la page 141.

Les *kaolins* sont toujours lavés, cette opération se faisant généralement dans les carrières, par les mêmes procédés.

Le *silex* doit être préalablement chauffé et pulvérisé, opérations qui peuvent se faire soit dans les faïenceries, soit dans des usines spéciales (Voir page 115).

Enfin, le *feldspath* ou la pegmatite sont concassés ou pulvérisés, principalement dans les faïenceries, quelquefois aussi près des carrières. Les différents procédés de broyage ont été décrits au chapitre III.

Il en résulte que pour la préparation des pâtes, qui se fait toujours par voie liquide, il faut :

1° Délayer l'argile dans l'eau, à moins que la lévigation, ne se faisant dans la faïencerie, on puisse utiliser directement la pâte liquide ;

2° Délayer le kaolin ;

3° Réduire le silex en poudre impalpable et le délayer ;

4° Faire la même opération pour le feldspath.

Les méthodes employées dans ce but ont été décrites au chapitre III (page 171). Il suffit d'ajouter que ces quatre opérations se font généralement dans des délayeurs, des moulins à blocs ou des cylindres Asling séparés, spéciaux pour chaque substance. (Lorsqu'il y a des calcaires dans la composition de la pâte, ceux-ci sont généralement pulvérisés et délayés en même temps que le silex). On opère en mettant dans chaque machine une proportion à peu près déterminée en volume de matière solide et d'eau, puis quand la substance est entièrement pulvérisée et le délayage complet, on laisse écouler le mélange dans quatre réservoirs. Là on observe si la consistance des différents liquides est conforme à celle indiquée comme type. On a vu que dans ce but on pèse le poids d'un volume déterminé : un litre ou un demi-litre de liquide ; des expériences directes ayant, d'autre part, fait savoir la proportion de matières solides qui correspondent aux différentes densités. Presque toujours le délayage se fait avec un petit excès d'eau, de sorte qu'en décantant le liquide, on arrive à obtenir la consistance convenable. Il est rare que l'on soit obligé d'employer, comme moyen de correction, d'une pâte plus consistante, contenue dans un réservoir spécial.

On a vu que, pour que le mélange se fasse bien, il est nécessaire que les quatre liquides aient environ la même consistance, mais ils n'ont pas alors la même densité. Voici, à titre d'exemple, les chiffres d'une ancienne formule anglaise.

	Onces par pintes.	Grammes par litres.
Argile plastique (blue clay)	24	1200
Kaolin (China clay)	26	1300
Silice (flint)	32	1600
Pegmatite (cornish stone)	32	1600

Les quatre liquides ayant ainsi la consistance voulue, on les fait écouler successivement dans un réservoir unique, ayant une échelle verticale graduée, en y introduisant des quantités déterminées, mesurées par le niveau atteint par le liquide le long de cette graduation. Ainsi, en poursuivant l'exemple précédent, il faudra :

Argile plastique	46	centimètres
Kaolin	22	»
Silex	16	»
Pegmatite	16	»

La suite de la préparation de la pâte se poursuit alors comme il a été dit, en mélangeant le liquide, en le tamisant, une, deux ou même trois fois, par des tamis de plus en plus fins, en le décantant et en raffermissant la pâte dans des filtres-presses. Les galettes de pâte ainsi obtenues sont mises en dépôt dans des caves, puis malaxées avant d'être employées au façonnage.

261. Façonnage. — La pâte assez plastique de la faïence feldspathique se prête généralement à tous les modes de façonnage qui ont été décrits au chapitre IV.

En particulier, le moulage à la main dans des moules en plâtre est employé pour toutes les pièces qu'il est impossible de tourner ; le moulage au tour sert pour la fabrication de tous les objets d'usage domestique généralement ronds ; enfin le moulage à la presse est employé pour le façonnage des carreaux. Comme ces deux derniers procédés ont dans les faïenceries une importance exceptionnelle, il convient d'entrer à leur sujet dans plus de détails.

Dans le moulage au tour on distingue les pièces plates ou évasées par le haut : assiettes, soucoupes, bols, etc., en un mot la platerie, des poteries plus hautes ou resserrées à la partie supérieure, c'est-à-dire le creux.

La platerie se façonne en deux opérations : un ébauchage pour faire la croûte et un surmoulage au tour.

Pour les grandes productions et les objets plus soignés, l'ébauchage se fait sur la girelle du tour, comme il a été indiqué, en principe, dans la figure 109 (page 221). Le calibre peut être manœuvré à la main ou automatiquement, comme le montre la figure 307, représentant une machine de ce genre construite par M. Boulton. La machine étant arrêtée on place, sur un plateau surmontant la girelle, une balle de pâte, puis on embraye le mécanisme. Le calibre descend, forme la croûte, puis remonte, et le tour se débraye automatiquement.

Fig. 307. — Tour à faire les croûtes.

La croûte est alors placée sur un moule en plâtre ayant le profil de l'intérieur de la poterie (*fig.* 111), et on abaisse à la main un calibre qui applique la pâte et donne la forme extérieure. La figure 308 montre une machine de ce genre construite par M. Wenger.

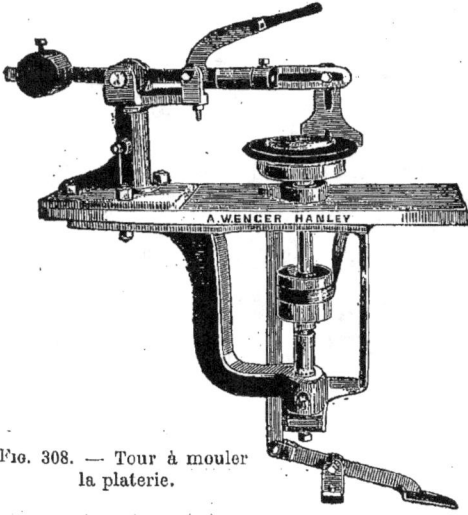

Fig. 308. — Tour à mouler la platerie.

Dans certains cas on place les deux machines précédentes l'une à côté de l'autre, de manière à être conduites par un seul mouleur. Une disposition de ce genre représentée sur la figure 309, et construite par M. Boulton, permet de fabriquer 500 pièces par heure.

Enfin on peut également façonner les croûtes sur des disques en peau, tendus sur un cerclé que l'on place sur la girelle du tour (*fig.* 309). Ces disques sont ensuite transportés avec la croûte et renversés sur le moule.

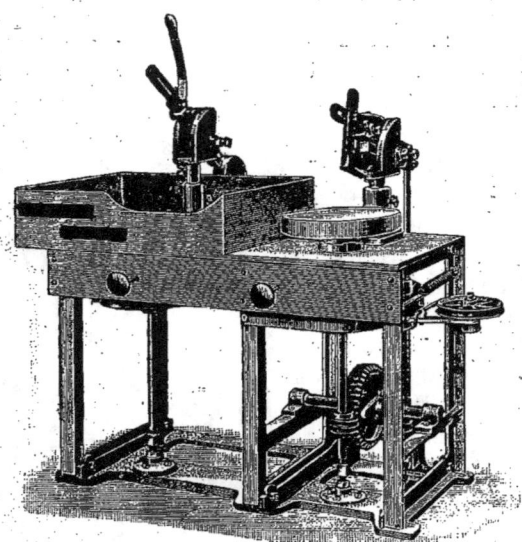

Fig. 309. — Tour à faire les croûtes et à mouler.

Dans ce cas on se sert de la machine représentée par la figure 310,

Fig. 310. — Tour double, à mouler la platerie.

dans laquelle il y a quatre moules placés sur un chariot. Deux de ces moules se cintrent sur les girelles de deux tours jumeaux, dont les calibres sont mus automatiquement, tandis qu'un ouvrier enlève les objets façonnés des deux autres et les remplace par des croûtes. Le moulage terminé, le mouleur pousse le chariot vers la gauche, mouvement qui permet d'enlever les pièces finies et de placer à nouveau des croûtes, tandis que s'opère le façonnage des deux nouvelles croûtes. Une machine de ce genre permet de façonner 5 à 600 pièces à l'heure.

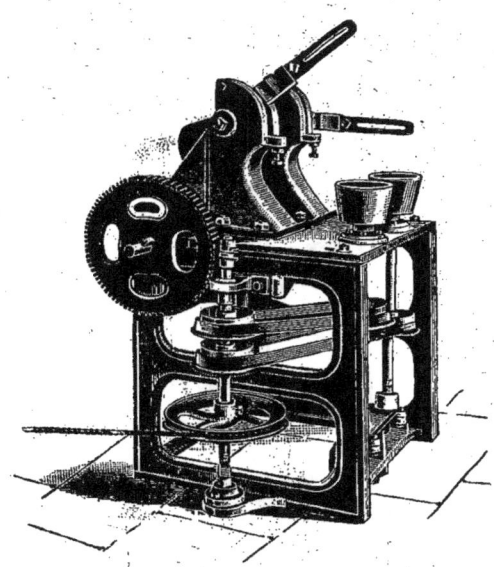

Fig. 311. — Tour à mouler les tasses, bols, etc.

Pour le façonnage du creux, lorsque les objets ne sont pas trop grands, on peut se passer de l'ébauchage. On se sert alors de la disposition qui a été décrite à la page 222 (*fig.* 113). La figure 311 représente une machine automatique de ce genre construite par M. Boulton, faisant 500 objets à l'heure. Le mouvement est continu. Aussitôt qu'un objet est façonné et que le calibre s'est relevé, ou remplace un moule par un autre contenant la pâte.

Pour des poteries de grandes dimensions, il est nécessaire de faire une ébauche ou housse. Le mouvement de bascule des calibres ordinaires est, pour ces fortes poteries, remplacé par un mouvement de haut en bas, le calibre étant fixé à une potence, comme le représentait la figure 108 (page 320). La figure 312 montre un tour du même genre, pour de très grands objets. Si ceux-ci ont un col, rétréci, on se sert alors de la disposition décrite à la page 223 (*fig*. 113).

Les carreaux sont très souvent fabriqués à la presse en pâte ferme ou même sèche. Dans ce cas, la préparation se fait comme il a été indiqué précédemment, puis à la sortie des filtres-presses on sèche la galette de pâte soit à l'air, soit sur des aires chauffées, soit enfin dans des séchoirs à air chaud.

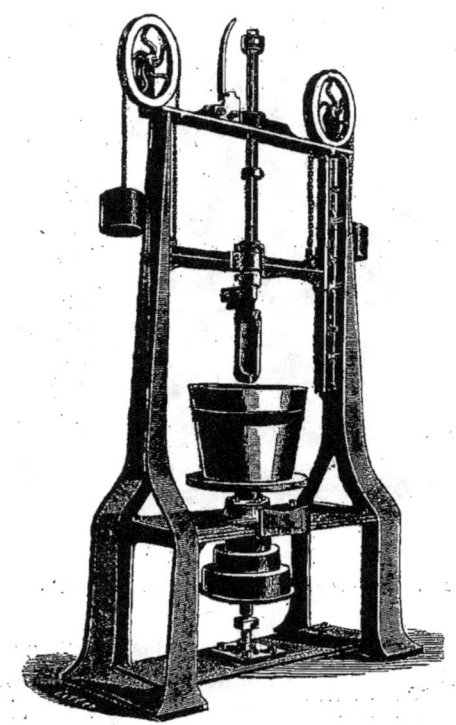

Fig. 312. — Tour à mouler les grandes pièces en creux.

La pâte sèche est alors concassée grossièrement à la main, et mise dans un malaxeur, en ajoutant, s'il y a lieu, la quantité d'eau voulue pour lui donner l'humidité convenable. Au sortir du malaxeur elle tombe dans un pulvérisateur à force centrifuge qui la réduit à l'état de poudre. Ces deux opérations peuvent se faire simultanément dans la machine représentée sur la figure 313, qui, suivant les modèles, peut produire de 700 à 2.000 kilogrammes à l'heure, pour une force dépensée de 4 à 5 chevaux.

La poudre est ensuite mise dans un moule métallique et pressée au moyen d'une machine à volant. La figure 314 montre une presse de ce genre, construite par M. Boulton, dans laquelle le démoulage s'opère au moyen du soulèvement de la partie inférieure du moule, par l'intermédiaire d'un levier ou d'une pédale. Ces presses sont construites sur plusieurs modèles, d'après les

Fig. 313. — Pulvérisateur.

dimensions des carreaux. Voici quelques renseignements sur leur production :

					Production à l'heure.
Presse moulant un carreau de	5 centimètres.	250 à 320
»	deux	»	5	»	300 à 400
»	un	»	10	»	150 à 200
»	deux	»	10	»	250 à 300
»	un	»	15	»	120 à 140
»	un	»	20	»	100 à 120
»	un	»	30	»	40 à 60

Pour de plus grandes productions, il faut avoir recours à des presses à frictions mues par un moteur, du genre de celles qui ont été mentionnées à propos du façonnage des tuiles (page 230, *fig*. 120, et page 520, *fig*. 278).

Le façonnage par tournassage, ainsi que celui par coulage, quelquefois employés dans les faïenceries, seront mentionnés dans le chapitre consacré à la fabrication de la porcelaine, où ils sont beaucoup plus usités.

Fig. 314. — Presse à mouler les carreaux.

262. Séchage. — Lorsque les poteries ont été façonnées dans des moules en plâtre, on les laisse se ressuyer sur ces moules, jusqu'à ce qu'on puisse les enlever pour les empiler et achever de les sécher. Les moules contenant les pâtes façonnées sont placés sur des étagères disposées dans les ateliers de moulage. Dans certains cas, on se sert de séchoirs chauffés à l'air chaud ou au moyen d'une canalisation de vapeur. On a décrit dans le chapitre v, page 263 (*fig*. 136 et 137), les dispositions de séchoirs tournants, généralement employés dans ce cas.

Le séchage artificiel est indispensable dans les ateliers de moulage où l'on emploie des tours mécaniques. Leur grande production exigerait un développement considérable de séchoirs à air libre, qui serait incompatible avec la bonne utilisation de la force motrice et de la main-d'œuvre. D'autre part, comme, pendant la mauvaise saison, le séchage ne peut se faire qu'au moyen d'un chauffage assez intense, et que dans des locaux habités on ne peut produire une ventilation suffisamment active, il en résulte que l'atmosphère des ateliers serait chargée de vapeur d'eau, et agirait d'une manière débilitante sur la santé des ouvriers.

Enfin, le séchage des moules en plâtre ne s'opère que très lentement à l'air, et on a intérêt, pour augmenter leur production, à hâter leur dessiccation par un séchage artificiel.

263. Cuisson. — On a longtemps employé pour la cuisson de la faïence des fours ronds à flammes ascendantes, entourés d'une coupole se terminant par une cheminée (*fig.* 315). Cette coupole avait le double but de servir au tirage et d'isoler le four des ateliers, ou, lorsqu'il était placé hors des bâtiments, de le protéger contre les intempéries. Cette disposition est encore très employée, particulièrement en Angleterre.

Actuellement, on préfère les fours ronds à flammes descendantes, le tirage se faisant au moyen d'une cheminée isolée, qui peut être commune pour plusieurs fours. La figure 316 représente un four de ce genre. Les alandiers, au nombre de 6 à 10, communiquent avec une bouche à feu centrale. L'évacuation des gaz se fait par une série d'ouvertures disposées concentriquement dans la sole inférieure, communiquant avec un collecteur circulaire, qui lui-même est relié par plusieurs conduits avec une chambre à fumée centrale, dans laquelle débouche le conduit allant à la cheminée. Le diamètre de ces fours varie de $3^m,5$ à 6 mètres, et la hauteur de 4 à 7 mètres. Les dimensions moyennes sont celles qui donnent le meilleur résultat. Le petit feu dure ordinairement de six à huit heures, et le grand feu de seize à vingt-quatre heures. La consommation de combustible, assez variable avec les fabriques, peut être environ évaluée de 90 à 100 kilogrammes par mètre cube de capacité du four. On a un intérêt considérable à perdre aussi peu de place que possible dans l'enfournement, car la quantité de combustible consommé reste sensiblement la même, quel que soit le poids de la marchandise enfournée.

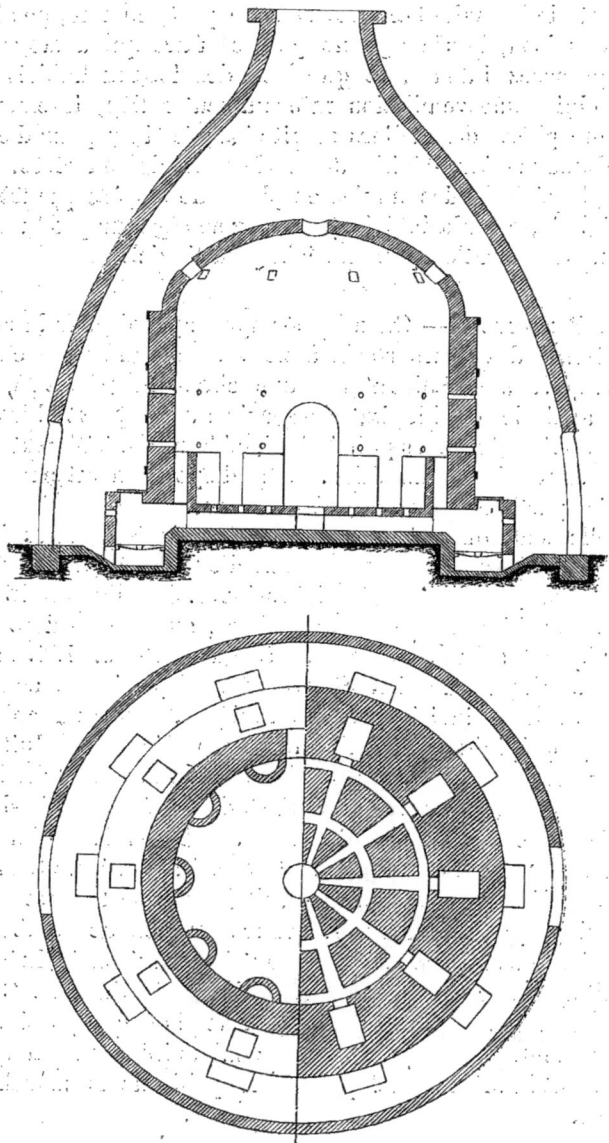

Fig. 315. — Four à faïence.

FAÏENCES DITES FELDSPATHIQUES

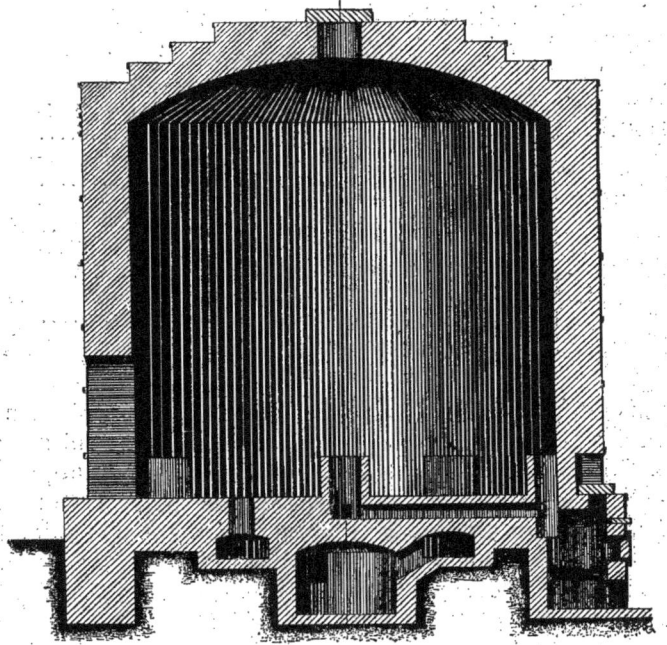

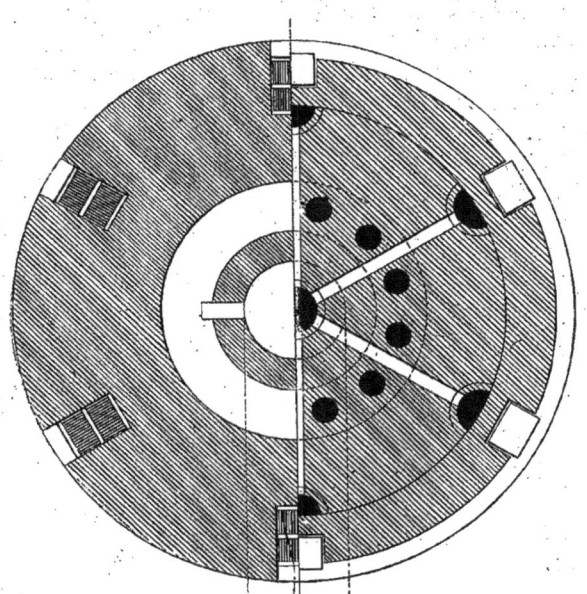

Fig. 316. — Four à faïence.

A titre d'indication très générale, on peut représenter comme suit le bilan thermique d'un four de ce genre :

Chaleur produite par la combustion...............	100	Chaleur théoriquement nécessaire................	17
		Chaleur perdue par l'enfournement................	34
		Chaleur perdue par le chauffage des murs............	10
		Chaleur perdue par la cheminée.................	25
		Chaleur perdue par une combustion incomplète.......	4
	100		100

On a également employé pour la cuisson des faïences les fours à feu continu, chauffés au gaz, à chambres de cuisson multiples. On ne peut pas dire que les résultats obtenus jusqu'à présent soient très satisfaisants. Cependant nous pensons que cette solution s'imposera dans un avenir plus ou moins lointain. Il ne faudrait point cependant exagérer, comme on le fait quelquefois, l'importance de l'économie de combustible que l'on réalisait de la sorte. En se rapportant au bilan précédent, on pourrait récupérer environ 30 0/0 de la chaleur produite par la combustion et, d'autre part, réduire à 5 ou 10 0/0 la perte par la cheminée ; mais, par contre, les pertes dues au chauffage des murs et à la radiation seraient augmentées, et il faudrait y ajouter la perte due à la gazéification. Nous croyons donc qu'une économie de combustible de 20, au grand maximum de 30 0/0 serait tout ce que l'on pourrait atteindre. Il est vrai que la main-d'œuvre d'enfournement serait également sensiblement réduite. On trouvera dans le chapitre suivant (page 673) d'autres renseignements sur ce genre de fours à feu continu.

On sait que les faïences exigent deux chauffages, le premier, à une température d'environ 1.200°, servant à cuire la pâte, et le second, entre 1.000 et 1.100°, pour la vitrification de la glaçure. Ces deux chauffages se font généralement successivement dans les mêmes fours, le dernier n'employant que 80 à 90 kilogrammes par mètre cube d'enfournement, mais, comme on le verra dans l'article suivant, la quantité de marchandises qu'il est possible d'enfourner étant plus faible, la dépense en combustible est sensiblement la même, ou est plutôt plus grande pour la cuisson de la glaçure.

264. Enfournement et encastage. — L'enfournement se fait toujours en gazettes, celles-ci étant empilées les unes sur les autres, en laissant un certain espace entre la dernière gazette et la voûte. On dispose ces piles de gazettes concentriquement, le rang extérieur étant placé à une certaine distance du mur (8 à 15 centimètres). Les piles qui le composent sont serrées les unes contre les autres, de manière à diriger les flammes vers la voûte. Les piles intérieures sont également jointives, mais, pour permettre la circulation des gaz sur la sole, on place la première gazette du bas sur un socle formé de briques réfractaires.

Comme on est obligé d'employer des gazettes de dimensions différentes, on s'efforce en disposant les plus petites dans les intervalles laissés entre les plus grandes, de remplir le four autant que possible.

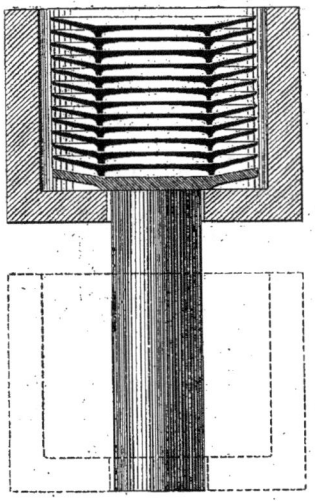

Fig. 317. — Procédés d'encartage.

Cet enfournement est celui qui convient aux fours à flammes descendantes; pour ceux à flammes ascendantes, on est obligé d'écarter les piles, en les étayant l'une contre l'autre au moyen de petites pièces en terre réfractaire, lutées contre les gazettes. L'encastage des pâtes sèches n'offre, en général, aucune difficulté, parce que, dans l'intérieur d'une même gazette, on peut les empiler, c'est-à-dire les encaster en charge. Tout l'art consiste à placer le plus grand nombre d'objets possible. Pour des pièces comme les assiettes, qui ont un diamètre presque égal à celui de la gazette, ce qui ne permet pas de les encaster à la main, on se sert du procédé représenté par la figure 317; sur un bloc de bois rond, placé sur une table au milieu d'une gazette, on dispose une pièce réfractaire, sur laquelle on empile de 10 à 12 assiettes, puis, en élevant la gazette, on opère l'encastage. Il suffit, de ne pas trop charger les pièces inférieures, ce qui pourrait provoquer leur rupture.

L'encastage pour la cuisson de la glaçure est beaucoup plus difficile, parce que, dans ce cas, l'émail empêche l'empilage des poteries. On a alors recours à différents procédés, qui consistent en principe à poser les poteries, rendues très solides par une première cuisson, sur de petits supports en terre réfractaire n'ayant qu'une pointe ou une arête vive en contact avec la pièce. Voici quelques exemples des dispositions les plus employées :

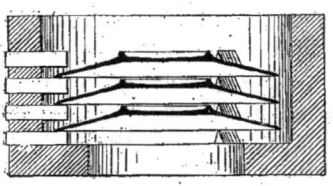

Fig. 318. — Procédés d'encastage.

La figure 318 représente la coupe d'une gazette dans les parois de laquelle sont enfoncées de petites pièces triangulaires dites *pernettes*, servant de support aux pièces. Dans ce but, les gazettes sont percées de trous triangulaires, qui, après la pose de la pernette, sont lutés au moyen d'un peu de pâte réfractaire. Contrairement à ce qui est représenté sur le dessin, ces pernettes ne sont pas placées le long d'une génératrice, mais suivant une ligne hélicoïdale, pour ne pas trop diminuer la résistance de la gazette.

Au lieu de percer des trous dans les gazettes, on peut simplement poser le long des parois des *supports dits de cuvettes*, comme le représente la figure 319, qui ont approximativement la forme de pyramides triangulaires tronquées, et qui sont empilés les uns sur les autres.

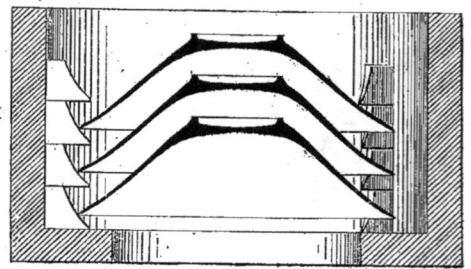

Fig. 319. — Procédés d'encartage.

Dans le même ordre d'idées, on peut se servir de *dés*, c'est-à-

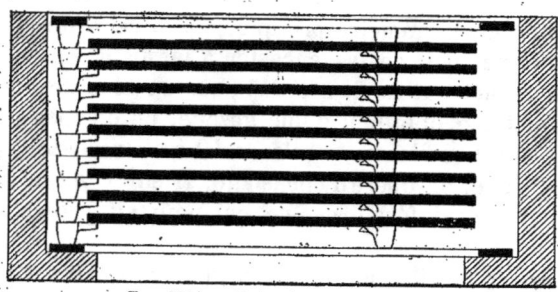

Fig. 320. — Procédés d'encastage.

dire de petites pièces tronconiques creuses s'emboîtant les unes dans les autres et ayant une petite saillie triangulaire, sur laquelle se placent les assiettes ou les carreaux, comme le montre la figure 320. Pour maintenir cet échafaudage, on met à la partie inférieure un cercle portant trois dés soudés, et à la partie supérieure un cercle analogue avec trois saillies, s'emboîtant dans les dés supérieurs et maintenant le tout.

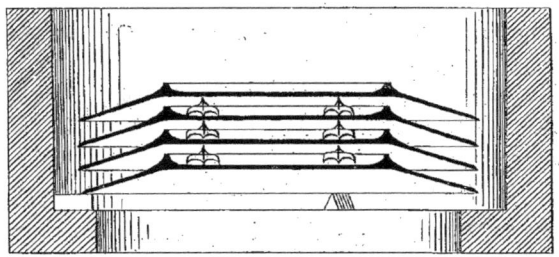

Fig. 321. — Procédés d'encastage.

Dans les procédés d'encastage précédents, les pièces s'appuient sur les gazettes ou sur des supports. On peut également les faire reposer les unes sur les autres en les séparant par de petites pièces triangulaires, ayant trois pointes inférieures et une supérieure, désignées sous le nom de *pattes de coq* (*fig.* 121). On peut dans le même but se servir de pernettes non encastrées.

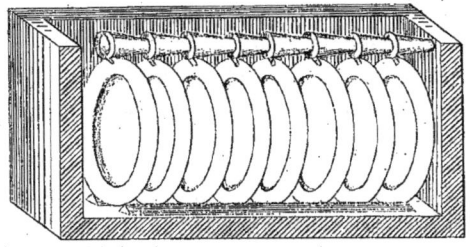

Fig. 322. — Procédés d'encastage.

Enfin, dans certains cas, les pièces, particulièrement des assiettes, peuvent être posées debout dans des gazettes rectangulaires, maintenues en bas par des *baguettes* triangulaires et en haut par une série de dés. Cette disposition est représentée sur la figure 322.

On pourrait multiplier les exemples, car les procédés employés dépendent entièrement de la forme des poteries et peuvent être modifiés à l'infini dans leurs détails. Ceux qui précèdent suffisent pour montrer les principes sur lesquels est basé l'encastage des faïences. Tous ces supports de cuisson ou *colifichets* reçoivent une série de noms que leur forme a inspirée à la fantaisie des ouvriers : pernettes simples, découpées ou à tête, pattes de coq simples ou doubles, trépieds à trois ou à six pointes, dés, papillons, chevalets, etc., etc.

Ces colifichets, faits en terre réfractaire, sont estampés en pâte ferme au moyen de petites presses à levier mues à bras. Une machine de ce genre est représentée sur la figure 21 (page 231). On a ordinairement intérêt à les acheter chez les fabricants spéciaux.

265. Décoration. — Tous les procédés de décoration qui ont été décrits au chapitre VIII peuvent naturellement être employés pour les faïences. On ne reviendra que sur ceux dont l'usage est le plus fréquent.

Les pâtes sont rarement colorées volontairement, mais elles le sont trop souvent naturellement par la faible quantité d'oxyde de fer que contient toujours l'argile. Cependant on leur donne quelquefois un ton ivoire d'un aspect agréable.

Les *engobes colorés* sont quelquefois employés pour faire des fonds, on les pose alors généralement au pinceau sur la pâte crue. Les bandeaux ou les bords d'assiettes se font plus facilement en faisant tourner la poterie sur une tournette devant le pinceau maintenu en place. Les engobes sont fabriqués en ajoutant des matières colorantes (page 420) à la pâte. Comme les proportions de matières colorantes qu'il faut ajouter sont ordinairement assez élevées, il faut modifier la composition de la pâte pour que le retrait soit le même. On se sert dans ce but d'une addition soit d'argile plastique, soit de silex, en corrigeant la diminution de la fusibilité par un peu de feldspath. La composition de ces engobes varie donc avec celle des pâtes, et il est impossible de donner des détails plus précis à ce sujet.

La *coloration sous la glaçure* est le procédé de décoration le plus employé, surtout pour les services de table. On se sert actuellement presque exclusivement de la décoration par impression (page 425), la peinture au pinceau n'étant utilisée que pour faire des bandeaux, des fonds, ou pour enluminer les dessins obtenus par l'impression monochrome.

Voici des exemples de composition des couleurs les plus employées :

Noirs

Oxyde de fer..	44
Oxyde de chaux..	44
Oxyde de manganèse..................................	10
Oxyde de cobalt..	2

(Mélange chauffé puis lavé)

Sulfate de fer...	56
Bichromate de potasse..............................	28
Oxyde de manganèse................................	10
Oxyde de cobalt.......................................	6

(Les deux premières substances sont chauffées ensemble, additionnées des autres, puis chauffées à nouveau et lavées).

Bleus

Oxyde de cobalt, en proportions variables avec l'intensité, mélangé d'un peu de silex et de carbonate de chaux.

Oxyde d'alumine précipité.........................	70
Nitrate de potasse...................................	10
Oxyde de cobalt......................................	20

(Bien laver l'alumine, mélanger et chauffer)

Alun ammoniacal.....................................	80
Oxyde de zinc...	12
Oxyde de cobalt......................................	8

(Chauffer et laver)

Vert bleuâtre

Silex...	22
Borax..	22
Oxyde de zinc...	20
Oxyde de chrome.....................................	16
Oxyde de cobalt......................................	8

(Fritter)

Verts

Silex...	66
Borax..	13
Carbonate de chaux.................................	1
Oxyde de chrome.....................................	20

(Fondre une partie du silex avec le borax, compléter le mélange et chauffer à nouveau).

Silex..................................... 32
Borax..................................... 42
Oxyde de zinc............................. 11
Oxyde de chrome........................... 11
Oxyde de cobalt........................... 4

(Fritter)

Jaunes

Oxyde de plomb............................ 17
Oxyde d'étain............................. 66
Oxyde d'antimoine......................... 17

(Faire d'abord la calcine, puis mélanger l'oxyde d'antimoine).
Pour les terre plus foncées et l'orangé, on ajoute de l'oxyde de fer.

Oxyde de plomb............................ 41
Oxyde d'étain............................. 21
Oxyde d'antimoine......................... 28
Oxyde de fer.............................. 10

(Comme ci-dessus)

Rouge

Oxyde de zinc............................. 50
Carbonate de chaux........................ 25
Silex..................................... 18
Bichromate de potasse..................... 3
Borax..................................... 4

On chauffe et on ajoute les fondants suivants :

Rouge..................................... 70
Feldspath................................. 10
Borax..................................... 16
Céruse.................................... 4

Puis on chauffe à nouveau à basse température.

Bruns

Sulfate de fer............................ 38
Oxyde de zinc............................. 38
Bichromate de potasse..................... 24

(Chauffer et laver)

Chromate de fer........................... 50
Oxyde de manganèse........................ 50

Violet (unique)

Oxyde d'étain............................. 100
Acide borique............................. 10
Oxyde de cobalt........................... 1
Bichromate de plomb....................... 1,5

Chauffer et additionner de 20 0/0 de céruse. Pour les tons foncés ajouter de l'oxyde de cobalt.

Dans la décoration par impression, ces couleurs en poudre sont ajoutées à l'encre d'impression; dans la pose au pinceau, on les additionne de gomme adragante ou de glycérine.

Les glaçures incolores, dont la composition a été donnée précédemment, sont presque toujours posées par immersion pour les services de table. On les teinte quelquefois avec un peu d'oxyde de cobalt, lorsqu'on veut neutraliser la coloration jaunâtre de la pâte.

Les *glaçures colorées* sont aussi souvent employées pour les objets décoratifs. Elles sont composées de glaçure incolore additionnée d'oxydes colorants, et quelquefois d'une certaine proportion d'oxyde de plomb, qui augmente l'éclat des couleurs, mais qui provoque facilement la coulure. Les oxydes colorants sont mélangés dans la proportion de 3 à 12 0/0, suivant la nuance à obtenir et leur pouvoir colorant. On peut également mélanger à la glaçure incolore les couleurs sous glaçures précédentes.

Les faïences décorées sous glaçure, ou avec des glaçures colorées, sont cuites en gazettes dans les fours ordinaires.

On peut enfin donner la *coloration sur la glaçure*, au moyen de couleurs vitrifiables, cuites en moufles. Ce procédé, moins employé pour les faïences que pour les porcelaines, sera mentionné au chapitre XIII (page 717).

266. Installation générale des faïenceries. — La fabrication des faïences est actuellement concentrée dans un nombre relativement restreint de grandes usines. En Angleterre, presque toutes les faïenceries se trouvent situées dans le nord du Staffordshire autour des villes de Hanley et de Stoke on Trent. L'argile s'y trouve sur place ainsi que la houille. Le kaolin et la pegmatite venant des Cornouailles sont transportés par mer. Il en est de même du silex, qui est cuit et broyé à Runcorn et à Newcastle on Tyne. Le port du Staffordshire est Liverpool, dont le puissant mouvement commercial a beaucoup aidé à l'exportation des faïences anglaises.

La France, l'Allemagne, la Belgique et l'Autriche possèdent également d'importantes faïenceries ayant un commerce d'exportation. Dans les autres pays où il y a quelques fabriques, la vente est purement locale.

Les raisons qui ont dicté l'emplacement de ces faïenceries sont complexes. La plupart du temps, elles se trouvent à proximité des carrières d'argile plastique et aussi rapprochées que possible des houillères. D'autres fois elles sont placées dans des localités particulièrement favorisées par les transports bon marché. Enfin, quelquefois, elles s'installent près de grands centres de consommation.

Les faïenceries sont composées de bâtiments à étages, au rez-de-chaussée desquels se trouvent les ateliers de préparation des pâtes, la fabrication des gazettes et les moufles. Le façonnage et la décoration sont ordinairement au premier et au second étage. Les fours sont ou bien extérieurs ou bien, ce qui est plus commode, placés sous un grand hangar fermé, qui communique avec les autres bâtiments. D'autres hangars plus petits contiennent les approvisionnements de matières premières et les produits fabriqués. Enfin, il faut une place importante pour les services accessoires : forge, atelier de réparation, magasin de modèles, salle d'expédition, etc.

CHAPITRE XII

GRÈS

SOMMAIRE. — Classification.
§ 1. *Grès proprement dits.* — a) *Carreaux.* — Formes et dimensions. — Composition. — Procédés de fabrication. — Fabrication en pâte plastique et en pâte sèche. — Carreaux incrustés. — Essais des carreaux.
b) *Tuyaux.* — Formes et dimensions. — Composition. — Façonnage. — Cuisson et salage. — Essais des tuyaux.
c) *Poteries sanitaires.*
d) *Grès pour industries alimentaires et produits chimiques.*
e) *Grès architecturaux.*
f) *Vases, statues et autres objets décoratifs.*
§ 2. *Grès fins.*

267. Classification. — On a vu que les grès (1) sont des poteries imperméables opaques, à pâte colorée, quoique souvent seulement légèrement jaunâtre, grisâtre ou bleuâtre. Ils sont mats ou recouverts d'une glaçure. L'imperméabilité de leur pâte les distingue des terres cuites et des faïences, leur opacité les différencie des porcelaines.

D'après cette définition, les caractères distinctifs des grès sont l'imperméabilité et l'opacité. A première vue, ces mots désignent deux propriétés physiques de la matière, faciles à apprécier et nettement définies. Cependant, si on veut préciser les termes en indiquant les caractères auxquels on reconnaît qu'une poterie est imperméable ou opaque, on observe que le problème n'est pas aussi simple qu'il le paraît, et qu'on n'est pas en présence de propriétés absolues, mais bien de propriétés relatives, dans lesquelles l'appréciation joue un rôle.

Ce qui a rapport à l'opacité sera examiné à propos de la classi-

---

(1) Ce nom leur a été donné par suite de leur couleur généralement d'un gris bleuté, analogue à celle de certaines pierres naturelles. Du haut allemand *griez*, allemand *gries*, gravier. Brongniart a ajouté au mot grès l'adjectif céram pour éviter des confusions; celle-ci n'étant pas possible dans un ouvrage consacré à la céramique, nous n'avons pas cru nécessaire de l'employer.

fication des porcelaines, il ne s'agit actuellement que de définir ce que l'on entend sous le nom d'imperméabilité.

L'imperméabilité absolue existe pour des corps dans lesquels la matière remplit exactement le volume occupé. Tels sont, par exemple, les métaux ou les verres sans défauts. Or, cette imperméabilité absolue n'existe jamais pour les poteries. Dans tous les produits céramiques, même complètement vitrifiés, la densité mesurée sur la poudre finement broyée est supérieure à celle observée sur des fragments. La différence indique la proportion des vides.

Si on veut mesurer la perméabilité d'un corps par le poids du liquide qui peut y être incorporé, on voit facilement que celui-ci dépend entièrement des conditions de l'expérience. Les porcelaines et les grès parfaits peuvent souvent, sous forme de fragments, être indéfiniment plongés dans l'eau sans augmenter de poids; mais il n'en serait plus de même si, par des moyens mécaniques assez puissants, on arrivait à remplir d'eau les pores qu'ils contiennent; en les soumettant, par exemple, plusieurs fois et alternativement, au vide d'une machine pneumatique et à une pression d'eau considérable. En opérant par simple immersion dans l'eau, à la pression atmosphérique, on peut observer que des poteries qui n'indiquent pas d'augmentation sensible de poids au bout de quelques heures, en présentent cependant après plusieurs mois. Ce fait se produit même pour les poteries franchement poreuses qui augmentent indéfiniment de poids, l'augmentation devenant naturellement toujours de plus en plus faible. Le poids d'eau absorbé tend à correspondre au volume des vides, mesuré par la différence des densités de la poudre et des fragments, mais sans jamais atteindre cette limite.

On voit que l'imperméabilité des poteries est toujours relative, qu'elle dépend des conditions et de la durée de l'expérience. En outre, si on opère sur la suite continue des poteries, passant insensiblement des terres cuites et des faïences aux grès et aux porcelaines, la proportion d'eau absorbée diminue de plus en plus, puis s'annule, mais sans qu'il soit possible, à un moment quelconque, de tracer une limite entre les poteries perméables et imperméables.

On conçoit cependant que, dans certains cas, pour l'application des tarifs de douane par exemple, on ait cherché à fixer un chiffre maximum d'eau absorbée par une poterie, dans des circonstances déterminées, pour distinguer les grès des terres cuites. On a ainsi l'avantage de posséder une méthode précise à l'usage des premiers venus, mais ce procédé ne saurait avoir qu'une valeur relative, céramiquement parlant. A ce point de vue, il convient de considérer comme grès, toute poterie opaque dont la pâte se vitrifie en devenant à peu près imperméable, avant de se déformer. Il arrive assez fréquemment que des poteries fabriquées avec des pâtes à grès, sont encore trop perméables pour pouvoir être considérées commercialement comme des grès, parce que la cuisson n'a pas été poussée à une température assez élevée, mais elles n'en sont pas moins, céramiquement, des pâtes à grès.

Il arrive également, d'autre part, depuis que le grès est devenu à la mode, qu'on donne ce nom à des poteries qui n'en sont pas, mais qui, dans leurs usages, remplissent à peu près le même but. Cette observation s'applique à certains tuyaux à pâte réfractaire, relativement poreux, qui n'acquièrent l'imperméabilité que par la glaçure saline. Elle vise également certains carreaux qui, en fondant, ne donneraient qu'une scorie, mais qui sont néanmoins peu perméables et d'une très grande dureté, qualité essentielle pour ce genre de produits. Comme ces poteries sont fabriquées par les mêmes procédés que les grès véritables, nous les examinerons dans ce chapitre, tout en ne nous dissimulant pas ce que cette classification a théoriquement d'incorrect.

Brongniart et, après lui, presque tous les auteurs, ont divisé les grès, en grès communs dont la pâte a pour base une argile vitrifiable, dont la glaçure est saline, et en grès fins, ayant une pâte et une glaçure analogues à celles des faïences feldspathiques. Il ne nous semble pas que cette classification corresponde entièrement à la réalité des faits actuels.

Sans doute, les grès dits fins, dont la fabrication ne s'est pas sensiblement modifiée ni étendue depuis Brongniart, ont une composition et surtout des procédés de fabrication qui les distinguent assez nettement des autres ; mais ceux-ci se sont considérablement développés, et ils prendront certainement dans l'avenir de plus en plus d'importance. Ils ne servent plus seulement à fabriquer des cruches ou des tuyaux, ils peuvent recevoir d'autres glaçures que la glaçure saline, et être employés comme poteries décoratives pouvant dès maintenant se classer parmi les plus belles que produise l'art céramique. Dans ces conditions, l'épithète de communes dont on les a gratifiés devient un non-sens, et donnerait naissance aux mêmes erreurs et aux mêmes réclamations qui se sont produites à propos des faïences.

Nous pensons donc que si, en l'absence d'autre terme et pour tenir compte de l'usage, nous sommes obligés de continuer à désigner les grès fins sous ce nom, il est nécessaire de supprimer pour les autres l'adjectif commun. Nous considérerons simplement ceux-ci comme des grès, des grès proprement dits.

La classification adoptée dans ce chapitre sera donc la suivante :

1° *Grès proprement dits*, à pâte colorée, quoique quelquefois seulement faiblement bleuâtre ou jaunâtre, argileuse, préparée par voie pâteuse ou sèche, d'après les procédés employés pour la fabrication des terres cuites. Leurs principales variétés sont les suivantes :

  a) Carreaux servant au pavement ou au revêtement des murs, ordinairement mats, unicolores ou décorés d'engobes de différentes couleurs.

  b) Tuyaux servant aux canalisations des liquides, à glaçure saline.

  c) Poteries sanitaires, employées dans la construction des édifices et pour les usages domestiques, mates, à glaçure saline ou plus souvent alcalino-plombifère et stannifère.

  d) Grès pour industries alimentaires et produits chimiques, mats ou à glaçure généralement saline.

  e) Grès architecturaux, mats ou à glaçures diverses.

  f) Vases, statues et autres objets décoratifs, semblables aux précédents.

2° *Grès fins*, à pâte blanche ou colorée, argilo-kaolinique, préparée par voie liquide d'après les procédés employés dans la fabrication des faïences feldspathiques, mats ou recouverts d'une glaçure alcalino-boracique plombifère.

§ 1. — Grès proprement dits

A. — *Carreaux*

268. Formes et dimensions. — Les carreaux en grès et ceux qui sont vendus comme tels ont des formes assez variées, qui s'expliquent par leurs emplois divers et par la qualité variable de la pâte.

Pour les revêtements des murs et pour le pavement des intérieurs, on emploie généralement des carreaux carrés ou hexagonaux, type I (*fig.* 323), dont la plus grande dimension ne dépasse guère 22 centimètres et peut tomber jusqu'à 10. L'épaisseur, qui est d'autant plus réduite que la pâte est de meilleure qualité, varie de 6 à 10 millimètres. Ils sont unicolores : blancs, rouges, bruns, noirs ou quelquefois jaunes.

Pour le pavement de trottoirs, de porches, d'écuries, etc., on se sert de carreaux carrés (type II) unis ou striés, ayant de 14 à 19 centimètres de côté et 3 à 4 centimètres d'épaisseur. Ils sont unicolores, jaunes, bruns, rouges ou noirs.

Pour les pavements qui ont à supporter une plus grande fatigue, il convient de donner plus d'épaisseur, on adopte alors généralement des formes analogues à celles représentées type III.

Enfin, on peut décorer les carreaux au moyen d'engobes colorés posés par incrustation, comme le montre le type IV. Dans ce cas, ils sont généralement carrés de 15 à 17 centimètres de côté, quoique suivant le dessin qu'ils doivent représenter on puisse leur donner d'autres formes. L'épaisseur varie de 15 à 20 millimètres.

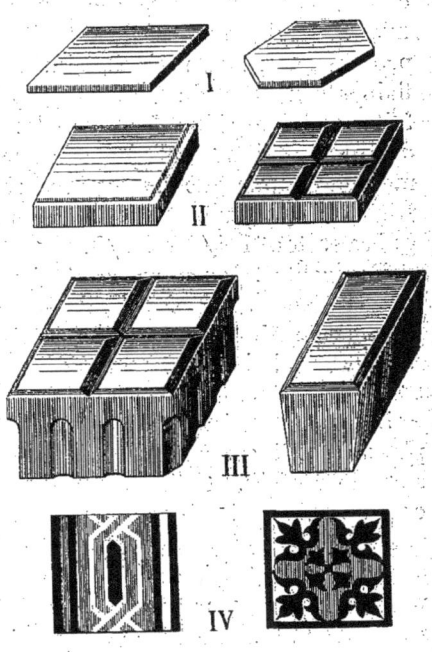

Fig. 323. — Carreaux.

269. Composition. — La composition de la pâte est assez variable : tantôt on se sert d'une argile vitrifiable plus ou moins amaigrie, tantôt on rend plus réfractaire une argile fusible, tantôt, enfin, on rend vitrifiable une argile réfractaire. On va examiner ces différents cas.

Emploi d'argiles vitrifiables. — On a vu (page 61) que les argiles vitrifiables se vitrifient plus ou moins complètement dans le feu de porcelaine, mais qu'elles restent à peu près mates dans le feu de faïence. Elles contiennent une certaine proportion de fondants, alcalis, chaux et oxyde de fer. Cependant ce dernier se trouve presque toujours sous forme de peroxyde et ne peut, par conséquent, jouer le rôle de fondant que si la cuisson se fait dans une atmosphère franchement réductrice qui la ramène à l'état de protoxyde. On peut donc admettre que toutes les argiles vitrifiables contenant du fer sont plus fusibles lorsque la cuisson se fait en allure réductrice, que lorsqu'elle est oxydante. Dans ce dernier cas, il ne faut compter que sur les alcalis, la chaux et la magnésie pour provoquer la vitrification. Ordinairement la proportion de chaux et de magnésie n'est pas élevée, elle ne dépasse guère en tout 1 1/2 à 2 0/0.

Par contre, la teneur en alcalis n'est pas inférieure à 2 1/2 ou 3 0/0 et peut s'élever jusqu'à 5 et 6 0/0. On a vu que, d'après les travaux de M. Vogt, que ces alcalis, intimement mélangés à l'hydrosilicate d'alumine, soluble dans l'acide sulfurique concentré, sont sous forme de mica à l'état de poudre impalpable.

D'autre part, les argiles vitrifiables sont presque toujours assez plastiques, il est rare que la proportion d'alumine tombe au-dessous de 25 0/0, et elle s'élève souvent au-dessus de 30 0/0. Dans ces conditions, la chaux et la magnésie, au moment de la décomposition des carbonates, et les alcalis, à la température de fusion du mica, à l'état impalpable dans toute la masse, peuvent provoquer son ramollissement et sa déformation en même temps que sa vitrification. Il est donc ordinairement nécessaire d'ajouter à la pâte une certaine proportion de silice, servant d'ossature rigide et permettant d'arriver à un commencement de vitrification sans déformation des produits. La grosseur des grains de silice a une importance capitale : trop fins ils ont une tendance à être rapidement entraînés dans la fusion de la pâte, trop gros, ils empêchent celle-ci de devenir imperméable.

On voit que la composition des pâtes à grès, faites au moyen d'argiles vitrifiables, ne peut varier que dans des limites assez étroites. Voici les chiffres que l'on peut admettre en moyenne :

Silice	68	à 75 0/0
Alumine	20	à 25
Chaux et magnésie	10,5	à 2
Alcalis	3	à 5

Dans certains cas, il faut ajouter aux nombres précédents une proportion assez élevée d'oxyde de fer, pouvant atteindre jusqu'à 10 et 15 0/0.

Emploi d'un mélange d'argiles fusibles et de matières réfractaires. — Il est facile de comprendre qu'en ajoutant à des argiles fusibles de l'argile refractaire, et au besoin de la silice, on arrive à faire une pâte vitrifiable analogue aux précédentes. Cependant, étant donné que les argiles fusibles contiennent généralement beaucoup plus de chaux que d'alcalis, la vitrification s'opère dans ce cas au moment de la décomposition des carbonates, c'est-à-dire à une température plus basse. Il faut observer à ce sujet la différence sensible qui existe dans la manière d'agir de la chaux et des alcalis. Pour la chaux, au moment où la température de décomposition des carbonates est atteinte, il tend à se former rapidement dans toute la masse un silicate double d'alumine et de chaux, peut-être également des aluminates de chaux, de sorte que, malgré l'ossature siliceuse, le ramollissement suit à bref délai le commencement de la vitrification, et la poterie peut se déformer brusquement. Avec les alcalis, au contraire, sous forme de mica ou de feldspath, l'action commence par la fusion de ces roches, et ce n'est que progressivement que les petits grains de fondants entraînent dans leur combinaison les molécules de silice et d'alumine, qui les entourent. Il se passe donc un temps assez long entre le commencement de la vitrification et le moment de la déformation.

Pour les pâtes de ce genre, la proportion d'alcalis ne dépasse guère 2 0/0, tandis que celle de la chaux s'élève de 6 à 10 0/0, la teneur en silice et en alumine restant la même, quoique la plasticité relative du carbonate de chaux permette d'employer des pâtes moins alumineuses.

Emploi d'un mélange d'argile réfractaire et de fondants. — La forme sous laquelle les fondants sont ajoutés à une argile réfractaire est très variable. Il en est de même de leur proportion, car celle-ci dépend de la grosseur de leurs grains.

Le mélange qui donne les meilleurs résultats est l'addition à une argile réfractaire convenablement dégraissée de feldspath ou de pegmatite finement pulvérisés. En donnant à la pâte la composition qui a été indiquée pour les pâtes en argile vitrifiable avec 5 à 6 0/0 d'alcalis, on obtient des grès de très bonne qualité résistant très longtemps à la déformation, parce que les fondants sont sous une forme plus grossière, quelle que soit la finesse de la pulvérisation, que dans les argiles naturelles.

Malheureusement ce procédé est assez coûteux, pour des produits n'ayant pas une valeur marchande élevée. On peut aussi employer les alcalis sous forme de sels, mais alors la vitrification se fait à basse température, et présente à peu près les mêmes inconvénients qu'avec la chaux. Par raison économique les fondants calcaires sont très employés. On peut, dans ce but, se servir d'argiles calcaires, de marnes, de carbonate de chaux; mais la substance qui a donné les meilleurs résultats est le laitier de haut-fourneau, qui est un silicate de chaux assez impur.

Les pâtes ainsi obtenues ont environ la composition suivante :

Silice.. 51 à 55
Alumine... 19 à 22
Chaux... 22 à 25

plus une petite quantité d'oxyde de fer, d'oxyde de manganèse, de magnésie et d'alcalis.

Les carreaux faits avec les pâtes de ce genre sont toujours un peu perméables, on ne peut pousser leur cuisson jusqu'au commencement de la vitrification sans risquer une déformation assez subite. Même fondue, la pâte ne devient pas imperméable, de sorte que, céramiquement parlant, ces poteries sont, en général, plutôt des terres cuites que des grès.

On a aussi quelquefois mélangé à des argiles dégraissées plus ou moins réfractaires du verre en fragments assez grossiers. La pâte cuite n'a alors pas un aspect homogène, elle se compose de parties réfractaires réunies par d'autres parties vitrifiées. Si on poussait jusqu'à la fusion, la marne resterait hétérogène, des fragments d'argile et de silice se trouvant incorporés dans le flux vitreux. Le verre ne pourrait être employé en poudre fine, car alors le ramollissement se produirait en même temps que la vitrification.

Il convient enfin de signaler les carreaux dits pyrogranites fabriqués en Russie, composés d'une argile réfractaire mélangée à une argile fusible, dont la cuisson s'opère jusqu'à la fusion, dans des moules réfractaires. L'originalité de ces poteries consiste surtout dans le poli imitant celui des pierres dures, qu'elles prennent en les passant à la meule. Cependant toutes les poteries imperméables sont de même susceptibles de se polir; mais, dans les carreaux en question, l'introduction de grains de terres cuites de différentes couleurs produit sur la surface des marbrures imitant le granite.

270. Coloration. — On a étudié dans le chapitre relatif à la cuisson (page 310) le rôle que joue l'oxyde de fer dans la coloration des pâtes, il est cependant nécessaire de compléter ce qui a été dit, par quelques observations particulières aux grès.

La coloration de ces poteries est très variable. Quelquefois seulement légèrement jaunâtres ou bleuâtres, elles sont fréquemment d'un gris bleuâtre (gris perle) plus ou moins foncé, d'autres fois jaunes, rouges, brunes ou enfin noires. Sauf les cas toujours très rares où les pâtes contiennent de l'oxyde de manganèse, ces colorations sont dues aux oxydes de fer et à la manière de conduire le feu.

La coloration blanche seulement légèrement teintée ne peut être donnée que par des argiles vitrifiables, ne contenant que très peu de fer. Ces argiles sont extrêmement rares, car, comme on l'a déjà observé, il suffit d'une proportion infime de fer au moment de la vitrification pour donner une coloration. Ordinairement les grès blancs sont obtenus par un mélange d'argile blanche réfractaire, de kaolin et de fondants alcalins.

Comme pour les terres cuites, les colorations grises ou gris bleuâtre proviennent d'une pâte contenant un peu de fer et cuite dans une atmosphère réductrice. Pour être certain d'obtenir ces couleurs, il est bon de cuire en allure réductrice à partir d'une température de 800°.

Les colorations jaunes sont données par des pâtes contenant très peu de fer, ou par des pâtes calcaires ferrugineuses chauffées au feu oxydant, pendant toute la durée de la cuisson. Dans les mêmes circonstances, les pâtes simplement ferrugineuses deviennent brunes ou même noires lorsque la proportion de fer est très élevée. La coloration franchement rouge est beaucoup plus difficile à obtenir pour les grès que pour les terres cuites : il faut que la pâte contienne beaucoup de peroxyde de fer, peu d'alcalis, pas de chaux, et que la cuisson naturellement en atmosphère oxydante soit arrêtée au début de la vitrification. Enfin, la couleur noire uniforme ne peut, sans l'emploi d'oxyde de manganèse, être régulièrement produite que par une allure réductrice et un dépôt de carbone dans les pores de la poterie avant sa vitrification. On ne peut guère employer dans ce cas le procédé qui a été indiqué pour la fabrication des tuiles noires, parce qu'il serait difficile de maintenir l'allure convenable, à partir de 800°, jusqu'au moment de la vitrification. Il est préférable de renfermer les poteries dans des gazettes remplies de carbone en poudre, sous forme de charbon de bois ou de coke (page 531).

271. Procédés de fabrication. — On peut fabriquer les carreaux en grès par deux procédés : façonnage de la pâte à l'état plastique, ou façonnage en poudre plus ou moins sèche. Dans le premier cas, on peut se servir du procédé qui a été décrit pour les carreaux en terre cuite (page 531), mais en repressant toujours les carreaux, lorsqu'ils sont suffisamment ressuyés, pour diminuer autant que possible les vides qui se trouvent dans la pâte par suite de l'évaporation de l'eau. Ce procédé, qu'il est inutile de décrire plus longuement, ne peut servir qu'à donner des carreaux assez épais, de qualité relativement médiocre.

Pour obtenir des carreaux très minces et très durs, on se sert également du façonnage en pâte plastique, mais en apportant à cette opération des soins tout à fait particuliers qui seront décrits dans l'article suivant.

Pour les carreaux plus épais destinés principalement au pavement, on se sert presque exclusivement du façonnage à la presse en poudre plus ou moins sèche. Ce procédé sera également décrit plus loin.

Tous les carreaux dont il vient d'être question sont unicolores. On fabrique également des carreaux ornés de dessins polychromes, désignés sous le nom de carreaux incrustés, qui sont certainement une des plus belles fabrications céramiques. Le façonnage se fait, dans ce cas, maintenant presque exclusivement au moyen de pâtes sèches réduites en poudre et diversement colorées. Il en sera question dans l'article 275.

272. Fabrication en pâte plastique. — Les pâtes employées pour cette fabrication sont ordinairement assez plastiques et à fondants alcalins. La plupart du temps on se sert d'argiles vitrifiables blanches, pour les carreaux blancs, ferrugineuses pour les rouges et les bruns. Quant aux carreaux noirs, ils sont colorés soit au manganèse, soit, plus souvent, par la cuisson dans une gazette contenant du carbone.

La préparation des pâtes se fait par voie pâteuse molle ou par pulvérisation. On a souvent recours à la lévigation pour épurer les matières premières.

Le façonnage, qui est l'opération caractéristique de cette fabrication, exige plusieurs opérations spéciales. On commence par façonner par étirage des galettes de pâte au moyen de propulseurs à cylindre. La figure 324 représente une machine à grande production pouvant étirer 1.500 pièces de dimensions moyennes à l'heure. La figure 325 montre une machine semblable mue à bras, d'une production de 400 pièces.

Fig. 324. — Machine à étirer pour carreaux.

A la sortie de la filière, le prisme de pâte est reçu sur un tablier coupeur fixe (*fig*. 326). Il passe d'abord sous un rouleau, sur les deux côtés duquel sont tendus des fils verticaux, qui le coupent à la largeur voulue. La coupe en longeur est faite par une série de fils transversaux, comme dans les appareils analogues précédemment décrits. Enfin les carreaux ainsi coupés passent sous un dernier rouleau qui a pour objet d'abattre les bavures provenant de la coupe.

Lorsque les carreaux sont hexagonaux, on découpe sur un tablier spécial des bandes ayant la largeur voulue et on les superpose sur un appareil coupeur spécial représenté sur la figure 327.

Les carreaux ainsi coupés sont empilés, comme il a été dit dans l'article précédent, jusqu'à ce qu'ils aient pris la consistance de la pâte ferme.

Lorsque la pâte n'a pas naturellement la coloration voulue, ou, tout au moins, lorsqu'elle ne l'a pas avec l'intensité que l'on désire lui donner, on l'engobe ordinairement par immersion. Cette

FIG. 325. — Machine à étirer pour carreaux.

engobe sèche rapidement et permet, après peu de temps, de procéder au rebattage. Celui-ci se fait à la main en plaçant le carreau sur un marbre et en frappant ses deux faces, mais particulièrement la face apparente, avec une batte en bois.

Cette opération terminée, le carreau est passé entre deux laminoirs mis en mouvement au moyen d'une manivelle (*fig.* 328) dont l'inférieur est en fonte muni de cannelures et dont le supérieur est en bronze poli. Le but de cette machine est de strier la face inférieure du carreau pour le rendre plus adhérent au bain de mortier et polir sa face supérieure.

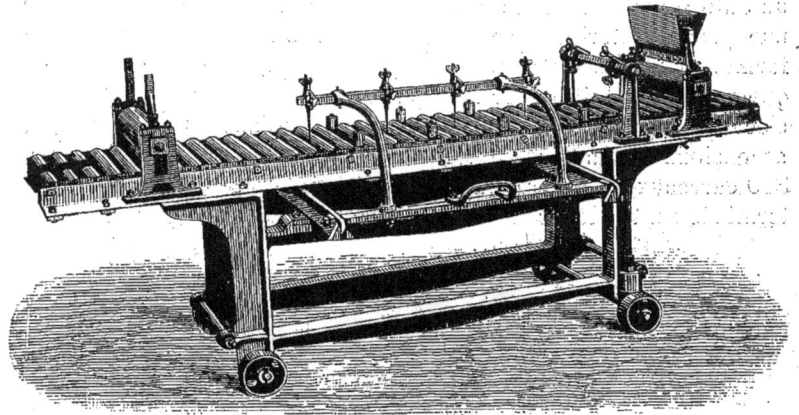

Fig. 326. — Appareil coupeur pour carreaux.

Fig. 327. — Appareil coupeur pour carreaux.

Il reste alors à donner au carreau une forme rigoureuse, on peut se servir dans ce but des calibres représentés sur la figure 287, ou bien avoir recours à une machine spéciale, préférable pour les grandes productions. La figure 329 représente un outil de ce genre. Le carreau, étant convenablement placé sur une plaque inférieure, est taillé par 4 ou 6 lames suivant sa forme, qui, dans leur mouvement de descente, le coupent obliquement pour lui donner la forme tronc-pyramidale voulue, puis s'écartent pour ne pas entraîner le carreau dans leur mouvement ascensionnel. La production de ces machines varie de 200 à 300 carreaux à l'heure suivant leurs dimensions. Les carreaux terminés sont enlevés de la plaque et mis en piles pour achever

Fig. 328. — Machine à polir les carreaux.

de se sécher. Toutes les machines dont les gravures sont reproduites dans cet article sont construites par MM. Chavassieux-Long. Le mode de façonnage qui vient d'être décrit est celui qui correspond à la fabrication la plus soignée; on peut quelquefois la simplifier, mais au détriment de la qualité des produits.

Pour de petites productions, la cuisson s'opère dans des fours intermittents. On se sert fréquemment dans ce but du type de fours à moufle qui a été représenté sur la figure 193 (page 376). Pour de fortes productions, il est préférable de se servir de fours chauffés au gaz. Un habile fabricant de Beauvais, M. Colozier, est parvenu à cuire les carreaux durs dans un four à feu continu du système représenté dans la figure 284 (page 526) ; cependant nous croyons que, comme d'autres l'ont fait, il est plus commode, quoique moins économique, d'employer des fours à feu continu à chambres de cuisson multiples (page 673).

Fig. 329. — Machine à tailler les carreaux.

Quel que soit le type de four employé, il est essentiel, de faire un enfumage très lent et très soigné au moyen de foyers spéciaux. Outre cette difficulté dans l'enfumage et dans le petit feu, on en rencontre une nouvelle, pendant la cuisson, par suite du retrait souvent considérable que prend la pâte en cuisant à une température voisine de la vitrification. L'enfournement se faisant nécessairement en piles, celles-ci ont une tendance à verser, pour peu que la chaleur ne soit pas très uniformément répartie. Ce défaut a souvent pour conséquence la nécessité d'employer pour l'enfournement des tours de main spéciaux.

Les carreaux durs sont fabriqués dans des usines spéciales. Il en existe en France, à Beauvais et dans les environs, et dans le Midi, à Marseille, Aubagne, Salesnes, Apt et Orange. Cette fabrication est certainement une des plus soignées et des plus difficiles que l'on rencontre en céramique.

273. Fabrication en pâte sèche. — Cette fabrication est beaucoup plus simple que la précédente, mais elle ne permet pas d'obtenir des produits aussi minces. Elle convient donc particulièrement pour les carreaux de pavement de trottoirs et de rues. Toutes les espèces de pâtes décrites précédemment peuvent être employées, il en est de même des procédés de coloration ; il est donc inutile de revenir sur ce sujet.

Quels que soient les matières premières, la préparation se fait par voie sèche, cependant certaines substances, telles que les feldspaths et les pegmatites, sont de préférence pulvérisées à l'eau dans des moulins à blocs ou des cylindres Asling. La pâte pulvérulente, au degré d'humidité voulu, est façonnée au moyen de presses hydrauliques. L'installation comprend la pompe, l'accumulateur et la presse. La pompe ne peut être mue à bras que pour de très petites installations, il vaut dans tous les cas mieux se servir de pompes à force motrice. L'accumulateur n'est pas indispensable, mais on ne saurait conseiller de s'en passer, si on veut obtenir des produits réguliers. Le plus souvent on se sert même de deux accumulateurs, l'un dit à basse pression, c'est-à-dire pour 50 à 90 atmosphères, et le second à haute pression pouvant donner 200 à 250 atmosphères.

Le moulage se fait généralement de la manière suivante : La pâte en poudre est introduite à la main dans le moule, en se servant d'une sorte de trémie de capacité déterminée. On donne quelquefois soit à bras, soit mécaniquement, une petite pression, après quoi le moule est placé sous la presse hydraulique.

On comprime d'abord à basse pression, puis on laisse s'échapper l'air comprimé contenu dans la pâte et on fait ensuite agir la haute pression. Le façonnage terminé, on retire le moule, et on le place sur l'appareil démouleur, qui consiste généralement en une seconde presse hydraulique dans laquelle on utilise l'eau qui a servi à la haute pression.

Pour de faibles productions, on peut se servir de deux moules montés sur une glissière alternativement en pression et en démoulage, mais la disposition la plus employée consiste à placer le moule sur un plateau, tournant autour d'un des boulons verticaux qui maintiennent le sommier supérieur de la presse. Ces moules sont alors au nombre de trois ou de quatre, de manière à pouvoir opérer simultanément toutes les opérations du façonnage. La manœuvre du plateau tournant se fait au moyen d'une petite pompe.

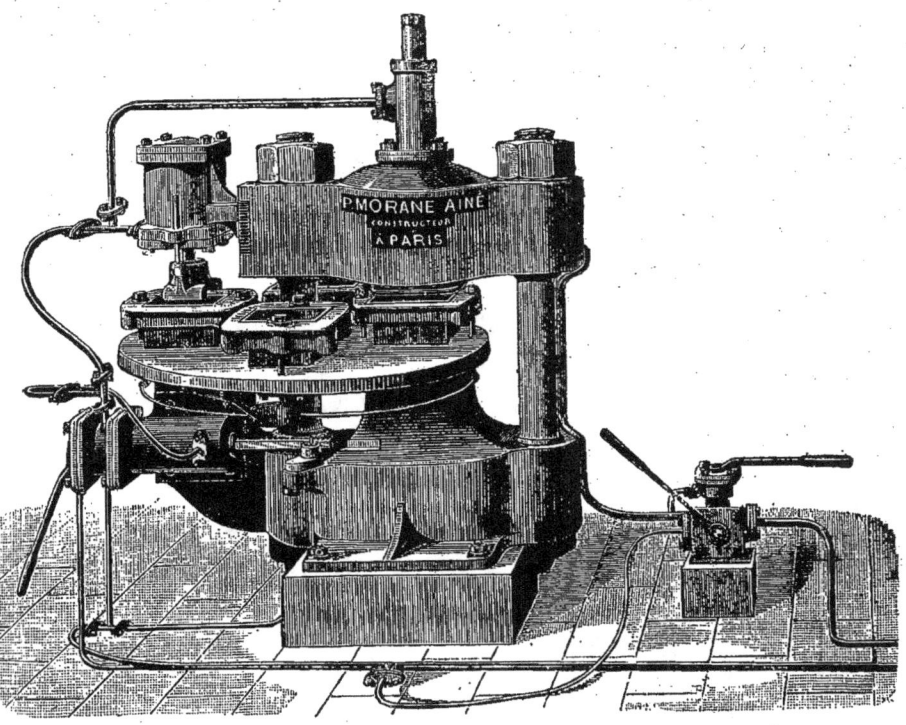

Fig. 330. — Presse hydraulique à mouler les carreaux.

Les détails du mécanisme varient sensiblement suivant les constructeurs, et leur description sortirait du cadre de cet ouvrage. On s'est contenté de reproduire sur la figure 330 une presse hydraulique servant à mouler les carreaux construits par MM. Desmarais et Cie (Morane aîné).

Les carreaux démoulés sont assez durs pour être pris à la main. On les place alors dans des séchoirs généralement chauffés et ventilés, en utilisant, s'il est possible, la chaleur perdue des fours.

L'enfournement se fait en charge, sans cependant pouvoir em-

672 GRÈS

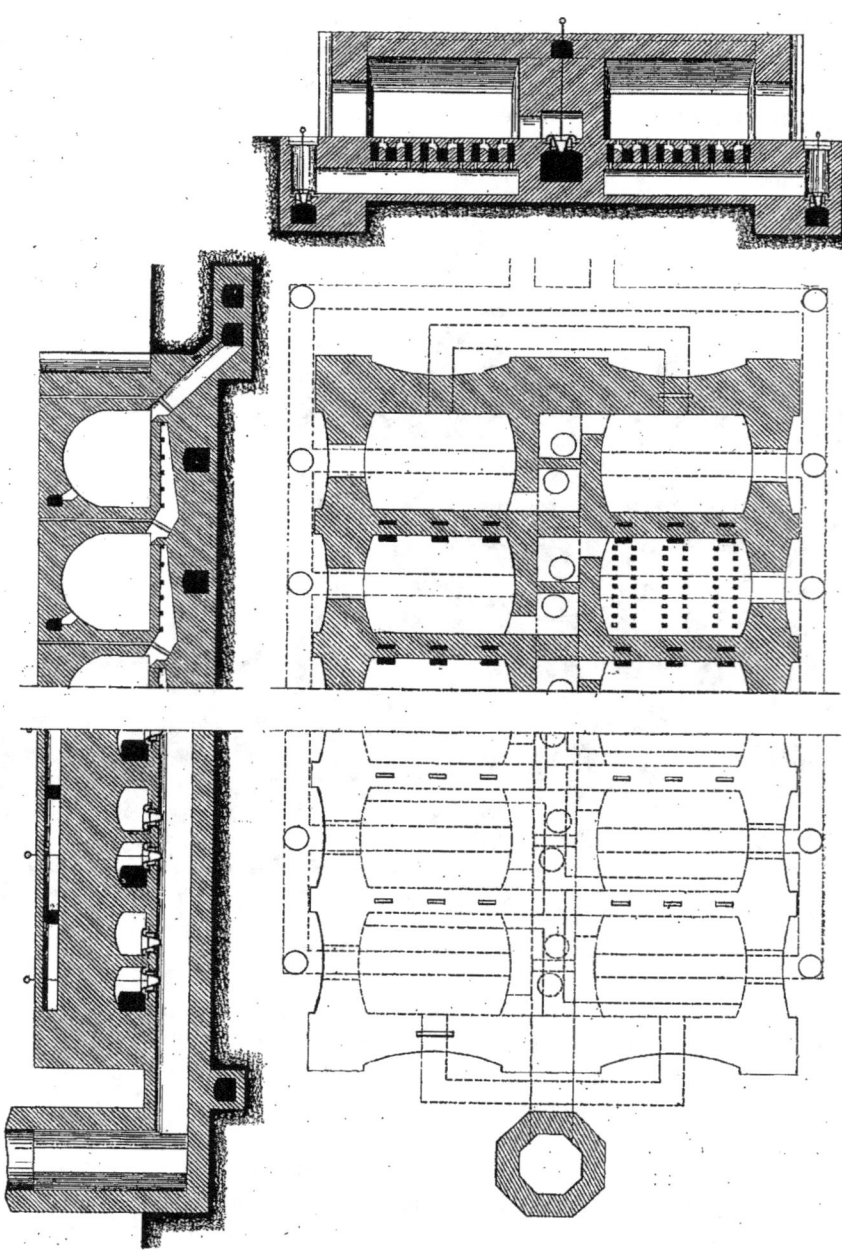

Fig. 331. — Four à feu continu à chambres multiples, chauffé au gaz.

piler les produits sur une hauteur de plus de 2 à 3 mètres ; au delà, les rangs inférieurs seraient écrasés au moment du ramollissement par le poids des marchandises supérieures. Les carreaux noirs doivent être enfournés dans des gazettes remplies de carbone, comme il a été dit précédemment. Ces gazettes peuvent être placées au milieu des autres produits.

Pour de petites productions, la cuisson se fait dans des fours ronds intermittents à flamme renversée, semblables à ceux employés pour la cuisson des produits réfractaires, mais ayant moins de hauteur. La chaleur dégagée par les fours au moment du refroidissement est utilisée dans les séchoirs.

Aussitôt que la production le permet, il est plus avantageux d'employer des fours à feu continu. On a utilisé dans ce but des fours à chambre de cuisson unique, mais, malgré la dépense plus élevée en combustible, il semble préférable de se servir de fours à chambres multiples. Le chauffage au gaz, qui est plus facile à régler, doit, en général, être préféré. La figure 331 représente un four de ce genre, inventé par M. Mendheim, qui repose sur le principe indiqué sur la figure 189 (page 373). Chaque chambre communique avec la suivante par des conduits partant d'un angle inférieur pour aller aboutir sous toute la sole de la chambre suivante. Dans cette sole se trouvent également des conduits de gaz, placés parallèlement aux conduits d'air, de sorte que les flammes jaillissent par une série d'ouvertures inférieures. Le gaz est amené dans chaque chambre par une canalisation extérieure souterraine, tandis que le tirage s'effectue par un conduit de fumée central.

Des ouvertures, pratiquées dans les murs qui séparent les chambres, permettent la manœuvre de registres réfractaires, enfin, des conduits placés latéralement aux voûtes servent à faire un enfumage avec de l'air chaud, comme il a été dit, page 485, à propos de la cuisson des briques.

Le bilan thermique de ces fours peut être approximativement évalué comme suit :

Chaleur produite par la combustion.................	100	Chaleur théoriquement nécessaire.................	55
Chaleur donnée par la récupération.................	30	Chaleur perdue par le chauffage des murs............	33
		Chaleur perdue par radiation.	15
		Chaleur perdue par la cheminée.................	7
		Chaleur perdue par la gazéification.................	20
	130		130

A leur sortie du four, les carreaux doivent être triés, et on en fait ordinairement deux ou même trois choix.

La fabrication de ces carreaux exige d'assez grandes installations pour être rémunératrice; ce n'est qu'exceptionnellement qu'on les produit accessoirement dans certaines tuileries et faïenceries.

274. Carreaux incrustés. — La fabrication des carreaux incrustés date de 1861 ; depuis, elle a pris une grande extension, particulièrement dans le Nord de la France. La pâte peut être une argile vitrifiable, ou une argile réfractaire additionnée de feldspath et, au besoin, de silice. Elle est décorée au moyen d'engobes, posés à l'état de poudre par incrustation. Les carreaux sont généralement carrés, de 12 à 20 centimètres de côté, la dimension la plus usitée étant de 16 centimètres ; l'épaisseur varie de 17 à 22 millimètres. On fait également des demi ou des quarts de carreaux, ceux-ci étant divisés rectangulairement ou en diagonale. Les bordures ont une forme rectangulaire.

Les engobes sont faits en mélangeant des oxydes colorants à la pâte, il est inutile de revenir à ce sujet sur ce qui a été dit page 420. On doit naturellement modifier la proportion des fondants contenus dans l'argile d'après la fusibilité de l'oxyde colorant. Ordinairement on s'arrange pour que l'engobe soit un peu plus fusible que la pâte.

La pose de l'engobe au moment du façonnage du carreau est le caractère distinctif et original de cette fabrication. Cette opération se fait de la manière suivante : On place dans le fond du moule un calibre, c'est-à-dire une petite pièce ayant de 8 à 10 millimètres d'épaisseur, formée de bandes de cuivre soudées, qui le divisent en alvéoles ayant la forme des contours du dessin à obtenir (*fig.* 332). Le moule ainsi préparé passe devant une série d'ouvrières, qui mettent chacune un engobe d'une couleur déterminée dans les alvéoles voulues. Lorsque tout le calibre a été ainsi rempli, on le soulève doucement, on donne à la main et au moyen d'un mandrin une légère pression sur les engobes, puis on achève de remplir le moule avec de la pâte ordinaire pulvérulente. Le tout est ensuite comprimé à la presse hydraulique, comme il a été dit précédemment.

FIG. 332. — Calibre pour carreaux incrustés.

La figure 333 représente une presse hydraulique, employée pour ce genre de fabrication. Devant est une table, le long de

Fig. 333. — Moulage des carreaux incrustés.

laquelle circulent les moules qui sont formés de deux parties superposées, l'inférieure ayant l'épaisseur de l'engobe, et la supérieure celle de la pâte. Sur la partie antérieure de cette table on pose les engobes dans la partie inférieure du moule, comme il vient d'être dit, puis, on surmonte celle-ci de la partie supérieure, on achève de remplir avec de la pâte au moyen d'un entonnoir, on donne une légère pression, on recouvre le moule d'une pièce en fonte ou en acier, et le tout est poussé sous la presse hydraulique.

Fig. 334. — Moulage des carreaux incrustés.

Pour de plus grandes productions, on se sert de préférence d'une table circulaire, le long de laquelle se meuvent les moules roulant sur des rails. La figure 334 représente une disposition de ce genre, le remplissage des moules se faisant par des ouvrières assises autour de la table circulaire, toute la manœuvre des moules et des presses est commandée par un ouvrier placé au centre.

Le séchage des carreaux incrustés se fait de la même manière que pour les carreaux unis, mais la cuisson doit s'opérer en gazettes, les carreaux y étant encastrés en charge. On se sert généralement de fours ronds à flammes renversées, mais on pourrait également, pour de fortes productions, utiliser des fours à feu continu, comme il a été dit dans l'article précédent.

275. Essais des carreaux. — On peut soumettre les carreaux à deux sortes d'essais. Leur perméabilité peut être évaluée en séchant le carreau préalablement à 110°, puis en le plongeant dans de l'eau et en mesurant l'augmentation de poids au bout de vingt-quatre heures par exemple. Cette augmentation est ensuite évaluée en pourcentage du poids du carreau sec. Il n'existe pas de règles précises pour faire cet essai, ce qui précède n'est donné qu'à titre d'indication.

La détermination de la résistance à l'usure constitue l'essai essentiel. On a proposé différentes machines qui permettent d'évaluer la diminution de poids ou d'épaisseur qu'éprouve le carreau lorsqu'on soumet sa surface à une usure prolongée. Le mieux est de suivre à ce sujet les conclusions de la Commission des Méthodes d'essai des matériaux de construction, qui ont été reproduites à la page 560.

Les carreaux en véritable grès, bien fabriqués, opposent une très grande résistance à l'usure, égale à celle des pierres naturelles les plus dures.

B. — *Tuyaux*

276. Formes et dimensions. — La figure 335 représente la forme la plus usitée des tuyaux en grès, ainsi que

Fig. 335. — Tuyaux.

des exemples de coudes, jonctions, siphons, etc., employés dans les canalisations. Le diamètre intérieur varie de 5 centimètres à

1 mètre. Cependant, dans les applications courantes, il est rare que l'on dépasse 60 centimètres. La longueur du tuyau droit varie de 0^m,60 à 1 mètre.

Le joint à emboîtement avec garniture en ciment est celui qui est généralement employé. Pour des conduites sous pression, il est préférable de faire usage du joint à manchon, (*fig.* 335), que l'on rend également étanche au moyen de ciment bourré entre les tuyaux et le manchon.

277. Composition. — De même que pour les carreaux, la meilleure composition que l'on puisse donner à la pâte des tuyaux consiste en une argile vitrifiable convenablement dégraissée, ou en une argile réfractaire additionnée de feldspath ou de pegmatite. On obtient ainsi des grès parfaits, très étanches et résistant à de fortes pressions, ils n'ont que le défaut d'être un peu cassants. Pour des raisons d'économie, on remplace quelquefois en partie les alcalis par un fondant calcaire, c'est-à-dire qu'on mélange à une argile peu vitrifiable ou à une argile réfractaire une certaine proportion d'une argile fusible calcaire. Les produits obtenus peuvent être également bons, mais comme, d'après ce qui a été dit précédemment (page 661), ils ont une tendance à se déformer, il est rare que l'on puisse pousser leur cuisson jusqu'au moment de la vitrification; la pâte reste donc encore un peu perméable.

On se sert également de pâtes réfractaires, ou tout au moins qui ne présentent aucune trace de vitrification à la température maxima de la cuisson. On a ainsi l'avantage, comme il a déjà été dit, d'obtenir des produits qui ne se déforment pas, mais les poteries obtenues par ce procédé ont encore une porosité relative, et on ne saurait les considérer comme des grès, au moins au point de vue céramique. Les tuyaux anglais, qui sont encore l'objet d'un si grand commerce d'exportation, rentrent tous dans cette catégorie.

La pâte réfractaire doit naturellement contenir plus de fondants que les pâtes employées pour la fabrication des produits réfractaires, et son grain doit être plus fin, pour recevoir convenablement la glaçure. Dans certaines fabriques, particulièrement en Allemagne, on recouvre cette pâte d'un engobe fait avec une pâte fine vitrifiable.

GRÈS PROPREMENT DITS 679

278. Façonnage. — La préparation des pâtes se fait, suivant les circonstances, soit par voie pâteuse, soit par voie sèche. Quant au façonnage, il s'opère toujours avec la pâte plastique.

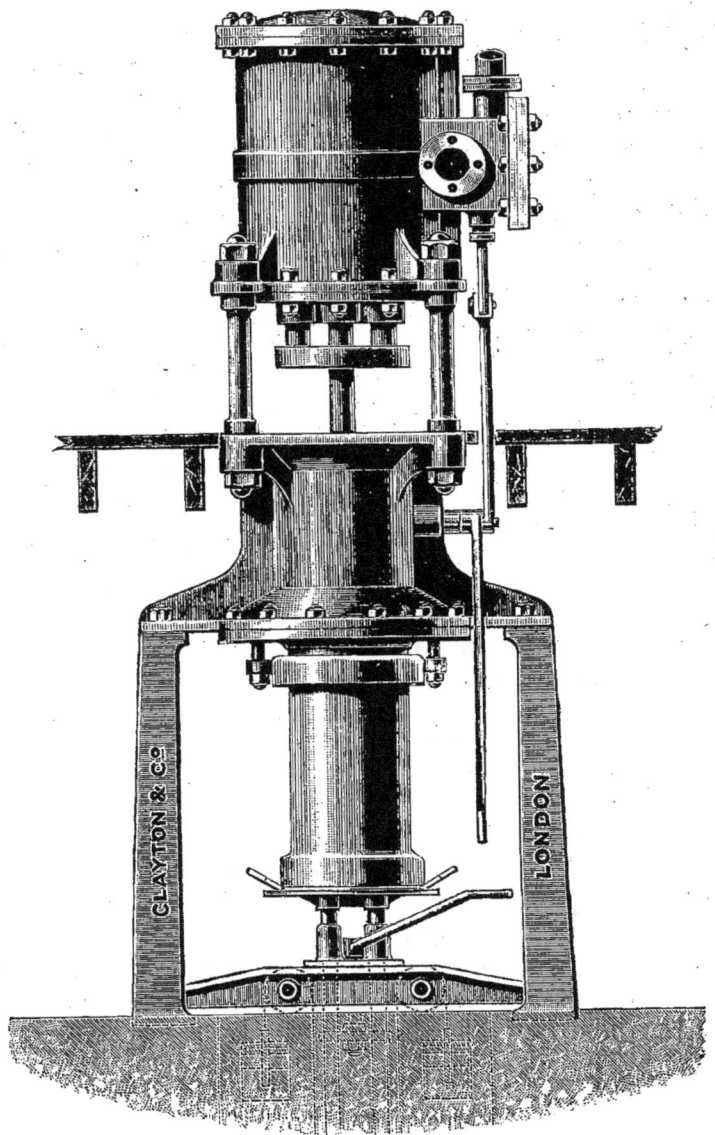

Fig. 336. — Machine à étirer les tuyaux.

Les tuyaux droits peuvent être façonnés de trois manières :

1° Sur le tour à potier ;

2° En étirant des tuyaux droits et en soudant ensuite l'emboîtement à la main, celui-ci étant également formé par un fragment de tuyau étiré de plus grand diamètre ;

3° En étirant les tuyaux, leur emboîtement étant fait mécaniquement.

Le premier procédé donne des produits d'un aspect peu satisfaisant, malgré l'habileté du tourneur, et est plus coûteux. Le deuxième ne convient que pour de petites productions, la soudure demande à être faite avec soin. La troisième méthode de façonnage est celle qui est employée dans toutes les fabriques importantes. Comme il est essentiel que les produits ne se déforment pas sous leur propre poids, ce qui arrive facilement pour les grands diamètres, l'étirage doit se faire verticalement. La pâte, sortant par une filière circulaire, vient buter contre un mandrin ayant la forme de l'emboîtement ; grâce à sa plasticité elle reflue autour, puis, lorsqu'elle a pris la forme voulue, on cesse de maintenir le mandrin, et l'étirage de la partie droite se fait comme dans les autres machines à étirer. Lorsque le tuyau a atteint la longueur voulue, on arrête le mécanisme, on coupe avec un fil, on enlève le tuyau avec la planchette sur laquelle il repose, puis on le retourne pour enlever le mandrin. La figure 86 (page 202) représente une machine de ce genre, construite par M. Pinette, dans laquelle la pâte est comprimée dans un cylindre au moyen d'un mécanisme mû à bras.

En Angleterre, on actionne ordinairement directement le piston propulseur au moyen d'un moteur à vapeur. La figure 336 représente une machine de ce genre, construite par MM. Clayton, Howlett et Cie.

Quelquefois on adopte la disposition inverse, l'étirage se faisant de bas en haut, comme le montre la figure 337. Dans ce cas, les mandrins sont fixés sur des tiges verticales, qui sont maintenues immobiles dans leur position inférieure, pendant la formation de l'emboîtement, et qui sont ensuite soulevées par un contrepoids. Cette machine est construite par M. Fawcett.

Le fonctionnement des appareils précédents est forcément intermittent, car, lorsque le cylindre propulseur est arrivé à bout de course, il faut le ramener en arrière et remplir à nouveau la boîte avec de la pâte. Cette opération est assez longue, car la pâte doit être comprimée manuellement, de manière à éviter, autant que possible, qu'il ne reste de l'air. Celui-ci, malgré les soupapes dont sont quelquefois pourvues les filières de ces machines, vient former des bulles dans l'épaisseur des tuyaux et les rend inutilisables.

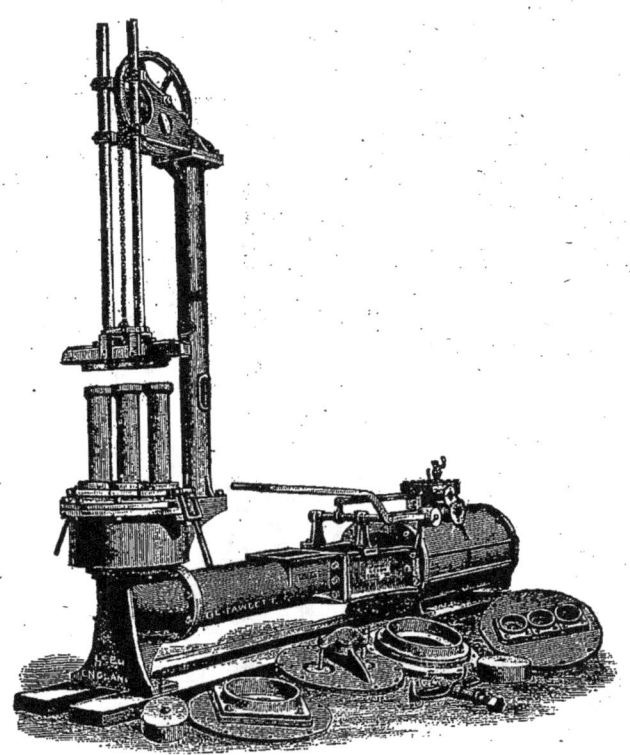

Fig. 337. — Machine à étirer les tuyaux.

On préfère ordinairement en France, au moins pour les diamètres inférieurs à 70 centimètres, des machines à étirer à cylindres propulseurs. La figure 338 montre un appareil de ce genre construit par MM. Boulet et Cie, dont le fonctionnement est ainsi continu, sauf, bien entendu, le temps d'arrêt indispensable pour couper, enlever le tuyau et remonter la plate-forme équilibrée. Les filières, ainsi que leur moyeu et le mandrin qui sert à faire l'emboîtement, sont garnis de plâtre. Les bulles d'air sont relativement moins à craindre, si on a le soin de ne jamais laisser la boîte de compression se vider partiellement.

Il est bon de se servir de deux modèles de machines, l'un pour les tuyaux de petit diamètre, dont on peut fabriquer deux ou trois simultanément, et l'autre pour les fortes dimensions. La production est d'environ 50 tuyaux de 20 centimètres à l'heure.

Fig. 338. — Machine à étirer les tuyaux.

Lorsque les tuyaux façonnés sont suffisamment ressuyés, on les met sur deux cylindres horizontaux garnis de plâtre, animés d'un mouvement de rotation qu'ils communiquent aux tuyaux, ce qui permet de rachever manuellement les parties défectueuses de l'emboîtement, et de faire des stries pour augmenter l'adhérence du mortier au moment de la pose. Puis, les tuyaux sont placés dans des séchoirs, utilisant les chaleurs perdues des fours ou chauffés et ventilés spécialement. Dans certaines usines, on les fait rouler sur des tôles planes, avant que leur dessiccation ne soit complète pour leur enlever la forme elliptique que leur donne facilement un séchage inégal.

Les coudes, les branchements, tels qu'ils ont été représentés sur la figure 335, sont faits au moyen de bouts de tuyaux droits que l'on découpe et que l'on soude à la main.

279. Cuisson et salage. — La cuisson s'opère soit dans des fours ronds à flammes renversées, soit dans des fours semi-continus ou continus à chambres de cuisson multiples, suivant la production. Le chauffage se fait soit à la houille, soit au gaz. Les tuyaux sont enfournés en charge, verticalement, s'emboîtant les uns dans les autres sur une hauteur de 2 mètres à $2^m,50$. Il faut avoir soin que leur intérieur puisse être traversé par la circulation gazeuse, pour que le salage, dont il va être question, puisse se faire régulièrement sur toutes les faces. On peut enfourner les petits tuyaux dans les grands, mais, malgré cette facilité, le poids de marchandises enfournées dans un volume déterminé est faible, ce qui augmente notablement le prix de la cuisson.

Lorsqu'on se sert du chauffage au gaz, on peut employer le four décrit précédemment (*fig*. 331, page 672) à propos de la cuisson des carreaux. On peut également se servir de la disposition représentée sur la figure 190 (page 373).

Lorsqu'on préfère le chauffage à la houille, on se sert pour de petites productions du four qui sera décrit plus loin, page 689 (*fig*. 342), et pour une fabrication plus importante du four semi continu représenté sur la figure 339. Il se compose d'une serie de chambres de cuisson, dont la sole perforée communique au moyen de conduits, avec des ouvertures placées le long d'un des côtés de la chambre suivante. De même que dans les fours à tranche, l'air strictement nécessaire à la combustion est amené sous les grilles; la récupération ne se faisant que par une petite proportion d'air en excès.

En principe, le chauffage à flammes complètement descendantes des types de fours des figures 188, 190, 339 et 342, est préférable au chauffage à flammes en partie ascendantes des fours des figures 189 et 331, parce que la température maxima

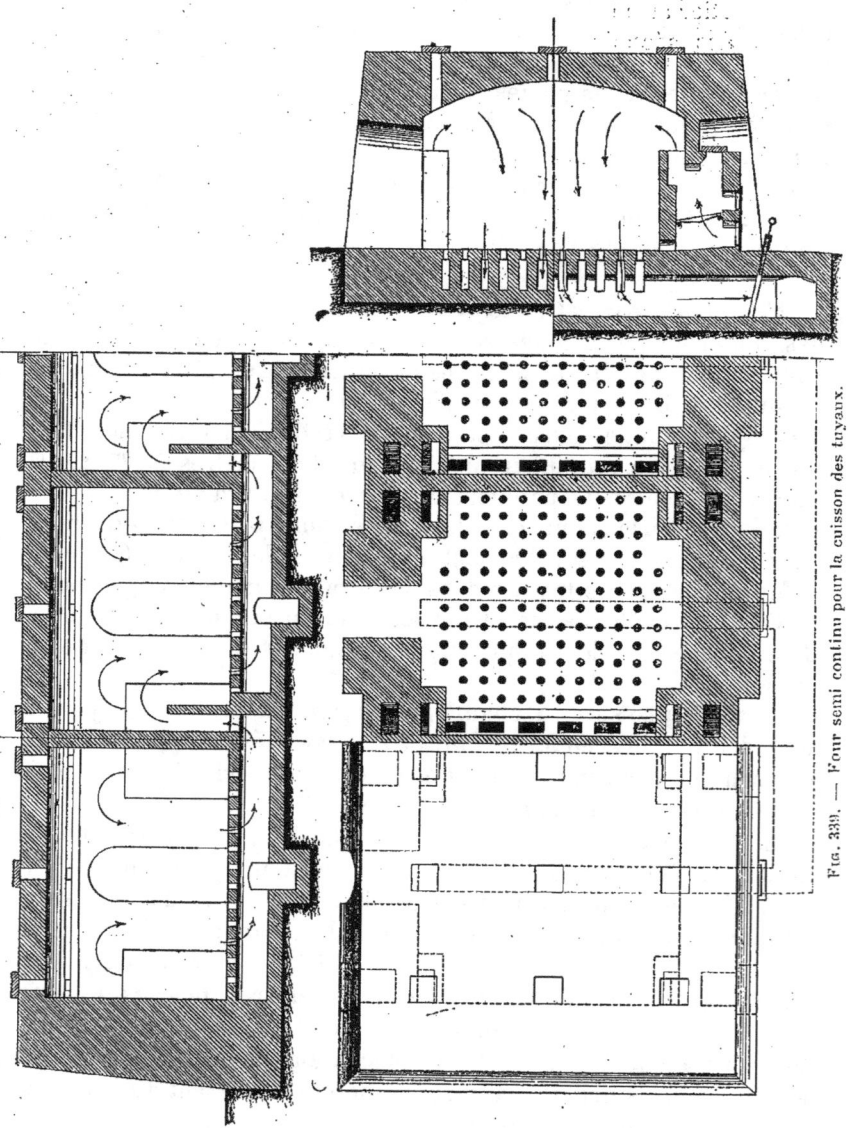

Fig. 339. — Four semi continu pour la cuisson des tuyaux.

se produit sur le haut de l'enfournement, au lieu d'attaquer les pièces inférieures qui, étant plus chargées, ont une plus grande tendance à se déformer.

L'opération caractéristique de la cuisson des tuyaux en grès est le salage, c'est-à-dire la projection dans le four, au moment où la température la plus élevée est atteinte, d'une certaine quantité de sel marin. Celui-ci se volatilise à une température légèrement plus élevée que 800°, mais il ne se décompose que vers 1.200°, lorsqu'il est en contact avec de la silice. Le sodium mis en liberté s'oxyde, forme de la soude qui se combine à la silice de la pâte et détermine ainsi une vitrification superficielle. Le chlore, de son côté, décompose la vapeur d'eau fournie par la combustion et s'échappe sous forme d'acide chlorhydrique.

On a longtemps cru que la décomposition du sel était due au mélange de sa vapeur, à haute température, avec de la vapeur d'eau. Cette explication est erronée, le sel est décomposé à haute température en présence de la silice, la production d'acide chlorhydrique est une des conséquences de cette dissociation, mais n'en est pas la cause.

Cette décomposition se fait d'autant mieux, c'est-à-dire que la glaçure est d'autant plus épaisse et imperméable, que la pâte contient plus de silice. Les poteries alumineuses, ou fortement basiques, ne peuvent pas être recouvertes de glaçure saline ainsi posée par volatilisation.

L'introduction du sel dans le four se fait par des ouvertures ménagées dans les voûtes en évitant qu'il ne tombe directement sur les produits. Elle produit un abaissement notable et brusque de la température, à cause de la chaleur considérable absorbée par le sel, pour s'échauffer, se volatiliser, et se décomposer. Cette chaleur n'a pas encore été l'objet de mesures précises, mais on peut l'évaluer à 8 ou 900 calories par kilogramme. Elle suffit pour abaisser de 2 à 300° la température de l'atmosphère du four et de la surface des produits, aussi le salage doit-il se faire en deux ou trois opérations, espacées de vingt à trente minutes, et en forçant le chauffage. La proportion de sel introduite varie de 1 à 2 kilogrammes par mètre cube d'enfournement.

Il est bon, pendant le salage, de réduire le tirage au minimum que comporte le chauffage intensif, pour que les vapeurs salines ne soient pas trop rapidement entraînées par la cheminée. La coloration des tuyaux dépend naturellement, comme on l'a vu, de la composition de la pâte et de l'allure du feu, pendant la période du chauffage qui précède le salage. Il ne faudrait cependant pas que celle-ci soit assez réductrice pour amener un dépôt de carbone sur les produits, ce dépôt empêchant ensuite le contact de la silice et des vapeurs salines. Si la proportion de sel est trop élevée, les produits présentent, quelque temps après la cuisson, des efflorescences blanches qui s'enlèvent par un lavage.

Le sel agit non seulement sur les produits, mais également sur les parois du four, et désagrège rapidement celles-ci, si on n'a pas le soin d'employer pour leur construction des briques suffisamment alumineuses, c'est-à-dire dans lesquelles la silice ne se trouve plus à l'état libre. Le salage a été pratiqué pour la première fois vers 1690, en Angleterre, par les frères Flers.

280. Essais des tuyaux. — Les conclusions de la Commission des Méthodes d'essais pour les matériaux de construction, qui ont été reproduites à la page 561, sous la rubrique : *Résistance à la rupture par pression intérieure*, s'appliquent spécialement aux tuyaux en grès. Il suffit d'ajouter que les tuyaux en grès véritable résistent à des pressions considérables variant de 5 à 15 atmosphères et même plus, sans que, pendant la durée de l'essai, il se produise de suintements. Lorsque l'expérience est bien conduite, c'est-à-dire lorsque les joints sont bien faits et ne provoquent pas un effort supplémentaire dans la matière, la rupture se produit le long d'une des génératrices du tuyau. Les tuyaux en pâte réfractaire sont moins résistants, et il est rare qu'il ne se produise par de suintements avant la fin de l'expérience.

Les essais se font soit sur un seul bout de tuyau, soit sur l'assemblage de 2 ou 3 tuyaux.

C. — *Poteries sanitaires*

281. On désigne depuis quelques années sous ce nom des produits céramiques employés pour certaines canalisations et pour divers buts domestiques. Ils se distinguent des précédents par une pâte plus fine, d'une préparation plus soignée, quelquefois recouverte d'une glaçure saline, mais ayant plus généralement une glaçure blanche opaque.

La figure 340 montre quelques-uns des types les plus employés (1).

La préparation de la pâte se fait de la même manière que pour

---

(1) Extrait du *Catalogue de la Société des Produits céramiques et réfractaires de Boulogne-sur-Mer*.

les tuyaux, mais elle est toujours vitrifiable et à grain assez fin pour pouvoir recevoir convenablement la glaçure. Sa plasticité en rend le façonnage assez facile qui, étant donnée la forme souvent assez compliquée des objets, ne peut s'effectuer que par moulage à la main. Pour certains modèles on peut également utiliser des bouts de tuyaux étirés, qui sont ensuite découpés et soudés.

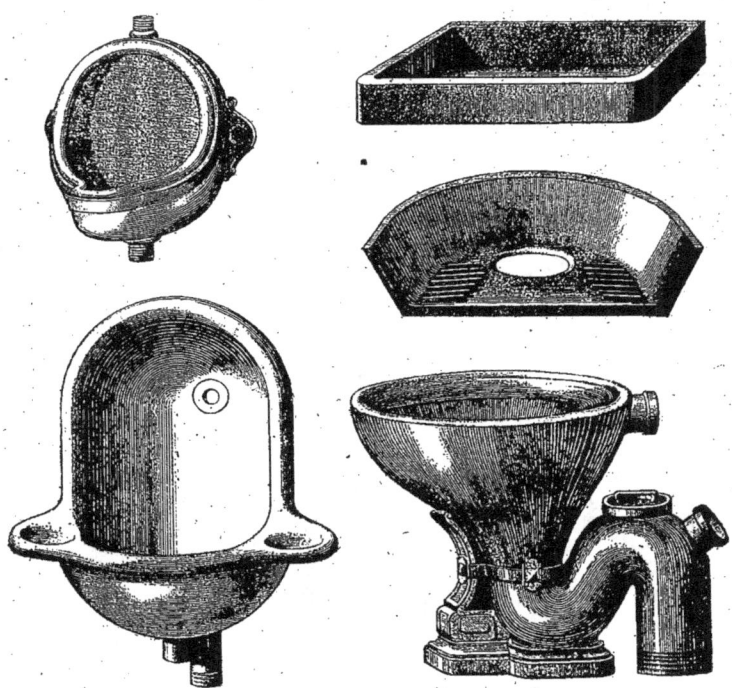

Fig. 340. — Poteries sanitaires.

Comme ces poteries sont généralement fabriquées dans les usines à tuyaux, leur cuisson s'opère dans les fours qui viennent d'être décrits, mais celles qui doivent recevoir un émail ne sont naturellement pas salées.

L'émail employé a la même composition que celui des faïences feldspathiques, c'est-à-dire qu'il est alcalin boracique plombifère (page 633) et rendu opaque pour masquer la coloration de la pâte par l'addition d'un peu d'oxyde d'étain. On peut également employer [des glaçures diversement colorées. La vitrification de l'émail se fait dans des fours à moufle. Dans certains cas, on recouvre la glaçure de dorures ou de couleurs vitrifiables qui sont fixées par une troisième cuisson.

Les poteries sanitaires sont aussi quelquefois fabriquées en faïence ou en pâte de grès fin. Dans ce cas, la pâte étant blanche, on se sert naturellement d'émaux transparents.

Par la fabrication des poteries sanitaires, imperméables, inaltérables, ayant, grâce à la glaçure, une blancheur d'un aspect irréprochable, la céramique a prêté à la nouvelle science de l'Hygiène un concours extrêmement précieux. Ces poteries, qui ont été inventées en Angleterre, ont été pendant longtemps exclusivement fabriquées dans ce pays. Depuis, leur fabrication s'est étendue, et plusieurs usines, en France notamment, fournissent des produits qui supportent la comparaison avec les meilleures poteries anglaises.

D. — *Grès pour industries alimentaires et produits chimiques*

282. Les poteries qui rentrent dans cette variété sont principalement celles que Brongniart a désignées sous le nom de grès

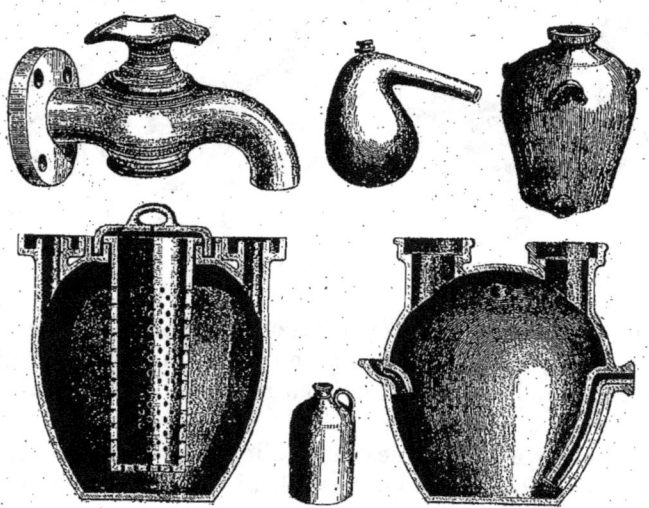

Fig. 341. — Grès pour industries alimentaires et chimiques.

communs. La fabrication de vases destinés à contenir les liquides a été la première et pendant longtemps la seule application des

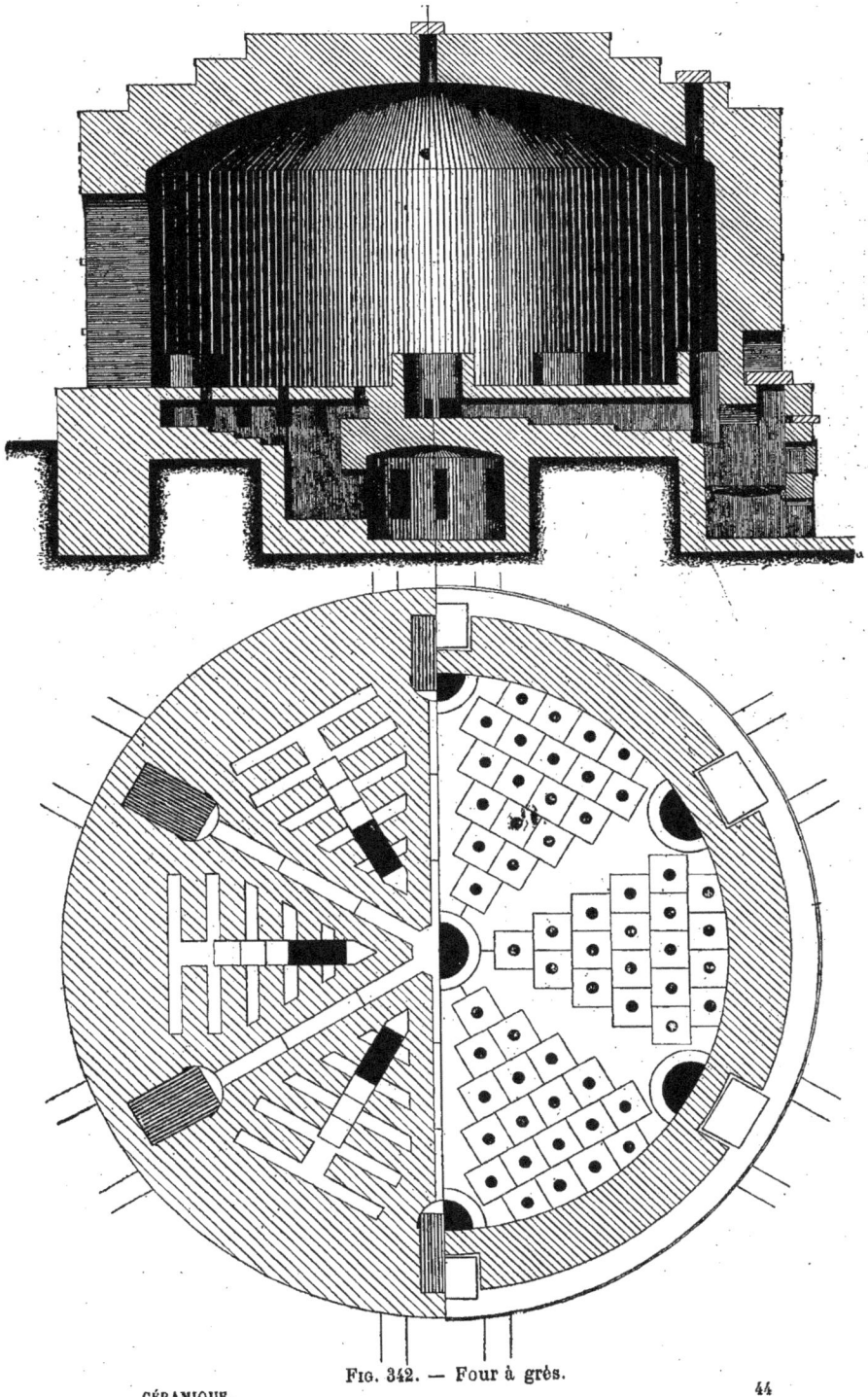

Fig. 342. — Four à grès.

grès. Puis, vers la fin du xviiie siècle, ils ont commencé à être utilisés pour l'industrie des produits chimiques et ont, dans cette application, atteint un haut degré de perfection. Le principal mérite en revient à MM. Doulton et Cie, qui ont ainsi rendu à l'industrie un service inestimable.

La figure 341 représente, à titre d'indication générale, quelques produits d'un usage courant.

La pâte employée pour la fabrication de ces poteries est presque toujours une argile vitrifiable assez pure pour n'avoir pas besoin d'être lavée. Elle est soigneusement préparée et façonnée principalement par tournage. Certaines pièces doivent cependant, à cause de leur forme, être faites au moule. Enfin, ce n'est que rarement que l'on peut utiliser l'étirage, pour faire, par exemple la partie cylindrique de pots ou de bouteilles, les fonds et le rebord supérieur ou le goulot étant ensuite soudés.

La cuisson s'est longtemps faite dans des fours horizontaux à foyer unique (page 362). On a indiqué précédemment les raisons qui condamnent ce genre de fours, aussi, convient-il de les remplacer par des fours ronds à flammes descendantes. La figure 342 représente un four de ce genre, qui peut également servir pour la cuisson de tuyaux, et d'autres poteries en grès, lorsque la production n'est pas suffisante pour permettre la cuisson à feu continu. Ces fours peuvent avoir jusqu'à 7 et 8 mètres de diamètre, leur hauteur ne dépassant pas $2^m,50$ à 3 mètres, car, l'enfournement se faisant en charge, une plus grande élévation déterminerait l'écrasement des rangs inférieurs au moment du ramollissement. Dans la gravure, l'évacuation des gaz est représentée se faisant par un assez grand nombre de petits orifices. Cette disposition est spécialement employée pour la cuisson des tuyaux, pour les autres grès on peut employer un plus petit nombre d'orifices plus grands. Les ouvertures indiquées dans la voûte servent au salage, le sel étant ainsi projeté sur les foyers, pour ne pas toucher les produits.

Les grès de cette espèce sont ordinairement mats ou recouverts d'une glaçure saline, lorsqu'on veut leur donner une imperméabilité absolue. On peut donner à cette glaçure une coloration brune foncée, en employant le procédé qui a été indiqué pour noircir les tuiles, immédiatement après le salage. Il se forme alors un dépôt de carbone qui s'incorpore dans la glaçure encore pâteuse. Ce tour de main exige une certaine habileté. On remplace quelquefois la glaçure saline par une glaçure bon marché, posée par immersion, au pinceau, ou par saupoudration sur la pâte crue. Il faut naturellement que cette glaçure se vitrifie à la température assez élevée de la cuisson de la pâte, elle ne saurait donc être plombifère. Comme les glaçures alcalino-calcaires, les seules que l'on puisse employer, sont assez coûteuses, on les a quelquefois remplacées par des laitiers de hauts-fourneaux ou par un mélange de cendres, de chaux et de sable.

Les grès pour industries alimentaires et produits chimiques, sont fabriqués en Angleterre dans de grandes usines, tandis qu'en France et en Allemagne elles sont la spécialité d'un assez grand nombre de petites poteries, qui se groupent à proximité des gisements d'argiles vitrifiables ; la qualité de ces produits dépendant de celle de l'argile.

E. — *Grès architecturaux*

283. Nous désignons sous ce nom les grès qui commencent à être employés dans la construction et la décoration des édifices, en tant qu'ils ne sont ni des tuyaux, ni des carreaux. Sauf quelques applications anciennes en Chine, cet emploi est tout à fait récent, mais on peut certainement lui présager un brillant avenir.

L'imperméabilité et la dureté des grès leur assure un avantage considérable sur les terres cuites. Malheureusement cet avantage est ordinairement largement compensé par les difficultés de la fabrication, et spécialement par la tendance qu'ont les grès de se déformer au moment de la cuisson. Jusqu'à présent on n'a pu réussir d'une manière courante et industrielle que les objets peu déformables. Aussi ne faudrait-il point, en principe, chercher purement et simplement à imiter les terres cuites, mais créer des modèles spéciaux aux grès. Ainsi, par exemple, les tuiles à emboîtement, d'une fabrication facile en terre cuite, ont une tendance telle à se gauchir lorsqu'on veut les faire en grès, qu'à moins d'un triage qui donne une proportion considérable de rebuts, l'avantage de l'emboîtement devient illusoire.

Il est bon à ce sujet de rappeler l'attention sur ce qui a été dit à propos de la composition des carreaux. Les fondants, s'ils font partie de l'argile vitrifiable, ou, à plus forte raison, s'ils sont ajoutés sous forme de calcaires, provoquent le ramollissement et la déformation de la pâte en même temps que sa vitrification. On ne peut remédier à ce défaut que par l'addition de silice dont la proportion est limitée par la condition de conserver à la pâte une plasticité suffisante. Il n'en est plus de même si à une argile relativement réfractaire on ajoute des fondants alcalins sous forme de silicates. Malheureusement les roches suffisamment alcalines sont très rares ou d'une préparation coûteuse, mais on peut les remplacer par des scories, des laitiers, ou des débris de verre. Il nous semble que c'est dans cette voie qu'il convient d'entrer, si l'on veut fabriquer des produits en grès, suffisamment résistants pendant la vitrification pour pouvoir emprunter, au moins partiellement, les formes des terres cuites.

Les grès architecturaux peuvent être mats, ou recouverts d'une glaçure. Pour certains effets, celle-ci peut être saline, mais en général il vaut mieux avoir recours à des glaçures plus fusibles fixées par une seconde cuisson à plus basse température. En principe, les émaux opaques ne donnent pas dans cette application des résultats d'un aspect satisfaisant. Il vaut mieux utiliser, malgré la coloration de la pâte, des émaux transparents ou colorés et même des vernis. Ceux-ci permettent d'obtenir de très beaux effets décoratifs, qui s'harmonisent mieux avec la décoration architecturale que les tons durs des émaux opaques.

F. — *Vases, statues et autres objets décoratifs*

284. On a vu dans l'historique de la céramique que les Chinois ont employé depuis une haute antiquité le grès pour la fabrication des vases et d'autres objets décoratifs et que cette fabrication a pris naissance en Europe, au xve siècle, dans le duché de Limbourg. Depuis, elle a suivi les fluctuations de la mode, disparaissant complètement, puis réapparaissant à nouveau sans cependant jamais prendre une véritable importance. Les premières poteries obtenues par Böttger, qu'il décorait du nom de porcelaines rouges, rentrent dans cette variété de produits. Dans ces dernières années, il semble que la faveur dont jouissent les grès va amener le développement de ce genre de poteries. Les efforts très méritoires de la maison Émile Muller y auront certainement largement contribué.

Pour ces objets ayant une assez grande valeur, on peut employer des pâtes de différentes couleurs, comme il a été dit à propos des carreaux et les soins que l'on peut apporter à l'encastage permettent impunément l'usage d'argiles vitrifiables.

Le grand avantage de ces grès, vis-à-vis des porcelaines et même des faïences calcaires ou feldspathiques, est la plasticité de la pâte qui en permet le modelage à la main sans l'emploi de moules. Se prêtant au même façonnage que l'argile à modeler ordinaire, elle rend possible la création d'objets d'art originaux ayant, après cuisson, les mêmes qualités de résistance et d'indestructibilité que la pierre ou le bronze, sans exiger aucune retouche, ni un travail pénible de sculpture.

Il faut encore observer que le grain serré de la pâte, ainsi que sa couleur, donnent un aspect plus agréable au modelé des grès qu'à celui des terres cuites.

Si l'on doit considérer le façonnage décoratif comme le principal mode de décoration des grès, il ne s'ensuit pas qu'on ne puisse pas employer la couleur; au contraire, les émaux se marient très bien avec le fond plus ou moins coloré de la pâte, n'ayant pas l'aspect dur qu'ont les autres poteries lorsqu'elles ne sont que partiellement émaillées. Toutes les espèces de glaçures et tous les procédés de décoration peuvent être employés ; cependant la dorure, qui convient si bien à la pâte blanche des porcelaines ne donne généralement pas, avec les grès, des résultats satisfaisants.

§ 2. — Grès fins

285. Les grès fins ont été inventés en Angleterre ; dans les autres pays ils n'ont été imités que par un petit nombre de céramistes. Il est assez remarquable que, tandis que, chez les autres peuples européens, les faïences émaillées, les grès proprement dits, les porcelaines dures, représentent des types bien distincts à caractères nettement tranchés, en Angleterre, les faïences feldspathiques, les grès fins, les porcelaines phosphatées sont des poteries ayant une grande analogie entre elles, fabriquées par les mêmes procédés, cuisant environ à la même température, souvent très difficiles ou même impossibles à distinguer les unes des autres.

Voici quelques exemples de compositions anglaises. On verra que les matières premières sont les mêmes que celles employées pour la faïence feldspathique, mais en augmentant la proportion de pegmatite et diminuant celle de silex.

Argile bleue............	10	25	29	45	28,5
Kaolin................	15	12,5	14	15	»
Silex.................	20	12,5	»	»	»
Pegmatite	55	50	57	40	71,5

La pâte est d'autant plus blanche que la teneur en kaolin est plus élevée ; avec de l'argile seule elle est jaunâtre.

La composition chimique des pâtes blanches est approximativement la suivante :

Silice	70 à 75
Alumine	20 à 25
Oxyde de fer	traces
Chaux	0,5 à 1
Alcalis	3 à 5

On additionne aussi quelquefois du spath pesant en forte proportion (jusqu'à 50 0/0), en diminuant alors la teneur en pegmatite.

La coloration de la pâte s'obtient par les moyens qui ont été précédemment indiqués : 1/2 à 1 0/0 d'oxyde de cobalt donne du bleu, la même proportion d'oxyde de chrome, du vert ; 7 à 8 0/0 d'un mélange d'oxydes de fer et de manganèse produit du brun, etc. Pour le noir dit de basalte, on remplace la pegmatite par une forte proportion d'ocre rouge et d'oxyde de manganèse. Voici un exemple d'une de ces pâtes :

Argile bleue	43
Ocre calcinée	43
Oxyde de manganèse	14

La préparation des pâtes et le façonnage se font par les mêmes procédés que ceux qui ont été décrits pour les faïences feldspathiques. La cuisson s'opère également de même, et a lieu à une température sensiblement égale.

Les grès fins sont fréquemment mats. Quelquefois on se contente de vitrifier leur surface en recouvrant l'intérieur des gazettes d'un enduit composé de sel marin, de potasse et d'oxyde de plomb, ou de sel marin, de salpêtre et de céruse. Il se fait une volatilisation du plomb, probablement sous forme de chlorure, qui glace la surface des poteries.

Les glaçures sont presque toujours alcalino-boraciques plombifères, comme celles des faïences feldspathiques ; quelquefois on remplace l'oxyde de plomb et une partie de la pegmatite par du spath pesant.

CHAPITRE XIII

PORCELAINES

Sommaires. — Classification.
§ 1. *Porcelaines dures.* — *a) Porcelaines de service et de décor.*
Composition de la pâte et de la glaçure. — Préparation des pâtes. — Façonnage. — Séchage. — Cuisson en dégourdi et pose de la glaçure. — Cuisson. — Encastage. — Décoration. — Installation générale des porcelaineries.
b) Porcelaines à feu.
c) Porcelaines pour canalisations électriques.
d) Porcelaines pour usages mécaniques.
e) Porcelaines architecturales.
f) Porcelaines mates dites biscuit de porcelaine.
§ 2. *Porcelaines tendres phosphatées*, dites anglaises.
§ 3. *Porcelaines tendres vitreuses*, dites françaises.
§ 4. *Porcelaines tendres vitreuses*, dites nouvelles de Sèvres.
§ 5. *Porcelaines tendres argileuses*, dites de Seger.
§ 6. *Porcelaines tendres mates*, dites parian.
§ 7. *Porcelaines tendres mates feldspathiques.*

286. Classification. — Les porcelaines (1) sont des poteries imperméables translucides, à pâte blanche, ou colorée, mais seulement dans un but décoratif. Leur imperméabilité les distingue des terres cuites et des faïences, et leur translucidité les différencie des grès.

On a vu, à propos de ces dernières poteries, que l'imperméabilité n'est que relative, il en est de même de la translucidité. Pour définir exactement cette propriété de la matière, il est, en effet, nécessaire de spécifier l'épaisseur de la pâte et l'intensité de la source lumineuse. Sous de faibles épaisseurs, les grès peu colorés et certaines faïences feldspathiques riches en fondants possèdent en effet une translucidité relative. D'autre part, n'importe quelle

---

(1) Avant le xvi° siècle, ce mot servait à désigner les objets fabriqués avec la nacre de la coquille dite porcelaine. A partir de cette époque, on l'a employé, par analogie d'aspect, pour indiquer les poteries chinoises. Ancien français *pourcelaine*, italien *porcellena* du latin *porca*, vulve de la truie.

porcelaine devient opaque lorsqu'on augmente suffisamment l'épaisseur de la pâte.

Jusqu'à présent il n'existe aucune règle précise pour déterminer à quel moment cesse l'opacité et commence la translucidité. C'est une question d'appréciation dans laquelle le céramiste compétent tient en outre compte de toutes les autres propriétés physiques de la pâte et de la glaçure, ainsi que des procédés de fabrication, que cet examen peut lui révéler. Ceci n'est pas dit pour contester la valeur de la classification adoptée par tous les céramistes, mais pour signaler les difficultés auxquelles on se heurte parfois dans son application.

On distingue les porcelaines dures des porcelaines tendres, ces deux adjectifs devant être pris d'abord dans le sens de résistance à la chaleur et ensuite de dureté effective, mécanique, de la glaçure.

Les *porcelaines dures* sont à pâte kaolinique siliceuse additionnée de fondants alcalins ou en partie calcairés. Elles sont presque toujours recouvertes d'une glaçure dont la vitrification se fait en même temps que la cuisson de la pâte, à une température variant de 1.300 à 1.400°. La glaçure n'est pas rayable par l'acier.

Ces porcelaines forment un groupe bien défini, qui se différencie assez facilement de toutes les autres poteries. Principalement, sinon exclusivement au point de vue de l'usage, on peut distinguer les six variétés suivantes :

a) *Porcelaines de service et de décor*, employées, comme leur nom l'indique, pour les services de tables, et comme objets décoratifs ;

b) *Porcelaines à feu*, c'est-à-dire destinées à être soumises à la chaleur ;

c) *Porcelaines pour canalisations électriques ;*

d) *Porcelaines pour usages mécaniques ;*

e) *Porcelaines architecturales ;*

f) *Porcelaines mates*, dites biscuit de porcelaine.

Les *porcelaines tendres* comprennent, au contraire, un certain nombre d'espèces de poteries, très différentes à presque tous les points de vue, n'ayant guère de commun que leur degré de cuisson inférieur à celui des porcelaines dures, et, lorsqu'elles ne sont pas mates, la moindre dureté de leur glaçure.

§ 1. — Porcelaines dures

A. — *Porcelaines de service et de décor*

287. Composition de la pâte. — La pâte des porcelaines dures est un mélange de kaolin, de silice et de fondants alcalins. Quelquefois une partie des alcalis est remplacée par de la chaux. Ce n'est que dans des cas trop rares pour qu'il soit nécessaire d'insister que l'on a partiellement substitué la magnésite ou le talc au kaolin.

Les qualités que doit posséder la pâte de porcelaine dure sont :

1° Plasticité suffisante pour se prêter convenablement au façonnage ;

2° Température de cuisson assez élevée pour permettre l'emploi d'une glaçure très dure et par conséquent peu fusible ;

3° Translucidité aussi grande que possible ;

4° Coloration d'un blanc légèrement bleuté.

L'hydrosilicate d'alumine sous forme d'argile proprement dite, qui sert de base à toutes les pâtes précédemment décrites, ne peut plus être employé. Il donnerait des pâtes soit trop fusibles, soit opaques, n'ayant en tous cas pas la blancheur exigée. Au contraire, sous forme de kaolin, l'hydrosilicate d'alumine est plus réfractaire et communique aux pâtes plus de translucidité et de blancheur.

Les kaolins, même ceux suffisamment purs pour être employés dans la fabrication de la porcelaine, présentent de grandes différences dans leur composition et leurs propriétés. Pour se rendre compte de leur valeur, il faut d'abord déterminer leur constitution, comme il a été dit à la page 86, en les attaquant par l'acide sulfurique. La partie dissoute contient l'hydrosilicate d'alumine et, d'après les travaux de M. Vogt, le mica impalpable, tandis que le résidu est formé de quartz et de feldspath. Après avoir fait l'analyse exacte de ces deux parties, on attribue les alcalis dissous au mica en lui supposant la composition de la muscovite :

$$6SiO^2, 3Al^2O^3, K^2O, 2H^2O$$

et on admet que les alcalis insolubles sont sous forme de feldspath orthose :

$$6SiO^2, Al^2O^3, K^2O$$

la soude étant évaluée comme potasse en tenant compte du rapport des équivalents. On obtient ainsi les proportions du mélange d'hydrosilicate d'alumine, de quartz, de feldspath et de mica, qui constitue le kaolin.

Malgré cette détermination assez précise, il est nécessaire de faire une expérience pratique pour se rendre compte de la plasticité. Les dimensions et probablement la forme des grains d'hydrosilicate d'alumine sont, en effet, plus variables dans les kaolins que dans les argiles proprement dites. De sorte que tantôt leur plasticité est faible, comme dans le kaolin des Cornouailles, tantôt elle se rapproche de celle des argiles plastiques, comme dans les kaolins de la Chine et du Japon.

Ce n'est qu'après avoir fait cette double investigation que l'on peut déterminer la quantité de dégraissants et de fondants qu'il faut ajouter, pour chercher à obtenir une pâte analogue à celle que l'on s'est proposée comme type. Les dégraissants sont du quartz, du sable quartzeux ou du biscuit de porcelaine; les fondants du feldspath, de la pegmatite ou du carbonate de chaux. Il arrive fréquemment qu'un seul kaolin, surtout lorsqu'il est maigre, ne peut pas donner la composition désirée, on est ainsi conduit à en mélanger deux et même trois.

Voici les résultats d'analyses déjà assez anciennes de différentes pâtes de porcelaines cuites.

	SILICE	ALUMINE	OXYDE DE FER	CHAUX	MAGNÉSIE	POTASSE	SOUDE
Sèvres, pâte de service...	58,0	34,5	»	4,5	»	3,0	»
id. pâte de sculpture.	64,2	30,0	»	2,9	»	2,8	»
Limoges	70,2	24,0	0,7	0,7	0,1	4,3	»
Meissen	58,5	35,1	0,8	0,3	0,6	5,0	»
id.	60,0	35,5	»	0,6	»	2,3	1,6
Berlin	64,3	29,0	0,6	0,3	0,5	3,6	»
Vienne	59,6	34,2	0,8	1,7	1,4	2,0	»
Nymphenburg	72,8	18,4	2,5	3,3	0,3	0,6	1,8
Schlaggenwalde (Bohême).	71,5	23,4	»	0,1	0,1	3,1	1,0
Chine	69,0	23,6	1,2	0,3	»	3,3	2,9
id.	69,0	21,3	3,4	1,1	»	3,4	1,8
id.	70,0	22,2	1,3	0,8	»	3,6	2,7
id.	73,3	19,3	2,0	0,6	»	2,5	2,3
Japon	70,7	21,8	2,0	0,7	tr	3,2	2,4

Le tableau suivant donne les analyses plus récentes faites par Seger sur des pâtes crues.

PORCELAINES DURES

	SILICE	ALUMINE	OXYDE DE FER	CHAUX	MAGNÉSIE	POTASSE	SOUDE	EAU	ACIDE CARBONIQUE
Sèvres, pâte de service...	52,94	28,91	0,48	3,99	0,17	1,70	0,68	9,12	2,48
Limoges, I. Pouyat, pâte supérieure............	64,28	23,49	0,87	1,77	tr	1,11	3,07	5,48	0,69
Limoges, I. Pouyat, pâte ordinaire.............	64,52	22,07	0,97	2,10	tr	1,35	3,13	5,60	0,57
Limoges, L. Sazerat, pâte supérieure............	64,32	23,64	0,83	0,86	tr	2,66	1,82	5,98	»
Limoges, L. Sazerat, pâte ordinaire.............	60,42	26,47	0,32	1,37	»	2,75	1,60	7,19	»
Limoges, L. Sazerat, porcelaine lourde.........	60,53	26,37	0,75	0,69	tr	2,95	1,44	6.39	»
Limoges, Guérin et Cie, pâte supérieure............	65,61	23,07	0,65	0,80	tr	2,94	2,72	4,50	»
Limoges, Guérin et Cie, pâte ordinaire.............	66,00	22,59	0,36	1,68	»	2,71	1,80	5,59	»
Limoges, Guérin et Cie, pâte pour figures............	65,79	23,51	0,31	1,59	»	2,01	1,73	5,89	»
Vierzon, pâte supérieure.. id. porcelaine lourde	66,97	20,92	0,64	2,06	tr	2,75	0,41	5,43	»
Hal (Belgique), porcelaine	63,48	25,00	0,51	1,06	»	2,26	1,19	6,76	»
lourde..................	63,95	25,59	0,69	tr	0,54	2,07	0,98	6,62	»
Berlin, pâte de service...	63,07	24,67	0,59	»	0,40	4,25	(1)	7,00	»
Carlsbad................	66,78	22,70	0,55	0,97	tr	1,07	1,51	6,07	0,55
id.	65,17	23,63	0,54	1,09	tr	2,92	0,90	5,98	0,70
Japon	74,53	16,09	1,03	0,06	0,25	4,37	1,19	2.83	»
id.	71,34	19,74	0,73	0,17	»	4,04	0,10	4,01	»
id.	71,60	18,71	1,19	tr	»	4,16	0,18	4,68	»

En comparant les chiffres précédents on peut reconnaître, avec Seger, quatre types de porcelaines :

1° Porcelaines de Sèvres ;

2° Porcelaines lourdes françaises, porcelaines de Hal, de Berlin, de Carlsbad ;

3° Porcelaines de qualité supérieure françaises ;

4° Porcelaines du Japon.

Les compositions respectives de ces quatre types ressortent plus clairement si on prend les moyennes, en admettant que les pâtes soient cuites. Ce calcul donne les chiffres suivants :

	SILICE	ALUMINE	OXYDE DE FER	CHAUX	POTASSE	SOUDE
Type 1............	59,6	32,6	0,6	4,5	2,0	0,7
» 2............	67,8	26,7	0,7	0,8	2,9	1,1
» 3............	69,1	24,0	0,7	1,6	2,3	2,3
» 4............	75,5	19,0	1,0	»	4,3	0,6

(1) La soude est réunie à la potasse.

En comparant ces résultats avec les chiffres contenus dans le premier tableau d'analyses, on voit que cette division en quatre types se trouve assez bien confirmée. Pour faciliter la comparaison, on peut représenter la composition par le symbole :

$$m\text{RO}, \text{R}^2\text{O}^3, n\text{SiO}^2$$

dans lequel mRO représente les fondants, chaux, magnésie, potasse et soude, R^2O^3, l'alumine et le peroxyde de fer, pris comme unité, et nSiO^2 la proportion de silice.

Dans ces conditions le premier type, celui de Sèvres, suivant l'analyse de Seger, correspondrait à la formule

$$0{,}35\text{RO}, \text{R}^2\text{O}^3, 3{,}0\text{SiO}^2.$$

En tenant compte des autres analyses de la pâte de Sèvres, et en rangeant dans la même catégorie les pâtes de Meissen et de Vienne, on voit qu'on peut donner à ces porcelaines la formule générale

$$0{,}30 \text{ à } 0{,}35\text{RO}, \text{R}^2\text{O}^3, 2{,}8 \text{ à } 3{,}5\text{SiO}^2.$$

Le deuxième type comprenant certaines pâtes lourdes de Limoges et de Vierzon, les porcelaines de Hal, de Berlin, de Carlsbad, aurait pour formule

$$0{,}20 \text{ à } 0{,}30\text{RO}, \text{R}^2\text{O}^3, 4{,}2 \text{ à } 4{,}8\text{SiO}^2.$$

Le troisième type, qui correspond aux pâtes de qualité supérieure de Limoges, est représenté par

$$0{,}40 \text{ à } 0{,}45\text{RO}, \text{R}^2\text{O}^3, 4{,}8 \text{ à } 5{,}3\text{SiO}^2.$$

Enfin, dans le quatrième type ou oriental, les porcelaines chinoises auraient pour formule

$$0{,}40 \text{ à } 0{,}45\text{RO}, \text{R}^2\text{O}^3, 5{,}5 \text{ à } 6{,}0\text{SiO}^2$$

et les japonaises

$$0{,}30 \text{ à } 0{,}40\text{RO}, \text{R}^2\text{O}^3, 6{,}2 \text{ à } 7{,}4\text{SiO}^2.$$

On sait qu'à la température élevée de la cuisson de la porcelaine, la silice devient un élément fusible, de sorte que les différents types de pâtes précédents sont classés dans l'ordre de leur fusibilité.

D'après M. Vogt, la pâte de Sèvres, la plus réfractaire cuit à la montre 15 de Seger (page 394), et les pâtes chinoises à la montre 12.

En appliquant aux quatre types de pâtes, définies par les analyses de Seger, ce qui a été dit précédemment au sujet de la constitution des pâtes, on peut dresser le tableau suivant, qui repose en partie sur des hypothèses, mais qui est néanmoins intéressant.

	CARBONATE DE CHAUX	PARTIE SOLUBLE DANS L'ACIDE SULFURIQUE		PARTIE INSOLUBLE DANS L'ACIDE SULFURIQUE	
		Hydrosilicate d'alumine	Mica impalpable	Quartz	Feldspath
Type 1	6,47	59,80	6,57	12,05	15,11
Type 2	»	48,89	6,28	24,34	20,49
Type 3	»	40,99	4,13	23,87	31,01
Type 4	»	33,13	9,56	42,60	14,71

Quelques pâtes du deuxième et du troisième type contiennent également un peu de carbonate de chaux ajouté directement, mais, pour les autres, la petite teneur en chaux vient du feldspath.

En ce qui concerne la plasticité, on voit que les kaolins européens ne contiendraient guère qu'un dixième de mica impalpable, tandis que, dans les japonais, cette proportion s'élève à 20 ou 25 0/0. M. Vogt a prouvé expérimentalement que le mica impalpable possède une plasticité analogue à celle de l'argile proprement dite. Cette élévation explique en partie la remarquable plasticité des pâtes orientales. Nous disons en partie, car il faut, en outre, admettre que l'hydrosilicate d'alumine des kaolins de la Chine et du Japon est plus plastique que celui contenu dans les kaolins européens. On a quelquefois cherché à donner aux pâtes européennes la plasticité des pâtes orientales, en leur additionnant une certaine proportion d'argile plastique blanche. On obtient ainsi le résultat voulu, mais aux dépens de la blancheur et de la translucidité.

Tels sont les renseignements et les considérations théoriques, que donne actuellement la science céramique sur la composition de la pâte des porcelaines. Sans doute, ils ne sauraient à aucun degré remplacer les essais pratiques, qui sont du reste indispensables dans toutes les branches de la céramique, mais ils permettent d'arriver plus rapidement et d'une manière plus raisonnée au but que l'on se propose.

Les matières premières employées en France sont principalement le kaolin feldspathique de Saint-Yrieix, additionné d'une roche quartzeuse, qui se trouve dans les mêmes carrières, et d'un peu de ciment obtenu par la pulvérisation du biscuit de porcelaine. Dans certains cas on ajoute un peu de carbonate de chaux, aussi pur que possible. En Allemagne et en Autriche, où les kaolins contiennent peu de feldspath, on est obligé de faire un mélange direct de kaolin, de feldspath et de quartz.

288. Composition de la glaçure.
— Les glaçures employées pour la porcelaine dure sont des silicates d'alumine et d'autres bases, principalement chaux et alcalis. Suivant que ce sont les bases alcalino-terreuses, ou les alcalis qui sont en proportion prépondérante, la glaçure est dite calcaire, ou alcaline c'est-à-dire feldspathique.

Le tableau suivant reproduit la composition chimique de quelques glaçures.

	SILICE	ALUMINE	OXYDE DE FER	CHAUX	MAGNÉSIE	POTASSE	SOUDE	PERTE AU FEU ET DIVERS
Pegmatite, empl. à Sèvres.	70,64	16,87	0,73	1,31	0,20	4,22	4,97	0,34
Pegmatite, empl. à Limoges	76,11	14,61	0,66	1,44	0,42	2,99	3,03	1,23
id.	75,99	14,80	0,37	1,09	0,36	4,31	3,49	0,65
Couverte, empl. à Berlin..	73,24	13,97	0,31	2,57	0,51	4,81	1,71	3,83
Couverte japonaise.......	61,97	12,92	0,39	9,59	tr	4,17	1,12	10,21 (¹)
id.	64,96	12,74	0,80	8,78	tr	1,95	2,30	9,35 (²)
Couverte celadon chinoise.	64,80	14,33	1,39	10,09	1,55	5,61	0,81	1,39 (³)

Observations. — 1° Y compris 0,30 d'acide phosphorique ; 2° y compris 0,16 d'acide phosphorique ; 3° acide titanique. La première analyse est de M. Vogt, les six autres de Seger.

Les quatre premières glaçures sont des couvertes alcalines, les trois dernières sont calcaires. Elles peuvent être représentées par les formules suivantes, dans lesquelles RO désigne les fondants, et R^2O^2 l'alumine et le peroxyde de fer :

Pegmatite employée à Sèvres..	1,0 RO,	1,07 R^2O^3,	7,45	SiO^2
id. employée à Limoges	1,0 RO,	1,00 R^2O^3,	8,91	SiO^2
id. id.	1,0 RO,	1,24 R^2O^3,	10,84	SiO^2
Couverte employée à Berlin.	1,0 RO,	1,12 R^2O^3,	9,58	SiO^2
id. japonaise.........	1,0 RO,	0,55 R^2O^3,	4,42	SiO^2
id. id.	1,0 RO,	0,59 R^2O^3,	5,04	SiO^2
id. chinoise.........	1,0 RO,	0,52 R^2O^3,	3,82	SiO^2

Ces formules sont établies (dans le but de permettre la comparaison), comme celles qui ont été données à propos d'autres glaçures, en prenant la proportion des fondants comme unité, mais, étant donné le rôle que joue l'alumine dans ces couvertes, il est préférable de prendre, au contraire, celle-ci comme unité. Elles se modifient alors comme suit :

Pegmatite employée à Sèvres...	0,93 RO,	1,0 R²O³,	6,96 SiO²
id. id. à Limoges..	0,81 RO,	1,0 R²O³,	8.74 SiO²
id. id. id. ..	0,89 RO,	1,0 R²O³,	8,55 SiO²
Couverte employée à Berlin...	1,00 RO,	1,0 R²O³,	8,91 SiO²
id. japonaise	1,82 RO,	1,0 R²O³,	8,04 SiO²
id. id.	1,69 RO,	1,0 R²O³,	8,54 SiO²
id. chinoise	1,92 RO,	1,0 R²O³,	7,35 SiO²

On voit que la proportion relative de silice et d'alumine varie peu, mais que, par contre, il y a le double de fondants dans les couvertes orientales, ce qui explique leur plus grande fusibilité.

En France, on se sert presque exclusivement comme couverte de la pegmatite de Saint-Yrieix plus ou moins décomposée et qui, dans cet état, est un mélange de feldspath, de quartz et de kaolin. On peut régler sa fusibilité par l'addition d'une certaine quantité de quartz.

En Allemagne et en Autriche, la couverte est composée artificiellement par un mélange de ces trois substances. Dans ces pays on a longtemps employé et on se sert encore partiellement de couvertes calcaires, dans lesquelles la chaux est introduite soit à l'état de carbonate de chaux, soit à celui de sulfate de chaux surcuit. Voici, d'après Prössel, des exemples de ces compositions :

Quartz....................	34,5	32,0	27,0	50,0	44,0
Kaolin....................	9,5	7,0	8,0	37,5	30,0
Feldspath.................	32,5	37,0	32,0	»	»
Carbonate de chaux.......	12,0	11,0	16,5	12,5	»
Sulfate de chaux.........	»	»	»	»	13,5
Ciment de porcelaine mate.	11,5	13,0	16,5	»	12,5

En Orient, la couverte semble être composée d'une roche analogue à la pegmatite, finement pulvérisée et délayée dans un lait de chaux.

D'une manière générale les couvertes calcaires sont plus transparentes, pénètrent mieux la pâte, les couvertes alcalines sont plus laiteuses, et doivent être posées en couche plus épaisse. Mais, comme ces dernières donnent à la porcelaine un aspect plus velouté, plus agréable, on les préfère généralement. La cuisson de la pâte et de la glaçure se faisant simultanément, il faut naturellement qu'il y ait un accord complet entre la température de vitrification de la pâte et celle de la cuisson de la glaçure. Les analyses précédentes montrent dans quelles limites on peut faire varier les proportions respectives de l'alumine, de la silice et des fondants, pour atteindre ce but.

289. Préparation des pâtes. — La préparation des pâtes se fait toujours par voie humide. Le kaolin est préalablement trié et lavé, le quartz et les roches feldspathiques sont également triés, puis pulvérisés. En se reportant à ce qui a été dit page 171, on voit que la préparation de la pâte peut se faire par deux méthodes. Dans la première le dosage s'opère sur les matières sèches, qui sont ensuite délayées et broyées ensemble dans l'eau, tandis que dans la seconde, le dosage se fait à l'état liquide, les matières premières étant préalablement délayées ou broyées séparément.

La première méthode est celle employée à Limoges ; la seconde, imitée de la fabrication de la faïence feldspathique, est plus usitée en Allemagne et en Autriche. Quel que soit le procédé de broyage et de dosage, la pâte liquide est ensuite tamisée, soumise, s'il y a lieu, à l'épuration électrique, et enfin raffermie dans des filtres-presses. Elle est alors sous forme de galettes assez humides, qui, lorsque la préparation des pâtes se trouve dans la même usine que la fabrication proprement dite de la porcelaine, sont placées dans des caves, où elles sont conservées plus ou moins longtemps avant d'être employées au façonnage. Dans certains cas, les pâtes sont préparées dans des usines spéciales, qui expédient les galettes à l'état humide, ou achèvent préalablement de les sécher à l'air.

Dans les deux cas, avant de procéder au façonnage, la pâte est soumise à un malaxage en lui ajoutant, s'il y a lieu, la quantité d'eau nécessaire, puis à un pétrissage qui a principalement pour but d'enlever les bulles d'air qu'elle peut contenir. Ces opérations ont été décrites page 171.

290. Façonnage. — Le façonnage des porcelaines présente des difficultés beaucoup plus grandes que celui de toutes les autres poteries. D'abord, la pâte, presque toujours très maigre, se prête mal à tous les procédés de façonnage, qui sont basés sur l'emploi d'une matière plastique. Ensuite, les poteries devant se ramollir dans le feu, et ayant par conséquent une tendance à s'affaisser sous leur propre poids, il faut leur donner des épaisseurs variables, renforçant les parties sur lesquelles elles reposeront dans l'enfournement et diminuant les autres. Enfin, à cause du retrait considérable qui se produit au moment de la vitrification, les porcelaines tendent également à se déformer pour peu que la pâte façonnée n'ait pas une densité absolument uniforme dans toutes ses parties. Il suffit de comprimer la pâte, même à la main, un peu plus fort d'un côté que de l'autre, pour faire gauchir la poterie.

En tenant compte de ces difficultés, on peut employer pour le façonnage de la porcelaine les différents procédés qui ont été indiqués précédemment (chapitre IV).

On va sommairement les passer en revue en indiquant seulement les particularités spéciales à la porcelaine.

Le *tournage* ne peut consister qu'en une ébauche, car le peu de plasticité de la pâte oblige à donner aux parois une épaisseur inadmissible. Il doit donc toujours être complété par un tournassage fait sur la pâte ressuyée ou même sèche. Comme la quantité de pâte à enlever est importante, il se produit, pendant cette dernière opération, beaucoup de copeaux de pâte, qui sont naturellement remis en fabrication, et, en outre, une poussière assez intense, incommode et nuisible à la santé des ouvriers. Il est nécessaire d'aspirer celle-ci au moyen de ventilateurs, ou tout au moins de munir les ouvriers d'un masque.

L'*étirage*, rendu difficile par le peu de plasticité de la pâte, n'est guère employé que pour la confection de colombins, ou de petites pièces spéciales.

Le *moulage à la main*, dans des moules en plâtre, exige des soins tout particuliers, pour presser également la pâte dans toutes les parties du moule et pour faire les soudures. Il faut toujours se servir de croûtes de pâte faites elles-mêmes avec autant de soin que s'il s'agissait non d'ébauches, mais de pièces façonnées. En outre, ces croûtes doivent être exactement découpées, de manière à correspondre par leur assemblage à toutes les inflexions du moule. Elles reposent sur une toile ou sur une peau humide qui sert à les enlever et à les appliquer dans le moule. Lorsqu'elles y ont pris la position convenable, on détache la toile et on presse légèrement la pâte au moyen d'une éponge, en même temps que l'on opère, s'il y a lieu, les soudures. La pâte étant sèche, ce moulage est suivi d'un rachevage dans lequel on enlève les bavures, on arrondit les bords, etc. Cette opération produit également pas mal de poussière et exigerait l'emploi des mêmes procédés préservatifs que le tournassage.

Le *moulage au tour* est le procédé de façonnage le plus usité pour la porcelaine, non seulement parce qu'il est le plus commode, mais, également, parce que la plupart des poteries en porcelaine ont une forme qui s'y prête. Il est toujours précédé d'une ébauche : croûte pour les pièces plates, housse pour les creuses, qui se font sur le tour, en leur donnant une forme très régulière et en lissant leurs surfaces, ce qui est une condition indispensable. La croûte ou la housse, ayant été appliquée sur ou dans le moule, on la presse au moyen d'une éponge en commençant toujours par le centre. Pour les vases étroits dans lesquels on ne peut placer la main, on fixe, comme il a déjà été dit, l'éponge sur un bâton.

La pièce ayant ainsi pris du côté du moule sa forme définitive, ce n'est que dans des cas exceptionnels que l'on peut simplement façonner l'autre face au moyen de l'éponge. Presque toujours il faut recourir à un façonnage spécial. Celui-ci se fait, en Allemagne et en Autriche, principalement au moyen de calibres, comme il a été dit précédemment (pages 221 et 637). En France, on préfère procéder par le tournassage de la pâte ressuyée, celui-ci s'opérant suivant la forme des pièces sur des tours verticaux ou horizontaux, la pâte étant maintenue dans son moule. Pour certaines pièces on peut attendre qu'elles soient suffisamment sèches pour pouvoir être placées directement sur le tour. Les deux procédés, par calibrage et par tournassage, ont leurs inconvénients et leurs avantages. En principe, le second donne des pièces supérieures comme qualité, mais il exige des ouvriers plus habiles.

On peut également, pour des pièces plates, se servir du procédé de façonnage suivant, dit façonnage mécanique, qui a été créé à Limoges par M. Faure.

L'outillage employé dans ce but permet le moulage au tour par calibrage de toutes les poteries à creux ouvert, c'est-à-dire se prêtant au surmoulage : assiettes, compotiers, bols, etc. Le façonnage se fait en quatre opérations.

1° Façonnage des croûtes, en employant le procédé qui a été représenté par la figure 110 (page 221) ;

2° Centrage des croûtes sur le moule en plâtre ;

3° Calibrage de la forme extérieur ;

4° Tournage des bords.

La figure 343 montre, disposées le long d'une même table, la machine à faire les croûtes, celle à centrer et le tour pour achever les bords. Le tour à calibrer est représenté sur la figure 344.

Comme il a déjà été dit, les croûtes sont façonnées sur une peau tendue autour d'un cercle en cuivre qui est emboîté lui-même sur la girelle du tour. On place au centre une balle de pâte d'un volume déterminé, on met le tour en marche; le calibre descend automatiquement, puis remonte de même. La croûte terminée on l'enlève avec la peau et le disque, et on place le tout

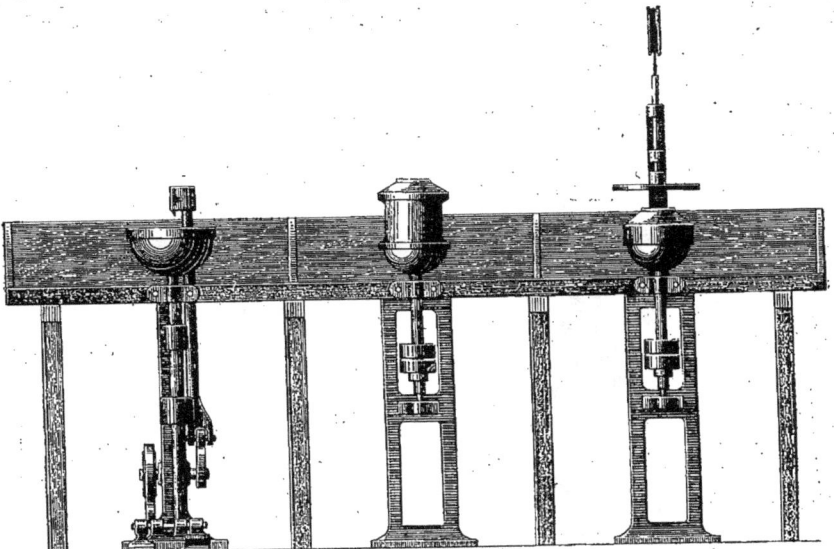

Fig. 343. — Façonnage mécanique des assiettes.

sous le plateau circulaire de la machine à centrer. On abaisse ce plateau de manière à placer la croûte sur le moule en plâtre, puis on la détache en introduisant entre elle et la peau un couteau en bois. Le plateau se soulève, on met le tour en marche en appuyant sur la pédale et on presse la croûte à la main, sur le moule, au moyen d'une éponge, en allant du centre vers la circonférence, pour empêcher qu'il ne reste de l'air entre le moule et la croûte.

Le centrage terminé, on enlève le moule et on le place sur la girelle de la machine à calibrer (*fig.* 344). Celle-ci est ensuite mise en marche en appuyant sur la pédale de gauche. Un premier outil part du centre et en s'éloignant forme le fond, puis il s'élève pour façonner le pied et descend ensuite le long du bord. Cette espèce d'ébauche étant terminée, un second outil, qui est un véritable calibre, s'abaisse et donne la forme définitive. La production de cette machine est d'environ 60 assiettes à l'heure.

Elle est disposée de manière à obtenir toutes les formes rondes en réglant, au moyen d'une vis supérieure, la course du calibre et en employant des calibres de différents profils.

La poterie ainsi calibrée est enfin placée sur le troisième tour (*fig*. 343) où on arrondit les bords en les amincissant.

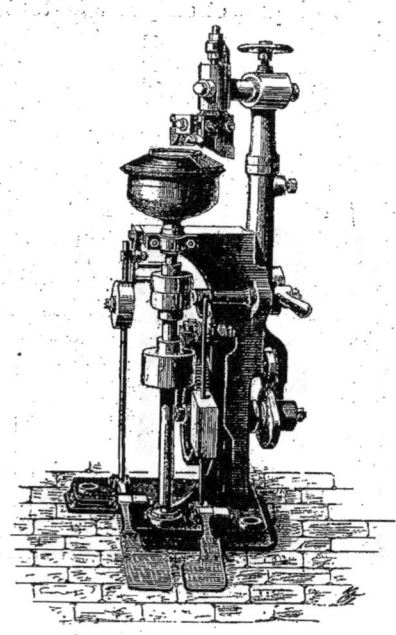

Fig. 344. — Façonnage mécanique des assiettes.

M. Faure construit également une machine représentée sur la figure 345, pour façonner les plats ovales. La croûte ayant été faite comme il vient d'être dit, le centrage s'opère au moyen d'un plateau équilibré et guidé par deux tiges; puis, ce plateau étant relevé, on fait pivoter le bâti portant les calibres qui sont mis en contact avec la croûte, et on embraye le tour muni d'un dispositif lui imprimant un mouvement ovale. Les calibres sont disposés comme dans la machine précédente, avec cette différence, que la partie du calibre qui forme les bords, est animée d'un léger mouvement oscillant, rendu nécessaire par la plus grande largeur des bords suivant le grand axe du plat, qui oblige de modifier leur inclinaison. Ce mouvement oscillant est transmis au calibre par une série de leviers actionnés par un galet, sous lequel tourne le rebord d'un grand plateau placé sous le moule. Ce rebord a des hauteurs variables : il est plus élevé dans les parties qui correspondent au grand axe, de sorte qu'il soulève progressivement le galet, pour le laisser ensuite redescendre, modifiant ainsi l'inclinaison du calibre.

Le *moulage à la presse* n'est guère employé que pour de petits objets. Dans ce cas, il se fait généralement en comprimant, à la main, la pâte préalablement ébauchée, entre deux moules en plâtre. Le repressage en pâte raffermie est employé pour certaines pièces spéciales dont il sera question plus loin.

Le *moulage par coulage* s'approprie très bien à la pâte très maigre de la porcelaine, et il est d'un usage très répandu pour

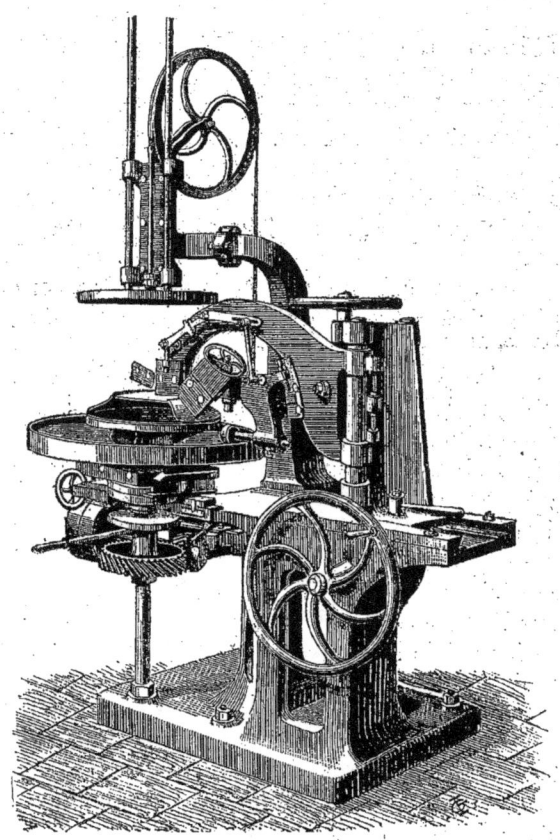

Fig. 345. — Tour à calibrer les pièces ovales.

le façonnage d'une foule d'objets à parois minces qu'il serait même difficile sinon impossible d'obtenir par les autres procédés. Ce mode de façonnage a été décrit à la page 234. Comme l'épaisseur de pâte qui se dépose normalement est à peu près uniforme, on peut la faire varier en diminuant dans certaines parties l'absorption du plâtre, ou bien en ajoutant un peu de pâte à la main et à l'éponge pendant que la pièce est encore dans le moule.

Le *rachevage* prend dans la fabrication de la porcelaine une importance plus grande que pour toutes les autres poteries. Les différentes opérations qu'il comporte ont été décrites à la page 238 ; il n'y a pas lieu d'y revenir.

291. Séchage, cuisson en dégourdi et pose de la glaçure. — Le séchage de pièces minces et poreuses, comme le sont les pâtes de porcelaine façonnées, ne présente aucune difficulté. Il se fait presque exclusivement dans les locaux servant au moulage, qui sont, du reste, pourvus d'appareils de chauffage. On peut cependant se servir de séchoirs artificiels, analogues à ceux employés dans les faïenceries, surtout pour la dessiccation des moules.

On a dit que, pour faciliter la pose de la glaçure, on chauffe une première fois les pâtes à une température d'environ 800°, en se servant des chaleurs perdues des fours employés pour la cuisson. Ce premier chauffage, qui, pour certaines pièces, n'est pas indispensable, ne doit pas être considéré comme une cuisson, mais comme un tour de main de fabrication. Si, dans ce but, la pâte doit être chauffée à une température suffisante pour devenir assez résistante, il faut, d'autre part, se garder de la porter à une température trop élevée, qui aurait pour effet de trop diminuer sa porosité et de la rendre incapable de fixer la glaçure. Ce chauffage se fait en gazettes, l'encastage, très simple, ayant lieu en charge dans l'intérieur d'une même gazette.

Les poteries cuites ainsi en dégourdi sont ensuite soigneusement époussetées, puis recouvertes de glaçure. Celle-ci est à l'état de pâte liquide, ayant une consistance que l'on fait varier d'après l'épaisseur que l'on veut donner à la couche. Les poteries les plus épaisses doivent naturellement recevoir une couche plus forte que les minces. La pose se fait presque toujours par immersion, ce n'est que pour des pièces très fragiles que l'on opère par insufflation ou pulvérisation. La couche de glaçure se sèche assez rapidement au contact de la pâte poreuse, et on peut, au bout de peu de temps, procéder à la cuisson.

292. Cuisson. — Les fours ronds à flammes ascendantes chauffés au bois ont été longtemps exclusivement employés pour la cuisson de la porcelaine. Puis on a remplacé le bois par la houille, et substitué la flamme descendante à la flamme ascendante. La figure 176 (page 359) représente la disposition généralement employée actuellement. Les dimensions de ces fours sont très variables, mais, pour obtenir une répartition convenable de la température, il est bon de ne pas dépasser un diamètre intérieur de 5 à 6 mètres. La hauteur de la chambre de cuisson est un peu plus faible que le diamètre. Quant au globe, il peut être plus petit que la chambre de cuisson, parce que l'encastage des poteries non couvertes de glaçure prend moins de place. Le nombre des alandiers varie de 3 à 8.

Le petit feu est relativement court et facile à conduire, par suite de la très faible humidité que contiennent les produits. Il en est de même du commencement du grand feu, jusque vers 1.200°. A partir de ce moment, l'atmosphère des fours doit devenir réductrice, pour éviter la coloration jaune due au peroxyde de fer que contiennent toutes les pâtes, et qu'il faut remplacer par la couleur légèrement bleuâtre du protoxyde. Cette allure réductrice ne serait pas difficile à obtenir, si l'on ne risquait de tomber dans un autre défaut. On doit, en effet, craindre l'action des hydrocarbures, qui, en pénétrant, comme on l'a vu (page 388) par diffusion au travers des parois des gazettes, peuvent en se décomposant laisser sur les poteries un dépôt de carbone. Au moment de la vitrification, ce carbone se trouve incorporé dans la masse et lui communique une teinte rousse. On dit alors que la porcelaine est enfumée. Lorsque, dans le cours d'une cuisson, on observe que l'atmosphère du four se trouble fortement par la présence de ces hydrocarbures, qui ont une tendance à s'accumuler sous la voûte à l'endroit où la circulation des gaz est le moins active, on est obligé de suspendre pendant quelque temps l'allure réductrice et de donner aux alandiers une allure oxydante, cherchant ainsi à brûler le carbone déposé. Les chauffeurs, dans leur langage imagé, désignent cette modification dans l'allure, sous le nom de lavage du four.

On comprend qu'il ne soit pas facile de trouver un juste milieu entre une atmosphère oxydante ou neutre et une atmosphère trop réductrice, surtout avec les foyers difficiles à régler qui sont encore fréquemment employés. Il est de toute nécessité que l'atmosphère des fours soit aussi uniforme que possible, qu'il n'y ait pas des parties où elle soit ultra-réductrice. Cette condition ne peut s'obtenir que par une disposition rationnelle des foyers. Il est également indispensable que toute la chambre de cuisson soit sous pression pour éviter les rentrées d'air au travers des murs et par les fissures. C'est dans ce but que l'on donne aux orifices d'évacuation des gaz une section assez réduite, quitte à élargir plus loin les conduits de fumée.

Les dimensions des alandiers dépendant du volume de la chambre de cuisson et surtout du combustible, il est absolument impossible de donner à cet égard des indications précises, car on peut citer des exemples de fours fonctionnant convenablement, dans lesquels les dimensions des grilles varient du simple au double. En général, les alandiers employés en France sont trop petits, ou bien il faudrait y utiliser des combustibles plus purs. La durée de la cuisson varie de dix-huit à trente-six heures et même quarante heures. On a naturellement intérêt à l'activer le plus possible, tout en ne dépassant pas certaines limites imposées par la résistance des matériaux réfractaires à l'accroissement brusque de température.

Le refroidissement doit se faire dans les premiers moments en atmosphère réductrice, jusqu'à ce que la couverte se soit solidifiée. A partir de ce moment, l'atmosphère peut devenir neutre, puis, au-dessous de 800°, impunément oxydante.

Le bilan thermique de ce genre de fours peut, d'une manière très générale et très approximative, s'établir comme suit :

Chaleur produite par la combustion	100	Chaleur théoriquement utile.	10
		Chaleur utilisée dans le globe.	6
		Chaleur perdue par l'enfournement	38
		Chaleur perdue par le chauffage des murs	12
		Chaleur perdue par radiation.	10
		Chaleur perdue par la cheminée	20
		Chaleur perdue par l'allure réductrice	1
		Chaleur perdue par une combustion incomplète	3
	100		100

La figure 177 (page 561) représente un four du même genre, mais dans lequel le globe est inférieur à la chambre de cuisson, et qui nécessite une cheminée indépendante. En principe, ce type de fours semble préférable au précédent.

A la manufacture de Berlin, on utilise depuis longtemps un four à feu continu, construit sur le type qui a été représenté sur la figure 331 (page 672). Comme l'allure générale des fours à feu continu est toujours franchement oxydante, on n'a pu, dans ce four, réaliser l'atmosphère réductrice nécessaire à la cuisson de la porcelaine qu'au moyen de divers tours de main dont le principal consiste à refroidir assez brusquement le compartiment dont la cuisson vient d'être achevée, pour solidifier la couverte et protéger ainsi la pâte contre l'action oxydante de l'air. Les résultats donnés par ce four n'ont pas été suffisants au point de vue économique pour engager les porcelainiers allemands à imiter cet exemple.

Nous ne pensons pas que, dans l'état actuel de l'industrie de la porcelaine et des connaissances de la physique industrielle, on puisse employer avec un avantage notable la cuisson à feu continu. Nous pourrions répéter à ce sujet le raisonnement que nous avons fait pour la cuisson de la faïence (page 646), mais avec cette circonstance aggravante que l'économie atteindrait à peine 10 ou 15 0/0, et serait compensée par les ennuis d'une cuisson beaucoup plus longue et des modifications importantes dans les usines existantes. Tout au plus pourrait-on imiter les Chinois et employer des sortes de fours semi-continus. Nous croyons cependant qu'il y a un progrès à réaliser, mais surtout en construisant mieux les fours actuels, et en employant le chauffage au gaz lorsqu'on peut se procurer des combustibles bon marché, qui conviennent au chauffage des gazogènes et qui ne peuvent être employés dans les foyers alandiers.

293. Encastage. — Le grand inconvénient de la cuisson de la porcelaine à tous les points de vue est l'encastage. Presque toutes les pièces devant être supportées séparément, il est nécessaire d'employer non seulement des gazettes, comme pour la faïence, mais encore de placer dans celles-ci des supports qui augmentent naturellement le poids mort par rapport au poids utile. En outre, la température élevée de la cuisson exige des gazettes et des supports en matières réfractaires d'excellente qualité, dont l'usure est néanmoins considérable. Si on observe que le poids mort est ordinairement quadruple du poids des poteries et que les supports doivent être dressés pour que les poteries ne se gauchissent pas, on comprendra le rôle considérable que jouent les gazettes dans la fabrication des porcelaines.

Les piles de gazettes sont disposées dans les fours de la même manière que pour la cuisson de la faïence, mais l'encastage est complètement différent. En principe, chaque gazette se compose de la partie extérieure ordinairement circulaire et d'un support suspendu intérieurement, de sorte qu'il n'entre qu'une pièce dans une gazette. La figure 346 montre une disposition de ce genre. Pour des objets très plats, comme les assiettes, on peut arriver à mettre trois pièces par gazette en employant la disposition représentée sur la figure 347.

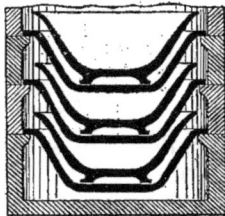 

Fig. 346 et 347. — Procédés d'encartage.

Dans ces deux exemples, les poteries reposent sur leur pied, dont la surface de contact inférieure reste mate sans inconvénient. On peut, du reste, empêcher l'adhérence en saupoudrant le fond de la gazette au moyen d'un peu de sable quartzeux ou en enduisant la partie en contact avec un peu de pâte réfractaire. Dans certains cas spéciaux, il est préférable de poser les objets sur leur rebord supérieur, mais alors celui-ci, forcément dépourvu de couverte, doit être ensuite doré. Certaines pièces plus grandes ou dont le pied est trop petit, doivent être supportées, pour éviter leur déformation ou leur affaissement. Les parties en contact avec les supports doivent rester mates, et elles sont décorées ultérieurement. Dans quelques cas, on est obligé de maintenir intérieurement les poteries au moyen de pièces ou supports en pâte crue, dont le retrait est sensiblement égal à celui de la porcelaine. Ces pièces ne peuvent naturellement servir qu'une fois. Enfin, pour des poteries de grandes dimensions, on est obligé de construire dans le four de véritables moufles placées ordinairement au sommet de plusieurs piles de gazettes.

Tels sont, résumés très brièvement, les principes de l'encastage des porcelaines. Leur application demande une grande pratique du métier, beaucoup de soin et la connaissance d'une foule de petits tours de main spéciaux.

Les poteries cuites dont le pied s'est légèrement déformé peuvent être dressées sur des meules horizontales en fonte tournant à grande vitesse, recouvertes d'eau et de sable, semblables à celles qui sont employées pour le polissage des carreaux de poêles. On se sert également de polissoirs pour enlever les petits grains de sable ou les fragments de gazettes qui tombent assez souvent sur les poteries pendant la cuisson et qui sont incorporés dans la couverte. Ces polissoirs, semblables à ceux employés dans la verrerie, sont en grès dur, ou en une masse composée de pâte à porcelaine additionnée de quartz et cuite en dégourdi.

294. Décoration. — La décoration de la porcelaine dure présente des difficultés particulières. On a vu qu'en ce qui concerne le *façonnage décoratif* la faible plasticité de la pâte rend très difficile la fabrication d'une foule d'objets, d'une exécution, au contraire, relativement aisée en faïence ou en grès. Sans doute, les Chinois sont arrivés à réaliser des tours de force de façonnage, mais leur pâte est plus plastique que la nôtre et la main-d'œuvre ne leur coûte pas cher.

La décoration au moyen de la couleur présente des difficultés d'un autre ordre. A cause de la température élevée de la cuisson, il n'y a qu'un petit nombre de matières colorantes qui peuvent être employées au grand feu.

La *coloration de la pâte* peut être obtenue au moyen des quelques couleurs suivantes :

Bleus. — Oxyde de cobalt, la nuance pouvant être modifiée au moyen d'un mélange d'oxyde de chrome ou d'oxyde d'urane. Il est nécessaire de fritter d'abord l'oxyde de cobalt avec du zinc, avant de le mélanger à la pâte.

Gris. — Oxyde d'iridium et platine. La nuance peut être rendue plus agréable par le mélange d'oxyde de cobalt.

Jaune. — Oxyde d'urane.

Bruns. — Mélanges en proportions variables de chromate de fer et d'oxyde de manganèse.

Rose. — Mélange d'alumine anhydre et de chromate de potasse, chauffé d'abord au grand feu dans une atmosphère oxydante et ajoutée ensuite à la pâte.

L'introduction de ces matières colorantes dans les pâtes a naturellement pour effet de faire varier leur fusibilité, et il est nécessaire de modifier leur composition par l'addition soit de kaolin, soit de feldspath.

La *coloration sous la glaçure* est peu usitée à cause de la difficulté de la pose sur le biscuit et par suite du petit nombre de couleurs qu'on peut employer. Une seule, l'oxyde de cobalt a été quelquefois utilisée. On pourrait cependant se servir également des oxydes d'urane, de chrome, d'iridium, d'un mélange de chromate de fer et d'oxyde de manganèse, etc. Ces oxydes sont ordinairement mélangés à de la pâte, chauffés au grand feu, puis posés sur le biscuit. Il faut alors fixer la couleur par une cuisson en dégourdi avant de poser la glaçure. Généralement les colorations ainsi obtenues sont un peu ternes, à cause de la transparence opaline de la couverte.

On a essayé de placer la couleur sur la glaçure crue, mais la pose est difficile et ce procédé n'est guère employé.

La *coloration sur glaçure* peut être obtenue en *grand feu*, en posant la couleur sur la couverte vitrifiée et en chauffant une seconde fois en gazettes, au feu de cuisson ordinaire. Les couleurs ainsi employées sont additionnées d'un fondant, qui est la couverte ordinaire, plus ou moins modifiée par l'addition de bases alcalino-terreuses.

M. Peyrusson a particulièrement étudié ce genre de décoration et est arrivé à créer une palette suffisamment étendue. En principe, pour empêcher l'action que peut exercer le fondant sur la couleur, il est nécessaire de donner préalablement à celle-ci la composition des spinelles, c'est-à-dire de combiner un protoxyde avec un sesquioxyde. La couleur ainsi composée peut être représentée par la formule

$$RO, R^2O^3,$$

dans laquelle RO représente un protoxyde colorant, ou une base alcalino-terreuse, et R^2O^3, de l'alumine ou un sesquioxyde colorant. Parmi les combinaisons de ce genre les plus employées, on peut citer :

L'aluminate de cobalt	CoO, Al^2O^3 ;
L'aluminate de zinc et de cobalt	$\{ \begin{array}{c} ZnO \\ CoO \end{array} \} Al^2O^3$;
L'aluminate de chrome	CrO, Al^2O^3 ;
Le chromate de cobalt	CoO, Cr^2O^3 ;
Le chromate de fer	FeO, Cr^2O^3 ; etc.

Ces composés, ayant été chauffés au grand feu, sont broyés et additionnés au fondant.

Par contre, d'autres oxydes très stables comme ceux de titane, d'uranium, de platine, d'iridium, peuvent être employés directement.

Les colorations ainsi obtenues sont le noir, les bleus de

diverses nuances, le vert émeraude, le jaune, les bruns divers, le rose, le rouge roux. Ce mode de décoration au grand feu, sans avoir l'éclat des émaux transparents de la faïence, est cependant d'une coloration beaucoup plus riche et plus éclatante que celle qu'il est possible d'obtenir avec le feu de moufle.

La *coloration sur glaçure au feu de moufle* est néanmoins beaucoup plus employée. Elle est basée sur l'emploi des couleurs vitrifiables dont il a été parlé à la page 429, la cuisson se faisant en moufle à la montre d'or.

Ces couleurs vitrifiables sont le plus souvent fabriquées par des usines spéciales, et on peut facilement se les procurer dans le commerce. Cependant certaines usines les préparent, au moins en partie, elles-mêmes. Les oxydes colorants sont, comme il a été dit, mélangés à des fondants, voici la composition des principaux, avec les noms qu'on leur donne dans l'industrie des couleurs vitrifiables.

Fondant rocaille

Oxyde de plomb...............................	75
Silice..	25

Employé pour les bleus et les rouges de fer.

Fondant des gris

Oxyde de plomb...............................	66
Silice..	22
Borax fondu...................................	11

ou

Oxyde de plomb...............................	60
Silice..	15
Borax fondu...................................	25

Employé pour les grès, les jaunes, les bruns clairs.

Fondant de carmin

Oxyde de plomb...............................	11
Silice..	33
Borax fondu...................................	55

Employé pour le carmin et la pourpre claire.

Fondant de pourpre

Oxyde de plomb...............................	37,5
Silice..	12,5
Borax fondu...................................	50,0

Employé pour la pourpre et les violets d'or.

Fondant de violet

Oxyde de plomb	67,5
Silice	5,0
Borax fondu	27,5

Employé pour le violet.

Fondant de vert

Oxyde de plomb	73
Silice	18
Borax fondu	9

ou

Oxyde de plomb	70
Silice	10
Borax fondu	20

Employé pour les verts de chrome, les verts bleus, les verts jaunes.

Fondant de turquoise

Oxyde de plomb	35
Borax fondu	65

Employé pour le bleu turquoise, le vert d'eau.

A la basse température du feu de moufle, tous les oxydes colorants peuvent être employés, il n'y a donc pas lieu de revenir

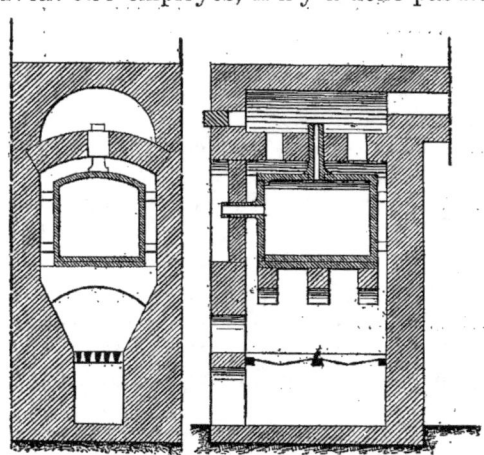

Fig. 348. — Four à moufle.

sur ce sujet. La pose de la couleur se fait soit au pinceau, soit au moyen de la chromolithographie (page 430).

Tous les autres procédés de décoration précédemment décrits : dorure, argenture, platinage, lustres, etc., peuvent naturellement être également employés.

On a représenté sur la figure 192 (page 375) le type de fours à moufle ordinairement employé. Pour de grandes productions, on utilise quelquefois une série de moufles juxtaposées, de manière à obtenir un chauffage à feu continu, ou semi-continu. Pour de petites productions, ou pour le chauffage de pièces exigeant des soins particuliers, on se sert de petites moufles, telles que le représente la figure 348.

Dans tous les cas l'enfournement se fait en échappade, et, sauf certains cas spéciaux, pour les lustres métalliques par exemple, l'allure du feu est toujours franchement oxydante.

295. Installation générale des porcelaineries. —
La fabrication de la porcelaine dure est concentrée en France, sauf de rares exceptions, dans les départements de la Haute-Vienne et du Cher. En Allemagne, elle est plus disséminée, mais les principaux centres de production se trouvent en Saxe, en Bavière, en Thuringe et en Silésie. En Autriche, par contre, elle est concentrée en Bohême. Il existe également des faïenceries en Belgique, en Danemark, en Russie (Finlande et Pologne), en Italie (Toscane), aux États-Unis (New-Jersey et Ohio), en Chine (Kiang-Si) et au Japon. On sait qu'il ne se fabrique pas de porcelaine dure en Angleterre.

L'emplacement des porcelaineries a été ordinairement dicté par la proximité de gisements de kaolin et d'argile réfractaire. Dans certains cas c'est, au contraire, le voisinage de mines de houille ou de forêts qui a été pris en considération.

On admet d'une manière générale que, pour fabriquer 1 kilogramme de porcelaine, il faut employer 8 kilogrammes de matières premières diverses : combustible, argile réfractaire, kaolin, feldspath ou pegmatite, quartz, plâtre (pour les moules), etc. Comme tous ces produits ne peuvent se trouver dans une même localité, il faut, pour le choix de l'emplacement d'une nouvelle fabrique, tenir compte des différents frais de transport, et particulièrement de celui du combustible. Il est également nécessaire de se préoccuper de la main-d'œuvre, car l'habileté professionnelle joue un grand rôle dans le façonnage, l'encastage et la décoration.

Comme dans les faïenceries, la fabrication se fait dans des bâtiments à plusieurs étages, la préparation des pâtes, la confection des gazettes, étant au rez-de-chaussée, le façonnage et la décoration dans les étages supérieurs. Les fours sont généralement placés en dehors, mais juxtaposés aux bâtiments.

B. — *Porcelaines à feu.*

296. On désigne sous ce nom les objets en porcelaine qui sont employés au chauffage des liquides. On s'en sert dans les industries chimiques, dans les laboratoires et pour les usages domestiques. Ce sont des capsules, des cornues, des creusets, des tubes, des casseroles, des plats, des cafetières, etc.

La composition de la pâte ne diffère guère de celle des autres porcelaines dures, elle est cependant, en général, moins siliceuse et plus alumineuse. Voici, par exemple, la composition de la porcelaine à feu de Bayeux, qui a en France une grande réputation :

Silice	61,61
Alumine	30,01
Oxyde de fer	1,56
Chaux	3,56
Potasse	3,26

La pâte cuite est moins translucide que celle des porcelaines de service, mais elle résiste mieux aux variations brusques de température. Elle doit être fabriquée au moyen d'un kaolin argileux, ou à son défaut en ajoutant une certaine proportion d'argile plastique. La fabrication ne diffère pas de celle qui vient d'être décrite, la pâte plus plastique se prête mieux au façonnage. Comme les objets doivent être minces, pour pouvoir mieux résister aux inégalités de dilatation, on se sert fréquemment du façonnage par coulage.

Les porcelaines à feu sont fabriquées par quelques porcelaineries qui en font une spécialité.

C. — *Porcelaines pour canalisations électriques*

297. La non-conductibilité de la porcelaine la fait employer dans la fabrication des isolateurs, pour les canalisations électriques. Longtemps cet emploi s'est borné à la confection des isolateurs pour télégraphie, il s'étend maintenant à un assez grand nombre d'objets d'un usage courant dans la distribution de la lumière électrique. La figure 349 représente quelques-unes de ces applications (1).

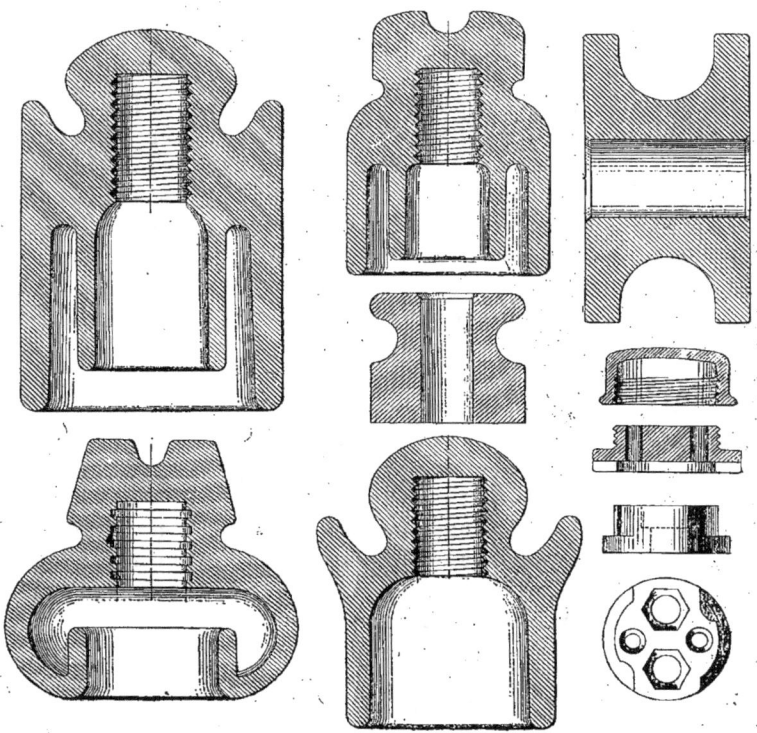

Fig. 349. — Porcelaines pour canalisations électriques.

Les pâtes employées doivent être assez plastiques pour se prêter à un façonnage souvent compliqué, la transparence étant évidemment très secondaire. En principe, le façonnage se compose d'un ébauchage au moule, suivi d'un repressage sur la pâte raffermie, fait au moyen de presses à choc, le tout étant quelquefois complété par un rachevage au tour, surtout destiné à la confection des parties filletées. On est ainsi arrivé à produire des objets qui, comme le montre les dernières gravures de la figure 349, ont une précision qui semblait, il y a encore peu d'années, réservée à la construction mécanique.

(1) Ces gravures sont extraites du Catalogue de MM. Parvillée Frères et C⁰.

CÉRAMIQUE. 46

Cette fabrication est devenue la spécialité de quelques porcelaineries, en Allemagne, en France et en Angleterre.

D. — *Porcelaines pour usages mécaniques*

298. La dureté de la porcelaine, sa résistance à l'écrasement permettent, dans certains cas, de l'employer pour des usages mécaniques. On a alors principalement pour but d'éviter le contact entre le métal et les matières à broyer ou à pulvériser. Chacun connaît les mortiers en porcelaine employés depuis longtemps dans les laboratoires. D'autre part, il a été précédemment question des garnitures en grès, ou mieux en porcelaine, employées dans les cylindres Asling. Enfin, M. Wegmann a, plus récemment, employé la porcelaine pour faire l'enveloppe extérieure des laminoirs à moudre le blé. Dans ce dernier cas, la poterie est mate. Comme il s'agit surtout d'avoir un produit très dur et d'une forme précise, le façonnage se fait comme il vient d'être dit pour les porcelaines employées pour l'électricité. Après une ébauche au moule, on represse la pâte raffermie au moyen de presses hydrauliques. La cuisson au grand feu ne présente rien de particulier, mais il est ensuite nécessaire de tourner exactement le manchon. Cette opération s'effectue au moyen d'un outil en 'diamant noir, seule matière, employable industriellement, dont la dureté surpasse celle de cette porcelaine.

Nous sommes certains que les cas seraient encore assez nombreux où la mécanique pourrait utiliser avantageusement les qualités remarquables de la porcelaine dure.

E. — *Porcelaines architecturales*

299. Les Chinois ont depuis longtemps employé la porcelaine à la décoration architecturale et même pour la construction des murs. La fameuse tour en porcelaine de Nanking date de la dynastie des Thai-Yong-Youen (954 à 1368). Cependant la porcelaine se prête mal à la fabrication de matériaux épais, non seulement à cause de son prix élevé, mais surtout par suite de son retrait considérable, qui rend cette fabrication pour ainsi dire impossible. On peut, il est vrai, tourner cette difficulté en faisant des matériaux creux à parois relativement minces, mais, comme le but n'est évidemment que de faire en porcelaine le parement extérieur, on retombe logiquement sur le carreau de revêtement.

En ce qui concerne la décoration architecturale, on peut évidemment employer la porcelaine, mais, dans ce cas, nous ne voyons pas l'avantage qu'elle présente sur le grès, tandis que son prix élevé et surtout son façonnage difficile sont des inconvénients sérieux. L'extrême dureté et la transparence, ces deux qualités qui font de la porcelaine dure la matière la plus parfaite pour les services de table, perdent leur importance lorsqu'il s'agit de céramique monumentale. Pour ne pas être trop absolu, on peut admettre l'emploi des porcelaines architecturales, pour certains décors, fins, minces, à arêtes vives, mais nous ne croyons pas que cette application prenne jamais une grande extension.

F. — *Porcelaines mates dites biscuit de porcelaine*

300. La pâte de porcelaine dure peut naturellement être cuite directement en grand feu sans être recouverte d'une glaçure. Les poteries que l'on obtient ainsi portent le nom très impropre de biscuit de porcelaine (1), elles consistent principalement en statuettes et autres objets décoratifs.

On emploie presque toujours de la pâte à porcelaine plus plastique, dite pâte de sculpture, qui sert également à la confection des autres porcelaines décoratives. Lorsqu'on prépare une pâte spéciale, on lui donne une composition se rapprochant de celle usitée à Sèvres. Seger a indiqué la composition suivante comme donnant de très beaux produits :

Silice..	58,3
Alumine...	33,2
Oxyde de fer......................................	0,5
Chaux..	0,8
Alcalis, principalement potasse.............	7,2

Elle est formée de 54 parties de kaolin de Zettlitz, 45 de feldspath de Norwège et une de marbre, en mélangeant 30 0/0 de ciment de la masse cuite à 70 0/0 de la pâte crue. La cuisson a lieu à la montre 9 de Seger.

(1) Il est probable que le dégourdi de porcelaine a été désigné sous le nom de biscuit par analogie d'aspect avec certains produits alimentaires, mais il est tout à fait abusif de donner le même nom aux porcelaines mates cuites au grand feu, qui n'ont pas du tout la même apparence. Dans aucun cas cette dénomination n'indique une double cuisson.

Le façonnage, l'encastage et la cuisson de ces porcelaines mates se font de la même manière que pour les porcelaines avec couverte.

Il faut seulement observer que la pâte doit rester mate et ne pas présenter un commencement de vitrification, qui lui donnerait un aspect gras luisant peu agréable.

§ 2. — Porcelaines tendres phosphatées dites anglaises

301. Parmi les différentes sortes de porcelaine tendre, la seule qui ait une importance industrielle est la porcelaine phosphatée, fabriquée à peu près exclusivement en Angleterre. Cette porcelaine à sur la porcelaine dure le grand avantage d'exiger une température de cuisson beaucoup plus basse, d'être, par conséquent, moins coûteuse et plus facile à décorer. Quoique d'une translucidité médiocre, la pâte est d'un blanc laiteux rappelant l'albâtre. Par contre, son grand inconvénient, celui qui empêche sa propagation en dehors de l'Angleterre, est sa faible dureté, son usure rapide comme service de table. Il est extrêmement curieux que les Anglais continuent à préférer cette porcelaine, une des premières qui aient été découvertes, alors qu'ils pourraient si facilement fabriquer la porcelaine dure, à laquelle on donne la préférence dans tous les autres pays.

La pâte a une composition assez variable. Voici, d'après Prössel, mais simplement à titre d'indication, quelques exemples de mélanges :

Kaolin............	30	28	23	»	23	30
Pegmatite.........	18	30	31	23	27	7
Argile plastique....	»	»	»	23	»	4
Quartz............	»	»	»	14	»	3
Ciment de biscuit..	5	»	»	»	»	»
Os calcinés........	47	41	46	46	46	50
Fritte alcaline.....	»	»	»	»	3	6

Cette fritte étant composée de :

Pegmatite......................	56 ou 60
Quartz.........................	20 — 30
Soude..........................	8 — »
Borax..........................	8 — 10
Oxyde de zinc..................	8 — »

L'argile plastique n'est ajoutée aux pâtes que pour augmenter leur faible plasticité. Elle permet ainsi un façonnage plus facile, mais au détriment de la translucidité et de la blancheur ; aussi, les pâtes qui en contiennent ne servent-elles qu'à la fabrication de porcelaine de qualité inférieure. Ce qui caractérise particulièrement cette porcelaine est l'emploi dans la composition de la pâte d'une très forte proportion d'os calcinés (voir page 82), composés principalement de phosphate de chaux, d'un peu de carbonate de chaux et de traces de carbonate de magnésie.

La glaçure a une composition qui la rapproche beaucoup de celle des faïences feldspathiques, c'est-à-dire qu'elle est alcalino-boracique plombifère.

Voici trois exemples de composition :

Fritte

Kaolin	34	»	12
Pegmatite	»	38	20
Quartz	14	24	15
Carbonate de chaux	18	11	18
Borax	34	27	35

Glaçure

Fritte	70	60	65
Pegmatite	9	20	11
Quartz	»	»	11
Céruse	21	20	13

La préparation de la pâte se fait naturellement par voie humide ; cependant, dans la plupart des fabriques, le dosage s'effectue actuellement avec les matières premières réduites en poudre et non délayées. La pâte, peu plastique, présente les mêmes difficultés de façonnage que celle de la porcelaine dure. Le procédé le plus employé est le moulage au tour ou, beaucoup plus rarement, à la main dans des moules en plâtre. La cuisson en dégourdi s'opère également dans des globes, les pièces étant enfournées en charge dans les gazettes. Cependant, pour les pâtes de qualité supérieure, c'est-à-dire les plus riches en phosphate et en alcalis, il est nécessaire de saupoudrer les surfaces en contact avec du quartz, pour éviter leur adhérence. La température de la cuisson du biscuit est à peu près la même (quoique peut-être un peu plus élevée) que celle de la cuisson de la faïence feldspathique, de sorte que les deux poteries sont quelquefois cuites simultanément.

Comme le biscuit est peu poreux, la glaçure doit être assez consistante, la pose se faisant par immersion.

L'épaisseur de la couche de glaçure est plus faible que pour la porcelaine dure.

La cuisson au grand feu s'effectue de la même manière que pour la porcelaine dure. Cependant l'encastage est relativement plus facile. Il se fait principalement en employant le procédé qui a été représenté sur la figure 318 (page 648).

La coloration peut être donnée soit sous glaçure, par les procédés employés pour les faïences feldspathiques, soit sur glaçure, comme il vient d'être dit pour la porcelaine dure. On emploie aussi fréquemment l'impression lithographique sur la glaçure, en achevant le décor avec des couleurs vitrifiables posées au pinceau. Les fonds peuvent se faire en recouvrant la glaçure d'un vernis lithographique et en saupoudrant de la couleur vitrifiable. Les procédés de décoration sont, comme on le voit, plus nombreux que ceux de la porcelaine dure, et les couleurs de moufle sont plus éclatantes, parce que la glaçure, plus fusible, s'accorde mieux avec les couleurs vitrifiables. Cependant tous ces avantages ne sont acquis qu'aux dépens de la solidité, aussi les porcelaines anglaises décorées sont-elles plutôt des objets de luxe que des objets d'un usage journalier.

La fabrication de la porcelaine phosphatée, de même que celle des faïences et des grès fins, se fait en Angleterre dans le Staffordshire, où beaucoup d'usines produisent simultanément les trois genres de poteries.

§ 3. — PORCELAINES TENDRES VITREUSES DITES FRANÇAISES

302. Cette porcelaine, désignée également quelquefois sous les noms de porcelaine frittée ou de Réaumur, a été, comme on l'a vu dans l'historique de la céramique, la première fabriquée en France. La découverte de la porcelaine dure l'a fait abandonner. Cependant de temps en temps on assiste à de nouvelles tentatives de fabrication, ordinairement de courte durée. Comme on l'a déjà fait observer, cette matière n'est pas, à proprement parler, un produit céramique, mais un verre. Son usage, son aspect et ses procédés de fabrication la font cependant classer parmi les poteries.

La pâte était composée de la manière suivante :

Fritte

Salle de Fontainebleau	60,0
Salpêtre (cristal minéral)	22,0
Sel marin gris	7,2
Alun de roche	3,6
Soude d'Alicante	3,6
Gypse de Montmartre	3,6

Pâte

Fritte	75
Craie blanche	17
Marne calcaire d'Argenteuil lavée	8

On ne prenait que les parties bien vitrifiées de la fritte, qui étaient broyées, additionnées de la craie et de la marne, puis broyées à nouveau dans l'eau, de manière à obtenir une pâte absolument impalpable. Celle-ci était séchée, puis transformée à nouveau en pâte par l'addition d'eau, de savon vert et de colle de parchemin.

Le façonnage, très difficile à cause de l'absence presque complète de plasticité, ne pouvait se faire que par moulage, en mettant une forte couche de pâte dans un moule en plâtre ayant la forme extérieure de l'objet et en la comprimant au moyen d'un mandrin également en plâtre représentant grossièrement et en plus petit la forme du vide intérieur. Après séchage, on achevait le façonnage par un tournassage.

La cuisson différait complètement de celle de la porcelaine dure; il y avait, en effet, comme pour la faïence, un premier chauffage qui produisait la vitrification de la pâte, le second chauffage, destiné à fixer la glaçure, se faisant à plus basse température. Pour la première cuisson, l'encastage était très difficile à cause du ramollissement et du retrait considérable de la pâte. On était obligé de soutenir les objets avec des supports de forme appropriée faits avec de la pâte crue, susceptibles de prendre le même retrait que la poterie.

La glaçure était composée de :

Litharge	38
Sable de Fontainebleau	27
Silex calciné	11
Carbonate de potasse	15
Carbonate de soude	9

Elle était fondue, puis broyée deux ou trois fois, pulvérisée et posée par arrosement. La seconde cuisson était plus facile, les pièces étant simplement posées sur leur base, soit en gazettes vernies, soit en moufles.

La coloration ne se faisait naturellement que sur glaçure, les couleurs étant additionnées d'une assez faible proportion de fondants alcalins. Elles sont assez éclatantes et s'harmonisent remarquablement bien avec la glaçure.

On peut observer que la pâte est un silicate de chaux et d'alcalis, contenant très peu d'alumine, pouvant approximativement être représenté par la formule :

$$\left. \begin{array}{l} 0,70 CaO \\ 0,15 K^2O \\ 0,15 Na^2O \end{array} \right\} 0,07 Al^2O^3, 3,5 SiO^2.$$

Si on la compare à celle du verre à glace :

$$\left. \begin{array}{l} 0,20 CaO \\ 0,80 Na^2O \end{array} \right\} 0,08 Al^2O^3, 3,8 SiO^2,$$

on voit que, sauf dans la répartition des fondants, il y a une analogie complète.

Quant à la couverte, elle correspond environ à la formule

$$\left. \begin{array}{l} 0,46 PbO \\ 0,31 K^2O \\ 0,23 Na^2O \end{array} \right\} 1,72 SiO^2$$

c'est un verre analogue au strass.

La porcelaine vitreuse est donc un verre dur, chauffé à une température insuffisante pour le fondre, mais capable de lui donner une transparence laiteuse, qui est recouvert d'un autre verre tendre.

Cette porcelaine a été fabriquée à Sèvres, à Saint-Amand, à Saint-Cloud, à Sceaux, à Mennecy, à Tournay et à Arras.

§ 4. — PORCELAINES TENDRES VITREUSES DITES NOUVELLES DE SÈVRES

303. En 1884, la manufacture de Sèvres, après de longues recherches dans le but de trouver une porcelaine se prêtant mieux à la décoration que la porcelaine dure, et pouvant en particulier recevoir le bleu turquoise de cuivre, a exposé une nouvelle sorte de poterie, à laquelle on a donné le nom de porcelaine nouvelle de Sèvres.

Voici quelques renseignements sur cette poterie, qui sont principalement puisés dans l'ouvrage de MM. Lauth et Dutailly intitulé : *Recherches sur la porcelaine*.

La pâte est composée de la manière suivante :

Fritte

Sable	77
Carbonate de soude	8,5
Salpêtre	16,5
Craie	18,4

C'est un véritable verre, qui est fondu, puis pulvérisé à l'eau. Sa composition est alors :

Silice	77,0
Chaux	10,3
Potasse	5,0
Soude	7,7

Il entre dans la composition de la pâte suivante :

Pâte

Sable de Fontainebleau	49,02
Fritte	27,45
Craie	16,66
Argile plastique de Dreux	6,86

De sorte qu'après cuisson la composition devient :

Silice	80,31
Alumine	2,62
Potasse	13,27
Chaux	1,50
Soude	2,30

qui peut être représentée par la formule :

$$\left.\begin{array}{l} 0,81 CaO \\ 0,06 K^2O \\ 0,13 NaO^2 \end{array}\right\} 0,09 Al^2O^3,\ 4,6 SiO^2.$$

On voit que cette composition se rapproche de celle de la porcelaine précédente, dont elle ne diffère que par une plus grande proportion de chaux par rapport aux alcalis, et une teneur un peu plus forte d'alumine et de silice, comparativement aux fondants.

La pâte, quoique un peu plus plastique que celle de la porcelaine française, est cependant encore très maigre, et son façonnage doit certainement présenter des difficultés, qu'il est plus facile de vaincre lorsqu'on fabrique des objets de luxe que lorsqu'il s'agit d'une exploitation industrielle.

La première cuisson, qui se fait à une température correspondant à la montre 9 de Seger, a pour but de vitrifier la pâte, ce n'est donc pas, comme pour la porcelaine dure, une cuisson en biscuit ou en dégourdi. L'encastage est le même que pour la cuisson au grand feu de la porcelaine dure.

La glaçure est composée de :

Sable	25,52	ou 35,15
Craie	8,60	7,43
Pegmatite	65,98	7,43
Feldspath	»	57,42

correspondant à :

Silice	75,20	ou 75,09
Alumine	12,26	12,24
Chaux	5,05	4,32
Alcalis	7,49	8,36

La composition moyenne peut être représentée par la formule :

$$\left. \begin{array}{l} 0,45 CaO \\ 0,55 K^2O \text{ et } Na^2O \end{array} \right\} 0,64 Al^2O^3, 6,77 SiO^2$$

qui, en employant la même notation que pour les couvertes de porcelaine dure (page 702) devient :

$$1,0 RO, 0,64 R^2O^3, 6,77 SiO^2.$$

Cette couverte distingue nettement la porcelaine nouvelle de la porcelaine tendre française, dont la glaçure alcalino-plombifère est un vernis.

La pose a lieu soit par pulvérisation, soit par immersion, la vitrification de la glaçure se faisant à plus basse température avec enfournement en gazettes, sans présenter de difficultés.

La décoration, qui est le but essentiel de ce genre de poterie, peut se faire sous couverte, avec des couvertes colorées, et naturellement aussi sur couverte. La température de cuisson du grand feu est suffisamment basse pour permettre l'emploi du bleu de cuivre et des rouges de fer.

§ 5. — PORCELAINES TENDRES ARGILEUSES DITES DE SEGER

304. Cette porcelaine est fabriquée depuis 1886 à la manufacture de Berlin. Ce qui va suivre est extrait de l'ouvrage publié à la mort de Seger sous le titre de *Seger's Gesammelte Schriften*. Le but de Seger, en cherchant une porcelaine tendre, était le même que celui que poursuivait la manufacture de Sèvres en créant la porcelaine nouvelle. Mais les points de départ différents ont conduit à des résultats également très divergents. Tandis qu'à Sèvres on s'inspirait de la porcelaine tendre française, Seger prenait comme modèle la porcelaine japonaise. Voici les différentes compositions de pâte auxquelles il s'est arrêté :

Argile plastique (Löthainer Thon).	31,0	15,5	15,5
Kaolin de Zettlitz................	»	»	13,0
Kaolin de Sennewitz............	»	19,0	»
Feldspath......................	30,0	30,0	30,0
Sable pulvérisé de Hohenbocka...	39,0	35,5	41,5

L'argile plastique contient.........	81 argile pure,	19 sable	
Le kaolin de Zettlitz id.	97	id.	3 »
Le kaolin de Sennewitz id.	65	id.	35 »

D'autre part, la composition chimique est approximativement la suivante :

Silice................................	77,0 à 77,5
Alumine..............................	17,0 17,5
Chaux...............................	0,30
Magnésie.............................	0,20
Potasse..............................	3,75 à 3,80
Soude................................	0,65 0,70

pouvant être représentée par la formule.

$$0,38 RO, R^2O^3, 7,7 SiO^2.$$

Si on se reporte à la composition des porcelaines japonaises (page 699) on voit qu'il y a presque identité, comme analyse globale, entre les deux porcelaines.

La couverte est composée de

Sable pulvérisé	27,3 ou	21,0
Kaolin de Zettlitz	13,0	»
» de Sennewitz	»	19,2
Feldspath	42,1	42,1
Marbre	17,7	17,7

elle correspond à la formule

$$\left. \begin{array}{l} 0,7 CaO \\ 0,3 K^2O \end{array} \right\} 0,5 Al^2O^3, 4 SiO^2$$

qui est celle des couvertes japonaises.

Les chiffres précédents montrent que Seger est arrivé à imiter entièrement, au point de vue chimique, les porcelaines japonaises, mais il n'en est pas de même en ce qui concerne les propriétés physiques. La porcelaine de Seger est moins translucide, moins dure, assez fragile, d'une teinte presque toujours légèrement jaunâtre. La pâte doit être assez plastique pour bien se prêter au façonnage; comme la porcelaine dure elle est cuite en dégourdi, puis en grand feu à une température correspondant à la fusion de la montre 9 de Seger. C'est cette température relativement basse de cuisson, la même que celle de la porcelaine nouvelle de Sèvres, qui, en même temps que sa faible dureté, nous a fait ranger cette poterie parmi les porcelaines tendres.

Elle se prête naturellement au même genre de décoration que les porcelaines orientales, et ne peut être considérée, de l'avis même de son auteur, que comme une poterie de luxe.

§ 6. — PORCELAINES TENDRES MATES DITES PARIAN

305. Les différentes espèces de porcelaines tendres, dont il vient d'être question, peuvent naturellement être comme la porcelaine dure, cuites en grand feu sans glaçures. Cependant on n'a guère jusqu'à présent employé dans ce but que la porcelaine française, qui donne des poteries mates d'un très bel aspect. La porcelaine phosphatée mate est, par contre, moins satisfaisante, aussi les Anglais l'ont-ils remplacée par une pâte spéciale, qui prend à la cuisson une coloration légèrement jaunâtre d'un éclat mat rappelant le beau marbre de Paros, d'où son nom de parian.

La pâte est composée principalement d'un mélange de kaolin et de feldspath ; ce dernier, sous l'influence de la température, subit une demi-fusion qui lui donne un aspect laiteux. Voici, d'après Prössel, des exemples de compositions :

Fritte

Kaolin	11	»	»	»
Feldspath	25	»	»	»
Sable blanc	58	83	»	»
Potasse	6	18	»	»

Pâte

Fritte	15	9	»	»
Kaolin	39	28	33	37
Feldspath	39	42	44	63
Pegmatite	»	14	22	»
Flint-glass	6	7	»	»

La pâte peut être colorée de manière à donner des produits imitant l'ivoire ou différentes pierres naturelles, d'où les noms de carrare, malachite, lazulite, porphyre, obsidienne.

Le peu de plasticité rend le façonnage assez pénible, aussi a-t-on souvent recours au coulage. La cuisson en grand feu se fait à la même température que pour la porcelaine phosphatée, mais le retrait considérable, ainsi que le ramollissement de la masse, exigent un encastage très soigné en soutenant les parties en saillie au moyen de supports faits en pâte crue.

§ 7. — PORCELAINES TENDRES MATES FELDSPATHIQUES

306. On désigne sous ce nom de petits objets : boutons, imitations de perles et d'agate. Cette fabrication a été inventée vers 1840 par Prosser. Celui-ci a employé d'abord de la pâte à porcelaine tendre anglaise, puis seulement un mélange de feldspath et de phosphate de chaux, auquel on donnait de la plasticité par l'addition d'un corps gras, se détruisant à la cuisson.

M. Bapterosse a introduit cette industrie en France, mais en employant des procédés particuliers. Grâce à un outillage très perfectionné, il est arrivé à supplanter complètement la fabrication anglaise, et son usine de Briare, avec une autre à Fribourg (grand-duché de Bade), sont les seules qui fabriquent actuellement ce genre de produits.

A cause de l'intérêt très restreint de cette fabrication, qui ne se rattache à la céramique que par les procédés employés, nous la résumerons brièvement.

La pâte est formée de feldspath, aussi fusible que possible, pulvérisé et séparé d'une partie des impuretés (oxyde de fer) qu'il peut contenir en le laissant digérer dans de l'acide sulfurique. On y ajoute, suivant les produits à obtenir, des oxydes colorants ou quelquefois un peu de phosphate de chaux ou de craie. La poudre, dépourvue de plasticité, est additionnée de lait, ou d'une émulsion de caséine dans une dissolution d'acide borique, de manière à lui donner une consistance assez ferme pour pouvoir être façonnée à la presse. Cinq cents boutons sont ainsi moulés en un coup de balancier. Ils se rangent automatiquement sur une feuille de papier qui sert à les transporter sur une plaque réfractaire. Celle-ci est préalablement chauffée, de sorte que le papier s'enflamme, puis la plaque est mise dans une moufle, où elle reste environ dix minutes. On la retire alors, on enlève d'un coup de rable les boutons qui s'y trouvent, et on la recouvre d'une nouvelle feuille de papier. Les moufles sont disposées au nombre de 30 dans un four à flammes renversées rectangulaire. Les boutons cuits tombent dans une série de caisses montées sur un pivot, où ils achèvent de se refroidir, et d'où on les extrait par un fond mobile. Il ne reste plus alors qu'à les décorer, s'il y a lieu, à l'aide de couleurs vitrifiables par chromolithographie, ou à les dorer et enfin à les encaster. Dans les derniers temps, on a également fabriqué par ce procédé des camées et de petits cubes, servant à la confection de carrelages mosaïques.

FIN

TABLE ALPHABÉTIQUE

A

ABSORPTION (Séchage par), 271, 642.
ACCORD des pâtes et des glaçures, 317.
ACIDE antimonique, 411.
— borique, 277, 282.
— carbonique, 79, 91, 100, 389.
— chromique (Voir *chrome*).
— phosphorique, 100, 277.
— silicique (Voir *silice*).
— stannique (Voir *étain*).
— sulfurique, 86, 100.
ACTION de la glaçure sur la pâte, 279.
AÉRATION (Séchage par), 255, 472, 522.
AGGLOMÉRANTS et AGGLUTINANTS, 70, 585.
AIR primaire et secondaire, 344.
ALANDIERS, 329, 332, 335.
ALBITE, 48.
ALCALINES (Glaçures), 284, 600, 619.
ALCALINO-TERREUX (Bases et composés). (Voir *Baryte*, *Chaux*, *Magnésie*).
ALCALINS (Sels), 77, 283.
ALCALIS dans les glaçures, 275, 278, 600, 619.
— dans les pâtes, 100, 305, 570, 622.
— (Dosage des), 90.
ALCARRAZAS, 546.
Alcora, 31.
ALLOPHANE, 49, 52, 68.
ALQUIFOUX, 288.
ALUMINE dans les glaçures, 278.
— dans les pâtes, 44, 54, 100.
— (Propriétés réfractaires de l'), 305, 569.
— (Silicates d'), 49, 52.
— (Voir également *Argile*).
ALUMINEUX (Produits réfractaires), 581.
ALUN, 285.
Amand (Saint-), 29, 728.
AMIANTE, 69.

AMPHORES, 19, 545.
ANALYSE CHIMIQUE des argiles, 86, 88, 90.
— des calcaires, 91.
— des feldspaths, 98.
— des gaz, 389.
— des sables, 97.
— (Voir également : *Dosage*).
Andreoli (*Georgio*), 24.
Ansbach, 30.
ANTIMOINE, 279, 411.
APPAREILS à analyser les gaz, 389.
— à mesurer le degré d'enfumage, 385.
— à mesurer l'évaporation, 254.
— à mesurer la température, 396.
— à mesurer le tirage, 391.
— coupeurs, 209, 455, 509, 665.
— Schöne (lévigation), 93.
— Schulz (lévigation), 93.
APPLIQUAGE, 238.
ARGENT, 411, 435.
ARGENTURE, 433.
ARGILE PURE, 43.
ARGILES (Analyse chimique des), 88.
— (Classification des), 56.
— (Composition chimique des), 62, 572.
— (Cuisson des), 302.
— (Désagrégation des), 110, 116.
— (Épuration des), 135.
— (Essais sur la fusibilité des), 97, 320, 569.
— (Essais sur la plasticité des), 95.
— (Essais sur la texture des), 92.
— (Formation des), 49.
— fusibles, 62, 661.
— kaoliniques, 58, 569, 697.

TABLE ALPHABÉTIQUE

— (Matières analogues aux), 67.
— (Matières mélangées aux), 51.
— (Méthodes d'essai des), 85.
— réfractaires, 59, 569, 661.
— vitrifiables, 61, 659.
ARMATURES des fours, 380.
ARROSEMENT (Pose des glaçures par), 299.
ASPERSION (Pose des glaçures par), 299.
ASSIETTES en faïence, 636.
— en porcelaine, 706.
Assyriens (Poteries des), 16.
ATMOSPHÈRE des fours, 310, 386.
Atsbury, 31.

B

Bagnolet, 37.
BALLES (servant au moulage), 213.
BALUSTRES (Façonnage des), 194.
BAMBOU (Sucre de), 84.
Bapterosse, 733.
BARBOTINE (Peinture à la), 423, 544.
BARYTE, 151, 278, 285.
BASALTE, 79.
BASCULES, 219.
Bastenaire, 628.
BASSINS DE DÉCANTATION, 147.
BASSINS DE DOSAGE, 154, 635.
BATTEUSES, 184.
BAUXITE, 49, 85, 582.
Bayeux, 37, 720.
Beauvais, 25, 33, 670.
BERETTINO (Proc. de décoration dit), 24.
Berlin, 36, 712.
BLEUISSAGE, 313, 529.
Beyreuth, 30, 33.
BICHROMATE (Voir *Chrome*).
Bidermann, 45.
Bischof, 95, 571.
BISCUIT de porcelaine, 723.
BISMUTH, 279, 290.
BLOCS réfractaires, 566.
Blue-Clay (Argile bleue), 632.
BOIS (Chauffage au), 331.
— (Combustible), 326.
BOISSEAUX (Tuyaux), 535.
BOL D'ARMÉNIE, 408.
BORAX, 283.
Bordeaux, 29.
BORIQUE (Acide), 277, 282.
Borie, 39.
Böttger, 35, 692.
BOUILLONS, 317.
BOULETS (Broyeurs à), 121, 174, 297.
BOUTONS en porcelaine, 733.

Bradwell, 33.
Briare, 734.
BRIQUES alumineuses, 581.
— à planchers, 489.
— basiques, 587.
— creuses, 488.
— de Dinas, 585.
— de parement, 491.
— de pavement, 496.
— en chaux, 590.
— en magnésie, 587.
— en silice, 585.
— (Formes et dimensions des), 444.
— légères, 497, 587.
— ordinaires, 444.
— réfractaires, 561.
— siliceuses, 585.
— vitrifiées, 495.
BRIQUETERIES (Installation des), 487.
Brongniart, 7, 19, 45, 550, 594, 657.
BROUETTES, 474, 522.
BROYAGE des matières premières, 110, 116, 291.
— des glaçures, 290, 295.
BROYEURS, 110, 116, 295.
Bruges, 31.
BRUNISSAGE, 432.
Bruno-Kerl, 11.
BRULEURS à gaz, 344.
BULLES, 317.
Burgos (Lustre), 435.
Burslem, 31.

C

CADRE, 256, 522.
Caffagiolo, 25.
CAILLOUTAGE (Faïence dite), 596, 630.
CALCAIRES (Analyse des), 98.
  (Voir également *Chaux*).
CALCINE, 289.
CALIBRAGE, 467, 706.
CALIBRES, 194, 219, 222, 532, 636.
CANALISATIONS électriques, (Porcelaines pour), 720.
— d'eau (Tuyaux pour), 538, 677.
— de gaz (Tuyaux pour), 534.
CANTHARIDE (Lustre), 435.
CAPSULES en porcelaine, 720.
CARBONATE de chaux (Voir *Chaux*).
— de magnésie (Voir *Magnésie*).
— de potasse (Voir *Potasse*).
— de soude (Voir *Soude*).
CARBONIFÈRES (Prod. réfractaires), 583.

TABLE ALPHABÉTIQUE

CARBONIQUE (Acide) (Voir *Acide*).
CARRARE (Porcelaine tendre dite), 733.
CARREAUX de pavement, 658.
— de poêle, 608, 614.
— émaillés, 610.
— encaustiques, 606.
— en faïence, 640-648.
— en grès, 658.
— en terre cuite, 531.
— (Essais des), 560, 677.
— ferrugineux, 658.
— incrustés, 659, 674.
— vernissés, 602.
Castel Durante, 24.
Castelli, 25.
CENDRES (Défaut provenant des), 314.
— bleues, 408.
— de vinasses, 284.
CENTRIFUGES (Concasseurs), 117.
CÉRUSE, 287.
Chaldéens (Poteries des), 16.
CHALEUR nécessaire à la cuisson, 400, 486, 524, 579, 646, 673, 712.
— nécessaire au séchage, 251, 258, 472.
— (Production de la), 323.
— (Utilisation de la), 323, 352, 377.
CHAMBRES DE CUISSON, 323, 352.
CHAMOTTE (Ciment), 75, 282, 573, 614, 702.
Chantilly, 37.
CHAPPE de moule, 213.
Chapelle-aux-Pots (La), 25, 33.
CHARBONNEUSES (Matières), 75, 583.
CHARGE (Enfournement en), 382, 480, 523, 599, 669, 683.
CHAUFFAGE à la houille, 332.
— au bois, 331.
— au gaz, 339, 367.
— des fours, 325, 384.
— des séchoirs, 251, 258.
CHAUX (Action de la) sur la coloration, 310.
— (Appareil pour neutraliser l'action de la) dans les pâtes, 551.
— dans les argiles, 53.
— dans les glaçures, 278, 285.
— dans les pâtes, 74, 79, 100, 104, 305
— (Défauts occasionnés par la), 315, 551.
— (Dosage de la), 91.
— (Phosphate de), 82, 724.
— (Produits réfractaires en), 589.
— (Recherche de la) dans les pâtes, 561.

Cheffers, 37
Chelsea, 37.
CHEMINÉES pour les fours, 345.
— pour les séchoirs, 259.
CHEVALETS, 650.
CHEVALIER DE JAUGE, 192.
Chicaneau, 36.
China-clay (kaolin), 632.
Chinoises (Poteries), 17, 34, 698.
CHLORURE DE SODIUM, 284, 683.
CHROME, 408.
CHROMOLITHOGRAPHIE, 431, 718.
CIMENT (Chamotte), 75, 282, 573, 614, 702.
CLASSIFICATION de Brongniart, 7.
— de Bruno-Kerl, 11.
— de Knapp, 10.
— de Kolbe, 11.
— de Salvetat, 10.
— des argiles, 56.
— des faïences, 593.
— des glaçures, 280.
— des grès, 655.
— des porcelaines, 695.
— des poteries, adoptée dans l'ouvrage, 12.
— des poteries (Principes généraux de la), 4.
— des produits réfractaires, 563.
— des terres cuites, 443.
— (Premiers essais de), 5.
CLAPETS de tirage, 351.
Cloud (*Saint-*), 36.
COBALT, 409, 436.
COKE, 328.
COLCOTHAR, 408.
COLIFICHETS, 650.
COLLAGE, 237.
COLLYRITE, 68.
Cologne, 33.
COLOMBINS, 237.
COLORANTES (Matières), 405.
COLORATION des engobes, 423, 607, 609, 650, 674.
— des glaçures, 427, 609, 623.
— des pâtes, 310, 420, 663, 674, 715.
— sous la glaçure, 425, 613, 650, 715.
— sur la glaçure, 428, 613, 650, 717.
COMBUSTIBLES, 325.
COMPOSITION des argiles, 43, 63, 572.

Composition des glaçures (Généralités sur la), 277.
— des pâtes (Généralités sur la), 99.
— des produits réfractaires argileux, 573.
— des produits réfractaires alumineux, 581.
— des produits réfractaires carbonifères, 583.
— des produits réfractaires siliceux, 585.
— des produits réfractaires basiques, 587.
— des faïences vernissées, 597-609.
— des faïences émaillées, 610.
— des carreaux de poêle, 615.
— des faïences siliceuses, 620.
— des terres de pipe, 633.
— des faïences dites cailloutage, 630.
— des faïences feldspathiques, 631.
— des grès proprement dits, 659.
— des grès fins, 692.
— des porcelaines dures, 697-702.
— des porcelaines à feu, 720.
— des porcelaines mates (biscuit), 723.
— des porcelaines tendres (anglaises), 724.
— des porcelaines tendres (françaises), 726.
— des porcelaines nouvelles de Sèvres, 728.
— des porcelaines de Seger, 731.
— des porcelaines dites parian, 732.
— des porcelaines feldspathiques, 733.
Concasseurs, 110, 116.
Conrade, 37.
Consistance des glaçures, 298.
— des pâtes, 106, 175, 635.
Copenhague, 36.
Coque d'œuf, 317.
Coquillages dans les argiles, 55.
Cornish-stone (Pegmatite), 281, 632.
Cornouailles, 37, 632.
Cornues, 566, 575.

Coulage (Façonnage par), 234, 709.
— (Défaut des glaçures), 317.
Couleurs, blancs, 412, 421, 604, 618, 625, 626.
— bleus, 413, 422, 624, 626, 651, 718.
— bruns, 415, 423, 625, 652.
— gris, 413, 422, 717.
— jaunes, 413, 422, 624, 626, 652.
— noirs, 412, 421, 625, 651.
— rouges, 414, 422, 624, 626, 652, 717.
— verts, 413, 422, 624, 626, 651, 718.
— violets, 415, 423, 626, 652, 718.
— (Cuisson des), 438, 718.
— vitrifiables, 410, 429, 717.
— volatiles, 436.
— de feu de moufle, 406.
— de grand feu, 406.
Coulis réfractaire, 590.
Coulure (Procédé de décoration), 435.
Coupeurs (Appareils), 209, 455, 509, 665.
Couvertes (Voir glaçures), 280.
Craquelé, 435.
Crayons vitrifiables, 437.
Crêtes de coq, 650.
Creusets réfractaires argileux, 566, 575.
— en plombagine, 583.
— en porcelaine, 720.
Creussen, 33.
Creux (Le), 636, 639, 706.
Croisic 26.
Croutes, 213, 220, 636, 706.
Cryolithe, 289.
Cuisson (Généralités sur la), 301.
— des couleurs, 438, 718.
— des glaçures, 316.
— des pâtes, 302.
— Accord des pâtes et des glaçures), 317.
— (Essais de), 320.
— (Description des fours), 323.
— (Fonctionnement des fours), 381.
— des briques, 480, 491, 494, 496, 498.
— des tuiles, 523, 529.
— des carreaux (terre cuite), 534.
— des tuyaux (terre cuite), 538.
— des terres cuites architecturales, 540.

CUISSON des terres cuites décoratives, 543.
— des poteries communes, 546.
— des hydrocérames et filtres, 546.
— des pipes, 548.
— des poteries lustrées, 549.
— des produits réfractaires argileux, 579.
— des produits réfractaires carbonifères, 583.
— des produits réfractaires siliceux, 586.
— des produits réfractaires basiques, 588.
— des faïences vernissées, 599, 605, 608.
— des faïences feldspathiques, 643.
— des carreaux en grès, 668, 673.
— des tuyaux en grès, 683.
— des poteries sanitaires, 687.
— des poteries en grès, 690.
— des porcelaines dures, 710.
— des porcelaines tendres, 725, 727, 730, 732, 733, 734.
CUIVRE, 408, 435.
CYLINDRES Asling, 173, 296.
— laminoirs, 128, 155, 164.
— propulseurs, 207, 513, 665, 682.

D

Damas, 22.
Darnet, 37.
Deck, 8, 41, 593, 624.
DÉCORATION (Généralités sur la), 418.
— à froid, 438.
— argenture, 433.
— barbotine, 424, 544.
— chromolithographie, 430, 717.
— coloration des pâtes, 420, 540, 543, 602, 607, 663, 715, 733.
— coloration des engobes, 423, 541, 544, 550, 602, 607, 609, 650, 674.
— coloration sous la glaçure, 425, 623, 650, 715.
— coloration dans la glaçure, 427, 603, 610, 625.
— coloration sur la glaçure, 428, 613, 653, 715.

DÉCORATION couleurs vitrifiables, 429, 717.
— couleurs volatiles, 436.
— coulures, 435.
— craquelé, 435.
— crayons vitrifiables, 437.
— dorure, 432.
— émaux cloisonnés, 428.
— façonnage décoratif, 418, 540.
— flammés, 436.
— gravure, 437.
— imprégnation, 421, 542.
— impression, 425, 650.
— incrustation, 424, 607, 674.
— lustres, 433, 550.
— mousse, 437.
— pastillage, 424, 609.
— peinture à la barbotine, 424, 544.
— peinture sur émail cru, 436, 613.
— peinture sur émail cuit, 436, 613.
— perlé, 437.
— photocéramique, 437.
— photolithographie, 431.
— platinage, 433.
— des terres cuites architecturales, 539.
— des terres cuites décoratives, 543.
— des pipes, 549.
— des poteries lustrées, 550.
— des faïences architecturales, 602.
— des carreaux encaustiques, 606.
— des faïences vernissées, 609.
— des faïences émaillées, 612.
— des carreaux de poêle, 619.
— des faïences siliceuses, 623.
— des faïences feldspathiques, 650.
— des carreaux en grès, 663, 674.
— des grès architecturaux, 691.
— des porcelaines dures, 715.
— des porcelaines tendres, 726, 731, 732, 733.

DÉFAUTS des glaçures, 316,
— des pâtes, 313.
DÉFINITIONS, 1.
DÉFOURNEMENT, 399.
DÉGOURDI (cuisson en), 710, 723.
DÉGRAISSANTS, 71.
DÉLAYAGE, 171, 635.
DÉLAYEURS d'argile, 142, 171.
— de matières dures, 173.
Delft, 30.
DENSITÉ DES PATES, 105, 307.
Deruta, 25.
DÉS, 650.
DÉSAGRÉGATION (procédés de), 109.
— mécanique, 116.
— naturelle, 110.
— par la chaleur, 112.
DESSICCATION, 241.
(Voir également *Séchage*).
DIFFUSION des gaz, 388.
DILATATION des pâtes et des glaçures, 317, 380, 417.
Dinas (briques de), 585.
Doccia, 36.
DOLOMIE, 82, 285, 589.
DORURE, 432.
DOSAGE de l'acide borique, 282.
— de la chaux, 91, 285.
— de l'acide carbonique, 391.
— de l'eau hygrométrique, 90.
— de l'oxyde de fer, 91.
— de l'oxyde d'étain, 288.
— de l'oxyde de plomb, 286.
— des alcalis, 90, 283.
— des glaçures, 292.
— des pâtes, 153, 169, 171, 174, 635.
— des sels solubles, 91, 562.
— du sulfate de chaux, 98.
(Voir également *Analyse chimique*).
Doulton, 34, 41, 690.
Durantino (*Guido*), 24.
Dutailly, 729.
Dwight (*John*), 33.

E

EAU de carrière, 110.
— de combinaison, 102.
— de façonnage, 103, 107, 246.
— hygrométrique, 90, 102, 107.
EBARBAGE, 236, 521.
EBAUCHAGE (Voir *Façonnage*), 185.
ECAILLAGE, 318.
ECHAPPADE (Enfouissement en), 382, 719.

ECONOMÈTRE, 391.
Eenhorn (*Van*), 30.
Egyptiennes (Poteries), 15, 18, 20, 549.
ELECTRIQUES (Porcelaines pour canalisations), 720,
Elers, 33, 686.
ELÉVATEURS, 475.
EMAIL cloisonné, 428.
— cru (Peinture sur), 428.
EMAILLÉES (Faïences), 610.
EMAUX (Voir *Glaçures*), 280.
ENCASTAGE, 383, 647, 713, 725, 727.
ENCAUSTIQUES (Carreaux), 606.
ENGOBAGE, 238, 423.
ENGOBÉS, 238, 423, 541, 544, 550, 602, 607, 609, 650, 674.
ENFOURNEMENT (Procédés d'), 381.
— en charge, 382, 480, 523, 599, 669, 683.
— en échappade, 382, 719.
— en gazette, 382, 534, 647, 663, 713, 725, 727.
— des briques, 480, 491.
— des tuiles, 524, 531.
— des carreaux (terre cuite), 534.
— des tuyaux (terre cuite), 538.
— des pipes, 548.
— des faïences vernissées, 599.
— des faïences feldspathiques, 647.
— des carreaux en grès, 663, 669.
— des tuyaux en grès, 683.
— des porcelaines dures, 713,
— des porcelaines tendres, 725, 727.
ENFUMAGE, 302, 384, 485, 534, 669.
ENFUMÉE (Poterie), 314, 711.
EPURATEURS d'argile, 135.
— électriques, 150.
— magnétiques, 297.
EPURATION (Procécés d'), 135.
— chimique, 151.
— électrique, 150, 297.
— par lévigation, 144.
— par tamisage, 137.
— par triage, 135.
— par ventilation, 149.
ESSAIS des carreaux, 560, 677.
— des poteries vernissées, 599,

ESSAIS des produits réfractaires, 591.
— des terres cuites, 551.
— des tuyaux, 561, 686.
— sur la cuisson, 320.
— sur la densité des pâtes, 307.
— sur la dessiccation des pâtes, 242.
— sur la fusibilité, 97, 320, 571.
— sur la plasticité, 95.
— sur la texture des argiles, 92.
ESTAMPAGE, 420.
ESTÈQUES, 219.
ETAGÈRES, 256, 473.
ETAIN, 279, 288.
ETIRAGE (Voir *Façonnage*).
ETUVAGE (Voir *Enfumage*).
EURITE, 48.
EVAPORATION (Séchage par), 251.
EVAPOROMÈTRE, 254.
EVIDAGE, 236.

F

FAÇONNAGE (Procédés de), 185.
— decoratif, 418, 540, 693.
— par coulage, 234, 709.
— par étirage, 197, 449, 490, 492, 509, 535, 575, 664, 679.
— par moulage à la main, 211, 446, 508, 532, 540, 545, 547, 575, 616, 704.
— par moulage à la presse, 224, 460, 465, 491, 513, 533, 545, 577, 616, 641, 670, 674.
— par moulage au tour, 217, 543, 584, 636, 706.
— par tournage, 187, 549, 704.
— des briques, 448, 490, 492, 498.
— des tuiles, 508.
— des carreaux (terre cuite), 532.
— des tuyaux (terre cuite), 535.
— des terres cuites architecturales, 540.
— des terres cuites décoratives, 543.
— des poteries communes, 545.
— des pipes, 547.
— des poteries lustrées, 549.
— des produits réfractaires argileux, 575.
— des produits réfractaires carbonifères, 583.
— des faïences vernissées, 599.

FAÇONNAGE des carreaux encaustiques, 607.
— des carreaux de poêle, 616.
— des faïences feldspathiques, 636.
— des carreaux en grès, 664, 670, 674.
— des tuyaux en grès, 679.
— des porcelaines dures, 704, 721.
— des porcelaines tendres, 725, 727, 733, 734.
Faenza, 24.
FAÏENCERIES (Installation des), 653.
FAÏENCES (Classification des), 13, 593.
— allemandes, 29, 608, 609.
— anglaises, 31, 631.
— arabes, 21.
— architecturales, 602.
— (cailloutage), 596, 630.
— (Carreaux en), 606, 640.
— émaillées, 595, 610.
— (Essais des) plombifères, 599.
— feldspathiques, 596, 631.
— fines, 8, 593.
— françaises, 25, 597, 606, 609, 613.
— hispano-mauresques, 21, 620.
— hollandaises, 30, 613.
— italiennes, 23, 609, 613.
— d'Oiron (Sainte-Porchaire ou Henri II), 26, 596.
— de Palissy, 26, 609.
— persanes, 20, 619.
— (Poêles en), 608, 614.
— (Résistance des) à la gelée, 605.
— stannifères, 23, 595.
— siculo-arabes, 23.
— siliceuses, 596, 619.
— suisses, 31, 609.
— vernissées, 595, 597.
FAITIÈRES, 507.
FELDSPATH (Analyse du), 98.
— (Composition), 78.
— dans les argiles, 52, 55.
— dans les glaçures, 281.
— (Décomposition du), 48.
FELDSPATHIQUES (Faïences), 631.
— (Porcelaines tendres), 733.
FER (Coloration du) dans les glaçures, 407.
— (Coloration du) dans les pâtes, 310, 407, 711.

Fer dans les argiles, 53, 56.
— dans les pâtes, 100.
— (Dosage du), 91.
— (Rôle du) dans la fusibilité, 305, 570.
Ferrare, 25.
Ferrugineux (Carreaux), 658.
Feu (Grand et petit), 385.
Filières, 197, 449, 480, 493, 509.
Filtres en terre cuite, 227.
Filtres-presses, 178.
Flammes dans les fours, 349, 388, 389.
Flammés, 436.
Flint (Silex), 632.
Flowing colors (Couleurs volatiles), 436.
Fluorine, 289.
Fondants pour les pâtes, 77.
— (Rôle des) dans la fusibilité, 305, 570.
— pour les glaçures, 281.
— pour les couleurs, 429, 717.
Fontana (Orazio), 24.
Forchammer, 45.
Fosses pour la préparation des pâtes, 154.
Forme à donner aux poteries, 250.
Fours (Généralités sur les), 323.
— (Classification des), 352.
— (Construction des), 379.
— (Fonctionnement des), 381.
— (Rendement des), 399, 486, 528, 579, 646, 673, 712.
— (Tirage dans les), 348.
— intermittents à flammes ascendantes, 353, 643.
— intermittents à flammes descendantes, 356, 496, 643, 690.
— intermittents horizontaux à foyer unique, 362.
— intermittents horizontaux à foyers multiples, 374.
— à feu continu à chambre de cuisson unique, 363, 482.
— à feu continu à chambres de cuisson multiples, 371, 673, 683.
— à moufle, 375, 548.
— à bleuir, 362, 530.
— à briques, 353, 356, 366, 374, 480, 496.
— à carreaux, 353, 371, 534, 673.
— à désagréger le silex, 115.
— à faïences, 357, 371, 643.
— à fondre les glaçures, 293.
— à globe, 360, 710.
— à grès, 356, 362, 371, 496, 673, 690.

Fours à la volée, 480.
— à porcelaines, 360, 673, 710.
— à poteries, 353, 356, 690.
— à produits réfractaires, 357, 371, 579.
— à sécher l'argile, 112.
— à tranches, 369, 525.
— à tuiles, 353, 356, 366, 374, 524.
— à tuyaux, 371, 683, 690.
— carrés, 353.
— de Schwandorf, 367, 525.
— d'essai, 320.
— Hoffmann, 364.
— Mendheim, 673.
— rectangulaires, 356, 496.
— ronds, 354, 357, 360.
— temporaires, 486.
Foyers (Classification des), 329.
— à grille, 329, 331, 334.
— alandiers, 330, 332, 335.
— gazogènes, 330, 339.
— formés par les produits, 329, 331, 333.
Frankenthal, 30, 36.
Frechen, 33.
Frittage des glaçures, 292.
Fritte, 78, 292.
Frytem (Frederick van), 30.
Fuldam, 31, 33.
Fusibilité des glaçures, 316.
— des pâtes, 305, 569.
— (Essais de), 320, 569.

G

Gaize, 84.
Galène, 288.
Galets, 73, 630.
Galettes de pâte, 225, 513.
Gambettes, 472.
Ganister, 84, 591.
Gargoulettes, 546.
Garnissage, 238.
Gaz (Chauffage au), 339.
Gazettes, 352, 383, 576.
Gazogènes, 330, 339.
Gélivité des poteries, 551, 558, 605.
Gilardoni, 39.
Giobertite, 69, 589.
Girelles, 187, 217.
Glaçures (Classification des) 280.
— (Accord des pâtes et des), 317.
— (Action des) sur les pâtes, 279.

GLAÇURES alcalines, 281.
— boraciques, 281.
— (broyage des), 295.
— (Coloration sous), 425.
— (Coloration sur), 428.
— colorées, 427.
— (Composition des), 277.
— (Constitution des), 275.
— Couvertes, 280.
— (Cuisson des), 316.
— (Défauts des), 316.
— (Dosage des), 292.
— Emaux, 280.
— (Frittage des), 292.
— (Matières premières des), 281.
— (Mélange des), 295.
— plombifères, 281, 597.
— (Préparation des matières premières des), 290.
— (Pose des), 297.
— Stannifères, 595.
— Vernis, 280, 595.
— pour faïences vernissées, 597
— pour faïences architecturales, 602.
— pour faïences Palissy, 609.
— pour faïences émaillées, 611.
— pour carreaux de poêle, 618.
— pour faïences persanes, 621.
— pour faïences siliceuses, 623.
— pour terres de pipe, 628.
— pour faïences feldspathiques 633.
— pour grès proprement dits, 683, 687.
— pour grès fins, 691.
— pour porcelaines dures, 702.
— pour porcelaines tendres, 725, 727, 730, 732.
GLOBE, 360, 710.
GNEISS, 48.
GOUDRONNAGE, 529.
GRAISSAGE, des moules, 467.
GRANITE, 48.
GRANULATEURS, 133, 166.
GRAPHITE, 583.
GRAVURE, 437.
Grecques (Poteries), 17, 19, 542, 549.
Grentzhausen, 33.
GRÈS (Classification des), 13, 653.
— allemands, 33.
— anglais, 33.
— architecturaux, 691.
— (Carreaux en), 658.

GRÈS (Carreaux incrustés en), 674.
— chinois, 17, 32.
— décoratifs, 692.
— fins, 693.
— flamands, 32.
— français, 33.
— (Poteries sanitaires en), 686.
— pour industries alimentaires, 688.
— pour industries chimiques, 688.
— (Tuyaux en), 677.
GRILLE (Foyers à), 329, 331, 334.
Gubbio, 24.
Guerttard, 37.
GUILLOCHAGE, 420.
GYPSE (Voir *Plâtre*), 56.

H

HALLOYSITE, 49, 67.
Hannong, 30, 36, 613.
Hanley, 31.
Hautefeuille, 45.
HÉLICE (Propulseurs à), 204, 454.
Hertel, 453.
Herzfeld, 45.
Hirschvogel, 29.
HISTORIQUE de la Céramique, 15.
— Terres cuites anciennes, 18.
— Faïences anciennes, persanes, arabes et mauresques, 20.
— Faïences italiennes, 23.
— Faïences françaises, 25.
— Faïences allemandes, hollandaises et diverses, 29.
— Faïences anglaises, 31.
— Grès, 33.
— Porcelaines orientales, 34.
— Porcelaines européennes, 35.
— Céramique contemporaines, 37.
Hoechst-sur-le-Mein, 30, 36.
Hoehr, 33.
HOMOGÉNÉISATION des pâtes, 155, 165, 183.
HOUILLE (Chauffage à la), 332.
HOUSSE, 214.
HYDRATATION des pâtes, 170.
HYDROSILICATE D'ALUMINE, 44.

I

IMMERSION (Pose des glaçures par), 298.
IMPERMÉABILITÉ des poteries, 12, 655.
IMPRESSION (Décoration par), 425, 650.

TABLE ALPHABÉTIQUE

INCRUSTATION (Pose des engobes par), 239, 424, 606, 674.
INCRUSTÉS (Carreaux), 659, 674.
Indoustan (Poteries de l'), 17.
INFUSOIRES (Terre d'), 83.
INSTALLATION des briqueteries, 487.
— des tuileries, 528.
— des fabriques de produits réfractaires, 580.
— de faïenceries, 653.
— des porcelaineries, 719.
INSUFFLATION (Pose des glaçures par), 299.
IRIDIUM, 411.
ISOLATEURS, 720.

J

Japonaises (Poteries), 35.
JARRES, 19, 545.
JAUGE (Chevalier de), 192.
JAUNE de Naples, 411.
Johnson, 45.
JOYAUX (Décoration avec), 437.

K

KAOLINITE, 44.
KAOLINS (Découverte des), 36.
— (Formation des), 50.
— (Classification des), 57.
— (Composition des), 64, 697.
— (Essais sur la fusibilité des), 569.
(Voir également *Argiles*).
Keizer (*Aelbrecht de*), 30.
Kiang-si, 35.
Knapp, 10.
Kolbe, 10.
Kooge (*Abraham de*), 30.
Kouen-Ou, 17.

L

Lacroix, 437.
LAITIERS de hauts-fourneaux, 82.
Lambeth, 31, 34.
LAMINAGE des pâtes, 155, 163, 165.
LAMINOIRS cannelés, 156, 164.
— concasseurs, 128.
— épurateurs, 136.
— granulateurs, 166.
— unis, 155, 163.
Larisbourg, 36.
Lauth, 729.
Le Chatelier, 45, 52, 67, 320, 397.
Leeds, 31.
Lembach, 36.
LENZENITE, 49, 68.

LÉVIGATION (Epuration des argiles par), 141.
— (Epuration des sables par), 149.
— (Essais des argiles par), 86, 92.
— (Essais des sables par), 97.
Liège, 31.
LIGNITE, 328.
Lille, 29, 37.
Limoges, 37.
Lindhorst, 621.
LITHARGE, 286.
Liverpool, 31.
Lunéville, 29.
LUSTRÉES (Poteries), 549.
LUSTRES, 20, 433, 551.
Lyon, 25.

M

Macheleid, 36.
MACHINES à briques, 450.
— à dresser les carreaux de poêle, 617.
— à étirer les carreaux, 665.
— à étirer les tuyaux, 535, 681.
— à façonner les creusets, 584.
— à galettes, 513, 518.
— à mouler les carreaux de poêle, 616.
— à mouler les gazettes, 577.
— à polir les carreaux, 667.
— à tailler les carreaux, 669.
Voir également, *Broyeurs*, *Concasseurs*, *Cylindres*, *Délayeurs*, *Epurateurs*, *Filtres-presses*, *Granulateurs*, *Laminoirs*, *Malaxeurs*, *Meules*, *Moulins à bloc*, *Pétrisseuses*, *Presses*, *Propulseurs*, *Pulvérisateurs*, *Represseuses*, *Tailleuses*, *Tours*.
MACHOIRES (Concasseurs à), 123.
MAGNÉSIE, 53, 55, 69, 82, 551, 561, 587.
MAGNÉSITE, 69, 589.
MAJOLICA, 24.
Majorque (Ile de), 22.
Malaga, 22.
Malaguti, 45.
MALAXAGE, 157, 163, 166, 183.
MALAXEURS, 158, 167, 183, 203, 574.
MANGANÈSE, 310, 410.
Manises, 22.
MARBRURES, 424.
Marieberg, 31.

TABLE ALPHABÉTIQUE

Marnes, 69, 74, 79.
Marseille, 29.
Massicot, 286.
Matières colorantes (Généralités sur les), 405.
— Métaux colorants, 407.
— (Préparation des), 412.
— (Propriété des), 415.
Matières premières des glaçures :
Silice et silicates, 282.
Acide borique et borax, 283.
Sels alcalins, 283.
Composés alcalino-terreux, 285.
Oxydes et sels de plomb, 286.
Oxyde d'étain et calcine, 288.
Matières diverses, 289.
Matières premières des pâtes :
Analogues à l'argile, 67.
Agglomérantes et agglutinantes, 70.
Dégraissantes, 71.
siliceuses, 71.
sables, 73.
calcaires, 74.
charbonneuses, 75.
terres cuites pulvérisées, 75.
Fondantes, 77.
alcalines, 77.
calcaires, 79.
magnésiennes et diverses, 82.
Réfractaires, 83.
(Désagrégation par la chaleur des), 114.
(Désagrégation mécanique des), 110, 116.
(Epuration des), 105.
Meissen, 35.
Mennecy, 37.
Métaux colorants, 407.
Méthodes d'essai des terres cuites, 555.
Meules à broyer, 125.
— à pulvériser, 168.
— à dresser, 618.
Mexicaines (Poteries), 17.
Mica, 46, 52, 55, 697, 701.
Milo (Ile de), 19.
Minium, 287.
Modèles, 212.
Montpellier, 29.
Montres, 393, 439.
Moletage, 420.
Molybdène, 55.
Mosaïques, 734.
Moufles (fours à), 375, 548.

Moulage (voir *Façonnage*).
Moules à compression, 226.
— à écrasement, 224.
— de travail, 213.
— en bois, 211, 463, 576.
— en métal, 224, 226, 448.
— en plâtre, 212, 219, 224, 234, 271, 515.
— (Forme à donner aux), 213, 250.
— à tuiles (Presse à fabriquer les) 513.
Moulins a blocs, 173.
Moustiers, 28.
Muller (*Emile*), 586, 692.
Muscovite, 52, 87.

N

Nantes, 26.
Needham, 177.
Nevers, 27.
Newport, 31.
Nickel, 410, 436.
Niderviller, 29.
Nitrate de potasse, 284.
Nitre, 284.
Noire (Coloration) des poteries, 312, 529, 550, 663.
Nuremberg, 29.
Nymphenbourg, 36.

O

Ocres, 56.
Oiron (Faïences d'), 26, 596.
Oligoclase, 276.
Opacité des poteries, 14, 695.
Or brillant ou de Meissen, 433.
— (Colorations fournies par l'), 411.
— dans l'argile, 55.
— Dorure, 432.
— en coquille, 433.
— fulminant, 434.
— (Lustres d'), 433.
— (Montre d'), 439.
Orthose, 48.
Os (Phosphate de chaux), 82.
Oxydes : voir les métaux correspondants.

P

Padoue, 25.
Paillons (Décoration avec), 437.
Palettes (Propulseurs à), 204, 450.
— de malaxeurs, 159.

Palissy (Bernard), 26, 609.
PARENT, 355.
PARIAN, 732.
Paris, 25.
Parvillée, 407, 721.
PASTILLAGE, 424, 609.
PATES (Accord des) et des glaçures, 317.
— (Coloration des), 310, 420, 663, 674, 715.
— (Composition des), 99.
    Voir également : *Composition*.
— (Consistance des), 106, 175, 635.
— (Constitution des), 103, 302.
— (Cuisson des), 301.
    Voir également : *Cuisson*.
— (Défauts des), 313.
— (Densité des), 105, 307.
— (Dessiccation des), 241.
— (Eau dans les), 102.
— (Epuration des), 135.
— (Façonnage des), 185.
    Voir également : *Façonnage*.
— (Fusibilité des), 305, 569.
— (Matières premières des), 43.
    Voir également : *Matières premières*.
— (Plasticité des), 107.
— (Préparation des), 152.
    Voir également : *Préparation des pâtes*.
— (Retrait des), 241, 307.
— (Séchage des), 241.
    Voir également : *Séchage*.
— (Texture des), 103, 302.
PAVEMENT (briques de), 496.
— (Carreaux de), 658.
PEGMATITE, 79, 281, 632.
PEINTURE à la barbotine, 424, 544.
— sur émail cru, 436, 613.
— sur émail cuit, 436, 613.
PERÇAGE, 236.
PERLÉ, 437.
PERLES, 437.
PERNETTES, 383, 648.
PEROXYDES : voir les métaux correspondants.
Persanes (Poteries), 20, 619.
Pesaro, 23.
Pétersbourg (Saint), 36.
PÉTRISSAGE, 184, 446.
PÉTRISSEUSES, 184.
Peyrusson, 716.
Phéniciennes (Poteries), 17.
PHOSPHATE DE CHAUX, 82, 277, 290, 724.

PHOSPHORIQUE (Acide), 277.
PHOSPHORITE, 82.
PHOTOCÉRAMIQUE, 437.
PIERRE DE THIVIERS, 408.
PIERRES dans les argiles, 55, 135.
Pietersz (Gerrit), 30.
PILONS, 116.
PINK (Couleur) 414.
PIPES, 547.
PISTON (Propulseurs à), 200, 518, 536, 679.
PLANCHETTES, 256, 473.
PLASTICITÉ de l'argile pure, 45.
— des pâtes, 107.
— (Essais sur la), 95
PLATRERIE, 636, 706.
PLATINAGE, 433.
PLATINE, 411, 433.
PLATRE à modeler, 212.
— (Moules en), 212, 219, 224, 234, 271, 515.
PLATS OVALES, 708.
PLOMB, 279, 286, 435.
— (Coliques de) 291.
PLOMBAGINE, 583.
PLOMBIFÈRES (Faïences), 595.
— (Essai des poteries), 599.
POÊLES (Carreaux de), 608, 614.
POMPES à membrane, 182.
PONCTUAGE, 317.
Pontailler, 25.
PORCELAINERIES (Installation des), 719.
PORCELAINES (Classification des), 695.
— à feu, 720.
— allemandes, 35, 698.
— anglaises, 37, 724.
— architecturales, 722.
— argileuses, dites de Seger, 731.
— (Biscuit de), 723.
— chinoises, 34, 698.
— de Seger, 731.
— de Sèvres, 698.
— dures, 697.
— feldspathiques, 733.
— françaises, 36, 698, 726.
— frittées, 726.
— japonaises, 35, 698.
— mates, 723, 732.
— nouvelles de Sèvres, 728.
— parian (dites), 732.
— phosphatées, 724.
— pour canalisations électriques, 720.
— pour usages mécaniques 722.

TABLE ALPHABÉTIQUE

PORCELAINES tendres, 724.
— vitreuses, 726, 728.
Porchaire (Sainte) (Oiron), 26, 596.
PORPHYRE, 48, 79.
POSE des glaçures, 297.
POTENCES, 219.
POTASSE (Voir *Alcalis*).
Poterat Louis, 36.
POTERIES (Classification), 12.
   Voir: *Faïences, Grès, Porcelaines, Produits réfractaires, Terres cuites*.
POURPRE de Cassius, 400.
POURRITURE des argiles, 151.
PRÉPARATION des glaçures, 290.
— de matières colorantes, 412.
— des matières premières, 109.
PRÉPARATION DES PATES, 152.
— par voie pâteuse, 153.
— par voie sèche, 168.
— par voie liquide, 171.
— pour briques, 446, 490, 491, 495, 497.
— pour tuiles, 508.
— pour carreaux (terres cuites), 531.
— pour tuyaux (terres cuites), 535.
— pour terres cuites architecturales, 539.
— pour terres cuites décoratives, 543.
— pour poteries communes (terres cuites), 545.
— pour hydrocérames et filtres, 547.
— pour pipes, 547.
— pour poteries lustrées, 549.
— pour produits réfractaires argileux, 573.
— pour produits réfractaires carbonifères, 583.
— pour produits réfractaires siliceux, 585.
— pour produits réfractaires basiques, 587.
— pour faïences vernissées, 597.
— pour faïences architecturales, 602.
— pour carreaux encaustiques, 605.
— pour faïences émaillées, 611.

PRÉPARATIONS pour carreaux de poêle, 614.
— pour faïences siliceuses, 621.
— pour terres de pipe, 627.
— pour faïences feldspathiques, 634.
— pour carreaux en grès, 664, 670.
— pour tuyaux en grès, 670.
— pour porcelaines dures, 704.
— pour porcelaines tendres, 725, 727.
PRESSES à excentrique, 231, 516, 533.
— à friction, 531.
— à levier, 228, 461.
— à vis, 520, 531, 577, 642.
— hydrauliques 674, 675.
(Voir également: *Façonnage*).
PRODUITS RÉFRACTAIRES (Classification des), 563.
— alumineux, 584.
— basiques, 587.
— carbonifères, 583.
— calcaires, 589.
— coulis, 590.
— de Dinas, 585.
— en plombagine, 583.
— (Essais des) 591.
— (Fabriques de), 580.
— magnésiens, 587.
— siliceux, 585.
PROPULSEURS à cylindres, 207, 514, 519, 665, 682.
— à deux hélices, 207, 458.
— à palettes, 201, 451.
— à piston, 200, 518, 536, 679.
— à une hélice, 201, 452.
(Voir également: *Façonnage*).
Prosser, 733.
Prössel, 638, 724, 733.
PULVÉRISATEURS, 168, 644.
PULVÉRISATION, 168, 290.
— (Pose des glaçures par), 299.
PYROGRANITE, 662.
PYROMÈTRES, 396.
PYROPHYLLITE, 49.
PYROSCOPES, 393.

Q

QUARTZ, 48, 55, 72, 277, 281.
Queen's ware, 32.

R

RACHEVAGE, 183-236.
Racren, 32.
RAFFERMISSEMENT des pâtes, 147, 177.
REBATTAGE, 467.
RECUIT, 385.
RÉCUPÉRATEURS, 377.
RÉFRACTAIRE (Voir *Produits réfractaires*).
RÉFRACTAIRES (Matières), 83.
REFROIDISSEMENT des fours, 399.
REGISTRES, 351.
RENDEMENT des fours, 399, 486, 528, 579, 646, 673, 712.
RÉPARAGE, 236.
REPRESSAGE, 227, 465.
REPRESSEUSES, 465, 533.
RÉSISTANCE (Essais sur la) des terres cuites, 559.
RETRAIT, 47, 241, 307.
RÉUNION des parties, 236.
REVÊTEMENT (Voir *Carreaux*).
Reygens (*Aegestyn*), 30.
Richter, 305, 570.
Rhodes (Ile de), 22.
Ringler, 36.
Robbia (*Della*), 23, 25.
ROCHES feldspathiques, 48, 78.
Rörstrand, 31.
Rouen, 28.
Rovigo (*Francesco da*), 24.
Rübensgrün, 36.

S

SABLES, 73, 281.
— (Essais des), 97.
— (Lévigation des), 149.
— (Séparateurs de), 146.
Saintes, 25, 26.
SALAGE, 683.
SALPÊTRE, 284.
Salvetat, 10, 45, 551.
SANITAIRES (Poteries), 686.
SATURNISME, 291.
SAUPOUDRATION (Pose des glaçures par), 300.
Saveignies, 25, 33.
Savone, 25.
Sceaux, 29, 37.
Schloesing, 45.
Schöne (Appareil de), 93.
Schulz (Appareil de), 93.
SCULPTAGE, 236.

SÉCHAGE des argiles, 112.
— (Procédés de), 251.
— par absorption, 271, 642.
— par aération, 255, 472, 522.
— par chauffage, 258.
— par chauffage et aération, 261.
— par chauffage et ventilation, 263.
— par ventilation, 259.
— des briques, 472, 491.
— des tuiles, 522.
— des carreaux, 534, 666.
— des produits réfractaires argileux, 578.
— des produits réfractaires carbonifères, 585.
— des carreaux de poêle, 617.
— des faïences, 642.
— des tuyaux, 683.
— des porcelaines, 710.
SÉCHOIRS aérés, 255, 472.
— chauffés et aérés, 261, 476.
— chauffés et ventilés fixes, 263, 477.
— chauffés et ventilés mobiles, 267, 477.
— ventilés, 259.
Seger, 45, 94, 391, 570, 615, 689, 731.
— (Porcelaine dite de), 731.
SEL MARIN, 284, 683.
SELS : voir les métaux correspondants.
SELS ALCALINS (voir *Alcalis*).
SELS SOLUBLES dans les pâtes, 91, 314, 562.
SERVICES DE TABLE en faïence, 636.
— en porcelaine, 706.
SÉVÉRITE, 49.
Séville, 31.
Sèvres, 37.
— (Porcelaine de), 698.
— (Porcelaine nouvelle de), 728.
Siculo-arabes (Poteries), 23.
Siegburg, 33.
SILEX, 71, 115, 281.
SILICATE d'alumine, 49, 52, 67.
— d'alumine hydraté, (Voir *Argile pure*).
SILICE dans les glaçures, 277, 281.
— dans les pâtes, 44, 53, 99.
— (Propriétés réfractaires de la), 306.
SILICEUSES (Briques), 585.
— (Matières premières), 71, 281.

Sitzerode, 36.
SOUDAGE, 237.
SOUDE (Voir *alcalis*).
SOUPAPES de tirage, 351.
SPATH fluor, 289.
— pesant, 385.
SPINELLES, 417, 716.
Staffordshire, 31, 33, 37, 653, 726.
Stopsel, 36.
Strasbourg, 28, 37.
STRONTIANE, 278, 286.
STRONTIANITE, 286.
SUCRE de bambou, 86.
SULFATE de chaux, 55, 79, 98.
SULFATES (voir les métaux correspondants).
SULFURE de fer, 54, 56.
Suse, 21.

T

TABLIERS-COUPEURS (Voir *Appareils-coupeurs*).
TACHES blanches sur les poteries, 314, 467.
Talavera, 31.
TALC, 69, 82.
TAILLEUSES, 131.
TAMISAGE, 137, 176.
TEMPÉRATURE (Mesure de la) dans les fours, 392.
TERRE A FOULON, 56.
TERRE DE PIPE (Faïence dite), 627.
TERRE DE SIENNE, 408.
TERRE D'INFUSOIRES, 83.
TERRES CUITES (Classification des), 443.
— anciennes, 18, 542, 549.
— architecturales, 531.
— Briques, 444.
— Carreaux, 531.
— décoratives, 542.
— (Désagrégation des), 549.
— (Essais des), 555.
— Filtres, 546.
— (Gélivité des), 551.
— Hydrocérames, 546.
— Pipes, 546.
— Poteries communes, 544.
— Poteries lustrées, 549.
— réfractaires (voir *Produits réfractaires*.)
— Tuiles, 496.
— Tuyaux, 534.
Thun, 31.

Thuringe, 36.
TINEAL, 283.
TIRAGE dans les fours, 348.
— des cheminées, 345.
— forcé, 348.
— (Mesure du), 391.
— (Réglage du), 350.
TITANE, 54, 310, 411.
TOURBE, 328.
TOURNAGE, 192.
TOURNASSAGE, 195, 223.
TOURNIQUET à ébarber les tuiles, 521.
TOURS à mouler, 217, 584, 637, 707.
— à potier, 187.
— à tournasser, 195.
— mécaniques, 188.
— ovales, 218, 709.
TRACHYTES, 79.
TREMPAGE des argiles, 298.
TRÉSAILLURES, 318.
TRIDYMITE, 277.
TRIAGE, 135.
Troyes, 25.
Tschirnhaus, 35.
TUILERIES (Installation des), 528.
TUILES à nervure centrale, 504.
— Boulet, 505.
— creuses, 507.
— de montagne, 506, 512.
— écailles, 503.
— en paquet, 511.
— (Essais des), 555.
— (Formes et dimensions des), 499.
— Gilardoni, 504.
— losangées, 504.
— marseillaises, 505, 515.
— moyen âge, 400.
— noires, 529.
— pannes, 502.
— plates, 502, 503, 509.
— romaines, 499.
— rondes, 501, 512.
TURQUOISE (Bleu), 408, 624, 729.
TUYAUX de drainage, 539.
— en grès, 677.
— en terre cuite, 534.
— (Essais des), 561, 686.
— pour canalisations d'eau, 538, 677.
— pour canalisations de gaz, 534.

U

URANE, 410.
Urbino, 24.

V

VAGONETS, 474, 476.
VAGONS (tuyaux), 535.
VANADIUM, 55, 310, 315.
Vasaro (Gironimo), 24.
Venise, 25.
VENT (Influence du) sur le séchage, 255, 257, 476.
VENTILATEURS, 259.
VENTILATION (Epuration par), 149.
— (Séchage par), 259.
VENTOUSES (tuyaux), 535.
Verblender (Briques de parement), 494.
VERNIS (Voir *Glaçures*), 280.
VERNISSÉES (Poteries), 597.
Vérone, 25.
VERRES, 78, 282, 726, 728.
Vienne, 36.
Vierzon, 37.
VISSAGE, 192.

VITRIFIABLES (Couleurs), 410, 429, 717.
VITRIFICATION des glaçures, 292.
VITRIFIÉES (Briques), 495.
Vogt, 45, 52, 87, 660, 697, 701.
VOLATILISATION (Pose des glaçures par), 300, 436, 683.
Volkstadt, 36.

W

Wedgwood (Sosiah), 31, 396, 631.
WITHERITE, 151, 286.
WOLLASTONITE, 276.

Y

Yrieix (Saint-), 37.

Z

ZINC, 279, 290.
Zurich, 31.

TABLE DES MATIÈRES

PREMIÈRE PARTIE

CÉRAMIQUE GÉNÉRALE

CHAPITRE I

DÉFINITIONS ET HISTORIQUE

	Pages.
§ 1. — Définitions et classification des produits céramiques....	1
§ 2. — Historique sommaire de la céramique...............	15

CHAPITRE II

MATIÈRES PREMIÈRES DES PATES

§ 1. — Argiles :	
a) Argile pure...................................	43
b) Argiles naturelles.............................	49
§ 2. — Matières diverses :	
a) Matières analogues à l'argile..................	67
b) Matières agglomérantes et agglutinantes........	70
c) Matières dégraissantes........................	71
d) Matières fondantes...........................	77
e) Matières réfractaires.........................	83
§ 3. — Essais des matières premières :	
a) Essais des argiles............................	85
b) Essais des autres matières premières	97

CHAPITRE III

PATES PLASTIQUES

	Pages.
§ 1. — Propriétés et composition	99
§ 2. — Préparation des matières premières :	
a) Désagrégation	105
b) Épuration	135
§ 3. — Préparation des pâtes :	
a) Par voie pâteuse	152
b) Par voie sèche	168
c) Par voie liquide	171

CHAPITRE IV

FAÇONNAGE

Procédés de façonnage	185
a) Tournage	187
b) Étirage	197
c) Moulage à la main	211
d) Moulage au tour	217
e) Moulage à la presse	224
f) Moulage par coulage	234
g) Rachevage	236
h) Engobage	238

CHAPITRE V

SÉCHAGE

§ 1. — Dessiccation des pâtes	241
§ 2. — Procédés de séchage	251

CHAPITRE VI

GLAÇURES

§ 1. — Composition et propriétés	275
§ 2. — Matières premières	281
§ 3. — Fabrication et pose	290

CHAPITRE VII

CUISSON

	Pages.
§ 1. — Propriétés des pâtes et des glaçures pendant la cuisson.	301
§ 2. — Description des fours :	
a) Foyers	323
b) Tirage	345
c) Fours	352
d) Récupérateurs	377
e) Construction des fours	379
§ 3. — Fonctionnement des fours	381

CHAPITRE VIII

DÉCORATION

§ 1. — Matières colorantes	405
Métaux colorants (Planche coloriée)	407
§ 2. — Procédés de décoration	418

SECONDE PARTIE

CÉRAMIQUE SPÉCIALE

CHAPITRE IX

TERRES CUITES

Classification	443
§ 1. — Briques :	
a) Briques pleines ordinaires	444
b) Briques creuses	488
c) Briques de parement	491
d) Briques vitrifiées	495
e) Briques légères	497

TABLE DES MATIÈRES

§ 2. — Tuiles : Pages.
    a) Tuiles ordinaires........................... 499
    b) Tuiles noires............................... 529
§ 3. — Carreaux.................................. 531
§ 4. — Tuyaux.................................... 534
§ 5. — Terres cuites architecturales.............. 539
§ 6. — Vases, statues et objets décoratifs........ 542
§ 7. — Poteries communes......................... 544
§ 8. — Hydrocérames et filtres................... 546
§ 9. — Pipes..................................... 547
§ 10. — Poteries lustrées........................ 549
§ 11. — Propriétés et essais des terres cuites... 551

CHAPITRE X

PRODUITS RÉFRACTAIRES

Classification................................... 563
§ 1. — Produits réfractaires argileux............ 565
§ 2. — Produits réfractaires alumineux........... 581
§ 3. — Produits réfractaires carbonifères........ 583
§ 4. — Produits réfractaires siliceux............ 585
§ 5. — Produits réfractaires basiques............ 587
§ 6. — Coulis réfractaire........................ 590
§ 7. — Essais des produits réfractaires.......... 591

CHAPITRE XI

FAÏENCES

Classification................................... 593
§ 1. — Faïences dites vernissées................. 597
§ 2. — Faïences dites émaillées.................. 610
§ 3. — Faïences dites siliceuses................. 619
§ 4. — Faïences dites terre de pipe.............. 627
§ 5. — Faïences dites cailloutage................ 630
§ 6. — Faïences dites feldspathiques............. 631

CHAPITRE XII
GRÈS

	Pages.
Classification...........................	655
§ 1. — Grès proprement dits :	
a) Carreaux...........................	658
b) Tuyaux.............................	677
c) Poteries sanitaires...................	686
d) Grès pour industries alimentaires et produits chimiques............................	688
e) Grès architecturaux..................	691
f) Vases, statues et objets décoratifs.....	692
§ 2. — Grès fins.............................	693

CHAPITRE XIII
PORCELAINES

Classification...........................	695
§ 1. — Porcelaines dures :	
a) Porcelaines de service et de décor.....	697
b) Porcelaines à feu.....................	720
c) Porcelaines pour canalisations électriques...	720
d) Porcelaines pour usages mécaniques.....	722
e) Porcelaines architecturales.............	722
f) Porcelaines mates dites biscuit de porcelaine....	723
§ 2. — Porcelaines tendres phosphatées dites anglaises.......	724
§ 3. — Porcelaines tendres vitreuses dites françaises.......	726
§ 4. — Porcelaines tendres vitreuses, dites nouvelles de Sèvres.	728
§ 5. — Porcelaines tendres argileuses dites de Seger........	731
§ 6. — Porcelaines tendres mates dites parian.............	732
§ 7. — Porcelaines tendres mates feldspathiques...........	733
Table alphabétique.....................	735

TOURS, IMPRIMERIE DESLIS FRÈRES, RUE GAMBETTA, 6.

ENCYCLOPÉDIE DES TRAVAUX PUBLICS

Directeur : M.-C. LECHALAS, 12, *rue Alphonse-de-Neuville*, PARIS

Volumes grand in-8°, avec de nombreuses figures

OUVRAGES DE PROFESSEURS A L'ÉCOLE NATIONALE DES PONTS ET CHAUSSÉES

M. BECHMANN. *Distributions d'eau. Assainissement.* 2° édit., 2 vol. (sous presse). 40 fr.
M. BRICKA. *Cours de chemins de fer de l'École des ponts et chaussées.* 2 vol., 1.343 pages et 514 figures. 40 fr.
M. L. DURAND-CLAYE. *Chimie appliquée à l'art de l'ingénieur*, avec MM. Derome et Feret, 2° édit., 12 fr. — *Cours de routes*, 606 pages et 234 figures, 2° édit., 20 fr. — *Lever des plans et nivellement*, en collaboration avec MM. Pelletan et Lallemand. 1 vol., 703 pages et 280 figures. 25 fr.
M. FLAMANT. *Mécanique générale.* 1 vol. de 544 pages, avec 203 figures, 20 fr. — *Stabilité des constructions et résistance des matériaux.* 2° édit., 670 pages avec 264 figures, 25 fr. — *Hydraulique.* 1 vol., 716 pages et 129 figures. 25 fr.
M. GARIEL. *Traité de physique.* 2 vol., 448 figures. 20 fr.
M. GUILLEMAIN. *Navigation intérieure, rivières et canaux.* 2 vol. de 1.172 pages, avec 200 figures. 40 fr.
M. F. LAROCHE. *Travaux maritimes.* 1 vol. de 490 pages, avec 116 figures et 1 atlas de 46 grandes planches, 40 fr. — *Ports maritimes.* 2 vol. de 1.006 pages, avec 524 figures et 2 atlas de 37 planches, double in-4°. 50 fr.
M. NIVOIT. *Géologie appliquée à l'art de l'ingénieur*, cours professé à l'École des ponts et chaussées. 2 vol. de 1.274 pages, avec 555 figures. 40 fr.
M. M. D'OCAGNE, *Géométrie descriptive et Géométrie infinitésimale.* 1 vol., 340 fig. 12 fr.
M. J. RÉSAL. *Traité des Ponts en maçonnerie*, en collaboration avec M. Degrand. 2 vol., avec 600 figures, 40 fr. — *Ponts métalliques.* 2 vol., avec 500 figures, 40 fr. — *Constructions métalliques, élasticité et résistance des matériaux : fonte, fer et acier.* 1 vol. de 652 pages, avec 203 figures. 20 fr. — Le 1er volume des *Ponts métalliques* est à sa seconde édition (revue, corrigée et très augmentée). — *Cours de ponts*, professé à l'École des ponts et chaussées, 1 vol. de 410 pages, avec 284 figures. (*Études générales et ponts en maçonnerie*). 14 fr.

OUVRAGES DE PROFESSEURS A L'ÉCOLE CENTRALE DES ARTS ET MANUFACTURES

M. DEHARME. *Chemins de fer. Superstructure* ; première partie du cours de chemins de fer de l'École centrale. 1 vol. de 696 pages, avec 310 figures et 1 atlas de 73 grandes planches in-4° doubles. 50 fr.
M. DENFER. *Architecture et constructions civiles.* Cours d'architecture de l'École centrale : *Maçonnerie.* 2 vol., avec 794 figures, 40 fr. — *Charpente en bois et menuiserie.* 1 vol., avec 680 figures, 25 fr. — *Couverture des édifices.* 1 vol., avec 423 figures, 20 fr. — *Charpenterie métallique, menuiserie en fer et serrurerie.* 2 vol., avec 1050 figures, 40 fr. — *Fumisterie (Chauffage et ventilation).* 1 vol. de 726 pages, avec 731 figures (numérotées de 1 à 375, l'auteur affectant chaque groupe de figures d'un numéro seulement). 25 fr. — *Plomberie : Eau, Assainissement. Gaz*, 1 vol. de 568 p., avec 391 fig. 20 fr.
M. DORION. *Cours d'Exploitation des mines.* 1 vol. de 692 pages, avec 500 figures. 25 fr. Ce Cours, professé à l'École centrale, est suivi du recueil complet des documents officiels, actuellement en vigueur, relatifs à l'exploitation des mines (lois, ordonnances et décrets, circulaires).
M. FLAMANT. *Mécanique générale*, cours de l'École centrale. 1 vol., 20 fr. (Voir ci-dessus).
M. MONNIER. *Électricité industrielle*, cours professé à l'École centrale. 2° édit. sous presse : 2 vol., comprenant 1.200 pages environ. 24 fr.
M. M°¹ PELLETIER. *Droit industriel*, cours professé à l'École centrale. 1 vol. 15 fr.
MM. E. ROUCHÉ, ancien professeur de géométrie descriptive à l'École centrale, et C. BRISSE, professeur actuel du même cours : *Coupe des pierres.* 1 vol. et 1 atlas. 25 fr.

OUVRAGES DE PROFESSEURS AU CONSERVATOIRE DES ARTS ET MÉTIERS

M. E. ROUCHÉ, membre de l'Institut. *Éléments de statique graphique.* 1 vol., 12 fr. 50. — *Coupe des pierres* (Voir ci-dessus).
M. C. BRISSE, professeur actuel de géométrie descriptive à l'École centrale. *Coupe des pierres* (Voir ci-dessus).

ENCYCLOPÉDIE DES TRAVAUX PUBLICS (suite)

OUVRAGES DE PROFESSEURS A L'ÉCOLE NATIONALE SUPÉRIEURE DES MINES

M. AGUILLON. *Législation des mines, française et étrangère*. 3 vol. . . . . 40 fr.
M. PELLETAN. *Lever des plans et nivellement souterrains* (Voir ci-dessus : *Durand-Claye*).

OUVRAGE D'UN PROFESSEUR A L'ÉCOLE NATIONALE FORESTIÈRE

M. THIÉRY. *Restauration des montagnes*, avec une *Introduction* par M. LECHALAS père. 1 vol. de 442 pages, avec 173 figures. . . . . 15 fr.

OUVRAGES DE M. ERNEST HENRY, INSPECTEUR GÉNÉRAL DES PONTS ET CHAUSSÉES

Théorie et pratique du mouvement des terres, d'après le procédé Bruckner. 1 vol., 2 fr. 50. — *Ponts métalliques à travées indépendantes : formules, barèmes et tableaux*. 1 vol. de 639 pages, avec 267 figures. 20 fr. — *Chemins vicinaux* (en préparation).
Le second de ces ouvrages rend très faciles et d'une rapidité inespérée les calculs relatifs aux ponts métalliques.

OUVRAGES DE DIVERS AUTEURS

M. ÉMILE BOURRY, ingénieur des Arts et Manufactures, *Traité des Industries céramiques*. 1 vol. Voir *Encyclopédie industrielle* . . . . 20 fr.
M. CHARPENTIER DE COSSIGNY, ingénieur civil des mines, lauréat de la Société des agriculteurs de France. *Hydraulique agricole*. 2ᵉ édit., 1 vol., avec 160 figures. . 15 fr.
M. DEGRAND, inspecteur général honoraire des ponts et chaussées. *Ponts en maçonnerie* (Voir ci-dessus : *J. Résal*).
M. le Dʳ DUCHESNE, ancien président de la Société de médecine pratique. *Hygiène générale et Hygiène industrielle*, ouvrage rédigé conformément au programme du *Cours d'hygiène industrielle* de l'École centrale. 1 vol. de 740 pages, avec figures. . 15 fr.
M. Maurice KOECHLIN, ingénieur. *Applications de la statique graphique*. 1 vol., avec 270 figures et un atlas de 30 planches doubles. . . . . 30 fr.
M. LALLEMAND, ingénieur en chef des mines. *Nivellement de précision* (Voir ci-dessus : *Durand-Claye*).
M. LAVOINNE, ingénieur en chef des ponts et chaussées. *La Seine maritime et son estuaire*, avec une *Introduction* par M. M.-C. LECHALAS. 1 vol., avec 49 figures. 10 fr. Ouvrage publié avec le concours de la Chambre de commerce de Rouen.
M. LECHALAS père, inspecteur général des ponts et chaussées. *Hydraulique fluviale*. 1 vol., avec 78 figures. 17 fr. 50. — *Des conditions générales d'établissement des ouvrages dans les vallées* (Voir ci-dessus : *J. Résal et Degrand*; c'est l'introduction à leurs *Ponts en maçonnerie*.)
M. LECHALAS fils, ingénieur en chef des ponts et chaussées. *Manuel de droit administratif*. Tome I, 20 fr.; tome II, 1ʳᵉ partie. . . . . 10 fr.
M. LÉVY-LAMBERT, ingénieur civil, inspecteur de l'exploitation à la Compagnie du Nord. *Chemins de fer à crémaillère*. 1 vol., avec 79 figures. 15 fr. — *Chemins de fer funiculaires, moteurs aériens*. 1 vol., avec 150 figures. . . . . 15 fr.
M. LEYGUE, ancien ingénieur auxiliaire des travaux de l'État, agent voyer en chef de la province d'Oran. *Chemins de fer. Notions générales et économiques*. 1 vol. de 617 pages, avec figures. . . . . 15 fr.
M. E. PONTZEN, ingénieur civil (l'un des auteurs de *Les Chemins de fer en Amérique*). *Procédés généraux de construction : Terrassements, tunnels, dragages et dérochements*. 1 vol. de 572 pages, avec 234 figures. . . . . 25 fr.
M. TARBÉ DE SAINT-HARDOUIN, inspecteur général des ponts et chaussées, ancien directeur de l'École de ce corps. *Notices biographiques sur les ingénieurs des ponts et chaussées*. 1 vol. . . . . 5 fr.

Chaque ouvrage se vend séparément (et quelquefois aussi chaque volume des ouvrages qui en comprennent plusieurs). Il n'y a pas de numérotage général des volumes formant la collection.

Les ouvrages formant l'*Encyclopédie des Travaux publics* sont en vente chez Baudry et Cⁱᵉ, chez Gauthier-Villars et fils, etc.

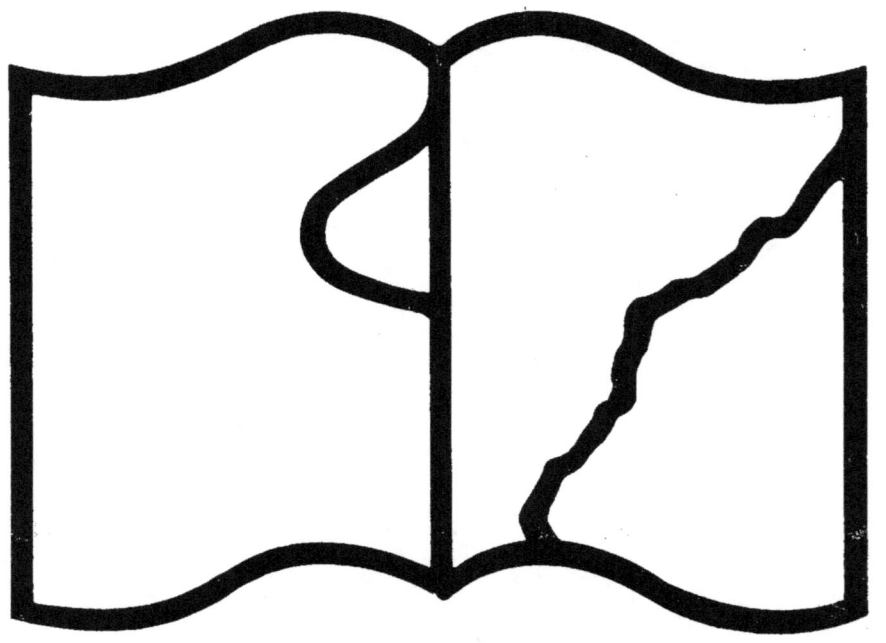

Texte détérioré — reliure défectueuse

NF Z 43-120-11

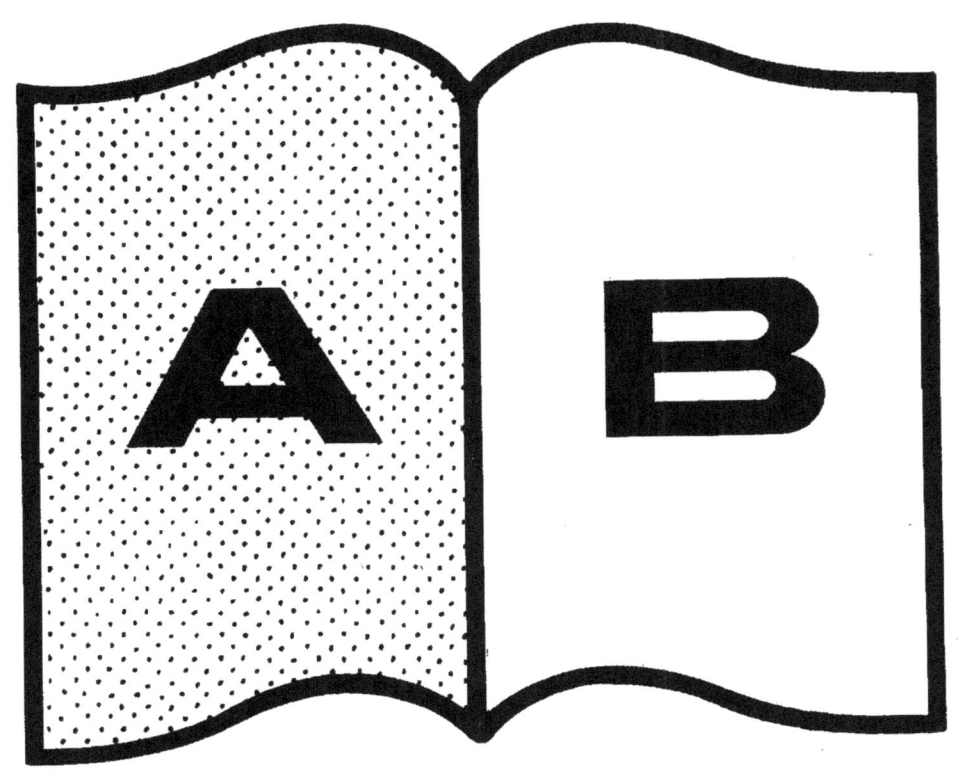

Contraste insuffisant

NF Z 43-120-14

www.ingramcontent.com/pod-product-compliance
Lightning Source LLC
Chambersburg PA
CBHW060859300426
44112CB00011B/1262